Kommunikation & Recht

Rechtshandbuch Cyber-Security

IT-Sicherheit, Datenschutz, Gesellschaftsrecht, Compliance, M&A, Versicherungen, Aufsichtsrecht, Arbeitsrecht, Litigation

Herausgegeben von

Dr. Detlev Gabel
Rechtsanwalt, Frankfurt am Main

Dr. Tobias A. Heinrich, LL.M. (London)
Rechtsanwalt, Frankfurt am Main

und

Dr. Alexander Kiefner
Rechtsanwalt, Frankfurt am Main

Bearbeitet von

Steven Chabinsky; Melody Chan; Denise Cheung; Dr. Detlev Gabel; Tobias Gans; Dr. Tobias A. Heinrich, LL.M. (London); Dr. Justus Herrlinger; Dr. Alexander Kiefner; Markus Langen, LL.M. (Sydney); Aurora Leung; David Markoff; Robert Mechler; Dr. Lars Ole Petersen; F. Paul Pittman; Prof. Dr. Igor Podebrad; Hendrik Röger; Dr. Dominik Stier; Douglas Tan; John Timmons; Dr. Philip Trillmich; Dr. Andreas Wieland; Mark Williams; Prof. Dr. Norbert Wimmer; Christian Wirth; Karl-Jörg Xylander

Fachmedien Recht und Wirtschaft | dfv Mediengruppe | Frankfurt am Main

Bibliografische Information der Deutschen Nationalbibliothek

Die Deutsche Nationalbibliothek verzeichnet diese Publikation in der Deutschen Nationalbibliografie; detaillierte bibliografische Daten sind im Internet über http://dnb.de abrufbar.

ISBN 978-3-8005-0012-3

dfv Mediengruppe

www.ruw.de

Satzkonvertierung: Lichtsatz Michael Glaese GmbH, 69502 Hemsbach

Druck und Verarbeitung: WIRmachenDRUCK GmbH, 71522 Backnang

Printed in Germany

Vorwort

„Es gibt nur zwei Arten von Unternehmen: Solche, die gehackt wurden, und solche, die noch gehackt werden", sagte der ehemalige FBI-Chef Robert Mueller bereits 2012 voraus. Und tatsächlich steigt die Zahl von Cyber-Angriffen auf Unternehmen seit Jahren kontinuierlich. In einer Ende 2018 vom Digitalverband Bitkom veröffentlichten Studie zum Wirtschaftsschutz in der deutschen Industrie gaben acht von zehn Unternehmen an, dass die Zahl der Cyber-Attacken in den vergangenen zwei Jahren zugenommen habe, für mehr als ein Drittel der befragten Unternehmen sogar stark. Ein Ende dieser Entwicklung ist nicht absehbar. Im Gegenteil: Sie wird durch die zunehmende Digitalisierung und Vernetzung der Wirtschaft weiter verstärkt. Schon jetzt wiegen die Folgen für Unternehmen schwer. So schätzt Bitkom den durch digitale Wirtschaftsspionage, Sabotage und Datendiebstahl in den letzten zwei Jahren in Deutschland entstandenen Gesamtschaden auf rund 43,4 Mrd. EUR. Dies verdeutlicht, dass Cyber-Security schon längst kein technisches Randthema mehr ist, sondern die Unternehmen unmittelbar in ihrem Bestand betrifft.

Das vorliegende Buch bietet einen Überblick über die zahlreichen rechtlichen Aspekte von Cyber-Security. Diese reichen von der Verantwortlichkeit der Geschäftsleitung für Organisation und Fortbestand des Unternehmens über „klassische" Compliance-Materien wie Datenschutz und IT-Sicherheit bis hin zu Fragen der Transaktions- und Aufsichtspraxis. Die Ausführungen befinden sich grundsätzlich auf dem Stand Dezember 2018. Neuere Entwicklungen wurden vereinzelt bis zur Drucklegung nachgetragen.

Unser Dank gilt dem Autorenteam, das es ungeachtet der hohen Beanspruchung im beruflichen Alltag auf sich genommen hat, an diesem Buch mitzuwirken. Herzlich danken möchten wir auch Herrn Rechtsanwalt Philipp Lohs sowie den Referendarinnen und Referendaren und wissenschaftlichen Mitarbeiterinnen und Mitarbeitern Frau Alissa Arms, Herrn Julius Giesen, Frau Anne Heinzen, Herrn Golo Meven, Frau Paula Ruecker-Embden, Frau Theresa Schleimer, Herrn Jonas Schuck, Herrn Jonas Schütt, Frau Coco Mercedes Tremurici, Herrn Pascal Wrusch, Frau Mathilda Xu und Herrn Arne Zabel, die wertvolle Beiträge zur Entstehung des Buches geleistet haben.

Zu guter Letzt sind wir dem Deutschen Fachverlag, Fachmedien Recht und Wirtschaft, insbesondere Herrn Torsten Kutschke, Frau Tanja Brücker und

Frau Nadine Grüttner, für die engagierte und umsichtige verlegerische Betreuung zu Dank verpflichtet.

Für Hinweise, Kritik und Anregungen sind wir stets offen.

Mai 2019 Die Herausgeber

Inhaltsverzeichnis

Kapitel 2
Gesellschaftsrecht
(Unternehmensleitung und Unternehmensorganisation)

Dr. Alexander Kiefner

Kapitel 3
Mergers & Acquisitions

Dr. Tobias A. Heinrich, LL.M. (London)

Kapitel 4
Datenschutz

Dr. Detlev Gabel

Kapitel 5
IT-Sicherheit

Prof. Dr. Norbert Wimmer/Robert Mechler

Kapitel 6
Arbeitsrecht

Hendrik Röger

Kapitel 7
Aufsichtsrecht (Banken und Versicherungen)

Dr. Andreas Wieland

Kapitel 8
Kartellrecht

Dr. Justus Herrlinger

Kapitel 9
Vergaberecht

Dr. Lars Ole Petersen

Kapitel 10
Prozessführung und Haftung

Markus Langen, LL.M. (Sydney)/Dr. Dominik Stier

Kapitel 11
Strafrecht

Karl-Jörg Xylander/Tobias Gans

Kapitel 12
Versicherungsrecht

Christian Wirth

Kapitel 14
Länderbericht UK

Dr. Philip Trillmich/John Timmons

Kapitel 15
Länderbericht China

Melody Chan/Douglas Tan/Denise Cheung/Aurora Leung

Kapitel 16
Checklisten

Dr. Alexander Kiefner/Dr. Tobias A. Heinrich, LL.M. (London)

Abkürzungsverzeichnis und Verzeichnis der abgekürzt zitierten Literatur

a. A.	anderer Ansicht
ABl.	Amtsblatt
ABl. EU	Amtsblatt der Europäischen Union
Abs.	Absatz
AEUV	Vertrag über die Arbeitsweise der Europäischen Union (EU-Arbeitsweisevertrag)
a. F.	alte Fassung
AfP	Archiv für Presserecht (Zeitschrift)
AG	Aktiengesellschaft
AG	Die Aktiengesellschaft (Zeitschrift)
AHB	Allgemeine Versicherungsbedingungen für die Haftpflichtversicherung
AktG	Aktiengesetz
Anm.	Anmerkung
APT	Advanced Persistent Threat
ArbSchG	Gesetz über die Durchführung von Maßnahmen des Arbeitsschutzes zur Verbesserung der Sicherheit und des Gesundheitsschutzes der Beschäftigten bei der Arbeit (Arbeitsschutzgesetz)
ArbStättV	Verordnung über Arbeitsstätten
Ascheid/Preis/Schmidt	Ascheid/Preis/Schmidt (Hrsg.), Kündigungsrecht, Großkommentar, 5. Aufl. 2017
AtG	Gesetz über die friedliche Verwendung der Kernenergie und den Schutz gegen ihre Gefahren (Atomgesetz)
Auernhammer, DSGVO BDSG	Eßer/Kramer/Lewinksi (Hrsg.), Auernhammer DSGVO BDSG, 6. Aufl. 2018
AVB	Allgemeine Versicherungsbedingungen
AVB-AVG	Allgemeine Versicherungsbedingungen für die Vermögensschaden-Haftpflichtversicherung von Aufsichtsräten, Vorständen und Geschäftsführern
AVB-BHV	Allgemeine Versicherungsbedingungen für die Betriebs- und Berufshaftpflichtversicherung
AVB Cyber	Allgemeine Versicherungsbedingungen für die Cyberrisiko-Versicherung

Az.	Aktenzeichen
BaFin	Bundesanstalt für Finanzdienstleistungsaufsicht
BAG	Bundesarbeitsgericht
Baumbach/Hopt, HGB	Baumbach/Hopt (Hrsg.), Handelsgesetzbuch, 38. Aufl. 2018
Baumbach/Hueck, GmbHG	Baumbach/Hueck (Hrsg.), GmbHG, 21. Aufl. 2017
BAV	Bundesaufsichtsamt für das Versicherungswesen
BB	Betriebs-Berater (Zeitschrift)
BBG	Bundesbeamtengesetz
BBK	Bundesamt für Bevölkerungsschutz und Katastrophenhilfe
BDSG a. F.	Bundesdatenschutzgesetz in der Fassung bis zum 25.5.2018
BDSG (neu)	Bundesdatenschutzgesetz in der Fassung ab dem 25.5.2018
BeckOK	Beck'scher Onlinekommentar
BeckOK Arbeitsrecht	Rolfs/Giesen/Kreikebohm/Udsching (Hrsg.), Beck'scher Onlinekommentar Arbeitsrecht, 48. Edition 2018
BeckOK BGB	Bamberger/Roth/Hau/Poseck (Hrsg.), Beck'scher Onlinekommentar zum Bürgerlichen Gesetzbuch, 43. Edition, 2017
BeckOK Datenschutzrecht	Brink/Wolff (Hrsg.), Beck'scher Onlinekommentar Datenschutzrecht, 25. Edition, 2018
BeckOK Medienrecht	Gersdorf/Paal (Hrsg.), Beck'scher Onlinekommentar zum Informations- und Medienrecht, 1. Edition Stand: 1.8.2013
BeckOK StGB	Heintschel-Heinegg (Hrsg.), Beck'scher Onlinekommentar zum StGB, 37. Edition, Stand: 1.2.2018
BeckOK Urheberrecht	Ahlberg/Götting (Hrsg.) Beck'scher Onlinekommentar zum Urheberrecht, 18. Edition Stand: 1.11.2017
Beck/Samm/Kokemoor	Beck/Samm/Kokemoor (Hrsg.), Kreditwesengesetz mit CRR, Loseblattwerk (Stand: 5/2018)
Beck'scher Vergaberechtskommentar	Burgi/Dreher (Hrsg.), Beck'scher Vergaberechtskommentar, 3. Aufl. 2017
Beck'sches Formularbuch M&A	Seibt (Hrsg.), Beck'sches Formularbuch Mergers & Acquisitions, 3. Aufl. 2018

Beck'sches Mandatshandbuch DD	Beisel/Andreas (Hrsg.), Beck'sches Mandatshandbuch Due Diligence, 3. Aufl. 2017
Beck'sches M&A-Handbuch	Meyer-Sparenberg/Jäckle (Hrsg.), Beck'sches M&A-Handbuch, 2017
Begr.	Begründung
BetrVG	Betriebsverfassungsgesetz
BfDI	Bundesbeauftragter für den Datenschutz und die Informationsfreiheit
BfV	Bundesamt für Verfassungsschutz
BGB	Bürgerliches Gesetzbuch
BGBl.	Bundesgesetzblatt
BGH	Bundesgerichtshof
BGHZ	Entscheidungen des Bundesgerichtshofs in Zivilsachen (Entscheidungssammlung)
Binder/Glos/Riepe, Bankaufsichtsrecht	Binder/Glos/Riepe, Handbuch Bankenaufsichtsrecht, Köln 2018
Bitkom	Bundesverband Informationswirtschaft, Telekommunikation und neue Medien e. V.
BKA	Bundeskriminalamt
BKR	Zeitschrift für Bank- und Kapitalmarktrecht
BMI	Bundesministerium des Innern
BNetzA	Bundesnetzagentur
BOARD	Zeitschrift für Aufsichtsräte in Deutschland
Boos/Fischer/Schulte-Mattler, KWG	Boos/Fischer/Schulte-Mattler (Hrsg.), KWG, CRR-VO, 5. Aufl. 2016
BRAO	Bundesrechtsanwaltsordnung
BR-Drs.	Drucksache des Deutschen Bundesrates
Bruck/Möller, VVG	Bruck/Möller (Hrsg.), VVG, Band 4, 9. Aufl. 2014
BSI	Bundesamt für Sicherheit in der Informationstechnik
BSIG	Gesetz über das Bundesamt für Sicherheit in der Informationstechnik
BSI-KritisV	Verordnung zur Bestimmung Kritischer Infrastrukturen nach dem BSI-Gesetz
BT-Drs.	Drucksache des Deutschen Bundestages
Bürkle/Hauschka, Der Compliance Officer	Bürkle/Hauschka (Hrsg.), Der Compliance Officer, 2015
BVerfG	Bundesverfassungsgericht

BVerfSchG	Gesetz über die Zusammenarbeit des Bundes und der Länder in Angelegenheiten des Verfassungsschutzes und über das Bundesamt für Verfassungsschutz (Bundesverfassungsschutzgesetz)
Calliess/Ruffert	Calliess/Ruffert (Hrsg.), EUV/AEUV Kommentar, 5. Aufl. 2016
CB	Compliance Berater (Zeitschrift)
CDO	Chief Data Officer
CEO	Chief Executive Officer
CERT	Computer Emergency Response Team
CFO	Chief Financial Officer
CIO	Chief Information Officer
CISO	Chief Information Security Officer
COO	Chief Operating Officer
CR	Computer und Recht (Zeitschrift)
CSIRT	Computer Security Incident Response Team
Däubler/Kittner/Klebe/Wedde, BetrVG	Däubler/Kittner/Klebe/Wedde (Hrsg.), Betriebsverfassungsgesetz, 16. Aufl. 2018
DB	Der Betrieb (Zeitschrift)
DDoS	Distributed Denial of Service
DoS	Denial of Service
D&O-Versicherung	Directors and Officers-Versicherung
Drs.	Drucksache
DSAnpUG-EU	Datenschutz-Anpassungs- und -Umsetzungsgesetz EU (hier: Gesetz zur Anpassung des Datenschutzrechts an die Verordnung (EU) 2016/679 und zur Umsetzung der Richtlinie (EU) 2016/680)
DSB	Datenschutzberater (Zeitschrift)
DSGVO	Verordnung (EU) 2016/679 des Europäischen Parlaments und des Rates vom 27. April 2016 zum Schutz natürlicher Personen bei der Verarbeitung personenbezogener Daten, zum freien Datenverkehr und zur Aufhebung der Richtlinie 95/46/EG (Datenschutz-Grundverordnung)
DuD	Datenschutz und Datensicherheit (Zeitschrift)
DV	Datenverarbeitung
DVBl.	Deutsches Verwaltungsblatt (Zeitschrift)
EBA	European Banking Authority

EDPB	Europäischer Datenschutzauschuss
EDV	Elektronische Datenverarbeitung
EG	Europäische Gemeinschaft
EGBGB	Einführungsgesetz zum Bürgerlichen Gesetzbuch
Ehmann/Selmayr, DS-GVO	Ehmann/Selmayr (Hrsg.), Datenschutz-Grundverordnung Kommentar, 2. Aufl. 2018
eIDAS	Verordnung (EU) Nr. 910/2014 über elektronische Identifizierung und Vertrauensdienste für elektronische Transaktionen im Binnenmarkt und zur Aufhebung der Richtlinie 1999/93/EG
EIOPA	European Insurance and Occupational Pensions Authority
EnWG	Energiewirtschaftsgesetz
ePrivacy-Richtlinie	Richtlinie 2002/58/EG des Europäischen Parlaments und des Rates vom 12. Juli 2002 über die Verarbeitung personenbezogener Daten und den Schutz der Privatsphäre in der elektronischen Kommunikation
ePrivacy-Verordnung (Entwurf)	Vorschlag für eine Verordnung des europäischen Parlaments und des Rates über die Achtung des Privatlebens und den Schutz personenbezogener Daten in der elektronischen Kommunikation und zur Aufhebung der Richtlinie 2002/58/EG (Verordnung über Privatsphäre und elektronische Kommunikation) vom 10.1.2017
ErfK	Müller-Glöge/Preis/Schmidt (Hrsg.), Erfurter Kommentar zum Arbeitsrecht, 8. Aufl. 2008
ErwG	Erwägungsgrund
ESMA	European Securities and Markets Authority
EuGH	Europäischer Gerichtshof
EUR	Euro
EZB	Europäische Zentralbank
f.	folgende
FAQ	Frequently Asked Questions
FAZ	Frankfurter Allgemeine Zeitung
FBUB	Feuer-Betriebsunterbrechungsversicherungsbedingungen
ff.	fortfolgende
Fischer, StGB	Fischer, StGB, 65. Aufl. 2018

Fitting, BetrVG	Fitting/Engels/Schmidt/Trebinger/Linsenmaier (Hrsg.), Betriebsverfassungsgesetz mit Wahlordnung, Handkommentar, 29. Aufl. 2018
Fn.	Fußnote
Forgó/Helfrich/Schneider, Betrieblicher Datenschutz	Forgó/Helfrich/Schneider (Hrsg.), Betrieblicher Datenschutz, 2. Aufl. 2017
FTC	Federal Trade Commission
GDV	Gesamtverband der deutschen Versicherungswirtschaft
GewO	Gewerbeordnung
GG	Grundgesetz
GmbH	Gesellschaft mit beschränkter Haftung
GmbHG	Gesetz betreffend die Gesellschaften mit beschränkter Haftung
GMBl.	Gemeinsames Ministerialblatt
Gola, DS-GVO	Gola (Hrsg.), Kommentar zur Datenschutz-Grundverordnung VO (EU) 2016/679, 2. Aufl. 2018
Gola/Schomerus, BDSG	Gola/Schomerus (Hrsg.) Kommentar zum Bundesdatenschutzgesetz, 12. Aufl. 2015
Grabitz/Hilf/Nettesheim, EUV/AEUV	Grabitz/Hilf/Nettesheim (Hrsg.), Das Recht der Europäischen Union: EUV/AEUV, 64. Aufl. 2018
grds.	grundsätzlich
Grigoleit, AktG	Grigoleit, Aktiengesetz, 1. Aufl. 2013
GVG	Gerichtsverfassungsgesetz
GWR	Gesellschafts- und Wirtschaftsrecht (Zeitschrift)
Hauschka/Moosmayer/Lösler, Corporate Compliance	Hauschka/Moosmayer/Lösler (Hrsg.), Corporate Compliance, 3. Aufl. 2016
Hdb.	Handbuch
Hdb. IT und DSR	Auer-Reinsdorff/Conrad (Hrsg.), Handbuch für IT- und Datenschutzrecht, 2. Aufl. 2016
Henssler/Strohn, Gesellschaftsrecht	Henssler/Strohn (Hrsg.), Gesellschaftsrecht, 3. Aufl. 2016
Henssler/Willemsen/Kalb	Henssler/Willemsen/Kalb (Hrsg.), Arbeitsrecht Kommentar, 8. Aufl. 2018
HGB	Handelsgesetzbuch
Hölters, AktG	Hölters (Hrsg.), Aktiengesetz, 3. Aufl. 2017

Hölters, Unternehmenskauf	Hölters (Hrsg.), Handbuch Unternehmenskauf, 8. Aufl. 2015
Hs.	Halbsatz
Hüffer/Koch, AktG	Hüffer/Koch, Aktiengesetz, 13. Aufl. 2018
ID	Identity
IEC	Internationale Elektrotechnische Kommission
IKT	Informations- und Kommunikationstechnologie
Immenga/Mestmäcker, Bd. 1	Immenga/Mestmäcker (Hrsg.), Wettbewerbsrecht, Band 1 EU, 5. Aufl. 2012
Immenga/Mestmäcker, Bd. 2	Immenga/Mestmäcker (Hrsg.), Wettbewerbsrecht, Band 2 GWB, 5. Aufl. 2014
Internationale Beziehungen im Cyberspace	Hansel, Internationale Beziehungen im Cyberspace: Macht, Institutionen und Wahrnehmung, 2013
IoT	Internet of Things
IP	Intellectual Property
i. S. d.	im Sinne des
ISIS 12	IT-Sicherheitsmanagement-System in 12 Schritten
ISMS	IT-Sicherheitsmanagement-System
ISO	Internationale Organisation für Normung
i. S. v.	im Sinne von
IT	Informationstechnologie
IT-SiG	Gesetz zur Erhöhung der Sicherheit informationstechnischer Systeme
ITRB	Der IT-Rechts-Berater (Zeitschrift)
IuK-Technik	Informations- und Kommunikationstechnik
i.V.m.	in Verbindung mit
JZ	Juristenzeitung (Zeitschrift)
Kapellmann/Messerschmidt, VOB	Kapellmann/Messerschmidt (Hrsg.), Kommentar VOB Teile A und B, 6. Aufl. 2018
KK-StPO	Hannich (Hrsg.), Karlsruher Kommentar zur Strafprozessordnung, 7. Aufl. 2013
Klöhn, MAR	Klöhn (Hrsg.), Marktmissbrauchsverordnung, 2018
KMU	Kleine und mittlere Unternehmen
Kollmer/Klindt/Schlucht, Arbeitsschutzgesetz	Kollmer/Klindt/Schlucht (Hrsg.), Kommentar zum Arbeitsschutzgesetz, 3. Aufl. 2016

K&R	Kommunikation und Recht (Zeitschrift)
Krieger/Schneider, Hdb. Managerhaftung	Krieger/Schneider (Hrsg.), Handbuch Managerhaftung, 3. Aufl. 2017
KRITIS	Kritische Infrastruktur
Kühling/Buchner, DS-GVO BDSG	Kühling/Buchner (Hrsg.), DS-GVO BDSG, 2. Aufl. 2018
Küttner, Personalhandbuch	Küttner (Begr.), Personalhandbuch 2017, 24. Aufl. 2017
KWG	Gesetz über das Kreditwesen (Kreditwesengesetz)
Lackner/Kühl, StGB	Lackner/Kühl (Hrsg.), StGB, 28. Aufl. 2014
LAG	Landesarbeitsgericht
Langen/Bunte, Bd. 1	Bunte (Hrsg.), Kartellrecht, Band 1 Deutsches Kartellrecht, Kommentar, 13. Aufl. 2018
Langheid/Rixecker, VVG	Versicherungsvertragsgesetz, 5. Aufl. 2016
LG	Landgericht
lit.	litera
Loewenheim/Meessen/Riesenkampff/Kersting/Meyer-Lindemann, Kartellrecht	Loewenheim/Meessen/Riesenkampff/Kersting/Meyer-Lindemann (Hrsg.), Kartellrecht Kommentar, 3. Aufl. 2016
Ls.	Leitsatz
Luz/Neus/Schaber/Schneider/Wagner/Weber, KWG	Luz/Neus/Schaber/Schneider/Wagner/Weber, KWG und CRR, 3. Aufl. 2015
M&A	Mergers and Acquisitions
MAnwHdB IT	Leupold/Glossner (Hrsg.), Münchener Anwaltshandbuch IT-Recht, 3. Aufl. 2013
MAR	Marktmissbrauchsverordnung (Market Abuse Regulation)
MaRisk	Mindestanforderungen an das Risikomanagement
MarkenG	Gesetz über den Schutz von Marken und sonstigen Kennzeichen (Markengesetz)
MHdB GesR Bd. V	Beuthien/Gummert/Schöpflin (Hrsg.), Münchener Handbuch des Gesellschaftsrechts, Band V, 4. Aufl. 2016

Mio.	Millionen
MIRT	Mobile Incident Response Team
MMR	Multimedia und Recht (Zeitschrift)
Mrd.	Milliarde
MüKo AktG	Goette/Habersack/Kalss (Hrsg.), Münchener Kommentar zum Aktiengesetz, 5. Aufl. 2019
MüKo BGB	Säcker/Rixecker/Oetker/Limperg (Hrsg.), Münchener Kommentar zum BGB, 7. Aufl. 2015/2016/2017
MüKo Lauterkeitsrecht	Heermann/Schlingloff (Hrsg.) Münchener Kommentar zum Lauterkeitsrecht, 2. Aufl. 2014
MüKo StGB	Joecks/Miebach (Hrsg.) Münchener Kommentar zum StGB, 3. Aufl. 2017
MüKo StGB Bd. 7	Münchener Kommentar zum StGB, Band 7. Nebenstrafrecht II, 2. Aufl. 2015
MüKo VergabeR I	Säcker (Hrsg.), Münchener Kommentar Europäisches und Deutsches Wettbewerbsrecht, Band 3, Vergaberecht I, 2. Aufl. 2018
MüKo VVG, Bd.1	Langheid/Wandt (Hrsg.), Münchener Kommentar zum VVG, Band 1, 2. Aufl. 2016
MüKo VVG, Bd. 3	Langenheid/Wandt (Hrsg.), Münchener Kommentar zum VVG, Band 3, 2. Aufl. 2017
Müller-Wrede, VgV/UVgO	Müller-Wrede (Hrsg.), VgV/UVgO Kommentar, 2017
m. w. N.	mit weiteren Nachweisen
m. z. w. N.	mit zahlreichen weiteren Nachweisen
n. F.	neue Fassung
NIS-RL	Richtlinie EU 2016/1148 des Europäischen Parlaments und des Rates vom 6. Juli 2016 über Maßnahmen zur Gewährleistung eines hohen gemeinsamen Sicherheitsniveaus von Netz- und Informationssystemen in der Union
NJOZ	Neue Juristische Online Zeitschrift
NJW	Neue Juristische Wochenschrift (Zeitschrift)
NJW-RR	NJW-Rechtsprechungsreport (Zeitschrift)
NK-StGB	Kindhäuser/Neumann/Paeffgen (Hrsg.), Nomos Kommentar zum Strafgesetzbuch, 5. Aufl. 2017
Nr.	Nummer
NRW	Nordrhein-Westfalen

NStZ	Neue Zeitschrift im Strafrecht
NVwZ	Neue Zeitschrift für Verwaltungsrecht
NZA	Neue Zeitschrift für Arbeitsrecht
NZA-RR	Neue Zeitschrift für Arbeits- und Sozialrecht – Rechtsprechungs-Report
NZG	Neue Zeitschrift für Gesellschaftsrecht
OECD	Organisation für wirtschaftliche Zusammenarbeit und Entwicklung
OHG	Offene Handelsgesellschaft
OLG	Oberlandesgericht
OZG	Online-Zugangsgesetz
Paal/Pauly, DS-GVO BDSG	Paal/Pauly (Hrsg.), DS-GVO BDSG, 2. Aufl. 2018
Palandt	Palandt (Hrsg.), Bürgerliches Gesetzbuch, 77. Aufl. 2018
PC	Personal Computer
PIN	Persönliche Identifikationsnummer
PinG	Privacy in Germany (Zeitschrift)
Plath, BDSG/DSGVO	Plath (Hrsg.), Kommentar zu DSGVO, BDSG und den Datenschutzbestimmungen von TMG und TKG, 3. Aufl. 2018
PR	Public Relations
Prölss/Martin, VVG	Prölss/Martin (Hrsg.), Versicherungsvertragsgesetz: VVG, 30. Aufl. 2018
RDV	Recht der Datenverarbeitung (Zeitschrift)
RegE	Regierungsentwurf
RG	Reichsgericht
RGZ	Entscheidungen des Reichsgerichts in Zivilsachen (Entscheidungssammlung)
Richardi, BetrVG	Richardi (Hrsg.), Betriebsverfassungsgesetz, 16. Aufl. 2018
Rn.	Randnummer
r+s	recht und schaden (Zeitschrift)
Rs.	Rechtssache (EuGH)
S.	Seite, Satz (bei Rechtsnormen)

Schantz/Wolff, Datenschutzrecht	Schantz/Wolff, Das neue Datenschutzrecht, Datenschutz-Grundverordnung und Bundesdatenschutzgesetz in der Praxis, 2017
Scheurle, TKG	Scheurle/Mayen (Hrsg.), Telekommunikationsgesetz Kommentar, 3. Aufl. 2018
Schlüter/Stolte, Stiftungsrecht	Schlüter/Stolte, Stiftungsrecht, 3. Aufl. 2016
Schneider	Handbuch EDV-Recht, 5. Aufl., Köln 2017
Schwennicke/ Auerbach	Schwennicke/Auerbach (Hrsg.), Kreditwesengesetz (KWG) mit Zahlungsdiensteaufsichtsgesetz (ZAG) und Finanzkonglomerate-Aufsichtsgesetz (FKAG), 3. Aufl. 2016
SEC	Security and Exchange Commission
Seitz	Seitz/Finkel/Klimke, Kommentar zu den AVB-AVG, 2016
SGB V	Sozialgesetzbuch Fünftes Buch
Simitis, BDSG	Simitis (Hrsg.), Bundesdatenschutzgesetz, 8. Aufl. 2014
Spindler/Stilz, AktG	Spindler/Stilz (Hrsg.), Kommentar zum Aktiengesetz, 3. Aufl. 2015
SprAuG	Gesetz über Sprecherausschüse der leitenden Angestellten (Sprecherausschussgesetz)
Staudinger, BGB	J. von Staudingers Kommentar zum Bürgerlichen Gesetzbuch: Staudinger BGB – Buch 1: Allgemeiner Teil, 2017
StGB	Strafgesetzbuch
StPO	Strafprozessordnung
st. Rspr.	ständige Rechtsprechung
SWIFT	Society for Worldwide Interbank Financial Telecommunications
Sydow, DSGVO	Sydow (Hrsg.), Handkommentar zur Europäischen Datenschutzgrundverordnung, 2. Aufl. 2018
Taeger/Gabel, DSGVO BDSG	Taeger/Gabel (Hrsg.), Kommentar DSGVO und BDSG, 3. Aufl. 2019
TKG	Telekommunikationsgesetz
TMG	Telemediengesetz
UK	United Kingdom

UKlaG	Gesetz über Unterlassungsklagen bei Verbraucherrechts- und anderen Verstößen (Unterlassungsklagengesetz)
UP Bund	Umsetzungsplan Bund
UP KRITIS	Umsetzungsplan Kritische Infrastrukturen
UrhG	Gesetz über Urheberrecht und verwandte Schutzrechte (Urheberrechtsgesetz)
URL	Uniform Resource Locator
USA	United States of America
USD	US-Dollar
UWG	Gesetz gegen den unlauteren Wettbewerb
VAG	Gesetz über die Beaufsichtigung der Versicherungsunternehmen (Versicherungsaufsichtsgesetz)
Var.	Variante
VersR	Zeitschrift für Versicherungsrecht, Haftungs- und Schadensrecht
vgl.	vergleiche
VO (EU)	Verordnung der Europäischen Union
VoIP	Voice over IP
von der Groeben	von der Groeben/Schwarze/Hatje, Europäisches Unionsrecht, 7. Aufl. 2015
Voppel/Osenbrück/Bubert, VgV	Voppel/Osenbrück/Bubert (Hrsg.), VgV Kommentar, 4. Aufl. 2018
VVG	Gesetz über den Versicherungsvertrag (Versicherungsvertragsgesetz)
VW	Versicherungswirtschaft (Zeitschrift)
W&I-Versicherung	Warranty and Indemnity-Versicherung
Wiedemann, Kartellrecht	Wiedemann (Hrsg.), Handbuch des Kartellrechts, 3. Aufl. 2016
Wistra	Zeitschrift für Wirtschafts- und Steuerstrafrecht
WLAN	Wireless Local Area Network
WM	Wertpapier-Mitteilungen – Zeitschrift für Wirtschafts- und Bankrecht
WPA	Wireless Protected Access
WPA2	Wireless Protected Access mit Advanced Encryption Standard

WpHG	Gesetz über den Wertpapierhandel (Wertpapierhandelsgesetz)
Wybitul, Handbuch DSGVO	Wybitul (Hrsg.), Handbuch zur EU-Datenschutz-Grundverordnung, 2017
z. B.	Zum Beispiel
ZD	Zeitschrift für Datenschutz
ZGR	Zeitschrift für Unternehmens- und Gesellschaftsrecht
ZHR	Zeitschrift für das gesamte Handels- und Wirtschaftsrecht
Ziekow/Völlink, Vergaberecht	Ziekow/Völlink (Hrsg.), Kommentar Vergaberecht, 3. Aufl. 2018
Ziff.	Ziffer
Zöller, ZPO	Zöller (Hrsg.), Zivilprozessordnung, 32. Aufl. 2018
Zöllner/Noack, AktG	Zöllner/Noack (Hrsg.), Kölner Kommentar zum AktG, Band 2/1, 3. Aufl. 2009 ff.
ZPO	Zivilprozessordnung
ZRP	Zeitschrift für Rechtspolitik
ZUM	Zeitschrift für Urheber- und Medienrecht
ZUM-RD	Zeitschrift für Urheber- und Medienrecht – Rechtsprechungsdienst

Kapitel 1
Einleitung

Prof. Dr. Igor Podebrad/Dr. Detlev Gabel

Übersicht

I. Top-Thema „Cyber-Security“

Kein Geschäft ohne Risiko – das war schon immer so. Welche Risiken für Unternehmen besonders relevant sind, ändert sich jedoch in regelmäßigen Abständen. Für Top-Manager auf der ganzen Welt steht mittlerweile ein Risiko an der Spitze, das noch vor ein paar Jahren kaum jemand beachtet hatte: **Cyber-Attacken**. Dies meldet das World Economic Forum als ein Kernergebnis seines „Regional Risks for Doing Business Report 2018“ mit einem 1

Hinweis darauf, dass Cyber-Attacken inzwischen als **Risiko Nummer eins** in Märkten gelten, die 50 % zum globalen Bruttoinlandsprodukt beitragen.[1]

2 Alarmiert ist jedoch nicht nur das Management, sondern laut „Allianz Risk Barometer 2019" auch die Riege der Risikoexperten. Aus Sicht der weltweit befragten Spezialisten stehen die Geschäftsrisiken „Betriebsunterbrechungen" und „Cyber-Vorfälle" an der Spitze drohender Gefahren.[2] Als Auslöser für Betriebsunterbrechungen und Hauptursache für entsprechende wirtschaftliche Schäden fürchten sie passenderweise in erster Linie Cyber-Vorfälle.[3]

3 Wie sieht die **Lage in Deutschland** aus? Diese Frage beantwortet zum Beispiel der Digitalverband Bitkom mit seiner regelmäßig aufgelegten Studie zum Thema „Wirtschaftsschutz". Im Studienreport 2018 ist zu lesen: „68 Prozent der Industrieunternehmen gaben an, in den vergangenen zwei Jahren Opfer von Datendiebstahl, Industriespionage oder Sabotage gewesen zu sein." Der Studie zufolge waren vermutlich weitere 19 % der Teilnehmer von entsprechenden Vorfällen betroffen – denn ob Daten abgeflossen sind, lässt sich nicht immer zweifelsfrei feststellen, und nicht alle Angriffe werden auch entdeckt.[4]

4 Bitkom sieht die deutsche Industrie insgesamt „**unter digitalem Dauerbeschuss**" durch Kleinkriminelle genauso wie durch organisierte Kriminalität und Hacker im Staatsauftrag.[5] Und von „Dauerbeschuss" kann man durchaus sprechen: 2018 waren in Deutschland über 800 Mio. Schadprogramme im Umlauf, wobei pro Tag ca. 390.000 Programmvarianten entdeckt werden konnten, wie der Lagebericht 2018 des Bundesamtes für Sicherheit in der Informationstechnik (BSI) warnend belegt.[6]

---

1 World Economic Forum, Pressemitteilung, 12.11.2018, https://www.weforum.org/press/2018/11/from-unemployment-to-growing-cyber-risk-business-executives-in-different-regions-have-different-worries/ (zuletzt abgerufen: 20.2.2019).

2 Allianz, Allianz Risk Barometer 2019, S. 8, https://www.agcs.allianz.com/assets/PDFs/Reports/Allianz_Risk_Barometer_2019.pdf (zuletzt abgerufen: 20.2.2019).

3 Allianz, Allianz Risk Barometer 2019, S. 10.

4 Bitkom, Spionage, Sabotage und Datendiebstahl – Wirtschaftsschutz in der Industrie, 2018, S. 14, https://www.bitkom.org/sites/default/files/file/import/181008-Bitkom-Studie-Wirtschaftsschutz-2018-NEU.pdf (zuletzt abgerufen: 20.2.2019).

5 Bitkom, Pressemitteilung, 11.10.2018, https://www.bitkom.org/Presse/Presseinformation/Cyberattacken-auf-deutsche-Industrie-nehmen-stark-zu.html (zuletzt abgerufen: 20.2.2019).

6 Bundesamt für Sicherheit in der Informationstechnik, Die Lage der IT-Sicherheit in Deutschland 2018, S. 50, https://www.bsi.bund.de/SharedDocs/Downloads/DE/BSI/Publikationen/Lageberichte/Lagebericht2018.pdf (zuletzt abgerufen: 20.2.2019).

Auch das Bundeskriminalamt (BKA) zeigt sich besorgt: Es hält die Cyber-Kriminalität gleich nach dem islamistischen Terrorismus für die derzeit größte Herausforderung für seine Arbeit.[7] Das BKA weist darauf hin: „Die Qualität der Angriffe nimmt weiter zu.“[8] Die Gefahr ist immens, Opfer von Cyber-Angriffen zu werden. Im Fadenkreuz stehen mittlerweile **Unternehmen jeder Größe**, auch und nicht zuletzt der **deutsche Mittelstand** mit seinen zahlreichen Weltmarktführern. Betroffen waren in letzter Zeit laut Bitkom vor allem die Chemie- und Pharmabranche, der Automobilbau, der Maschinen- und Anlagenbau und die Hersteller von Kommunikations- und Elektrotechnik.[9] Doch in Sicherheit wiegen darf sich keine Branche – und das weltweit. **5**

Eine Zahl lässt dabei aufhorchen: McKinsey hat ermittelt, dass nur 16 % der Manager ihr Unternehmen auf Cyber-Risiken gut vorbereitet sehen.[10] Diese **kritische Einschätzung** ist faktisch begründet. Der Cyber-Raum ist nicht ohne Risiken, und die Unternehmen richten sich hier zunehmend ein. Sie digitalisieren und vernetzen ihre Wertschöpfungsprozesse, arbeiten mit immer größeren Datenmengen aus unterschiedlichen Quellen und binden immer mehr Kunden, Lieferanten und Dienstleister in ihre IT-Landschaft ein. Produktionssysteme werden dadurch genauso gefährdet wie geistiges Eigentum, Kundendaten und andere Assets. **6**

Eine Entwicklung hat besondere Sprengkraft: die zunehmende Verbreitung des „**Internet of Things**“ **(IoT)**, das die physische und die virtuelle Welt hochgradig miteinander verbindet. McKinsey hat berechnet, dass bis 2020 46 % aller Internetverbindungen zwischen Maschinen bestehen werden, Tendenz steigend.[11] So öffnen sich viele Einfallstore für Cyber-Kriminelle, und diese sind eng und vielfältig miteinander verbunden. **7**

---

7 *Falk Steiner*, Tagung des BKA: Cyberkriminalität – eine der größten Herausforderungen, https://www.deutschlandfunk.de/tagung-des-bka-cyberkriminalitaet-eine-der-grossten.1783.de.html?dram:article_id=385265 (zuletzt abgerufen: 20.2.2019).

8 Bundeskriminalamt, Pressemitteilung, 27.9.2018, https://www.bka.de/SharedDocs/Pressemitteilungen/DE/Presse_2018/pm180927_BundeslagebildCybercrime.html (zuletzt abgerufen: 20.2.2019).

9 Bitkom, Spionage, Sabotage und Datendiebstahl – Wirtschaftsschutz in der Industrie, 2018, S. 17.

10 McKinsey, A new posture for cybersecurity in a networked world, S. 2, https://www.mckinsey.com/business-functions/risk/our-insights/a-new-posture-for-cybersecurity-in-a-networked-world (zuletzt abgerufen: 20.2.2019).

11 McKinsey, A new posture for cybersecurity in a networked world, S. 3.

II. Gängige Formen von Cyber-Attacken

8 Cyber-Kriminelle sind nicht nur technisch versiert und oft mit enormen Ressourcen ausgestattet, sie sind auch kreativ und finden immer wieder neue Wege, um Unternehmen in Bedrängnis zu bringen. Zu den gängigen Formen von Cyber-Attacke zählen die Folgenden:

1. Erpressung durch Computersabotage – Ransomware

9 Vielen Cyber-Kriminellen geht es schlichtweg darum, Geld zu erpressen. Sie suchen ihre Opfer entweder gezielt aus oder setzen bei ihrem Angriff auf Streuwirkung. Ein besonders prominentes Beispiel für einen breit gestreuten Angriff war die Attacke auf Unternehmen, Institutionen und Privatpersonen mit der **Ransomware „WannaCry"** im Mai 2017. Betroffen waren davon schätzungsweise über 230.000 Systeme in über 150 Ländern.[12] Generell gilt es zwei Arten von Ransomware zu unterscheiden: die eine versperrt den Zugriff auf ein System, die andere, wesentlich gefährlichere, verschlüsselt die Daten der infizierten Systeme. In beiden Fällen können Unternehmen nicht mehr mit ihren Rechnern arbeiten, der Zugriff auf Daten und Anwendungen ist verwehrt. Die betroffenen Unternehmen werden dann aufgefordert, ein „Lösegeld", meist in Form digitaler Bitcoins, auf angegebene Konten zu überweisen, um wieder freizukommen.

2. Computersabotage um der Sabotage willen – Malware

10 Es geht nicht immer um Geld. Tatmotive sind oft auch die Zerstörung von Daten oder die Sabotage von Betriebsabläufen. Die Opfer werden mit Hilfe von **Schadsoftware (Malware)** attackiert, um ihre Wettbewerbskraft zu schwächen und ihre Reputation zu beschädigen. Im Juni 2017 sorgte etwa die Malware „NotPetya" weltweit für Furore. In Deutschland wurden vor allem Unternehmen aus den Branchen Logistik, Finanzen und Gesundheit angegriffen.[13] Laut BKA hat „NotPetya" dabei enorme Schäden angerichtet, weil die Malware die infizierten Systeme in wesentlichen Teilen auch dauerhaft unbrauchbar gemacht hat.[14]

---

12 Bundeskriminalamt, Bundeslagebild Cybercrime 2017, S. 12, https://www.bka.de/SharedDocs/Downloads/DE/Publikationen/JahresberichteUndLagebilder/Cybercrime/cybercrimeBundeslagebild2017.html (zuletzt abgerufen: 20.2.2019).

13 Bundeskriminalamt, Bundeslagebild Cybercrime 2017, S. 14.

14 Bundeskriminalamt, Bundeslagebild Cybercrime 2017, S. 14.

3. Überlastung von Infrastrukturen – DDoS-Attacken

11 Unternehmen können auch durch sog. **„Distributed Denial of Service"-Attacken (DDoS-Attacken)** wirkungsvoll angegriffen werden. Die Angreifer überlasten dabei die Systeme ihrer Opfer durch massive Anfragen an deren Server. Das BKA sieht darin die am häufigsten beobachteten Sicherheitsvorfälle im Cyber-Raum.[15] Entsprechende Attacken können außerordentlich wettbewerbsschädigend sein – etwa weil IT-basierte Arbeitsabläufe gestört werden oder Unternehmenswebsites nicht mehr erreichbar sind. Dies ist vor allem für Betreiber von Online-Shops oder anderer Kundenportale fatal.

4. Gezielter dauerhafter Zugriff auf IT-Systeme – Advanced Persistent Threat (APT-Angriff)

12 Erpressungen, sabotierte Systeme oder überlastete Server werden in der Regel schnell erkannt. Hingegen bleibt es oft lange unentdeckt, wenn ein Unternehmen **ausspioniert** wird. Den Tätern kommt es darauf an, dauerhaft unerkannt zu bleiben, um sich möglichst viele Informationen bzw. Daten beschaffen zu können. Ihre Spionage-Software schleusen sie häufig über sog. Spear-Phishing-Mails in das Zielunternehmen.[16] Diese E-Mails werden gezielt eingesetzt, d. h. personalisiert und mit einem vertrauenswürdig wirkenden Absender an ausgewählte Mitarbeiter verschickt. Die Adressaten werden mit vermeintlich relevanten Botschaften dazu eingeladen, bestimmte Websites aufzusuchen oder Anhänge herunterzuladen, die jeweils mit Schadcode versehen sind. Die Schadsoftware kann sich dann auf den betreffenden Rechnern installieren und sich im Hintergrund im Unternehmen ausbreiten. Das BSI weist u. a. auf eine bei Cyber-Spionen zunehmend beliebte Methode hin: Infiziert werden dabei die Websites und Software-Archive von Software-Herstellern; wenn Mitarbeiter eines Unternehmens nach einem Update für bestimmte Programme suchen und diese installieren, holen sie sich den digitalen Spion mit ins Haus.[17] Wie auch immer die APT-Angriffe erfolgen – den Tätern kann es gelingen, in den Besitz umfangreicher sensibler Kundendaten zu gelangen oder einen anderen gravierenden Schaden anzurichten.

---

15 Bundeskriminalamt, Bundeslagebild Cybercrime 2017, S. 17.

16 Bundeskriminalamt, Bundeslagebild Cybercrime 2017, S. 18.

17 Bundesamt für Sicherheit in der Informationstechnik, Die Lage der IT-Sicherheit in Deutschland 2018, S. 23.

5. Die Chef-Masche – CEO-Fraud

13 Ein besonders dreistes Vorgehen von Cyber-Kriminellen ist schließlich der sog. **„CEO-Fraud“**.[18] Die Täter fordern dabei relevante Mitarbeiter eines Unternehmens etwa per E-Mail dazu auf, einen größeren Geldbetrag ins Ausland zu überweisen. Nicht selten haben sie damit Erfolg. Denn sie geben sich als CEO oder als eine andere Führungskraft des betreffenden Unternehmens aus und können so Druck machen, auch ohne weiter hinterfragt zu werden. Vorab haben sie sich etwa mit Hilfe von Unternehmenspublikationen, Wirtschaftsnachrichten und Quellen wie dem Handelsregister über Projekte, Geschäftspartner und geplante Investitionen informiert und sich auf dieser Basis eine glaubwürdige „Story“ für ihre Aufforderung zurechtgelegt. Geeignete „Ansprechpartner“ mit deren Dialogdaten lassen sich häufig durch einfache Recherchen herausfinden – auch Social-Media-Plattformen oder Online-Netzwerke sind dafür wahre Fundgruben.

III. Kosten

14 Bereits diese grob skizzierte Bedrohungslage lässt erkennen: Bei Cyber-Crime geht es nicht um Delikte, die Unternehmen auf die leichte Schulter nehmen sollten, sondern um Angriffe, die sie im Kern treffen können. Ausdruck findet diese Relevanz in den Kosten, die Unternehmen im Zuge von Cyber-Attacken entstehen.

15 Das Ponemon Institute hat im Auftrag von IBM Security Zahlen ermittelt:[19] Die Ergebnisse sind beeindruckend. So betragen laut der Penomenon Studie **„Cost of a Data Breach 2018“** weltweit die durchschnittlichen Kosten eines Datenlecks („data breach“) 3,86 Mio. USD. Verglichen mit der entsprechenden Studie aus dem Vorjahr ist das ein Kostenanstieg um 6,4 %. Sogenannte Mega-Breaches, bei denen zwischen 1 Mio. und 50 Mio. Datensätze („records“) abgeflossen sind, schlagen noch höher zu Buche: Die Kosten liegen hier zwischen 40 Mio. USD und 350 Mio. USD.

16 Für **Deutschland** verweist der Studienbericht von Bitkom aus dem Jahr **2018** ebenfalls auf signifikante Kosten, die Industrieunternehmen innerhalb von zwei Jahren durch Wirtschaftsspionage, Sabotage oder Datendiebstahl

---

18 Bundeskriminalamt, Flyer Warnhinweis CEO-Fraud, https://www.bka.de/SharedDocs/Downloads/DE/IhreSicherheit/CEOFraud.html (zuletzt abgerufen: 20.2.2019).

19 IBM, Pressemitteilung, 11.7.2018, https://newsroom.ibm.com/2018-07-11-IBM-Study-Hidden-Costs-of-Data-Breaches-Increase-Expenses-for-Businesses (zuletzt abgerufen: 20.2.2019).

entstanden sind. Der **Gesamtbetrag** beläuft sich auf **43,4 Mrd. EUR**.[20] Dieser Betrag schlüsselt sich laut Bitkom wie folgt auf:

- Imageschaden bei Kunden oder Lieferanten/negative Medienberichterstattung: 8,8 Mrd. EUR.
- Patenrechtsverletzungen (auch schon vor der Anmeldung): 8,5 Mrd. EUR.
- Ausfall, Diebstahl oder Schädigung von Informations- und Produktionssystemen oder Betriebsabläufen: 6,7 Mrd. EUR.
- Kosten für Ermittlungen und Ersatzmaßnahmen: 5,7 Mrd. EUR.
- Umsatzeinbußen durch Verlust von Wettbewerbsvorteilen: 4,0 Mrd. EUR.
- Umsatzeinbußen durch nachgemachte Produkte (Plagiate): 3,7 Mrd. EUR.
- Kosten für Rechtsstreitigkeiten: 3,7 Mrd. EUR.
- Datenschutzrechtliche Maßnahme (z.B. Information von Kunden): 1,4 Mrd. EUR.
- Erpressung mit gestohlenen oder verschlüsselten Daten: 0,3 Mrd. EUR.
- Sonstige Schäden: 0,6 Mrd. EUR.

Das BSI weist darauf hin, dass viele **Ratingagenturen** die Sicherheit der In- 17
formationstechnik bereits als Teil der operationellen Risiken eines Unternehmens bewerten[21] – steigen die Risiken, sinken entsprechend die Ratings.

IV. Vorbeugende Maßnahmen („Preparedness")

Unternehmen, die sich nicht auf mögliche Cyber-Angriffe vorbereiten, gehen 18
immense Risiken ein – nicht nur für das eigene Unternehmen, sondern auch für ihre Kunden, Kooperationspartner und Dienstleister. Der Handlungsbedarf für Unternehmen ist daher groß. Gleichzeitig liegt bei Fragen der Cyber-Sicherheit noch einiges im Argen. Wesentliche Hürden auf dem Weg zu einem besseren Umgang mit Cyber-Risiken haben die Unternehmen sich dabei selbst aufgestellt. McKinsey sieht hier vor allem die folgenden drei:[22]

- **Die Delegation des Problems an den IT-Bereich:** In vielen Unternehmen wird an erster Stelle der IT-Bereich mit der Cyber-Sicherheit beauftragt. Doch Cyber-Sicherheit ist kein rein technisches Thema. Entscheidend ist vielmehr eine umfassende Unternehmensperspektive, die erkennen lässt, welche Bereiche und Assets besonders wichtig und schützenswert sind.

---

20 Bitkom, Spionage, Sabotage und Datendiebstahl – Wirtschaftsschutz in der Industrie, 2018, S. 25.

21 Bundesamt für Sicherheit in der Informationstechnik, Leitfaden Cyber-Sicherheits-Check, https://www.bsi.bund.de/SharedDocs/Downloads/DE/BSI/Publikationen/Broschueren/Leitfaden-Cyber-Sicherheits-Check.pdf?__blob=publicationFile&v=2 (zuletzt abgerufen: 20.2.2019), S. 8.

22 McKinsey, A new posture for cybersecurity in a networked world, S. 3 und S. 4.

- **Der Versuch, das Problem mit Ressourcen zu erschlagen:** Andere Unternehmen setzen darauf, mit möglichst vielen Experten in den eigenen Reihen Cyber-Attacken zu erkennen und abzuwehren. Doch viel bringt nicht zwangsläufig viel. Die Angriffe sind oft zu massiv, als dass man sie mit einem noch so großen Aufgebot abwehren könnte.
- **Die Behandlung des Problems als primäres Compliance-Thema:** Weitere Unternehmen vertrauen auf immer wieder neue Regularien und Checklisten. Manche davon sind durchaus hilfreich oder auch rechtlich geboten. Doch während die Compliance-Vorgaben verteilt und vielleicht sogar befolgt werden, gehen die Cyber-Attacken unvermindert weiter.

1. Der strategische Rahmen

19 Generell sollten Unternehmen, die sich im digitalen Raum behaupten wollen, möglichst früh grundsätzliche Voraussetzungen schaffen, um mit Cyber-Risiken erfolgreich umgehen zu können. Aus strategischer Sicht umfasst dies zumindest die folgenden Punkte:

- **Konzern-/Unternehmensstrategie:** In der Konzern-/Unternehmensstrategie ist Cyber-Sicherheit als ein wesentlicher Schwerpunkt verankert, der im Kontext der anderen strategischen Ziele eine dauerhaft erfolgreiche Positionierung am Markt erlaubt.
- **Konzern-/Unternehmensverfassung:** In der Konzern-/Unternehmensverfassung ist zum einen ein risikoorientiertes Vorgehen verbindlich festgeschrieben und zum anderen das Einhalten effektiver Wege, um Risiken abzuwehren. Die Unternehmen sind gefordert, ihre organisatorischen Strukturen und Prozesse „cybersicher" zu machen.
- **Informationssicherheitsstrategie:** Es ist definiert, wie sicherheitsrelevante Aspekte im Rahmen der geschäftsstrategischen Ansätze adressiert und umgesetzt werden. Dabei sind mit Blick auf gesetzliche und regulatorische Rahmenbedingungen auch die jeweils branchenspezifischen bzw. individuellen Anforderungen in operative Vorgehensmodelle übersetzt. Hier geht es zum Beispiel darum, eine unabhängige Sicherheitsorganisation mit einem CISO an der Spitze zu etablieren.
- **Cyber-Risikostrategie:** Die Cyber-Risiken sind als wesentliche Risiken identifiziert und inventarisiert. So wird auch transparent, welche Cyber-Risiken inhaltlich und formal mit anderen wesentlichen Risiken wie den Betriebsunterbrechungen verzahnt sind. Die Cyber-Risikostrategie wird als integraler Teil der Gesamtrisikostrategie betrachtet und ein entsprechendes operatives Reporting für den Vorstand bzw. die Geschäftsfüh-

rung, entscheidende Kontrollgremien und maßgebliche „information owner" etabliert.

– **Geschäftsfeld-/Segmentstrategien:** Die Geschäftsbereiche nennen in ihren Strategien die jeweils spezifischen Anforderungen, die sich für sie aus der übergeordneten Informationssicherheitsstrategie und der Cyber-Risikostrategie ergeben. Anforderungen aus weiterentwickelten Geschäftsmodellen und veränderten Bedrohungszenarien des Cyber-Raums fließen regelmäßig bzw. bedarfsorientiert in die Geschäftsfeldstrategien ein.

2. Praktische Maßnahmen

Wie lässt sich dieser strategische Rahmen in der Praxis mit Leben füllen? **20** Unternehmen können sich auf mögliche Angriffe grundsätzlich gut vorbereiten, also für eine hohe Preparedness sorgen. **Empfehlungen und Handreichungen** gibt es dafür viele.

Einen guten Überblick darüber, mit welchen Maßnahmen Unternehmen ihre **21** Preparedness steigern können, bieten im internationalen Umfeld etwa die **„10 steps to Cyber Security"**[23] des britischen National Security Centre und das **„Framework für Improving Critical Infrastructure Cybersecurity"**[24] des US-amerikanischen National Institute of Standards and Technology (NIST).

Das BSI stellt eine Reihe pragmatisch gehaltener Veröffentlichungen zur **22** Verfügung, um Unternehmen in Deutschland dabei zu unterstützen, ihre Netze und IT-Systeme wirkungsvoll abzusichern – zum Beispiel den **„Leitfaden Cyber-Sicherheits-Check"**,[25] die **„Basismaßnahmen der Cyber-Sicherheit"**[26] und das Papier **„Cyber-Sicherheits-Exposition"**.[27]

---

23 National Cyber Security Centre, 10 Steps to Cyber Security, https://www.ncsc.gov.uk/content/files/protected_files/guidance_files/NCSC%2010%20Steps%20To%20Cyber%20Security%20NCSC.pdf (zuletzt abgerufen: 20.2.2019).

24 National Institute of Standards and Technology, Framework for Improving Critical Infrastructure Cybersecurity, https://www.nist.gov/publications/framework-improving-critical-infrastructure-cybersecurity-version-11 (zuletzt abgerufen: 20.2.2019).

25 Bundesamt für Sicherheit in der Informationstechnik, Leitfaden Cyber-Sicherheits-Check, https://www.bsi.bund.de/SharedDocs/Downloads/DE/BSI/Publikationen/Broschueren/Leitfaden-Cyber-Sicherheits-Check.pdf?__blob=publicationFile&v=2 (zuletzt abgerufen: 20.2.2019).

26 Bundesamt für Sicherheit in der Informationstechnik, Basismaßnahmen der Cyber-Sicherheit, https://www.allianz-fuer-cybersicherheit.de/ACS/DE/_/downloads/BSI-CS_006.pdf?__blob=publicationFile&v=4 (zuletzt abgerufen: 20.2.2019).

27 Bundesamt für Sicherheit in der Informationstechnik, Cyber-Sicherheits-Exposition, https://www.allianz-fuer-cybersicherheit.de/ACS/DE/_/downloads/BSI-CS_013.pdf?__blob=publicationFile&v=2 (zuletzt abgerufen: 20.2.2019).

a) Bestimmung der „Cyber-Sicherheits-Exposition" durch das Management

23 Unter dem Strich geht es darum, sinnvolle Handlungsfelder und nötige, angemessene und wirtschaftliche Sicherheitsmaßnahmen zu definieren und umzusetzen. Dazu sollte laut BSI das Management erst einmal die reale Betroffenheit des Unternehmens und seinen Schutzbedarf bestimmen und mit Blick darauf das anzustrebende Sichherheitsniveau definieren.[28] Diese Bestimmung der sog. **Cyber-Sicherheits-Exposition**, wie sie das BSI empfiehlt, erfolgt ganzheitlich. Betrachtet werden im Rahmen der Bedrohungsanalyse die Infrastruktur, Daten und Prozesse des gesamten Unternehmens. Bewertet werden dabei die Schutzziele „Vertraulichkeit", „Verfügbarkeit" und „Integrität" mit Blick auf folgende Faktoren: „Wert der Daten und Prozesse", „Attraktivität für Angreifer", „Art der Angreifer", „Zielgerichtetheit des Angriffs" und „Angriffe in der Vergangenheit".[29] Zudem sollte geklärt werden, wie transparent das Unternehmen für potenzielle Angreifer ist, weil diese sich für erfolgreiche Attacken mit ausreichend relevanten Informationen versorgen müssen.[30]

b) Ein kritischer Blick seitens des Risikomanagements

24 Das Ergebnis dieser Analyse – ein klares Bild des anzustrebenden Sicherheitsniveaus – soll das Management für die generelle Notwendigkeit geeigneter Maßnahmen sensibilisieren und Basis einer weiterführenden Management-Entscheidung sein. Diese Entscheidung sollte durch das **Risikomanagement** des Unternehmens kritisch hinterfragt werden.[31] Seine Aufgabe besteht darin, zu analysieren, wie sich Cyber-Risiken auf das Unternehmen und seine Prozesse auswirken. Das Risikomanagement prüft dabei zwar als unabhängige Instanz die Entscheidung des Managements; dieses behält im Rahmen seiner Gesamtverantwortung für das Unternehmen jedoch das letzte Wort.

---

28 Bundesamt für Sicherheit in der Informationstechnik, Cyber-Sicherheits-Exposition, S. 1.

29 Bundesamt für Sicherheit in der Informationstechnik, Cyber-Sicherheits-Exposition, S. 2 und S. 3.

30 Bundesamt für Sicherheit in der Informationstechnik, Cyber-Sicherheits-Exposition, S. 3.

31 Bundesamt für Sicherheit in der Informationstechnik, Leitfaden Cyber-Sicherheits-Check, S. 19.

c) Umsetzung geeigneter Maßnahmen durch den CIO und den CISO

Schließlich geht es darum, mit Blick auf das anzustrebende Sicherheitsniveau und anhand der Kriterien „Notwendigkeit“, „Angemessenheit“ und „Wirtschaftlichkeit“ geeignete Maßnahmen zu bestimmen und eben auch in Angriff zu nehmen – eine Aufgabe, die dann in den Händen der Verantwortlichen für IT (CIO) und IT-Sicherheit (CISO) liegt.[32] Wie umfassend diese Aufgabe sein kann, verdeutlicht die Checkliste des BSI, die **zentrale Basismaßnahmen zur Cyber-Sicherheit** im Sinne erreichter Ziele nennt:[33] **25**

- Der Bedrohungsgrad der eigenen Infrastruktur sowie die Transparenz der Institution gegenüber Angreifern wurde bestimmt. Daraus wurde die Cyber-Sicherheits-Exposition abgeleitet.
- Sämtliche Netzübergänge sind identifiziert und hinreichend abgesichert.
- Die Infektion mit Schadprogrammen wird mit wirksamen Maßnahmen unterbunden.
- Die IT-Systeme wurden inventarisiert und auf ihre sicherheitstechnische Beherrschbarkeit hin geprüft.
- Offene Sicherheitslücken auf IT-Systeme werden vermieden.
- Eine Interaktion mit dem Internet findet nur über abgesicherte Komponenten statt.
- Logdaten werden zentral erfasst und ausgewertet.
- Die eigene Organisation wird mit allen notwendigen Informationen versorgt.
- Die Organisation ist auf die Bewältigung von Sicherheitsvorfällen vorbereitet.
- Die eingesetzten Mechanismen zur Authentisierung verhindern eine missbräuchliche Nutzung durch Dritte.
- Es stehen ausreichende interne Ressourcen zur Verfügung, externe Dienstleister werden eingebunden.
- Das eigene Personal wird in Fragen der Cyber-Sicherheit qualifiziert und sensibilisiert.
- Es werden nutzerorientierte Maßnahmen zur Rollentrennung durchgesetzt.
- Die Organisation und ihre Mitglieder bewegen sich sicher in sozialen Netzen.

---

32 Bundesamt für Sicherheit in der Informationstechnik, Basismaßnahmen der Cyber-Sicherheit, S. 1.

33 Bundesamt für Sicherheit in der Informationstechnik, Basismaßnahmen der Cyber-Sicherheit, S. 12.

- Bei höherem Schutzbedarf werden Vertraulichkeit, Verfügbarkeit und Integrität durch wirksame Maßnahmen gewährleistet und Penetrationstests durchgeführt.
- Zur Abwehr gezielter Angriffe werden unterstützende Schutzmaßnahmen ergriffen.

26 Die meisten Maßnahmen betreffen technische Fragen. Besonders wichtig sind die Punkte Personal bzw. Mitglieder der Organisation. Denn der „**Faktor Mensch**" gilt als eine der größten Gefahrenquellen bei Cyber-Angriffen.[34] Die besten technischen Maßnahmen bieten keinen Schutz, wenn Mitarbeiter unsensibel und schlecht geschult mit E-Mails und externen Datenträgern umgehen oder bei ihren Social-Media- bzw. Online-Aktivitäten nicht auf der Hut sind.

V. Verhalten im Ernstfall („Response")

27 Leider bietet auch eine noch so gute Preparedness keine hundertprozentige Sicherheit. Unternehmen müssen deshalb wissen, was im Falle eines Falles zu tun ist. Ein entsprechender **Notfallplan** sollte stets verfügbar und gut kommuniziert sein. Denn wer erst während einer Attacke einen Plan entwickelt, wie er am besten damit umgeht, gerät zusätzlich unter Druck. Aus praktischer Sicht lassen sich insoweit grundsätzlich fünf Handlungsfelder unterscheiden:

1. Erfassung und Bewertung des Angriffs („Identification")

28 Wird ein Angriff bemerkt, geht es zuerst darum, sich ein klares Bild des Ausmaßes und der Wirkung der Cyber-Attacke zu verschaffen. Welche Form hat die Attacke? Welche Systeme und welche Daten sind betroffen? Welche Auswirkungen hat der Angriff auf das Unternehmen, etwa auf sein operatives Geschäft? Welcher Täterkreis ist vermutlich am Werk?

2. Schadensbegrenzung („Minimization")

29 Sobald ein Angriff qualitativ und quantitativ charakterisiert werden konnte, heißt es unverzüglich zu handeln. Idealerweise erfolgt dies durch ein „Computer Security Incident Response Team" (CSIRT). Dieses Team steht dem

---

34 PricewaterhouseCoopers, Im Visier der Cyber-Gangster – So gefährdet ist die Informationssicherheit im deutschen Mittelstand, Februar 2017, S. 16, https://www.pwc.de/de/mittelstand/assets/it-sicherheit-im-mittelstand-neu.pdf (zuletzt abgerufen: 20.2.2019).

Management mit Rat und Tat zur Seite, die Attacke zu stoppen und die angerichteten Schäden zu begrenzen oder zu beheben. Hier geht es u.a. darum, Datenlecks zu schließen, Schadsoftware zu entfernen und kritische Daten mit Hilfe von Backup-Versionen wiederherzustellen.

3. Dokumentation aller relevanten Informationen („Documentation“)

Im Sinne eines transparenten Cyber-Risk-Managements, zum Zwecke der späteren Rechtsverfolgung und um belegen zu können, dass der gebotenen Sorgfalt Genüge getan wurde, ist es wichtig, alle relevanten Informationen zum Angriff in geeigneter Form festzuhalten. Dokumentiert werden sollten etwa der Charakter des Angriffs und die getroffenen Gegenmaßnahmen, aber auch alle relevanten Logdaten und weitere technische Details. Diese Dokumentation sollte zudem alle weiteren Aktivitäten des Angreifers umfassen. **30**

4. Benachrichtigung Dritter („Notification“)

Vor allem gravierendere Cyber-Attacken und deren Folgen sind häufig keine „Privatsache“ eines Unternehmens. Unternehmen müssen deshalb klären, welchen Informationspflichten (z.B. nach dem BSI-Gesetz oder der DSGVO) sie rechtlich unterliegen. Daneben ist im Einzelfall die Benachrichtigung weiterer Dritter zu prüfen, wie etwa Strafverfolgungsbehörden, Versicherungen oder Geschäftspartner. **31**

5. Rückkehr zum Normalbetrieb („Remediation“)

Sind die wichtigsten Schritte getan, geht es darum, den weiteren laufenden Betrieb zu sichern. Auch nachdem eine Attacke unterbunden werden konnte, empfiehlt es sich, alle Systeme weiter zu überwachen, um neue Aktivitäten sofort zu erkennen. Zudem sollten im Rahmen eines „Post-Incident Review“ alle Mängel in Bezug auf die Preparedness und auf den Umgang mit dem Cyber-Angriff identifiziert, analysiert und beseitigt werden. Zu dieser Phase gehört schließlich auch die juristische Aufarbeitung des Vorgangs. **32**

VI. Querschnittsthema Cyber-Security

Um Unternehmen einen angemessenen Umgang mit Cyber-Risiken zu ermöglichen, ist neben geeigneten technischen, organisatorischen sowie per- **33** sonalwirtschaftlichen Vorkehrungen und Maßnahmen auch eine entsprechende **juristische Expertise** erforderlich. Das Forschungsunternehmen Hanover Research hat 2015 mit einer Studie für die Indiana University Maurer School of Law das Thema Cyber-Law als ein „wachsendes Feld" in Bezug auf die juristische Praxis identifiziert.[35] Schließlich geht es etwa um zunehmende regulatorische Anforderungen, gesetzliche Vorgaben, Meldepflichten sowie um Ansprüche gegenüber Angreifern und Ansprüche Dritter gegenüber dem angegriffenen Unternehmen. Unternehmen, die hier juristisch nicht in vollem Umfang vorbereitet und handlungsfähig sind, spielen mit ihrem guten Ruf und setzen sich massiven finanziellen Risiken aus.

34 Die Ergebnisse der genannten Studie[36] zeigen deutlich den Weg:

- Cyber-Security gewinnt generell an Bedeutung für Juristen.
- Unternehmen, einschließlich ihrer Syndizi, müssen sich noch besser auf Bedrohungen aus dem Cyber-Raum vorbereiten.
- Cyber-Security ist mittlerweile in gleichem Maße ein juristisches wie ein technisches Thema.
- Juristen müssen in juristischen und technischen Fragen rund um das Thema Cyber-Security besser geschult werden.

35 Ziel dieses Handbuchs ist es, dem Leser einen Überblick über das weite Feld „Cyber-Security" zu geben. Es handelt sich dabei nicht um eine eigenständige juristische Disziplin, sondern um ein **Querschnittsthema**, das unterschiedliche Rechtsbereiche umfasst. Jeder Bereich hat dabei seine eigene fachliche Tiefe und erfordert eine jeweils spezifische juristische Expertise.

36 Die einzelnen Kapitel dieses Handbuchs greifen alle relevanten Themen aus dem Bereich Cyber-Security auf und machen sie für die Praxis greifbar. Nach den maßgeblichen Rechtsbereichen geht es in drei Länderkapiteln auch um die juristische Lage und die Rechtspraxis in den USA, Großbritannien und China. Rechtsgebietsübergreifende Checklisten runden das Handbuch ab.

37 Da das Thema Cyber-Security starken internationalen Einflüssen (insbesondere aus den USA, wo es sich um eine schon seit Längerem etablierte Rechtsmaterie handelt) unterliegt, werden bestimmte gängige Begriffe entsprechend den Gepflogenheiten der Praxis in englischer Sprache verwendet.

---

35 Hanover Research, The Emergence of Cybersecurity Law, S. 2, https://sm.asisonline.org/ASIS%20SM%20Documents/The-Emergence-of-Cybersecurity-Law.pdf (zuletzt abgerufen: 20.2.2019).

36 Hanover Research, The Emergence of Cybersecurity Law, S. 2 und S. 3.

Kapitel 2
Gesellschaftsrecht (Unternehmensleitung und Unternehmensorganisation)

Dr. Alexander Kiefner

Literatur: *Achenbach*, Die Cyber-Versicherung – Überblick und Analyse, VersR 2017, 1493; *Baur/Holle*, Bußgeldregress im Kapitalgesellschaftsrecht nach der (Nicht)-Entscheidung des BAG, ZIP 2018, 459; *Bensinger/Kozok*, Kampf gegen Cyber Crime und Hacker Angriffe, CB 2015, 376; *Bernardi*, Cyber Resilience – Ein Leitfaden für Aufsichtsräte zur Widerstandsfähigkeit der Unternehmens-IT, BOARD 2018, 23; *Bunte*, Regress gegen Mitarbeiter bei kartellrechtlichen Unternehmensgeldbußen, NJW 2018, 123; *Bürkle*, Corporate Compliance – Pflicht oder Kür für den Vorstand der AG?, BB 2005, 565; *Bürkle*, Compliance als Aufgabe des Vorstands der AG – Die Sicht des LG München I, CCZ 2015, 52; *Byok*, Informationssicherheit von Kritischen Infrastrukturen im Wettbewerbs- und Vergaberecht, BB 2017, 451; *Daghles*, Cybersecurity-Compliance: Pflichten und Haftungsrisiken für Geschäftsleiter in Zeiten fortschreitender Digitalisierung, DB 2017, 2289; *von Falkenhausen*, Die Haftung außerhalb der Business Judgment Rule, NZG 2012, 644; *Germano*, Third-Party Cyber Risk & Corporate Responsibility, NYU School of Law, Center of Cyber-Security, 2017; *Giering*, Das neue Kapitalmarktmissbrauchsrecht für Emittenten, CCZ 2016, 214; *Hauschka*, Corporate Compliance – Unternehmensorganisatorische Ansätze zur Erfüllung der Pflichten von Vorständen und Geschäftsführern, AG 2004, 461; *Harbarth/Brechtel*, Rechtliche Anforderungen an eine pflichtgemäße Compliance-Organisation im Wandel der Zeit, ZIP 2016, 241; *Heermann*, Haftung des Vereinsvorstands bei Ressortaufteilung sowie für unternehmerische Entscheidungen, NJW 2016, 1687; *Hoffmann/Schieffer*, Pflichten des Vorstands bei der Ausgestaltung einer ordnungsgemäßen Compliance-Organisation, NZG 2017, 401; *von Holleben/Menz*, IT-Risikomanagement – Pflichten der Geschäftsleitung, CR 2010, 63; *Ihrig*, Wissenszurechnung im Kapitalmarktrecht – untersucht anhand der Pflicht zur Ad-hoc-Publizität gemäß Art. 17 MAR, ZHR 2017, 381; *Kiethe*, Die Haftung des Stiftungsvorstands, NZG 2007, 810; *Kipker*, Das neue chinesische Cyber-Security Law, MMR 2017, 455; *Kipker/Harner/Müller*, Der Mensch an der Schnittstelle zur Technik, InTeR 2018, 24; *Klöhn/Schmolke*, Unternehmensreputation, NZG 2015, 689; *Klöhn/Schmolke*, Der Aufschub der Ad-hoc-Publizität nach Art. 17 Abs. 4 MAR zum Schutz der Unternehmensreputation, ZGR 2016, 866; *J. Koch*, Regressreduzierung im Kapitalgesellschaftsrecht – eine Sammelreplik, AG 2014, 513; *R. Koch*, Geschäftsleiterpflicht zur Sicherstellung risikoadäquaten Versicherungsschutzes, ZGR 2006, 184; *König*, Haftung für Cyberschäden, AG 2017, 262; *Krupna*, IT-Compliance – Informationspflichten nach dem Bundesdatenschutzgesetz bei Hackerangriffen, BB 2014, 2250; *Larisch/von Hesberg*, Ausgestaltung von Risikomanagementsystemen durch die Geschäftsleitung – Zur Konkretisierung einer haftungsrelevanten Organisationspflicht, CCZ 2017, 17; *Lenz*, „Hertie 4.0" – Digitale Kompetenzlücken in der modernen Arbeitswelt als Haftungsrisiko von Arbeitnehmervertretern im Aufsichtsrat, BB 2018, 2548; *Meckl/J. Schmidt*, Digital Corporate Governance – Neue Herausforderungen für den Aufsichtsrat?, BB 2019, 131; Mehrbrey/Schreibauer, Haftungsverhältnisse bei Cyber-Angriffen – Ansprüche und Haftungsrisiken von Unternehmen und Organen, MMR 2016, 75; *Menne/Bie-*

denbach, Wir brauchen ein digitales Enablement für den Aufsichtsrat, AR 2018, 146; *Mülbert/Sajnovits*, Der Aufschub der Ad-hoc-Publizitätspflicht bei Internal Investigations – Teil I –, WM 2017, 2001; *Nietsch/Hastenrath*, Business-Judgment bei Compliance-Entscheidungen – ein Ausweg aus der Haftungsfalle? – Teil 2, CB 2015, 221; *Neufeld/Schemmel*, Notfallmanagement bei Cyberangriffen durch Cyber Incident Response Plan, Datenschutz-Berater 2017, 209; *Ott/Klein*, Hindsight Bias bei der Vorstandshaftung wegen Compliance-Verstößen, AG 2017, 209; *Preußner/Becker*, Ausgestaltung von Risikomanagementsystemen durch die Geschäftsleitung – Zur Konkretisierung einer haftungsrelevanten Organisationspflicht, NZG 2002, 846; *Pyrcek*, Veränderung der Unternehmenskultur und von Geschäftsmodellen durch die Digitale Transformation – Auswirkungen auf das Compliance- Management, BB 2017, 939; *Riemenschnitter*, Cybersecurity: Der asymetrische Kampf, Bank 2018, 60; *Scherer/Furth*, Der Einfluss von Standards, Technikklauseln und des „Anerkannten Standes von Wissenschaft und Praxis" auf Organhaftung und Corporate Governance – am Beispiel der ISO 19600 (2015) Compliance-Managementsystem, CCZ 2015, 9; *Schulz*, Compliance-Management im Unternehmen – Grundfragen, Herausforderungen und Orientierungshilfen, BB 2017, 1475; *Seibt*, 20 Thesen zur Binnenverantwortung im Unternehmen im Lichte des reformierten Kapitalmarktsanktionsrechts, NZG 2015, 1097; *Seibt/Same*, Geschäftsleiterpflichten bei der Entscheidung über D&O-Versicherungsschutz, AG 2006, 901; *Smedinghoff/Trope*, Guide to Cyber-Security Due Diligence in M&A Transactions, 2017; *Theisen/Probst*, Aufsichtsratsarbeit und Digitalisierung, DB 2018, 2885; *Thelen*, Schlechte Post in eigener Sache: Die Pflicht des Emittenten zur Ad-hoc-Mitteilung potentieller Gesetzesverstöße, ZHR 182 (2018), 62; *Voigt*, IT-Sicherheitsrecht, 2018; *Werner*, Die Haftung des Stiftungsvorstandes, ZEV 2009, 366; *Wirth*, Versicherung von Cyber-Risiken – eine Bestandsaufnahme unter besonderer Berücksichtigung von M&A-Transaktionen, BB 2018, 200; *Wolf*, Introduction to Data Security Breach Preparedness with Model Data Security Breach Preparedness Guide, 2012.

Übersicht

I. Rechtsgrundlagen

1. Einleitung

Das Thema Cyber-Security ist auch unter gesellschaftsrechtlichem Blickwinkel vielschichtig. Es geht um Compliance, Risikovorsorge, Risikomanagement, Resilienz. Aus Sicht der Unternehmensleitung ist wesentlich, den eigenen Geschäftsleiterpflichten Genüge zu tun und das Unternehmen organisatorisch so aufzustellen, dass die Unternehmensziele im digitalen Zeitalter erfolgreich verfolgt werden können. **1**

Zentral ist die Einsicht, dass Cyber-Risiken in ihrer Ursache zwar in erster Linie ein technisches Problem, in ihrer Wirkung jedoch quasi unbegrenzt sind. Informationstechnologische und digitale Lösungen bilden inzwischen das Nervensystem von Unternehmen, sodass wenn sie betroffen sind, automatisch alle Unternehmensteile bedroht sein können. Es macht aus der Sicht der Unternehmensleitung keinen Unterschied, ob die Produktion ausfällt, weil Arbeitnehmer streiken oder weil die Betriebssoftware durch einen Virus oder Hackerangriff nicht länger funktionsfähig ist. **2**

3 Abstrakt gesprochen sind vor diesem Hintergrund zwei entscheidende Aufgaben zu bewältigen. Zum einen gilt es sich zu fragen, welchen cyberspezifischen Risiken das Unternehmen ausgesetzt ist. Ist dieser erste Schritt getan, muss im zweiten Schritt auf Basis dieser Erkenntnisse entschieden werden, wie damit in Bezug auf das Unternehmen einerseits im Sinne einer Risikovorsorge („**Preparedness**") und andererseits im Fall der Risikoverwirklichung als dem „Ernstfall" („**Response**") umgegangen werden soll.

2. Cyber-Security, Compliance und Risikomanagement

4 Der rechtlich nicht definierte Begriff Cyber-Security weist unter dem Blickwinkel der Unternehmensorganisation und -leitung starke Bezüge zu den nicht deckungsgleichen Pflichtfeldern der **Compliance** und des **Risikomanagements** auf. Compliance umschreibt ein Konzept zur Sicherstellung rechtstreuen Verhaltens im Unternehmen sowie in der Unternehmensgruppe.[1] Risikovorsorge bzw. Risikomanagement bedeutet, dass die das Unternehmen treffenden Cyber-Risiken erkannt, analysiert und behandelt werden.[2] Insofern umfasst Cyber-Security alle Maßnahmen, die zur Risikoabwendung bzw. Risikominimierung und somit zur „**business protection**" getroffen werden. Geschützt werden Informationen, Systeme und Netzwerke und damit die Wettbewerbsfähigkeit des eigenen Unternehmens.[3] Dementsprechend wird bei der Risikovorsorge ein weiterer Blickwinkel als bei einem reinen Compliance-Ansatz eingenommen.

5 Für die Unternehmensleitung ist zentral, Cyber-Security als ein vieldimensionales Konzept zu verstehen.[4] Was jeweils in einer konkreten Situation Diskussionsgegenstand ist, hängt entscheidend davon ab, aus welcher Perspektive eine Cyber-Security-Thematik betrachtet wird. So gewinnt der Begriff der Cyber-Security unter dem Blickwinkel der Unternehmensorganisation z. B. einen unterschiedlichen Bedeutungsinhalt je nachdem, ob er im Zusammenhang mit dem Schutz von Privatsphäre oder im Zusammenhang mit Datenschutz verwendet wird.

6 Das folgende Kapitel legt den Fokus nicht allein auf Compliance, sondern versteht Cyber-Security gerade auch als eine (wesentliche) Disziplin der Risikovorsorge und des Risikomanagements.

---

1 *Koch*, in: Hüffer/Koch, AktG, § 76 Rn. 11, 20.

2 *Preußner/Becker*, NZG 2002, 846, 848 f.

3 *Smedinghoff/Trope*, Guide to Cyber-Security Due Diligence in M&A Transactions, S. 9, 10.

4 OECD, Digital Security Risk Management for Economic and Social Prosperity (2015), S. 19.

3. Rechtsgrundlagen

Aus der Sicht der Unternehmensleitung – **exemplarisch** seien Vorstand und Aufsichtsrat einer **Aktiengesellschaft** herangezogen – sind die wesentlichen Rechtsgrundlagen für das cyberbezogene Pflichtenheft die **allgemeinen Verantwortlichkeits- und Haftungsnormen** der **§§ 93, 116 AktG** und die daraus abgeleiteten **Legalitäts- und Organisationspflichten**, die bei **anderen Kapitalgesellschaftsrechtsformen** ihre **entsprechenden** Pendants haben.[5] Flankierend ist § 91 Abs. 2 AktG zu nennen, wonach mit Blick auf die frühzeitige Erkennung bestandgefährdender Entwicklungen geeignete Vorkehrungen, insbesondere ein Überwachungssystem, zu etablieren sind.[6] Weiterhin sehen – im Fall der börsennotierten AG – Ziffer 4.1.3 und 4.1.4 des DCGK das Vorhalten eines Compliance bzw. Compliance-Managementsystems vor, sowie die Sorge für ein angemessenes Risikomanagement und Risikocontrolling; nach Ziffer 3.4 DCGK soll zudem der Vorstand den Aufsichtsrat regelmäßig, zeitnah und umfassend über alle für das Unternehmen relevanten Fragen der Risikolage, des Risikomanagements und der Compliance informieren. **7**

Organisationspflichten finden sich zudem in **Spezialgesetzen** wie z.B. in § 25a KWG (nebst Konkretisierungen durch die BaFin als Aufsichtsbehörde)[7] oder in den §§ 23 ff. VAG (Kap. 7 Aufsichtsrecht, Rn. 28 ff., 101 ff.). Die naturgemäß abstrakte Organisationspflicht wird für den Datenschutz durch Vorschriften der DSGVO und des ABDSG konkretisiert, insb. durch die Art. 24 ff. DSGVO (Kap. 4 Datenschutz, insbes. Rn. 36 ff.). So verpflichtet Art. 24 DSGVO zu Vorkehrungen, um eine ordnungsgemäße Datenverarbeitung nachweisen zu können. Art. 25 DSGVO fordert „geeignete technische und organisatorische Maßnahmen" zum Datenschutz und Art. 32 DSGVO verpflichtet zu einem „dem Risiko angemessenem Schutzniveau" bei der Datenverarbeitung, das ebenfalls durch „technische und organisatorische Maßnahmen" zu gewährleisten ist. Zu nennen sind etwa auch die durch das IT-Sicherheitsgesetz (Kap. 5 IT-Sicherheit, Rn. 10 ff.) eingeführten Anforderungen an die Betreiber von Kritischen Infrastrukturen, die jeweils spezialgesetzliche Regelungen zu beachten haben (vgl. etwa § 8a Abs. 1 Satz 1 und 2 BSIG: „angemessene organisatorische und technische Vorkehrungen zur **8**

5 *Bensinger/Kozok*, CB 2015, 176, 377.

6 Zur Bedeutung für das Thema Cyber-Security vgl. etwa *Karger/Gaycken*, in: Forgó/Helfrich/Schneider, Betrieblicher Datenschutz, Kap. 5 Rn. 138.

7 Vgl. etwa BaFin, Rundschreiben 10/2017 (BA) vom 3.11.2017, S. 3.

Vermeidung von Störungen der Verfügbarkeit, Integrität, Authentizität und Vertraulichkeit ihrer informationstechnischen Systeme").[8]

9 Darüber hinaus können auch „weiche Quellen" auf das unternehmerische Ermessen bei Erfüllung der Organisationspflicht ausstrahlen. Solch eine weiche Quelle sind z. B. die Veröffentlichungen des BSI zum „IT-Grundschutz" oder der „Leitfaden zur Basisabsicherung" für kleine und mittelständische Unternehmen.[9] Auch anerkannte Standards[10] zur IT-Sicherheit wie die ISO/IEC-27000-Reihe[11] können sich auswirken.[12] So wird auch in den Art. 25 und 32 DSGVO oder in § 8a BSIG auf den „Stand der Technik" abgestellt. Eine weitere spezialgesetzliche Ausprägung mit entsprechender Ausstrahlungswirkung ist etwa die Europäische Richtlinie zum Sicherheitsniveau von Netz- und Informationssystemen (NIS-Richtlinie).[13] Schließlich ist auch die bestehende bzw. zukünftige Rechtsprechung – und bei regulierten Industrien die Aufsichtspraxis der zuständigen Behörden – für die Frage zu berücksichtigen, wie das Leitungsorgan seine Pflichten bezüglich Compliance und Risikovorsorge bzw. die Aufsicht darüber ordnungsgemäß ausfüllt.[14]

10 Eine besondere Rolle – sowohl im Rahmen der Preparedness wie auch im Rahmen der Response auf einen Cyber-Vorfall – spielt die im deutschen Recht in § 93 Abs. 1 Satz 2 AktG gesetzlich verankerte **Business Judgment Rule**, die auch für die Geschäftsführung anderer Kapitalgesellschaftsformen entsprechende Anwendung findet.[15] Wegen ihrer haftungsprivilegierenden

---

8 Erforderlich ist damit der Einsatz fortschrittlicher Verfahren, Einrichtungen und Betriebsweisen, die den Schutz der Funktionsfähigkeit der IT gegen Beeinträchtigungen gesichert erscheinen lassen, vgl. BT-Drs. 18/4096, S. 26; zur weiteren Auslegung *Kipker/Harner/Müller*, InTeR 2018, 24, 25–26.

9 Bundesamt für Sicherheit in der Informationstechnik (BSI), BSI Standard 200-1, 200-2, 200-3; BSI, Leitfaden zur Basis-Absicherung nach IT-Grundschutz, 10/2017.

10 Solch einen Standard gibt es mit der DIN ISO 19600 auch für Compliance-Managementsysteme.

11 Der Standard in der aktuellsten Fassung als DIN-Norm „DIN EN ISO/IEC 27001:2017-06 Informationstechnik – Sicherheitsverfahren – Informationssicherheitsmanagementsysteme – Anforderungen" enthält Bestimmungen zum Aufstellen, Umsetzen, Betrieb, Überwachung, Bewertung, Wartung und Verbesserung von dokumentierten Informationssicherheit-Managementsystemen.

12 *Mehrbrey/Schreibauer*, MMR 2016, 75, 80.

13 Richtlinie (EU) 2016/1148 des Europäischen Parlaments und des Rates vom 6. Juli 2017 über Maßnahmen zur Gewährleistung eines hohen gemeinsamen Sicherheitsniveaus von Netz- und Informationssystemen in der Union.

14 Hierzu etwa *Scherer/Furth*, CCZ 2015, 9, 10.

15 Für die **GmbH**: vgl. nur *Noack/Zöllner*, in: Baumbach/Hueck, GmbHG, § 43 Rn. 22 m.z.w.N.; gänzlich ohne Bezugnahme auf die aktiengesetzliche Regelung BGH, 14.7.2008, DStR 2008, 1839; für die **Genossenschaft**: BGH, 3.12.2001, NZG 2002, 195, 196; bestätigt in BGH, 21.3.2005, NZG 2005, 562, 563; BGH, 3.11.2008, NZG

Wirkung[16] enthält sie wesentliche Vorgaben für Unternehmensleiter, wie diese ihre unternehmerischen Entscheidungen im Bereich der Cyber-Security strukturieren sollten, um einer persönlichen Haftung vorzubeugen.

Für kapitalmarktorientierte Unternehmen ist zusätzlich die Pflicht zur Ad-hoc-Publizität gemäß Art. 17 MAR relevant, die vor allem bei schwerwiegenden Cyber-Attacken ausgelöst werden kann (siehe hierzu unten Rn. 90 ff.). **11**

II. Kollisionsrecht und Verhältnis zu ausländischen Rechtsquellen

Kollisionsrechtliche Probleme stellen sich aus gesellschaftsrechtlicher Sicht **12** grundsätzlich nicht. Die Pflichten der – hier stellvertretend herangezogenen – Mitglieder von Vorstand und Aufsichtsrat werden durch das deutsche Gesellschaftsrecht normiert und durch weitere Quellen aus dem deutschen Recht geformt. Ausländische Regelungen treffen in der Regel das Unternehmen selbst. Über den Steigbügelhalter „Compliance“ ist ausländisches Recht allerdings auch für die Leitungsorgane bei der Unternehmensorganisation bzw. -überwachung zu berücksichtigen. Insbesondere können ausländische Rechtsordnungen, die auf international tätige Unternehmen angewendet werden, schärfer sein, was die persönliche zivilrechtliche oder straf-/ordnungswidrigkeitsrechtliche Haftung von Organwaltern im Außenverhältnis anbelangt (siehe auch die Länderberichte USA in Kapitel 13, UK in Kap. 14 und China in Kap. 15).[17]

2009, 117; *Geibel*, in: Henssler/Strohn, Gesellschaftsrecht, § 34 GenG Rn. 5; für den eingetragenen **Verein**: *Schöpflin*, in: BeckOK BGB, § 27 Rn. 20; *Burgard*, in: Krieger/Schneider, Hdb. Managerhaftung, § 6 Rn. 28; *Larisch/von Hesberg*, CCZ 2017, 17, 20; *Herrmann*, NJW 2016, 1687; *Lutter*, ZIP 2007, 841, 848; für die **Stiftung**: *Hüttemann/Rawert*, in: Staudinger, BGB, § 86 Rn. 68; *Weitemeyer*, in: MüKo BGB, § 86 Rn. 19, 21; *Schlüter/Stolte*, in: Schlüter/Stolte, Stiftungsrecht, Kap. 2: Errichtung der Stiftung, Rn. 87; *Schwake*, in: MHdB GesR Bd. V, § 79 Rn. 306; *Burgard*, in: Krieger/Schneider, Hdb. Managerhaftung, § 6 Rn. 28; *Werner*, ZEV 2009, 366, 367; *Kiethe*, NZG 2007, 810, 811 f.

16 Zu den Haftungsmaßstäben außerhalb der Business Judgment Rule *von Falkenhausen*, NZG 2012, 644, 645 f.

17 Vgl. z. B. den Sanktionskatalog des chinesischen Cyber-Security-Gesetzes; hierzu *Kipker*, MMR 2017, 455, 459.

III. Preparedness

13 Die Frage der Preparedness betrifft die Organisation des Unternehmens für die Zeit, wenn es sich nicht mit der besonderen Dynamik im Ernstfall, also dem Eintritt eines Cyber-Vorfalls, auseinandersetzen muss. Der Begriff der „Preparedness" ist hierbei weit zu verstehen. Es geht nicht nur um die Vorbereitung mit Blick auf den möglichen Ernstfall, sondern um eine für das Unternehmen angemessene **Cyber-Security-Governance**, also um die Konfiguration des Unternehmens für eine unternehmerische Tätigkeit in einem durchdigitalisierten Zeitalter. Das betrifft gleichermaßen die Vermeidung von Risiken und die Widerstandsfähigkeit bei Risikoverwirklichung („**Resilience**") wie die Nutzung von Chancen und einer vorteilhaften Positionierung am Markt.

1. Cyber-Security bezogene Risikovorsorge und Compliance als Rechtspflicht der Unternehmensleitung

14 Bei der Festlegung der Cyber-Security-Strategie ist es wichtig, das Einhalten von Rechtspflichten als wesentliche Aufgabe zu verstehen, ohne den Fehler zu begehen, das Thema auf diesen Aspekt zu reduzieren, sprich gerade auch die Business Protection über eine Cyber-Security bezogene Risikovorsorge und Risikomanagement im Blick zu behalten.

15 Nach herrschender Auffassung besteht – selbst mit Blick auf bestandsgefährdende Risiken – keine gesetzliche Pflicht zur Einrichtung eines umfassenden Risikomanagement*systems*, unabhängig davon welches Risiko konkret in den Blick genommen wird.[18] Ob die Pflicht zur sorgfältigen Unternehmensführung im Bereich der vorsorgenden Risikoerkennung und Risikosteuerung erfüllt wurde, ist also eine Einzelfallentscheidung, und ein zutreffender Verweis auf ein fehlendes umfassendes Risikomanagementsystem führt nicht automatisch zur Bejahung einer Pflichtverletzung. Risikovorsorge ist also nicht zwingend durch ein umfassendes Risikomanagementsystem zu betreiben.[19] Es ist jedoch nicht auszuschließen, dass je nach Unternehmen und verwirklichtem Risiko die Einrichtung eines Risikomanagementsystems als einzig richtige Maßnahme zum Umgang mit diesem Risiko gewertet wird.[20] Dies betrifft dann aber zunächst nur die Frage des Ob. Bezüglich der konkreten Ausgestaltung kann sich die Unternehmenslei-

---

18 OLG Celle, AG 2008, 711, 712; ferner etwa *Grigoleit/Tomasic*, in: Grigoleit, AktG, § 91 Rn. 8; *Mertens/Cahn*, in: Zöllner/Noack, AktG, § 91 Rn. 21.

19 Stellvertretend *Fleischer*, in: Spindler/Stilz, AktG, § 91 Rn. 34.

20 Siehe etwa *Grigoleit/Tomasic*, in: Grigoleit, AktG, § 91 Rn. 8.

tung in der Regel auf ihr unternehmerisches Ermessen im Sinne der Business Judgment Rule berufen.[21]

16 Auch die Pflicht zur Implementierung einer umfassenden Compliance-Organisation ist strittig.[22] Das Meinungsspektrum reicht vom allgemeinen Verständnis, dass der Vorstand das Unternehmen so organisieren muss, dass Rechtsverstöße vermieden werden,[23] bis zur Betonung, dass die Art und Weise dieser Organisation im unternehmerischen Ermessen steht.[24] So hat etwa das LG München in seiner „Siemens/Neubürger"-Entscheidung geurteilt, dass die Pflicht des Vorstands, das Unternehmen so zu organisieren, dass keine Rechtsverstöße begangen werden, sich „je nach Gefährdungslage" zu einer Pflicht zur Compliance-Organisation verdichten kann,[25] womit die Frage aufgeworfen ist, was solch eine Compliance-Organisation auszeichnet.

17 Klar ist, dass für eine Risikovorsorge bzw. für eine Compliance, die den Anforderungen des Unternehmens gerecht wird, Schritte eines Prozesses durchlaufen werden müssen, an dessen Ende ein Analyseergebnis steht, auf Basis dessen unternehmerische Entscheidungen bzgl. der zur ergreifenden Maßnahmen getroffen werden. Die Pflicht zur Errichtung eines (ggf. umfassenden) Risikomanagementsystems bzw. einer Compliance-Organisation betrifft dann die Frage, wie frei die Unternehmensleitung bei dieser Entscheidung ist und inwiefern Vorgaben zur strukturellen Ausgestaltung für ein pflichtgemäßes Handeln beachtet werden müssen.[26]

18 Risikovorsorge und Compliance erfordern in größeren Unternehmen regelmäßig eine umfangreiche Delegation von Aufgaben, die dann eine ordnungsgemäße Auswahl der verantwortlichen Personen, deren Instruktion sowie Überwachung erfordert.[27] Innerhalb der horizontalen Delegation (innerhalb des Vorstands) müssen die übrigen Vorstandsmitglieder daher die ihnen zustehenden Informationsansprüche regelmäßig einfordern, sollte nicht ohnehin durch einen regelmäßig wiederkehrenden Tagesordnungspunkt „Cyber-Security" in Vorstandsmeetings eine Berichtserstattung gesichert sein. Nur so kann der Gesamtvorstand seiner weiterhin bestehenden

---

21 Vgl. etwa *Spindler*, in: Münchener Kommentar zum Aktiengesetz, § 91 Rn. 28.
22 Zum Meinungsstand vgl. *Koch*, in: Hüffer/Koch, AktG, § 76 Rn. 13 ff.
23 *Koch*, in: Hüffer/Koch, AktG, § 76 Rn. 13 m. w. N.
24 *Hölters*, in: Hölters, AktG, § 93 Rn. 92; *Bürkle*, in: Hauschka/Moosmayer/Lösler, Corporate Compliance, § 36 Rn. 6.
25 LG München, NZG 2014, 345, 346.
26 Vgl. etwa *Koch*, in: Hüffer/Koch, AktG, § 76 Rn. 13.
27 Hierzu etwa *Hoffmann/Schieffer*, NZG 2017, 401, 406.

Überwachungspflicht nachkommen.[28] Im Rahmen einer vertikalen Delegation (auf Hierarchiestufen unterhalb der Vorstandsebene) ist zu beachten, dass der Kernbereich der Leitungsverantwortung nicht übertragen werden kann, sodass grundlegende Organisationsentscheidungen auch weiterhin auf Ebene der Unternehmensleitung getroffen werden müssen.[29] Bezüglich der nicht vom Kernbereich umfassten, übertragbaren Aufgaben, besteht eine Auswahlpflicht des zuständigen Vorstandsmitglieds. Hierbei ist insbesondere auf die Qualifikation und die persönliche Eignung der mit der Verantwortung betrauten Personen zu achten. Darüber hinaus sind wie auch bei der horizontalen Delegation Überwachungsmaßnahmen zu treffen und eine sachgerechte Berichterstattung und Dokumentation sicherzustellen.

2. Risikoanalyse

19 Der Begriff des Risikos wird in anerkannten Standards und Richtlinien[30] verstanden als die Effekte, die sich auf Unternehmensziele auswirken und deren planvolle Erreichung beeinträchtigen können. Risikoanalyse und -management haben dementsprechend das Ziel, die planvolle Erreichung der Unternehmensziele zu gewährleisten. Das Risikomanagement als Prozess setzt sich insofern aus vier wesentlichen Schritten zusammen, nämlich der **Identifizierung** von **Risiken**, ihrer **Bewertung**, ihrer **Behandlung** bzw. **Steuerung** und ihrer **Überwachung**.[31] Die Schritte der Identifizierung und Bewertung unterfallen dabei der Risikoanalyse. Ziel derselbigen ist die Aufdeckung von Vorgängen, die das Unternehmen schädigen können, um diese dann im Abgleich mit dem Risikoappetit des Unternehmens so steuern zu können, dass die Erreichung der Unternehmensziele nicht gefährdet wird.[32] Der Prozess der Risikoanalyse ist entsprechend dieser Zielvorgabe zu gestalten. Zudem sollte sich die Unternehmensleitung bewusst sein, dass Risikoidentifizierung und -bewertung haftungsrelevant sind.[33] Sie wird sich nur auf ihr unternehmerisches Ermessen berufen können, wenn sie im Zweifelsfall

---

28 *Voigt*, IT-Sicherheitsrecht, A. III. Rn. 38.

29 *Daghles*, DB 2017, 2289, 2291.

30 Vgl. etwa ISO/IEC 31000:2009 (jetzt ISO/IEC 31000:2018), ISO/IEC 27000 series (ISO/IEC 27000:2018) und ISO Guide 73:2009.

31 *R. Koch*, ZGR 2006, 184, 190; *Hauschka*, AG 2004, 461, 467; *Bürkle*, BB 2005, 565, 567.

32 Siehe in diesem Zusammenhang etwa Committee of Sponsoring Organizations of the Treadway Commission (COSO, (2004), Enterprise Risk Management – Integrated Framework Executive Summary, 2, http://www.coso.org/Publications/ERM/COSO_ERM_ExecutiveSummary.pdf (zuletzt abgerufen: 15.3.2019).

33 *R. Koch*, ZGR 2006, 184, 208.

darlegen und beweisen kann, dass eine ordnungsgemäße Analyse zur Schaffung einer hinreichenden Informationsgrundlage durchgeführt wurde.[34]

a) Analyse und Ordnungsrahmen

Eine systematische Risikoanalyse wird erheblich erleichtert, wenn sie auf Grundlage eines Ordnungsrahmens durchgeführt wird.[35] Dieser erst schafft die Überleitung von abstrakter Managementaufgabe zu einer operativ und strukturell handhabbaren Materie. Dabei muss der Ordnungsrahmen der Komplexität des Risikos gerecht werden. Für die Unternehmensleitung ist für die Wahrnehmung der eigenen Aufgaben wichtig, auf einen Ordnungsrahmen zurückgreifen zu können, der eine inhaltlich zutreffende und umfassende Darstellung ermöglicht, ohne detailliertes IT-Wissen für sachgerechte Entscheidungen vorauszusetzen. Der vom Weltwirtschaftsforum im Jahr 2017 entwickelte Ordnungsrahmen kann in diesem Zusammenhang durchaus hilfreich sein und wird deshalb im Folgenden knapp stellvertretend dargestellt.[36] Dies erfolgt auch aus der Erkenntnis heraus, dass solch eine Grundstruktur dazu beitragen kann, das Thema „Cyber-Security“ seiner Abstraktheit zu entreißen und eine über verschiedene Unternehmensebenen hinweg geführte Cyber-Security-Diskussion zu ermöglichen. **20**

Entsprechend der allgemeinen Methodik zur Risikoevaluierung bemisst auch der Ordnungsrahmen des Weltwirtschaftsforums Cyber-Risiken grds. nach den **Auswirkungen** eines Vorfalls und dessen **Eintrittswahrscheinlichkeit**.[37] Für die Eintrittswahrscheinlichkeit werden den „verwundbaren Stellen“ des Unternehmens (z. B. Mitarbeiter, Prozesse, Technologie) die Bedrohungen gegenübergestellt, welchen das Unternehmen ausgesetzt ist (z. B. menschliche Fehler, Hacker-Angriffe, Industriespionage, Insiderhandel). Dabei fällt auf, dass die Verwundbarkeiten wertneutral sind. So ist z. B. nicht ein unzureichend geschützter Datenverarbeitungsprozess als Verwundbarkeit dargestellt, sondern Prozesse im Allgemeinen. Dieser Ansatz ist vorzugswürdig, weil der Fokus nicht auf Probleme gelegt wird, die ohnehin mit Cyber-Risiken assoziiert werden, sondern eine wertneutrale Analyse gefördert wird, deren Ergebnis nicht schon teilweise vom antizipierten Analyseergebnis vorgezeichnet ist. Für die Auswirkungen eines Cyber-Vorfalls **21**

---

34 *R. Koch*, ZGR 2006, 184, 208.

35 Vgl. etwa OECD, Digital Security Risk Management for Economic and Social Prosperity (2015), S. 37.

36 World Economic Forum, Advancing Cyber Resilience (2017), 3.3 Board Cyber Risk Framework, S. 15 ff.

37 World Economic Forum, Advancing Cyber Resilience (2017), 3.3 Board Cyber Risk Framework, S. 15 ff.

bewertet der Ordnungsrahmen die gefährdeten Unternehmenswerte (z. B. Compliance, Reputation, Produktion, Infrastruktur, persönliche Daten) vor dem Hintergrund der für diese Werte cyberspezifischen Ausfallerscheinungen (z. B. Verlust der Geheimhaltung, Integrität oder Verfügbarkeit der Unternehmenswerte).[38]

22 Bei konsequenter Anwendung des Ordnungsrahmens kann für jeden gefährdeten Unternehmenswert eine konkretisierte Folge entsprechend dem sich jeweils realisierende Risiko benannt werden, wobei nicht aus dem Blick verloren werden sollte, dass nicht alle Risiken quantifizierbar sind, aber wegen ihrer Qualität im Gesamttext zu berücksichtigen sind. Ein solches durch den Ordnungsrahmen konkretisiertes Szenario wäre z. B. der Verlust der Funktionsfähigkeit von Produktionsprozessen durch eine erfolgreiche DoS-Attacke unter Ausnutzung fehlender Systemkontrollmechanismen.[39] Das so individualisierte Risiko erlaubt dann eine spezifische Beschreibung der Folgen wie Produktionsausfallkosten, Reputationsverlust, Haftung usw.

23 Der Ordnungsrahmen hat zusammengefasst drei hervorstechende Eigenschaften. Er ist umfassend, individualisierbar und kann flexibel erweitert bzw. angepasst werden; drei wertvolle Vorzüge, betrachtet man die Dynamik, mit welcher sich das digitale Umfeld entwickelt.

b) Umfang der Analyse

24 Die Cyber-Risikoanalyse ist der erste Schritt zu einem wirkungsvollen Cyber-Risikomanagementsystem bzw. zu einer wirkungsvollen Cyber-Security-Governance. Ziel ist die Identifizierung möglicher Ereignisse, die sich auf das Unternehmen auswirken können und diese in einem Umfang zu kontrollieren, dass sie im Einklang mit dem Risikoappetit des Unternehmens stehen und die Erreichung der Unternehmensziele nicht gefährden.[40] Es folgt aus der **Business Judgment Rule**, die ein unternehmerisches Handeln auf Grundlage angemessener Information fordert, dass die Risikoanalyse **ein richtiges und vollständiges Bild** der das Unternehmen treffenden **Risiken** zeichnen muss.[41]

25 Das Cyber-Risiko sollte zunächst als mehrdimensionales Risiko begriffen werden, das unter verschiedenen Gesichtspunkten wie z. B. Rechtstreue, Fi-

---

38 World Economic Forum, Advancing Cyber Resilience (2017), 3.3 Board Cyber Risk Framework, S. 18.

39 Weitere Beispiele bei World Economic Forum, Advancing Cyber Resilience (2017), S. 20.

40 FERMA/ECIIA, At the junction of corporate governance & Cyber-Security, S. 9.

41 *von Holleben/Menz*, CR 2010, 63, 66; *Nietsch/Hastenrath*, CB 2015, 221, 221.

nanzen, Reputation, operatives Geschäft und strategische Ausrichtung betrachtet werden sollte. Außerdem sollte das Bewusstsein bestehen, dass die Anfälligkeit für Cyber-Attacken die zwangsläufige Konsequenz umfassender Digitalisierung der wirtschaftlichen Tätigkeit eines Unternehmens ist. Die damit verbundenen Effizienzgewinne gibt es nicht risikobefreit, sondern sie erfordern eine Absicherung. Dieses sog. **„downside risk" der Digitalisierung** besteht grds. für jede neue Informationstechnologie, welcher sich Unternehmen bedienen, z. B. mobile Anwendungen, Cloud-Computing, umfassenden Informationszugang für Arbeitnehmer und Kunden, Big-Data-Analysen oder weitreichende und kleinteilige Zuliefererketten, die über Software organisiert und in den Produktionsprozess eingebunden werden.[42]

Die Grundübung der Risikoanalyse sind die **operativen Risiken**, die sich aus den im Unternehmen stattfindenden IT-Abläufen ergeben.[43] Hierzu muss die IT-Struktur des Unternehmens festgestellt werden.[44] Dies umfasst die eingesetzten IT-Lösungen und die organisatorischen Vorkehrungen, durch welche die IT betrieben wird, also insb. auch die Zuständigkeiten für Vorgänge und Prozesse sowie die bestehende Zugriffsrechte in diesem Zusammenhang.[45] **26**

Des Weiteren ist eine **Compliance-Risikoanalyse** durchzuführen.[46] Hier wird ermittelt, welchen gesetzlichen Anforderungen das Unternehmen unterliegt, wobei alle Rechtsordnungen abzubilden sind, innerhalb welcher das Unternehmen tätig ist. Ist das Unternehmen in Ländern tätig, die besonders strenge gesetzliche Anforderungen an Cyber-Security stellen, sollte hier auch ein besonderer Schwerpunkt bei der Compliance-Risikoanalyse gesetzt werden.[47] Gleiches gilt, wenn aufgrund des Sanktionskatalogs und der wirtschaftlichen Bedeutung des Landes für die Tätigkeit des Unternehmens, die Risiken für das Unternehmen besonders ausgeprägt sind. So werden z. B. in den USA den Unternehmen umfangreiche Publizitätspflichten auferlegt und im chinesischen Cyber-Security-Recht werden Verstöße mit empfindlichen Sanktionen geahndet (vgl. auch die Länderberichte USA in Kap. 13 und China in Kap. 15). **27**

Zudem ist darauf zu achten, dass die Analyse auf den **gesamten Wirkungskreis** des Unternehmens zu erstrecken ist. Deshalb müssen auch Risiken aus **28**

42 NACD, Cyber-Risk Oversight, Directors Handbook Series, S. 7.
43 FERMA/ECIIA, At the junction of corporate governance & Cyber-Security, S. 9.
44 *von Holleben/Menz*, CR 2010, 63, 66.
45 *von Holleben/Menz*, CR 2010, 63, 66.
46 Hierzu etwa *Hoffmann/Schieffer*, NZG 2017, 401, 404.
47 Zutreffend *Schulz*, BB 2017, 1475, 1479.

der Sphäre von Kunden, Zulieferern, Geschäftspartnern und Vertriebspartnern erfasst werden.[48] Insbesondere bei IT-Drittbezug und der Auslagerung von IT-Dienstleistungen müssen diese in die Risikoanalyse miteinbezogen werden.[49] Hier können Sicherheitslücken im System leicht ausgenutzt werden, um eine strengere Sicherung des Unternehmens selbst zu umgehen. Es besteht also die Gefahr, durch ein enges Risikoverständnis die eigenen Sicherheitsvorkehrungen zu untergraben. Hier gilt es durch enge Zusammenarbeit und unter Ausnutzung von Einwirkungsmöglichkeiten wie z. B. Vertragsgestaltung eine umfassende Schutzsphäre aufzubauen.

29 Ein besonderes Augenmerk sollte auf der Identifizierung der wesentlichen Unternehmenswerte („**crown jewels**") liegen, die durch Cyber-Risiken bedroht sind.[50] In diesem Zusammenhang ist es hilfreich, die Perspektive eines potenziellen Angreifers einzunehmen. Angriffe werden überwiegend aus wirtschaftlichen Motiven unternommen.[51] Vorrangiges Ziel werden die Daten/Netzwerke/Systeme sein, die auch für das Unternehmen wertvoll sind. Außerdem ist eine möglichst differenzierte Abstufung im Rahmen der Wertzumessung sinnvoll, um diese auch bei der Ressourcenverteilung abbilden zu können. Nach Identifizierung der wesentlichen digitalen Unternehmenswerte sollten zudem **wesentliche Folgefragen** beantwortet werden, die insb. auf den Speicherort (innerhalb des Unternehmens oder bei Drittanbietern; auf einem System oder mehreren), die Inhaberschaft, die Zugangsberechtigung, die Berechtigung zur Vergabe von Zugangsrechten und die Gestaltung des Zugangs (Verschlüsselung) abzielen.

c) Risikokategorisierung und Risikobewertung

30 An die Analyse schließt sich die Einordnung und Kategorisierung der Risiken an. Hierdurch wird der Grundstein für die spätere Risikoauswertung gelegt, die dann wiederrum ausschlaggebend für die weitere Behandlung der einzelnen Risiken ist. Letztlich gilt es, die gesammelten Informationen so zu ordnen und in Verhältnis zueinander zu setzen, dass eine Einschätzung der dem Unternehmen jeweils drohenden Gefahr vorgenommen werden kann.

---

48 Hierzu etwa *Germano*, Third-Party Cyber Risk & Corporate Responsibility, NYU School of Law, Center of Cyber-Security, 2017.

49 Vgl. zu den Vorgaben der BaFin, Rundschreiben 10/2017 (BA) vom 3.11.2017, S. 19, 20.

50 *Riemenschnitter*, Bank 2018, 60, 61.

51 *Bensinger/Kozok*, CB 2015, 376, 376.

Zentrale Risikokategorien sollten die bedrohten Unternehmenssysteme und -werte sowie die Eintrittswahrscheinlichkeit sein.[52] Die bedrohten Unternehmenswerte stellen das potenzielle Schadensrisiko im Falle des Eintritts dar. Hier kann unterschieden werden zwischen existenzbedrohenden Folgen und solchen, die die Fortführung des Unternehmens nicht weiter gefährden. Durch das Hinzuziehen des jeweiligen Eintrittsrisikos wird dann deutlich, mit welchen Risiken tatsächlich gerechnet werden muss und welche statisch gesehen nahezu auszuschließen sind. Aus der Kombination beider Messkategorien lassen sich die **Risiken priorisieren** und entsprechend einordnen. **31**

Weiter kann auch eine Systematisierung der Risiken ihrem Ursprung nach sinnvoll sein. U. U. kann es effektiver sein, eine gesamte Risikoquelle auszuschalten bzw. zu meiden als die aus ihr stammenden Risiken einzeln zu bekämpfen. **32**

d) Ständige Aktualisierung der Risikoanalyse und -bewertung

Cyber-Risiken sind **dynamisch**.[53] So wie sich das digitale und physische Umfeld verändert, in welchem Unternehmen ihre Ziele verfolgen, so verändern sich auch die Risiken für die digitale Sicherheit, welchen das Unternehmen ausgesetzt ist.[54] Deshalb ist die **Risikoanalyse** in **regelmäßigen** Abständen zu erneuern, um eine stets aktuelle Darstellung der Risiken zu erreichen, welchen das Unternehmen durch seine Geschäftstätigkeit ausgesetzt ist. Insbesondere bei neuen unternehmerischen Vorhaben, z. B. den Vorstoß in einen neuen Markt, ist eine anlassbezogene Risikoanalyse angezeigt. Dabei ist auch zu prüfen, ob sich Risiken aus der neuen Tätigkeit möglicherweise auf die bestehende unternehmerische Tätigkeit auswirken. Zusätzlich ist es sachdienlich, externe Ereignisse wie z. B. weitreichende Cyber-Attacken, auch wenn sie nicht das Unternehmen selbst betreffen, als Anlass zu nehmen, eine Prüfung der fortbestehenden Aktualität des eigenen Cyber-Security-Governance-Programms vorzunehmen.[55] Darüber hinaus können auch Änderungen der Aktivität selbst oder in ihrer Relevanz für die Erreichung der Unternehmensziele, Anlass für eine Anpassung sein. Erzeugt z. B. **33**

---

52 Vgl. hierzu OECD, Digital Security Risk Management for Economic and Social Prosperity (2015), S. 51.

53 Vgl. hierzu OECD, Digital Security Risk Management for Economic and Social Prosperity (2015), S. 8.

54 Vgl. hierzu OECD, Digital Security Risk Management for Economic and Social Prosperity (2015), S. 8.

55 Vgl. hierzu OECD, Digital Security Risk Management for Economic and Social Prosperity (2015), S. 50.

eine Aktivität einen größeren Mehrwert für das Unternehmen als zuvor, wirkt sich dies auf die Risikobewertung aus.

3. Einführung einer der Analyse und Bewertung entsprechenden Cyber-Security-Governance

34 Der zweite Schritt des Risikomanagements ist typischerweise die Verwertung der Erkenntnisse aus der Risikoanalyse durch die Errichtung eines Maßnahmenprogramms, das die identifizierten Risiken behandelt.[56] Ziel der Risikobehandlung ist es, bei einer erneuten Analyse zu dem Ergebnis zu kommen, dass das Risiko nun im Einklang mit der individuellen Risikoakzeptanz des Unternehmens steht. Zu beachten ist ferner, dass Risikomanagement ein neutraler Begriff ist und – wie oben bereits dargelegt – nicht bedeutet, dass ein umfassendes *System* unter Einhaltung anerkannter Strukturvorgaben eingerichtet werden muss.[57] Welche Maßnahmen ergriffen werden und ergriffen werden sollten, hängt von einer Vielzahl von Faktoren ab, die bei jedem Unternehmen unterschiedlich ausfallen.[58] Vor allem unter diesem Gesichtspunkt und wegen der aus dem Prognosecharakter entspringenden Unsicherheit,[59] ist es sinnvoll, die Frage des Umgangs mit Risiken als eine unternehmerische Entscheidung aufzufassen[60] und nicht als Ausfluss der Legalitätspflicht zu begreifen, sodass im Ergebnis die gerichtliche Kontrolle der Maßnahmenergreifung beschränkt ist. Daraus folgt ebenfalls, dass auch keine Pflicht zur gänzlichen Risikovermeidung besteht. Obwohl dies natürlich in vielen Entscheidungen die naheliegende Lösung ist, liegt das Inkaufnehmen gewisser Risiken in der Natur der unternehmerischen Entscheidung. Anschließend stellt sich jedoch die Frage, wie mit diesem Restrisiko umzugehen ist.

a) Möglichkeiten der Risikobehandlung

35 Es gibt typischerweise vier grundsätzliche Möglichkeiten mit den im Rahmen der Risikoanalyse identifizierten und bewerteten Risiken umzugehen.[61]

---

56 So für die Compliance-Risikostrategie: *Schulz*, BB 2017, 1475, 1479.

57 *R. Koch*, ZGR 2006, 184, 192; a. A.: *von Holleben/Menz*, CR 2010, 63, 65.

58 *R. Koch*, ZGR 2006, 184, 192; *Nietsch/Hastenrath*, CB 2015, 221, 221; *von Holleben/Menz*, CR 2010, 63, 66.

59 *R. Koch*, ZGR 2006, 184, 198.

60 *Mehrbrey/Schreibauer*, MMR 2016, 75, 80.

61 Vgl. hierzu etwa OECD, Digital Security Risk Management for Economic and Social Prosperity (2015), S. 36

Eine zwingende zeitliche oder wertungsmäßige Reihenfolge gibt es dabei richtigerweise nicht; entscheidend sind die konkreten Umstände.

Zum einen besteht die Möglichkeit, das **Risiko** zu **akzeptieren**. Das heißt die betroffene Aktivität wird ohne Änderungen weiterhin durchgeführt, ungeachtet der durch das Risiko verursachten Unsicherheit in Bezug auf einen störungsfreien Ablauf.[62] Eine zweite Handlungsoption sind Maßnahmen zur **Risikoreduzierung**, bis das Level der Risikoakzeptanz des Unternehmens erreicht ist.[63] Hierfür können z. B. Sicherheitsmechanismen eingebaut werden oder der Ablauf der Aktivität wird dergestalt umstrukturiert, dass deren Verwundbarkeit vermindert wird. Zusätzlich können Vorsichtsmaßnahmen implementiert werden, die die Auswirkungen eines Vorfalls eingrenzen. In diesem Zusammenhang liegt ein besonderer Schwerpunkt auch auf der Stärkung der **Resilience** des Unternehmens, also der Fähigkeit, nach einer Cyber-Attacke wieder einen Zustand zu erreichen, in welchem die betrieblichen Abläufe unbeeinträchtigt durch die Konsequenzen der Cyber-Attacke fortgesetzt werden können. Die dritte Behandlungsmöglichkeit ist – soweit es risikoadäquat möglich ist – ein **Risikotransfer**, vor allem durch Versicherungslösungen (siehe Kap. 12 Versicherungsrecht). Die vierte Variante ist eine **Risikovermeidung**, also die vollständige Einstellung der jeweils risikobehafteten Aktivität.[64] **36**

Welche dieser Handlungsmöglichkeiten ergriffen wird, kann durch eine **Kosten-Nutzen-Analyse** unter Berücksichtigung der Risikofreudigkeit des Unternehmens entschieden werden.[65] Kosten können dabei z. B. durch die Implementierung der Sicherheitsmaßnahmen entstehen oder durch einen verringerten Nutzen der Aktivität nach Einführung solcher Maßnahmen. Bei Rechtsrisiken ist hierbei freilich zu berücksichtigen, dass eine kosten- bzw. nutzengetriebene Akzeptanz von Rechtsverstößen mit der Legalitätsdurchsetzungs- und -kontrollpflicht der Unternehmensleitung nicht vereinbar ist. Auch unter Corporate-Governance-Gesichtspunkten, insbesondere im Kontext regulierter Industrien, wird häufig der Risikovermeidung und Risikoreduzierung eine besondere Bedeutung beizukommen sein. **37**

---

62 Vgl. etwa OECD, Digital Security Risk Management for Economic and Social Prosperity (2015), S. 52.

63 Hierzu etwa OECD, Digital Security Risk Management for Economic and Social Prosperity (2015), S. 52.

64 OECD, Digital Security Risk Management for Economic and Social Prosperity (2015), S. 52.

65 OECD, Digital Security Risk Management for Economic and Social Prosperity (2015), S. 52.

b) Umsetzung durch Cyber-Security-Programm

38 Alle Entscheidungen bzw. Maßnahmen, die bzgl. der Risikobehandlung getroffen werden, bilden in ihrer Gesamtheit die **Cyber-Security-Governance** des Unternehmens.[66] Diese Maßnahmen stehen nicht isoliert nebeneinander, sondern müssen koordiniert werden und sich ergänzen. Das richtige Zusammenspiel aus **digitalen**, **technologischen**, **personenbezogenen**, **prozessbezogenen**, **rechtlichen** und **organisatorischen Maßnahmen** wird am Ende des Tages über den Erfolg der Cyber-Security-Governance entscheiden.

39 Von der Grundsatzentscheidung, ein Cyber-Security-Programm einzurichten, bis zu der Vielzahl an Einzelmaßnahmen, die das Programm letztendlich umsetzen, sind zahlreiche Zwischenschritte zu vollziehen. Organisatorische Maßnahmen legen fest, wer für welchen Zwischenschritt zuständig ist, in welchen Konstellationen (also unter Beteiligung welcher Unternehmensabteilungen) die wesentlichen Weichenstellungen entschieden werden und in welchen Handlungsformen gewährleistet wird, dass die Einzelmaßnahmen wie angedacht etabliert werden. Dabei wird es sich häufig um Protokolle, Richtlinien, Organigramme und ähnliche Vorgaben handeln.[67] Neben den organisatorischen Vorgaben stehen technologische Lösungen im Blickpunkt.[68] Diese umfassen u. a. Firewalls, Virenschutz-Software, Software zur Identifizierung von nicht autorisierten Zugriffen, Software zur Beobachtung von Datenströmen, Vorrichtungen die bei festgestellten Angriffen noch nicht betroffene Systeme absichern und Software zur Network Behavior Anomaly Detection (NBAD).[69] Zudem ist die Verschlüsselung von wesentlichen Daten ein wesentliches Tool.

40 Eine wesentliche Informationsquelle für die IT-Sicherheitsarchitektur im Unternehmen bilden auch im Markt anerkannte Standards bzw. Richtlinien.[70] Anstelle vieler wird hier z. B. für den Schutz von Informationssystemen auf das IT-Grundschutz-Kompendium[71] des Bundesamts für Sicherheit in der Informationstechnik (BSI) sowie die internationale Zertifizierungsnorm für Informationssicherheitsmanagementsysteme DIN ISO/IEC 27001 verwiesen.

---

66 So auch OECD, Digital Security Risk Management for Economic and Social Prosperity (2015), S. 34.

67 *Bensinger/Kozok*, CB 2015, 376, 378.

68 *von Holleben/Menz*, CR 2010, 63, 67.

69 *von Holleben/Menz*, CR 2010, 63, 67; *Bensinger/Kozok*, CB 2015, 376, 378.

70 *Bensinger/Kozok*, CB 2015, 376, 377; FERMA/ECIIA, At the junction of corporate governance & cybersecurity, S. 10.

71 Vgl. https://www.bsi.bund.de/DE/Themen/ITGrundschutz/ITGrundschutzKompendium/itgrundschutzKompendium_node.html (zuletzt abgerufen: 5.2.2019).

41 Neben technologischen Lösungen sollte vor allem auch der **Faktor Mensch** besonders ins Auge genommen werden.[72] Hoch entwickelte Technologielösungen sind schnell untergraben, wenn der menschliche Anwender unzureichend geschult ist. Schulungen und IT-Trainings können die Sensibilität für die Auswirkungen des eigenen Handelns schärfen. Ein Aufzeigen der Risiken für das Unternehmen hilft zudem die Wichtigkeit eines verantwortungsvollen Umgangs mit Daten/Systemen/Netzwerken zu verdeutlichen.

42 Ebenso wichtig wie die Einführung von Protokollen und Richtlinien zur Gewährleistung der technischen Sicherheit der digitalen Infrastruktur des Unternehmens ist die Organisation aller erforderlichen Funktionen in einer Art und Weise, dass alle **Handlungsschritte von der Grundsatzentscheidung auf Ebene der Unternehmensleitung** bis **zur exekutiven individuellen Sicherheitsmaßnahme** wie beabsichtigt vollzogen werden können. Hierfür gibt es keine „*one-size-fits-all*"-Lösung, allerdings kann es sinnvoll sein, sich an etablierten Grundstrukturen zu orientieren und diese an das eigene Unternehmen anzupassen.

43 Ein Vorschlag für organisatorische Leitlinien ist das sog. „**Three Lines of Defence-Modell**", entstanden in Zusammenarbeit der Federation of European Risk Management Associations (FERMA) und der European Confederation of Institutes of Internal Auditing (ECIIA), dessen Funktionsweise im Folgenden kurz dargestellt wird.[73]

44 Die **erste Verteidigungslinie** besteht typischerweise aus der IT-Abteilung, der Human-Ressources-Abteilung, dem Chief Data Officer (CDO) und den einzelnen im Unternehmen vorhandenen Produktions- bzw. Business-Einheiten. Diese setzen die Sicherheitsmaßnahmen um und überwachen sie.

45 Die **zweite Verteidigungslinie** wird überwiegend steuernd tätig. Das heißt, sie legt die Richtlinien und Standards unter Berücksichtigung der Risikofreudigkeit des Unternehmens fest, die die Grundlage der individuellen Sicherheitsmaßnahmen bilden und überwacht diese. Diese zweite Verteidigungslinie besteht meist aus der Risikomanagementabteilung, dem Controlling und der zuständigen Einheit für Compliance bzw. Cyber-Security.

46 Um der Überwachungsaufgabe nachkommen zu können, muss sichergestellt sein, dass ein Berichtssystem installiert ist, dass die Performance der ersten Verteidigungslinie für die zweite Verteidigungslinie überprüfbar macht. Eine weitere zentrale Aufgabe der zweiten Verteidigungslinie besteht darin,

---

72 Etwa laut Bundesamt für Sicherheit in der Informationstechnik (BSI) einer der häufigsten Fehlerquellen: BSI (Hrsg), Die Lage der IT Sicherheit in Deutschland 2017, S. 10.

73 FERMA/ECIIA, At the junction of corporate governance & cybersecurity, S. 10 ff.

neue Cyber-Risiken zu identifizieren und Richtlinien bzw. Standards entsprechend anzupassen sowie Änderungen der Gesetzeslage abzubilden. Weitere Verantwortlichkeiten sind die Organisation von Mitarbeiterschulungen und Tests, die Überwachung von Cyber-Attacken und die Beobachtung von Risikoindikatoren.

47 Die **dritte Verteidigungslinie** bildet das interne Audit, das in regelmäßigen Abständen das Funktionieren der ersten beiden Verteidigungslinien überprüft. Hierzu gehört insbesondere auch der Informationsaustausch zwischen erster und zweiter Verteidigungslinie. Das interne Audit muss alle Funktionen auf den Prüfstand stellen, also die Einführung und Überwachung der Sicherheitsmaßnahmen, das Funktionieren der Kontrollmechanismen sowie die grundlegenden Richtlinien und Standards. Klar ist, dass die dritte Verteidigungslinie nur bei Vorhaltung entsprechender Dokumentation ihrer Überwachungsaufgabe nachkommen kann.

48 Unverändert müssen allerdings auch bei Vorhandensein eines solchen Defense Modells jeder einzelne Mitarbeiter gewisse Grundlagen bzgl. Cyber-Security beachten. Denn ein Angriff kann grundsätzlich an jeder Stelle des Unternehmens ansetzen, sodass ein alleiniger Verlass auf die jeweiligen Fachabteilungen fatale Folgen haben kann. So muss jeder Mitarbeiter entsprechend seinem Verantwortungsbereich über die notwendige Kompetenz verfügen, Angriffe bzw. Unregelmäßigkeiten zu erkennen, auch wenn er dann im nächsten Schritt die entsprechenden Fachabteilungen hinzuziehen muss. Darüber hinaus sollte das Unternehmen auch Mitarbeiter-Policies festlegen, damit Mitarbeiter nicht unbewusst selbst zu einer Gefahrenquelle werden. Beispielhaft sollte diese Risikofelder wie Passwörter, Internetnutzung und soziale Medien, Speichern von Dokumenten und eigene Hardware umfassen.[74]

49 Ebenfalls sollten sich die Unternehmen auch die Fachkenntnisse der Wirtschaftsprüfer zu Nutze machen. Im Rahmen deren umfangreicher Prüfungshandlungen, welche auch die existierenden Maßnahmen des Risikomanagements umfassen, können sie durchaus wichtige Informationen zur Stichhaltigkeit des Sicherheitskonzepts liefern.

c) Preparedness auf dem Prüfstand

50 Die getroffenen Maßnahmen sind regelmäßig zu testen. Geeignet hierzu sind z. B. Stress-Tests, die die Auswirkungen von simulierten Angriffen ana-

---

74 *Daghles*, DB 2017, 2289, 2294.

lysieren.[75] Auch Verhaltensweisen von Mitarbeitern können so geprüft und ggfs. verbessert werden.

4. Praktische Notwendigkeiten und Folgen für die Gremienarbeit und -organisation

a) Das richtige „Mindset“ auf Ebene der Unternehmensleitung

Ein wesentlicher Denkschritt, der hilft, Cyber-Risiken in ihrer Bedeutung angemessen einzuordnen, ist, sie nicht rein als Bedrohung für Daten/Systeme/Netzwerke zu verstehen, sondern als Bedrohung für die wirtschaftlichen Aktivitäten des Unternehmens, die wesentlich auf diesen Daten/Systemen/Netzwerken aufbauen und von ihnen abhängig sind.[76] Daraus ergibt sich, auf welcher Verantwortungsstufe die Thematik zu behandeln ist, nämlich auf der der maßgeblichen Entscheidungsträger im Unternehmen.[77] So ergab eine Umfrage unter 69 Aufsichtsräten, dass diese Cyber-Security als wichtigstes Thema im Rahmen der Digitalisierung sowohl für den Vorstand als auch für den Aufsichtsrat sehen.[78] Die Unternehmensleitung muss selbst von der Wichtigkeit einer Cyber-Security-Governance überzeugt sein. Dem kann z.B. dadurch Ausdruck verliehen werden, dass die Behandlung von Cyber-Risiken im Rahmen des gesamtheitlichen Risikomanagement des Unternehmens erfolgt.[79] Darüber hinaus sollte Cyber-Security ein wiederkehrender Punkt auf der Tagesordnung von Vorstandssitzungen sein.[80] Nach dem in diesem Zusammenhang häufig angeführten Prinzip „Tone from the Top“[81] bekennt sich dann der Vorstand eindeutig als Gesamtorgan zu der Bedeutung von Cyber-Security für das Unternehmen und dekliniert diese als Gesamtaufgabe. 51

75 Hierzu etwa *Bernardi*, BOARD 2018, 23, 24.

76 Vgl. etwa OECD, Digital Security Risk Management for Economic and Social Prosperity (2015), S. 27.

77 Vgl. etwa OECD, Digital Security Risk Management for Economic and Social Prosperity (2015), S. 27; *Voigt*, IT-Sicherheitsrecht, A. III. Rn. 35.

78 Bzgl. des Vorstandes wurde die Wichtigkeit bei 3,87 von 4 gesehen, beim Aufsichtsrat 3,32 von 4; vgl. *Theisen/Probst*, DB 2018, 2885, 2888.

79 Vgl. etwa OECD, Digital Security Risk Management for Economic and Social Prosperity (2015), S. 35; *Riemenschnitter*, Bank 2018, 60, 61.

80 In zuvor erwähnter Studie geben 98,6 % der Befragten an, dass eine höhere Sensibilisierung für die Bedeutung der Digitalisierung so erreicht werden kann, *Theisen/Probst*, DB 2018, 2885, 2888.

81 *Hoffmann/Schieffer*, NZG 2017, 401, 406; *Pyrcek*, BB 2017, 939, 940.

b) Das „richtige" Know-how auf Ebene von Vorstand und Aufsichtsrat

52 Der oben vorgestellte Ordnungsrahmen kann maßgeblich dazu beitragen, dass die Unternehmensleitung ihre Aufgaben auf Grundlage ausreichender und verständlicher Informationen wahrnehmen kann.

53 Auch bei gefilterter Berichterstattung wird es notwendig sein, den Mitgliedern der Unternehmensleitung einen **Wissensstand** und ein **Risikobewusstsein** zu vermitteln, welches ihnen eine Befassung mit der Thematik ermöglicht, die den Anforderungen an ihre Aufgabenwahrnehmung gerecht wird. Hierfür ist ein detailliertes Verständnis der operativen Maßnahmen nicht erforderlich.[82] Insofern ist eine Kombination aus einführenden und vertiefenden Informationen, die aktuelle Entwicklungen vermitteln, erstrebenswert. Außerdem ist es sinnvoll, solche „Schulungen" durch interne Mitarbeiter und externe Experten durchführen zu lassen. Erstere fördern ein Verständnis für die Eigenheiten und Bedürfnisse des Unternehmens, letztere haben ein erhöhtes Maß an Objektivität und ggf. eine bessere Übersicht über aktuellen Entwicklungen im Markt. In diesem Zusammenhang stellt sich auch die Frage, ob es angezeigt ist, eine Position im Vorstand und ggf. auch im Aufsichtsrat mit einem Experten zu besetzen.[83]

54 Eine sachgerechte Behandlung der Cyber-Security-Thematik auf Ebene des **Vorstands** wird regelmäßig nur dann gewährleistet sein, wenn sich der Vorstand zumindest im Grundsatz als Gesamtorgan regelmäßig damit auseinandersetzt. Nur so kann auch im Unternehmen der „Tone from the Top"-Ansatz glaubhaft vermittelt werden.[84] Zudem ist aus Sicht des Vorstands Cyber-Security primär ein Thema des Risikomanagements, was meist originär in der Zuständigkeit des Gesamtvorstands liegt. Horizontale und vertikale Delegation sind aber möglich und für eine „Response"-Fähigkeit unabdingbar, um in einer Notsituation schnell und effektiv reagieren zu können. Deshalb ist es für die Schaffung klarer Zuständigkeiten angezeigt, ein Mitglied des Vorstands zu benennen, das für das Cyber-Security-Programm des Unternehmens zuständig sein soll.[85] Aufgrund der hohen Dynamik, Komplexität und des Risikos wird häufig lediglich eine „leichte Affinität" zu Cyber-Security-Themen nicht ausreichen. Vielmehr erfordert die angemessene Betreuung des Cyber-Risikomanagements ein tiefergehendes Verständnis der Materie,

---

82 Zutreffend *Bernardi*, BOARD 2018, 23, 23.

83 Vgl. hierzu NACD, Cyber-Risk Oversight, Directors Handbook Series, S. 14.

84 Für den Bereich der Kreditinstitute fordert etwa die BaFin in Anknüpfung an § 25a KWG, dass die Geschäftsleitung regelmäßig, mindestens jedoch vierteljährlich über die Ergebnisse der Risikoanalyse sowie Veränderungen an der Risikosituation unterrichtet wird, vgl. BaFin, Rundschreiben 10/2017 (BA) vom 3.11.2017, S. 7.

85 *Hoffmann/Schieffer*, NZG 2017, 401, 405.

auch um bestehende Risiken einschätzen und einordnen sowie die zugrunde liegenden Prozesse nachvollziehen zu können. Die Relevanz dieses Themas wird sich an die Mitarbeiter des Unternehmens auch nur dann glaubhaft vermitteln lassen, wenn die für dieses Ressort verantwortlichen Personen einen kompetenten Eindruck vermitteln. „Patentlösungen" gibt es nicht; entscheidend sind jeweils die Umstände des Einzelfalls, etwa der Gegenstand des Unternehmens und seine Größe und Komplexität.

Bzgl. des **Aufsichtsrats** wird eine gesonderte Expertenposition im Regelfall **55**
nicht erforderlich sein. Durch die Einführung eines klar strukturierten Ordnungsrahmens, die interne und externe Vermittlung von Wissen an die Aufsichtsratsmitglieder und ein Berichtssystem, das durch verständliche Sprache und Informationsgestaltung (Risikomatrix) überzeugt, können den Aufsichtsratsmitgliedern die erforderlichen Kenntnisse und Fähigkeiten vermittelt werden, insbesondere da der Aufsichtsrat nicht operativ tätig wird. Sichergestellt sein sollte allerdings, dass die einzelnen Mitglieder die Themengebiete im Zusammenhang mit der Digitalisierung verstehen, insbesondere die grundlegenden Begrifflichkeiten kennen.[86] Sofern die Wissensvermittlung einerseits sowie die der Berichterstattung durch den Vorstand andererseits aber gesichert ist, sollte der Aufsichtsrat seiner Überwachungsfunktion nachkommen können. Zudem besteht bei einem einzelnen „Expertenmitglied" die Gefahr, dass das Gesamtorgan sich nicht im angemessenen Umfang mit Cyber-Security beschäftigt, sondern das Thema bei dem Expertenmitglied „ablädt". Insofern ist hinsichtlich der Gremienbesetzung mit Personen, die über vertieftes Wissen auf diesem Gebiet verfügen, eher an eine Doppelbesetzung im Sinne des Vier-Augen-Prinzips – ggf. eingebettet in einem „Digitalisierungs-Ausschuss"[87] – zu denken. Darüber hinaus ist zumindest im Rahmen einer ohnehin anstehenden Neubesetzung der Gremien dem IT-Verständnis der Kandidaten ein höherer Stellenwert im Auswahlprozess beizumessen, denn mit der fortschreitenden technologischen Entwicklung nimmt gleichlaufend auch die Komplexität der Sachverhalte zu. Hier sollte nicht nur aus Cyber-Risikomanagement Gesichtspunkten, sondern auch im Hinblick auf die digitale Weiterentwicklung des Unternehmens und den sich damit verändernden Markt- und Geschäftsbedingungen eine langfristige personelle Steigerung der IT-Kompetenz der Geschäftsleitergremien das Ziel sein.[88]

---

86 *Menne/Biedenbach*, AR 2018, 146, 147. Zur Bedeutung von digitaler Kompetenz im Aufsichtsrat: *Lenz*, BB 2018, 2548.

87 Vgl. *Meckl/J. Schmidt*, BB 2019, 131,134.

88 Zur Verbesserung der digitalen Kompetenz der Geschäftsleitung durch Neubesetzung vgl. etwa *Favoccia/Vetter*, FAZ Beitrag vom 28.11.2017.

c) Organisatorische Umsetzungsmaßnahmen

aa) Veranlassungen und Aufgaben auf Ebene des Vorstands

56 Das für Cyber-Security zuständige Vorstandsmitglied muss nicht zwingend auch dasjenige Vorstandsmitglied sein, das für das Risikomanagement im Unternehmen zuständig ist (auch wenn dies – insbesondere bei regulierten Industrien – häufig zweckmäßig oder geboten sein wird). Zentrale Aufgabe wird regelmäßig sein, das Cyber-Risikomanagement – durchaus auch in Anlehnung an das „Three Lines of Defense"-Modell (siehe oben Rn. 43 ff.) – in die bereits vorhandenen Prozesse zum Risikomanagement einzuweben und diese sinnvoll miteinander zu verknüpfen. Dabei ist zu beachten, dass das Risikomanagement von Unternehmen zu Unternehmen unterschiedlich organisiert ist. Häufig aber wird der Vorstand sich beim Risikomanagement durch weitere Organisationseinheiten unterstützen lassen, etwa durch Funktionen wie die Finance-, Controlling- oder Compliance-Abteilung. Die interne Revision hat die Aufgabe, die Effektivität des Risikomanagementsystems zu überprüfen. Dabei sind Delegationen im Rahmen des Risikomanagements kein einseitiger Prozess, bei welchem Anweisungen und Vorgaben erteilt und deren Einhaltung überwacht werden. Vielmehr werden die grundlegenden Entscheidungen zum Risikomanagement durch den Input der Organisationseinheiten, die die entsprechenden Strukturen und Prozesse zum Risikomanagement schaffen und umsetzen, informiert. Es handelt sich um einen dynamischen Prozess, der erforderlich ist, um der Komplexität des Risikomanagements gerecht zu werden.

57 Sinnvoll umgesetzt werden kann dies nur, wenn klassische Funktionen der Risikosteuerung (Finance, Controlling, Compliance) mit den Geschäftseinheiten zusammenarbeiten, die wesentlich für die Steuerung von Cyber-Risiken sind (IT, Datenmanagement, Human Resources, Datenschutzbeauftragter, Chief Information Security Officer).

58 Ein Vorschlag hierzu ist die Bildung einer **Cyber-Risk-Governance-Gruppe**.[89] Im Gegensatz zum **Response-Team** (siehe hierzu unten Rn. 78 ff.) ist diese Organisationseinheit mit der allgemeinen Cyber-Security-Governance des Unternehmens und nicht mit der konkreten Behandlung eines Vorfalls im Ernstfall befasst. Dennoch wird es sowohl personelle wie auch inhaltliche Schnittmengen zwischen beiden Organisationseinheiten geben.

59 Ziel der Cyber-Risk-Governance-Gruppe ist, dass die Geschäftseinheiten über die auf sie zutreffenden Cyber-Risiken informieren und informiert wer-

89 Vgl. etwa NACD, Director's Handbook Series, Cyber-Risk Oversight, S. 17; FERMA/ECIIA, At the junction of corporate governance & Cyber-Security, S. 13 f.

den und dann unter Beteiligung der weiteren für das Risikomanagement wesentlichen Geschäftseinheiten über die Risikosteuerung entschieden werden kann.[90] So kann gewährleistet werden, dass zentrale Fragen, wie die Ressourcenverteilung und Koordinierung der einzelnen Risikomanagementmaßnahmen nicht isoliert entschieden werden. Die auf diese Weise zustande gekommen Ergebnisse werden dann an die für das Risikomanagement letztverantwortliche Person weitergereicht (z.B. Risikomanager bzw. Vorstandsmitglied, das für Risikomanagement zuständig ist), welche auf dieser Basis dann die Grundentscheidungen für das Risikomanagement trifft. Weiter muss dem Gesamtvorstand berichtet werden, der dann seinerseits über die cyberstrategische Ausrichtung befinden kann.[91] Falls solch eine Organisationseinheit wie die Cyber-Risk-Governance-Gruppe eingerichtet wird, sollte auch die beschriebene Risikoanalyse von ihr durchgeführt werden. Vor diesem Hintergrund ist es dann ebenfalls sinnvoll, die Leitung an ein mit breiter Zuständigkeit ausgestattetes Vorstandsmitglied zu übertragen wie z.B. den CFO oder COO oder ein anderes Mitglied, das maßgeblich an dem Risikomanagement im Unternehmen beteiligt ist.[92]

Die Einrichtung einer solchen Gruppe ist aus rechtlicher Sicht nicht zwin- **60**
gend für ein erfolgreiches Cyber-Risikomanagement. Es sollten jedoch Organisationsstrukturen geschaffen werden, die sicherstellen, dass alle wesentlichen Geschäftseinheiten die Prozesse informieren, die Grundlage der Risikosteuerungsmaßnahmen sind.

Als weitere Organisationsmaßnahme wird vor allem in der US-amerikani- **61**
schen Cyber-Security-Diskussion ein **Senior Executive** vorgeschlagen, der die Bezeichnung **Chief Information Security Officer (CISO)** trägt und vom **Chief Information Officer (CIO)** zu unterscheiden ist.[93] Der CISO formuliert wesentliche Richtlinien und Standards, auf deren Grundlage die weiteren Zwischenschritte hin zu den finalen Umsetzungsmaßnahmen basieren. Wenn als Funktion vorgesehen, kann er insbesondere als Schnittstelle zwischen den verschiedenen Geschäftseinheiten agieren.

bb) Veranlassungen und Aufgaben auf Ebene des Aufsichtsrats

Zwei grundlegende Weichenstellungen sind angezeigt, um die organisatori- **62**
schen Voraussetzungen für eine angemessene Behandlung von Cyber-Secu-

---

90 FERMA/ECIIA, At the junction of corporate governance & Cyber-Security, S. 13 f.
91 FERMA/ECIIA, At the junction of corporate governance & Cyber-Security, S. 13 f.
92 NACD, Director's Handbook Series, Cyber-Risk Oversight, S. 17.
93 NACD, Director's Handbook Series, Cyber-Risk Oversight, S. 38 ff.; FERMA/ECIIA, Corporate Governance & Cyber-Security, S. 11.

rity auf Ebene des Aufsichtsrats zu schaffen. Zum einen sollte sich die Überzeugung durchsetzen, dass Cyber-Security von ausreichender Bedeutung ist, um durch das Gesamtorgan diskutiert zu werden. Die Häufigkeit ist dann von den individuellen Anforderungen des Unternehmens und davon abhängig, welchen Stellenwert der Aufsichtsrat der Thematik einräumt. Die zweite zentrale Weichenstellung, die sich häufig anbieten wird, ist die Übertragung der Verantwortlichkeit auf einen bestehenden **Ausschuss** (z.B. für Risikokontrolle) oder die Schaffung eines neuen Ausschusses mit spezieller Cyber-Security-Zuständigkeit. Dieser Ausschuss ist dann zuständig für all diejenigen Aufgaben, die dem Aufsichtsrat aus seiner sachgerechten Wahrnehmung seiner Überwachungsfunktion in Bezug auf Cyber-Security erwachsen. Der Ausschuss berichtet dann dem Gesamtorgan, sodass sich dieses ein zutreffendes Bild von der Effektivität und Effizienz der Cyber-Security-Governance des Unternehmens machen kann.

63 Im Übrigen sollte sich der Aufsichtsrat vergewissern, dass der Vorstand die Grundstrukturen im Unternehmen für eine erfolgreiche Cyber-Security-Governance schafft, also Funktionen mit entsprechenden Verantwortlichkeiten schafft, Maßnahmenprogramme zur Cyber-Risikomanagement verabschiedet und Pläne zum strukturierten Handeln nach Cyber-Attacken vorhält (Response-Plan). Darüber hinaus ist es Aufgabe des Aufsichtsrats sich zu vergewissern, dass diese Maßnahmen und Vorkehrungen die gemäß der Risikoanalyse gewünschten Effekte herbeiführen und dass diese aktuell bleiben und Entwicklungen im digitalen Umfeld und in der Bedrohungslage abbilden. Schlussendlich sollte der Aufsichtsrat in regelmäßigen Abständen auch seine eigene fortbestehende Kompetenz und ordnungsgemäße Überwachung der Cyber-Security-Governance im Unternehmen überprüfen.[94]

cc) Kommunikation zwischen Vorstand und Aufsichtsrat

64 Der Vorstand hat eine Berichterstattung an den Aufsichtsrat zu gewährleisten, die diesen die Wahrnehmung seine Aufsichtsaufgaben ermöglicht. Für diesen Zweck sollte eine Form der Berichterstattung gewählt werden, die einen schnellen Überblick ermöglicht. Die Übersicht sollte wesentliche Risiken und ihre Auswirkungen auf das Unternehmen bezeichnen, das Ausmaß des Risikos beschreiben und Trends und Entwicklungen diesbezüglich darstellen.[95]

94 Vgl. World Economic Forum, Advancing Cyber Resilience, 2017, S. 14.
95 Beispielhaft hierzu: NACD, Director's Handbook Series, Cyber-Risk Oversight, S. 30ff.

Umgekehrt muss der Aufsichtsrat einfordern, dass er entsprechend diesen Anforderungen vom Vorstand informiert wird.[96] Zielführend ist, wenn der Aufsichtsrat selbst formuliert, in welchem Format, wie häufig und in welchem Detaillierungsgrad er informiert werden möchte.[97] Für diesen Zweck ist es sinnvoll, einem Vorstandsmitglied die Funktion des Cyber-Security-Berichterstatters zuzuweisen (z. B. dem CISO, falls Vorstandsmitglied), um einen eindeutig deklarierten Ansprechpartner für den Aufsichtsrat zu schaffen.[98] **65**

d) Risikoexternalisierung durch Versicherungslösungen

Eine Möglichkeit der Risikobehandlung ist eine Risikoexternalisierung durch Versicherungslösungen (hierzu ausführlich Kap. 12 Versicherungsrecht). Insofern stellt sich die Frage, ob nicht zumindest unter gewissen Voraussetzungen **eine Pflicht zum Absichern von Cyber-Risiken durch Versicherungen** bestehen kann. **66**

Grundsätzlich gilt, dass die angemessene Risikobehandlung dem unternehmerischen Ermessen des Vorstands unterfällt.[99] Der sorgfältige Vorstand setzt sich dabei mit den verschiedenen Optionen für die Risikobehandlung auseinander und wählt nach dieser Analyse diejenige, die er gemäß seinem Ermessen für sein Unternehmen als vorzugswürdig erachtet. Der Schwerpunkt liegt also auch im Sinne der Business Judgment Rule auf der ausreichenden Information, die die Unternehmensleitung überhaupt erst in die Lage versetzt, ihr unternehmerisches Ermessen vernünftig auszuüben. Bei der Ausübung selbst aber ist die Unternehmensleitung grundsätzlich frei und von externen Vorgaben zum Ergreifen bestimmter Handlungsoptionen abzusehen. **67**

Im Rahmen der Abwägungsentscheidung ist dann im Hinblick auf die festgestellten Risiken auch eine **Versicherungslösung** unter Durchführung einer **Kosten/Nutzen-Analyse** zu erwägen.[100] Faktoren, die in diesem Zusammenhang zu berücksichtigen sind, sind die Eintrittswahrscheinlichkeit des Risikos und das potenzielle Schadensausmaß, die hierfür angebotenen Versicherungslösungen am Markt, die Möglichkeit einer Selbstbeteiligung sowie die Vereinbarung von Risikoausschlüssen und weitere Möglichkeiten **68**

---

96 NACD, Director's Handbook Series, Cyber-Risk Oversight, S. 15.
97 NACD, Director's Handbook Series, Cyber-Risk Oversight, S. 15.
98 World Economic Forum, Advancing Cyber Resilience, 2017, S. 14.
99 *Seibt/Same*, AG 2006, 901, 903.
100 *Wirth*, BB 2018, 200, 201.

durch Ergreifung gewisser Maßnahmen den Beitrag zu senken. Zudem wird es ausweislich der Versicherungsbedingungen regelmäßig nicht möglich sein, Cyber-Risiken vollständig überwälzen zu können, ohne bestimmte Obliegenheiten im Sinne der Einhaltung eines Mindeststandards für eine Risikovorsorge zu erfüllen. Ferner ist zu beachten, dass Cyber-Schadensrisiken zwar teilweise durch bereits bestehende Versicherungen abgedeckt sind oder werden können, wie z. B. durch eine Deckungserweiterung der Betriebshaftpflichtversicherung, eine spezifische Cyber-Versicherung aber insbesondere auch Risiken abdeckt, die anderweitig nicht umfasst sind, wie z. B. Eigenschäden (Umsatzverluste, Betriebsunterbrechungsschäden, Wiederherstellungskosten) oder der Ersatz von Begleitkosten (Dienstleister, Assistance-Leistungen, Kundeninformation, Verschlüsselungstrojaner).[101] Schließlich sollte das Versicherungsportfolio auch Möglichkeiten zum Einkauf zusätzlichen Versicherungsschutzes und zusätzlicher Versicherungssummen für den Schadensfall vorsehen.[102]

69 Festgehalten werden kann, dass auch eine weitreichende Versicherungslösung ein anderweitiges Risikomanagement nicht ersetzen kann, schon weil Versicherungen ohne den Nachweis einer geeigneten IT-Sicherheitsstruktur keine Versicherungen zeichnen würden und Versicherungen gerade bei existenziell bedrohlichen Schäden an ihre Leistungsgrenze stoßen werden.[103] Ferner kommt eine Pflicht zum Abschluss einer Cyber-Versicherung nur in Betracht, wenn im Rahmen der Business Judgment Rule eine Ermessenreduzierung auf null vorliegt. Von einer solchen kann im Generellen (noch) nicht ausgegangen werden.[104] Je nach Einzelfall und Unternehmen kann eine solche jedoch vorliegen, wenn vor allem unter Berücksichtigung der Schadenswahrscheinlichkeit und des drohenden Schadensumfangs ein existenzielles Risiko für die Gesellschaft besteht, so z. B. wenn die „crown jewels" der Gesellschaft einem (auch unter Berücksichtigung getroffener Vorsorgemaßnahmen) erhöhten Cyber-Security-Risiko ausgesetzt sind.[105] Dies gilt allerdings nur insofern, als dass die Versicherung auch über die finanziellen Ressourcen verfügt, existenzielle Risiken abzusichern.

---

101 *König*, AG 2017, 262, 270; *Mehrbrey/Schreibauer*, MMR 2016, 75, 82; *Wirth*, BB 2018, 200, 203.

102 *König*, AG 2017, 262, 270.

103 So auch *Wirth*, BB 2018, 200, 202.

104 *Achenbach*, VersR 2017, 1493, 1497.

105 *Wirth*, BB 2018, 200, 201; *R. Koch*, ZGR 2006, 184, 201.

IV. Response

70 Aufgabe der Geschäftsleitung (stellvertretend sei wieder der Vorstand einer Aktiengesellschaft herangezogen) ist es auch, Vorkehrungen für den Fall zu treffen, dass trotz der getroffenen Sicherheitsmaßnahmen ein Cyber-Vorfall eintritt. Die Vorbereitung für den Ernstfall ist Teil der Cyber-Security-Governance. Ziel der Vorbereitung ist es, durch Strukturierung von Zuständigkeiten, Kommunikation und Entscheidungsprozessen die Voraussetzungen dafür zu schaffen, dass auch unter Zeitdruck sachgerechte Maßnahmen ergriffen und Entscheidungen getroffen werden können. Außerdem gilt es, den Vorfall zügig aufzuarbeiten, um die Geschäftstätigkeit wieder ungestört ausüben zu können.[106] Strategisch stehen zwei Ziele im Blickpunkt, die Eindämmung von negativen Effekten nach einem Cyber-Vorfall und die möglichst zügige ungestörte Fortsetzung der Geschäftstätigkeit des Unternehmens.[107]

1. Organisationsvorkehrungen für den Ernstfall

71 Wenn auf der Zeitachse die Preparedness vor der Cyber-Attacke und die Response danach zu verorten ist, kann für den Zeitraum nach einer Cyber-Attacke weiterhin zwischen solchen Reaktionen unterschieden werden, die unmittelbar stattfinden sollten, also ab dem Moment der Kenntniserlangung von dem Vorfall, wobei vor allem Schadensbegrenzung im Vordergrund steht. Zeitlich versetzt muss dann die mittelbare Reaktion erfolgen, die darauf abzielt, dass sich Unternehmensabläufe wieder normalisieren, durch Aufarbeitung Lerneffekte für die Zukunft erzielt werden und der Cyber-Vorfall auch nach der unmittelbaren Reaktion weiterhin verwaltet wird, z. B. in der Zusammenarbeit mit Behörden, in der Öffentlichkeitsarbeit und Geltendmachung/Abwehr von Ansprüchen. Kernelemente der Notfallplanung sind ein für diesen Fall erstellter spezieller Maßnahmeplan (**Cyber Incident Response Plan** oder **CIRP**) und die Zusammenstellung eines Notfallteams (**Response-Team**).

a) Cyber Incident Response Plan (CIRP)

72 Im **CIRP** sind die unmittelbaren Reaktionen des Unternehmens nach einem Cyber-Vorfall festgelegt. Ziel ist es, potenzielle Schäden gering zu halten[108]

106 *Bernardi*, BOARD 2018, 23, 24.
107 OECD, Digital Security Risk Management for Economic and Social Prosperity (2015), S. 11.
108 *Neufeld/Schemmel*, Datenschutz-Berater 2017, 209, 209.

und das Unternehmen in eine Lage zu versetzen, in welcher es agierend und steuernd tätig werden kann, und nicht durch den Vorfall zu ausschließlich reaktivem Handeln gezwungen wird. Der Response-Plan sollte vor seinem ersten Einsatz in einer „Trockenübung" getestet worden sein[109] und regelmäßig „Stresstests" unterzogen werden. Erstellt werden sollte der CIPR – sofern eine solche eingerichtet wurde – von der Cyber-Risk-Governance-Gruppe des Unternehmens, ggf. mit der Unterstützung externer Experten.

73 Der CIRP sollte alle maßgeblichen Themenbereiche abdecken und sich deshalb zu den **technischen**, **organisatorischen**, **kommunikativen** und **rechtlichen Herausforderungen** äußern.[110] Er sollte zudem stets aktuell gehalten werden. Entscheidend ist nicht zuletzt auch die praktische Handhabbarkeit, was gerade große und insbesondere länderübergreifende Unternehmensorganisationen vor große Herausforderungen stellen kann. Denn ein ausgeklügelter CIRP für eine bestimmte Sparte oder Region kann sich schnell als wirkungslos erweisen, wenn ein Angriff sparten- oder regionsübergreifend erfolgt und der CIRP nicht die sparten-/regionsübergreifende Reaktion regelt.

74 In inhaltlicher Hinsicht wird es die vordringlichste durch den CIRP vorgezeichnete Aufgabe sein, nähere Informationen zu dem Cyber-Vorfall zu erlangen, also insbesondere ob der Angriff noch andauert, welche Daten/Netzwerke/Systeme wie von dem Angriff betroffen sind (Entwendung von Daten oder Verhinderung des Zugriffs auf Daten/Netzwerke/Systeme) und welche Sicherheitslücken für die Durchführung des Angriffs ausgenutzt worden sind (**Cyber-Forensik**). Zentrale Herausforderung aus **technischer Perspektive** ist dann die Schließung der identifizierten Sicherheitslücke(n). Da jeder Cyber-Angriff individuell ist, kann der CIRP keine genaue technische Abfolge zur Schließung beschreiben. Jedoch können **Szenarien antizipiert** und eine **Klassifizierung** von möglichen Angriffsarten vorgenommen werden.[111] Für diese Szenarien kann insb. auf den oben beschriebenen Ordnungsrahmen für Cyber-Risiken (siehe oben Rn. 20 ff.) zurückgegriffen werden. Auf Basis der Erstinformation nach einem Cyber-Vorfall können unter Heranziehung dieser Klassifizierung erste Indikationen und Entscheidungen getroffen werden z. B. in Bezug auf die Frage, welche (interne oder externe) Experten involviert werden sollten und welche Reaktionen zu einer möglichst effizienten Schadensreduzierung in Betracht kommen. An dieser Stelle sollte der CIRP auch eine im Vorfeld abgestimmte **Hierarchie der Fir-**

---

109 *Wolf*, Data Security Breach Preparedness, S. 1.
110 So etwa auch *Neufeld/Schemmel*, Datenschutz-Berater 2017, 209, 209.
111 So auch *Neufeld/Schemmel*, Datenschutz-Berater 2017, 209, 209.

menassets beinhalten, die die Mitglieder des Response-Teams in die Lage versetzt, innerhalb kürzester Zeit festzulegen, welche Systeme und Daten hinsichtlich ihres Schutzes Priorität haben sollten. So sind insbesondere die für die Geschäftstätigkeit lebenswichtigen Systeme sowie die „crown jewels" eines Unternehmens bevorzugt zu sichern. Hierzu bietet sich etwa eine zuvor festgelegte Reihenfolge an, welche Systeme ihrer Bedeutung nach absteigend sortiert.[112]

Der CIRP wird in organisatorischer Hinsicht vor allem auch Regelungen zum Response-Team (hierzu gleich nachfolgend) enthalten, also dessen Zusammensetzung und Kompetenzen regeln und auch rein praktische Dinge wie die Erreichbarkeit der Mitglieder und ggf. die Einrichtung eines „war room" enthalten. **75**

Der CIRP sollte als einen zentralen Bestandteil ferner auch einen **Kommunikationsplan** mit Vorgaben für die **unternehmensinterne** und **-externe** Kommunikation umfassen.[113] Entscheidend ist insofern die zeitnahe Weiterreichung von zutreffenden Informationen an die maßgeblichen internen und ggf. externen Adressaten in verständlicher Form. Dabei ist zu berücksichtigen, dass Kommunikationskanäle (z.B. E-Mail oder unternehmensinterne Chat-Programme) durch den Cyber-Angriff betroffen sein können und deshalb nicht mehr genutzt werden sollten.[114] Außerdem sind ggf. Handlungsanweisungen bzgl. der Kommunikation an die Mitarbeiter zu erteilen, um die Kommunikationsstrategie umzusetzen bzw. nicht zu gefährden.[115] **76**

Schließlich bietet sich an, dass der CIRP auch die für das konkrete Unternehmen wesentlichen **rechtlichen Leitplanken** – gerade zur Unterrichtung von Nicht-Juristen – überblicksartig skizziert, etwa die Beachtung datenschutzrechtlicher Unterrichtungspflichten. **77**

b) Das Response-Team

Das **Response-Team** ist von der Cyber-Risk-Governance-Gruppe zu unterscheiden. Das Response-Team wird speziell für die Reaktion auf einen Cyber-Vorfall eingerichtet und soll dafür sorgen, dass die erforderlichen Maßnahmen schnellstmöglich umgesetzt werden. **78**

---

112 So z.B. Center for Cyber Security Belgium: Cyber Security Incident Management Guide, S. 9, 10.

113 Vgl. etwa *Neufeld/Schemmel*, Datenschutz-Berater 2017, 209, 209; siehe auch *Bensinger/Kozok*, CB 2015, 376, 380.

114 *Wolf*, Data Security Breach Preparedness, S. 5.

115 *Krupna*, BB 2014, 2250, 2254.

79 Spätestens wenn die unmittelbare Forensik nach Kenntnis eines Cyber-Vorfalls ergibt, dass wesentliche Unternehmenswerte („crown jewels") betroffen sind, also somit ein hohes Schadenspotenzial besteht, muss der Vorstand einbezogen werden. Denn die dann zu treffenden Entscheidungen sind solche mit grundlegender Bedeutung für das Unternehmen, sodass eine Delegierung nicht länger möglich ist.[116] Erster Ansprechpartner ist in dieser Situation das Vorstandsmitglied, in dessen Aufgabenbereich die Cyber-Security fällt. Dieser sollte dann spätestens zu diesem Zeitpunkt auch Mitglied des Response-Teams werden. Darüber hinaus sollte zumindest ein weiteres Vorstandsmitglied als Ersatz bestimmt werden, um eine Erreichbarkeit des Vorstands zu jeder Zeit zu gewährleisten. Da die **Reaktionszeit** und **-fähigkeit** ausschlaggebend für das Ausmaß bzw. die Möglichkeit zur Eindämmung des Schadens sein können, ist eine schnellstmögliche Handlungsfähigkeit auch der Unternehmensleitung unabdingbar. Folglich sollten bereits im Vorfeld feste Kommunikationsstrukturen etabliert werden, damit im Ernstfall hier kein Zeitverlust droht. Die Geschäftsverteilung innerhalb des Vorstands sollte so klar gefasst sein, dass über die Kompetenzen des zuständigen Ressortvorstandes keine Unsicherheiten bestehen.

80 Die genaue Zusammensetzung des Response-Teams hängt abseits der Vorstandseinbindung stark von der Art und der Größe des Unternehmens ab; auch hier gilt wieder, dass es keinen „one size fits all approach" gibt. Je nach Größe der Teams ist es im Hinblick auf eine möglichst effektive interne Kommunikation angebracht, nur die jeweiligen Teamleiter in das Response-Team aufzunehmen. Des Weiteren sollte stets auch in Betracht gezogen werden**, externe Berater** (etwa zu IT, Kommunikation, Recht) zur Unterstützung hinzuzuziehen. Vor allem bedarf es erfahrungsgemäß eines **zentralen Ansprechpartners** unterhalb des Vorstands, der als Anlaufpunkt für alle Themen rund um Cyber-Security fungiert (häufig der CISO). Ihm obliegt es üblicherweise, wenn er auf einen Zwischenfall aufmerksam gemacht wird, (ggf. unter Hinzuziehung weiterer Teammitglieder und Experten) zu entscheiden, welche weiteren Schritte einzuleiten sind und ob es sich um einen Notfall handelt oder nicht. Die erste Weichenstellung ist also, ob und ggf. in welchem Umfang er das restliche Response-Team einberuft. Ebenso trifft er die Entscheidung, wann die Geschäftsleitung mit ins Boot geholt wird (falls nicht ohnehin ein Mitglied der Geschäftsleitung ständiges Mitglied des Response-Teams ist).

81 Weiterer Bestandteil des Teams sollte regelmäßig die **IT-Fachabteilung** sein. Ihr obliegt die technische Einschätzung der Situation, sowohl welche

---

116 *Hoffmann/Schieffel*, NZG 2017, 401, 406.

Systeme betroffen sind (zur Bedeutung der **IT-Forensik** siehe unten Rn. 82 f.) wie auch welche Schutzmaßnahmen sich anbieten. Ihre Einschätzung ist wesentliche Grundlage für das weitere Handeln aller anderen Teile des Response-Teams. Auch die **Rechtsabteilung** sollte in das Response-Team einbezogen werden. Primär gilt es, die Abwehrmaßnahmen hinsichtlich der Übereinstimmung mit den gesetzlichen und den internen Vorschriften zu überprüfen und die Geschäftsleitung bei der ermessensfehlerfreien Ausübung ihres unternehmerischen Ermessens bei der Auswahl unter mehreren Optionen (Business Judgment) zu unterstützen. Zur Gewährleistung einer sachgerechten internen und externen Kommunikation sollten schließlich auch Führungskräfte aus den Bereichen **Corporate Communication** und **Investor Relations** Mitglieder des Response-Teams sein.[117]

c) Bedeutung einer effektiven IT-Forensik nach Cyber-Angriff

Kern der Response und maßgeblich für den Erfolg einer Vielzahl von Anschlussmaßnahmen ist die **IT-forensische Analyse**.[118] Sie dient der Beantwortung der zentralen Fragen nach einer Cyber-Attacke: Welche Daten/Systeme/Netzwerke sind wie betroffen? Ist der Angriff abgeschlossen oder dauert er an? Ist zu befürchten, dass weitere Daten/Systeme/Netzwerke betroffen werden? Kommt der Angriff von innen oder von außen? Welches Angriffsmittel wurde verwendet? Wer sind die Angreifer? Maßgeblich ist eine **umfassende Informationsbasis** auch für zu treffende Entscheidungen der Geschäftsleiter, die nur mit ausreichender Kenntnis der Sachlage innerhalb des Safe Harbours der **Business Judgment Rule** entscheiden können (siehe hierzu unten Rn. 84 ff.). Die IT-Forensik ist auch maßgeblich für die Beweissicherung, um eine strafrechtliche Verfolgung der Angreifer zu ermöglichen.[119] Daneben dient sie auch der Beweisführung bei der Geltendmachung von Haftungsansprüchen, die sich neben den Angreifern z. B. auch gegen Zulieferer richten können, wenn Schutzlücken in deren System den Angriff ermöglicht haben. Wegen der rechtlichen Relevanz der forensischen Themen ist es sinnvoll, diese in enger Abstimmung mit interner oder externer Rechtsberatung durchzuführen. **82**

Ferner sollte die Wirkung einer effektiven Forensik insbesondere auch für die strategische Kommunikation mit Dritten nicht unterschätzt werden. Eine zeitnahe korrekte Analyse des Sachverhalts erleichtert die Kommunikation **83**

117 So etwa auch Center for Cyber Security Belgium: Cyber Security Incident Management Guide, S. 11.

118 *Bensinger/Kozok*, CB 2015, 376, 379 f.

119 *Bensinger/Kozok*, CB 2015, 376, 379 f.

und reduziert das Risiko, dass Details zu einem Vorfall Stück für Stück kommuniziert werden, anstatt von Anfang an eine zutreffende Beschreibung des Vorfalls liefern zu können. Besonders Investoren werden die Cyber-Kompetenz eines Unternehmens wesentlich besser bewerten, wenn ein nicht mehr zu verhindernder Vorfall zumindest professionell aufgearbeitet und gehandhabt wird.

2. Business Judgment Rule und Response

84 Die Business Judgment Rule findet auch in Bezug auf die Response Anwendung. So steht den Geschäftsleitern bei der Reaktion nach einer Cyber-Attacke ein gerichtlich nicht überprüfbares unternehmerisches Ermessen zu, wenn es sich um eine **unternehmerische Entscheidung** handelt, die auf **angemessener Informationsgrundlage** und **ohne Sonderinteressen** oder sachfremde Einflüsse getroffen wurde; weiter muss zum **Wohle der Gesellschaft** und in gutem Glauben gehandelt worden sein; es darf keine Unvertretbarkeit im Sinne eines Risikoexzesses vorliegen.[120]

85 Unternehmerische Entscheidungen – wozu auch Unterlassungshandlungen gehören können – zeichnen sich dadurch aus, dass der Unternehmensleitung Handlungsspielräume offenstehen. Dementsprechend fehlt es an einer **unternehmerischen Entscheidung** dann, wenn Pflichten kraft Gesetzes, kraft Satzung, Anstellungsvertrages, Geschäftsordnung, Hauptversammlungsbeschluss oder verbindlicher Anweisung zu einer gebundenen Entscheidung führen, denn hier scheidet ein Ermessen aus.[121] Dementsprechend fällt etwa eine strafrechtlich relevante Reaktionshandlung nicht innerhalb des „Safe Harbour“ der Business Judgment Rule, und auch der Response-Plan darf keine gesetzeswidrigen Handlungen vorsehen (z. B. Gefahr der Geldwäsche bei Zahlung von Erpressungsgeldern über das sog. Darknet). Zwangsläufig verbleibende Grauzonen sollten vorher bestmöglich abgeklärt werden (evtl. zusätzliche Absicherung durch externe Expertenevaluierung), sodass die Geschäftsleitung im Ernstfall ohne Zeitverlust für tiefergehende Recherche auf den Response-Plan vertrauen kann. Eine Entscheidung über die Art und Weise der Ausübung einer gesetzlichen Pflicht kann wiederum eine unternehmerische Entscheidung sein.[122] Sollte sich die Geschäftsleitung ent-

---

120 Stellvertretend zu den Tatbestandsmerkmalen etwa: *Fleischer*, in: Spindler/Stilz, AktG, § 93 Rn. 66.

121 Zum Begriff der unternehmerischen Entscheidung stellvertretend *Koch*, in: Hüffer/Koch, AktG, § 93 Rn. 16 ff.

122 Vgl. etwa stellvertretend *Spindler*, in: MüKo AktG, § 93 Rn. 52.

schließen, einzelne grundsätzlich infrage kommende Maßnahmen nicht in den Response-Plan aufzunehmen oder diese zumindest im Ernstfall nicht zu ergreifen, da sie zum Zeitpunkt der Entscheidung unpassend oder nicht aussichtsreich erschienen, kann auch dieses Unterlassen bei Einhaltung der sonstigen Voraussetzungen der Business Judgment Rule zur Haftungsprivilegierung führen.[123]

Für den Fall einer schwerwiegenden Cyber-Attacke können sich in kürzester Zeit eine Vielzahl von Fragen stellen, die schneller Antworten bedürfen und gleichzeitig weitreichende Konsequenzen für den weiteren Verlauf haben können. Auch in einer solchen Situation gilt, dass die Entscheidung auf Grundlage **angemessener Informationen** getroffen werden müssen **unter Evaluierung der verschiedenen Handlungsoptionen** in Bezug auf Konsequenzen und Risiken, wobei auch diesbezüglich eine angemessene Informationsgrundlage geschaffen worden sein muss.[124] Dass aufgrund des engen Zeitkorsetts der Informationsbeschaffung ihrerseits Grenzen gesetzt sind, lässt sich über das Merkmal der Angemessenheit berücksichtigen; die Angemessenheit ist kein absoluter Maßstab, sondern richtet sich immer nach den konkreten Umständen.[125] In jedem Fall sollte der Dokumentation ein hoher Stellenwert eingeräumt werden. **86**

In der Regel wird die Geschäftsleitung sich vom Gesellschaftswohl leiten lassen und dabei auch gutgläubig und frei von Sonderinteressen handeln. Wichtig ist, dass die Business Judgment Rule gerade nicht die eine einzig „richtige" Reaktion verlangt, sondern einen Safe Harbour für alle denkbaren Reaktionsmöglichkeiten eröffnet, sofern nur das Unternehmensinteresse als Richtschnur herangezogen wird (und die weiteren Voraussetzungen der Business Judgment Rule eingehalten sind). Augenmerk sollten die Geschäftsleiter **„roten Linien"** im Sinne einer **Unvertretbarkeit** zukommen lassen. Während diese in anderen Zusammenhängen häufig, z. B. bei einer Gefahr für Leib oder Leben, angenommen werden, können im Bereich der Cyber-Security „rote Linien" etwa auch bei der Gefährdung besonders sensibler Assets (**„crown jewels"**) liegen. Hier bewusst in Kauf genommene Schäden wären im Rahmen einer Abwägung wohl nur in Ausnahmesituationen zu rechtfertigen. **87**

Aus Vorstandssicht muss im Blick behalten werden, dass nach § 93 Abs. 2 Satz 2 AktG die **Darlegungs- und Beweislast** für die fehlende Pflichtwid- **88**

---

123 Vgl. etwa *Mertens/Cahn*, in: Zöllner/Noack, AktG, § 93 Rn. 22.
124 So explizit etwa *Nietsch/Hastenrath*, CB 2015, 221, 221.
125 Stellvertretend *Spindler*, in: MüKo AktG, § 93 Rn. 55.

rigkeit beim Anspruchsschuldner liegt.[126] Schon aus diesem Grund gebietet es die Vorsorge, die Entscheidungsprozesse einschließlich des Inhalts der Abwägungen nach Möglichkeit zu dokumentieren.[127]

89 Fragen, für die typischerweise ein unternehmerisches Ermessen besteht, sind z. B., ab welchem Zeitpunkt und in welchem Umfang externe Experten hinzugezogen werden sollen oder ab welchen Zeitpunkt die Benachrichtigung von Strafverfolgungsbehörden Sinn ergibt. Vor allem Kommunikationsfragen, die nicht durch gesetzliche Unterrichtungspflichten vorgezeichnet sind, fallen typischerweise in den Bereich des unternehmerischen Ermessens. Wird etwa von einer frühzeitigen Außenkommunikation abgesehen, besteht unter Umständen die Gefahr, dass die Angreifer das Unternehmen später mit der Androhung eines Gangs an die Öffentlichkeit erpressen können. Andererseits kann nicht ausgeschlossen werden, dass eine Veröffentlichung ohne umfassende Aufarbeitung dazu führt, dass Informationen im Nachhinein revidiert werden müssen. Bei solchen – häufig auch taktisch geprägten – Entscheidungen steht der Unternehmensleitung richtigerweise der Safe Harbour der Business Judgment Rule offen.

3. Insiderrecht und Ad-hoc-Publizität

90 Wegen der gravierenden Folgen, die eine Cyber-Attacke haben kann, kann bei kapitalmarktorientierten Unternehmen, die der Marktmissbrauchsverordnung (MAR) unterfallen, im Einzelfall auch eine Prüfung geboten sein, ob es sich hierbei um eine veröffentlichungspflichtige Insiderinformation handelt.

91 Nach Art. 7 Abs. 1 Buchst. a MAR sind **Insiderinformationen** nicht öffentlich bekannte, präzise Informationen, die einen Emittenten direkt oder indirekt betreffen und im Falle eines Bekanntwerdens geeignet wären, den Aktienkurs erheblich zu beeinflussen. Eine Information ist nach Art. 7 Abs. 2 MAR u. a. ein bereits eingetretenes Ereignis, welches spezifisch genug ist, um einen Rückschluss auf die Auswirkungen dieses Ereignisses auf den Aktienkurs des Unternehmens (bzw. den Kurs des von der MAR erfassten Finanzinstruments) zuzulassen. Eine solche Kursrelevanz der Information ist anzunehmen, wenn ein verständiger Anleger diese bei seiner Anlageentscheidung berücksichtigen würde, Art. 7 Abs. 4 MAR. Die Möglichkeit der Relevanz eines Cyber-Risikos sowie eines Cyber-Angriffs für die Anlageentscheidung eines verständigen Investors betont etwa auch die amerikani-

---

126 *Mehrbrey/Schreibauer*, MMR 2016, 75, 80.
127 *Mehrbrey/Schreibauer*, MMR 2016, 75, 80.

sche Börsenaufsicht SEC, die im Februar 2018 Leitlinien für die Offenlegung von Cyber-Security-Vorfällen veröffentlicht hat.[128]

92 Im Falle eines Cyber-Angriffs liegt in der Regel ein bereits eingetretenes (und u.U. noch andauerndes) Ereignis vor. Ist die Faktenlage noch unklar, kann es ggf. noch an der für eine Insiderinformation erforderlichen Präzision fehlen. Je nach verursachtem Schaden bzw. erlangten Daten und evtl. bestehenden Schadensersatzansprüchen sowie Reputationsschäden hat ein Cyber-Angriff das Potenzial, kurserheblich zu sein.[129] Dass die grundsätzliche Möglichkeit der Kursrelevanz von Cyber-Attacken besteht, zeigen Beispiele aus der Praxis.[130] Ungeachtet dessen kann im Rahmen eines Cyber-Angriffs auch deshalb eine Ad-hoc-Mitteilungspflicht ausgelöst werden, weil eine Insiderinformation an sich „gestohlen" wurde.

93 Stellt ein Cyber-Angriff eine Insiderinformation dar, so muss diese nach Art. 17 Abs. 1 MAR „so bald wie möglich", also ohne schuldhaftes Zögern, veröffentlicht werden (**Unverzüglichkeitsgebot**). Logisch zwingend setzt dies jedoch Kenntnis des Emittenten von dem Angriff voraus. Unproblematisch wird dem Unternehmen hier das Wissen seines Vorstandes zugerechnet.[131] Daneben ist der Vorstand verpflichtet, ein entsprechendes Reporting-System zu etablieren, um sicherzustellen, dass insiderrelevante Informationen unverzüglich an ihn weitergeleitet werden.[132] Fehlende Kenntnis, die auf eine unzureichende Wissensorganisation innerhalb eines Unternehmens zurückzuführen ist, wird dem Vorstand und damit dem Emittenten nach zutreffender Auffassung zugerechnet.[133]

94 Die Aufklärung des konkreten Sachverhalts kann leicht in ein Spannungsverhältnis zum Gebot der Unverzüglichkeit der Veröffentlichung geraten. Zwar verlangt Art. 17 Abs. 1 MAR die öffentliche Bekanntgabe der Insiderinformation „sobald wie möglich"; dies bedeutet allerdings nicht, dass eine Verpflichtung zur Veröffentlichung ungesicherter oder vager Informationen besteht. Vielmehr sollte der Emittent zunächst eine angemessene Aufarbeitung des Sachverhalts veranlassen können, um bei häufig komplexen und

---

128 SEC, Commission Statement and Guidance on Public Company Cybersecurity Disclosures, Release Nos. 33-10459; 34-82746.

129 Zur Insiderrelevanz von Reputationsschäden: *Klöhn/Schmolke*, ZGR 2016, 866, 894.

130 Vgl. etwa Ad-hoc-Mitteilung der Leoni AG vom 14.9.2016; FACC AG, Ad-hoc-Mitteilung vom 20.1.2016; Empfehlung der SEC zur Offenlegung: SEC, Commission Statement and Guidance on Public Company Cybersecurity Disclosures, Release Nos. 33-10459; 34-82746.

131 Vgl. etwa *Ihrig*, ZHR 2017, 381, 412 f.

132 BaFin, Emittentenleitfaden, S. 70 (noch zum alten Recht vor Geltung der MAR).

133 *Ihrig*, ZHR 2017, 381, 383, 390 f.

unübersichtlichen Cyber-Angriffen eine gesicherte Informationsbasis zu erhalten.[134] Bei der dafür in Anspruch genommenen Zeitspanne muss der Vorstand eine Abwägung zwischen den Interessen des Marktes an einer schnellen Unterrichtung einerseits und der Richtigkeit und Vollständigkeit der Informationen andererseits treffen. Daher sollten zuerst die Belastbarkeit der Informationen (siehe hierzu oben Rn. 82 f.) sowie das Vorliegen der Voraussetzungen der Ad-hoc-Mitteilungspflicht und die Möglichkeit zur **Selbstbefreiung** nach Art. 17 Abs. 4 MAR (hierzu sogleich) sorgfältig geprüft werden, ggf. unter Zuhilfenahme externer Berater.[135] Allerdings sind die zeitlichen Spielräume für die weitere Sachverhaltsermittlung – gerade wenn über das „Ob“ eines Großereignisses Sicherheit besteht – mit Blick auf das Vorliegen einer Insiderinformation begrenzt, auch weil bei längeren Prozessen Zwischenschritte an sich bereits als präzise Information angesehen werden können, vgl. Art. 7 Abs. 3 MAR. In jedem Fall empfiehlt sich, die Sachverhaltsermittlung dann, wenn das Vorliegen einer Insiderinformation möglich erscheint, mit besonderer Eile und Nachdruck zu betreiben.

95 Besteht im konkreten Fall wegen Vorliegens einer Insiderinformation grundsätzlich eine Ad-hoc-Mitteilungspflicht, kommt ggf. ein Aufschub der unverzüglichen Offenlegung bei Vorliegen der Voraussetzungen nach Art. 17 Abs. 4 MAR in Betracht (sog. **Selbstbefreiung**). Dazu muss die unverzügliche Veröffentlichung der Insiderinformation zur Beeinträchtigung **berechtigter Interessen** des Emittenten geeignet sein, es **darf keine Irreführung** der Öffentlichkeit erfolgen, und es muss die **Geheimhaltung der Insiderinformation** gewährleistet werden. Sobald die Voraussetzungen nicht mehr vorliegen, muss die Offenlegung dann unverzüglich nachgeholt werden.[136]

96 Ein berechtigtes Interesse in Fällen eines Cyber-Angriffs kann insb. darin begründet sein, dass es sich hier häufig um sehr komplexe Sachverhalte handelt, deren Aufarbeitung im Vergleich zu anderen Ad-hoc-Fällen deutlich mehr Zeit in Anspruch nimmt. Da durch eine verfrühte Offenlegung ungesicherter Tatsachen Kunden, Anleger und Gläubiger verunsichert werden könnten oder verfrüht falsche oder nicht zwingend veröffentlichungspflichtige Inhalte herausgegeben werden, die einen negativen Einfluss auf den Kursverlauf haben könnten, wird eine gründliche Sachverhaltsermitt-

---

134 Allgemein zu Compliance-Sachverhalten und die dort regelmäßig bestehende Notwendigkeit einer ausreichenden Sachverhaltsaufklärung *Mülbert/Sajnovits*, WM 2017, 2001, 2002.

135 BaFin, Emittentenleitfaden, S. 70; *Kumpan*, in: Baumbach/Hopt, HGB, Art. 17 MAR Rn. 6.

136 *Kumpan*, in: Baumbach/Hopt, HGB, Art. 17 MAR Rn. 11.

lung vor Veröffentlichung im Interesse aller liegen.[137] So sehen auch die ESMA-Leitlinien grundsätzlich ein berechtigtes Interesse als gegeben an, wenn eine verfrühte Offenlegung die korrekte Bewertung der Informationen durch das Publikum gefährden würde.[138] Ebenso kann es sich auch im Falle eines Cyber-Angriffs verhalten; bevor nicht geklärt ist, welche Systeme und Daten wie lange und in welchem Umfang betroffen sind, lässt sich nicht abschätzen, ob der Angriff existenzgefährdend war/ist oder evtl. sogar unterhalb der Schwelle Kurserheblichkeit bleibt. Ebenfalls lassen sich erst dann evtl. drohende Schadensersatzansprüche feststellen. Eine verfrühte Veröffentlichung könnte daher gerade bei datenlastigen Unternehmen, die auf das in sie gesetzte Vertrauen ihrer Kunden angewiesen sind, eine ungerechtfertigte „Panikwelle" auslösen. Um während der Sachverhaltsermittlung „auf der sicheren Seite zu sein", sollte, sofern die weiteren Voraussetzungen des Art. 17 Abs. 4 MAR vorliegen, daher eine Aufschubsentscheidung durch den Emittenten in Betracht gezogen werden. Ein berechtigtes Emittenteninteresse kann schließlich auch dann vorliegen, wenn der Erfolg von Gegenmaßnahmen gegen eine Cyber-Attacke es erfordern, dass das Vorliegen eines Angriffs nicht öffentlich bekannt wird.

Besondere Beachtung sollte der nach Art. 17 Abs. 4 MAR notwendigen **Geheimhaltung** der Information geschenkt werden. Der Vorstand selbst wird regelmäßig auf das Hinzuziehen interner und externer Experten angewiesen sein. Dies erweitert zwangsläufig den Kreis derer, die eine unter Verschluss zu haltende Information vorsätzlich oder fahrlässig nach außen tragen könnten. Folglich sollten mit den externen Beteiligten Vertraulichkeitsvereinbarungen abgeschlossen sein, sofern die Personen nicht bereits qua Gesetz zur Verschwiegenheit verpflichtet sind (z. B. Rechtsanwälte nach § 43a Abs. 2 BRAO). Auch intern sind wirksame „information barriers" vorgeschrieben. Im Hinblick auf die Geheimhaltung kann eine Ad-hoc-Pflicht auch dadurch ausgelöst werden, dass aufgrund eines Cyber-Angriffs bisher nicht veröffentlichte Insiderinformationen abhandengekommen sind. Da das betroffene Unternehmen nun die Geheimhaltung nicht mehr garantieren kann, sind bisher aufgeschobene Veröffentlichungen evtl. nachzuholen. Daher sollte im Notfallplan u. U. auch ein Verweis auf die Insiderinformationen enthalten, deren Veröffentlichung bisher aufgeschoben wurde. 97

Zu beachten ist hierbei die Pflicht nach Art. 18 Abs. 1 MAR, ab Vorliegen einer Insiderinformation eine **Insiderliste** zu führen, auf der sämtliche Personen zu verzeichnen sind, die Zugang zu der Insiderinformation haben, wenn 98

137 *Thelen*, ZHR 182 (2018), 62, 86 f.
138 ESMA-Leitlinien, Aufschub der Offenlegung von Insiderinformationen, S. 5.

diese auf Grundlage eines Arbeitsvertrages oder anderweitig Aufgaben für den Emittenten wahrnehmen. Hinsichtlich dieser Personen trifft den Emittenten nach Art. 18 Abs. 2 ebenfalls eine Belehrungspflicht; er muss sie über ihre insiderrechtlichen Pflichten und deren Sanktionierung belehren.

99 Besondere Herausforderungen an die Geheimhaltung können sich stellen, wenn die rasche Einschaltung der Staatsanwaltschaft (etwa wegen deren Möglichkeiten zur Beweissicherung und Ermittlung) opportun erscheint. Diese ist (einschl. der nachgelagerten Polizeibehörden, die insoweit als Hilfsbeamte der Staatsanwaltschaft tätig werden, vgl. 152 GVG) zwar grundsätzlich gesetzlich (§ 67 BBG; § 37 Abs. 1 BeamtStG) zur Verschwiegenheit verpflichtet. Dies steht jedoch im Gegensatz zur landesrechtlich verankerten Informationspflicht gegenüber der Presse (z.B. in Hessen § 3 HPresseG). Auskünfte können allerdings von der Staatsanwaltschaft verweigert werden, wenn dadurch laufende Verfahren vereitelt, erschwert, verzögert oder gefährdet werden könnten.[139] Ähnlich liegen die Dinge hinsichtlich der Auskunftspflicht staatlicher Stellen nach dem InformationsfreiheitsG; eine entsprechende Ausnahme des grundsätzlichen Informationsanspruchs sieht das InformationsfreiheitsG in § 3 Nr. 1 g) vor, wenn der Informationszugang negative Auswirkungen auf laufende strafrechtliche Ermittlungen haben könnte.

100 Regelmäßig liegt es im ureigenen Interesse der Strafverfolgungsbehörden, den Ermittlungserfolg nicht zu gefährden, weshalb im Stadium laufender Ermittlungen normalerweise von einer ausreichenden Vertraulichkeit ausgegangen werden darf. Gleichwohl wird es sich empfehlen, im Rahmen der Kooperation mit der Staatsanwaltschaft und anderen Behörden auf das gesteigerte Geheimhaltungsinteresse seitens des Unternehmens zumindest informell hinzuweisen und dies auch entsprechend zu dokumentieren. Wegen der besonderen kommunikativen Herausforderungen im Fall eines gleichwohl auftretenden Informationslecks („Staatsanwaltschaft im Haus") sollte bei Einbindung der Staatsanwaltschaft im Stadium der Selbstbefreiung besondere Sorgfalt auf die sog. „**Leakage-Strategie**" verwendet werden.

101 Insoweit ist gerade in diesem Kontext Art. 17 Abs. 7 MAR zu beachten, der den Emittenten zur sofortigen Ad-hoc-Mitteilung verpflichtet, wenn ein hinreichend präzises **Gerücht** über die Insiderinformation kursiert.[140] Mit Einführung der MAR zum 3.7.2016 ist neu, dass sich der Emittent nicht mit dem Einwand verteidigen kann, dass dieses Gerücht nicht aus seiner Sphäre stamme. So kann eine Ad-hoc-Mitteilung etwa dadurch erforderlich werden,

---

139 § 3 Abs. 1 Satz 1 Nr. 1 HPresseG.
140 *Thelen*, ZHR 182 (2018), 62, 93.

dass ein Dritter wie z. B. der Cyber-Angreifer seine Attacke öffentlich preist oder „erbeutete" Insiderinformationen veröffentlicht, da eine Verletzung der Geheimhaltungspflicht des Emittenten dann unwiderleglich vermutet wird.[141] Werden also etwa in der Presse Informationen über einen Cyber-Vorfall veröffentlicht, die so präzise sind, dass es naheliegend ist, dass die Vertraulichkeit der Insiderinformation nicht mehr gewährleistet ist, weil es sich um Informationen handelt, über die typischerweise nur der Emittent verfügt, tritt die Verpflichtung zur Offenlegung für den Emittenten ein.[142]

Einer Selbstbefreiung des Emittenten kann zudem ggf. die DSGVO entgegenstehen. Nach Art. 33 DSGVO müssen die Verantwortlichen, sprich die Geschäftsleitung,[143] im Falle einer Verletzung des Schutzes personenbezogener Daten diese „unverzüglich" und „möglichst" binnen 72 Stunden an die zuständige Aufsichtsbehörde melden, es sei denn, die Verletzung führt nicht zu einem Risiko für die Rechte und Freiheiten natürlicher Personen. Die betroffenen Personen sind „unverzüglich" zu informieren, sofern voraussichtlich ein hohes Risiko für ihre persönlichen Rechte und Freiheiten besteht, Art. 34 DSGVO. Eine solche Informierung Dritter erschwert die für die Selbstbefreiung zwingend erforderliche Geheimhaltung der Insiderinformation erheblich oder schließt sich ggf. sogar aus. Es sollte daher, wenn die Verletzung des Schutzes personenbezogener Daten im Raum steht, unverzüglich in Abstimmung mit Datenschutzrechtsexperten abgeklärt werden, ob und inwieweit im Einzelfall eine Ausdehnung der zur Verfügung stehenden Meldezeiträume rechtlich vertretbar ist. **102**

Die Prüfungsschritte bzgl. einer Ad-hoc-Publizität sollten ebenso wie die Möglichkeit des Aufschubes der Veröffentlichung wie auch die für die Geheimhaltung zu beachtenden Maßnahmen im **CIRP** enthalten sein (siehe hierzu oben Rn. 72 ff.). Eine vorgenommene Prüfung sollte **sorgfältig dokumentiert** werden. **103**

4. Nachgelagerte Maßnahmen nach einer Cyber-Attacke (mittelfristige Reaktion)

Im Nachgang zu einer Cyber-Attacke sollten Maßnahmen ergriffen werden, die die negativen Auswirkungen und eine Wiederholungsgefahr geringhalten. **104**

141 Vgl. *Klöhn*, in: Klöhn, MAR, Art. 17 Rn. 274.
142 Zutreffend *Klöhn*, in: Klöhn, MAR, Art. 17 Rn. 287 ff.
143 *Schild*, in: BeckOK Datenschutzrecht, Art. 4 DSGVO Rn. 89.

105 Nach einer ersten Bestandsaufnahme sollte sich eine umfassende Analyse anschließen. Dabei sind die Eigenheiten des konkreten Angriffs zu erforschen und die Schutzvorkehrungen, die im Vorfeld ergriffen wurden auf Lücken zu untersuchen. Diese Lücken gilt es dann zu schließen. Die Nachbereitung sollte sich auch auf Mitarbeiter beziehen, sofern sich herausstellen sollte, dass menschliche Fehler zu dem Vorfall beigetragen oder diesen ermöglicht haben. Darüber hinaus sollte auch überprüft werden, wie gut der vorbereitete Response-Plan im Ernstfall funktioniert hat: Wurde der Angriff zeitnah festgestellt und sein Ausmaß erkannt? Konnte die Sicherheitslücke zügig geschlossen und der Angriff wirkungsvoll eingedämmt werden? Haben die eingerichteten Kommunikationskanäle funktioniert? Wurden gesetzliche Unterrichtungspflichten eingehalten? Hat die Kommunikationsstrategie die verfolgten Ziele erreicht? Konnten strategische Entscheidungen auf eine ausreichende Informationslage gestützt werden? War die zuvor festgelegte Aufteilung der Zuständigkeiten wirkungsvoll?

106 Weiterhin sollten Vorbereitungen für Prozesse getroffen werden, die möglicherweise gegen das Unternehmen geführt werden. Umgekehrt sollte das Unternehmen prüfen, welche eigenen Ansprüche ihm zustehen und ob diese erfolgreich verfolgt werden können.

V. Haftungsrisiken für die Unternehmensleitung

107 Im Zusammenhang mit Cyber-Vorfällen kann insbesondere eine Innenhaftung der Unternehmensleitung gegenüber der Gesellschaft in Betracht kommen (zur Außenhaftung siehe Kap. 10 Prozessführung und Haftung, Rn. 21 ff.). Unternehmensleiter haben deshalb auch ein persönliches Interesse an der Einführung einer wirksamen Cyber-Security-Governance. Dies folgt schon aus der Grundüberlegung, dass weniger Cyber-Vorfälle insgesamt auch weniger Sachverhalte bedeuten, die dem Unternehmen Anlass geben, eine Inanspruchnahme der Unternehmensleitung zu prüfen.

1. Innenhaftung wegen fehlender oder unzureichender Preparedness

108 Die Unternehmensleitung ist – wie oben bereits näher dargelegt – verpflichtet, ein Risiko- und Compliance-Management vorzuhalten, dass die cyberbezogenen Risiken bzw. Rechtsanforderungen angemessen adressiert (siehe hierzu oben Rn. 14 ff.). Die Möglichkeit, das Einhalten dieser Sorgfaltspflicht zumindest in Teilen nachträglich gerichtlich zu überprüfen, birgt für den betroffenen Personenkreis ein erhebliches Haftungsrisiko. Wie die stetige Weiterentwicklung dessen, was als notwendiger Compliance-Maßstab angesehen wird, in den letzten 15–20 Jahren zeigt, schützt ein noch nicht flächendeckend existierender cyberspezifischer Marktstandard nicht vor einer abweichenden gerichtlichen Einschätzung in einem regelmäßig mehrere Jahre später stattfindenden Haftungsprozess.[144] Dies gilt besonders in einem so dynamischen Feld wie der Risikoprävention, die sich ebenso rasant wie die Geschäftsfelder von Unternehmen weiterentwickelt.[145] Verstärkt wird dieses Haftungsrisiko weiter durch das Phänomen der „hindsight bias“, also der psychologischen Wahrnehmungsverzerrung, wonach in der Rückschau angelegte Maßstäbe oftmals strenger ausfallen. So können insbesondere in Compliance-Prozessen aufgrund später gewonnener Sachverhaltskenntnisse Beurteilungen der Sorgfaltsanforderungen strenger ausfallen, als dies aus einer unverzerrten Ex-ante-Perspektive gerechtfertigt wäre.[146]

Nicht unterschätzt werden sollte daher das potenzielle Haftungsrisiko, welches sich für Geschäftsleiter ergeben kann, wenn sie sich im Rahmen der Preparedness nicht ausreichend mit Schutz- und Compliance-Möglichkeiten auseinandersetzen. Insbesondere in Fällen von Cyber-Angriffen, in welchen Schadensersatzansprüche gegen die Täter, sofern diese überhaupt ermittelt werden können, nicht „werthaltig“ sind, bleiben oft nur die Geschäftsleiter als in Anspruch zu nehmende Personen übrig. Die sich hier aus den Schäden der Unternehmen ergebende Schadensersatzansprüche können dabei einen für die Geschäftsleitung durchaus existenzvernichtenden Umfang erreichen. **109**

2. Innenhaftung wegen fehlender oder unzureichender Response

Haftungsrisiken für die Unternehmensleitung können sich auch konkret im Zusammenhang mit der Reaktion auf einen Cyber-Vorfall ergeben. Wie oben dargestellt (siehe hierzu oben Rn. 84 ff.), besteht zwar ggf. Schutz durch die Business Judgment Rule, wenn deren Anwendungsvoraussetzungen erfüllt sind. Auch hier zeigt sich, wie entscheidend eine Vorsorge für den Ernstfall ist. Zentrale Herausforderung ist auch bei Entscheidungsfindung unter Zeitdruck eine Informationsgrundlage zu schaffen, die eine ausreichend informierte Entscheidung in einer Notsituation ermöglicht. Dies wird sich typischerweise nur bewerkstelligen lassen, wenn nicht bereits im **110**

144 Vgl. hierzu *Harbarth/Brechtel*, ZIP 2016, 241, 244.
145 Siehe etwa *Hoffmann/Schieffer*, NZG 2017, 401, 402.
146 *Ott/Klein*, AG 2017, 209, 209.

Vorfeld Maßnahmen etabliert wurden, die das Vorgehen in der Sondersituation eines Cyber-Angriffs durch zuvor definierte Zuständigkeiten und Kommunikationskanäle strukturieren. Ein pflichtgemäßes Verhalten nach einer Cyber-Attacke wird sicherlich eher bejaht, wenn angeführt werden kann, dass Vorkehrungen für den Ernstfall getroffen wurden. Wegen der in § 93 Abs. 2 Satz 2 AktG normierten Darlegungs- und Beweislast für die fehlende Pflichtwidrigkeit sollten auch im Rahmen der Response alle Handlungen und Prozesse dokumentiert werden.[147]

111 Ferner gilt es zu vermeiden, dass sich die Unternehmensleitung einer nachgelagerten Innenhaftung gegenübersieht, weil Ansprüche, die dem Unternehmen aus dem Cyber-Vorfall zustehen (z. B. gegen den Angreifer, Dienstleister, Lieferanten usw.), nicht verfolgt wurden. Dabei ist entscheidend, dass die IT-Forensik Ergebnisse liefert, die später zur Anspruchsverfolgung verwertet werden können. Zudem muss sorgfältig geprüft werden, welche Beteiligten als Anspruchsgegner in Betracht kommen. Dies wird häufig die Inanspruchnahme externer Rechtsberatung erfordern.

3. Mögliche ersatzfähige Schäden

112 Meist wird sich ein dem Unternehmen aus dem Cyber-Vorfall erwachsender Schaden feststellen lassen.[148] Zu denken ist etwa an Schäden aus einem Betriebsausfall oder Kosten aus forensischen Ermittlungen nach eine Cyber-Attacke.

113 Weitere Gesichtspunkte, aus denen ein ersatzfähiger Schaden hergeleitet werden kann, sind gegen das Unternehmen gerichtete Schadensersatzansprüche wegen verspäteten Lieferungen, Schäden aus Datenverlust, erlittene Reputationsschäden[149] oder Schäden aus verminderter Wettbewerbsfähigkeit. Denkbar ist etwa, dass im Rahmen eines Vergabeverfahrens der Zuschlag wegen mangelnder Absicherung gegen Cyber-Risiken nicht erteilt wird.[150] Aufgrund der rasanten Digitalisierung wird der Aspekt Cyber-Security bei der Vertragsanbahnung und Vertragsgestaltung sowie der Vertragsdurchführung eine immer entscheidendere Rolle spielen. Hier wird deutlich, wie Cyber-Security nicht nur die Reduzierung von Risiken betrifft, sondern auch Wettbewerbschancen verkörpert.[151]

---

147 *Bensinger/Kozok*, CB 2015, 376, 378.
148 *König*, AG 2017, 262, 269.
149 Vgl. etwa *Byok*, BB 2017, 451, 454.
150 Zu Reputationsschäden grds. *Klöhn/Schmolke*, NZG 2015, 689 ff.
151 *Byok*, BB 2017, 451, 453.

4. Überwälzung von Unternehmensbußgeldern auf Geschäftsleiter

Die Frage, ob Unternehmensgeldbußen einen regressfähigen Schaden im Rahmen der Innenhaftung darstellen, ist stark umstritten. Der Schwerpunkt der Diskussion liegt – angesichts der drastischen Höhen wenig verwunderlich – bei den kartellrechtlichen Unternehmensgeldbußen,[152] jedoch ist angesichts drastisch angehobener Bußgeldrahmen in letzter Zeit auch das Kapitalmarktrecht vermehrt in den Blick gerückt.[153] Im Wesentlichen lassen sich drei Meinungsströme identifizieren: Eine Auffassung hält Unternehmensgeldbußen regelmäßig für regressfähig.[154] Eine weitere, bislang nur in der Literatur vertretene Auffassung lehnt unter Berufung auf die Treuepflicht des Unternehmens gegen die Mitglieder des Vorstands einen Regress ab, wenn dieser existenzbedrohende Folgen für die Vorstandsmitglieder hätte.[155] Eine dritte und wohl im Vordingen befindliche Strömung hebt auf den Sinn und Zweck der Unternehmensgeldbuße ab und lehnt einen Regress ab, wenn das Gesetz eine Letztbelastung des Unternehmens (und gerade nicht eines Organmitglieds oder Mitarbeiters, die ggf. gesondert und nach anderen Maßstäben bebußt werden können) beabsichtigt.[156] Höchstrichterliche Rechtsprechung existiert bislang nicht. **114**

Im Bereich der Cyber-Security kommt den neuen, im Vergleich zur bisherigen Rechtslage drastisch erhöhten Bußgeldrahmen der DSGVO (bis zu 20 Mio. EUR oder im Fall eines Unternehmens von bis zu 4 % seines gesamten weltweit erzielten Jahresumsatzes des vorangegangenen Geschäftsjahrs, je nachdem, welcher der Beträge höher ist) besondere Bedeutung zu. Die einschlägigen Bußgeldregelungen zielen richtigerweise erkennbar darauf ab, mit den hohen Bußgeldrahmen das Unternehmen und nicht (auch nicht mittelbar) deren Organmitglieder und Mitarbeiter zu treffen, weshalb die Auffassung überzeugt, die nach Sinn und Zweck eine Regressfähigkeit ablehnt. Angesichts des Fehlens eines gesicherten Meinungsbilds ist allerdings derzeit von einem nicht unerheblichen Regressrisiko auszugehen (zur Abdeckung einer Inanspruchnahme eines Geschäftsleiters durch die Gesellschaft oder einen Dritten durch eine D&O-Versicherung siehe Kap. 12 Versicherungsrecht, Rn. 120). **115**

---

152 Vgl. *Spindler*, in: MüKo AktG, § 93 Rn. 194.

153 Angehobener Bußgeldrahmen: *Seibt*, NZG 2015, 1097, 1098; *Baur/Holle*, ZIP 2018, 459, 459 f.; bzgl. des Kapitalmarktrechts: *Seibt*, NZG 2015, 1097, 1103; *Giering*, CCZ 2016, 214, 219 f.

154 Vgl. hierzu *Fleischer*, in: Spindler/Stilz, AktG, § 93 Rn. 213b.

155 Vgl. stellvertretend *Seibt*, NZG 2015, 1097, 1102; *J. Koch*, AG 2014, 513, 514.

156 Vgl. hierzu etwa *Mertens/Cahn*, in: Zöllner/Noack, AktG, § 93 Rn. 56. m. w. N.

Kapitel 3
Mergers & Acquisitions

Dr. Tobias A. Heinrich, LL.M. (London)

Literatur: *Berens/Brauner/Strauch/Knauer*, Due Diligence bei Unternehmensakquisitionen, 7. Aufl. 2013; *Chabinsky/Petrasic/Lee*, A guide to framing cyber security due diligence in M&A transactions, A Cecile Park Media Publication, April 2017, S. 7; *Grub/Krispenz*, Auswirkungen der Digitalisierung auf M&A Transaktionen, BB 2018, 235; *Heinrich/Jalinous*, Grenzkontrollen am Ende der Seidenstraßen, AG 2017, 526; *Heinrich/Jalinous/Staudt*, „Chinese Walls" – Grenzgänge zwischen nationalen Sicherheitsinteressen und Technologie-Protektionismus, AG 2019, 145; *Heinrich/Leicht/Bogusch*, Getting the Deal Through – Technology M&A 2019, S. 33; *Kästler/Oberbracht*, Unternehmenskauf – Share Purchase Agreement, 3. Aufl. 2018; *Kiem*, Kaufpreisregelungen beim Unternehmenskauf, 2. Aufl. 2018; *Knott*, Unternehmenskauf, 5. Aufl. 2017; *Lee*, Cybersecurity in M&A Transactions: What the United States and South Korea Jurisprudence Can Learn From Each Other, Harvard Journal of Law & Technology Digest, May 2018 (Online-Publikation, abrufbar unter: https://jolt.law.harvard.edu/assets/digestImages/Lee_Yong-SP18_v4.pdf); *Müller*, Wirtschaftliche Folgen von Cyber-Angriffen, AG 2018, R56; *Picot*, Unternehmenskauf und Restrukturierung, 4. Aufl. 2013; *Rigall/Homke*, M&A Review 11 (2007), 496; *Schmidl*, Aspekte des Rechts der IT-Sicherheit, NJW 2010, 476; *Söbbing*, M&A Review 4 (2007), 166; *Trope/Smedinghoff* (Hrsg.), Guide to Cybersecurity Due Diligence in M&A Transactions, 2017; *Voigt/Herrmann/Grabenschröer*, Das neue Geschäftsgeheimnisgesetz – praktische Hinweise zu Umsetzungsmaßnahmen für Unternehmen, BB 2019, 142; *Wirth*, Versicherung von Cyber-Risiken – eine Bestandsaufnahme unter besonderer Berücksichtigung von M&A-Transaktionen, BB 2018, 200.

Übersicht

I. Einführung

1 Cyber-Vorfälle können das operative Geschäft eines Unternehmens in erheblichem Maße beeinträchtigen und im Einzelfall existenzgefährdende Schäden verursachen (z. B. durch Verlust von Know-how und Geschäftsgeheimnissen, Beschädigung von IT-Systemen, Reputationsschäden, Betriebsunterbrechungen etc.).[1] Das zeigt sich auch und gerade im Zusammenhang mit Unternehmenstransaktionen, bei denen sich der Erwerber, sei es bei einem privaten Erwerb oder einer öffentlichen Übernahme, vor entsprechenden Risiken schützen muss; dies auch und gerade deshalb, da sich Cyber-Vorfälle zunehmend im Umfeld von Unternehmenstransaktionen bemerkbar machen. Daher wäre zu erwarten, dass die Bedeutung von Cyber-Security und die damit verbundenen Risiken gerade bei Technologieunternehmen schon längst in den Fokus der M&A-Praxis gerückt wären. Demgegenüber finden drohende Cyber-Risiken in der Transaktionspraxis, jedenfalls in Deutschland, aber erst langsam angemessene Berücksichtigung.

2 Vor diesem Hintergrund will das vorliegende Kapitel die Auswirkungen von Cyber-Risiken auf einen M&A-Prozess und einen sachgerechten Umgang mit bestehenden Gefährdungslagen aufzeigen. Dazu werden eingangs einige

---

1 Statt anderer *Trope*, in: Guide to Cybersecurity Due Diligence in M&A Transactions, S. 20 ff.; *Chabinsky/Petrasic/Lee*, A guide to framing cyber security due diligence in M&A transactions; Deloitte, Cyber-Security-Report 2017 – Teil 2, S. 10, https://www2.deloitte.com/content/dam/Deloitte/de/Documents/risk/RA-Risk-Advisory-Cybersecurity-Report-2017-2-14122017-s.pdf (zuletzt abgerufen: 13.3.2019); Harvard Law School Forum on Corporate Governance and Financial Regulation – Cybersecurity Risks in M&A Transactions, https://corpgov.law.harvard.edu/2017/11/28/cybersecurity-risks-in-ma-transactions (zuletzt abgerufen: 13.3.2019).

prominente Beispiele behandelt. In einem zweiten Abschnitt geht der Beitrag dann auf die grundlegende Bedeutung und Gegenstände der sich als Querschnittsmaterie darstellenden Cyber-Due Diligence („Preparedness“) ein. Anschließend werden mögliche Vertragsgestaltungen behandelt, die die zuvor bei der Due Diligence identifizierten, aber auch bislang von den Parteien einer Unternehmenstransaktion nicht identifizierten Risiken reflektieren („Response“).

II. Fallbeispiele

Die folgenden Fallbeispiele werfen ein Schlaglicht auf die Bedeutung einer angemessenen Cyber-Due Diligence im Rahmen einer M&A-Transaktion ebenso wie auf die Notwendigkeit angemessener vertraglicher Schutzmechanismen zugunsten des Käufers. 3

1. Verizon/Yahoo

Im Juli 2016 wurde die Übernahme von Yahoo durch Verizon zu einem Kaufpreis von 4,83 Mrd. USD angekündigt. Im September und Dezember desselben Jahres und damit vor Closing der Transaktion gab Yahoo in zwei Schritten öffentlich bekannt, bereits im Jahr 2014 Opfer zweier Cyber-Angriffe geworden zu sein. Betroffen waren dabei angabegemäß alle ca. 3 Mrd. Useraccounts von Yahoo.[2] 4

Verizon sah sich vor diesem Hintergrund gezwungen, die Zweckmäßigkeit und wirtschaftlichen Bedingungen der Übernahme neu zu bewerten.[3] Nach wochenlangen Spekulationen darüber, ob die Transaktion durchgeführt werden könne, verständigten sich die Parteien im Februar 2017 auf eine Kaufpreisreduzierung um 350 Mio. USD auf 4,48 Mrd. USD[4] Ferner wurde eine Haftungsfreistellung für Aktionärsklagen in Form von „Class Actions“ und mögliche Sanktionen der US-amerikanischen SEC vereinbart. Die Transaktion wurde schließlich im September 2017 vollzogen. 5

---

2 Vgl. die Berichterstattung der New York Times, www.nytimes.com/2017/10/03/technology/yahoo-hack-3-billion-users.html (zuletzt abgerufen: 13.3.2019) sowie zusammenfassend *Lee*, Harvard Journal of Law & Technology Digest, May 2018, S. 10 ff.; die Transaktionsvereinbarung ist abrufbar unter: www.sec.gov/Archives/edgar/data/1011006/000119312516656036/d178500dex21.htm#ex2_1toc178500_58 (zuletzt abgerufen: 13.3.2019).

3 *Trope*, in: Guide to Cybersecurity Due Diligence in M&A Transactions, S. 28; *Lee*, Harvard Journal of Law & Technology Digest, May 2018, S. 10 f.

4 *Trope*, in: Guide to Cybersecurity Due Diligence in M&A Transactions, S. 25, 28.

2. FedEx/TNT

6 Bei der Übernahme des niederländischen Kurierdienstleisters TNT Express durch FedEx im Mai 2016 für 4,4 Mrd. EUR wurde nach Vollzug der Transaktion ein Angriff mit „NotPetya“[5] verübt,[6] einem Schadcode im Update einer Steuersoftware.[7] FedEx schätzte die Schäden aufgrund entgangenen Gewinns sowie Kosten für Malware-Cleanups auf 300 Mio. USD.[8] Dabei wurde eingeräumt, TNT Express sei bereits im Monat zuvor schwer vom Erpressungstrojaner „WannaCry“[9] getroffen worden.

3. Marriott/Starwood

7 Jüngstes Beispiel eines Cyber-Vorfalls im Zusammenhang mit einer M&A-Transaktion ist die Übernahme der US-amerikanischen Hotelgruppe Starwood durch Marriott im Jahr 2016 für 13,6 Mrd. USD.[10] Ende November 2018 gab Marriott bekannt, dass es bereits seit 2014 unautorisierte Zugriffe auf die Starwood-Datenbanken gegeben hatte. Dabei wurden Informationen von bis zu 500 Mio. Kunden entwendet, inkl. Passnummern, Reisedaten, E-Mail-Adressen, Telefonnummern und Kreditkartendetails.[11] Da das Merger Agreement, welches in Unkenntnis der bereits eingetretenen Cyber-Vorfälle abgeschlossen wurde, zwischen den beiden Parteien keine Regelungen bzgl. Cyber-Security enthielt, treffen sämtliche Folgen des Cyber-Angriffs die Marriott-Gruppe als Erwerberin.[12] Bemerkenswert ist dabei auch, dass Star-

---

5 Vgl. www.heise.de/security/meldung/Alles-was-wir-bisher-ueber-den-Petya-NotPetya-Ausbruch-wissen-3757607.html (zuletzt abgerufen: 13.3.2019).

6 Vgl. www.handelsblatt.com/unternehmen/handel-konsumgueter/fedex-us-logistikkonzern-schluckt-tnt/13644212.html?ticket=ST-941032-yBoQj7SwvVicaVV6kYhB-ap3) (zuletzt abgerufen: 13.3.2019).

7 Vgl. www.heise.de/newsticker/meldung/NotPetya-Auch-Fedex-kostet-die-Cyber-Attacke-300-Millionen-US-Dollar-3838159.html (zuletzt abgerufen: 13.3.2019).

8 Vgl. www.theregister.co.uk/2017/09/20/fedex_notpetya_damages/(zuletzt abgerufen: 13.3.2019).

9 Vgl. www.heise.de/newsticker/meldung/WannaCry-Was-wir-bisher-ueber-die-Ransomware-Attacke-wissen-3713502.html (zuletzt abgerufen: 13.3.2019).

10 Das Merger Agreement ist über die Website der SEC abrufbar, www.sec.gov/Archives/edgar/data/1048286/000119312515377593/d52885dex21.htm (zuletzt abgerufen: 13.3.2019).

11 Vgl. u.a. die Berichterstattung bei Bloomberg mit weiteren Beispielen, https://news.bloomberglaw.com/privacy-and-data-security/marriott-hack-highlights-cybersecurity-risks-in-acquisitions (zuletzt abgerufen: 13.3.2019).

12 Vgl. https://news.bloomberglaw.com/privacy-and-data-security/marriott-hack-highlights-cybersecurity-risks-in-acquisitions (zuletzt abgerufen: 13.3.2019).

wood seine Kunden bereits 2015, kurz nach Bekanntgabe der Transaktion, vor der Entwendung personenbezogener Daten gewarnt hatte.[13]

III. Preparedness

8 Die Preparedness in Bezug auf Cyber-Risiken im Rahmen einer M&A-Transaktion lässt sich zunächst auf Ebene der Due Diligence behandeln. Daneben lassen sich ebenso Regelungen im Rahmen einer Transaktionsvereinbarung, die den Tatbestand eines Cyber-Vorfalls und dessen Rechtsfolgen behandeln, unter dieses Stichwort fassen. Da Letzteres aber ebenso als spiegelbildliche Reaktion (Response) auf in Vorbereitung einer Transaktion identifizierte Cyber-Risiken aufgefasst werden kann, die innerhalb der Due Diligence offengelegt oder erkannt wurden oder auch als Restrisiken verbleiben, soll in dem nachfolgenden Abschnitt unter dem Stichwort „Preparedness" vorrangig die Durchführung einer Cyber-Due Diligence in den Blick genommen werden.

1. Bedeutung und Gegenstand der Cyber-Due Diligence

9 Die Durchführung einer Due Diligence durch den Erwerber (teilweise auch durch die den Erwerb finanzierenden Banken) gehört heute zum Standardrepertoire nahezu jeder M&A-Transaktion. Sie dient dabei ganz allgemein der Beschaffung und Auswertung von Informationen zu dem Zielunternehmen. Die im Rahmen der Due Diligence gewonnenen Erkenntnisse bilden **regelmäßig die Grundlage der wirtschaftlichen Bewertung** einer Transaktion (einschließlich der Bestimmung des Kaufpreises) und der Verhandlung vertraglicher Regelungen, die insbesondere das Risikoprofil des zu erwerbenden Unternehmens in den Blick nehmen. In praktischer Hinsicht wird die Due Diligence regelmäßig mit Hilfe eines **elektronischen Datenraums** (englisch „Virtual Data Room" oder kurz „VDR") durchgeführt, an dessen käuferseitige Überprüfung sich typischerweise **Frage-/Antwortprozesse** („Q&A") sowie **Management Interviews** und die **Besichtigung der betrieblichen Einrichtungen** des Zielunternehmens anschließen.

10 Alles dies ist dem Grunde nach auch der vorliegend behandelten Cyber-Due Diligence gemein, nur dass es hier auf Durchführungsebene in besonderem Maße um die **Verzahnung unterschiedliche Einzeldisziplinen** geht, namentlich: **Legal, Compliance, Forensik, technische/IT-basierte Bewer-**

---

13 Vgl. www.oag.ca.gov/system/files/starwood-notice-materials_0.pdf (zuletzt abgerufen: 13.3.2019).

tung und Commercial. Die Herausforderung besteht dabei darin, durch Verknüpfung dieser Disziplinen eine effiziente und zielorientierte Feststellung bestehender und vermeintlicher Cyber-Risiken vorzunehmen, die bei der Bewertung des Zielunternehmens und ggf. im Rahmen der Vertragsverhandlungen in angemessenem Maße herangezogen werden.[14]

11 Hinzu kommt, dass es für die Durchführung einer Cyber-Due Diligence **keinen einheitlichen Regelungsrahmen** gibt,[15] an dem sich die Überprüfung in Bezug auf Cyber-Risiken des Unternehmens verbindlich orientieren müsste oder könnte. Der maßgebliche Rahmen setzt sich – abhängig von der jeweiligen Organisation und Industrie-/Produktzugehörigkeit des Zielunternehmens und dessen jeweiligen unternehmerischen Kontext – vielmehr aus einer Reihe unterschiedlicher Einzelregelungen (z. B. der DSGVO in Bezug auf personenbezogene Daten) und gewachsener Standards zusammen, deren Anwendung für eine risikoadäquate Bewertung herangezogen werden kann.[16]

12 Die **Due Diligence** im Hinblick auf Cyber-Risiken verfolgt regelmäßig **zwei grundlegende Funktionen**: Zum einen soll die **Vulnerabilität des Zielunternehmens** bewertet werden. Dies gilt sowohl für bereits bekannte Risiken als auch für eventuell neue oder drohende Zwischenfälle.[17] Dabei gilt es festzustellen, inwieweit das Zielunternehmen ein unter den Gesichtspunkten „Business Protection" und „Compliance" für den Käufer ausreichendes Schutzniveau und Risikomanagement- bzw. Compliance-System bietet. Zum anderen wird vermehrt als zweite Säule auch die **Integrationsfähigkeit der Anwendungen des Zielunternehmens in die IT-Infrastruktur und das Compliance-System des Erwerbers** untersucht.[18] Diese Integrationsfähigkeit ist auch und gerade deshalb von Bedeutung, da die überhöhte Komplexität einer IT-Infrastruktur mit teilweise konfligierenden Systemen gerade im Nachgang zu einer M&A-Transaktion zu Anfälligkeiten im Bereich der Cyber-Sicherheit führen kann.

---

14 NCC Group M&A Cyber Due Diligence, S. 3, https://www.nccgroup.trust/globalassets/service-pages/uk/cyber-security/manda-cyber-security-due-diligence.pdf (zuletzt abgerufen: 13.3.2019).

15 *Smedinghoff*, in: Guide to Cybersecurity Due Diligence in M&A Transactions, S. 137; Mergermarket/White & Case, Cross-border tech M&A in a disrupted world, S. 10, https://www.whitecase.com/sites/whitecase/files/white-case-cross-border-tech-ma-web-final.pdf (zuletzt abgerufen: 23.4.2019).

16 *Smedinghoff*, in: Guide to Cybersecurity Due Diligence in M&A Transactions, S. 137 ff.

17 *Jones*, in: Guide to Cybersecurity Due Diligence in M&A Transactions, S. 137.

18 *Smedinghoff*, in: Guide to Cybersecurity Due Diligence in M&A Transactions, S. 128 f.

Neben dem Erwerber mag auch der Veräußerer unter den gegebenen Umständen eine **Vendor-Due Diligence** in Bezug auf mögliche Cyber-Risiken in Erwägung ziehen, um den Verkaufsprozess zu effektuieren. Dies kann sich vor allem bei einer abstrakten (z.B. bei einer erhöhten Zahl an Zwischenfällen oder festgestellten Anfälligkeiten) oder konkreten Gefährdungslage des Zielunternehmens anbieten. **13**

2. Eckpunkte der Cyber-Due Diligence

Die Eckpunkte einer Due Diligence sind stark an die Kriterien angelehnt, **14**
die auch ein Unternehmen selbst bei Aufstellung einer Compliance-Organisation in Bezug auf Cyber-Risiken in den Blick nehmen muss. Daher orientiert sich der Prüfungsmaßstab an der vorherrschenden Praxis für eine ausreichend geschützte Unternehmensorganisation.

Folgende Überlegungen sind daher als **Ausgangspunkte** anzustellen und **15**
abhängig von der Gefährdungslage des jeweiligen Zielunternehmens zu priorisieren:

- Handelt es sich bei dem Target um ein „**Risikounternehmen**“ **(Vulnerabilitäts-Test)**?[19] Folgende Faktoren sind hierbei zu prüfen: Umfang der Verarbeitung personenbezogener Daten (insbesondere bei Finanzdienstleistungsunternehmen und Einrichtungen im medizinischen Bereich) sowie Nutzung sensitiver Kunden- und Lieferantendaten, Umfang an selbst generiertem IP und Know-how (insbesondere bei Technologieunternehmen), geopolitische und -ökonomische Faktoren, insbesondere dort, wo staatlich gelenkte Organisationen strategisches Interesse an ausgewählten Technologien haben (z.B. Sicherheit und Verteidigung).
- In Bezug auf Know-how-Schutz sind auch die neuerlichen Maßgaben des im Jahr 2019 in Kraft tretenden **Geschäftsgeheimnisgesetzes (GeschgehG)** zu beachten, nach dem ein entsprechender Schutz künftig nur noch dann in Anspruch genommen werden kann, wenn bei dem entsprechenden Zielunternehmen ausreichende Maßnahmen zum Geheimnisschutz etabliert wurden.[20]
- Wie sind **Systeme und Prozesse** in Bezug auf Cyber-Security ausgestaltet und welche **technischen Maßnahmen** wurden hierbei ergriffen? Dieser Aspekt betrifft die Analyse der bestehenden technischen Maßnahmen des Zielunternehmens (einschließlich digitale Assets) und Governance

19 *Adams/Staples*, in: Guide to Cybersecurity Due Diligence in M&A Transactions, S. 80f.
20 Vgl. hierzu jüngst *Voigt/Herrmann/Grabenschröer*, BB 2019, 142 ff.

Strukturen. Hier kann sich im Einzelfall auch eine detaillierte technische Analyse der IT-Infrastruktur und bestehenden Systeme anbieten (z. B. in Bezug auf personalisierte Nutzerkennung und Passwortschutz, Zwei-Faktor-Authentifizierung, Sperrmöglichkeiten durch Administratorenrechte, Verschlüsselungstechnologien in Bezug auf Daten und Verbindungen, Zugriffssperrungen etc.). Als Orientierung kann hierbei auch die DIN ISO/IEC 27001 herangezogen werden.

- Was ist der **Track Record** des Zielunternehmens in Bezug auf Cyber-Risiken? Die Risikoaffinität des Zielunternehmens wird dabei typischerweise auch danach bewertet, wie in der Vergangenheit Cyber-Vorfälle behandelt wurden. Aufsatzpunkte hierfür sind regelmäßig Management Interviews oder ein „Logbuch", in dem entsprechende Vorfälle dokumentiert werden.

3. Durchführung einer Cyber-Due Diligence

a) Operative Risikoanalyse und Verortung digitaler Assets

16 Ausgangspunkt einer operativen Cyber-Due Diligence ist zunächst die Lokalisierung der digitalen Assets des zu erwerbenden Unternehmens. Deren Bedeutung kann je nach Unternehmensgegenstand erheblich variieren. Mehr oder weniger allgemeingültig ist dabei die Überprüfung von Computersystemen, Speicherorten und benutzten Netzwerken, die Daten generieren, bearbeiten, speichern (lokal wie auch in der Cloud) und versenden. Solche Datensätze können z. B. vertrauliche Geschäftsinformationen, Kundendaten, Personalinformationen oder patentgeschützte Daten enthalten. Im Rahmen dieser Prüfung geht es für den Erwerber auch darum, die digitalen **„crown jewels"**,[21] also die **bewertungsrelevanten Unternehmensteile** zu identifizieren.[22]

17 In einem zweiten Schritt geht es darum, zu prüfen, inwieweit die relevanten digitalen Assets bei dem Zielunternehmen **vor unbefugtem Zugang, Benutzung, Transfer und Zerstörung geschützt** werden.[23] Um dies im Rahmen einer Due Diligence zu bewerten, gibt es **zwei Ansatzpunkte**:

---

21 *Chabinsky/Petrasic/Lee*, A guide to framing cyber security due diligence in M&A transactions, S. 8.

22 *Adams/Staples*, in: Guide to Cybersecurity Due Diligence in M&A Transactions, S. 74 f.

23 *Adams/Staples*, in: Guide to Cybersecurity Due Diligence in M&A Transactions, S. 75.

- Bewertung der **eigenen Risikoanalyse des Zielunternehmens**, um festzustellen, welche Risiken das Unternehmen für sich selbst lokalisiert hat und wie diese eingeschätzt werden, sowie
- **Benchmarking** gegenüber der eigenen Cyber-Organisation des Erwerbers. Bei dieser Gegenüberstellung können eventuell weitere Rückschlüsse über die Risikoevaluation des Zielunternehmens erhalten werden.

Die Unterschiede können auch dazu genutzt werden, etwaig erforderliche Integrationsmaßnahmen abzuschätzen und in die Unternehmensbewertung einfließen zu lassen. **18**

Neben der Identifizierung von drohenden Risiken in Bezug auf digitale Assets ist auch relevant, mit welcher **Eintrittswahrscheinlichkeit** diese behaftet sind und welche Folgen daraus resultieren können. Nur so können Risiken nicht nur analysiert, sondern auch evaluiert werden. **19**

b) Compliance-Risikoanalyse

Ferner ist im Rahmen einer Cyber-Due Diligence zu prüfen, welche gesetzlichen Regelungen und Mindeststandards das Zielunternehmen zu beachten hat. Hierbei sollte nicht allein auf die Informationen des Unternehmens selbst vertraut werden, sondern eine eigenständige Analyse der gesetzlichen Rahmenbedingungen erfolgen. Ohne diesen Zwischenschritt kann eine spätere Analyse der Cyber-Governance des Unternehmens nicht vollständig durchgeführt werden.[24] **20**

c) Risikomanagementsysteme und Compliance

Ausgangspunkt ist regelmäßig die Überprüfung des Bestehens und der Funktionsfähigkeit eines Risikomanagementsystems bzw. einer Compliance-Organisation, da diese das **Fundament weiterer Maßnahmen** bilden.[25] **21**

Eine **Pflicht zur Implementierung eines** dezidiert auf Cyber-Risiken ausgerichteten formalisierten **Risikomanagementsystems besteht** für Unternehmen **außerhalb regulierter Industrien grundsätzlich nicht** (siehe Kap. 2 Gesellschaftsrecht, Rn. 15). Wird daher im Rahmen einer Due Diligence das Fehlen eines solchen festgestellt, bedeutet dies nicht automatisch **22**

---

24 *Smedinghoff*, in: Guide to Cybersecurity Due Diligence in M&A Transactions, S. 141 ff.

25 Mergermarket/White & Case Cross-border tech M&A in a disrupted world, S. 10, https://www.whitecase.com/sites/whitecase/files/white-case-cross-border-tech-ma-web-final.pdf (zuletzt abgerufen: 23.4.2019).

eine Pflichtverletzung der Unternehmensleitung. Die **Pflicht zur sorgfältigen Unternehmensführung** im Bereich der vorsorgenden Risikoerkennung und Risikosteuerung führt je nach Risikoanfälligkeit und Größe des Unternehmens **zu unterschiedlichen Anforderungen an das Risikomanagement** (siehe Kap. 2 Gesellschaftsrecht, Rn. 14 ff.). Dies schließt jedoch nicht aus, dass je nach Risikolage die Einrichtung eines Risikomanagements als einzig richtige Maßnahme zu bewerten ist.[26] Selbiges gilt bzgl. der Einrichtung einer Compliance-Organisation. Die Pflicht des Geschäftsleiters, das Unternehmen so zu organisieren, dass keine Rechtsverstöße begangen werden, kann sich „je nach Gefährdungslage" zu einer Pflicht zur Compliance-Organisation verdichten.[27]

23 Im Rahmen einer Due Diligence ist daher zu überprüfen, ob es für vergleichbare Unternehmen einen Marktstandard gibt oder aus anderen Gründen ersichtlich wird, welche Anforderungen an das zu untersuchenden Unternehmen hinsichtlich struktureller Maßnahme der Risikovorsorge zu stellen sind. Deren Einhaltung muss dann sichergestellt werden (siehe Kap. 2 Gesellschaftsrecht, Rn. 19 und 40).

d) Spezialgesetzliche Regelungen

24 Abhängig vom Unternehmensgegenstand kann es branchenspezifische Spezialregelungen geben, etwa für **Finanzdienstleistungsunternehmen** oder **Betreiber Kritischer Infrastrukturen** (siehe Kap. 7 Aufsichtsrecht, Rn. 81 ff. sowie Kap. 5 IT-Sicherheit, Rn. 30 ff.). Da hier mögliche Konflikte mit regulatorischen Vorgaben, z. B. wenn das Zielunternehmen kritische Infrastruktureinrichtungen nach dem IT-Sicherheitsgesetz (wie z. B. Telekommunikation, Energie oder Gesundheit) betreibt, mitübertragen werden, sollte der Erwerber als zukünftiger Haftungsadressat die bisherige Einhaltung vorgegebener Sicherheitsstandards überprüfen.[28] Weiter ist zu beachten, dass die Spezialregelungen eine Vielzahl verschiedener Anforderungen stellen können, angefangen von der grundsätzlichen Pflicht zur Compliance-Vorsorge bis hin zu Meldepflichten in Notfallsituationen.

---

26 *Smedinghoff*, in: Guide to Cybersecurity Due Diligence in M&A Transactions, S. 141.

27 LG München, 10.12.2013 – 5HK O 1387/10, NZG 2014, 345, 346.

28 Bundesamt für Sicherheit in der Informationstechnik, Das IT-Sicherheitsgesetz. Kritische Infrastrukturen schützen, S. 7.

e) Datenschutz

Besonderes Augenmerk ist auf den **Umgang mit personenbezogenen Daten** zu legen, nicht zuletzt da hier im Falle eines Regelverstoßes empfindliche Sanktionen greifen können. Insbesondere ist darauf zu achten, dass im Umgang mit personenbezogenen Daten geeignete technische und organisatorische Maßnahmen den Schutz der Rechte und Freiheiten natürlicher Personen gewährleisten. Erleichtert werden kann die Kontrolle der Einhaltung der Regelungen der DSGVO im Rahmen einer Due Diligence durch eine entsprechende Zertifizierung nach Art. 42 DSGVO. Liegt eine solche vor, darf davon ausgegangen werden, dass die gesetzlichen Anforderungen im Zuge der Datenverarbeitung eingehalten werden. Für den deutschen Markt existiert bislang allerdings keine entsprechende Zertifizierung (Kap. 4 Datenschutz). **25**

f) Individuelles Handeln als Risikofaktor

Ein weiterer Risikofaktor im Bereich Cyber-Security ist individuelles menschliches Handeln.[29] Obgleich Cyber-Sicherheitskonzepte naturgemäß vermehrt einen technisch-digitalen Schwerpunkt haben, sollten Risiken, die von Mitarbeitern ausgehen (z. B. Verlust/Diebstahl von Datenträgern,[30] Umgang mit Passwörtern,[31] unvorsätzliche Mitwirkung beim Phishing,[32] Verbreitung von Viren durch Öffnen von Malware-E-Mails[33] sowie absichtliche Weitergabe von Informationen) nicht unterschätzt werden, auch wenn sich dieses Risiko im Rahmen einer Cyber-Due Diligence nur teilweise erfassen lässt. Überprüfbar ist jedenfalls, inwieweit **Mitarbeiter für den Umgang mit Daten geschult** sind und ob durch **regelmäßige Kontrollen** eine ausreichende Überwachung erfolgt (siehe Kap. 6 Arbeitsrecht, Rn. 27 ff.). Da Cyber-Angriffe auf jeder Unternehmensebene stattfinden können und jede Kette nur so stark wie ihr schwächstes Glied ist, ist insbesondere die **fortlaufende Information aller Mitarbeiter ein entscheidender Faktor** in der Abwehr von Cyber-Angriffen. **26**

---

29 Deloitte, Cyber Security Report 2017 – Teil 2, S. 6, https://www2.deloitte.com/content/dam/Deloitte/de/Documents/risk/RA-Risk-Advisory-Cybersecurity-Report-2017-2-14122017-s.pdf (zuletzt abgerufen: 23.4.2019).

30 *Wirth*, BB 2018, 201, 201.

31 *Schmidl*, NJW 2007, 476, 477.

32 Deloitte, Cyber Security Report 2017 – Teil 2, S. 14, https://www2.deloitte.com/content/dam/Deloitte/de/Documents/risk/RA-Risk-Advisory-Cybersecurity-Report-2017-2-14122017-s.pdf (zuletzt abgerufen: 23.4.2019).

33 *Schmidl*, NJW 2007, 476, 477.

27 Im Rahmen einer Due Diligence sollten die zuvor genannten Risikofaktoren insofern überprüfbar sein, als Schulungen und Tests Teil der in den Cyber-Richtlinien einer Unternehmensorganisation vorgesehenen Maßnahmen sind. Diese Cyber-Security-Richtlinien sollten wiederum verbindlicher Teil der Arbeitsverträge der Mitarbeiter sein (siehe Kap. 6 Arbeitsrecht).

28 Kontrollen sind regelmäßig bei solchen Unternehmensteilen von hervorgehobener Bedeutung, bei denen Mitarbeiter regelmäßig in Kontakt mit sensiblen Daten stehen (z. B. Buchhaltung und Rechtsabteilung). Je engmaschiger die Organisation solcher Kontrollmechanismen, desto geringer ist das Risiko bereits erfolgter und unerkannt gebliebener Cyber-Vorfälle. Auch regelmäßige Kontrollen sollten wiederum Teil der zuvor erwähnten Cyber-Richtlinien und damit Teil der Arbeitsverträge sein.

g) Outsourcing an Dritte

29 Regelmäßig werden eine Vielzahl IT-bezogener Dienstleistungen ausgelagert. Dies mag zum einen aus wirtschaftlichen Gründen geboten (z. B. Webdomäne für kleinere Unternehmen), zum anderen aus technologisch-digitalen Aspekten erforderlich (z. B. Anmietung von Servern für größere Datenmengen) sein. Die Einbindung Dritter in das unternehmenseigene IT-System birgt jedoch die Gefahr, an den jeweiligen Schnittstellen Adressat von Cyber-Angriffen zu werden, die über mögliche Schwachstellen des Dienstleisters erfolgen. Folgerichtig muss die Cyber-Due Diligence im Einzelfall auf die mit Dritten vereinbarten Sicherungsmechanismen ausgedehnt werden. Spezialgesetzliche Regelungen, wie zum Beispiel die MaRisk, stellen daher an die IT-Schutzmechanismen im Falle des Outsourcings dieselben Anforderungen wie bei unternehmensinternen Maßnahmen (siehe Kap. 7 Aufsichtsrecht, Rn. 33 ff.).

30 Ausgangspunkt bildet eine **Liste sämtlicher relevanter Dienstleister**. Maßgebliche Kriterien der Einstufung hierfür sind die Art und der Umfang der Datenlagerung, -nutzung sowie -erhaltung.[34] Untersuchungsgegenstand sind dann die Cyber-Sicherheitsanforderungen, die an den Dienstleister gestellt werden.[35] Für die Untersuchung ist dabei der Inhalt der zwischen den Parteien getroffenen Outsourcing-Vereinbarung maßgeblich. Besteht ein vertraglich eingeräumtes Weisungsrecht zugunsten des Zielunternehmens, sollte dadurch zumindest eine mittelbare Einflussnahme auf die Modalitäten des

---

34 *Jones*, in: Guide to Cybersecurity Due Diligence in M&A Transactions, S. 110 f.

35 *Chabinsky/Petrasic/Lee*, A guide to framing cyber security due diligence in M&A transactions, S. 7, 9.

Monitorings verbleiben,[36] sodass etwaige Bedenken durch ein adäquates Cyber-Management am Zielunternehmen *selbst* ausgeräumt werden können. Liegt eine solche Möglichkeit der Überwachung und Kontrolle nicht vor, besteht die Notwendigkeit der Überprüfung der Cyber-Sicherheitsstrukturen des Auslagerungsunternehmens, was unter Umständen durch zur Verfügung gestellte Leistungsnachweise möglich ist.[37]

h) Cyber-Versicherungen

Hat das Unternehmen Versicherungen im Bereich Cyber-Security abgeschlossen, muss sichergestellt werden, dass die vertraglichen Obliegenheiten eingehalten werden. Oft treffen die Versicherungsvereinbarungen Regelungen, die die Auszahlung der Versicherungssumme bedingen. Weit verbreitet sind hier **„Stand-der-Technik"-Klauseln**. Sie enthalten die Pflicht, IT-Systeme durch den Stand der Technik entsprechende technische Vorkehrungen und Sicherheitsverfahren vor den jeweils versicherten Gefahrumständen zu schützen. Auch müssen diese regelmäßig aktualisiert werden. Daneben werden regelmäßig Anforderungen das generelle Risikomanagement des versicherten Unternehmens gestellt. Da bei Nichteinhaltung einer solchen vertraglichen Anforderung der Versicherungsschutz entfällt, stellt dies ein finanzielles Risiko da, welches sich im Rahmen einer M&A-Due Diligence vergegenwärtigt werden sollte. Zu beachten ist insbesondere, dass die vertraglich gestellten Anforderungen je nach Versicherungspolice individuell verschieden strikt sein können (siehe Kap. 12 Versicherungsrecht, Rn. 100). **31**

i) Meldepflichten

Ein weiterer Prüfungsgesichtspunkt sind Unternehmensmitteilungen, die in der Vergangenheit abgegeben wurden. Im Zusammenhang mit Cyber-Security gibt es eine Vielzahl an Meldepflichten, die ein Unternehmen zu beachten hat. Diese können unterschiedlicher Natur sein. **32**

Naheliegend sind zunächst **Meldungen nach der DSGVO** wegen der Verletzung des Schutzes personenbezogener Daten. Hier können Meldungen sowohl an die betroffene Person wie auch an die zuständige Aufsichtsbehörde erforderlich sein (siehe Kap. 4 Datenschutz). **33**

Daneben kommt bei einem Cyber-Angriff eine **Pflicht zur Ad-hoc-Publizität aus Art. 17 MAR** in Betracht, wenn sich das Angriffsereignis als Insiderinformation darstellt (siehe Kap. 2 Gesellschaftsrecht, Rn. 90 ff.). Spe- **34**

36 *Schmidl*, NJW 2007, 476, 477.
37 *Jones*, in: Guide to Cybersecurity Due Diligence in M&A Transactions, S. 111.

zialgesetzlich ist die Meldepflicht bei Störungen nach dem **BSIG** zu beachten, aber auch unter das **KWG**, die **MaRisk** oder die **BAIT** fallende Institute sollten die jeweils zuständige Aufsichtsbehörde proaktiv über Cyber-Security-Vorfälle in Kenntnis setzen. Bei **Zahlungsinstituten** ist besonders die jährliche Berichtspflicht an die BaFin zu erwähnen, neben der Pflicht unverzüglich über schwerwiegende Betriebs- oder Sicherheitsvorfälle zu unterrichten (siehe Kap.7 Aufsichtsrecht).

35 Schließlich besteht auch gegenüber dem **Versicherungsgeber** eine Informationspflicht (siehe Kap. 12 Versicherungsrecht).

36 Aufgrund der Vielzahl unterschiedlicher Meldepflichten ist im Rahmen einer Due Diligence zu überprüfen, ob in der Vergangenheit solche Pflichten eingegriffen haben und wenn ja, ob die entsprechenden Meldungen auch stets rechtzeitig und vollständig erfolgt sind. Wurden Mitteilungen nicht getätigt, drohen dem Unternehmen ggf. Bußgelder und Schadensersatzzahlungen. Darüber hinaus sollte auch kontrolliert werden, ob intern Vorkehrungen getroffen wurden, um alle für das spezifische Unternehmen relevanten Meldungen in Zukunft rechtzeitig und vollständig abgeben zu können.

j) Cyber-Security-Governance

37 Mit dem Stichwort Cyber-Security-Governance wird der **unternehmensindividuellen Umgang mit** den zuvor genannten **Cyber-Risiken** angesprochen. Für den Käufer gilt es hier zu überprüfen, ob unter Beachtung der bestehenden Gefahren und der gesetzlichen Mindeststandards ein hinreichende Cyber-Security-Governance etabliert wurde (siehe hierzu auch Kap. 2 Gesellschaftsrecht).[38]

38 Ein entsprechendes Schutzsystem ist teilweise gesetzlich vorgeschrieben, u. a. für Kredit- und Finanzdienstleistungsinstitute, Zahlungsdienstleiter, Versicherungsunternehmen und Betreiber Kritischer Infrastrukturen (siehe Kap. 7 Aufsichtsrecht). Auch die DSGVO sieht Organisationspflichten zum Schutz personenbezogener Daten vor.[39]

39 Relevant ist neben der reinen Kontrolle, ob das individuelle Risikoprofil des Unternehmens ein qualitativ ausreichendes Schutzniveau bietet. Grundsätzlich hat ein Unternehmen vier Möglichkeiten mit identifizierten Risiken umzugehen: (1) Das Risiko kann akzeptiert werden, da es gering ist oder sich bei einer bestimmten Geschäftstätigkeit nicht umgehen lässt; (2) gänzlich vermieden werden, z. B. indem man die entsprechende Geschäftsaktivität

---

38 *Adams/Staples*, in: Guide to Cybersecurity Due Diligence in M&A Transactions, S. 78.
39 *Lapp*, in: Beck'sches Mandatshandbuch DD, § 43 Rn. 24 ff.

einstellt; (3) minimiert werden durch Schutzmechanismen oder eine reduzierte Anwendung der Aktivität; (4) und schließlich durch eine Versicherungslösung transferiert werden. Werden die einzelnen Risiken und die vom Unternehmen gewählte Vorgehensweise gegenübergestellt, ergibt sich das unternehmensspezifische Cyber-Risikoprofil um das bestehende Schutzniveau beurteilen zu können (siehe hierzu auch Kap. 2 Gesellschaftsrecht).

Daraus können im Einzelfall wiederum Rückschlüsse für die weiteren Schwerpunkte der Due Diligence gezogen werden. Wurden gewisse Risiken gemieden, muss sich auch eine Due Diligence hiermit nicht mehr weiter befassen. Wurde hingegen ein elementares Risiko mittels Sicherheitsmaßnahmen reduziert, muss sich auch eine Due Diligence intensiv mit der Rechtmäßigkeit und der Wirksamkeit dieser Maßnahmen auseinandersetzen, insbesondere auch das verbleibende Restrisiko analysieren. **40**

Ein gänzlich anderer Prüfungsmaßstab ist dann gefragt, wenn das Risiko mittels einer Versicherung abgesichert wurde. Hier ist zu unterscheiden zwischen allgemeinen Versicherungen, die zu Teilen Cyber-Schäden abdecken und reinen Cyber-Versicherungen. Für die Evaluierung des Versicherungsschutzes ist insbesondere relevant, welche Schadensarten und welche -ursachen umfasst sind. Darüber hinaus sind die Deckungshöhe der Versicherung sowie eine eventuell geregelte Beweislastvereinbarung zu beachten (siehe Kap. 12 Versicherungsrecht). **41**

k) Stellenwert auf Ebene der Unternehmensleitung

Zu prüfen ist auch, wie das Thema Cyber-Security von Seiten der Unternehmensleitung kommuniziert wird, da der Stellenwert eines Risikothemas maßgeblich von der Einbindung des Managements beeinflusst wird (hierzu ausführlich Kap. 2 Gesellschaftsrecht).[40] Maßnahmen, die unter Beteiligung leitender Gremien gestaltet und durchgeführt werden, verfügen aufgrund der Unternehmenshierarchie typischerweise über einen erhöhten Stellenwert.[41] Deshalb sollte das „**Tone from the top**"-Prinzip beachtet werden. Gegenstand der Untersuchung ist daher, ob die Leitungsgremien[42] durch die Implementierung von technologischen, digitalen, prozess- und personenbezogenen, organisatorischen sowie rechtlichen Maßnahmen ihren Sicherungs- und Handlungspflichten zugunsten einer hohen Cyber-Sicherheit **42**

---

40 *Levi*, in: Guide to Cybersecurity Due Diligence in M&A Transactions, S. 91; *Chabinsky/Petrasic/Lee*, A guide to framing cyber security due diligence in M&A transactions, S. 7, 8.

41 *Levi*, in: Guide to Cybersecurity Due Diligence in M&A Transactions, S. 92.

42 *Schmidl*, NJW 2010, 476, 478.

nachgekommen sind.[43] Indizien für eine entsprechende Auseinandersetzung auf Ebene der Unternehmensleitung können sein, dass Cyber-Security ein regelmäßiger Agendapunkt bei Vorstandsmeetings ist oder die Zuständigkeit innerhalb der Geschäftsleiter durch eine Geschäftsordnung geregelt ist. Resultat kann z.B. ein Cyber-Security-Beauftragter oder ein spezieller Ausschuss sein, für den gegenüber den anderen Geschäftsleitern feste Berichtsstrukturen existieren.

43 Als Grundvoraussetzung ist es jedoch unerlässlich, Cyber-Risiken zu verstehen[44] und über etwaige IT-Innovationen und Trends informiert zu sein.[45] Im Rahmen einer Due Diligence ist daher auch zu untersuchen, inwieweit ein entsprechendes Know-how auf Ebene der Unternehmensleitung besteht. Dabei ist es weniger entscheidend, dass in den jeweiligen Entscheidungsgremien ein „Experten-Mitglied" mit vertieften Kenntnissen sitzt, sondern das eine flächendeckende Expertise sichergestellt ist. Dafür sind insbesondere regelmäßige Trainings wichtig, um eine gewisse Aktualität sicherzustellen (siehe Kap. 2 Gesellschaftsrecht).

l) Vorbereitende Maßnahmen für den Ernstfall

44 Ebenfalls zu überprüfen ist der Maßnahmenkatalog, den das Zielunternehmen für den Fall eines Cyber-Angriffs definiert. Im Rahmen einer Due Diligence ist daher zu überprüfen, ob es einen **Cyber Incident Response Plan** (CIRP) gibt. Dieser sollte Maßnahmen und Zuständigkeiten innerhalb des Unternehmens bei Eintritt eines Cyber-Zwischenfalls festlegen (hierzu ausführlich Kap. 2 Gesellschaftsrecht, Rn. 72 ff.). Des Weiteren muss untersucht werden, ob dieser, insbesondere auch gemessen an den eventuell abweichenden Erwartungen des Erwerbers, vollständig und angemessen ist. Ein fehlender oder nur rudimentär ausgestalteter CIRP kann ein Indikator für ein lückenhaftes Cyber-Risikomanagement sein.[46]

45 Teilweise wird ein CIRP in der ein oder anderen Form auch gesetzlich vorgeschrieben: Ausdrücklich vorgesehen ist er u.a. für Kredit- und Finanzdienstleistungsinstitute, für Zahlungsdienstleiter, Versicherungsunternehmen und Betreiber Kritischer Infrastrukturen (siehe Kap. 7 Aufsichtsrecht). In diesen Fällen sind die individuellen Anforderungen an den CIRP an den jeweiligen gesetzlichen Grundlagen zu messen.

---

43 *Keil*, in: Beck'sches Formularhandbuch M&A, S. 1628.
44 *Levi*, in: Guide to Cybersecurity Due Diligence in M&A Transactions, S. 92.
45 *Koch/Menke*, in: Berens/Brauner/Strauch/Knauer, Due Diligence bei Unternehmensakquisitionen; ausführlich hierzu: *Schmidl*, NJW 2010, 476, 478.
46 *Levi*, in: Guide to Cybersecurity Due Diligence in M&A Transactions, S. 101.

Der CIRP muss alle für den Notfall relevanten Unternehmensbereiche abdecken, also zu den technischen, organisatorischen, kommunikativen und rechtlichen Herausforderungen Stellung beziehen. Besonders hervorzuheben ist hierbei zum einen der Kommunikationsplan, welcher die Informationszuleitung zu den richtigen internen Stellen und eine verlässliche externe Kommunikation sicherstellen soll, sowie die hierarchische Auflistung der zuvor untersuchten digitalen Firmen-Assets. Als zentraler Teil des CIRP müssen auch die eventuell bestehenden Meldepflichten, z.B. gemäß der MAR, der DSGVO oder KRITIS enthalten sein. Kontrolliert werden sollte schließlich auch, dass alle Maßnahmen des CIRP sowohl innerhalb der rechtlich vorgegebenen Leitlinien liegen und die arbeitnehmerrelevanten Themen zuvor durch den Betriebsrat genehmigt wurden. **46**

Der CIRP muss auch sicherstellen, dass sowohl der Angriff selbst wie auch alle getroffenen Maßnahmen dokumentiert werden. **47**

Effektiv und wirksam kann der CIRP nur dann sein, wenn er stets aktualisiert und regelmäßig getestet wird.[47] Darüber hinaus kann es ja nach Unternehmensgröße angebracht sein, verschiedene CIRPs für die speziellen Notsituationen sowie einzelnen Länder vorzuhalten. All dies sollte ebenfalls sichergestellt werden. **48**

Ebenfalls geregelt sein muss das **Response-Team** (hierzu ausführlich Kap. 2 Gesellschaftsrecht). Dieses sollte aus verantwortlichen Mitarbeitern derjenigen Abteilungen zusammengesetzt sein, die in die Abwehr eines Cyber-Vorfalls involviert sind. Grundsätzlich sollten dabei die IT-Fachabteilung inkl. der IT-Forensik, die Rechtsabteilung, Corporate Communication und Investor Relations involviert werden, wobei dies je nach Unternehmen variieren kann. Je nach Intensität des Angriffs sollten auch geschäftsführende Gremien in die internen Meldewege integriert sein (siehe Kap. 2 Gesellschaftsrecht). **49**

m) Betroffene Länder

Bei international tätigen Unternehmen muss die Compliance-Analyse selbstredend auf verschiedene Jurisdiktionen erstreckt werden, jedenfalls dort, wo **kritische digitale Assets** sitzen. Da die regulatorischen Anforderungen an einzelne Unternehmen im Einzelfall stark abweichen und aus einer Vielzahl verschiedener Rechtsquellen stammen können, muss die Prüfung erforderlichenfalls in jedem betroffenen Land neu ausgelegt werden. Dabei sind sowohl solche Länder zu berücksichtigen, in denen das Unter- **50**

47 *Levi*, in: Guide to Cybersecurity Due Diligence in M&A Transactions, S. 102.

nehmen, eventuell durch eine oder mehrere Tochtergesellschaften oder Niederlassungen, operativ tätig ist, ebenso wie die für etwaige Datenspeicherungen zuständige Jurisdiktionen.[48]

51 Befinden sich Datensätze eines Zielunternehmens auf ausländischen Servern, kann der Erwerb ggf. auch eine **investitionskontrollrechtliche Anmeldung** oder **Prüfung in einem Drittstatt** initiieren.[49] Dabei wird im Einzelfall auch der Bestand und die Anfälligkeit der Cyber-Security des Erwerbers geprüft, um festzustellen, ob von diesem selbst eine Gefährdungslage ausgeht.[50]

IV. Response

1. Vertragliche Instrumente zur Absicherung von Cyber-Risiken

52 Die eingangs beschriebene Durchführung einer Due Diligence dient dem Erwerber im Interesse einer Preparedness dazu, in der Vergangenheit liegende Vorfälle und ggf. auch künftige „Anfälligkeiten" des Zielunternehmens zu identifizieren. Dem Erwerber wird dabei häufig daran gelegen sein, mögliche in der Due Diligence erkannte Risiken der Zielgesellschaft bereits **im Vorfeld der Transaktion durch behebende Maßnahmen auszuräumen** oder ihren Umfang zu reduzieren. Hierbei kommt insbesondere die Aufrüstung von IT-Systemen und organisatorischen Abläufen in Betracht, um künftigen Vorfällen vorzubeugen. Darüber hinaus können Pläne und Leitlinien etabliert, Mitarbeiterschulungen durchgeführt und Zuständigkeiten im Unternehmen benannt werden.[51]

53 Unabhängig hiervon können jedoch, wenn es bei dem Zielunternehmen in der Vergangenheit zu Cyber-Vorfall gekommen ist, Schäden in der Regel weder nachträglich behoben noch einseitig verkäuferseitig geregelt oder abschließend von den Parteien kalkuliert werden. Dies liegt an der **Vielschichtigkeit der Schäden**, die aus einem Cyber-Vorfall resultieren können. Hierzu gehören **unmittelbar beim Unternehmen eintretende Schäden** (z.B. Kosten der technischen Behebung des Cyber-Vorfalls, sofortige finanzielle

48 Siehe hierzu auf: *Smedinghoff*, in: Guide to Cybersecurity Due Diligence in M&A Transactions, S. 140; White & Case, Cross-border tech M&A in a disrupted world, S. 10, https://www.whitecase.com/sites/whitecase/files/white-case-cross-border-tech-ma-web-final.pdf (zuletzt abgerufen: 23.4.2019).

49 *Trope*, in: Guide to Cybersecurity Due Diligence in M&A Transactions, S. 167 ff.; siehe auch: *Heinrich/Jalinous*, AG 2017, 526 ff.

50 *Heinrich/Jalinous/Staudt*, AG 2019, 145 ff.

51 Dies entspricht im Wesentlichen den Best Practice Standards, die der Erwerber im Rahmen der Due Diligence positiv zur Kenntnis genommen hätte.

Einbußen durch eine Betriebsbeeinträchtigung oder gar -unterbrechung, der finanzielle Gegenwert entwendeten geistigen Eigentums oder die Zahlung von Lösegeldern zur Vermeidung einer angedrohten Cyber-Attacke[52]).

54 Darüber hinaus ziehen Cyber-Security-Verstöße meist eine Vielzahl zum Zeitpunkt des Vorfalls noch nicht klar absehbarer **Folgeschäden**[53] nach sich. Diese können mannigfach sein, etwa: der Verlust von Geschäftsmöglichkeiten bzw. der Verlust von Geschäft an Konkurrenten durch Diebstahl geheimer Technologie/Formeln; drohende Schadensersatzforderungen Dritter für Verzögerungen in der Belieferung mit Waren oder Dienstleistungen oder sogar aufgrund der Betriebsunterbrechung erlittener physischer Schäden oder Umweltschäden;[54] Klagen Dritter, die von einem Verlust sensibler Kundendaten[55] betroffen sind; Überprüfungen durch Behörden[56] und ggf. auch Verhängung von Bußgeldern; Rechtsberatungskosten in erheblichem Umfang für Klagen, behördliche Verfahren und außergerichtliche Korrespondenz; Verlust von Kunden/Nutzern und nachhaltige Reputationsschäden.[57]

55 Auch wenn eine Behebung des Schadens vor Eintritt in die Vertragsverhandlungen damit aufgrund der unterschiedlichen Ausprägung möglicher Folgeschäden häufig nicht in Betracht kommt, stehen den Parteien – und insbesondere dem Käufer – darüber hinaus umfangreiche Möglichkeiten der vertraglichen Absicherung zur Verfügung, die im Folgenden zu behandeln sind.

---

52 *Wirth*, BB 2018, 201, 201.

53 Das Gesetz (§§ 249 ff. BGB) unterscheidet selbst nicht zwischen unmittelbarem Schaden und Folgeschäden und bietet auch keine klaren Abgrenzungskriterien für eine Unterscheidung (vgl. *Meyer-Sparenberg*, in: Beck'sches M&A-Handbuch, § 45 Rn. 47). Versuche der Kategorisierung von Schäden im Zusammenhang mit Cyber-Risiken finden sich insbesondere in Veröffentlichungen, die sich mit der Versicherung/Versicherbarkeit von Cyber-Security-Incidents beschäftigen (vgl. z. B. EIOPA, Understanding Cyber Insurance – A structured dialoge with Insurance Companies, S. 8).

54 Physische Schäden oder negative Auswirkungen auf die Umwelt sind grundsätzlich – je nach betroffenem Unternehmen denkbar – bislang aber in der Praxis gegenüber anderen Folgeschäden von untergeordneter Bedeutung, vgl. EIOPA, Understanding Cyber Insurance – A structured dialogue with Insurance Companies, S. 16).

55 Bezugnehmend auf einen die Target Corp betreffenden Breach, *Trope*, in: Guide to Cybersecurity Due Diligence in M&A Transactions, S. 34 f.

56 *Chabinsky/Petrasic/Lee*, A guide to framing cyber security due diligence in M&A transactions, S. 7.

57 *Müller*, AG 05/2018, R56.

a) Kaufpreisanpassung

56 Sind konkrete Vorfälle oder absehbare Aufwendungen nach Closing bereits bekannt, wird der potenzielle Erwerber regelmäßig versuchen, diese bereits in seine Kaufpreisfindung einzubeziehen.[58] Dies erfasst Aufwendungen im Zusammenhang mit einer späteren IT-Integration beim Erwerber[59] oder auch Schäden aus konkreten Vorfällen, die sich bilanziell bei der Gesellschaft niederschlagen.

57 Eine Abbildung des Themas allein über eine Kaufpreisanpassung begegnet in der Praxis jedoch Schwierigkeiten, soweit es konkrete Vorfälle in der Vergangenheit betrifft: Zum einen setzt eine Berücksichtigung im Kaufpreis voraus, dass ein Vorfall überhaupt erkannt wurde. Zum anderen enthält die Bewertung von Cyber-Vorfällen aus den oben genannten Gründen regelmäßig ein stark prognostisches Element. Dementsprechend können mit einem solchen, vom Umfang her betrachtet, konturenlosen Schadensereignis keine Anpassungen[60] konstruiert werden, die den tatbestandlichen Anforderungen einer solchen Vertragsgestaltung gewachsen sind.

58 Vor dem Hintergrund ist nachfolgend darzustellen, in wieweit alternativ oder zusätzlich zu einer „Einpreisung“ Garantien oder Freistellungen, geeignet sind, Cyber-Risiken vertraglich abzusichern.

b) Selbstständige Garantien

59 Unternehmenskaufverträge nach deutschem Recht enthalten – in Übereinstimmung mit der internationalen M&A-Praxis – typischerweise einen Katalog **selbstständiger Verkäufergarantien i. S. d. § 311 Abs. 1 BGB**, die unter Abbedingung der kaufrechtlichen Gewährleistungsregelungen vereinbart werden. Sie bilden damit – gemeinsam mit den Regelungen zur Haftung des Verkäufers in Bezug auf Schadensersatz und Haftungsbegrenzungen – ein selbstständiges vertragliches Haftungsregime außerhalb des BGB.

60 Die Verhandlungen über den Umfang solcher Garantien und der Regelungen über ihre Verletzung nehmen vielfach einen erheblichen Teil der Vertragsverhandlungen zwischen den Parteien einer Unternehmenstransaktion ein.

---

58 *Chabinsky/Petrasic/Lee*, A guide to framing cyber security due diligence in M&A transactions, S. 7.

59 *Rigall/Homke*, M&A-Review 11/2007, 496, 497 für „stark kostenorientiert[e]“ IT-Integration bei kostensynergiemotivierten Transaktionen.

60 Hierzu *Neuhaus*, in: Kiem, Kaufpreisregelungen beim Unternehmenskauf, § 5 Rn. 13.

aa) Gegenstand möglicher Garantien

61 Selbstständige Garantieversprechen in Unternehmenskaufverträgen dienen zum einen dazu, Umstände abzusichern, die der Erwerber als Grundlage seiner Kaufentscheidung und Kaufpreisermittlung erachtet, zum anderen solche Umstände zu garantieren, bei deren Verletzung der Käufer mit sehr hoher Sicherheit mit einem erheblichen Schaden zu rechnen hätte. Der Verkäufer kann sich in der Regel nur seiner Haftung aus einer Garantie entziehen, soweit er entgegenstehende Umstände vor Vertragsschluss offengelegt hat (sog. „disclosure"). Damit erfüllen Garantien – inzidenter – auch die Funktion, den Verkäufer zur Offenlegung zu verpflichten, soweit dies noch nicht abschließend im Rahmen der Due Diligence erfolgt ist. Bei Garantien handelt es sich damit nicht um das geeignete Instrument, in der Due Diligence konkret bekannt gewordene Risiken abzusichern (vgl. hierzu nachstehend Freistellungen, Rn. 69 ff.), sondern um ein allgemeines Mittel, eine bestimmte Beschaffenheit kaufpreisbildender Faktoren zu sichern.

62 Garantien hinsichtlich der Hard- oder Software eines Unternehmens[61] oder eines gewissen Schutzniveaus bei der IT-Sicherheit haben sich – soweit ersichtlich – bislang nicht als allgemeiner Standard in Garantiekatalogen etabliert. Insofern lässt sich bislang auch kein allgemeingültiger „Mindeststandard" ermitteln.

63 Erwägt man, was sinnvollerweise Gegenstand von IT/IT-Sicherheitsbezogener Garantien sein kann, kommen z. B. folgende Umstände in Betracht:

- **keine laufenden oder zurückliegenden Cyber-Vorfälle** bei dem Zielunternehmen innerhalb eines definierten Zeitraums vor Abschluss der Transaktion. Der Begriff eines Cyber-Vorfalls ist hier sorgfältig zu definieren, erfasst aber im Zweifel das vollständige Spektrum von Cyber-Angriffen;
- **keine Betriebsausfälle (Downtime)**, sei es durch nachgewiesene Cyber-Vorfälle oder nicht;
- die Installation und Anwendung **zeitgemäßer und effektiver Sicherheitsprogramme und Standards**, die sensible Daten (einschließlich personenbezogener Daten, Kunden- und Lieferantendaten, Geschäftsgeheimnisse und anderer vertraulicher Informationen) vor Zugriffen Unbefugter schützen;
- soweit die IT an **externe IT-Dienstleister** ausgelagert ist, das Vorhandensein wirksamer Vereinbarungen über den Schutz von Daten[62] und etwaige Freistellungen seitens des Dienstleisters für Schäden;

61 *Wirth*, BB 2018, 200, 206.
62 *Kästler/Oberbracht*, Unternehmenskauf – Share Purchase Agreement, Ziff. 7.7.3.

- das Ergreifen **ausreichender technischer und organisatorischer Maßnahmen** zum Schutz vor Cyber-Angriffen;
- die **Nichtverletzung der Rechte Dritter durch unzulässige Softwarenutzung** seitens des Zielunternehmens und der Fortbestand vorhandener Lizenzen;
- die Einhaltung regulatorischer Rahmenbedingungen, behördlicher Vorgaben sowie interner und externer (z.B. betr. Kunden) Standards und Policies in den Bereichen Datenschutz und IT-Sicherheit;
- **keine (andauernden) Untersuchungen, Klagen oder Androhungen von Klagen**, die einen datensicherheits- oder datenschutzbezogenen Sachverhalt zum Gegenstand haben;
- die **Existenz von Leitfäden, Compliance-Handbüchern, Notfallplänen** etc. für den Fall eines IT-Sicherheitsverstoßes, die Benennung von Beauftragten.

bb) Kenntnisabhängige Garantien und Wesentlichkeitsvorbehalte

64 In vielen Fällen mag der Veräußerer selbst keine positive Kenntnis besitzen, ob es Vorfälle wie die vorgenannten gegeben hat oder nicht. Er wäre damit gezwungen, eine Garantie auf eine bloße Möglichkeit abzugeben. Der Veräußerer wird daher im Einzelfall darauf bestehen, einzelne der vorgenannten Garantien nur unter der Qualifikation „nach bestem Wissen des Verkäufers" abzugeben und den Kreis der Personen, auf deren „Wissen" es ankommt, möglichst eng zu ziehen.[63] Der Käufer wiederum wird in der Regel versuchen, in die Definition von „Wissen" auch die Kenntnis einzubeziehen, die der Verkäufer hätte haben müssen (sog. fahrlässige Unkenntnis oder Kennenmüssen).

65 Für den Erwerber dürfte eine solche Garantie, die „nach bestem Wissen" des Veräußerers abgegeben wird, allerdings vor dem Hintergrund möglicher Folgeschäden aus Cyber-Vorfällen nicht von durchschlagendem Nutzen sein. Geht es dem Käufer darum, den Veräußerer zur Offenlegung ihm bekannter Vorfälle anzuhalten, mag eine solche Garantie ihren Zweck erfüllen. Dabei ist jedoch zu berücksichtigen, dass die einem Unternehmen bekannt gewordenen Cyber-Attacken sich häufig auch bereits in den Rückstellungen niedergeschlagen haben werden und somit bereits aus den Bilanzen der Zielgesellschaft für den Erwerber ersichtlich sind. Wesentlich unwägbarer für den Käufer sind gerade die nicht bekannten Vorfälle, die der Verkäufer mit seiner Qualifikation „nach bestem Wissen" ausschließen möchte.

---

63 *Denny*, in: Guide to Cybersecurity Due Diligence in M&A Transactions, S. 208 f.

cc) Rechtsfolgen von Garantieverletzungen

Garantien unter einem Unternehmenskaufvertrag werden zumeist nicht unbegrenzt abgegeben. Die Parteien treffen in der Regel umfangreiche Regelungen zum Ausschluss der Verkäuferhaftung bei Kenntnis des Käufers von haftungsbegründenden Umständen vor Vertragsschluss, zu Fragen der Verjährung, zu Mindestschäden („Thresholds"), die erreicht werden müssen, oder Höchstbeträgen, auf die verkäuferseitig gehaftet wird („Caps"). **66**

Einer der zwischen Parteien umstrittensten Punkte sind die **Arten von Schäden**, die der Verkäufer zu ersetzen bereit ist. Dabei wird der Verkäufer meist versuchen, seine Haftung aus Garantien auf unmittelbare Schäden zu begrenzen, eine Haftung für mittelbare Schäden, Folgeschäden, entgangenen Gewinn, Reputationsschäden etc. auszuschließen. Der Käufer wird versuchen, die Haftung entsprechend zu erweitern.[64] **67**

Da sich, wie oben ausführlicher dargestellt (siehe Rn. 53 ff.), der Schaden im Falle eines Cyber-Vorfalls jedoch nicht allein im unmittelbaren Schaden, sondern gerade auch in **Folgeschäden** niederschlägt, wird dem Käufer nicht geholfen sein, wenn er zwar eine Garantie für solche Risiken aushandelt, dann aber in der Rechtsfolge auf den Ersatz des unmittelbaren Schadens begrenzt ist. Der unmittelbare Schaden wird sich bei einem Cyber-Vorfall häufig sofort realisieren und damit häufig schon in die Kaufpreiseermittlung einfließen. **68**

c) Freistellungen

Freistellungen („Indemnities") dienen der Absicherung des Erwerbers in Bezug auf **bekannte Risiken**, die im Rahmen der Due Diligence identifiziert oder vom Verkäufer offengelegt wurden, zum Zeitpunkt des Abschlusses eines Unternehmenskaufvertrags aber mit Blick auf ihren Umfang und ihre wirtschaftlichen Auswirkungen noch nicht abschließend beziffert werden können. Durch die Freistellung sagt der Verkäufer dem Erwerber dabei zu, ihn von künftigen Schäden im Zusammenhang mit dem identifizierten Haftungsrisiko freizustellen. Solche Haftungsrisiken können – da Garantien nur für unbekannte Risiken gelten – nicht sinnvoll durch ein Garantieregime abgesichert werden. Typische Beispiele für eine Freistellung außerhalb des hier interessierenden Bereichs „Cyber-Security" sind neben den in der Praxis häufigen Steuerfreistellungen gewährleistungsähnliche Freistellungen **69**

---

64 Vgl. hierzu *Semler*, in: Hölters, Unternehmenskauf, Rn. 7.249 f.; *Stamer*, in: Knott, Unternehmenskauf, Rn. 1141 ff.; *Meyer-Sparenberg*, in: Beck'sches M&A-Handbuch, § 45 Rn. 46 ff.

wie Haftungsübernahmen des Verkäufers für laufende Rechtsstreitigkeiten (bei Technologieunternehmen häufig auch im Zusammenhang mit angegriffenen gewerblichen Schutzrechten) oder Compliance-Risiken.

70 Bei im Rahmen der Due Diligence erkannten **operativen Cyber- oder Compliance-Risiken** und hieraus resultierenden (Folge-)Schäden ist die Freistellung das Mittel der Wahl. Dies gilt vor allem für erkannte Risiken, die sich etwa aus einer unzureichenden Umsetzung der Vorgaben der DSGVO oder anderer regulatorischer Vorgaben ergeben können. Der Verkäufer wird dabei regelmäßig ein Interesse daran haben, die **Art der Schäden**, für die er einzustehen bereit ist, einzuschränken, zumal gerade Folgeschäden aus Compliance-Verstößen **schwer zu quantifizieren** sind.[65] Die Beschränkung auf bestimmte Folgeschäden sollte angesichts der Vielschichtigkeit des Schadensbegriffes und des Streitpotenzials in dieser Hinsicht immer hinreichend klar gefasst sein.[66] Im Rahmen von konkreten Cyber-Vorfällen können dies (Folge-)Kosten aus Betriebsunterbrechungen oder Mitigierungskosten sein, die entstehen, um die Ursachen für und die Kosten aus einem Cyber-Vorfall zu beheben.

71 In der Regel unterfallen Freistellungen nicht den, im Übrigen für die Garantien geltenden Haftungsbegrenzungen und Verjährungsfristen, sondern sehen aufgrund des identifizierten Risikos ein höheres Schutzmaß zugunsten des Käufers vor. Da die tatsächliche Behebung eines Cyber-Vorfalls im Einzelfall sehr viel Zeit in Anspruch nehmen kann, finden sich in diesem Bereich zum Teil vergleichsweise lange Übergangsfristen. Der Verkäufer wird darüber hinaus vielfach auf umfassende Mitwirkungspflichten bei der Kontrolle des Mitigierungsprozesses und der Verteidigung gegenüber Ansprüchen Dritter bestehen.

d) MAC-Klauseln

72 Bei einer Vielzahl von Transaktionen fallen Abschluss („Signing“) und Vollzug der Transaktion („Closing“) zeitlich auseinander, sei es da behördliche Genehmigungen (z. B. Fusionskontrolle oder außenwirtschaftsrechtliche Freigaben) einzuholen oder andere vorbereitende Maßnahmen wie Carveouts durchzuführen sind. Zur Absicherung des Erwerbers für besondere negative Entwicklungen in diesem Zeitraum dienen sog. „Material Adverse

---

65 Siehe hierzu *Trope* in: Guide to Cybersecurity Due Diligence in M&A Transactions, S. 29, in Bezug auf Yahoo/Verizon.

66 *Meyer-Sparenberg*, in: Beck'sches M&A-Handbuch, § 45 Rn. 47: Eine klare Abgrenzung von unmittelbarem Schaden und Folgeschäden ist allein anhand dieser Begrifflichkeiten nicht möglich.

Change (MAC)"-Klauseln, die vor allem in der anglo-amerikanischen Rechtspraxis verbreitet sind. MAC-Klauseln definieren einen Tatbestand **in Form einer (negativen) Vollzugsbedingung**, bei deren Eintritt der Erwerber die Transaktion nicht vollziehen muss. Im Grundfall handelt es sich hierbei um unvorhersehbare negative wirtschaftliche Entwicklung mit Auswirkungen auf die Vermögens- und Ertragslage des Zielunternehmens; teilweise werden aber auch Fälle höherer Gewalt, wie z.B. unvorhergesehene politische Ereignisse einbezogen, in anderen Fällen werden eben diese Ereignisse, die eine Nähe zur Störung der Geschäftsgrundlage aufweisen, ausgeschlossen.

Auf der Rechtsfolgenseite wird bei Eintritt eines MAC in beiden Formen meist ein Rücktrittsrecht des Erwerbers[67] vereinbart, möglich sind aber z. B. auch Vereinbarungen zur Vertragsanpassung oder Kaufpreisminderung. 73

Grundsätzlich kommen auch zur Absicherung eines Cyber-Vorfalls zwischen Signing und Closing **spezielle MAC-Vereinbarungen** in Betracht. Hierbei werden oftmals, wenn auch mit einer höheren Aufgreifschwelle, spiegelbildlich die Fälle (einschließlich Compliance-Verstöße) abgedeckt, die auch bei auf Cyber-Security bezogenen Garantien diskutiert werden. 74

Aus Sicht der Praxis ist hinzuzufügen, dass das Eingreifen eines MAC nicht zwangsläufig zu einem Abbruch der Transaktion führen muss. Es kann dem Erwerber aber mitunter ein Druckmittel verschaffen, den Vertrag nachzuverhandeln (so geschehen bei Yahoo, vgl. dazu oben Rn. 4 f.). Letzteres gilt insbesondere in Bezug auf die Anpassung des Kaufpreises oder Haftungsfreistellungen, die für die neu hinzugetretenen Risiken vom Veräußerer abzugeben sind. 75

e) W&I-Versicherungen

In Bezug auf die Abgabe von Garantien und Freistellungen hat sich in den letzten Jahren ein zunehmender Trend zur Absicherung von Risiken mit Hilfe von „Warranty & Indemnity"-Versicherungen (kurz: W&I-Versicherungen) vollzogen. Dabei stellen Käuferpolicen die häufigste Form dar.[68] Die Risikobewertung solcher Policen erfolgt seitens des Versicherers unter Berücksichtigung der Ergebnisse der Due Diligence. Ein Versicherungsschutz 76

---

67 Es ist nicht zwingend, allein dem Käufer ein Rücktrittsrecht einzuräumen. In bestimmten Fällen, z. B. wenn neben einem Material Adverse Change auch eine Garantieverletzung vorliegt, kann auch der Verkäufer ein Interesse an einem Rücktrittsrecht im Zusammenhang mit der MAC-Klausel haben (vgl. *Meyer-Sparenberg*, in: Beck'sches M&A-Handbuch, § 43 Rn. 99).

68 *Wiegand*, in: Beck'sches M&A-Handbuch, § 84 Rn. 1, 33; *Wirth*, BB 2018, 200, 207.

auch im Bereich von Cyber-Risiken wird sich im Regelfall jedoch nur dann realisieren lassen, wenn diese Risiken im Rahmen der Due Diligence auch selbstständig bewertet worden sind.[69] In der Praxis ist dies immer noch vergleichsweise selten der Fall, weshalb die Absicherung von Cyber-Risiken seitens der Versicherer in der Regel ausgeschlossen wird.

2. Integrationsplanung

77 Die Anfälligkeit eines Unternehmens in Bezug auf Cyber-Risiken resultiert häufig aus dem Versäumnis, die IT-Systeme zweier Unternehmen im Anschluss an eine M&A-Transaktion zu integrieren.[70] Dies kann damit zusammenhängen, dass die Systeme des übernommen Unternehmens immer noch mit dem bisherigen Mutterunternehmen verbunden sind oder es Schwachstellen in der Datenmigration gibt. Vergleichbare Themen gibt es auch beim Carve-out.

78 Damit einhergehende Schwächen werden immer wieder Gegenstand von Cyber-Attacken. Aus diesem Grund tritt die Integration der IT-Systeme immer stärker in das Blickfeld der Transaktionspraxis, teilweise bereits im Rahmen der Due Diligence, um hieraus einen Teil der Integrationsplanung abzuleiten. Teilweise zielt die Transaktionsdokumentation im Rahmen der „Covenants" dann auch darauf ab, geeignete Kooperationspflichten des Verkäufers zwischen Signing und Closing festzulegen, um eine gemeinsame Integrationsstratgie mit der Möglichkeit einer unmittelbaren Umsetzung nach Vollzug zu definieren.

---

69 *Wiegand*, in: Beck'sches M&A-Handbuch, § 84 Rn. 15 f.
70 *Spoerr*, in: Beck'sches M&A-Handbuch, § 70 Rn. 82 ff.

Kapitel 4
Datenschutz

Dr. Detlev Gabel

Literatur: *Albrecht*, Das neue EU-Datenschutzrecht – von der Richtlinie zur Verordnung, CR 2016, 88; *Benedikt*, Die geplante ePrivacy-Verordnung und ihr Verhältnis zur DSGVO und zum Telemediengesetz, DSB 2018, 80; *Bensinger*, in: Schulz (Hrsg.), Compliance-Management im Unternehmen, 2016, S. 721; *Bernardi*, Chancen und Risiken der Digitalisierung, BOARD 2018, 138; *Deusch/Eggendorfer*, Penetrationstest bei Auftragsverarbeitung, K&R 2018, 223; *Deusch/Eggendorfer*, Intrusion Detection und DSGVO, in: Taeger (Hrsg.), Rechtsfragen digitaler Transformationen – Gestaltung digitaler Veränderungsprozesse durch Recht, 2018, S. 741; *Haas/Kast*, Network Security Monitoring – Ein modernes Schutzsystem aus technischer und rechtlicher Sicht, ZD 2015, 72; *Hornung*, Informationen über „Datenpannen" – Neue Pflichten für datenverarbeitende Unternehmen, NJW 2010, 1841; *Kort*, Datenschutzrechtliche und betriebsverfassungsrechtliche Fragen bei IT-Sicherheitsmaßnahmen, NZA 2011, 1319; *Krügel*, Der Einsatz von Angriffserkennungssystemen in Unternehmen, MMR 2017, 795; *Lejeune*, Penetrationstestvereinbarungen, ITRB 2016, 43; *von Maltzan/Moshashai*, Incident Response zur Lagebilderstellung – Ein datenschutz- und haftungsrechtlicher Diskurs, in: Taeger (Hrsg.), Rechtsfragen digitaler Transformationen – Gestaltung digitaler Veränderungsprozesse durch Recht, 2018, S. 143; *Marschall/Müller*, Der Datenschutzbeauftragte im Unternehmen zwischen BDSG und DS-GVO – Bestellung, Rolle, Aufgaben und Anforderungen im Fokus europäischer Veränderungen, ZD 2016, 415; *Scheben/Geschonnek*, Reaktion auf Datenschutzverstöße – in rechtlicher und tatsächlicher Hinsicht, CB 2017, 54.

Übersicht

I. Datenschutzrechtliche Grundlagen

1. Cyber-Security und Datenschutzrecht

1 Zweck des Datenschutzrechts ist der Schutz **natürlicher Personen** bei der Verarbeitung ihrer personenbezogenen Daten (Art. 1 Abs. 1 und 2 DSGVO). Im Kontext von Cyber-Security kommt dem Datenschutzrecht naturgemäß große Bedeutung zu.

2 Zum einen sind personenbezogene Daten häufig **Gegenstand von Angriffen** auf Netzwerke und Systeme von Unternehmen. So können Cyber-Kriminelle Nutzer- und Kundendaten an eine Vielzahl von Interessenten (z.B. Spammer und Identitätsdiebe) verkaufen und so Kapital aus ihnen schlagen. Je mehr personenbezogene Daten über eine bestimmte Person bekannt sind, desto leichter ist es auch möglich, ein komplexes Bild dieser Person zu erstellen und ihr gezielt einen größeren Schaden zuzufügen.[1] Das Datenschutzrecht will vor solchen Beeinträchtigungen schützen, indem es umfangreiche Anforderungen an die Sicherheit der Datenverarbeitung und den Umgang mit Datenschutzverletzungen stellt.

3 Zum anderen erfordern viele Sicherheitsmaßnahmen, die zur **Erkennung und Abwehr von Cyber-Angriffen** dienen, selbst die Verarbeitung perso-

1 *Bensinger*, in: Schulz (Hrsg.), Compliance-Management im Unternehmen, 23. Kap. Rn. 5 ff.; *Bernardi*, BOARD 2018, 138, 138 f.

nenbezogener Daten. Ein Beispiel ist das **Netzwerkmonitoring**, d.h. die laufende Überwachung und Kontrolle von Netzwerken und des hierüber abgewickelten Datenverkehrs auf „verdächtige“ Aktivitäten. Bei der Umsetzung derartiger Maßnahmen treten regelmäßig datenschutzrechtliche Fragen auf und es besteht nicht selten ein gewisses **Spannungsverhältnis** zwischen IT-Sicherheit einerseits und Datenschutz andererseits.[2]

Aus diesen Gründen ist es unausweichlich, beim Thema Cyber-Security stets auch mögliche datenschutzrechtliche Implikationen im Blick zu haben. Dies gilt **branchenunabhängig** für alle Unternehmen, soweit sie personenbezogene Daten verarbeiten.[3] Die nachfolgenden Ausführungen sollen einen Überblick über die insoweit relevanten Vorgaben auf europäischer und deutscher Ebene geben. 4

Zwar scheint der Anwendungsbereich des Datenschutzrechts mit seiner Fokussierung auf den Schutz personenbezogener Daten (d.h. Informationen, die sich auf eine identifizierte oder identifizierbare natürliche Person beziehen (Art. 4 Nr. 1 DSGVO)) auf den ersten Blick inhaltlich beschränkt zu sein. In der Praxis erweist er sich dennoch als äußerst weitreichend. Dies liegt zum einen daran, dass der **Begriff der personenbezogenen Daten grundsätzlich weit** zu verstehen ist. So gelten natürliche Personen bereits dann als identifizierbar, wenn sie mittels Zuordnung zu einer Kennnummer, zu Standortdaten, zu Online-Kennungen (z.B. IP-Adressen oder Cookie-Kennungen) o.Ä. identifiziert werden können.[4] Zum anderen weisen Datenbestände beim genaueren Hinsehen häufig auch dann personenbezogene Daten auf, wenn sie vordergründig anderen Zwecken als etwa der Verarbeitung von Mitarbeiter- oder Kundendaten dienen. Gleichwohl erschöpft sich das Thema Cyber-Security aus Sicht der Informationsverarbeitung nicht im Schutz personenbezogener Daten. Zusätzliche Anforderungen können sich insbesondere aus dem IT-Sicherheitsrecht ergeben (siehe hierzu näher Kap. 5 IT-Sicherheit). 5

2. DSGVO

Die Datenschutz-Grundverordnung der Europäischen Union,[5] kurz DSGVO, trat am 24.5.2016 in Kraft und ist nach einer zweijährigen Übergangsphase 6

---

2 *von Maltzan/Moshashai*, in: Taeger (Hrsg.), Rechtsfragen digitaler Transformationen, S. 143.

3 *Bensinger*, in: Schulz (Hrsg.), Compliance-Management im Unternehmen, 23. Kap. Rn. 29.

4 Vgl. ErwG 26 und 30 DSGVO.

5 Verordnung (EU) 2016/679 des Europäischen Parlaments und des Rates vom 27. April 2016 zum Schutz natürlicher Personen bei der Verarbeitung personenbezogener Daten,

seit dem 25.5.2018 anzuwenden. Sie ersetzt die 1995 verabschiedete EU-Datenschutz-Richtlinie.[6] Als Verordnung gilt sie **allgemein und unmittelbar in allen EU-Mitgliedstaaten** (Art. 288 Abs. 2 AEUV) und somit auch in Deutschland, ohne dass es einer Umsetzung durch den nationalen Gesetzgeber bedarf.

7 Die Ziele der DSGVO sind – vor dem Hintergrund der Bestrebungen der EU zur **Stärkung des digitalen Binnenmarktes** – zum einen der Schutz natürlicher Personen bei der Verarbeitung personenbezogener Daten, zum anderen aber auch der Schutz des freien Verkehrs personenbezogener Daten in der Union (Art. 1 DSGVO). Zur Verwirklichung dieser Ziele enthält die DSGVO eine Reihe von Neuerungen gegenüber dem früheren Recht. Hierzu zählen u. a.:

- ein **erweiterter räumlicher Anwendungsbereich** (Art. 3 DSGVO);
- weiterentwickelte Grundsätze für die Verarbeitung personenbezogener Daten (Art. 5 und 6 DSGVO);
- erhöhte Anforderungen an eine wirksame Einwilligung der betroffenen Personen (Art. 7 und 8 DSGVO);
- die Stärkung bereits existierender und die Schaffung neuer Rechte der betroffenen Personen (Art. 12 bis 22 DSGVO);
- die **Erweiterung der Pflichten** des für die Datenverarbeitung Verantwortlichen sowie der für ihn ggf. tätigen Auftragsverarbeiter, insbesondere in Bezug auf die Dokumentation von Verarbeitungstätigkeiten, die Sicherheit der Verarbeitung und den Umgang mit Verletzungen des Schutzes personenbezogener Daten sowie die Gestaltung der internen Datenschutzorganisation (Art. 24 bis 39 DSGVO);
- teilweise modifizierte Anforderungen an die Übermittlung personenbezogener Daten in Drittländer (Art. 44 bis 50 DSGVO);
- eine **Erhöhung des Bußgeldrahmens für Datenschutzverstöße** auf maximal 20 Mio. EUR oder im Fall eines Unternehmens 4 % des weltweit erzielten Jahresumsatzes, je nachdem, welcher Betrag höher ist (Art. 83 DSGVO).[7]

---

zum freien Datenverkehr und zur Aufhebung der Richtlinie 95/46/EG, ABl. Nr. L 119/1 vom 4.5.2016, S. 181.

6 Richtlinie 95/46/EG des Europäischen Parlaments und des Rates vom 24. Oktober 1995 zum Schutz natürlicher Personen bei der Verarbeitung personenbezogener Daten und zum freien Datenverkehr, ABl. Nr. L 281 vom 23.11.1995, S. 31.

7 Ausführlich zu diesen Neuerungen und den legislativen Hintergründen *Albrecht*, CR 2016, 88, 90 ff.

3. BDSG (neu)

Die DSGVO geht als EU-Verordnung dem mitgliedstaatlichen Recht grundsätzlich vor und verdrängt dieses.[8] Die DSGVO sieht jedoch eine Reihe von **Öffnungsklauseln für den nationalen Gesetzgeber** vor, auf deren Grundlage er abweichende oder ergänzende Regelungen erlassen kann. Zudem enthält die DSGVO konkrete, an die Mitgliedstaaten gerichtete Regelungsaufträge. Der deutsche Gesetzgeber hat den sich daraus im Bereich des allgemeinen Datenschutzrechts ergebenden Anpassungsbedarf durch eine Neufassung des BDSG umgesetzt. Eine Anpassung der bereichsspezifischen Datenschutzregelungen soll zu einem späteren Zeitpunkt erfolgen.[9] **8**

Das BDSG (neu)[10] wurde 2017 als Teil des Datenschutz-Anpassungs- und Umsetzungsgesetzes EU (DSAnpUG-EU) beschlossen. Es ist zeitgleich mit der DSGVO am 25.5.2018 in Kraft getreten und hat das bis dahin geltende BDSG (alt) vollständig ersetzt. Zu den in Ausgestaltung der DSGVO getroffenen Bestimmungen gehören u.a. Regelungen zu besonderen Verarbeitungssituationen (§§ 26 bis 31 BDSG), insbesondere zur Datenverarbeitung für Zwecke des Beschäftigungsverhältnisses. **9**

4. ePrivacy-Verordnung (Entwurf)

Die EU-Kommission hat am 10.1.2017 einen Vorschlag für eine Verordnung über Privatsphäre und elektronische Kommunikation,[11] kurz ePrivacy-Verordnung (Entwurf), vorgelegt. Die Verordnung soll die seit 2002 geltende ePrivacy-Richtlinie[12] ablösen. Als Verordnung würde sie, ebenso wie die DSGVO, allgemein und unmittelbar in allen EU-Mitgliedstaaten gelten. **10**

---

8 *Taeger/Schmidt*, in: Taeger/Gabel, DSGVO BDSG, Einf. Rn. 54 m. w. N.

9 Vgl. BT-Drs. 18/11325, S. 1 f.

10 Gesetz zur Anpassung des Datenschutzrechts an die Verordnung (EU) 2016/679 und zur Umsetzung der Richtlinie (EU) 2016/680 (Datenschutz-Anpassungs- und -Umsetzungsgesetz EU – DSAnpUG-EU) – Bundesdatenschutzgesetz (BDSG-neu), BGBl. I 2017, S. 2097 ff.

11 Vorschlag für eine Verordnung des Europäischen Parlaments und des Rates über die Achtung des Privatlebens und den Schutz personenbezogener Daten in der elektronischen Kommunikation und zur Aufhebung der Richtlinie 2002/58/EG (Verordnung über Privatsphäre und elektronische Kommunikation), COM(2017) 10 final, 2017/0003 (COD).

12 Richtlinie 2002/58/EG des Europäischen Parlaments und des Rates vom 12. Juli 2002 über die Verarbeitung personenbezogener Daten und den Schutz der Privatsphäre in der elektronischen Kommunikation, ABl. Nr. L 201 vom 31.7.2002, S. 37.

11 Ziel der ePrivacy-Verordnung ist die Präzisierung und Ergänzung der DSGVO durch Festlegung besonderer Vorschriften betreffend den Schutz von Grundrechten und Grundfreiheiten bei der Bereitstellung und Nutzung elektronischer Kommunikationsdienste (Art. 1 Abs. 1 und 3 ePrivacy-Verordnung (Entwurf)). In sachlicher Hinsicht erstreckt sich ihr Anwendungsbereich auf die **Verarbeitung elektronischer Kommunikationsdaten**, die in Verbindung mit der Bereitstellung und Nutzung elektronischer Kommunikationsdienste erfolgt, und für Informationen in Bezug auf die Endeinrichtungen von Endnutzern (Art. 2 Abs. 1 ePrivacy-Verordnung (Entwurf)). Anders als die ePrivacy-Richtlinie wäre die ePrivacy-Verordnung in persönlicher Hinsicht nicht nur auf **klassische Anbieter elektronischer Kommunikationsdienste**, sondern auch auf Anbieter von sog. „**Over-the-Top-Kommunikationsdiensten**" (d.h. Dienstleister, die Kommunikationsdienste über das Internet anbieten, ohne selbst die Kommunikationsinfrastruktur zu betreiben, wie z.B. Web-Mail- oder Messenger-Dienste) anwendbar.[13] Der Entwurf der ePrivacy-Verordnung ist aktuell Gegenstand intensiver Diskussionen. Wann und mit welchem Ergebnis das Gesetzgebungsverfahren abgeschlossen sein wird, ist derzeit noch nicht absehbar.[14]

II. Kollisionsrecht

12 Die DSGVO enthält eine Regelung betreffend ihren **räumlichen Anwendungsbereich** (Art. 3 DSGVO). Danach findet sie zunächst Anwendung auf die Verarbeitung personenbezogener Daten, soweit diese im Rahmen der Tätigkeiten einer **Niederlassung** eines Verantwortlichen oder eines Auftragsverarbeiters **in der Union** erfolgt, unabhängig davon, ob die Verarbeitung selbst in der Union stattfindet (Art. 3 Abs. 1 DSGVO). Der Begriff der Verarbeitung ist in Art. 4 Nr. 2 DSGVO legaldefiniert und umfasst letztendlich jeglichen Umgang mit personenbezogenen Daten.[15] Eine Niederlassung setzt die effektive und tatsächliche Ausübung einer Tätigkeit durch eine feste Einrichtung voraus, wobei die Rechtsform der Einrichtung nicht ausschlaggebend ist.[16] Dieses **Niederlassungsprinzip** war bereits in der EU-Datenschutz-Richtlinie verankert und stellt für sich genommen keine Neuerung dar. Insoweit kann grundsätzlich auf die Kasuistik zurückgegriffen wer-

13 *Pauly*, in: Paal/Pauly, DS-GVO BDSG, Art. 95 Rn. 5.

14 Der aktuelle Stand des Gesetzgebungsverfahrens kann in der Datenbank zu den Rechtsvorschriften für die Europäische Union (EUR-Lex) eingesehen werden (Verfahren 2017/0003/COD, https://eur-lex.europa.eu/procedure/DE/2017_3 (zuletzt abgerufen: 26.3.2019)).

15 *Schild*, in: BeckOK Datenschutzrecht, Art. 4 Rn. 32.

16 ErwG 22 DSGVO.

den, die bereits zur Frage der internationalen Anwendbarkeit des europäischen Datenschutzrechts entwickelt wurde.[17]

13 Darüber hinaus findet die DSGVO unter bestimmten Voraussetzungen Anwendung auf die Verarbeitung personenbezogener Daten von betroffenen Personen, die sich in der Union befinden, wenn die Verarbeitung durch einen **nicht in der Union niedergelassenen** Verantwortlichen oder Auftragsverarbeiter erfolgt:

– Dies ist zum einen der Fall, wenn die Datenverarbeitung im Zusammenhang damit steht, betroffenen Personen in der Union Waren oder Dienstleistungen anzubieten, unabhängig davon, ob von den betroffenen Personen eine Zahlung zu leisten ist (Art. 3 Abs. 2 lit. a DSGVO). Insoweit kommt es darauf an, ob der Verantwortliche oder Auftragsverarbeiter offensichtlich beabsichtigt, **betroffenen Personen in einem oder mehreren Mitgliedstaaten der Union Waren oder Dienstleistungen anzubieten**. Die bloße Zugänglichkeit einer Unternehmenswebsite in der Union ist hierfür kein ausreichender Anhaltspunkt. Auch eine E-Mail-Adresse oder andere Kontaktdaten oder die Verwendung einer Sprache, die in dem Drittland, in dem das Unternehmen niedergelassen ist, allgemein gebräuchlich ist, reichen nicht aus. Dagegen kann z. B. die Verwendung einer Sprache oder Währung, die in einem oder mehreren Mitgliedstaaten gebräuchlich ist, in Verbindung mit der Möglichkeit, Waren oder Dienstleistungen in dieser anderen Sprache oder Währung zu bestellen, oder die Erwähnung von Kunden oder Nutzern, die sich in der Union befinden, auf eine Absicht des Unternehmens hindeuten, betroffenen Personen in der Union Waren oder Dienstleistungen anzubieten.[18]
– Zum anderen findet die Verordnung Anwendung, wenn die Datenverarbeitung im Zusammenhang damit steht, das **Verhalten betroffener Personen zu beobachten, soweit ihr Verhalten in der Union erfolgt** (Art. 3 Abs. 2 lit. b DSGVO). Gemeint sind hiermit sowohl Maßnahmen des Profilings als auch des Trackings, wie sie insbesondere in der Internetwerbewirtschaft genutzt werden.[19]

14 Durch diese ergänzenden Regelungen führt die DSGVO das sog. **Marktortprinzip** ein.[20] Außerhalb der Union niedergelassene Unternehmen müssen

17 *Rauer/Ettig*, in: Wybitul, Handbuch DSGVO, Art. 3 Rn. 5.
18 ErwG 23 DSGVO.
19 *von Lewinski*, in: Auernhammer, DSGVO BDSG, Art. 3 Rn. 20.
20 Ausführlich zu Art. 3 DSGVO EDPB Guidelines 3/2018 on the territorial scope of the GDPR (Article 3), adopted on 16.11.2018.

entsprechend sorgfältig prüfen, ob ihre Verarbeitungstätigkeiten ganz oder zumindest in Teilen den Anforderungen der DSGVO unterliegen.[21]

III. Preparedness

1. DSGVO

a) Grundsatz der Integrität und Vertraulichkeit

15 Zu den elementaren Grundsätzen, die die DSGVO für die Verarbeitung personenbezogener Daten aufstellt, zählt der Grundsatz der Integrität und Vertraulichkeit (Art. 5 Abs. 1 lit. f DSGVO). Dieser besagt, dass personenbezogene Daten in einer Weise verarbeitet werden müssen, die eine **angemessene Sicherheit der personenbezogenen Daten gewährleistet. Das schließt den Schutz der Daten** vor unbefugter oder unrechtmäßiger Verarbeitung und vor unbeabsichtigtem Verlust, unbeabsichtigter Zerstörung oder unbeabsichtigter Schädigung durch geeignete technische und organisatorische Maßnahmen ein. Gerade im Hinblick auf die steigende Zahl an Cyber-Angriffen ist die gewissenhafte Erfüllung dieser Anforderungen für Unternehmen eine wichtige Aufgabe, zumal im Falle eines Verstoßes gegen die Grundsätze des Art. 5 DSGVO hohe Bußgelder drohen (dazu näher unten Rn. 68 ff.).

16 Der Verantwortliche ist für die Einhaltung des Grundsatzes der Integrität und Vertraulichkeit verantwortlich und muss dessen Einhaltung bei Bedarf auch nachweisen können (Art. 5 Abs. 2 DSGVO). Während die Verpflichtung des Verantwortlichen zur Einhaltung bestimmter Datenschutzgrundsätze schon in der EU-Datenschutz-Richtlinie geregelt war, stellt die **Rechenschaftspflicht** ohne Zweifel eine bedeutende Neuerung der DSGVO dar. Die damit einhergehenden umfangreichen Dokumentationsanforderungen gehen über die in der EU-Datenschutz-Richtlinie verankerte bloße Sicherstellungspflicht weit hinaus.[22] Zusammen mit der in Art. 82 Abs. 3 DSGVO verankerten **Beweislastumkehr** soll die Rechenschaftspflicht den Betroffenen und Aufsichtsbehörden die Prüfung der Rechtmäßigkeit der Verarbeitung erleichtern.[23]

17 **Verantwortlicher** ist derjenige, der allein oder gemeinsam mit anderen über die Zwecke und Mittel der Verarbeitung personenbezogener Daten entscheidet (Art. 4 Nr. 7 DSGVO). Davon sind sog. **Auftragsverarbeiter** zu unterscheiden, die personenbezogene Daten lediglich im Auftrag und nach Wei-

---

21 *Albrecht*, CR 2016, 88, 90.
22 *Voigt*, in: Taeger/Gabel, DSGVO BDSG, Art. 5 Rn. 39.
23 *Herbst*, in: Kühling/Buchner, DS-GVO BDSG, Art. 5 Rn. 79.

sung des Verantwortlichen verarbeiten (Art. 4 Nr. 8, Art. 28 DSGVO). Auch wenn der Verantwortliche primär für die Einhaltung datenschutzrechtlicher Vorschriften verantwortlich sein mag, treffen den Auftragsverarbeiter unter der DSGVO weitreichende eigene Pflichten und Verantwortlichkeiten bezüglich der im Auftrag verarbeiteten Daten, deren Außerachtlassung zu einer **unmittelbaren Haftung des Auftragsverarbeiters** führen kann (vgl. Art. 82 Abs. 2 Satz 2 DSGVO, Art. 83 Abs. 4 lit. a DSGVO). Die DSGVO bezweckt insoweit eine Annäherung der Pflichten des Auftragsverarbeiters und des Verantwortlichen.[24]

b) Sicherheit der Verarbeitung von personenbezogenen Daten

Der Grundsatz der Integrität und Vertraulichkeit wird vor allem durch die Vorgabe konkretisiert, dass sowohl Verantwortliche als auch Auftragsverarbeiter die Sicherheit der Verarbeitung personenbezogener Daten durch geeignete **technische und organisatorische Maßnahmen** zu gewährleisten haben (Art. 32 Abs. 1 DSGVO). Bei der Auswahl und Umsetzung dieser Maßnahmen gibt die DSGVO eine Reihe von **Kriterien** vor, die letztlich Ausdruck der Verhältnismäßigkeit und damit im Rahmen einer Abwägungsentscheidung zu berücksichtigen sind,[25] wie der Stand der Technik, Implementierungskosten, Art, Umfang, Umstände und Zwecke der Verarbeitung sowie die Eintrittswahrscheinlichkeit und Schwere des Risikos für betroffene Personen. Entsprechend dem Gedanken der Entwicklungsoffenheit[26] enthält die DSGVO eine **nicht abschließende Aufzählung von Maßnahmen**, die an die Stelle des früheren, weitaus konkreteren Maßnahmenkatalogs in der Anlage zu § 9 BDSG a. F. getreten sind:[27] **18**

- **Pseudonymisierung und Verschlüsselung von personenbezogenen Daten** (Art. 32 Abs. 1 lit. a DSGVO): Die **Pseudonymisierung** ist in Art. 4 Nr. 5 DSGVO legaldefiniert und meint die Verarbeitung personenbezogener Daten in einer Weise, dass diese ohne Hinzuziehung zusätzlicher Informationen nicht mehr einer spezifischen betroffenen Person zugeordnet werden können. Dies gilt allerdings nur, sofern diese zusätzlichen Informationen gesondert aufbewahrt werden und technischen und organisatorischen Maßnahmen unterliegen, die gewährleisten, dass der Personenbezug nicht wiederhergestellt werden kann. Technisch kann die

24 Vgl. ErwG 13 DSGVO, der darauf hinweist, „dieselben Pflichten und Zuständigkeiten für die Verantwortlichen und Auftragsverarbeiter [vorzusehen]".
25 *Piltz*, in: Gola, DS-GVO, Art. 32 Rn. 13.
26 Arbeitspapier der Artikel 29-Datenschutzgruppe vom 5.10.2012, WP199, S. 29.
27 *Mantz*, in: Sydow, DSGVO, Art. 32 Rn. 9.

Pseudonymisierung auf unterschiedliche Weise realisiert werden. Eine Möglichkeit ist z. B. der Austausch personenbezogener Merkmale eines Datensatzes gegen einen Code und die Aufbewahrung dieser Merkmale mit den jeweils zugehörigen Codes in einer gesonderten Liste, sodass nur der Inhaber der Referenzliste die Pseudonymisierung aufheben kann.[28] Bei der **Verschlüsselung** werden hingegen lesbare Daten (Klartext) mit Hilfe eines Kryptosystems (Verschlüsselungsverfahrens) in einen nicht mehr interpretierbaren Zeichentext (Geheimtext) umgewandelt, der nur mittels einer mathematischen Formel (Schlüssel) wieder in einen lesbaren Text umgewandelt werden kann.[29] Auch wenn die **Anonymisierung** nicht in Art. 32 DSGVO genannt ist, stellt diese wohl die weitreichendste Maßnahme dar, da anders als bei der Pseudonymisierung der Personenbezug endgültig aufgehoben und damit der datenschutzrechtlich relevante Bereich vollständig verlassen wird.[30]
- Dauerhafte Sicherstellung der **Vertraulichkeit, Integrität, Verfügbarkeit und Belastbarkeit von Systemen und Diensten** (Art. 32 Abs. 1 lit. b DSGVO): Die Anforderung, dass Systeme und Dienste im Zusammenhang mit der Verarbeitung personenbezogener Daten vertraulich, integer, verfügbar und belastbar sind, gilt als Grundbedingung für die Datensicherheit.[31] **Vertraulichkeit** bezieht sich darauf, dass nur befugte Benutzer Zugang zu personenbezogenen Daten haben. **Integrität** meint den Schutz der Daten vor Manipulation. **Verfügbarkeit** bedeutet die Gewährleistung jederzeitiger Nutzungsmöglichkeit.[32] Neben diesen drei allgemein gebräuchlichen Grundwerten des Informationssicherheitsmanagements greift die DSGVO mit dem Kriterium der Belastbarkeit einen recht neuen Begriff auf.[33] Die **Belastbarkeit** (auch Resilienz) von Systemen und Diensten umfasst deren Fähigkeit, mit veränderten Datensicherheitsumständen, z. B. durch Risikoeintritte, umgehen zu können.[34] Der Begriff der Belastbarkeit erfasst somit gerade auch die Fähigkeit eines Systems, Cyber-Angriffen zu widerstehen oder im Falle eingetretener Störungen schnell den Ausgangszustand wiederherzustellen.[35]
- **Rasche Wiederherstellung** der Verfügbarkeit personenbezogener Daten und des Zugangs zu ihnen bei physischem oder technischem Zwischen-

28 *Kramer/Meints*, in: Auernhammer, DSGVO BDSG, Art. 32 Rn. 15.
29 *Jandt*, in: Kühling/Buchner, DS-GVO BDSG, Art. 32 Rn. 19.
30 *Mantz*, in: Sydow, DSGVO, Art. 32 Rn. 13.
31 *Kramer/Meints*, in: Auernhammer, DSGVO BDSG, Art. 32 Rn. 21.
32 *Jandt*, in: Kühling/Buchner, DS-GVO BDSG, Art. 32 Rn. 23 ff.
33 *Kramer/Meints*, in: Auernhammer, DSGVO BDSG, Art. 32 Rn. 32.
34 *Jandt*, in: Kühling/Buchner, DS-GVO BDSG, Art. 32 Rn. 26.
35 *Kramer/Meints*, in: Auernhammer, DSGVO BDSG, Art. 32 Rn. 32.

fall (Art. 32 Abs. 1 lit. c DSGVO): Es wird gefordert, dass **Sicherheitsmaßnahmen für unerwartete Zwischenfälle** existieren. Unerwartete Zwischenfälle können insbesondere in Form einer zufälligen Beeinträchtigung durch Notfälle (Hardwareversagen, Stromausfälle etc.), aber auch durch mutwillige Handlungen eintreten.[36] Dementsprechend sollten ein Verfahren zur Fortführung des Betriebs bei Auftreten unvorhergesehener Beeinträchtigungen und Schäden, ein sog. **Business Continuity Management**, entwickelt und, basierend auf einer gründlichen Risikoanalyse, geeignete Abhilfemaßnahmen vorbereitet werden.[37] Eine gängige Maßnahme zur Sicherstellung der Verfügbarkeit ist etwa das regelmäßige Erstellen von Sicherungskopien (**Backups**).[38]

– **Verfahren zur regelmäßigen Überprüfung, Bewertung und Evaluierung der Wirksamkeit der technischen und organisatorischen Maßnahmen** (Art. 32 Abs. 1 lit. d DSGVO): Die ergriffenen technischen und organisatorischen Maßnahmen müssen einer regelmäßigen internen Kontrolle unterzogen werden, um für den Fall einer negativ verlaufenden Überprüfung eine Anpassung oder Erneuerung der Maßnahmen dem Stand der Technik entsprechend vornehmen zu können.[39] Die Regelmäßigkeit hängt dabei von der Relevanz der Systeme, der Bedeutung der verarbeiteten Daten und den ermittelten Risiken ab. Eine geeignete Kontrollmaßnahme kann etwa die Durchführung eines sog. **Penetrationstests** sein, bei dem Systemangriffe simuliert werden, die die Umgehung und Aussetzung von Sicherheitsmechanismen zum Ziel haben und damit die Empfindlichkeit des Systems prüfen.[40] Gerade aufgrund zunehmender Hacker-Aktivitäten stellen solche Penetrationstests eine Möglichkeit dar, um **Schwachstellen von IT-Systemen** zu erkennen und diese besser gegen unberechtigte Zugriffe Dritter abzusichern.[41] Das Bundesamt für Sicherheit in der Informationstechnik (BSI) führt diesbezüglich eine Liste zertifizierter Sicherheitsdienstleister für Penetrationstests und hat auch einen Praxis-Leitfaden (Stand: November 2016) veröffentlicht, der u.a. Hinweise zu Voraussetzungen von Penetrationstests enthält.[42]

---

36 *Schultze-Melling*, in: Taeger/Gabel, DSGVO BDSG, Art. 32 Rn. 21.
37 *Kramer/Meints*, in: Auernhammer, DSGVO BDSG, Art. 32 Rn. 33.
38 *Schultze-Melling*, in: Taeger/Gabel, DSGVO BDSG, Art. 32 Rn. 21.
39 *Jandt*, in: Kühling/Buchner, DS-GVO BDSG, Art. 32 Rn. 29.
40 *Hladjk*, in: Ehmann/Selmayr, DS-GVO, Art. 32 Rn. 10; näher dazu *Deusch/Eggendorfer*, K&R 2018, 223.
41 *Lejeune*, ITRB 2016, 43, 43.
42 Vgl. https://www.bsi.bund.de/SharedDocs/Downloads/DE/BSI/Sicherheitsberatung/Pentest_Webcheck/Leitfaden_Penetrationstest.html (zuletzt abgerufen: 26.3.2019).

19 Bei der Beurteilung der Angemessenheit des Schutzniveaus sind insbesondere die Risiken zu berücksichtigen, die mit der Verarbeitung verbunden sind (Art. 32 Abs. 2 DSGVO). Hierzu gehören – gleichgültig, ob unbeabsichtigt oder unrechtmäßig – Vernichtung, Verlust, Veränderung oder unbefugte Offenlegung von bzw. unbefugter Zugang zu personenbezogenen Daten. Dieser **risikobasierte Ansatz** ist ein Charakteristikum der DSGVO und findet sich auch an diversen anderen Stellen in der Verordnung.[43]

20 Welche Maßnahmen konkret umzusetzen sind, bestimmt die DSGVO freilich nicht. Als **Orientierungshilfe** kann zunächst die Liste der technischen und organisatorischen Maßnahmen dienen, die schon im alten BDSG enthalten war,[44] auch wenn diese den Katalog des Art. 32 Abs. 1 DSGVO nicht vollständig abdecken. Daneben wird empfohlen, auf gängige Standards wie die IT-Grundschutzkataloge des BSI, den internationalen Sicherheitsstandard ISO/IEC 2700X der International Organization for Standardization oder das Standard-Datenschutzmodell der deutschen Aufsichtsbehörden zurückzugreifen.[45] Im Sinne einer weiteren Harmonisierung wäre darüber hinaus die Entwicklung von Maßnahmenstandards auf europäischer Ebene wünschenswert.[46] Zu beachten ist jedoch, dass Maßnahmen stets risikoabhängig zu treffen sind, sodass die fraglichen Standards als Leitlinien und Empfehlungen für die Erarbeitung individueller Sicherheitskonzepte zu verstehen sind.

21 Eine allgemeine Beschreibung der technischen und organisatorischen Maßnahmen, die vom Verantwortlichen oder Auftragsverarbeiter getroffen wurden, ist in dem von diesen jeweils zu führenden **Verzeichnis aller Verarbeitungstätigkeiten** aufzunehmen (Art. 30 Abs. 1 lit. g, Abs. 2 lit. d DSGVO). Die Aufzeichnung der Maßnahmen dient einerseits dem Verantwortlichen bzw. dem Auftragsverarbeiter selbst, der so kontrollieren kann, ob tatsächlich ausreichende Maßnahmen getroffen wurden.[47] Andererseits soll den Aufsichtsbehörden ermöglicht werden, die Geeignetheit der getroffenen Maßnahmen bei Bedarf rasch überprüfen zu können.[48]

22 Der Verantwortliche bzw. der Auftragsverarbeiter hat zudem geeignete Schritte zu unternehmen, um sicherzustellen, dass die ihm unterstellten na-

---

43 *Albrecht*, CR 2016, 88, 93 f.

44 *Grages*, in: Plath, DSGVO/BDSG, Art. 32 Rn. 4.

45 *Karg*, in: BeckOK Datenschutzrecht, 23. Edition, § 9 BDSG a. F., Rn. 82; *Bensinger*, in: Schulz (Hrsg.), Compliance-Management im Unternehmen, 23. Kap. Rn. 49.

46 *Mantz*, in: Sydow, DSGVO, Art. 32 Rn. 36.

47 *Hartung*, in: Kühling/Buchner, DS-GVO BDSG, Art. 30 Rn. 24.

48 *Schultze-Melling*, in: Taeger/Gabel, DSGVO BDSG, Art. 30 Rn. 19.

türlichen Personen, die Zugang zu personenbezogenen Daten haben, diese nur auf Anweisung des Verantwortlichen verarbeiten. Entsprechend empfiehlt es sich für Unternehmen, **Richtlinien** aufzustellen, die ihre Mitarbeiter zu konkreten, datenschutz- und sicherheitskonformen Handlungsweisen verpflichten.[49] In diesem Zusammenhang kommt man um den Hinweis nicht umhin, dass der „**Faktor Mensch**" als (Mit-)Verursacher von Sicherheitsvorfällen nicht unterschätzt werden darf. So müssen Mitarbeiter im Erkennen von potenziellen Cyber-Angriffen wie z.B. Phishing-E-Mails oder CEO-Fraud-Betrugsmaschen regelmäßig geschult werden (siehe hierzu näher Kap. 6 Arbeitsrecht und Kap. 11 Strafrecht).

c) Datenschutz durch Technikgestaltung und durch datenschutzfreundliche Voreinstellungen

Nach der allgemeinen Verantwortlichkeitsverteilung in der DSGVO muss der Verantwortliche geeignete technische und organisatorische Maßnahmen umsetzen, um sicherzustellen und den Nachweis dafür erbringen zu können, dass die jeweilige Verarbeitung gemäß den einschlägigen Vorgaben erfolgt (Art. 24 Abs. 1 DSGVO). In diesem Zusammenhang legt Art. 25 DSGVO dem Verantwortlichen spezifische Pflichten in Bezug auf den Datenschutz durch Technikgestaltung und durch datenschutzfreundliche Voreinstellungen auf. **23**

Datenschutz durch Technikgestaltung („**Privacy by Design**") bedeutet, dass der Verantwortliche sowohl zum Zeitpunkt der Festlegung der Mittel für die Verarbeitung als auch zum Zeitpunkt der eigentlichen Verarbeitung geeignete technische und organisatorische Maßnahmen trifft, um die in der Verordnung enthaltenen Datenschutzgrundsätze wie etwa Datenminimierung[50] wirksam umzusetzen und die Rechte der betroffenen Personen zu schützen (Art. 25 Abs. 1 DSGVO). Dies geschieht wieder unter Berücksichtigung des Stands der Technik, der Implementierungskosten und der Art, des Umfangs, der Umstände und der Zwecke der Verarbeitung sowie der unterschiedlichen Eintrittswahrscheinlichkeit und Schwere der mit der Verarbeitung verbundenen Risiken für die Rechte und Freiheiten der Betroffenen. Als konkrete Maßnahme ist wiederum die Pseudonymisierung genannt (siehe oben Rn. 18). Als weitere Maßnahmen kommen z.B. die Schaffung größtmögli- **24**

---

49 *Bensimger*, in: Schulz (Hrsg.), Compliance-Management im Unternehmen, 23. Kap. Rn. 47.

50 Siehe Art. 5 Abs. 1 lit. c DSGVO, wonach personenbezogene Daten dem Zweck angemessen und erheblich sowie auf das für die Zwecke der Verarbeitung notwendige Maß beschränkt sein müssen.

cher Transparenz hinsichtlich der Datenverarbeitung gegenüber den betroffenen Personen, die Datenminimierung oder der Einsatz von Verschlüsselungstechnologien in Betracht.[51] Ein ausführlicher Überblick über mögliche Maßnahmen ist dem „Privacy by Design"-Report der European Union Agency for Network and Information Security (ENISA) zu entnehmen.[52]

25 Datenschutz durch datenschutzfreundliche Voreinstellungen („**Privacy by Default**") meint dagegen, dass der Verantwortliche geeignete technische und organisatorische Maßnahmen zu treffen hat, die sicherstellen, dass durch entsprechende Voreinstellungen grundsätzlich nur personenbezogene Daten, deren Verarbeitung für den jeweiligen Verarbeitungszweck erforderlich ist, verarbeitet werden (Art. 25 Abs. 2 DSGVO). Diese Verpflichtung gilt für die Menge der erhobenen personenbezogenen Daten, den Umfang ihrer Verarbeitung, ihre Speicherfrist und ihre Zugänglichkeit. Hierdurch wird deutlich, dass es bereits einen Unterschied macht, ob Daten nur nicht verwendet oder ob sie überhaupt erhoben werden.[53] Welche Maßnahmen konkret geeignet sind, ist wiederum abhängig von dem jeweiligen Verarbeitungszweck und -kontext. Einen möglichen Anwendungsfall stellt etwa ein PC-Betriebssystem dar, das bestimmte Funktionen wie Werbungs-ID, Smart-Screen-Filter und Positionserkennung bereithält, die aber grundsätzlich ausgeschaltet sind und vom Nutzer aktiviert werden können, wenn er gewisse Vorteile nutzen möchte.[54]

26 Der Datenschutz durch Technikgestaltung und der durch datenschutzfreundliche Voreinstellungen stehen zueinander in einem **Stufenverhältnis**; die Anforderungen der datenschutzfreundlichen Voreinstellungen sind demnach bereits bei der Technikgestaltung zu berücksichtigen.[55] Auch die Hersteller von Produkten, Diensten und Anwendungen, die personenbezogene Daten verarbeiten, sollen durch die Regelungen „ermutigt" werden, das Recht auf Datenschutz bei deren Entwicklung und Gestaltung zu berücksichtigen, auch wenn sie nach der DSGVO nicht unmittelbar dazu verpflichtet sind.[56]

---

51 *Brüggemann*, in: Auernhammer, DSGVO BDSG, Art. 25 Rn. 22.

52 ENISA, Privacy and Data Protection by Design – from policy to engineering, December 2014, https://www.enisa.europa.eu/publications/privacy-and-data-protection-by-design (zuletzt abgerufen: 26.3.2019).

53 *Hanßen*, in: Wybitul, Handbuch DSGVO, Art. 25 Rn. 45.

54 Vgl. das Hinweispapier „Datenschutzeinstellungen bei Windows 10" (Stand: Mai 2016) des Landesbeauftragten für den Datenschutz in Baden-Württemberg, https://www.baden-wuerttemberg.datenschutz.de/windows-10-leitfaden-aktualisierte-fassung/ (zuletzt abgerufen: 26.3.2019).

55 *Brüggemann*, in: Auernhammer, DSGVO BDSG, Art. 25 Rn. 23.

56 ErwG 78 DSGVO.

d) Datenschutz-Folgenabschätzung

27 Als Ausdruck des risikobasierten Ansatzes schreibt die DSGVO ferner vor, dass, wenn eine bestimmte Form der Verarbeitung aufgrund der Art, des Umfangs, der Umstände und der Zwecke der Verarbeitung voraussichtlich ein hohes Risiko für die Rechte und Freiheiten natürlicher Personen zur Folge hat, der Verantwortliche vorab eine Abschätzung der Folgen für den Schutz personenbezogener Daten durchzuführen hat (Art. 35 Abs. 1 DSGVO). Dies gilt vor allem bei der **Einführung neuer Technologien**. Eine solche Folgenabschätzung enthält u. a. die zur Bewältigung der erkannten Risiken geplanten Abhilfemaßnahmen, einschließlich Garantien, Sicherheitsvorkehrungen und Verfahren, durch die der Schutz personenbezogener Daten sichergestellt und der Nachweis dafür erbracht wird, dass die DSGVO eingehalten wird. Die Pflicht zur Folgenabschätzung zielt damit auf eine effektive Selbstregulierung ab.[57]

28 Grundsätzlich gilt: Je größer das Risiko für die Rechte und Freiheiten natürlicher Personen ist, desto mehr Maßnahmen zur Risikoverringerung sind durchzuführen.[58] Neben den in Art. 35 Abs. 3 DSGVO genannten abstrakten Beispielen für Datenverarbeitungen, mit denen regelmäßig ein hohes Risiko verbunden ist, hat die Artikel 29-Datenschutzgruppe eine Liste von Kriterien (z. B. Vorgänge, die die systematische Überwachung von Betroffenen zum Ziel haben, Verarbeiten von höchstpersönlichen Daten oder Daten in erheblicher Menge etc.) erstellt, die ihrer Ansicht nach Indizien für die Erforderlichkeit einer Datenschutz-Folgenabschätzung darstellen.[59] Art. 35 Abs. 4 DSGVO sieht zudem vor, dass die Aufsichtsbehörden **Listen von Verarbeitungsvorgängen** erstellen, für die in jedem Fall eine Datenschutz-Folgenabschätzung durchzuführen ist. Solche Listen haben in Deutschland bislang einige Aufsichtsbehörden der Länder sowie die Datenschutzkonferenz der unabhängigen Datenschutzbehörden des Bundes und der Länder veröffentlicht.[60] In diesen Listen sind neben der maßgeblichen Beschreibung der Verarbeitungstätigkeit typische Einsatzfelder und entsprechende Beispiele genannt. Danach soll z. B. beim Einsatz von Data-Loss-Prevention-Systemen (d. h. Systemen, die einen unerwünschten Abfluss von Daten ver-

---

57 *Martini*, in: Paal/Pauly, DS-GVO BDSG, Art. 35 Rn. 6.

58 *Raum*, in: Auernhammer, DSGVO BDSG, Art. 35 Rn. 41.

59 Arbeitspapier der Artikel 29-Datenschutzgruppe vom 4.4.2017, zuletzt überarbeitet am 4.10.2017, WP248rev.01, S. 9 ff.

60 „Liste der Verarbeitungstätigkeiten, für die eine DSFA durchzuführen ist", Datenschutzkonferenz (DSK), https://www.bfdi.bund.de/SharedDocs/Downloads/DE/Datenschutz/Liste_VerarbeitungsvorgaengeDSK.html?cms_templateQueryString=liste+dsfa&cms_sortOrder=score+desc (zuletzt abgerufen: 26.3.2019).

hindern sollen) wegen der Verarbeitung von umfangreichen personenbezogenen Daten über das Verhalten von Beschäftigten eine Datenschutz-Folgenabschätzung erforderlich sein.

29 Listen nach Art. 35 Abs. 5 DSGVO, also solche, die Verarbeitungsvorgänge nennen, bei denen regelmäßig keine Datenschutz-Folgenabschätzung erforderlich ist, sind in Deutschland bislang nicht veröffentlicht worden.

e) Einsatz von Auftragsverarbeitern

30 Wenn eine Verarbeitung im Auftrag eines Verantwortlichen erfolgt, darf dieser nur mit Auftragsverarbeitern arbeiten, die hinreichend **Garantien** dafür bieten, dass die Verarbeitung im Einklang mit den Anforderungen der DSGVO erfolgt – insbesondere auch, was die Sicherheit der Verarbeitung betrifft[61] – und den Schutz der Rechte der betroffenen Person gewährleistet (Art. 28 Abs. 1 DSGVO). Die Regelung trägt der in der Praxis häufig genutzten Möglichkeit eines arbeitsteiligen Vorgehens bei der Verarbeitung personenbezogener Daten Rechnung. Ziel ist es sicherzustellen, dass die Anforderungen der DSGVO auch in Bezug auf die vom Auftragsverarbeiter vorzunehmende Verarbeitung vollumfänglich eingehalten werden.[62]

31 Die Verarbeitung durch einen Auftragsverarbeiter hat auf der Grundlage eines entsprechenden **Vertrags** zu erfolgen. Dieser hat insbesondere vorzusehen, dass der Auftragsverarbeiter alle erforderlichen Maßnahmen ergreift, um die Sicherheit der Verarbeitung von personenbezogenen Daten sicherzustellen (Art. 28 Abs. 3 Satz 2 lit. c DSGVO) und, unter Berücksichtigung der Art der Verarbeitung und der ihm zur Verfügung stehenden Informationen, den Verantwortlichen bei der Einhaltung seiner Pflicht, alle erforderlichen Maßnahmen zur Sicherheit der Verarbeitung von personenbezogenen Daten zu treffen, unterstützt (Art. 28 Abs. 3 Satz 2 lit. f DSGVO). Dies ist für den Verantwortlichen von erheblicher Bedeutung, da er auch im Rahmen der Auftragsverarbeitung primär für die Einhaltung datenschutzrechtlicher Vorgaben verantwortlich bleibt und sich nicht durch die Einschaltung anderer seinen Pflichten entziehen kann.[63]

32 Die **Begründung von Unterauftragsverhältnissen** durch den Auftragsverarbeiter bedarf grundsätzlich der vorherigen schriftlichen Zustimmung des Verantwortlichen (Art. 28 Abs. 2 DSGVO) und setzt voraus, dass der Auftragsverarbeiter den weiteren Auftragsverarbeitern vertraglich dieselben Da-

---

61 ErwG 81 DSGVO.
62 *Gabel/Lutz*, in: Taeger/Gabel, DSGVO BDSG, Art. 28 Rn. 1 m. w. N.
63 *Gabel/Lutz*, in: Taeger/Gabel, DSGVO BDSG, Art. 28 Rn. 2.

tenschutzpflichten auferlegt, die in seinem Vertrag mit dem Verantwortlichen enthalten sind (Art. 28 Abs. 4 DSGVO). Da in der Praxis nicht selten zu beobachten ist, dass **Datenpannen in der Auftragnehmerkette** auftreten, will die Regelung sicherstellen, dass der Verantwortliche die Möglichkeit zur Einflussnahme bei der Einschaltung von Subunternehmern hat und dass das von ihm und dem Auftragsverarbeiter vereinbarte Schutzniveau auch für nachgeordnete Auftragsverhältnisse gilt.[64]

f) Bestellung eines Datenschutzbeauftragten

Der (betriebliche) Datenschutzbeauftragte ist ein wesentliches Element der Eigenverantwortung des Verantwortlichen und des Auftragsverarbeiters bei der Einhaltung der DSGVO.[65] Erstmals ist er durch die DSGVO im EU-Recht verpflichtend eingeführt worden.[66] **33**

Ein Unternehmen hat nach der DSGVO einen Datenschutzbeauftragten zu bestellen, wenn seine Kerntätigkeit mit **umfangreicher oder systematischer Überwachung von Personen** oder mit **umfangreicher Verarbeitung besonders sensibler Daten** wie z.B. Gesundheitsdaten verbunden ist (Art. 37 Abs. 1 DSGVO). Der deutsche Gesetzgeber hat diese Verpflichtung u.a. auf Fälle erweitert, in denen Unternehmen in der Regel **mindestens zehn Personen ständig mit der Verarbeitung personenbezogener Daten beschäftigen** oder Verarbeitungen vornehmen, die aufgrund ihres Risikoprofils einer **Datenschutz-Folgenabschätzung** (siehe oben Rn. 27 ff.) unterliegen (§ 38 Abs. 1 BDSG). **34**

Dem Datenschutzbeauftragten kommen im Zusammenhang mit der Einhaltung der einschlägigen datenschutzrechtlichen Vorschriften durch den Verantwortlichen oder Auftragsverarbeiter **umfassende Beratungs- und Überwachungsaufgaben** zu. Dies gilt auch für den Bereich der Datensicherheit.[67] So genügt es grundsätzlich nicht, dass der Datenschutzbeauftragte sich die getroffenen Sicherheitsmaßnahmen durch den Verantwortlichen darstellen lässt, vielmehr muss er diese auch auf ihre Umsetzung und ggf. Wirksamkeit hin überprüfen.[68] Gerade im Hinblick auf die Sicherheit der Daten kommt dem Datenschutzbeauftragten auch die Aufgabe der **Sensibilisierung und Schulung** der an den Verarbeitungsvorgängen beteiligten Mitarbeitern zu. Bei Meldungen von Datenschutzverletzungen an Aufsichts- **35**

64 *Gabel/Lutz*, in: Taeger/Gabel, DSGVO BDSG, Art. 28 Rn. 63.
65 *Heberlein*, in: Ehmann/Selmayr, DS-GVO, Art. 37 Rn. 1.
66 *Bergt*, in: Kühling/Buchner, DS-GVO BDSG, Art. 37 Rn. 1.
67 *Moos*, in: BeckOK Datenschutzrecht, Art. 37 Rn. 20.
68 *Marschall/Müller*, ZD 2016, 415, 418.

behörden bzw. Betroffene fungiert der Datenschutzbeauftragte zudem als Anlaufstelle für Informationen (siehe unten Rn. 43 ff.).

g) Verhaltensregeln und Zertifizierungen

36 Die DSGVO sieht vor, dass durch die Aufsichtsbehörden genehmigte Verhaltensregeln (sog. „**Codes of Conduct**") und Zertifizierungen in bestimmten, gesetzlich geregelten Fällen als Kriterium herangezogen werden können, um die Einhaltung der Verpflichtungen des Verantwortlichen oder des Auftragsverarbeiters nachzuweisen (Art. 24 Abs. 3, 28 Abs. 5, 32 Abs. 3 DSGVO). Nach Art. 40 und 42 DSGVO obliegt es den Mitgliedstaaten, den Aufsichtsbehörden, dem Europäischen Datenschutzausschuss und der Kommission, die Ausarbeitung von Verhaltensregeln und die Einführung von datenschutzspezifischen Zertifizierungsverfahren zu fördern. Dies ist Ausdruck einer angestrebten Ausweitung der freiwilligen Selbstregulierung von Verantwortlichen und Auftragsverarbeitern.[69]

37 Verbände und andere Vereinigungen, die bestimmte Kategorien von Verantwortlichen oder Auftragsverarbeitern vertreten, haben nach Art. 40 DSGVO die Möglichkeit, für diese **Verhaltensregeln** auszuarbeiten, um die zahlreichen allgemein und teilweise unbestimmt formulierten Vorgaben der DSGVO zu **konkretisieren**.[70] Ein Beispiel für einen solchen „Code of Conduct" sind die vom Gesamtverband der Deutschen Versicherungswirtschaft e. V. (GDV) herausgegebenen und im August 2018 in Kraft getretenen „Verhaltensregeln für den Umgang mit personenbezogenen Daten durch die deutsche Versicherungswirtschaft", in denen auch auf Fragen der Datensicherheit eingegangen wird.[71]

38 Anders als Verhaltensregeln dienen **Zertifizierungen** nach Art. 42 DSGVO nicht der Konkretisierung, sondern dem **Nachweis der Einhaltung** der DSGVO.[72] Zertifizierungen bieten entsprechend das Potenzial, sich auf einfache Weise Klarheit darüber zu verschaffen, ob die gesetzlichen Anforderungen im Rahmen von Datenverarbeitungen eingehalten werden, jedoch müssen dafür zunächst noch auf die DSGVO ausgerichtete und praxistaugli-

---

69 *Schweinoch/Will*, in: Ehmann/Selmayr, DS-GVO, Vorb Art. 40–43 Rn. 1.

70 *Vomhof*, in: Auernhammer, DSGVO BDSG, Art. 40 Rn. 1; *Bergt*, in: Kühling/Buchner, DS-GVO BDSG, Art. 40 Rn. 1. Ausführlich zu Verhaltensregeln EDPB Guiedlines 1/2019 on Codes of Conduct and Monitoring Bodies under Regulation 2016/679, adopted on 12.2.2019.

71 Vgl. https://www.gdv.de/de/ueber-uns/unsere-services/daten-schutz-ko-dex---code-of-conduct---15544 (zuletzt abgerufen: 26.3.2019).

72 *Eckhardt*, in: BeckOK Datenschutzrecht, Art. 42 Rn. 17.

che Zertifizierungsverfahren entwickelt bzw. bestehende Zertifizierungsverfahren überarbeitet werden.[73] Bislang haben Zertifizierungen in Deutschland keine praktische Bedeutung, da Zertifizierungsverfahren auf der Grundlage der DSGVO noch nicht akkreditiert wurden.[74]

2. BDSG (neu)

Zu den in Ausgestaltung der DSGVO vom deutschen Gesetzgeber erlassenen Bestimmungen gehören verschiedene Regelungen zu besonderen Verarbeitungssituationen (§§ 26 bis 31 BDSG), insbesondere zur **Datenverarbeitung für Zwecke des Beschäftigungsverhältnisses**. Daraus ergeben sich jedoch letztlich keine über die vorstehend dargestellten Anforderungen der DSGVO hinausgehenden Verpflichtungen für den Verantwortlichen oder den Auftragsverarbeiter. **39**

Die Vorschrift, die im neu gefassten BDSG die Datenverarbeitung für Zwecke des Beschäftigungsverhältnisses regelt (§ 26 BDSG), gibt in weiten Teilen die bisherige Rechtslage wieder, wie sie in § 32 BDSG a. F. verankert war. Die neu aufgenommene Regelung des § 26 Abs. 5 BDSG, die den Verantwortlichen in Bezug auf die Verarbeitung von Beschäftigtendaten verpflichtet, Maßnahmen zu treffen, die sicherstellen, dass die in Art. 5 DSGVO enthaltenen Grundsätze eingehalten werden, ist rein deklaratorischer Natur und erlegt dem Verantwortlichen keine weitergehenden Pflichten auf.[75] **40**

3. ePrivacy-Verordnung (Entwurf)

Die ePrivacy-Verordnung (Entwurf) regelt, wann Betreiber elektronischer Kommunikationsnetze und -dienste elektronische Kommunikationsdaten verarbeiten dürfen. Dabei wird u. a. vorgeschlagen, dass elektronische Kommunikationsdaten verarbeitet werden dürfen, wenn dies zur Erkennung von technischen Defekten und Fehlern bei der Übermittlung der elektronischen Kommunikation oder zur Aufrechterhaltung oder Wiederherstellung der Sicherheit elektronischer Kommunikationsnetze und -dienste nötig ist (vgl. Art. 6 Abs. 1 lit. b ePrivacy-Verordnung (Entwurf)). So soll insbesondere die **41**

---

73 Kurzpapier Nr. 9 „Zertifizierung nach Art. 42. DS-GVO", Datenschutzkonferenz (DSK), S. 3.

74 Ausführlich zu Zertifizierungen EDPB Guidelines 1/2018 on certification and identifying certification criteria in accordance with Articles 42 and 43 of the Regulation 2016/679, adopted on 23.1.2019.

75 *Zöll*, in: Taeger/Gabel, DSGVO BDSG, § 26 Rn. 92.

Prüfung auf Sicherheitsbedrohungen wie Vorhandensein von Schadsoftware und die Erkennung von Spam- und Phishing-E-Mails auch ohne Einwilligung des Endnutzers ermöglicht werden.[76] Insoweit ist bislang auch keine Interessenabwägung vorgesehen, mit der Folge, dass eine Einschränkung der Verarbeitung der Kommunikation nicht auszuschließen ist.[77]

42 Des Weiteren sah der initiale Entwurf der ePrivacy-Verordnung vom 10.1.2017 in Art. 17 eine Informationspflicht vor, nach der der Betreiber eines Kommunikationsdienstes den Endnutzer über **besondere Risiken** für die Sicherheit von Netzen und elektronischen Kommunikationsdiensten sowie über mögliche Abhilfen zu benachrichtigen hat. Hierdurch soll der Endnutzer die Möglichkeit haben, sich selbst zu schützen, wenn es sich um Risiken handelt, die außerhalb des Anwendungsbereichs der vom Diensteanbieter zu treffenden Maßnahmen liegen.[78] Art. 17 und der diese Pflicht konkretisierende Erwägungsgrund 37 sind allerdings in einer neueren Entwurfsfassung vom 12.6.2018 nicht mehr enthalten. Insoweit bleibt abzuwarten, ob und ggf. in welcher Form diese Informationspflicht Eingang in der Verordnung finden wird.

IV. Response

1. Meldung von Verletzungen des Schutzes personenbezogener Daten an die Aufsichtsbehörde

43 Im Falle einer Verletzung des Schutzes personenbezogener Daten hat der Verantwortliche unverzüglich, möglichst aber **binnen 72 Stunden**, nachdem ihm die Verletzung bekannt wurde, **diese der zuständigen Aufsichtsbehörde zu melden** (Art. 33 Abs. 1 Satz 1 DSGVO). Hierdurch sollen einerseits mögliche Schäden von den betroffenen Personen abgewendet werden.[79] Andererseits sollen derartige Meldepflichten einen Anreiz für Unternehmen darstellen, von vornherein geeignete Maßnahmen zur Verhinderung von Datenschutzverletzungen zu treffen.[80]

44 Der Begriff „Verletzung des Schutzes personenbezogener Daten" ist in der DSGVO legaldefiniert als eine **Verletzung der Sicherheit**, die, ob unbeabsichtigt oder unrechtmäßig, zur Vernichtung, zum Verlust, zur Veränderung oder zur unbefugten Offenlegung von bzw. zum unbefugten Zugang zu per-

76 ErwG 16 ePrivacy-Verordnung (Entwurf).
77 *Benedikt*, DSB 2018, 80.
78 ErwG 37 ePrivacy-Verordnung (Entwurf).
79 Siehe ErwG 85 DSGVO.
80 *Scheben/Geschonnek*, CB 2017, 54.

sonenbezogenen Daten führt (Art. 4 Nr. 12 DSGVO). Sicherheit in diesem Sinne meint die Gesamtheit aller technischen und organisatorischen Maßnahmen, mit denen die Vertraulichkeit, Integrität und Verfügbarkeit der Daten und der zu deren Verarbeitung verwendeten Einrichtungen und Systeme erhalten wird.[81] Erfasst werden mithin offensichtliche Formen von Datenschutzverletzungen wie das Abschöpfen von Nutzerdaten eines Online-Dienstes durch einen **Hackerangriff**, ebenso wie weniger augenfällige Varianten wie der (unter Umständen auch nur vorübergehende, aber unter Risikogesichtspunkten als kritisch einzustufende) Verlust der Datenverfügbarkeit durch einen Angriff in Form einer gezielten Überlastung von Servern (**„Denial of service"-Angriff**) oder durch eine Infektion mit **Ransomware**, bei der sämtliche Daten verschlüsselt werden.[82]

„Bekannt" wird dem Verantwortlichen die Datenschutzverletzung, sobald er **mit hinreichender Sicherheit** feststellen kann, dass es zu einem Sicherheitsvorfall gekommen ist, aufgrund dessen personenbezogene Daten beeinträchtigt wurden. Wann dies genau der Fall ist, hängt von den konkreten Umständen der Datenschutzverletzung ab.[83] Die DSGVO sieht insoweit vor, dass der Verantwortliche alle geeigneten technischen Schutz- sowie organisatorischen Maßnahmen zu ergreifen hat, um sofort feststellen zu können, ob eine Datenschutzverletzung aufgetreten ist, und um die zuständige Aufsichtsbehörde umgehend unterrichten zu können.[84] Deshalb sollte der Verantwortliche interne Vorkehrungen treffen, um Datenschutzverletzungen rasch erkennen und beheben zu können. Hierzu gehören beispielsweise technische Maßnahmen wie der Einsatz von Programmen, die durch Datenfluss- und Protokollanalyse **Unregelmäßigkeiten bei der Datenverarbeitung erkennen** und Warnmeldungen abgeben, oder die **Erstellung entsprechender Reaktionspläne**, die eine zügige Weiterleitung an die geeigneten Stellen im Unternehmen vorsehen, die sodann mögliche Verletzungen überprüfen und weitere Maßnahmen einleiten.[85] Insoweit ist es auch am Europäischen Datenschutzausschuss, die Voraussetzungen für die Meldepflicht durch Leitlinien und Empfehlungen weiter zu konkretisieren (Art. 70 Abs. 1 lit. g DSGVO). Erfolgt die Meldung an die Aufsichtsbehörde nicht binnen des **45**

81 *Jandt*, in: Kühling/Buchner, DS-GVO BDSG, Art. 4 Nr. 12 Rn. 5.

82 Arbeitspapier der Artikel 29-Datenschutzgruppe vom 3.10.2017, zuletzt überarbeitet am 6.2.2018, WP250rev.01, S. 9 ff. und 36 ff.

83 Arbeitspapier der Artikel 29-Datenschutzgruppe vom 3.10.2017, zuletzt überarbeitet am 6.2.2018, WP250rev.01, S. 12.

84 ErwG 87 DSGVO.

85 Arbeitspapier der Artikel 29-Datenschutzgruppe vom 3.10.2017, zuletzt überarbeitet am 6.2.2018, WP250rev.01, S. 14; *Schultze-Melling*, in: Taeger/Gabel, DSGVO BDSG, Art. 33 Rn. 36 ff.

vorgeschriebenen Zeitrahmens von 72 Stunden, so ist die Verzögerung entsprechend zu begründen.

46 Die Meldung an die zuständige Aufsichtsbehörde hat **mindestens die folgenden Informationen** zu umfassen (Art. 33 Abs. 3 DSGVO):

- eine Beschreibung der **Art der Datenschutzverletzung**, soweit möglich mit Angabe der Kategorien und der ungefähren Zahl der betroffenen Personen, der betroffenen Kategorien und der ungefähren Zahl der betroffenen personenbezogenen Datensätze;
- den Namen und die **Kontaktdaten des Datenschutzbeauftragten** oder einer sonstigen Anlaufstelle für weitere Informationen;
- eine Beschreibung der wahrscheinlichen **Folgen der Datenschutzverletzung**;
- eine Beschreibung der von dem Verantwortlichen ergriffenen oder vorgeschlagenen **Maßnahmen zur Behebung der Datenschutzverletzung** und ggf. Maßnahmen zur Abmilderung von nachteiligen Auswirkungen.

47 Soweit diese Informationen nicht gleich bereitgestellt werden können, kann der Verantwortliche sie ohne unangemessene weitere Verzögerung auch schrittweise zur Verfügung stellen (Art. 33 Abs. 4 DSGVO). Die engen Vorgaben der DSGVO sind bereits im Vorfeld bei der internen Organisation des Krisenmanagements entsprechend zu berücksichtigen.[86]

48 Grundsätzlich ist eine Verletzung des Schutzes personenbezogener Daten an die **Aufsichtsbehörde** zu melden, die in dem Hoheitsgebiet desjenigen Mitgliedstaates ansässig ist, in welchem die betroffenen Personen sich befinden oder die Verletzung stattgefunden hat (Art. 33 Abs. 1 i.V.m. Art. 55 Abs. 1 DSGVO). Im Falle einer **grenzüberschreitenden Verarbeitung** muss die Verletzung an die federführende Aufsichtsbehörde gemeldet werden, d.h. an die Aufsichtsbehörde der Hauptniederlassung oder der einzigen Niederlassung des Verantwortlichen bzw. des Auftragsverarbeiters (Art. 4 Nr. 16 und 23, Art. 56 Abs. 1 und 6 DSGVO). Der Verantwortliche hat Datenschutzverletzungen, einschließlich aller im Zusammenhang mit der Verletzung stehenden Fakten, deren Auswirkungen und der ergriffenen Abhilfemaßnahmen, auch in geeigneter Form zu dokumentieren (Art. 33 Abs. 5 DSGVO). Diese **Dokumentation** muss der Aufsichtsbehörde die Überprüfung der Einhaltung der Bestimmungen der DSGVO ermöglichen.

49 Führt eine Verletzung des Schutzes personenbezogener Daten ausnahmsweise nicht zu einem Risiko für die Rechte und Freiheiten natürlicher Personen, kann eine Meldung entsprechend dem risikobasierten Ansatz der DSGVO

86 *Scheben/Geschonnek*, CB 2017, 54, 57.

unterbleiben. Zu berücksichtigen sind insoweit **physische, materielle und immaterielle Rechtsgüter**.[87] Als mögliche Folgen von Datenschutzverletzungen nennt die DSGVO etwa den Verlust der Kontrolle über personenbezogene Daten oder die Einschränkung von Rechten, Diskriminierung, **Identitätsdiebstahl oder -betrug**, finanzielle Verluste, Rufschädigung oder den Verlust der Vertraulichkeit der dem Berufsgeheimnis unterliegenden Daten.[88] Im Rahmen der Beurteilung möglicher negativer Folgen sollen dabei vor allem die Art der Verletzung, die Art, Sensibilität und Menge der verletzten Daten, die Leichtigkeit, mit der betroffene Personen identifiziert werden können, die Schwere der Konsequenzen für die betroffenen Personen und die Anzahl der betroffenen Personen betrachtet werden.[89] Eine Meldung kann nicht bereits dann unterbleiben, wenn die verletzten personenbezogenen Daten entsprechend dem Stand der Technik **verschlüsselt** wurden. Allerdings besteht tatsächlich regelmäßig kein Risiko mehr für die Rechte und Freiheiten der betroffenen Personen, wenn die Vertraulichkeit des für die Verschlüsselung verwendeten Schlüssels noch gewährleistet ist.[90] Es gilt aber die Rückausnahme, dass, selbst wenn die Daten verschlüsselt waren und der dafür genutzte Schlüssel noch vertraulich ist, ein Risiko für die Rechte und Freiheiten der betroffenen Personen bestehen kann, wenn personenbezogene Daten verloren gegangen oder verändert worden sind und der Verantwortliche über keine angemessenen Sicherungskopien verfügt.[91] Das Beispiel der Verschlüsselung zeigt, dass mögliche Risiken für die Betroffenen genau geprüft und nicht vorschnell verneint werden sollten.

Wenn einem **Auftragsverarbeiter** eine Verletzung des Schutzes personen- **50**
bezogener Daten bekannt wird, hat er dies nicht der Aufsichtsbehörde, sondern **dem Verantwortlichen unverzüglich zu melden** (Art. 33 Abs. 2 DSGVO). Dies ist wichtig, damit der Verantwortliche rechtzeitig und möglichst innerhalb der Frist von 72 Stunden seiner Meldepflicht gegenüber der Aufsichtsbehörde nachkommen kann.[92] Anders als der Verantwortliche bei seiner Meldung an die Aufsichtsbehörde, hat der Auftragsverarbeiter dabei grundsätzlich keinen Entscheidungsspielraum hinsichtlich der Erforderlich-

---

87 *Schultze-Melling*, in: Taeger/Gabel, DSGVO BDSG, Art. 33 Rn. 19.
88 ErwG 85 DSGVO.
89 Arbeitspapier der Artikel 29-Datenschutzgruppe vom 3.10.2017, zuletzt überarbeitet am 6.2.2018, WP250rev.01, S. 28 ff.
90 Arbeitspapier der Artikel 29-Datenschutzgruppe vom 3.10.2017, zuletzt überarbeitet am 6.2.2018, WP250rev.01, S. 18.
91 Arbeitspapier der Artikel 29-Datenschutzgruppe vom 3.10.2017, zuletzt überarbeitet am 6.2.2018, WP250rev.01, S. 18.
92 Arbeitspapier der Artikel 29-Datenschutzgruppe vom 3.10.2017, zuletzt überarbeitet am 6.2.2018, WP250rev.01, S. 16.

keit einer Meldung an den Verantwortlichen.[93] Daneben trifft den Auftragsverarbeiter die Pflicht, den Verantwortlichen bei der Erfüllung seiner Pflichten nach Art. 33 und 34 DSGVO – soweit möglich – zu unterstützen (Art. 28 Abs. 3 Satz 2 lit. f DSGVO).

2. Benachrichtigung der von einer Verletzung des Schutzes personenbezogener Daten betroffenen Person

51 Die Pflicht zur **Benachrichtigung** der von einer Verletzung des Schutzes personenbezogener Daten **betroffenen Person** nach Art. 34 DSGVO steht mit der Pflicht zur Meldung an die Aufsichtsbehörden nach Art. 33 DSGVO in engem Zusammenhang.[94] Wenn die Verletzung des Schutzes personenbezogener Daten voraussichtlich ein **hohes Risiko** für die persönlichen Rechte und Freiheiten natürlicher Personen zur Folge hat, hat der Verantwortliche diese **unverzüglich** von der Verletzung zu benachrichtigen (Art. 34 Abs. 1 DSGVO). Für die Benachrichtigung der Betroffenen gilt somit grundsätzlich eine höhere Schwelle als für die – häufig obligatorische – Meldung an die Aufsichtsbehörden.[95]

52 Die Benachrichtigung hat **in klarer und einfacher Sprache** zu erfolgen und neben der **Art der Datenschutzverletzung** folgende Informationen zu enthalten, die auch bereits Gegenstand der Meldung an die Aufsichtsbehörde sind, Art. 34 Abs. 2 i.V.m. Art. 33 Abs. 3 lit. b, c, d DSGVO:

- den Namen und die **Kontaktdaten des Datenschutzbeauftragten** oder einer sonstigen Anlaufstelle für weitere Informationen;
- eine Beschreibung der wahrscheinlichen **Folgen der Datenschutzverletzung**;
- eine Beschreibung der von dem Verantwortlichen ergriffenen oder vorgeschlagenen **Maßnahmen zur Behebung der Datenschutzverletzung** und ggf. Maßnahmen zur Abmilderung von nachteiligen Auswirkungen.

53 Damit der Betroffene sich im Idealfall selbst vor möglichen nachteiligen Auswirkungen der Datenschutzverletzung schützen kann, sollten dem Betroffenen auch Empfehlungen gegeben werden, welche Maßnahmen er selbst treffen kann (z. B. Änderung von Passwörtern, Austausch von Chip-

---

93 *Schreibauer*, in: Auernhammer, DSGVO BDSG, Art. 33 Rn. 16; *Wilhelm*, in: Sydow, DSGVO, Art. 33 Rn. 27.

94 *Hladjk*, in: Ehmann/Selmayr, DS-GVO, Art. 34 Rn. 1.

95 Arbeitspapier der Artikel 29-Datenschutzgruppe vom 3.10.2017, zuletzt überarbeitet am 6.2.2018, WP250rev.01, S. 23.

karten, regelmäßige Kontrolle von Kontoauszügen auf unrechtmäßige Abbuchungen oder Information von Kommunikationspartnern).[96]

54 Beispiele für **geeignete Benachrichtigungsmethoden** sind nach Auffassung der Aufsichtsbehörden die direkte Benachrichtigung der jeweils betroffenen Personen (z.B. durch E-Mail oder SMS) oder prominent platzierte Banner auf Webseiten oder in Printmedien. Eine Benachrichtigung nur im Rahmen einer Pressemitteilung oder eines Unternehmsblogs wird hingegen nicht als angemessenes Mittel angesehen, um betroffene Personen von einer Datenschutzverletzung zu benachrichtigen.[97]

55 Die Benachrichtigung der Betroffenen hat zwar „**unverzüglich**", d.h. so schnell wie möglich zu erfolgen, damit diese – abhängig von der Art und den möglichen Auswirkungen der Datenschutzverletzung – Vorkehrungen zu ihrem Schutz treffen können.[98] Dies setzt jedoch nicht etwa voraus, dass die Betroffenen noch vor der Aufsichtsbehörde unterrichtet werden. Vielmehr kann sich der Verantwortliche an die Aufsichtsbehörde wenden und sich zur Benachrichtigung der Betroffenen über die Datenschutzverletzung, insbesondere zu deren Inhalt und Verbreitungsweg, beraten lassen.[99] Bei einem möglicherweise **kriminellen Hintergrund** kann es gerechtfertigt sein, die Benachrichtigung in Abstimmung mit den Strafverfolgungsbehörden auch noch weiter hinauszuzögern, um Ermittlungen nicht durch frühzeitige Veröffentlichungen zu gefährden.[100]

56 Unter Umständen kann die **Benachrichtigungspflicht** auch ganz **entfallen**. So ist die Benachrichtigung der betroffenen Personen u.a. dann nicht erforderlich, wenn der Verantwortliche geeignete technische und organisatorische Sicherheitsvorkehrungen getroffen hat, insbesondere solche, die den unberechtigten Zugang zu den betreffenden Daten verhindern, etwa durch eine **effektive Verschlüsselung** (Art. 34 Abs. 3 lit. a DSGVO). Des Weiteren muss der Benachrichtigungspflicht nicht nachgekommen werden, wenn der Verantwortliche durch im Nachhinein ergriffene Maßnahmen sichergestellt hat, dass das hohe Risiko für die Rechte und Freiheiten der betroffenen Per-

96 *Schultze-Melling*, in: Taeger/Gabel, DSGVO BDSG, Art. 34 Rn. 20; *Hornung*, NJW 2010, 1841, 1843.

97 Arbeitspapier der Artikel 29-Datenschutzgruppe vom 3.10.2017, zuletzt überarbeitet am 6.2.2018, WP250rev.01, S. 24.

98 Arbeitspapier der Artikel 29-Datenschutzgruppe vom 3.10.2017, zuletzt überarbeitet am 6.2.2018, WP250rev.01, S. 23.

99 Arbeitspapier der Artikel 29-Datenschutzgruppe vom 3.10.2017, zuletzt überarbeitet am 6.2.2018, WP250rev.01, S. 25 unter Hinweis auf Erwägungsgrund 86 DSGVO.

100 Arbeitspapier der Artikel 29-Datenschutzgruppe vom 3.10.2017, zuletzt überarbeitet am 6.2.2018, WP250rev.01, S. 25 unter Hinweis auf Erwägungsgrund 88 DSGVO.

sonen aller Wahrscheinlichkeit nach nicht mehr besteht (Art. 34 Abs. 3 lit. b DSGVO). Als derartige **nachträgliche Maßnahme** kommen beispielsweise das Zurücksetzen von Passwörtern in Betracht, wenn Unbefugte Zugriff auf entsprechende Zugangsdaten erhalten haben, oder der Abschluss von Vertraulichkeitsvereinbarungen mit Personen, denen versehentlich personenbezogene Daten unberechtigterweise übermittelt wurden.[101] Die Benachrichtigung kann ferner unterbleiben, soweit gesetzliche Geheimhaltungspflichten entgegenstehen (§ 29 Abs. 1 BDSG). Der Verantwortliche ist in Bezug auf diese Ausnahmen rechenschaftspflichtig. Kommt die Aufsichtsbehörde bei ihrer Prüfung zu einem anderen Ergebnis, kann sie den Verantwortlichen anweisen, die Benachrichtigung nachzuholen (Art. 34 Abs. 4 DSGVO).

V. Rechtmäßigkeit der Verarbeitung personenbezogener Daten bei der Durchführung von Cyber-Sicherheitsmaßnahmen

1. Zulässigkeit der Verarbeitung personenbezogener Daten nach DSGVO

a) Notwendigkeit einer Rechtsgrundlage

57 Die Verarbeitung personenbezogener Daten ist für die **Verhinderung, Abwehr und Aufklärung von Sicherheitsvorfällen** häufig unabdingbar.[102] So werden durch Sicherheitslösungen wie **Intrusion Detection Systeme**, Security Information and Event Management Systeme (**SIEM-Systeme**) und **Deep Packet Inspection** in unterschiedlicher Intensität Datenströme überwacht und ausgewertet.[103] Ähnlich verhält es sich im Rahmen der **IT-Forensik**, bei der während der Laufzeit eines Vorfalls (sog. **Live-Forensik**) oder nachträglich (sog. **Post-mortem-Analyse**) Datenanalysen in Netzwerken und auf Datenträgern zur Feststellung, Eindämmung und Aufklärung von Sicherheitsvorfällen durchgeführt werden.[104] Entsprechend stellt sich die Frage der datenschutzrechtlichen Zulässigkeit solcher Maßnahmen (Art. 5 Abs. 1 lit. a DSGVO).

---

101 *Reif*, in: Gola, DS-GVO, Art. 34 Rn. 8.

102 *von Maltzan/Moshashai*, in: Taeger (Hrsg.), Rechtsfragen digitaler Transformationen, S. 143, 148.

103 Dazu näher *Krügel*, MMR 2017, 795, 796; *Deusch/Eggendorfer*, in: Taeger (Hrsg.), Rechtsfragen digitaler Transformationen, S. 741, 742 ff.; *Kort*, NZA 2011, 1319.

104 Siehe BSI-Leitfaden „IT-Forensik", Version 1.0.1 (März 2011), https://www.bsi.bund.de/SharedDocs/Downloads/DE/BSI/Cyber-Sicherheit/Themen/Leitfaden_IT-Forensik.pdf?__blob=publicationFile&v=2 (zuletzt abgerufen: 26.3.2019).

b) Einwilligung der betroffenen Personen

Zum Teil wird als mögliche Rechtsgrundlage die **Einwilligung der betroffenen Personen** angeführt (Art. 6 Abs. 1 lit. a, Art. 7 DSGVO).[105] Der Weg über die Einwilligung gestaltet sich jedoch grundsätzlich schwierig, falls der Kreis der betroffenen Personen nicht überschaubar ist und nicht damit gerechnet werden kann, dass sämtliche betroffene Personen ihre Einwilligung erteilen bzw. dauerhaft aufrechterhalten werden. Die Einwilligung bietet sich deshalb nicht als Legitimation von Maßnahmen an, die notwendigerweise einheitlich für alle betroffenen Personen getroffen werden müssen, wie organisationsweite Sicherheitsmaßnahmen.[106] **58**

c) Erfüllung rechtlicher Pflichten

Nach einer anderen Auffassung soll die Verarbeitung personenbezogener Daten zur Gewährleistung der Sicherheit von Netzwerken und Systemen für die Erfüllung einer entsprechenden **rechtlichen Verpflichtung** erforderlich sein (Art. 6 Abs. 1 lit. c DSGVO). Abgestellt wird insoweit teilweise auf **Art. 33 DSGVO**,[107] wonach der Verantwortliche alle geeigneten Maßnahmen zu treffen hat, um sofort feststellen zu können, ob eine Datenschutzverletzung aufgetreten ist, und um die zuständige Aufsichtsbehörde umgehend unterrichten zu können (siehe oben Rn. 43 ff.). Für die Betreiber Kritischer Infrastrukturen und die Anbieter digitaler Dienste wird zudem auf die Pflicht nach **§ 8a bzw. § 8c BSIG** verwiesen, angemessene technische und organisatorische Maßnahmen zur Sicherheit ihrer Systeme und Netzwerke zu treffen.[108] **59**

Diese Auffassung hat zwar aufgrund der zunehmenden Bedeutung von Cyber-Security sowie der notwendigen Harmonisierung der Anforderungen in diesem Bereich einiges für sich. Es wird jedoch insbesondere von aufsichtsbehördlicher Seite kritisch gesehen, Art. 6 Abs. 1 lit. c DSGVO auch auf solche Verpflichtungen anzuwenden, für deren Einhaltung der Verantwortliche zwar eine Datenverarbeitung vornehmen muss, die sich aber nicht unmittelbar auf die Datenverarbeitung beziehen. Gefordert wird insoweit vielmehr eine klare und spezifische rechtliche Verpflichtung, eine bestimmte Daten- **60**

---

105 *Haas/Kast*, ZD 2015, 72, 75.

106 Allg. *Gabel*, in: Taeger/Gabel, DSGVO BDSG, Art. 49 Rn. 5; speziell für den Bereich der Informationssicherheit *Krügel*, MMR 2017, 795, 798; *Deusch/Eggendorfer*, in: Taeger (Hrsg.), Rechtsfragen digitaler Transformationen, S. 741, 748.

107 *Deusch/Eggendorfer*, in: Taeger (Hrsg.), Rechtsfragen digitaler Transformationen, S. 741, 748 ff.

108 *Krügel*, MMR 2017, 795, 798 f.

verarbeitung vorzunehmen.[109] Bis zu einer weiteren Klärung dieses Punktes ist ein Rückgriff auf Art. 6 Abs. 1 lit. c DSGVO damit im vorliegenden Zusammenhang mit einer gewissen Rechtsunsicherheit verbunden.

d) Wahrnehmung berechtigter Interessen

61 Nach wohl **herrschender Meinung** kann die Verarbeitung personenbezogener Daten für Zwecke der Cyber-Security jedoch grundsätzlich auf die **Wahrnehmung berechtigter Interessen** gestützt werden (Art. 6 Abs. 1 lit. f DSGVO).[110] Danach ist die Verarbeitung rechtmäßig, wenn sie zur Wahrung der berechtigten Interessen des Verantwortlichen oder eines Dritten erforderlich ist und nicht die Interessen oder Grundrechte und Grundfreiheiten der betroffenen Person, die den Schutz personenbezogener Daten erfordern, überwiegen.

62 Insoweit wird in den Erwägungsgründen zur DSGVO klargestellt, dass die Verarbeitung personenbezogener Daten durch Behörden, „Computer-Notdienste" (**Computer Emergency Response Teams – CERT**, bzw. **Computer Security Incident Response Teams – CSIRT**), Betreiber von elektronischen Kommunikationsnetzen und -diensten sowie Anbieter von Sicherheitstechnologien und -diensten, in dem Maße ein berechtigtes Interesse des jeweiligen Verantwortlichen darstellt, wie dies für die Gewährleistung der Netz- und Informationssicherheit unbedingt **notwendig und verhältnismäßig** ist. Dies soll der Fall sein, soweit dadurch die Fähigkeit eines Netzes oder Informationssystems gewährleistet wird, mit einem vorgegebenen Grad der Zuverlässigkeit Störungen oder widerrechtliche oder mutwillige Eingriffe abzuwehren, die die Verfügbarkeit, Authentizität, Vollständigkeit und Vertraulichkeit von gespeicherten oder übermittelten personenbezogenen Daten sowie die Sicherheit damit zusammenhängender Dienste beeinträchtigen. Ein so umrissenes berechtigtes Interesse kann beispielsweise darin bestehen, den Zugang Unbefugter zu elektronischen Kommunikationsnetzen und die Verbreitung schädlicher Programmcodes zu verhindern. Auch kann es darin liegen, Angriffe in Form der gezielten Überlastung von Servern („Denial of service"-Angriffe) oder Schädigungen von Computer- und elektronischen Kommunikationssystemen abzuwehren.[111]

63 Ob eine aus diesen Gründen vorgenommene Datenverarbeitung rechtmäßig ist, ist jedoch aufgrund der Kriterien der Erforderlichkeit und Verhältnismä-

---

109 *Schantz/Wolff*, Das neue Datenschutzrecht, Rn. 592 und 595, unter Bezugnahme auf das Arbeitspapier der Artikel 29-Datenschutzgruppe vom 9.4.2014, WP217, S. 25.

110 *Heberlein*, in: Ehmann/Selmayr, DS-GVO, Art. 6 Rn. 26 m. w. N.

111 Vgl. zum Vorstehenden ErwG 49 DSGVO.

ßigkeit letztlich eine **Frage des Einzelfalls**. Ausgehend von einer präzisen Erfassung des technischen Sachverhalts[112] bedarf es insoweit einer Interessenabwägung, in die alle relevanten Faktoren, insbesondere Umfang und Nutzen der beabsichtigten Datenverarbeitung, mögliche Auswirkungen auf die betroffenen Personen und deren vernünftigen Erwartungen[113] sowie die Risikolage für das betreffende Unternehmen, einzustellen sind.[114]

Unter den gleichen Voraussetzungen wird man auch die Weitergabe von Informationen zur Verhinderung oder Aufklärung von Sicherheitsvorfällen (z.B. verdächtige IP-Adressen) an andere Unternehmen oder Behörden, das sog. „**Cyber Security Information Sharing**", als zulässig ansehen müssen.[115] **64**

e) Folgen einer unzulässigen Verarbeitung

Ist eine Verarbeitung nach den vorstehend dargestellten Grundsätzen rechtswidrig, drohen einerseits bestimmte in der DSGVO festgelegte **Sanktionen** (siehe unten Rn. 68 ff.). Andererseits können im Rahmen einer möglichen späteren rechtlichen Auseinandersetzung Erkenntnisse, die auf datenschutzrechtlich unzulässige Weise gewonnen wurden, unter Umständen einem **Verwertungsverbot** unterliegen.[116] Entsprechend empfiehlt es sich, datenschutzrechtlichen Belangen bereits bei der Konzeptionierung von Sicherheitsmaßnahmen ausreichend Rechnung zu tragen. **65**

2. Mögliche zusätzliche Anforderungen

a) TKG

Ist ein Unternehmen als Anbieter von Telekommunikationsdiensten zu qualifizieren (§ 3 Nr. 6 TKG), ist ferner das **Fernmeldegeheimnis** zu beachten. Dem Fernmeldegeheimnis unterliegen der Inhalt der Telekommunikation und deren näheren Umstände, insbesondere die Tatsache, ob jemand an einem Telekommunikationsvorgang beteiligt ist oder war (§ 88 Abs. 1 Satz 1 **66**

112 *Deusch/Eggendorfer*, in: Taeger (Hrsg.), Rechtsfragen digitaler Transformationen, S. 741, 751.

113 Siehe ErwG 47 DSGVO.

114 Vgl. *Deusch/Eggendorfer*, in: Taeger (Hrsg.), Rechtsfragen digitaler Transformationen, S. 741, 751; *Krügel*, MMR 2017, 795, 799.

115 *von Maltzan/Moshashai*, in: Taeger (Hrsg.), Rechtsfragen digitaler Transformationen, S. 143, 148 ff.

116 Siehe etwa BGH, Urt. v. 15.5.2018 – VI ZR 233/17, NJW 2018, 2883 – Dashcam, und BAG, Urt. v. 23.8.2018 – 2 AZR 133/18, DB 2018, 2574 – Offene Videoüberwachung am Arbeitsplatz, wenn auch in beiden Fällen Verwertungsverbote verneinend.

TKG). Anbietern von Telekommunikationsdiensten ist es lediglich gestattet, sich vom Inhalt oder den näheren Umständen der Telekommunikation Kenntnis zu verschaffen, soweit dies zur Diensteerbringung einschließlich des Schutzes der hierfür verwendeten technischen Systeme erforderlich ist (§ 88 Abs. 3 Satz 1 TKG; siehe hierzu näher Kap. 5 IT-Sicherheit). Insoweit ist zu berücksichtigen, dass nach wohl (noch) überwiegender Meinung auch Unternehmen, welche die **private Nutzung ihrer IuK-Technik** durch ihre Mitarbeiter erlauben oder dulden, als Anbieter von Telekommunikationsdiensten angesehen werden können.[117]

b) BetrVG

67 Bestimmte Maßnahmen können darüber hinaus **Beteiligungsrechte von Betriebsräten** auslösen. Dies gilt insbesondere dann, wenn sie im Sinne des § 87 Abs. 1 Nr. 6 BetrVG als Einführung oder Anwendung von technischen Einrichtungen zu werten sind, die dazu bestimmt sind, das Verhalten oder die Leistung der Arbeitnehmer zu überwachen. In einem solchen Fall ist das Mitbestimmungsrecht des Betriebsrats zu beachten, was in der Regel zum **Abschluss einer entsprechenden Betriebsvereinbarung** führt (siehe hierzu näher Kap. 6 Arbeitsrecht). Betriebsvereinbarungen können zudem einen **datenschutzrechtlichen Erlaubnistatbestand** darstellen und zu einer Konkretisierung der datenschutzrechtlichen Stellung von Arbeitgebern und Arbeitnehmern beitragen.[118] Insofern lässt sich durch den Abschluss einer Betriebsvereinbarung auch die zuvor dargestellte Unsicherheit in Bezug auf die Anwendbarkeit und Reichweite gesetzlicher Erlaubnistatbestände im Beschäftigtenkontext reduzieren.

VI. Sanktionen

1. Verhängung von Geldbußen

68 Die Möglichkeit der Verhängung von Geldbußen gem. Art. 83 DSGVO bei einem Verstoß gegen datenschutzrechtliche Vorschriften durch Verantwortliche oder Auftragsverarbeiter ist eine **Sanktionsmöglichkeit mit hoher Disziplinierungsfunktion**.[119]

---

117 Vgl. *Krügel*, MMR 2017, 795, 797 m. w. N. zum Meinungsstand, insbesondere der zunehmend ablehnenden Rechtsprechung.

118 Allg. *Tiedemann*, in: Sydow, DSGVO, Art. 88 Rn. 9 ff.; *Zöll*, in: Tager/Gabel, DSGVO BDSG, § 26 Rn. 87 ff. jeweils m. w. N.; speziell für IT-Sicherheitsmaßnahmen *Kort*, NZA 2011, 1319, 1322 ff.

119 *Nemitz*, in: Ehmann/Selmayr, DS-GVO, Art. 83 Rn. 1.

Die Verhängung einer Geldbuße erfolgt durch die zuständige Aufsichtsbehörde, in Deutschland also in der Regel die jeweilige Landesaufsichtsbehörde. Diese hat dabei sicherzustellen, dass die Geldbuße im Einzelfall **wirksam, verhältnismäßig und abschreckend** ist (Art. 83 Abs. 1 DSGVO). Durch das Kriterium der „Abschreckung" soll insbesondere gewährleistet werden, dass nicht nur das Einzelvergehen sanktioniert wird, sondern auch andere Marktteilnehmer davon abgebracht werden, einen Verstoß zu begehen.[120] Ob und in welcher Höhe eine Geldbuße verhängt wird, hängt von verschiedenen **Kriterien** ab, wie z. B. Art, Schwere und Dauer des Verstoßes, Zahl der betroffenen Personen und Ausmaß des von ihnen erlittenen Schadens, Grad der Verantwortlichkeit des Verantwortlichen oder Auftragsverarbeiters, etwaige von ihm ergriffene Schadensminderungsmaßnahmen oder einschlägige frühere Verstöße (Art. 83 Abs. 2 DSGVO). **69**

Die in der DSGVO festgelegten **Bußgeldrahmen** sind im Vergleich zum früheren Recht **drastisch verschärft** worden.[121] Allerdings enthalten die Regelungen keine Spezifizierungen von Bußgeldtatbeständen, sondern nur einen Katalog von Normen, deren Nichtbeachtung ein Bußgeld zur Folge haben kann, sodass für Unternehmen der ungünstige Grundsatz gilt, dass sie bei jeglichen Verstößen gegen die betreffenden Vorschriften mit einem Bußgeld zu rechnen haben.[122] So können bei Verstößen gegen die Pflichten der Verantwortlichen und der Auftragsverarbeiter gem. den Art. 25 bis 39 DSGVO Geldbußen von bis zu 10 Mio. EUR oder im Fall eines Unternehmens von bis zu 2 % seines gesamten weltweit erzielten Jahresumsatzes des vorangegangenen Geschäftsjahrs fällig werden, je nachdem, welcher der Beträge höher ist (Art. 83 Abs. 4 DSGVO). Bei Verstößen gegen die Grundsätze für die Verarbeitung personenbezogener Daten gem. den Art. 5 und 6 DSGVO oder der Nichtbefolgung einer Anweisung der Aufsichtsbehörde können die Geldbußen bis zu 20 Mio. EUR oder im Fall eines Unternehmens bis zu 4 % seines gesamten weltweit erzielten Jahresumsatzes des vorangegangenen Geschäftsjahrs betragen, je nachdem, welcher der Beträge höher ist (Art. 83 Abs. 5 und 6 DSGVO).[123] **70**

120 *Moos/Schefzig*, in: Taeger/Gabel, DSGVO BDSG, Art. 83 Rn. 26.

121 *Bergt*, in: Kühling/Buchner, DS-GVO BDSG, Art. 83 Rn. 2.

122 *Moos/Schefzig*, in: Taeger/Gabel, DSGVO BDSG, Art. 83 Rn. 74.

123 Zur Anwendung und Festsetzung von Geldbußen unter der DSGVO siehe Arbeitspapier der Artikel 29-Datenschutzgruppe vom 3.10.2017, WP253.

2. Haftung und Recht auf Schadensersatz

71 Ist einer Person in Folge eines Verstoßes gegen die DSGVO ein **materieller oder immaterieller Schaden** entstanden, hat sie nach Art. 82 Abs. 1 DSGVO Anspruch auf Schadensersatz gegen den Verantwortlichen oder gegen den Auftragsverarbeiter (siehe dazu näher Kap. 10 Prozessführung und Haftung).

72 Grundsätzlich haftet jeder an der fraglichen Verarbeitung beteiligte **Verantwortliche** für den entstandenen Schaden (Art. 82 Abs. 2 Satz 1 DSGVO). Ein **Auftragsverarbeiter** haftet nur dann, wenn er speziell ihm durch die DSGVO auferlegte Pflichten oder eine vom Verantwortlichen erteilte Weisung verletzt hat (Art. 82 Abs. 2 Satz 2 DSGVO). Zudem ist eine **Beweislastumkehr** vorgesehen, sodass der Verantwortliche oder Auftragsverarbeiter den Entlastungsbeweis zu führen hat, dass er für den entstandenen Schaden nicht verantwortlich ist (Art. 82 Abs. 3 DSGVO). Gerade im Hinblick auf diese Beweislastverteilung ist in der Praxis genau auf die Einhaltung der beschriebenen Rechenschafts- und Dokumentationspflichten (z. B. aus Art. 5 und 24 DSGVO) zu achten.[124]

73 Im Zusammenhang mit der Haftung ist auch Art. 80 Abs. 1 DSGVO zu beachten, wonach jede betroffene Person das Recht hat, eine **Einrichtung, Organisation oder Vereinigung ohne Gewinnerzielungsabsicht**, die ordnungsgemäß nach dem Recht eines Mitgliedstaats gegründet ist, deren satzungsmäßige Ziele im öffentlichem Interesse liegen und die im Bereich des Schutzes der Rechte und Freiheiten von betroffenen Personen in Bezug auf den Schutz ihrer personenbezogenen Daten tätig ist (z. B. Verbraucherschutzorganisationen), zu beauftragen, in ihrem Namen **Beschwerden** einzureichen und das **Recht auf Schadensersatz** in Anspruch zu nehmen, sofern dies im Recht der Mitgliedstaaten vorgesehen ist. Auch wenn der Wortlaut der DSGVO im Deutschen insoweit nicht eindeutig sein mag, ergibt sich aus dem Vergleich u. a. mit der englischsprachigen Fassung, dass nur die Möglichkeit der Durchsetzung von Schadensersatzansprüchen eine freiwillige Öffnungsklausel für nationale Regelungen darstellt, während die Vorschrift im Übrigen keiner Umsetzung bedarf.[125] Zudem kann gemäß Art. 80 Abs. 2 DSGVO durch eine nationale Regelung die **Möglichkeit einer selbstständigen Verbandsbeschwerde bzw. Verbandsklage** geschaffen werden.[126] Bislang gibt es allerdings **kein entsprechendes Umsetzungs-**

---

124 *Eßer*, in: Auernhammer, DSGVO BDSG, Art. 82 Rn. 14.
125 *Moos/Schefzig*, in: Taeger/Gabel, DSGVO BDSG, Art. 80 Rn. 13.
126 *von Lewinski*, in: Auernhammer, DSGVO BDSG, Art. 80 Rn. 13.

gesetz in Deutschland, dass die Übertragung der Durchsetzung von Schadensersatzansprüchen auf geeignete Einrichtungen oder Organisationen erlauben würde.[127] Auch für die Möglichkeit einer Verbandsklage oder -beschwerde gibt es in Deutschland bislang keine spezifische Grundlage.[128] Es ist umstritten, ob aufgrund der mit der DSGVO angestrebten Vollharmonisierung im Verbraucherbereich die bereits bestehende Regelung des § 2 Abs. 2 Satz 1 Nr. 11 UKlaG anwendbar bleibt.[129]

3. Befugnisse der Aufsichtsbehörde

Die Befugnisse der Aufsichtsbehörde in Art. 58 DSGVO dienen der Einhaltung und Durchsetzung der DSGVO. Im vorliegenden Kontext am relevantesten, weil am folgereichsten für die jeweils betroffenen Verantwortlichen oder Auftragsverarbeiter, sind die **Abhilfebefugnisse der Aufsichtsbehörde** gem. Art. 58 Abs. 2 DSGVO. Danach darf die Aufsichtsbehörde insbesondere eine vorübergehende oder endgültige Beschränkung, einschließlich eines vollständigen **Verbots der Datenverarbeitung**, verhängen, was je nach Kontext mit ganz erheblichen Auswirkungen auf den Betrieb verbunden sein kann. Die Aufsichtsbehörde trifft die Entscheidung nach pflichtgemäßen Ermessen und kann so einzelne oder mehrere Maßnahmen gegen den Verantwortlichen oder Auftragsverarbeiter verhängen. Auch die Verhängung einer Geldbuße ist sowohl anstelle als auch zusätzlich zu den übrigen in Art. 58 DSGVO genannten Maßnahmen möglich. **74**

---

127 *Moos/Schefzig*, in: Taeger/Gabel, DSGVO BDSG, Art. 80 Rn. 14.

128 *Moos/Schefzig*, in: Taeger/Gabel, DSGVO BDSG, Art. 80 Rn. 23.

129 Dazu näher *Moos/Schefzig*, in: Taeger/Gabel, DSGVO BDSG, Art. 80 Rn. 25; *Kresse*, in: Sydow, DSGVO, Art. 80 Rn. 16, jeweils m. w. N.

Kapitel 5
IT-Sicherheit

Prof. Dr. Norbert Wimmer/Robert Mechler

Literatur: *Bartels, D.*, Die praktische Umsetzung einer angemessenen Informationssicherheit, in: Möstl/Wolff, IT-Sicherheit als Herausforderung für Wirtschaft und Staat, 2017, S. 35 ff.; *Bartels, K./Backer*, ITSiG-konforme Telemedien", DuD 2016, 22; *Beucher/Utzerath*, Cybersicherheit – Nationale und internationale Regulierungsinitiativen, MMR 2013, 362; *Byok*, Informationssicherheit von Kritischen Infrastrukturen im Wettbewerbs- und Vergaberecht, BB 2017, 451; *Etteldorf*, Medien als Kritische Infrastrukturen?, AfP 2018, 114; *Freimuth*, Das IT-Sicherheitsgesetz – Wer muss die Pflichten erfüllen? in: Möstl/Wolff, IT-Sicherheit als Herausforderung für Wirtschaft und Staat, 2017, S. 1 ff.; *Freimuth*, Die rechtlichen Pflichten zur Sicherung der IT, in: Möstl/Wolff, IT-Sicherheit als Herausforderung für Wirtschaft und Staat, 2017, S. 23 ff.; *Gehrmann/Klett*, IT-Sicherheit in Unternehmen – Weiterhin viel Unsicherheit bei der Umsetzung des IT-Sicherheitsgesetzes, K&R 2017, 372; *Gehrmann/Voigt*, IT-Sicherheit – Kein Thema nur für Betreiber Kritischer Infrastrukturen, CR 2017, 93; *Gerlach*, Sicherheitsanforderungen für Telemediendienste – der neue §13 Abs. 7 TMG, CR 2015, 581; *Gitter/Meißner/Spauschus*, Das IT-Sicherheitsgesetz – Sicherheit und Datenschutz – gemeinsames Ziel oder Widerspruch, DuD 2016, 7; *Hornung*, Neue Pflichten für Betreiber kritischer Infrastrukturen: Das IT-Sicherheitsgesetz des Bundes, NJW 2015, 3334; *Kipker*, Der BMI-Referentenentwurf zur Umsetzung der NIS-RL, MMR 2017, 143; *Könen*, IT-Sicherheit gesetzlich geregelt, DuD 2016, 12; *Liedtke*, Die Entwicklung der IT-Sicherheit aus dem Blickwinkel der Telekommunikationsbranche, in: Möstl/Wolff, IT-Sicherheit als Herausforderung für Wirtschaft und Staat, Bayreuth 2017, S. 47 ff.; *Roos*, Der neue Entwurf eines IT-Sicherheitsgesetzes, MMR 2014, 723; *Rosenthal/Trautwein*, NIS-Richtlinie und IT-Sicherheitsgesetz in 2017, PinG 2017, 148; *Roßnagel*, Das IT-Sicherheitsgesetz, DVBl. 2015, 1206; *Roth*, Neuer Referentenentwurf zum IT-Sicherheitsgesetz, ZD 2015, 17; *Schallbruch*, Die EU-Richtlinie über Netz und Informationssicherheit: Anforderungen an digitale Dienste, CR 2016, 663; *Schallbruch*, IT-Sicherheitsrecht – Schutz kritischer Infrastrukturen und staatlicher IT-Systeme, CR 2017, 648; *Schallbruch*, IT-Sicherheitsrecht – Schutz digitaler Dienste, Datenschutz und Datensicherheit, CR 2017, 798; *Schallbruch*, IT-Sicherheitsrecht – Abwehr von IT-Angriffen, Haftung und Ausblick, CR 2018, 215; *Schmidl*, Aspekte des Rechts der IT-Sicherheit, NJW 2010, 476; *Spindler*, IT-Sicherheitsgesetz und zivilrechtliche Haftung, CR 2016, 297; *Voigt*, IT-Sicherheit – Nun macht Brüssel Druck, MMR 2016, 429; *Voigt/Gehrmann*, Die europäische NIS-Richtlinie Neue Vorgaben zur Netz- und IT-Sicherheit, ZD 2016, 355; *Weise/Brühl*, Auswirkungen eines künftigen IT-Sicherheitsgesetzes auf Betreiber Kritischer Infrastrukturen, CR 2015, 290.

Übersicht

I. Rechtliche Grundlagen

Die Funktionsfähigkeit von IT-Systemen ist für Staat und Wirtschaft von immenser Bedeutung. Die Anzahl von Cyber-Angriffen nimmt kontinuierlich zu, deren wirtschaftlichen Folgen sind enorm.[1] Sowohl der nationale als auch der europäische Gesetzgeber haben sich jüngst der Herausforderung gestellt, einen Rechtsrahmen für den Schutz von IT-Systemen zu schaffen. IT-Sicherheit bezeichnet nach der Legaldefinition des § 2 Abs. 2 BSIG[2] die **Einhaltung bestimmter Sicherheitsstandards**, die die **Verfügbarkeit**, **Unversehrtheit** oder **Vertraulichkeit** von Informationen betreffen, durch Sicherheitsvorkehrungen in informationstechnischen Systemen, Komponenten oder Prozessen, oder bei der Anwendung von informationstechnischen Systemen, Komponenten oder Prozessen. Gegenstand des Rechts der IT-Sicherheit ist es somit, Prozesse zu etablieren, um Bedrohungen dieser Ziele zu erkennen und geeignete Schutzmaßnahmen zu treffen, beziehungsweise die Betroffenen zu geeigneten Schutzmaßnahmen anzuhalten.[3] Als Bedrohungen werden u.a. genannt: höhere Gewalt, organisatorische Mängel, menschliche Fehlhandlungen, technisches Versagen und vorsätzliche Handlungen (Cyber-Kriminalität, Spionage).[4] Ausdrückliches Ziel der Regelungen ist es, die IT-Sicherheit von Unternehmen zu gewährleisten und den Schutz von Internet-Nutzern zu erhöhen.[5] Teilweise wird eine staatliche Schutzpflicht für die IT-Infrastruktur aus der Rechtsprechung des BVerfG zum Grundrecht auf Integrität der IT-Systeme gefolgert.[6] 1

Das Recht der IT-Sicherheit ist dabei kein einheitlich kodifiziertes Rechtsgebiet. Es unterliegt dem steten Wandel, dem auch IT-Systeme unterliegen. Neben den gesetzlichen Regelungen existieren eine Vielzahl dynamisch technisch geprägter Vorgaben, Standards, Leitlinien und Sicherheitskonzepte, die sich häufig nur auf bestimmte Adressaten bzw. bestimmte Sektoren 2

1 BMI, Cyber-Sicherheitsstrategie für Deutschland 2016, S. 7, https://www.bmi.bund.de/cybersicherheitsstrategie/BMI_CyberSicherheitsStrategie.pdf (zuletzt abgerufen: 4.3.2019).

2 Gesetz zur Stärkung der Sicherheit in der Informationstechnik des Bundes vom 14. August 2009, BGBl. I 2009, S. 2821 ff.

3 Vgl. *Schneider/Kahlert*, in: Schneider, Handbuch EDV-Recht, A. Rn. 1371.

4 Vgl. IT-Grundschutzkatalog, S. 443 ff., https://download.gsb.bund.de/BSI/ITGSK/IT-Grundschutz-Kataloge_2016_EL15_DE.pdf (zuletzt abgerufen: 4.3.2019).

5 BT-Drs. 18/4096, S. 1.

6 *Spindler*, CR 2016, 297, 297; dies ist bei einer dezentral organisierten Infrastruktur wie dem Internet nicht unproblematisch, da die Rechtsfigur der Schutzpflicht primär der Legitimation staatlicher Eingriffe dient und daher paternalistischen Übergriffen dogmatisch Vorschub leisten kann.

beziehen. Das Recht der IT-Sicherheit beschränkte sich zunächst auf einzelne Branchen[7] oder bezog sich vorrangig auf den Schutz personenbezogener Daten und nicht auf den Schutz der IT-Infrastruktur bzw. der IT-Systeme als solcher.[8] Einen Einfluss auf die IT-Sicherheit hatten auch deliktsrechtliche Verkehrssicherungspflichten und das IT-Strafrecht.[9] Davon abgesehen standen freiwillige Maßnahmen und Kooperationen der Unternehmen im Vordergrund.[10]

3 Gegenüber dieser zersplitterten Rechtslage führte das IT-SiG,[11] das am 25.7.2015 in Kraft trat,[12] zu entscheidenden Neuerungen. Es ist ein Baustein der Cyber-Sicherheitsstrategie der Bundesregierung von 2011.[13] Eine wesentliche Rolle beim Schutz der IT-Sicherheit spielt nun das Bundesamt für Sicherheit in der Informationstechnik (BSI). Es wurde 1990 durch das BSIG[14] errichtet; eine Neufassung des Gesetzes von 2009 übertrug der Behörde, von Informationspflichten abgesehen, keine nennenswerten neuen Kompetenzen.[15] Mit dem IT-SiG wird die Rolle des BSI als zentrale Stelle für IT-Sicherheit auf nationaler Ebene entscheidend aufgewertet. Zu seinen Aufgaben gehört nunmehr ausdrücklich die Sammlung und Auswertung von Informationen über Sicherheitslücken und neue Angriffsmuster auf die Sicherheit der Informationstechnik, der Aufbau eines Informationssystems zur Bewertung der Sicherheitslage sowie die Unterrichtung von Bundesbehörden und Betreibern Kritischer Infrastrukturen (sog. KRITIS). Das BSI ist zudem die zentrale Meldestelle für IT-Sicherheitsvorfälle.

---

7 Bspw. in der Telekommunikationsbranche § 87 TKG (1996) als Risikomanagementregel für Telekommunikationsbetreiber, dessen Nachfolgeregelung § 109 TKG (2004) im Jahr 2009 durch das BSIG konkretisiert wurde. Im Bankensektor folgte aus § 25a Abs. 1 Satz 3 Nr. 3 KWG seit 2007 die Pflicht zur Festlegung eines angemessenen Notfallkonzepts für IT-Systeme (IT-Compliance). Im Versicherungsbereich spielt ein solches Risikomanagement gem. § 26 VAG nach Umsetzung der RL 2009/138/EG eine Rolle, vgl. *Gehrmann/Voigt*, CR 2017, 93, 98. Im Energiesektor bestehen seit 2009 Regelungen zur IT-Sicherheit von Energieversorgungsnetzen.

8 *Roos*, MMR 2014, 723, 724; *Beucher/Utzerath*, MMR 2013, 362, 364.

9 Bspw. §§ 202a, 303b StGB

10 *Roos*, MMR 2014, 723, 724.

11 Gesetz zur Erhöhung der Sicherheit informationstechnischer Systeme (IT-Sicherheitsgesetz), BGBl. I 2015, S. 1324.

12 Ausnahme, beachte Art. 8 IT-SiG.

13 BMI, Cyber-Sicherheitsstrategie für Deutschland 2011, https://www.bmi.bund.de/cybersicherheitsstrategie/BMI_CyberSicherheitsStrategie.pdf (zuletzt abgerufen: 4.3.2019); *Hornung*, NJW 2015, 3334, 3335.

14 Gesetz über die Errichtung des Bundesamtes für Sicherheit in der Informationstechnik vom 17. Dezember 1990, BGBl. I 1990, S. 2834 ff.

15 Gesetz zur Stärkung der Sicherheit in der Informationstechnik des Bundes vom 14. August 2009, BGBl. I 2009, S. 2821 ff.; *Roßnagel*, DVBl. 2015, 1206, 1206.

Das IT-SiG enthält vor allem Sicherheitsanforderungen für bestimmte informationstechnische Systeme und Meldepflichten für IT-Sicherheitsvorfälle von Betreibern Kritischer Infrastrukturen und Bundesbehörden. Das IT-SiG ist kein klassisches Gesetz zur Gefahrenabwehr durch Sicherheitsbehörden, sondern dient dem Risikomanagement.[16] Es zielt nicht auf eine einheitliche Kodifikation des Rechts der IT-Sicherheit ab, sondern ist ein Artikelgesetz, welches das BSIG modifiziert und punktuelle Änderungen in Spezialgesetzen vornimmt, um damit das Recht der IT-Sicherheit für spezifische sicherheitskritische Sektoren zu regeln. Sektorspezifische Änderungen werden in § 44b AtG, § 11 Abs. 1a, 1b, 1c EnWG, §§ 109, 109a TKG und § 13 Abs. 7 TMG getroffen. **4**

Zusätzlichen Einfluss auf das nationale Recht der IT-Sicherheit nehmen die Vorgaben der Cyber-Sicherheitsstrategie der Europäischen Union. Nach dem IT-SiG trat am 19.7.2016 die RL 2016/1148/EU über Maßnahmen zur Gewährleistung eines hohen gemeinsamen Sicherheitsniveaus von Netz- und Informationssystemen (NIS-RL)[17] in Kraft. Diese wurde vom deutschen Gesetzgeber mit dem NIS-Umsetzungsgesetz[18], das am 24.6.2017 in Kraft trat, in nationales Recht umgesetzt. Es enthält Änderungen des BSIG, des AtG, des EnWG, des TKG sowie des SGB V. Die meisten der Vorgaben der NIS-RL wurden vom deutschen Gesetzgeber jedoch bereits im IT-SiG antizipiert.[19] Adressaten der Sicherheitsanforderungen und Meldepflichten der NIS-RL sind Betreiber wesentlicher Dienste und Anbieter digitaler Dienste. Der Kreis der von der NIS-RL erfassten kritischen Sektoren ist, insbesondere im Bereich Digitale Infrastruktur, erheblich kleiner als der nach dem BSIG i.V.m. der BSI-KritisV.[20] Der deutsche Gesetzgeber ist also über die Mindest- **5**

---

16 *Freimuth*, in: Möstl/Wolff, IT-Sicherheit als Herausforderung für Wirtschaft und Staat, S. 12.

17 ABl. L 194, 19.7.2016, S. 1.

18 Gesetz zur Umsetzung der Richtlinie (EU) 2016/1148 des Europäischen Parlaments und des Rates vom 6. Juli 2016 über Maßnahmen zur Gewährleistung eines hohen gemeinsamen Sicherheitsniveaus von Netz- und Informationssystemen in der Union, BGBl. I 2017, S. 1885 ff.

19 BT-Drs. 18/11242, S. 1; *Rosenthal/Trautwein*, PinG, 148, 149.

20 Die NIS-RL nennt in Anhang II als Sektoren, in denen Wesentliche Dienste vorkommen beispielsweise Trinkwasserlieferung- und Versorgung, während die BSI-KritisV zusätzlich Ernährung umfasst. Die Untersektoren des Sektors Digitale Infrastruktur (Wesentliche Dienste) der NIS-RL nennt nur Internet-Knoten, Domain-Namen-System-Diensteanbieter und Top-Level-Domain-Registries, während die BSI-KritisV im Untersektor Informationstechnik und Telekommunikation darüber hinaus auch ortsgebundene Zugangsnetze, Übertragungsnetze, Rechenzentren, Serverfarmen, Content Delivery Netzwerke und Anlagen zur Erbringung von Vertrauensdiensten umfasst;

anforderungen der NIS-RL (vgl. Art. 3 NIS-RL) hinausgegangen.[21] Neu umfasst, nach Umsetzung der NIS-RL, sind im nationalen Recht Anbieter digitaler Dienste außerhalb Kritischer Infrastrukturen. Wesentlicher Grund ist, dass die Funktionsfähigkeit des Binnenmarktes auch von diesen digitalen Diensten abhängt, auch wenn sie nicht als KRITIS angesehen werden.[22]

6 Auch die neue DSGVO trifft in Art. 32 DSGVO (Umsetzung: §§ 9, 9a BDSG a.F.) in einem wichtigen Bereich des IT-Sicherheitsrechts, nämlich der Datensicherheit, Regelungen. In Abgrenzung zum allgemeinen IT-Sicherheitsrecht geht es bei Vorschriften zur Datensicherheit speziell um den Schutz der Vertraulichkeit und Integrität von personenbezogenen Daten (siehe hierzu näher Kap. 4 Datenschutz). IT-Systeme verarbeiten in der Regel auch personenbezogene Daten, weshalb die DSGVO Anforderungen an die IT-Sicherheit von fast allen Betreibern von IT-Systemen stellt.[23]

7 Soweit keine speziellen Regelungen zur IT-Sicherheit anwendbar sind, können sich Pflichten zu Sicherungsmaßnahmen für IT-Systeme aus allgemein gefassten Sicherheitsvorschriften (öffentlich-rechtliche Regelungen; privatrechtliche Vorschriften, die zur Einhaltung von Sicherheitsstandard wie DIN-Normen oder eines Risikomanagementsystems verpflichten können; allgemeine gesellschaftsrechtliche Pflicht der Geschäftsleitung zur Etablierung eines angemessenen Risikomanagements) oder aus Verkehrssicherungspflichten ergeben. Die gesetzlichen Regelungen stehen am Beginn einer Rechtsentwicklung: Es ist damit zu rechnen, dass Legislative und Judikative neue Anforderungen an die IT-Sicherheit schaffen und bestehende verschärfen werden.[24] Die Verwendung des unbestimmten Rechtsbegriffs

---

hierzu auch: *Schallbruch*, CR 2016, 663, 664; *Schneider/Kahlert*, in: Schneider, Handbuch EDV-Recht, A. Rn. 1430; *Voigt*, MMR 2016, 429, 430.

21 Probleme hinsichtlich Art. 16 Abs. 10 NIS-RL (Verbot von Zusatzanforderungen) ergeben sich dabei bei Überschneidungen zwischen Digitalen Dienste, die zeitgleich KRITIS nach deutschem Recht sind, werden jedoch für zulässig gehalten: *Schallbruch*, CR 2016, 663, 667.

22 Proposal for a Directive of the European Parliament and the Council concerning measures to ensure a high common level of network and information security across the Union, COM (2013) 48 final, 7.2.2013, S. 4.

23 *Schallbruch*, CR 2017, 798, 803.

24 *Gehrmann/Voigt*, CR 2017, 93, 98; so auch der Koalitionsvertrag der 19. Wahlperiode, Ein neuer Aufbruch für Europa. Eine neue Dynamik für Deutschland. Ein neuer Zusammenhalt für unser Land, Koalitionsvertrag zwischen CDU, CSU und SPD, https://www.cdu.de/system/tdf/media/dokumente/koalitionsvertrag_2018.pdf?file=1, S. 43, 44, 125 (zuletzt abgerufen: 3.4.2019); diskutiert wird in der Literatur eine IT-Sicherheits-Gesetzgebung auf Landesebene im Medien- und Kulturbereich, vgl. *Ettel-dorf*, AfP 2018, 114 ff. und die Erweiterung des Schutzes auf die KRITIS-Sektoren Chemie und öffentliche Verwaltung, vgl. *Schallbruch*, CR 2018, 215, 222.

„Stand der Technik“ dient dazu, dynamisch Fortentwicklungen Rechnung zu tragen. Der Koalitionsvertrag der 19. Wahlperiode formuliert die Zielsetzung, Hersteller von IT-Produkten durch Gütesiegel und eventuell durch eine erweiterte Herstellerhaftung stärker bei der Erhöhung der IT-Sicherheit einzubeziehen.[25] Generell wäre eine Zusammenführung der Regelungen zur IT-Sicherheit wünschenswert und könnte zu einer besseren Systematisierung dieses neuen Rechtsgebiets führen.[26]

II. Preparedness

1. Pläne und Strategien zur Verbesserung der IT-Sicherheit in Deutschland

Die Bundesregierung und das BSI haben (teilweise in Kooperation mit privatwirtschaftlichen Unternehmen und Verbänden) zur Verbesserung der IT-Sicherheit in Deutschland in den letzten Jahren verschiedene Leitlinien, Konzepte, Empfehlungen, Pläne und Programme entwickelt, die der Herstellung von IT-Sicherheit dienen und teils unterschiedliche Adressaten umfassen. **8**

Die nationale Cyber-Sicherheitsstrategie der Bundesregierung ist der ressortübergreifende strategische Rahmen für die Aktivitäten der Bundesregierung zur Cyber-Sicherheit und eine Fortentwicklung des Nationalen Plans zum Schutz von Informationsinfrastrukturen von 2005.[27] Das Bundesamt für Sicherheit in der Informationstechnik veröffentlicht zudem IT-Grundschutzkataloge[28] und IT-Grundschutzstandards[29]. Als wirtschaftsbezogene Maßnahme bestand bereits vor den angesprochenen gesetzlichen Regelungen der „UP KRITIS“,[30] eine öffentlich private Kooperation verschiede- **9**

---

25 Ein neuer Aufbruch für Europa. Eine neue Dynamik für Deutschland. Ein neuer Zusammenhalt für unser Land, Koalitionsvertrag zwischen CDU, CSU und SPD, S. 135.

26 *Schallbruch*, CR 2018, 215, 224.

27 Damit erfüllt der nationale Gesetzgeber bereits die Vorgaben aus Art. 1 Abs. 2a NIS-RL.

28 IT-Grundschutzkatalog des BSI: 15. EL Stand 2016, https://download.gsb.bund.de/BSI/ITGSK/IT-Grundschutz-Kataloge_2016_EL15_DE.pdf (zuletzt abgerufen: 4.3.2019).

29 Vgl. https://www.bsi.bund.de/DE/Themen/ITGrundschutz/ITGrundschutzStandards/ITGrundschutzStandards_node.html (zuletzt abgerufen: 4.3.2019).

30 UP Kritis: Öffentlich-Private Partnerschaft zum Schutz Kritischer Infrastrukturen – Grundlagen und Ziele, 18.2.2004, https://www.kritis.bund.de/SharedDocs/Downloads/Kritis/DE/UP_KRITIS_Fortschreibungsdokument.pdf;jsessionid=BD89AB37166F56B96DD06C9E43049F4C.2_cid355?__blob=publicationFile (zuletzt abgerufen: 7.3.2018).

ner KRITIS-Betreiber, deren Verbänden und den zuständigen staatlichen Stellen.[31] Zudem wurden Sicherheits- und Computernotfallteams eingerichtet (bspw. CERT-BUND), die bei relevanten IT-Sicherheitsvorfällen eingreifen können.[32] 30 dieser CERT sind auch in einem CERT-Verbund zusammengeschlossen.[33] Als Kooperationsplattform für Unternehmen, Behörden und sonstige Institutionen besteht zudem die Allianz für Cyber-Sicherheit. Um die Testbereitschaft der Hersteller von IT-Verbraucherprodukten zu fördern, wurde auch ein Gütesiegel für IT-Sicherheit eingeführt. Als staats- und verwaltungsbezogene Maßnahme ist der UP Bund[34] zu nennen. Zudem führt das BSI als zentrale Anlaufstelle im Bereich der IT-Sicherheit das Cyber-Abwehrzentrum, auf Grundlage von Kooperationsvereinbarungen zwischen verschiedenen Bundes- und Landesbehörden (bspw. BfV, BBK).

2. Pflichten zur Sicherung von IT-Anlagen privatwirtschaftlicher Unternehmen

10 Durch das IT-SiG, die Umsetzung der NIS-RL und andere Gesetze wurden im BSIG und anderen sektorspezifischen Spezialgesetzen Regelungen geschaffen, die dezidiert auf die Abwehr von Gefahren für IT-Systeme abzielen.

a) Präventive Maßnahmen gem. BSIG

11 Das BSIG erfasst nach den Änderungen des IT-SiG und des NIS-Umsetzungsgesetzes Betreiber von Kritischen Infrastrukturen und Anbieter digitaler Dienste. Ihnen kommen jeweils Präventivmaßnahmen zur Gewährleistung der IT-Sicherheit zu.

---

31 Umfassend zum UP KRITIS: *Liedtke* in: Möstl/Wolff, IT-Sicherheit als Herausforderung für Wirtschaft und Staat, S. 56 f.

32 Engl. CERT = Computer Emergency Response Team.

33 BSI, Nationale und internationale Zusammenarbeit: https://www.bsi.bund.de/DE/Themen/Cyber-Sicherheit/Aktivitaeten/CERT-Bund/Zusammenarbeit/zusammenarbeit_node.html (zuletzt abgerufen: 4.3.2019); dies erfüllt wiederum die Vorgaben des Art. 1 Abs. 2 c), Art. 9 NIS-RL.

34 Umsetzungsplan Bund 2017, https://www.bmi.bund.de/SharedDocs/downloads/DE/publikationen/themen/it-digitalpolitik/up-bund-2017.pdf?__blob=publicationFile&v=3 (zuletzt abgerufen: 4.3.2019).

aa) Maßnahmen von Betreibern Kritischer Infrastrukturen

12 Den Betreibern von KRITIS[35] werden durch das BSIG unterschiedliche Pflichten auferlegt. Der Gesetzgeber erkennt damit bestimmten Infrastrukturen eine besondere Bedeutung im Bereich der IT-Sicherheit zu, deren Beeinträchtigung oder Ausfall erhebliche gesamtgesellschaftliche Folgen haben kann.[36] Der Anwendungsbereich des Gesetzes wird dabei durch die BSI-KritisV bestimmt und die konkret anwendbaren Schutzstandards werden vom BSI festgelegt. Die in §§ 8a, 8b BSIG geregelten Pflichten sind gem. § 8d Abs. 1 BSIG nicht auf Kleinstunternehmen anzuwenden.[37] Keine Anwendung findet § 8a Abs. 1 BSIG zudem gem. § 8d Abs. 2 BSIG auf Betreiber von KRITIS, die nach anderen Rechtsvorschriften ähnliche oder weitergehende Anforderungen erfüllen müssen (bspw. AtG, EnWG, TKG). KRITIS-Betreiber, die auch dem TMG unterfallen (möglich im Sektor IKT[38]), sind nicht ausdrücklich ausgenommen, zudem ist wegen der geringeren Anforderungen an die Maßnahmen nach dem TMG die Kollisionsregel des § 8d Abs. 2 Nr. 5 BSIG wohl nicht anwendbar.

(1) Bestimmung von Kritischen Infrastrukturen

13 Die Legaldefinition des § 2 Abs. 10 BSIG nennt Sektoren, in denen KRITIS i. S. d. Gesetzes vorkommen können, und bestimmt als maßgebliches Kriterium „die Notwendigkeit der Funktionsfähigkeit der Anlage für das Funktionieren des Gemeinwesens".[39] Die Abgrenzung, welche Dienstleistungen und Anlagen in den jeweiligen Sektoren von der Regelung betroffen sein sollen und wann eine Anlage eine entsprechende Bedeutung für das Gemeinwesen hat, wird in der BSI-KritisV[40] nach § 10 Abs. 1 BSIG getroffen.[41] Die BSI-

---

35 Die NIS-RL arbeitet mit der anderslautenden Begrifflichkeit „Betreiber wesentlicher Dienste", vgl. Art. 4 Nr. 4 NIS-RL.

36 BT-Drs. 18/4121, S. 1 ff.

37 Weniger als 250 Mitarbeiter und einen Jahresumsatz unter 50 Mio. EUR und/oder eine Jahresbilanz unter 43 Mio. EUR, vgl. Art. 2 Nr. 1 Empfehlung der Kommission v. 6.5.2003 betreffend die Definition der Kleinstunternehmen sowie der kleinen und mittleren Unternehmen (Abl. L 124 v. 20.5.2003, S. 36, 39).

38 Informationstechnik und Telekommunikation.

39 Sektoren: Energie, Informationstechnik und Telekommunikation, Transport und Verkehr, Gesundheit, Wasser, Ernährung sowie Finanz- und Versicherungswesen.

40 Verordnung zur Bestimmung Kritischer Infrastrukturen nach dem BSI-Gesetz vom 22. April 2016, BGBl. I 2016, S. 958 ff.; Erste Verordnung zur Änderung der BSI-Kritisverordnung vom 21. Juni 2017, BGBl. I 2017, S. 1903 ff.

41 Vor allem vor Erlass der BSI-KritisV wurde die Unbestimmtheit des § 2 BSIG kritisiert, da der Adressatenkreis nicht erkennbar war: *Roos*, MMR 2014, 723, 725; *Roth*, ZD 2015, 17, 19; *Spindler*, CR 2016, 297, 298; relativierend *Roßnagel*, DVBl. 2015, 1206,

KritisV gibt für die Bestimmung des Adressatenkreises des BSIG ein Vorgehen in drei Schritten vor:

1. Bestimmung der Dienstleistung, die nach der BSI-KritisV für das Funktionieren des Gemeinwesens von besonderer Bedeutung ist (z. B. im Sektor Energie die Versorgung der Allgemeinheit mit Elektrizität);
2. Bestimmung der Anlagen oder Teile davon, die für die Erbringung der kritischen Dienstleistung erforderlich sind (z. B. für Stromversorgung die Erzeugungsanlage);
3. Die Anlage oder ein Teil davon muss den in der BSI-KritisV jeweils genannten Schwellenwert erreichen (z. B. Schwellenwert für die Erzeugungsanlage: 420 – Berechnung nach Teil 2 der Anlage 1). Der Schwellenwert gibt dabei an, wie viele Menschen mit der Anlage versorgt werden. Der Verordnungsgeber sieht eine Infrastruktur in der Regel als kritisch an, wenn mehr als 500.000 Menschen davon versorgt werden.[42]

14 Gemäß § 13 Abs. 3 BSIG übermittelt das BSI in Umsetzung der NIS-RL Informationen über Maßnahmen zur Ermittlung von KRITIS, die relevanten Sektoren und eine zahlenmäßige Aufstellung der Betreiber sowie ihre jeweilige Bedeutung für den Sektor an die EU-Kommission.[43]

(2) Schaffung von IT-Sicherheitsstandards für KRITIS

15 Nach § 8a Abs. 1 BSIG haben KRITIS-Betreiber „angemessene organisatorische und technische Vorkehrungen zur Vermeidung von Störungen der Verfügbarkeit, Integrität, Authentizität und Vertraulichkeit ihrer informationstechnischen Systeme, Komponenten oder Prozesse zu treffen".[44] Die Gesetzesbegründung nennt als mögliche Vorkehrungen personelle Maßnahmen, infrastrukturelle Maßnahmen und die Abschottung besonders kritischer Prozesse.[45] Die Maßnahmen waren für KRITIS des 1. Korbes der BSI-KritisV bis zum 23.4.2018 und sind für die Sektoren „Finanz- und Ver-

---

1208; *Hornung*, NJW 2015, 3334, 3335; *Freimuth*, in: Möstl/Wolf, IT-Sicherheit als Herausforderung für Wirtschaft und Staat, S. 14.

42 Teile der Literatur halten die Berücksichtigung regionaler Unterschiede für ein effektiveres Vorgehen, als pauschale Schwellenwerte: *Roos*, MMR 2015, 636; zudem wird die Vernachlässigung des qualitativen Ansatzes des EU-Gesetzgebers (vgl. Anhang II NIS-RL) kritisiert und auf eine mangelhafte Umsetzung geschlossen, vgl. *Gehrmann/Klett*, K&R 2017, 372, 374; *Voigt*, MMR 2016, 429, 430.

43 Vgl. Art. 5 NIS-RL.

44 Die europarechtlichen Anforderungen für „wesentliche Dienste" folgen aus Art. 14 Abs. 1–2 NIS-RL.

45 BT-Drs. 18/4096, S. 26.

sicherungswesen", „Gesundheit" sowie „Transport und Verkehr" bis zum 30.6.2019 umzusetzen.[46]

Dabei „soll" der „Stand der Technik" eingehalten werden. Dies ist so zu verstehen, dass eine Abweichung nur in begründeten Ausnahmefällen möglich ist.[47] Es kann übergeordnete Gründe geben, warum ein KRITIS-Betreiber bestimmte Maßnahmen nicht ergreifen kann, die isoliert unter dem Aspekt der IT-Sicherheit als Stand der Technik anzusehen wären.[48] Der unbestimmte, damit dynamische, aber gerichtlich voll überprüfbare Rechtsbegriff „Stand der Technik" gewährleistet dabei die der Regelungsmaterie angemessene Flexibilität. Der „Stand der Technik" ist laut der Gesetzesbegründung zu verstehen als „der Entwicklungsstand fortschrittlicher Verfahren, Einrichtungen oder Betriebsweisen, der die praktische Eignung einer Maßnahme zum Schutz der Funktionsfähigkeit von informationstechnischen Systemen, Komponenten oder Prozessen gegen Beeinträchtigungen der Verfügbarkeit, Integrität, Authentizität und Vertraulichkeit gesichert erscheinen lässt".[49] Es sind einschlägige internationale, europäische und nationale Normen und Standards heranzuziehen sowie in der Praxis erfolgreich erprobte Verfahren.[50] **16**

Zur Konkretisierung des Stands der Technik kann gem. § 8a Abs. 2 BSIG auf **branchenspezifische Sicherheitsstandards** als in der Praxis erfolgreich erprobte Verfahren zurückgegriffen werden, wenn sie vom BSI in einem feststellenden Verwaltungsakt für geeignet befunden wurden.[51] Betreiber von KRITIS und Branchenverbände können solche branchenspezifischen Standards **vorschlagen**, wobei zu deren Entwicklung auf den kooperativen Ansatz des UP KRITIS zurückgegriffen wird.[52] Für welche Branchen das BSI bereits die verbindliche Feststellung der Geeignetheit von vorgeschlagenen Sicherheitsstandards vorgenommen hat, kann auf der Website des BSI in Er- **17**

---

46 Der Unterschied beruht darauf, dass die genannten Sektoren erst durch die 1. Änderungsverordnung aufgenommen wurde: Erste Verordnung zur Änderung der BSI-Kritisverordnung vom 21. Juni 2017, BGBl. I 2017, S. 1903 ff.

47 *Roßnagel*, DVBl. 2015, 1206, 1208; *Spindler*, CR 2016, 298, 299.

48 *Gitter/Meißner/Spauschus*, DuD 2016, 7, 8.

49 BT-Drs. 18/4096, S. 26; vgl. dazu auch: BMJV, Handbuch der Rechtsförmlichkeit, Rn. 256.

50 BT-Drs. 18/4096, S. 26.

51 Dies soll eine Selbstbedienung der Regelungsadressaten ausschließen, vgl. *Roßnagel*, DVBl. 2015, 1208, 1209; gegen die Klassifizierung als Verwaltungsakt, sondern lediglich eine Selbstbindung hervorrufend: *Spindler*, CR 2016, 297, 298.

52 BT-Drs. 18/4096, S. 26.

fahrung gebracht werden.[53] Per Mai 2018 waren bereits Branchenstandards für die öffentliche Wasserversorgung, öffentliche Abwasserbeseitigung und für den Lebensmittelhandel durch das BSI als geeignet festgestellt worden. Ein Vorschlagsrecht für branchenspezifische Standards ist so von der NIS-RL nicht vorgesehen, bei Einhaltung der Vorgaben der NIS-RL aber unproblematisch.[54] Nicht geregelt wurde im BSIG die Pflege und Aktualisierung der Branchenstandards, der Umgang mit divergierenden Vorschlägen, ein Feststellungsanspruch der Branchenverbände oder entscheidungserhebliche Kriterien für die Geeignetheit.[55] Die Bestimmung des Stands der Technik ist schon wegen der Bußgeldandrohung in § 14 Abs. 1 Nr. 1 BSIG bedeutsam. Bei der Frage der **Angemessenheit** der Vorkehrungen ist der beim Betreiber erforderliche Aufwand, insbesondere die anfallenden Kosten zu berücksichtigen.[56]

(3) Dokumentations- und Mitteilungspflichten

18 Gem. § 8a Abs. 3 BSIG muss mindestens alle zwei Jahre der Nachweis gegenüber dem BSI erbracht werden, dass die Anforderungen nach § 8a Abs. 1 BSIG eingehalten werden. Der Nachweis kann gem. § 8a Abs. 3 Satz 2 BSIG durch Audits, Prüfungen und Zertifizierungen erfolgen. Dies dient der Überprüfung der Einhaltung eines angemessenen Sicherheitsniveaus durch die Betreiber.[57] Kritisiert werden die fehlenden Vorgaben durch den Gesetzgeber für die Akkreditierung und Zugangsvoraussetzungen, um Zertifikate vergeben zu können.[58] Außerdem müssen gem. § 8b Abs. 3 BSIG die Betreiber eine Kontaktstelle benennen und dem BSI mitteilen. Diese Krisenkommunikationsstelle soll dauerhaft besetzt sein.[59] Es besteht nach § 8b Abs. 5 BSIG auch die Möglichkeit von KRITIS-Betreibern eines Sektors zusätzlich eine übergeordnete Ansprechstelle zu benennen.

53 Vgl. https://www.bsi.bund.de/DE/Themen/Industrie_KRITIS/KRITIS/IT-SiG/Was_tun/Stand_der_Technik/B3S_BAKs/B3S_BAKs_node.html (zuletzt abgerufen: 4.3.2019).

54 *Gehrmann/Klett*, K&R 2017, 372, 375; *Voigt/Gehrmann*, ZD 2016, 355, 357.

55 Zur Kritik: *Hornung*, NJW 2015, 3334, 3336; *Spindler*, CR 2016, 298, 299.

56 BT-Drs. 18/4096, S. 26

57 BT-Drs. 18/4096, S. 26

58 *Spindler*, CR 2016, 299, 300.

59 *Freimuth*, in: Möstl/Wolf, IT-Sicherheit als Herausforderung für Wirtschaft und Staat, S. 11.

(4) Mitwirkungspflichten

19 Bei einer Überprüfung durch das BSI kommen Betreibern von KRITIS-Mitwirkungspflichten gem. § 8a Abs. 4 Satz 2 BSIG zu (Zugangsgewährung zu Geschäfts- und Betriebsräumen und Herausgabe von Unterlagen). Ein solches eigenes Überprüfungsrecht des BSI gem. § 8a Abs. 4 Satz 1 BSIG gibt es aufgrund europarechtlicher Vorgaben seit dem NIS-Umsetzungsgesetz.[60]

bb) Maßnahmen von Anbietern digitaler Dienste

20 Pflichten von Anbietern digitaler Dienste außerhalb von Kritischen Infrastrukturen wurden aufgrund europarechtlicher Vorgaben mit dem NIS-Umsetzungsgesetz eingeführt.[61] Sie gelten gem. § 15 BSIG seit dem 10.5.2018. Die Erfordernisse des § 8c Abs. 1–3 BSIG gelten gem. § 8d Abs. 4 BSIG nicht für Kleinst- und kleine Unternehmen. Überprüfungsbefugnisse des BSI gem. § 8c Abs. 4 BSIG sind gem. § 8d Abs. 4 Satz 2 BSIG bei ausländischen Anbietern digitaler Dienste eingeschränkt. Die präventiven Pflichten der Anbieter digitaler Dienste sind abgeschwächt im Vergleich zu den Pflichten von Betreibern Kritischer Infrastrukturen.[62] Es gibt aber auch digitale Dienste, die im deutschen Recht Teil der BSI-KritisV sind und für die die stärkeren präventiven Pflichten gelten.[63] Dies ist im Hinblick auf Art. 16 Abs. 10 NIS-RL nicht unproblematisch. Anbieter digitaler Dienste sind gem. § 2 Abs. 11, Abs. 12 BSIG juristische Personen die Digitale Dienste (Online-Marktplätze, Online-Suchmaschinen und Cloud-Computing-Dienste[64]) anbieten. Nicht der NIS-RL und damit auch nicht dem BSIG, sondern dem Vertrauensdienstegesetz unterfallen gem. Art. 1 Abs. 3 NIS-RL digitale Dienste, die Vertrauensdienste i. S. d. eIDAS-Verordnung sind (bspw. elektronische Signaturen, elektronischer Zeitstempel), da dort eigene Sicherheitsanforderungen aufgestellt werden.

21 Gem. § 8c Abs. 1 BSIG müssen Anbieter digitaler Dienste geeignete und verhältnismäßige technische und organisatorische Maßnahmen treffen, um Risiken für die Sicherheit der Netze und Informationssysteme zu bewältigen, und um Auswirkungen von Sicherheitsvorfällen vorzubeugen, oder sie so gering wie möglich zu halten. Bei diesen Maßnahmen ist gem. § 8c Abs. 2

60 Vgl. Art. 15 Abs. 1 NIS-RL.

61 Vgl. Art. 16 Abs. 1–2 NIS-RL.

62 Hierzu auch *Schallbruch*, CR 2016, 663, 664.

63 Vgl. NIS-RL (Internet-Knoten, DNS Dienste-Anbieter, Top-Level-Domain-Name-Registries); vgl. *Schallbruch*, CR 2016, 663, 664.

64 Letzterer Begriff sei sehr weit und vermag mit Fortschritt der Digitalisierung immer mehr Internet Dienste zu umfassen, vgl. *Schallbruch*, CR 2016, 663, 665.

BSIG der „Stand der Technik" zu berücksichtigen. **Berücksichtigen** ist insoweit schwächer als **einhalten** und bedeutet, dass der Stand der Technik in die Beurteilung mit einbezogen werden muss, aber letztlich davon abgewichen werden kann. Anders als bei KRITIS in § 8a Abs. 2 BSIG hat der nationale Gesetzgeber keine Schaffung von branchenspezifischen Standards vorgesehen.[65]

22 Die Maßnahmen müssen dem bestehenden Risiko **angemessen** sein, wofür § 8c Abs. 2 Satz 2 BSIG Kriterien aufstellt[66] und auf Durchführungsrechtsakte der Union gem. Art. 16 Abs. 8 NIS-RL verwiesen wird. Ein Entwurf des europäischen Gesetzgebers datiert aus dem Jahr 2017.[67] Dieser konkretisiert die Anforderungen an die Sicherheitsmaßnahmen und beschreibt, wann ein Sicherheitsvorfall erhebliche Auswirkungen hat. Für die Umsetzung dieser Rechtsakte ist eine Verordnungsermächtigung des BMI in § 10 Abs. 4 BSIG vorgesehen. Maßnahmen, um einem Sicherheitsvorfall vorzubeugen, gehen häufig mit einer „Beobachtung" des Nutzers einher; hieraus ergibt sich ein Spannungsverhältnis zum Datenschutzrecht.[68]

b) Präventive Befugnisse des BSI

aa) Befugnisse gegenüber Betreibern Kritischer Infrastrukturen und digitalen Diensten

23 Das BSI ist zuständig für Informationssicherheit auf nationaler Ebene gem. § 1 BSIG, und ist gem. § 3 Abs. 1 Satz 2 Nr. 17 BSIG die zentrale Stelle für IT-Sicherheit bei KRITIS und digitalen Diensten.[69] Die vielfältigen Aufgaben des BSI sind in § 3 BSIG geregelt. Informationen zur IT-Sicherheit wer-

---

65 Von der RL auch nicht explizit gefordert: die Branchenzusammenarbeit sei nur zu fördern, ErwG 35, 44 NIS-RL.

66 § 8c Abs. 2 Satz 2 Nr. 1–5 BSIG: 1) der Sicherheit der Systeme und Anlagen, 2) der Erkennung, Analyse und Eindämmung von Sicherheitsvorfällen, 3) dem Betriebskontinuitätsmanagement, 4) der Überwachung, Überprüfung und Erprobung und 5) der Einhaltung internationaler Normen ist Rechnung zu tragen.

67 Commission Implementing Regulation (EU) of XXX laying down rules for application of Directive (EU) 2016/1148 of the European Parliament and the Council as regards further specification of the elements to be taken into account by digital service providers for managing the risks posed to the security of network and information systems and of the parameters for determining whether an incident has a substantial impact, http://eur-lex.europa.eu/legal-content/EN/TXT/HTML/?uri=PI_COM:Ares(2017)4460501&from=EN (zuletzt abgerufen: 4.3.2019).

68 Dazu *Schallbruch*, CR 2017, 798, 802; EuGH, 19.10.2016, Rs. C 582/14, CR 2016, 791 ff.; BGH, Urt. v. 16.5.2017 – VI ZR 135/13, NJW 2017, 2416, 2418 ff.

69 Vgl. Art. 1 Abs. 2 e), 8 NIS-RL.

den beim BSI gebündelt, damit es seiner Beratungsfunktion adäquat nachkommen kann.

Auf Ersuchen von KRITIS-Betreibern berät das BSI diese zur IT-Sicherheit, oder verweist auf qualifizierte Sicherheitsdienstleister (vgl. § 3 Abs. 3 BSIG). Zur Aufgabenerfüllung der Beratung und Warnung öffentlicher Stellen, Hersteller, Vertreiber und Anwender zur IT-Sicherheit gem. § 3 Abs. 1 Satz 2 Nr. 14 BSIG kann das BSI gem. § 7 BSIG Warnungen vor Sicherheitslücken in Produkten und Diensten, vor Schadprogrammen und im Fall eines Verlustes von Daten oder einem unerlaubten Zugriff auf Daten aussprechen und den Einsatz von Sicherheitsprodukten empfehlen.[70] Mit dem IT-SiG hat der Gesetzgeber den gefahrenabwehrenden Charakter der Vorschriften gestärkt.[71] **24**

Speziell in Bezug auf KRITIS hat das BSI die Kompetenz zur Feststellung der Eignung von vorgeschlagenen branchenspezifischen Sicherheitsstandards (vgl. § 8a Abs. 2 Satz 2 BSIG). Für Sicherheitsaudits, Prüfungen und Zertifizierungen kann das BSI Anforderungen an die Art und Weise der Durchführung festlegen (vgl. § 8a Abs. 5 BSIG) und hat die Möglichkeit, von KRITIS-Betreibern Dokumentationen bezüglich der Sicherheitsüberprüfung einzufordern (§ 8a Abs. 3 Satz 3 BSIG[72]). Gem. § 8a Abs. 4 BSIG kann das BSI die Einhaltung der Sicherheitsanforderungen selbst oder durch Dritte überprüfen.[73] Hierbei müssen dem BSI oder beauftragten Dritten während der üblichen Betriebszeiten der Zutritt gestattet und auf Verlangen Informationen bereitgestellt werden (vgl. § 8a Abs. 4 Satz 2 BSIG). Sofern das BSI aufgrund berechtigter Zweifel an der Einhaltung der Sicherheitsanforderungen des BSIG tätig geworden ist, werden für die Überprüfung auch Gebühren und Auslagen erhoben (§ 8a Abs. 4 Satz 3 BSIG). **25**

Gem. § 8b Abs. 2 BSIG sammelt das BSI Informationen und wertet sie aus, es hat potenzielle Auswirkungen zu analysieren, kontinuierlich ein Lagebild zu erstellen und unverzüglich die KRITIS-Betreiber und Behörden zu unterrichten. Eine Unterrichtung der sonstigen Öffentlichkeit und Bürger über die Inhalte der §§ 8a Abs. 2, 3, 8b Abs. 4 und 8c Abs. 4 BSIG ist dagegen weder vorgesehen noch ermöglicht (vgl. § 3 Abs. 1 Satz 2 Nr. 17 BSIG; anders § 109 Abs. 5 Satz 7 TKG).[74] Das BSI kann Informationen nur auf An- **26**

70 Dies nur unter Beachtung der Wettbewerbsgleichheit: *Gehrmann/Voigt*, CR 2017, 93, 97; *Spindler*, CR 2016, 298, 302.

71 *Schallbruch*, CR 2018, 215, 217.

72 Vgl. Art. 15 Abs. 3 NIS-RL.

73 Vgl. Art. 15 Abs. 2 NIS-RL.

74 *Hornung*, NJW 2015, 3334, 3338; *Roßnagel*, DVBl. 2015, 1206, 1210; anders auch in der Gesetzesbegründung angeführt: BT-Drs. 18/4096, S. 27.

trag gem. § 8e BSIG im eigenen Ermessen freigeben. Eine generelle Unterrichtung der Öffentlichkeit hat der Gesetzgeber anders als in § 109 Abs. 5 S. 7 TKG nicht vorgesehen. Die NIS-RL sieht in Art. 15 Abs. 6 und Art. 16 Abs. 7 die Möglichkeit vor, unter besonderen Voraussetzungen die Öffentlichkeit über einzelne gemeldete Sicherheitsvorfälle zu unterrichten.

27 Gem. § 8c Abs. 4 BSIG kann das BSI von Anbietern digitaler Dienste die Übermittlung von Informationen zur Beurteilung der IT-Sicherheit verlangen, wenn Anhaltspunkte vorliegen, dass diese die Anforderungen aus § 8c Abs. 1, Abs. 2 BSIG nicht erfüllen.[75]

bb) Befugnisse gegenüber Herstellern von IT-Diensten und -Produkten

28 § 7a BSIG sieht für das BSI das Recht zur Untersuchung von auf dem Markt bereitgestellten, oder zur Bereitstellung auf dem Markt vorgesehenen informationstechnischen Produkten und Systemen vor, auch gegen den Willen des Herstellers (bspw. durch Reverse Engineering). Dies gilt insbesondere dann, wenn konkrete Bedenken gegen Produkte vorliegen, die in der Bundesverwaltung oder KRITIS eingesetzt werden.[76] Das BSI hat mithin auch Kompetenzen gegenüber den Herstellern von IT-Produkten und -Systemen. Es ist gem. § 7a Abs. 2 Satz 2 BSIG auch berechtigt, die gefundenen Ergebnisse zu veröffentlichen.[77]

29 Gem. § 8b Abs. 6 BSIG kann das BSI Hersteller von IT-Diensten und -Produkten zur Beseitigung und Vermeidung von Störungen bei KRITIS zur Mitwirkung verpflichten. Da die Gruppe der IT-Hersteller ansonsten nicht Regelungsadressat ist, wird gefordert, diese Anordnungsbefugnis eng auszulegen und nur im Kontext einer konkreten Störung unter Berücksichtigung der Zumutbarkeit für den jeweiligen Hersteller anzuwenden.[78] Unter gesonderten Voraussetzungen dürfen Warnungen gem. § 7 Abs. 2 BSIG unter Nennung des Herstellers und Produkts oder Dienstes erfolgen. Gemäß § 9 BSIG können zudem Produkte und Dienste vom BSI zertifiziert werden.

---

75 Vgl. Art. 17 Abs. 2 NIS-RL.

76 *Schallbruch*, CR 2018, 215, 218.

77 Dies entsprach schon vor dem IT-SiG der Praxis des BSI, die Schaffung einer speziellen Befugnis sorgte jedoch für mehr Rechtssicherheit, vgl. *Schallbruch*, CR 2018, 215, 218; BT-Drs. 18/4096, S. 25.

78 *Hornung*, NJW 2015, 3334, 3338; *Schallbruch*, CR 2018, 215, 219.

c) Spezialgesetzliche Regelungen zur IT-Sicherheit

Mit dem IT-SiG und dem NIS-Umsetzungsgesetz wurden für bestimmte Bereiche spezielle Anforderungen an die IT-Sicherheit geregelt oder bestehende modifiziert. Die Sicherheitsanforderungen des § 8a BSIG sind in diesen Fällen, wohl mit Ausnahme der Telemediendienste, gem. § 8d Abs. 2 BSIG nicht anwendbar. **30**

aa) IT-Sicherheitspflichten im Energierecht

Energieunternehmen unterlagen schon immer hohen Sicherheitsstandards wegen der hohen Bedeutung für die nationale Infrastruktur.[79] In § 11 EnWG wird unterschieden zwischen Betreibern von Energieversorgungsnetzen und Energieanlagen. Energieversorgungsnetzen kommt eine versorgungstechnische Sonderstellung zu, da der sichere Betrieb Kritischer Infrastrukturen von der Sicherheit des Betriebs der Energieversorgungsnetze abhängt.[80] **31**

Gem. § 11 Abs. 1a EnWG[81] müssen Betreiber von Energieversorgungsnetzen einen angemessenen Schutz gegen Bedrohungen für Telekommunikations- und elektronische Datenverarbeitungssysteme gewährleisten. Dazu erstellt die Bundesnetzagentur im Einvernehmen mit dem BSI einen Katalog von Sicherheitsanforderungen.[82] Der Katalog gilt unabhängig von der Größe, der Anzahl der angeschlossenen Kunden und der Sicherheitsrelevanz des betroffenen Versorgungsnetzes.[83] Ein angemessener Schutz wird hier qua Gesetz fingiert, wenn diese Vorgaben eingehalten werden, wobei der Katalog den Mindeststandard festlegt.[84] Kern des Katalogs ist die Pflicht zur Einrichtung eines ISMS nach DIN ISO/IEC 27001.[85] Zudem enthält er Vorgaben für die Umsetzung der Sicherheitsvorgaben und für die (wiederholte) Zertifizierung des ISMS sowie die Pflicht zur Benennung eines Ansprech- **32**

79 *Beucher/Utzerath*, MMR 2013, 362, 364.
80 Vgl. OLG Düsseldorf, Beschl. v. 19.7.2017 – VI-3 Kart 109/16, Rn. 51, juris.
81 Eingeführt mit der EnWG-Novelle 2011, BGBl. I, S. 1554 und erneut geändert durch das IT-SiG 2015.
82 IT-Sicherheitskatalog gemäß §11 Abs. 1a EnWG, https://www.bundesnetzagentur.de/SharedDocs/Downloads/DE/Sachgebiete/Energie/Unternehmen_Institutionen/Versorgungssicherheit/IT_Sicherheit/IT_Sicherheitskatalog_08-2015.pdf?__blob=publicationFile&v=1 (zuletzt abgerufen: 4.3.2019).
83 Dies war bereits Gegenstand einer gerichtlichen Überprüfung: vgl. OLG Düsseldorf, Beschl. v. 19.7.2017 – VI-3 Kart 109/16.
84 BT-Drs. 18/4096, S. 33.
85 IT-Sicherheitskatalog gem. § 11 Abs. 1a EnWG, S. 4; zum Ablauf der Implementierung eines ISMS: *Weise/Brühl*, CR 2015, 290, 292.

partners für IT-Sicherheit.[86] Dem Betreiber kommen gem. § 11 Abs. 1a Satz 4, 5 EnWG Dokumentationspflichten zu, die durch den Sicherheitskatalog weiter spezifiziert werden. Ein Verweis auf den Stand der Technik wurde im EnWG nicht aufgenommen und Unternehmen können, anders als im Rahmen des § 8a BSIG, keine branchenspezifischen Standards vorschlagen oder anderweitig mitwirken.[87] Die Aktualität der Sicherungsanforderungen wird letztlich durch den Katalog der BNetzA gewährleistet.[88]

33 Gem. § 11 Abs. 1b EnWG[89] müssen Betreiber von Energieanlagen, die nach der BSI-KritisV als KRITIS eingestuft wurden, ebenfalls einen angemessenen Schutz gegen Bedrohungen für Telekommunikations- und elektronische Datenverarbeitungssysteme gewährleisten. Die Sicherheitsanforderungen für Energieanlagen, die der BSI-KritisV unterfallen, haben im Vergleich zu denen für Betreiber von Energieversorgungsnetzen flankierende Wirkung für den sicheren Netzbetrieb.[90] Die Sicherheitsanforderungen werden in einem von der Bundesnetzagentur im Einvernehmen mit dem BSI erstellten Katalog spezifiziert, bei deren Einhaltung wiederum ein angemessener Schutz fingiert wird.[91] Er enthält die Pflicht zur Einteilung der EDV und TK-Systeme in Zonen, welche jeweils die Bedeutung für den sicheren Betrieb der Energieanalage kennzeichnen.[92] Genau wie bei Betreibern von Energieversorgungsnetzen muss ein ISMS nach ISO/IEC 27001 implementiert werden. Dieses muss zumindest die Anwendungen, Systeme und Komponenten von Zone 1–3 umfassen. Zusätzlich soll eine Risikoeinschätzung in Schadenskategorien von gering bis kritisch erfolgen.[93] Es sind wie im Katalog zu § 11a EnWG Vorgaben für die Umsetzung der Sicherheitsvorgaben, für die wiederholte Zertifizierung des ISMS und eine Pflicht zur Benennung eines Ansprechpartners für IT-Sicherheit enthalten. Im Unterschied zu § 11

---

86 IT Sicherheitskatalog gem. § 11 Abs. 1a EnWG, S. 14 f.; OLG Düsseldorf, Beschl. v. 19.7.2017 – VI-3 Kart 109/16.

87 *Weise/Brühl*, CR 2015, 290, 293; *Hornung*, NJW 2015, 3334, 3336.

88 Vgl. *Freimuth*, in: Möstl/Wolf, IT-Sicherheit als Herausforderung für Wirtschaft und Staat, S. 29.

89 Eingeführt mit dem IT-SiG 2015.

90 OLG Düsseldorf, Beschl. v. 19.7.2017 – VI-3 Kart 109/16, Rn. 34, juris.

91 IT-Sicherheitskatalog gemäß § 11 Abs. 1b Energiewirtschaftsgesetz, Stand: Dezember 2018, https://www.bundesnetzagentur.de/SharedDocs/Downloads/DE/Sachgebiete/Energie/Unternehmen_Institutionen/Versorgungssicherheit/IT_Sicherheit/IT_Sicherheitskatalog_2018.pdf?__blob=publicationFile&v=4 (zuletzt abgerufen: 4.3.2019).

92 IT-Sicherheitskatalog gemäß § 11 Abs. 1b Energiewirtschaftsgesetz, Stand: Dezember 2018, S. 8 ff.

93 IT-Sicherheitskatalog gemäß § 11 Abs. 1b Energiewirtschaftsgesetz, Stand: Dezember 2018, S. 15 ff.

Abs. 1a EnWG muss der Schutz gem. § 11 Abs. 1b EnWG erst mit Ablauf des 31.3.2021 bestehen.[94]

bb) IT-Sicherheitspflichten im Atomrecht

34 Das AtG selbst sieht keine präventiven Maßnahmen von Inhabern einer Genehmigung nach dem AtG vor. Dies liegt daran, dass die Erteilung der Genehmigung ohnehin die Erfüllung umfassender Sicherheitsanforderungen voraussetzt.[95] Diese richten sich nach der Richtlinie für den Schutz von IT-Systemen in kerntechnischen Anlagen und Einrichtungen der Sicherungskategorien I und II gegen Störmaßnahmen oder sonstige Einwirkungen Dritter (SEWD-Richtlinie IT).[96] Die Details der Sicherheitsanforderungen sind zur Gewährleistung einer hohen IT-Sicherheit fast vollständig als „Verschlusssache – Nur für den Dienstgebrauch" eingestuft. Zusätzlich gelten jedoch für Anlagen nach § 7 Abs. 1 AtG nachrangig Teile der Pflichten des IT-Sicherheitskatalogs gem. § 11 Abs. 1b EnWG, insbesondere die besonderen Schutzziele. Erforderlich ist nach dem IT-Sicherheitskatalog gem. § 11 Abs. 1b EnWG für Genehmigungsinhaber gem. § 7 AtG der ab 30.6.2019 jährlich zu erbringende Nachweis der Erfüllung der Anforderungen der SEWD-Richtlinie IT unter Berücksichtigung der besonderen Schutzziele des IT-Sicherheitskatalogs gem. § 11 Abs. 1b EnWG.[97]

cc) IT-Sicherheitspflichten von Telekommunikationsanbietern

35 Auch Telekommunikationsanbieter sind aufgrund ihrer großen Bedeutung für die Kommunikation des Einzelnen und der Gesellschaft Gegenstand von Regelungen zur IT-Sicherheit. Bestehende Sicherungspflichten der TKG-Diensteanbieter wurden durch das IT-SiG und NIS-Umsetzungsgesetz an die Anforderungen des § 8a BSIG und die Vorgaben der NIS-RL angepasst.

---

94 IT-Sicherheitskatalog gemäß § 11 Abs. 1b Energiewirtschaftsgesetz, Stand: Dezember 2018, S. 19.

95 *Gehrmann/Voigt*, CR 2017, 93, 96.

96 Bekanntmachung zu der „Richtlinie für den Schutz von IT-Systemen in kerntechnischen Anlagen und Einrichtungen der Sicherungskategorien I und II gegen Störmaßnahmen oder sonstige Einwirkungen Dritter (SEWD-Richtlinie IT)", zu den „Lastannahmen zur Auslegung kerntechnischer Anlagen und Einrichtungen gegen Störmaßnahmen oder sonstige Einwirkungen Dritter mittels IT-Angriffen (IT-Lastannahmen)" und zu den „Erläuterungen für die Zuordnung der IT-Systeme von Kernkraftwerken zu IT-Schutzbedarfsklassen (Erläuterungen)" vom 8. Juli 2013, GMBl. 2013, Nr. 36, S. 711.

97 IT-Sicherheitskatalog gemäß § 11 Abs. 1b Energiewirtschaftsgesetz, Stand: Dezember 2018, S. 20 f.

36 Gemäß § 109 Abs. 2 TKG müssen alle Diensteanbieter, die öffentliche Telekommunikationsnetze betreiben (§ 3 Nr. 16a TKG) oder öffentliche Telekommunikationsdienste (§ 3 Nr. 17a TKG) erbringen, angemessene technische Vorkehrungen und sonstige Maßnahmen zur IT-Sicherheit unter **Berücksichtigung** des Stands der Technik treffen. Nachdem der Stand der Technik nur **berücksichtigt**, nicht aber eingehalten werden muss, bleiben die Anforderungen hinter denen von § 8a BSIG zurück.[98] § 109 Abs. 4 TKG regelt zudem eine Verpflichtung zur Benennung eines Sicherheitsbeauftragten und zur Erstellung eines Sicherheitskonzeptes. Das Sicherheitskonzept ist von Betreibern öffentlicher Telekommunikationsnetze unverzüglich nach Aufnahme des Netzbetriebs vorzulegen (§ 109 Abs. 4 Satz 2 TKG). Wer öffentlich zugängliche Telekommunikationsdienste erbringt, kann von der BNetzA zur Vorlage verpflichtet werden (§ 109 Abs. 4 Satz 3 TKG). Die Umsetzung des Sicherheitskonzepts wird von der BNetzA alle zwei Jahre überprüft (§ 109 Abs. 4 Satz 6, 7 TKG). Gem. § 109 Abs. 6 TKG veröffentlicht die BNetzA im Einvernehmen mit dem BSI einen Katalog von Sicherheitsanforderungen als Grundlage für die Sicherheitskonzepte.[99] Die Einrichtung einer Kontaktstelle ist nur für diejenigen Telekommunikationsanbieter gem. § 8b Abs. 3 BSIG verpflichtend, die gleichzeitig der BSI-KritisV unterfallen. Die Einrichtung einer Kontaktstelle wird jedoch vom BSI empfohlen, um sicherheitsrelevante Informationen zu erhalten.[100]

37 Der durch das IT-SiG neu gefasste § 100 Abs. 1 TKG bestimmt, dass Bestands- und Verkehrsdaten der Teilnehmer erhoben, gespeichert und verwendet werden dürfen, um eine Störung des Informations- und Kommunikationsdienstes, oder den unerlaubten Zugriff auf Telekommunikations- oder Datenverarbeitungssysteme der Nutzer zu erkennen, einzugrenzen oder zu beseitigen. Hier bestanden verfassungsrechtliche Bedenken im Hinblick auf Art. 10 GG.[101] Durch das NIS-Umsetzungsgesetz wurden jedoch Einschränkungen dieser Befugnisse und Regelungen zur Sicherung der Persönlich-

98 Für ein Versehen haltend: *Roßnagel*, DVBl. 2015, 1206, 1208.

99 BNetzA, Katalog von Sicherheitsanforderungen nach § 109 TKG 2016, https://www.bundesnetzagentur.de/SharedDocs/Downloads/DE/Sachgebiete/Telekommunikation/Unternehmen_Institutionen/Anbieterpflichten/OeffentlicheSicherheit/KatalogSicherheitsanforderungen/KatalogSicherheitsanforderungen.pdf;jsessionid=402F367C7020F39A1F10FD350B9437DC?__blob=publicationFile&v=6 (zuletzt abgerufen: 4.3.2019).

100 Vgl. https://www.bsi.bund.de/DE/Themen/Industrie_KRITIS/KRITIS/IT-SiG/Neuregelungen_EnWG/neur_EnWG_node.html (zuletzt abgerufen: 4.3.2019).

101 *Hornung*, NJW 2015, 3334, 3339.

keitsrechte ergänzt (§ 100 Abs. 1 Satz 4–6 TKG), die diese Bedenken relativieren.[102]

dd) IT-Sicherheitspflichten im Recht der Telemediendienste

§ 13 Abs. 7 TMG stellt eine Art Basisregelung mit Mindestanforderungen **38** für alle digitalen Dienstanbieter i. S.d § 5 TMG dar.[103] Sie gilt unabhängig von der Art des Dienstes, seiner Bedeutung und des jeweiligen Grades der Versorgung, beispielsweise auch für Web Hosting Dienste.[104] Diensteanbieter müssen nach dem neuen § 13 Abs. 7 TMG technische und organisatorische Vorkehrungen zum Schutz vor unerlaubtem Zugriff auf technische Einrichtungen für Telemedienangebote sowie vor Datenmissbrauch und Störungen von außen treffen, soweit dies **technisch möglich** und **wirtschaftlich zumutbar** ist. Grund der Regelung ist die Zunahme der Verbreitung von Schadsoftware, indem unbemerkt Schadprogramme von manipulierten Websites heruntergeladen werden.[105] Der Gesetzgeber will Telemedienbetreiber zudem zu Softwareaktualisierungen und Patches anhalten.[106] Ein unberechtigter Zugriff kann auch durch Hacking, vorhandene Konfigurationsfehler des Telemedienanbieters oder Ausnutzen von Schwachstellen erfolgen.[107] Zudem soll die Regelung dem Schutz der auf Webservern gespeicherten Kundendaten dienen und die Verfügbarkeit der Systeme sichern.[108] Teils wurde im Hinblick auf den Schutzzweck der Verfügbarkeit bei Störungen eine teleologische Reduktion von § 13 Abs. 7 TMG erwogen, da nicht alle Telemediendienstbetreiber den Kritischen Infrastrukturen gleichzustellen seien, schließlich ist eine Nichtverfügbarkeit eines Online-Shops zwar lästig, jedoch nicht von hoher Bedeutung für das Gemeinwesen.[109] Als mögliche Vorkehrung werden in § 13 Abs. 7 Satz 3 TMG in jedem Fall Verschlüsselungsverfahren genannt, in der Gesetzesbegründung auch Authentifizierungsverfahren.[110] Der Stand der Technik ist dabei gem. § 13 Abs. 7 Satz 2 TMG nur zu **berücksichtigen**, was den Anforderungen an Betreiber digitaler Dienste (vgl. § 8c Abs. 1 BSIG) entspricht. Dies wird so ver-

---

102 Wohl a. A.: *Schallbruch*, CR 2018, 215, 220.

103 Eine solche fehlt beispielsweise innerhalb der NIS-RL: *Schallbruch*, CR 2017, 798, 799; *Spindler*, CR 2016, 297, 302.

104 Im Detail: *Bartels/Backer*, DuD 2016, 22, 22; *Schallbruch*, CR 2016, 663, 663; *Gitter/Meißner/Spauschus*, DuD 2016, 7, 10.

105 *Schallbruch*, CR 2017, 798, 798.

106 *Gerlach*, CR 2015, 581, 582; BT-Drs. 18/4096, S. 34.

107 *Gerlach*, CR 2015, 581, 582.

108 *Schallbruch*, CR 2017, 798, 798; *Spindler*, CR 2016, 297, 302.

109 *Gerlach*, CR 2015, 581, 585.

110 BT-Drs. 18/4096, 34 f.

standen, dass dieser bei der Beurteilung mit einbezogen, aber nicht zwingend umgesetzt werden muss.[111] Es gibt zudem eine vom BSI veröffentlichte Leitlinie über geeignete Maßnahmen.[112] Dieser kommt aber keine normenkonkretisierende Wirkung zu, da sie nicht in einem förmlichen Verfahren unter Beteiligung Dritter zustande kommen.[113]

39 Die Zumutbarkeit der Maßnahmen ist individuell und subjektiv zu bestimmen. Dies begrenzt den sehr weiten Anwendungsbereich der Norm.[114] Zudem gelten die Pflichten des § 13 Abs. 7 TMG nur im Rahmen der Verantwortlichkeit des jeweiligen Telemediendienstanbieters, was als Funktionsherrschaft zu verstehen ist.[115] Dies sorgt nicht für Rechtssicherheit: Ein einheitlicher Schutz wäre durch Einbeziehung von Branchenstandards besser zu fördern.[116] Ob die Kosten-Nutzen Relation des TMG den austarierten Angemessenheitskriterien der NIS-RL entspricht, wird teils bezweifelt.[117]

40 In Kombination mit dem KRITIS-Sektor IKT (§ 8a BSIG) und § 8c BSIG schafft § 13 Abs. 7 TMG einen fast flächendeckenden Schutz der IT-Sicherheit von Internetdiensten.[118] Diese parallel laufenden Regelungen führen allerdings zu Unklarheiten und Widersprüchen.[119] So fallen wegen des weit auszulegenden Merkmals der Geschäftsmäßigkeit nahezu alle von der NIS-RL erfassten digitalen Dienste unter den Anwendungsbereich des TMG.[120] Anders liegt es bei den digitalen Diensten i. S.d § 8c BISG: Dort bedarf es Entgeltlichkeit und zudem sind Kleinstunternehmen von den Verpflichtungen ausgenommen.[121] Das Verhältnis der Sicherheitsanforderungen des § 13 Abs. 7 TMG zu § 8c Abs. 1 BSIG ist unklar.[122] Zwar enthalten beide nur das Erfordernis der Berücksichtigung des Stands der Technik, jedoch enthalten

---

111 *Bartels/Backer*, DuD 2016, 22, 27.

112 BSI Empfehlung: Absicherung von Telemediendiensten nach dem Stand der Technik, Version 1.0 vom 12.9.2016, https://www.allianz-fuer-cybersicherheit.de/ACS/DE/_/downloads/BSI-CS_125.pdf;jsessionid=C1F00AC0085F6BA1A85093E4EBE4AB44.1_cid369?__blob=publicationFile&v=6 (zuletzt abgerufen: 4.3.2019).

113 *Spindler*, CR 2016, 298, 303.

114 *Gerlach*, CR 2015, 581, 586.

115 *Gerlach*, CR 2015, 581, 587; eher auf § 7 TMG abstellend: *Bartels/Backer*, DuD 2016, 22, 23.

116 *Bartels/Backer*, DuD 2016, 22, 28.

117 *Voigt/Gehrmann*, ZD 2016, 355, 358.

118 *Schallbruch*, CR 2017, 798, 804.

119 *Gehrmann/Voigt*, CR 2017, 93, 94.

120 *Schallbruch*, CR 2016, 663, 665; *Gehrmann/Voigt*, CR 2017, 93, 94; *Voigt/Gehrmann*, ZD 2016, 355, 357.

121 Art. 4 Nr. 5 i. V. m. Dienstdefinition der RL 2015/1535/EU.

122 *Gehrmann/Voigt*, CR 2017, 93, 94.

die Normen unterschiedliche Einschränkungen, weshalb nicht klar ist, ob die Pflichten des § 8c Abs. 1 BSIG über die des § 13 Abs. 7 TMG hinausgehen. Dies kann zudem zu unterschiedlichen Zuständigkeiten führen, da für eine Verletzung des TMG die Landesmedienaufsicht bzw. die Landesdatenschutzbehörde zuständig ist. Nicht geregelt wurde durch das IT-SiG im TMG, ob und wann Diensteanbieter i.R.d Sicherheitsmaßnahmen personenbezogene Daten erheben, verarbeiten und nutzen dürfen.[123] Zudem ist unklar, ob wegen der Zweckbegrenzungen des § 15 TMG Diensteanbieter überhaupt in der Lage sind, präventiv geeignete Maßnahmen zum Schutz von Nutzerdaten zu ergreifen.[124]

ee) IT-Sicherheitspflichten für die Gesellschaft für Telematik

Die gematik – Gesellschaft für Telematikanwendungen der Gesundheitskarte unterliegt speziellen IT-Sicherheitsanforderungen. Da sie die Telematikinfrastruktur betreibt, muss sie gem. § 291b Abs. 1a Satz 5, 6 SGB V den Nachweis der Sicherheit der Komponenten durch eine Sicherheitszertifizierung des BSI erbringen, wobei das BSI geeignete Prüfvorschriften entwickelt und erlässt. Durch das NIS-Umsetzungsgesetz wurde ein neuer § 291b Abs. 8 Satz 1 SGB V geschaffen, der die Gesellschaft für Telematik auf Anfordern verpflichtet, Informationen über Zulassungen, getroffene Maßnahmen und sonstige für die Bewertung der IT-Sicherheit relevanten Informationen an das BSI herauszugeben. **41**

3. Die Implementierung von IT-Sicherheit im Unternehmen

Bei der Implementierung von angemessenen Sicherheitsstandards im Unternehmen ist der erste Schritt eine wiederkehrende Risikoanalyse, bei der Fragen der verwendeten Hardware, Software, Datensicherungen, Zugriffsberechtigungen innerhalb des Unternehmens, vorhandene Sicherungsmechanismen etc. aufgeworfen und evaluiert werden.[125] Danach können Strategien für die Herstellung und den Erhalt von IT-Sicherheit entwickelt werden.[126] Dies kann durch ein ISMS erfolgen. Ein solches enthält technische Lösungen und organisatorische Rahmenbedingungen, wie Schulungen, Sensibilisierungsmaßnahmen, Wirksamkeitskontrollen und festgelegte Ab- **42**

123 *Schneider/Kahlert*, in: Schneider, Handbuch EDV-Recht, A. Rn. 1421.
124 Vgl. *Schallbruch*, CR 2018, 215, 221.
125 *Schmidl*, NJW 2010, 476, 476.
126 Zu den häufigsten Fehlern in Unternehmen: *Schmidl*, NJW 2010, 476, 477.

läufe.[127] Es gibt hierzu verschiedene Standards, bei denen bei Erfüllung eine Zertifizierung erlangt werden kann (Bspw. ISO/IEC 27001 oder ISIS 12). Der Aufbau kann sich am Beispiel von ISO/IEC 27001 folgendermaßen gliedern:[128]

1. Festlegung von Sicherheitsstrategie und Geltungsbereich
2. Bestimmung der zu schützenden Informationsgüter
3. Einführung von Prozessen zum Risikomanagement
4. Einführung von Maßnahmen zur Behandlung von Risiken
5. Implementierung des ISMS Regelbetriebs

4. Pflichten zur Sicherung von IT-Anlagen im Sektor Staat und Verwaltung

a) Vorgaben des BSIG

43 Die öffentliche Verwaltung ist im Vergleich zur Privatwirtschaft im IT-Sicherheitsrecht privilegiert.[129] Dies ist paradox, denn die Bedeutung von Staat und Verwaltung ist sicher nicht geringer als die der KRITIS-Betreiber. Ohne funktionierende Polizei oder Ordnungsverwaltung wäre zweifelsfrei die öffentliche Sicherheit gefährdet.[130] Dennoch unterliegt der staatliche Bereich größtenteils anderen Regelungen. Das IT-SiG nimmt den Sektor Staat/Verwaltung nicht in den Katalog des § 2 Abs. 10 Satz 1 Nr. 1 BSIG auf. Zwar sind Infrastrukturen des Bundes und der Länder nicht von der NIS-RL erfasst (außer sie betreiben wesentliche Dienste), doch besteht gerade für staatliche Infrastrukturen ein besonders hohes Sicherheitsinteresse.[131] So gelten für Bundesbehörden die allgemeinen Vorschriften der §§ 4, 5 und 8 des BSIG.[132] Die Anforderungen dieser Normen sind, bis auf die Meldeverpflichtungen, aber zurückhaltender als die der §§ 8a ff. BSIG. Ausgenomen sind wiederum die Verfassungsorgane (vgl. § 2 Abs. 3 BSIG).

44 Das BSI ist gem. § 3 Abs. 1 Nr. 1, 2 BSIG zuständig für die Abwehr von Gefahren für die Sicherheit der IT des Bundes und sammelt die dafür relevanten Informationen. Das BSI wertet zur Erfüllung seiner Aufgaben automati-

---

127 *Bartels*, in: Möstl/Wolff, IT-Sicherheit als Herausforderung für Wirtschaft und Staat, S. 36.

128 *Bartels*, in: Möstl/Wolff, IT-Sicherheit als Herausforderung für Wirtschaft und Staat, S. 36.

129 *Schallbruch*, CR 2017, 798, 799.

130 *Schallbruch*, CR 2017l, 648, 653.

131 *Gehrmann/Voigt*, CR 2017, 93, 95.

132 BT-Drs. 18/4096, S. 24.

siert Protokolldaten sowie an Schnittstellen der Kommunikationstechnik des Bundes anfallende Daten aus (§ 5 Abs. 1 BSIG). Erhobene Daten sind soweit möglich zu pseudonymisieren; eine personenbezogene Auswertung oder weitere Verwendung ist nur unter den einschränkenden Voraussetzungen des § 5 Abs. 3–8 BSIG möglich. Für Behörden und sonstigen Stellen der Länder würde dem Bund die Kompetenz fehlen.[133] Daher hat der IT-Planungsrat eine Informationssicherheitsleitlinie für die öffentliche Verwaltung erlassen, die sich im Wesentlichen am IT-Grundschutzstandard des BSI orientiert.[134] § 3 Abs. 1 Satz 2 Nr. 14 BSIG regelt beispielsweise einen spezialgesetzlichen Fall der Amtshilfe des Bundes an die Länder.[135] § 8 BSIG ermächtigt das BSI Mindeststandards für die IT-Sicherheit der Bundesverwaltung zu erarbeiten, welche vom BMI als Verwaltungsvorschrift erlassen werden können. Einige Standards wurden vom BSI veröffentlicht, es fehlt jedoch der konsequente Erlass dieser Standards als Verwaltungsvorschrift durch das BMI.[136] Zumindest wurde eine Verwaltungsvorschrift betreffend das SSL/TLS-Protokoll in der Bundesverwaltung erlassen.[137]

Digitale Dienste, die „zum Schutz grundlegender staatlicher Funktionen eingerichtet worden sind oder für diese genutzt werden", fallen nicht unter § 8c BSIG (vgl. § 2 Abs. 11 BSIG). Der Gesetzgeber führt in der Begründung ausdrücklich die Bundescloud als ausgenommenen Dienst an. Damit legt er ein weites Verständnis „grundlegender staatlicher Funktionen" zugrunde, obwohl der EU-Gesetzgeber vor allem Maßnahmen zum Schutz von staatlicher Sicherheit und Strafverfolgung im Sinn hatte und damit ein engeres Verständnis.[138] Dass allein die Nutzung eines privaten digitalen Dienstes durch den Staat die Geltung der Regelung ausschließt, ist kaum mit den Anforderungen der NIS-RL zu vereinbaren.[139] **45**

Da die meisten staatlichen Stellen auch personenbezogene Daten verarbeiten, sind im Hinblick auf die Datensicherheit auch die Anforderungen der DSGVO für öffentliche Stellen zu beachten (vgl. § 4 Abs. 5 BSIG).[140] Aus § 5 Abs. 9 BSIG folgt auch die Pflicht des BSI, jährlich den Bundesbeauf- **46**

---

133 *Hornung*, NJW 2015, 3334, 3335.
134 Kompetenz: Art. 91c Abs. 2 GG i.V. m. IT-Staatsvertrag von Bund und Ländern.
135 BT-Drs. 18/1142, S. 37.
136 *Schallbruch*, CR 2017, 648, 653.
137 Allgemeine Verwaltungsvorschrift zur Inkraftsetzung des Mindeststandards des Bundesamts für Sicherheit in der Informationstechnik gemäß § 8 Abs. 1 Satz BSIG vom 12.12.2014, GMBl. 2015, S. 173.
138 *Schallbruch*, CR 2017, 798, 799.
139 *Schallbruch*, CR 2017, 798, 799; ebenfalls kritisch: *Gehrmann/Voigt*, CR 2017, 93, 95.
140 *Schallbruch*, CR 2017, 798, 804.

tragten für den Datenschutz und die Informationsfreiheit über dort spezifizierte Vorgänge zu unterrichten.

b) Vorgaben des UP Bund

47 Der UP Bund 2017 des BMI trat am 1.9.2017 in Kraft und gibt verbindliche Mindeststandards für Bundesbehörden vor.[141] Dort wird noch einmal klargestellt, dass zusätzlich die Mindeststandards des BSI gem. § 8 Abs. 1 BSIG und die Anforderungen der „Leitlinie für die Informationssicherheit in der öffentlichen Verwaltung von Bund und Ländern"[142] des IT-Planungsrates zu beachten sind.[143] Dem UP Bund nach sollen Bundesbehörden ein ISMS aufstellen, das mit den ISMS der einzelnen Ressorts verzahnt werden soll. Das oberste zentrale IT-Entscheidungsgremium in der Bundesverwaltung ist der IT-Rat, in dessen Zuständigkeit insbesondere die strategische Steuerung des ISMS fällt. Dem untergeordnet ist die Konferenz der IT-Beauftragten der Ressorts, welche die IT-Steuerung der Bundesverwaltung operativ vornimmt und die Beschlüsse des IT-Rats vorbereitet und umsetzt. Zudem gibt es die Arbeitsgruppe Informationssicherheitsmanagement, welche für die Begleitung, Umsetzung, Weiterentwicklung und Evaluierung des UP Bunds zuständig ist. Auf unterer Ebene sorgen die zu ernennenden Ressort-IT-Sicherheitsbeauftragten, mit dem Leiter des jeweiligen Ressorts, für die Festlegung und Umsetzung von IT-Sicherheitszielen und -Strategien und dokumentieren diese. Zentrale Aufgabe der Ressort-IT-Sicherheitsbeauftragten ist das IT-Risikomanagement, damit die Behördenleitung Entscheidungen im Bereich Informationssicherheit in informierter Weise treffen kann. Um diese Aufgaben angemessen zu gewährleisten, müssen laut UP Bund die IT-Sicherheitsbeauftragen und sonstige mit Fragen der IT-Sicherheit betraute Personen ausgebildet, fortgebildet und sensibilisiert werden.

48 Kritische Geschäftsprozesse, also solche, die für die Aufrechterhaltung des Geschäfts- oder Dienstbetriebs oder für die Aufgabenerfüllung und Zielerreichung essenziell sind, müssen vom IT-Sicherheitsbeauftragten prioritär behandelt werden. Für diese gelten laut UP Bund 2017 erhöhte Sicherheits-

---

141 UP Bund 2017, S. 3, https://www.bmi.bund.de/SharedDocs/downloads/DE/publikationen/themen/it-digitalpolitik/up-bund-2017.pdf__blob=publicationFile&v=3 (zuletzt abgerufen: 4.3.2019).

142 Leitlinien für Informationssicherheit in der öffentlichen Verwaltung; 19.2.2013, https://www.it-planungsrat.de/SharedDocs/Downloads/DE/Entscheidungen/10_Sitzung/Leitlinie_Informationssicherheit_Hauptdokument.pdf?__blob=publicationFile&v=2 (zuletzt abgerufen: 4.3.2019).

143 UP Bund 2017, S. 4.

anforderungen. Bei der Inanspruchnahme von externen Dienstleistern im IT-Bereich sind diese sorgfältig auszuwählen und vertraglich auf die Einhaltung der Vorgaben des UP Bunds zu verpflichten.[144] Eine Hilfestellung bieten dabei bestehende Rahmenverträge. Das BSI kann Unternehmen, aber auch Stellen des Bundes für IT-Dienstleistungen zertifizieren. Bezüglich der verwendeten IT-Produkte ist auf diejenigen, die vom BSI geprüft und zertifiziert wurden, zurückzugreifen, auch dies aber nur so lange, wie der Hersteller informationssicherheitsrelevante Updates zur Verfügung stellt.

Die Informationssicherheit auf Bundesebene und die Umsetzung des UP Bunds 2017 wird jährlich evaluiert. Deshalb sind auf Ebene der Einrichtungen Audits, Reifegradprüfungen, IS-Revisionen und Penetrationstest in angemessenen Abständen durchzuführen und zu dokumentieren.[145] Ein kontinuierlicher Verbesserungsprozess des ISMS soll durch Anwendung des PDCA-Modells erreicht werden.[146] Zur Vorbeugung von Notfällen und Krisen müssen Ressorts und Einrichtungen des Bundes geeignete Notfallmanagementprozesse aufbauen. **49**

c) Kommunikationsnetze des Bundes

Die Bundesverwaltung verfügt darüber hinaus über eigene Kommunikationsnetze wie den „Informationsverbund Berlin-Bonn (IVBB)“ und das „Netze des Bundes – Verbindungsnetz“.[147] Diese Netze werden in das einheitliche Kommunikationsinfrastrukturprojekt mit erhöhtem Sicherheitsniveau „Netze des Bundes (NdB)“ überführt, das als Integrationsplattform für alle Weiterverkehrsnetze der Bundesverwaltung dienen soll.[148] Die „Netze des Bundes“ befinden sich zurzeit in der Migrations- und Interimsbetriebsphase, bis das Projekt im ersten Quartal 2019 seinen Regelbetrieb starten **50**

---

144 Details zu den Vorgaben des UP Bunds bei der Inanspruchnahme externer Dienstleister: UP Bund 2017, S. 20 ff.

145 Zu den Details der Evaluierung: UP Bund 2017, S. 16 f.

146 PCDA: Planung („Plan“), Umsetzung („Do“), Überprüfung der Umsetzung („Check“) und darauf folgende Verbesserungsmaßnahmen der Informationssicherheit und der Informationssicherheitsprozesse („Act“).

147 Zum Netz des Bundes Verbindungsnetz vgl. Art. 91c Abs. 4 GG; Gesetz über die Verbindung der informationstechnischen Netze des Bundes und der Länder – Gesetz zur Ausführung von Artikel 91c Absatz 4 des Grundgesetzes v. 10.8.2009, BGBl. I, S. 2702, 2706.

148 Beantwortung einer kleinen Anfrage durch die Bundesregierung vom 8.10.2014, BT-Drs. 18/2755, S. 6; https://www.cio.bund.de/Web/DE/Strategische-Themen/Moderne-Verwaltungskommunikation/Netze_des_Bundes/netze_des_bundes_node.html (zuletzt abgerufen: 4.3.2019).

soll.[149] Die ehemaligen Netze „Informationsverbund der Bundesverwaltung (IVBV)“ und „Bundesverwaltungsnetz (BVN)“ wurden bereits 2017 in den IVBB überführt.[150] Das Sicherheitsniveau wird im Projekt NdB durch eine einheitliche hohe Verschlüsselung und Zonierung sowie strukturell-organisatorische Maßnahmen erreicht.[151] Das BSI legt in Zusammenarbeit mit den Betreibern die Informationssicherheitsanforderungen fest, deren Umsetzung den Betreibern obliegt.[152] Das BSI steuert bei der ressortübergreifenden Kommunikationsnetzinfrastruktur des Bundes die Implementierung eines ISMS, erhält bei den Betreibern geeignete Prüf-, Auskunfts- und Einsichtsrechte und ist bei erheblichen Störungen, Sicherheitsvorfällen und Not- sowie Krisenfällen einzubinden.[153] Die vom BSI als Mindeststandard gem. § 8 Abs. 1 BSIG vorzugebenden Informationssicherheitsanforderungen an die Nutzer der Kommunikationsnetze sind einzuhalten. Die Schutzmechanismen der Netze werden vom BSI vorgegeben und zeitgemäß fortentwickelt.[154] Informationen darüber, welche Behörden durch welche Anbieter in entsprechende Netze eingebunden sind oder über an der Sicherheitsüberprüfung beteiligte Behörden und externe Dienstleister, wurden in der Vergangenheit von der Bundesregierung als geheimschutzbedürftig angesehen.[155] Geheimschutz gilt auch für den aktuellen Bericht über den Stand des Projekts NdB.[156]

d) Vorgaben des Online-Zugangsgesetzes

51 Das BMI kann nach Inkrafttreten des OZG[157] seit August 2017 für weite Teile der IT des Staates im Wege der Rechtsverordnung Sicherheitsstandards

---

149 Vgl. https://www.orghandbuch.de/DE/Regierungsprogramm/lp_17/Regierungsprogramm_Monitoring/ndb/umsetzungsstand/umsetzungsstand_node.html;jsessionid=6B67250E09CE8C707AD7C1979D68CAFA.1_cid322 (zuletzt abgerufen: 4.3.2019).

150 Vgl. https://www.cio.bund.de/Web/DE/Strategische-Themen/Moderne-Verwaltungskommunikation/Netze_des_Bundes/netze_des_bundes_node.html (zuletzt abgerufen: 4.3.2019).

151 Beantwortung einer kleinen Anfrage durch die Bundesregierung vom 8.10.2014, BT-Drs. 18/2755, S. 4.

152 UP Bund 2017, S. 24.

153 UP Bund 2017, S. 24.

154 UP Bund 2017, S. 23.

155 Beantwortung einer kleinen Anfrage durch die Bundesregierung vom 8.10.2014, BT-Drs. 18/2755, S. 2.

156 Siebter Bericht zum Stand und zur Zielerreichung des Projektes „Netze des Bundes“ BMF-V 31/18 VS-NfD, Ausschussdrucksache 19 (8) 64.

157 Gesetz zur Verbesserung des Onlinezugangs zu Verwaltungsleistungen (OZG), BGBl. I 2017, S. 3138, Kompetenz: Art. 91c Abs. 5 GG.

festlegen (vgl. § 5 OZG). Hintergrund des OZG ist die fortschreitende Digitalisierung der Verwaltung, bei der den Bürgern vermehrt Verwaltungsleistungen online über Portale angeboten werden und die Portale bundesweit verknüpft werden.[158] Umfasst sind die im Portalverbund und zur Anbindung an den Portalverbund genutzten IT-Komponenten (vgl. § 2 Abs. 6 OZG), was auf einen weiten, aber auch unscharfen Anwendungsbereich hindeutet.[159]

III. Response

1. Meldepflichten von Betreibern Kritischer Infrastrukturen

§ 8b Abs. 3–5 BSIG zielt auf ein Informationssystem zwischen Betreibern **52**
von KRITIS und dem BSI. Die nationale Sicherheit wird durch Meldungen einzelner Betreiber gestärkt, da auch andere Beteiligte vom BSI ausgewertete Informationen erhalten.[160] Möglich sind kurzfristige Warn- und Alarmmeldungen des BSI, die den KRITIS-Betreibern und auch anderen Unternehmen ermöglichen, sich auf Angriffe einzustellen und Abwehrmaßnahmen zu ergreifen.[161] Mittelfristige Lagebilder können für die betroffenen Kreise eine Grundlage bilden, Angriffstrends und neue Gefährdungslagen zu erkennen.[162] Die Jahresberichte des BSI sollen wiederum allgemein die Öffentlichkeit über die Entwicklung der IT-Sicherheit in Deutschland informieren.[163] Die zu diesen Zwecken begründete Meldeverpflichtung für KRITIS-Betreiber bestand, anders als die präventiven Pflichten, bereits ein halbes Jahr nach Inkrafttreten der jeweiligen BSI-KritisV.[164]

a) Meldeverpflichtung

Gem. § 8b Abs. 4 BSIG besteht eine Meldeverpflichtung für **einfache Stö- 53**
rungen, wenn sie zu einem Ausfall oder einer erheblichen Beeinträchtigung der Funktionsfähigkeit der Infrastrukturen **geführt haben**, und für **erhebliche Störungen** schon dann, wenn sie zu einem Ausfall oder einer erhebli-

---

158 *Schallbruch*, CR 2016, 648, 656.
159 *Schallbruch*, CR 2016, 648, 656.
160 *Gitter/Meißner/Spauschuß*, DuD 2016, 7, 9.
161 *Können*, DuD 2016, 12, 14 f.
162 *Können*, DuD 2016, 12, 15.
163 *Können*, DuD 2016, 12, 15.
164 Für die Sektoren Energie, Wasser, Ernährung und ITK also seit dem 23.10.2016 und für die Sektoren, Gesundheit, Finanz- und Versicherungswesen, Transport und Verkehr seit dem 30.12.2017.

chen Beeinträchtigung **führen können**.[165] Eine Störung liegt dabei vor, wenn die eingesetzte Technik die ihr zugedachte Funktion nicht mehr richtig oder nicht mehr vollständig erfüllen kann, oder von dritter Seite versucht wurde, entsprechend auf sie einzuwirken. Störung bezieht sich dem Schutzzweck des IT-Sicherheitsrechts nach auf Störungen der Verfügbarkeit, Integrität, Authentizität und Vertraulichkeit von IT-Systemen.[166] Die Frage der **Erheblichkeit** der Störung, welche unter anderem für die Bußgeldbewährung nach § 14 BSIG relevant wird, wird laut Gesetzesbegründung dann positiv beantwortet, wenn durch die Störung die Funktionsfähigkeit der erbrachten kritischen Dienstleistung bedroht ist, oder wenn sie nicht bereits automatisiert oder mit wenig Aufwand abgewehrt werden kann.[167] Die NIS-RL wird in Art. 14 Abs. 4 konkreter: Hier wird maßgeblich auf die Anzahl der Betroffenen, die Dauer und die geografische Ausbreitung des Vorfalls als Faktoren abgestellt. Der deutsche Gesetzgeber geht hier mit der Meldepflicht gem. § 8b Abs. 4 Nr. 2 BSIG wieder über die Vorgaben der EU hinaus, die in Art. 4 Nr. 7 NIS-RL vorsieht, dass meldepflichtige Sicherheitsvorfälle lediglich alle Umstände oder Ereignisse sind, die **tatsächlich** negative Auswirkungen haben. Dem Schritt in Richtung eines gemeinsamen EU-Cyber-Security-Rahmens wird Rechnung getragen, indem das BSI ggf. andere europäische Behörden informiert (§ 8b Abs. 2 Nr. 4d BSIG).[168]

b) Meldungsinhalt

54 Der Meldungsinhalt muss gem. § 8b Abs. 4 Satz 2 BSIG folgende Angaben enthalten: 1) Angaben zur Störung, 2) Angaben zu möglichen grenzüberschreitenden Auswirkungen der Störung, 3) Angaben zu den technische Rahmenbedingungen insbesondere der vermuteten oder tatsächlichen Störungsursache, 4) Angaben zur Art der betroffenen Einrichtung oder Anlage, 5) Angaben zur erbrachten kritischen Dienstleistung und zur Auswirkung der Störung auf diese Dienstleistung. Im Fall einer Störung ohne Ausfall und Beeinträchtigung ist gem. § 8b Abs. 4 Satz 3 BSIG keine namentliche Nennung des Betreibers erforderlich, sondern pseudonym möglich. Dies soll das Funktionieren eines vertrauensvollen Informationssystems auf Kooperationsbasis zwischen BSI und Betreibern gewährleisten.[169] Zudem wird dem Grundsatz der Datensparsamkeit aus § 3a BDSG a. F. und der Sensibilität der

---

165 Vgl. Art. 14 Abs. 3 NIS-RL; für Kleinst- und kleine Unternehmen gilt gem. § 8d Abs. 1 BSIG keine Meldeverpflichtung.

166 So auch: *Hornung*, NJW 2015, 3334, 3336.

167 BT-Drs. 18/4096, S. 27.

168 Vgl. Art. 14 Abs. 5 NIS-RL.

169 *Roßnagel*, DVBl. 2015, 1206, 1210.

Meldungen Rechnung getragen.[170] In anderen Fällen ist eine benannte Meldung notwendig, um eine schnelle Krisenreaktion auf eine unmittelbare Gefährdung der Versorgungssicherheit zu ermöglichen, Rückfragen zu stellen, sowie rechtzeitig andere Betreiber zu bewahren.[171]

2. Meldepflichten von Anbietern digitaler Dienste

Den Anbietern digitaler Dienste kommt gem. § 8c Abs. 3 BSIG eine Meldeverpflichtung für all diejenigen Störungen zu, die **erhebliche Auswirkungen** auf die Bereitstellung eines ihrer digitalen Dienste innerhalb der EU haben.[172] Dies gilt gem. § 8d Abs. 4 Satz 2 BSIG nicht für Anbieter, die ihren Hauptsitz in einem anderen Mitgliedstaat der EU haben, oder wenn der Hauptsitz außerhalb der EU ist, sie einen Vertreter in einem anderen Mitgliedstaat der EU benannt haben, in dem die digitalen Dienste ebenfalls angeboten werden.[173] Die staatliche Aufsicht durch das BSI erfolgt nur ex post, d.h. der Betreiber eines betroffenen digitalen Dienstes muss den Dienst bei Aufnahme nicht anzeigen. 55

Die **Erheblichkeit** ist nach den Kriterien der Anzahl der betroffenen Nutzer, der Dauer, des Ausmaßes und der Auswirkungen des Vorfalls zu beurteilen (vgl. § 8c Abs. 3 Nr. 1–5 BSIG). Zur Beurteilung der Erheblichkeit der Auswirkungen wird nach Verabschiedung der Durchführungsrechtsakte der EU gem. Art. 16 Abs. 8 NIS-RL (Entwurf 2017)[174] mehr Klarheit herrschen. Erheblichkeit ist nach Art. 4 des Entwurfs beispielsweise gegeben, wenn ein Dienst mehr als fünf Millionen Nutzerstunden ausfällt, Daten von mehr als 100.000 Nutzern abhandengekommen oder beschädigt worden sind, oder wenn bei mindestens einem der Nutzer ein Schaden von über einer Million Euro entstanden ist. Gem. Art. 16 Abs. 3 NIS-RL muss die Meldung Informationen enthalten, die der zuständigen Behörde die Beurteilung einer etwaigen grenzüberschreitenden Relevanz ermöglicht. Aufgrund dieser weitgehenden Anforderungen, insbesondere auch die erforderliche Scha- 56

---

170 *Gitter/Meißner/Spauschus*, DuD 2016, 7, 9.

171 *Gitter/Meißner/Spauschus*, DuD 2016, 7, 9.

172 Vgl. Art. 16 Abs. 3 NIS-RL.

173 Vgl. Art. 18 NIS-RL.

174 Commission Implementing Regulation (EU) of XXX laying down rules for application of Directive (EU) 2016/1148 of the European Parliament and the Council as regards further specification of the elements to be taken into account by digital service providers for managing the risks posed to the security of network and information systems and of the parameters for determining whether an incident has a substantial impact, http://eur-lex.europa.eu/legal-content/EN/TXT/HTML/?uri=PI_COM:Ares(2017)4460501&from=EN (zuletzt abgerufen: 4.3.2019).

densbeurteilung Dritter ist mit einigem Aufwand für Anbieter digitaler Dienste zu rechnen.[175] Bemerkenswert ist auch, dass die Meldepflicht gem. § 8c Abs. 3 Satz 2 BSIG entfällt, wenn dem Anbieter Informationen zur Bewertung des Vorgangs nach den Kriterien des BSIG fehlen.[176]

57 An der Regelung des § 8c BSIG werden mangelnde Schutzziele kritisiert, weshalb von einer Meldepflicht auszugehen ist, wenn die generellen Schutzziele der IT-Sicherheit, Verfügbarkeit, Vertraulichkeit, Integrität oder Authentizität beeinträchtigt sind.[177] Zudem sei die Zusammenarbeit zwischen Datenschutzbehörden und IT-Sicherheitsaufsicht nur für wesentliche und nicht für die digitalen Dienste in Art. 15 Abs. 4 NIS-RL geregelt.[178] Die Möglichkeit zur Unterrichtung der Öffentlichkeit über den Vorfall gem. Art. 16 Abs. 7 NIS-RL ist nicht ins deutsche Recht umgesetzt worden.[179]

3. Bewältigung von Störungen und Befugnisse des BSI

58 Die branchenspezifischen Mindestanforderungen nach § 8a Abs. 1 sollen auch Maßnahmen zur Detektion und Behebung von Störungen beinhalten.[180] Das BSI kann gem. § 8a Abs. 3 Satz 5 BSIG als Gefahrenabwehrbehörde nach ihrem Ermessen Beseitigung von Sicherheitsmängeln bei KRITIS verlangen.[181]

59 Gem. § 8c Abs. 4 BSIG kann das BSI die Übermittlung von Unterlagen zur Beurteilung der IT-Sicherheit eines digitalen Dienstes verlangen, wenn Anhaltspunkte dafür vorliegen, dass diese nicht ausreichend gegeben ist.[182] Wenn die Voraussetzungen von § 8c Abs. 1, 2 BSIG vorliegen, kann das BSI zudem von dem betroffenen digitalen Dienst die Beseitigung des Mangels verlangen (§ 8c Abs. 4 Satz 1 Nr. 2 BSIG).[183] Dies gilt. gem. § 8d Abs. 4 Satz 3 BSIG bei Anbietern mit Hauptniederlassung außerhalb von Deutschland nur, wenn sie in der BRD Informationssysteme betreiben, die sie zur Bereitstellung von Diensten innerhalb der EU nutzen. Es besteht auch ein Anord-

175 *Schallbruch*, CR 2017, 798, 801.
176 Das ist auch von der NIS-RL vorgesehen, vgl. Art. 16 Abs. 4 Satz 2 NIS-RL.
177 *Schallbruch*, CR 2016, 663, 668.
178 *Schallbruch*, CR 2016, 663, 668.
179 *Hornung*, NJW 2015, 3334, 3338 hält wohl eine Ergänzung für erforderlich; *Schallbruch*, CR 2016, 663, 668 hält es für möglich die allgemeine Kompetenz aus § 7 fruchtbar zu machen.
180 BT-Drs. 18/4096, S. 25.
181 Vgl. Art. 15 Abs. 3 NIS-RL.
182 Vgl. Art. 17 Abs. 2 a) NIS-RL.
183 Vgl. Art. 17 Abs. 2 b) NIS-RL.

nungsrecht des BSI zur Beseitigung von Sicherheitsmängeln gegenüber der Gesellschaft für Telematik (§ 291b Abs. 8 Satz 2 SGB V). Die Mängelbeseitigung kann notfalls mit Hilfe des Verwaltungszwangs durchgesetzt werden. Bei Telekommunikationsbetreibern liegt das Anordnungsrecht zur Mängelbeseitigung wiederum bei der BNetzA (§ 109 Abs. 4 Satz 5 TKG). Im TMG, dem AtG und dem EnWG ist keine solche Anordnungsbefugnis enthalten.[184]

Die Wiederherstellung der Sicherheit und Funktionsfähigkeit informations- **60** technischer Systeme kann in herausgehobenen Fällen durch das BSI oder beauftragte Dritte durchgeführt werden (vgl. § 5a BSIG). Ein herausgehobener Fall wird in § 5a Abs. 2 BSIG näher beschrieben und soll laut Gesetzesbegründung etwa dann vorliegen, wenn Standardsicherheitsmaßnahmen zur Abwehr nicht ausreichen und wenn DDoS-Angriffe in außergewöhnlicher Bandbreite und Technik durchgeführt werden.[185] Erforderlich ist dafür aber das Ersuchen des betroffenen KRITIS-Betreibers.[186] In Einzelfällen ist ein Einsatz auch über den originären Anwendungsbereich hinaus möglich (vgl. § 5a Abs. 7 BSIG). Die oben angesprochenen Computer-Notfall-Teams (CERT, CSIRT) und mobilen Einsatzteams (MIRT) können bei Bewältigung von Störungen vor Ort eingesetzt werden.[187] Damit von einem Hilfeersuchen nicht abgesehen wird, sind erste Maßnahmen kostenlos.[188] Für den Schutz der Informationen der Meldenden sieht § 5a Abs. 3, 4 BSIG besondere Vorgaben vor. Das BSI kann soweit erforderlich IT-Hersteller zur Mitwirkung bei der Wiederherstellung verpflichten (vgl. § 5a Abs. 6 BSIG). § 5a Abs. 3 Satz 1 BSIG, der die Verarbeitung und Nutzung von personenbezogenen Daten und solchen die dem Fernmeldegeheimnis unterliegen für Fälle § 5a Abs. 1 BSIG erlaubt, kann zu Konflikten mit dem Datenschutz führen.[189] Der Einsatz der MIRTs dient dabei sowohl dem Zweck der effektiven Wiederherstellung der IT-Sicherheit bei Überforderung des KRITIS-Betreibers als auch der „Vor-Ort"-Analyse und Informationsgewinnung über neue Cyber-Angriffe.[190]

---

184 Im Hinblick auf die Umsetzung von Art. 15 Abs. 3 NIS-RL zweifelhaft.

185 BT-Drs. 18/11242, S. 40 f.

186 Im Hinblick auf die bereits vorhandene Untersuchungsbefugnis des BSI gem. § 8a Abs. 4 BSIG erscheint diese Voraussetzung aber eher theoretischer Natur, vgl. *Schallbruch*, CR 2018, 215, 219.

187 Vgl. Art. 9 NIS-RL; auch die MIRT im Blick habend: BT-Drs. 18/11242, S. 30.

188 BT-Drs. 18/11242, S. 39.

189 *Kipker*, MMR 2017, 143, 145.

190 BT-Drs. 18/11242, S. 39 ff.; zu den Gefahren einer möglichen Datenweitergabe gem. § 5 Abs. 4, Abs. 5 BSIG: *Schallbruch*, CR 2018, 215, 219.

4. Spezialgesetzliche Meldepflichten

61 Die Meldepflichten aus § 8b Abs. 4 BSIG sind gem. § 8d Abs. 3 BSIG in einigen Fällen nicht anzuwenden. Mit Ausnahme einiger „benannter Fälle" (§ 109 Abs. 5 TKG, § 44b AtG, § 11 Abs. 1c EnWG, § 291b SGB V) ist dies dann der Fall, wenn Betreiber sonstiger Infrastrukturen aufgrund anderer Regelungen ähnliche oder weitergehende Anforderungen erfüllen müssen.[191] Die spezialgesetzlich normierten Meldepflichten entsprechen ihrer Struktur nach der des § 8b Abs. 4 BSIG als lex generalis.

a) Meldepflichten im Energierecht

62 Die für Betreiber von Energieversorgungsnetzen und Energieversorgungsanlagen gem. § 11 Abs. 1c Satz 1 EnWG eingeführte Meldepflicht unterscheidet sich kaum von derjenigen nach § 8b Abs. 4 BSIG. Sie gilt ausnahmslos für Betreiber von Energieversorgungsnetzen, aber nur für diejenigen Energieanalagen, die der BSI-KritisV unterfallen. Die Meldung erfolgt über eine Kontaktstelle gegenüber dem BSI, welches die Informationen an die BNetzA weiterleitet (§ 11 Abs. 1c Satz 4 EnWG). Hat die Störung tatsächlich zu einem Ausfall oder einer Beeinträchtigung der Kritischen Infrastruktur geführt, so muss eine Meldung unter Angabe des Betreibers erfolgen (§ 11 Abs. 1c Satz 3 EnWG).

b) Meldepflichten im Atomrecht

63 Gem. § 44b AtG müssen **Beeinträchtigungen** gemeldet werden, die zur Gefährdung oder Störung der nuklearen Sicherheit führen können oder bereits geführt haben. Die Meldepflicht für Inhaber von Genehmigungen nach dem AtG geht daher weiter als die für Betreiber von KRITIS, denn § 8b Abs. 4 BSIG erfordert erhebliche Beeinträchtigungen. Dies lässt sich mit dem besonderen Gefahrenpotenzial von Kernenergieanlagen rechtfertigen. Interessant ist, dass Beeinträchtigung hier die Ursache und nicht das Ergebnis einer etwaigen Störung wie im BSIG ist.[192] Die Meldung erfolgt dabei gegenüber dem BSI, welches die Meldung unverzüglich an die zuständigen Genehmigungs- und Aufsichtsbehörden von Bund und Ländern sowie den von ihnen bestimmten Sachverständigen nach § 20 AtG weiterleitet. Eine pseudonyme

---

191 Vgl. auch: BT-Drs. 18/4096, S. 29; dies ermöglicht dem Gesetzgeber weitere spezialgesetzliche Anforderungen zu schaffen, ohne das BSIG ändern zu müssen.

192 *Hornung*, NJW 2015, 3334, 3337.

Meldung wurde nicht aufgenommen, erscheint bei der geringen Zahl der Anbieter aber auch redundant.[193]

c) Meldepflichten im Telekommunikationsrecht

§ 109 Abs. 5 TKG enthält eine Meldepflicht für **Beeinträchtigungen**, die zu **beträchtlichen Sicherheitsverletzungen** führen oder führen können.[194] Die Meldung erfolgt gegenüber dem BSI und der BNetzA (§ 109 Abs. 5 Satz 1 TKG).[195] Problematisch ist, dass das TKG Sicherheitsverletzungen nicht definiert.[196] Umfasst sein sollen gem. § 109 Abs. 5 Satz 2 TKG solche Störungen, die zu einer Einschränkung der Verfügbarkeit der über die Netze erbrachten Dienste, oder zu einem unerlaubten Zugriff auf Telekommunikations- und Datenverarbeitungssysteme der Nutzer führen können. Damit sind auch Veränderungen und Manipulationen der Internet-Infrastruktur umfasst sowie der Missbrauch einzelner Server oder Anschlüsse.[197] Die BNetzA kann einen detaillierten Bericht gem. § 109 Abs. 5 Satz 4 TKG verlangen und gem. § 109 Abs. 5 Satz 6 TKG die Öffentlichkeit unterrichten, oder die Verpflichteten dazu auffordern, wenn eine Bekanntgabe im öffentlichen Interesse liegt. Zudem ist ein Auskunftsverlangen in entsprechender Anwendung des § 8e BSIG gem. § 109 Abs. 5 Satz 7 TKG möglich. Eine pseudonyme Meldung über eine Kontaktstelle ist im TKG nicht vorgesehen. 64

Telekommunikationsanbieter als Provider oder Zugangsanbieter für End- 65
kunden können nicht nur Ziele von Angriffen sein, sondern auch als Sprungbrett für Angriffe oder für die Weiterverbreitung von Schadsoftware genutzt werden.[198] Dies rechtfertigt **weitreichendere Meldepflichten** als die des § 8b Abs. 4 BSIG und zwar im Verhältnis zwischen TK-Anbieter und Nutzer, da den TK-Anbietern eine besondere Verantwortung für die IT-Sicherheit in einer digitalen Gesellschaft zukommt.[199] TK-Anbieter haben ihren Nutzern deshalb nach § 109a Abs. 4 Satz 1 TKG alle ihnen bekannt gewordenen Stö-

193 *Hornung*, NJW 2015, 3334, 3337.

194 Einführung durch die TKG-Novelle 2012; Geschichtlicher Abriss der Sicherheitsanforderungen im TK-Recht: *Liedtke* in: Möstl/Wolff, IT-Sicherheit als Herausforderung für Wirtschaft und Staat, S. 54 ff.

195 Meldeformular der BNetzA: https://www.bundesnetzagentur.de/SharedDocs/Downloads/DE/Sachgebiete/Telekommunikation/Unternehmen_Institutionen/Anbieterpflichten/OeffentlicheSicherheit/mitteilungeinersicherheitsverletzung/Mitteilungsformular_%C2%A7_109_(5)_TKG.pdf?__blob=publicationFile&v=13 (zuletzt abgerufen: 4.3.2019).

196 *Hornung*, NJW 2015, 3334, 3337.

197 *Gitter/Meißner/Spauschus*, DuD 2016, 7, 9.

198 *Schallbruch*, CR 2018, 215, 220.

199 *Roos*, MMR 2014, 723, 727; *Roßnagel*, DVBl. 2015, 1206, 1211.

rungen zu melden, die von deren Datenverarbeitungssystemen ausgehen.[200] Soweit technisch möglich und zumutbar, haben sie die Nutzer gem. § 109a Abs. 4 Satz 2 TKG darauf hinzuweisen, wie sie die Störung erkennen und beseitigen können. Die Hinweispflicht erfordert keine individuelle Beratung oder Bereitstellung von Werkzeugen, sondern ist auf das technisch Mögliche und Zumutbare begrenzt.[201] Diskutiert wird eine Einschränkung dieser Hinweispflicht auf die Beseitigung von Störungen, die auch im Interesse der Allgemeinheit liegen.[202] Gem. § 109 Abs. 4 Satz 3 TKG darf der TK-Anbieter, um eine Benachrichtigung zu ermöglichen, auch Datenverkehr von und zu einem Nutzer umleiten, von dem eine Störung ausgeht. Es darf zum Zwecke der Benachrichtigung nur auf solche Verkehrsdaten zugegriffen werden, die bereits aufgrund anderer Vorschriften erhoben oder gespeichert wurden.[203] Die erhöhten Verpflichtungen der TK-Anbieter hängen mit ihren ebenfalls erhöhten Möglichkeiten bei der Datenerhebung (vgl. § 100 TKG) zusammen.[204]

66 Gem. § 109a Abs. 5 TKG darf der Telekommunikationsanbieter die Nutzung des Telekommunikationsdienstes einschränken, umleiten oder unterbinden, um eine Beeinträchtigung seiner Telekommunikations- oder Datenverarbeitungssysteme zu beseitigen oder zu verhindern.[205] Diese Regelung dient sowohl dem Schutz der Systeme des TK-Anbieters, als auch der Nutzer und setzt voraus, dass der TK-Anbieter den betroffenen Nutzer bereits nach § 109a Abs. 4 Satz 1 TKG informiert hat, dieser die Störung nicht unverzüglich selbst beseitigt oder beseitigen kann und ein Eingriff in die Nutzung des Telekommunikationsdienstes zur Verhinderung oder Beseitigung der Beeinträchtigung erforderlich ist.[206]

67 Gem. § 109a Abs. 6 TKG darf auch der Datenverkehr zu Störungsquellen eingeschränkt oder unterbunden werden, soweit es erforderlich ist, um Störungen der Telekommunikations- und Datenverarbeitungssysteme der Nut-

---

200 § 109a Abs. 4 TKG wurde durch das IT-SiG eingeführt; für Meldungen gem. § 109a Abs. 4 TKG gibt es, anders als für § 109a Abs. 1 TKG noch keine Leitlinie der BNetzA und ein Meldeformular, vgl. https://www.bundesnetzagentur.de/DE/Sachgebiete/Telekommunikation/Unternehmen_Institutionen/Anbieterpflichten/Datenschutz/Datenschutzverletzungenmelden/datenschutzverletzungenmelden.html (zuletzt abgerufen: 4.3.2019).

201 *Gitter/Meißner/Spauschus*, DuD 2016, 7, 10.

202 Vgl. *Gerhardus*, in: Scheurle, TKG, § 109a, Rn. 15 m. w. N.

203 BT-Drs. 18/4096, S. 36 f.

204 *Schallbruch*, CR 2018, 215, 220.

205 § 109a Abs. 5–6 TKG wurden durch das NIS-Umsetzungsgesetz eingeführt.

206 Vgl. BT-Drs. 18/11808, S. 10.

zer zu vermeiden. Durch diese Regelung kann beispielsweise netzseitig das Nachladen von Schadprogrammen verhindert werden.[207]

d) Meldepflichten im Recht der Telemediendienste

68 Das TMG enthält keine Meldepflichten bei unerlaubten Zugriffen oder Störungen: Die behördliche Kontrolle findet somit lediglich ex post im Rahmen eines etwaigen Ordnungswidrigkeitsverfahrens statt.[208]

e) Meldepflichten für die Gesellschaft für Telematik

69 Gem. § 291b Abs. 6 Satz 2–4 SGB V besteht eine Meldepflicht der Gesellschaft für Telematik an das BSI für ihr zugegangene Meldungen einzelner zugelassener Dienste oder bestätigter Anwendungen i. S. v. § 291b Abs. 1a, Abs. 1b und Abs. 1c SGB V **über erhebliche Störungen**.

5. Meldepflichten und Störungsbewältigung im Sektor Staat und Verwaltung

70 Auch im staatlichen Bereich ist das BSI die zentrale Meldestelle für IT-Sicherheit (§ 4 Abs. 1 BSIG). Bundesbehörden müssen gem. § 4 Abs. 3 BSIG alle Informationen übermitteln, die für die IT-Sicherheit anderer Behörden relevant sind. Dazu gehört auch die Übermittlung interner Protokolldaten (vgl. § 5 Abs. 1 Satz 4 BSIG). Die Pflicht zur Übermittlung bezieht sich nicht nur auf Angriffe auf die IT, sondern auch auf dem BSI bisher unbekannte Sicherheitslücken und Schadprogramme.[209] Somit geht die Meldeverpflichtung über die von KRITIS-Betreibern und digitalen Diensten hinaus. Das BSI wiederum informiert die Bundesbehörden über sie betreffende Informationen gem. § 4 Abs. 2 Nr. 2 BSIG. Das BMI hat eine Verwaltungsvorschrift erlassen über die Durchführung der Meldeverpflichtung gem. § 4 Abs. 3, 6 BSIG.[210] Das BSI hat zudem gem. § 5a Abs. 1 BSIG die Möglichkeit die IT-Sicherheit bei einer Stelle des Bundes auf Ersuchen selbst wiederherzustellen. § 5 Abs. 5 BSIG ermöglicht im Fall relevanter Straftaten eine zeitgemäße Informationsweitergabe des BSI an Strafverfolgungsbehörden ohne dass es der erhöhten Vorraussetzungen des BVerfSchG bedarf. Der UP Bund

207 Vgl. BT-Drs. 18/11808, S. 11.
208 *Schallbruch*, CR 2017, 798, 798.
209 *Schallbruch*, CR 2017, 648, 654.
210 Allgemeine Verwaltungsvorschrift über das Meldeverfahren gemäß § 4 Abs. 6 BSIG vom 1.12.2009, http://www.verwaltungsvorschriften-im-internet.de/bsvwvbund_08122009_IT5606000111.htm (zuletzt abgerufen: 4.3.2019).

2017 weist zur Aufbereitung und Auswertung von erhaltenen Meldungen auf das Lage- und Analysezentrum des Bundes beim BSI hin, welches wiederum das CERT-Bund informiert, warnt oder alarmiert.[211]

IV. Sanktionen

71 Grundsätzlich verfolgen sowohl nationale als auch europäische Regelungen einen kooperativen Ansatz zwischen Staat und Wirtschaft.[212] Um die Einhaltung der neu geschaffenen Verpflichtungen zu gewährleisten, sind jedoch von Art. 21 NIS-RL Sanktionen vorgesehen, die wirksam, angemessen und abschreckend sein sollen.

1. Sanktionsvorschriften des BSIG

72 § 14 BSIG sieht Bußgelder für die Nichteinhaltung der Pflichten aus §§ 8a, 8b, 8c BSIG vor. Interessanterweise fällt die Mitwirkungspflicht (Zugangsgewährung gegenüber BSI) gem. § 8a Abs. 4 Satz 2 BSIG unter keinen Bußgeldtatbestand. Zuständige Ordnungswidrigkeitenbehörde ist gem. § 14 Abs. 3 BSIG das BSI. Bußgelder können bei Zuwiderhandlung gegen vollziehbare Anordnungen gem. § 14 Abs. 2 Satz 1 BSIG bis zu 100.000 EUR, in den übrigen Fällen des § 14 Abs. 2 BSIG bis zu 50.000 EUR betragen. Hierbei darf, im Vergleich zu den hohen Bußgeldandrohungen des Art. 83 DSGVO, und hinsichtlich des immensen Schadenspotenzials bei Nichtbefolgung der IT-Sicherheitspflichten, bezweifelt werden, ob eine angemessene und abschreckende Sanktion i. S. d. Art. 21 NIS-RL geschaffen wurde.[213]

73 Im Bereich digitaler Dienste, die teilweise sowohl den Sicherheitsanforderungen des § 8a BSIG, des § 8c BSIG und des § 13 Abs. 7 TMG unterliegen, könnte es zu einer Mehrzahl von Bußgeldverfahren in der Hand unterschiedlicher Ordnungswidrigkeitenbehörden kommen.[214]

2. Sanktionsvorschriften aus Spezialgesetzen

74 In den meisten Spezialgesetzen sind Sanktionen vorgesehen. § 95 Abs. 1 Nr. 2a, b EnWG enthält die Bußgeldbewährung von Verstößen wegen Nichteinhaltung des IT-Sicherheitskatalogs sowie von unterlassenen oder unrichtigen Meldungen von Vorfällen. Es kommt dabei nicht auf ein Verschulden

---

211 Im Detail: UP Bund 2017, S. 26 ff.
212 *Hornung*, NJW 2015, 3334, 3336.
213 *Byok*, BB 2017, 451, 453.
214 *Schallbruch*, CR 2017, 798, 799; *Gehrmann/Voigt*, CR 2017, 93, 95.

an.[215] Als nach § 36 Abs. 1 Nr. 1 OWiG zuständige Behörde wird das BSI für Verfehlungen bei den Meldeverpflichtungen und die BNetzA bei Nichteinhaltung der Sicherheitsanforderungen benannt. Gem. § 149 Abs. 1 Nr. 21a TKG ist die unterbliebene Meldung nach § 109 Abs. 5 Satz 1 Nr. 1 TKG bußgeldbewehrt. Zuständige Behörde ist die BNetzA. Nicht bußgeldbewehrt ist, im Gegensatz zu den Pflichten aus § 109a Abs. 1 und Abs. 3 Satz 1 TKG, die Nichteinhaltung der Pflichten aus § 109a Abs. 4 TKG, vgl. § 149 Abs. 1 Nr. 21b, 21c TKG.

§ 16 Abs. 2 Nr. 3 TMG sieht ein Bußgeld für Verstöße gegen die Anforderun- **75**
gen des § 13 Abs. 7 Satz 1 Nr. 1, 2a TMG vor. Verstöße gegen die Sicherungspflicht gegen Angriffe von außen (vgl. § 13 Abs. 7 Satz 1 Nr. 2b TMG) sind nicht erfasst. Bei den Bußgeldverfahren ergibt sich eine gespaltene Zuständigkeit. Die Datenschutzbehörde ist für den Schutz der Vertraulichkeit zuständig und in allen anderen Fällen sind es die Landesmedienanstalten.[216] Trotz Bekanntwerden einiger Vorfälle sind noch keine Bußgeldverfahren wegen Verstoßes gegen § 13 Abs. 7 TMG bekannt geworden.[217]

Auch bei der Gesellschaft für Telematik besteht bei einem Verstoß gegen **76**
Meldepflichten gem. § 307 Abs. 1a–c SGB V eine Sanktionsmöglichkeit. Als Behörde ist das BSI zuständig (vgl. § 307 Abs. 4 SGB V). Lediglich das AtG sieht keine Sanktionsmöglichkeit bei Verstößen gegen. §44a AtG vor. Dies erscheint im Hinblick auf die Anforderungen des Art. 21 NIS-RL als zweifelhafte Umsetzung.[218]

3. Einfluss auf das Zivilrecht

Die öffentlich-rechtlichen Regelungen zur IT-Sicherheit können auch Aus- **77**
wirkung auf die zivilrechtliche Verantwortlichkeit haben. Zivilrechtliche Haftungsansprüche bei mangelnder Sicherung der IT-Systeme, als Pflichtverletzung gegenüber dem geschädigten Vertragspartner oder deliktische Ansprüche wegen Verletzung des APR oder des Eigentumsrechts, sind grundsätzlich möglich und stellen einen Anreiz für die Verpflichteten dar für zureichende IT-Sicherheit zu sorgen (siehe dazu näher Kap. 10 Prozessführung und Haftung).

215 Zur Problematik: *Gehrmann/Voigt*, CR 2017, 93, 96.
216 Dies wird für problematisch gehalten: *Bartels/Backer*, DuD 2016, 22, 23; *Schallbruch*, CR 2017, 798, 798.
217 *Schallbruch*, CR 2017, 798, 799.
218 *Gehrmann/Voigt*, CR 2017, 93, 96.

78 Die Verpflichtungen des BSIG können Fahrlässigkeitsmaßstäbe der zivilrechtlichen Haftung verändern und haben jedenfalls einen Einfluss auf die Konkretisierung von Verkehrssicherungspflichten.[219] Wird beispielsweise ein Betreiber/Anbieter vom BSI über Sicherheitsrisiken informiert, so muss er umgehend seine technischen und organisatorischen Vorkehrungen prüfen.[220]

79 Bei der zivilrechtlichen Haftung von Software-Hersteller für Sicherheitslücken gilt es zu beachten, dass meist Haftungsausschlüsse und Beschränkungen vereinbart werden und nicht immer Wartungsverträge im Sinne einer steten Weiterentwicklung der Sicherheit abgeschlossen wurden.[221] Möglich ist freilich eine Haftung nach dem Produkthaftungsgesetz, die aber zahlreichen Schwierigkeiten ausgesetzt ist.[222] Aktuelle europäische Gesetzgebungsvorhaben deuten darauf hin, dass eine Erhöhung der IT-Sicherheit vorrangig über ein europäisches Zertifizierungsschema und nicht über eine Verschärfung der zivilrechtlichen Herstellerhaftung erreicht werden soll.[223] Dennoch kündigte die Kommission auch hier weitere Schritte an.[224]

V. Ausblick: IT-Sicherheitsgesetz 2.0

80 Ende März 2019 hat das BMI den Entwurf eines Zweiten Gesetzes zur Sicherheit informationstechnischer Systeme (IT-Sicherheitsgesetz 2.0 – IT-SiG 2.0) vorgelegt.[225] Vor dem Hintergrund des medial bekannt gewordenen Angriffs auf das Auswärtige Amt sowie vergangener Vorfälle wie „WannaCry" sollen nunmehr bereits vorhandene IT-Schutzmechanismen durch Mo-

---

219 *Hornung*, NJW 2015, 3334, 3339; *Spindler*, CR 2016, 297, 308.

220 *Spindler*, CR 2016, 297, 308.

221 Hierzu: *Gehrmann/Voigt*, CR 2017, 93, 97; zur ansonsten lückenhaften Haftung: *Schallbruch*, CR 2018, 215, 222.

222 *Spindler*, CR 2016, 297, 307.

223 European Commission, Proposal for a Regulation of the European Parliament and of the Council on ENISA, the „EU Cybersecurity Agency" and repealing Regulation (EU) 526/2013, and on Information and Communication Technology cybersecurity certification („Cybersecurity Act") COM (2017) 477 final, 13.9.2017, http://eur-lex.europa.eu/legal-content/EN/TXT/HTML/?uri=CELEX:52017PC0477&from=EN (zuletzt abgerufen: 4.3.2019); kritisch: *Schallbruch*, CR 2018, 215, 222.

224 Europäische Kommission/ Hohe Vertreterin der Union für Außen- und Sicherheitspolitik, Gemeinsame Mitteilung an das Europäische Parlament und den Rat, Abwehrfähigkeit, Abschreckung und Abwehr: die Cybersicherheit in der EU wirksam erhöhen, 13.9.2017, JOIN (2017) 450 final

225 Vgl. Entwurf eines Zweiten Gesetzes zur Erhöhung der Sicherheit informationstechnischer Systeme, http://intrapol.org/wp-content/uploads/2019/04/IT-Sicherheitsgesetz-2.0-_-IT-SiG-2.0.pdf (zuletzt abgerufen: 15.4.2019).

difikationen und Ergänzungen von Vorschriften des BSIG, TKG, TMG und StGB fortentwickelt und angepasst werden.[226]

Zugunsten der Gewährleistung eines IT-Verbraucherschutzes werden durch das IT-SiG 2.0 Rahmenbedingungen für ein einheitliches IT-Sicherheitskennzeichen festgesetzt, mit Hilfe derer die IT-Sicherheit der Produkte für Bürgerinnen und Bürger erstmalig transparent gemacht werden.[227] Zudem werden zur Bekämpfung etwaiger Cyber-Gefahren die Befugnisse des BSI insgesamt erweitert. Dies umfasst insbesondere eine Unterstützung der Länder, da sich Cyber-Sicherheitsvorfälle von Ländergrenzen unabhängig auswirken.[228] Darüber hinaus werden die für Betreiber von KRITIS bereits bestehenden Verpflichtungen zur Einhaltung von Mindeststandards sowie Meldepflichten auf weitere Bereiche der Wirtschaft übertragen.[229] Durch die Erweiterung der Bußgeldvorschriften, die bei gewichtigen Verstößen ähnlich den Vorschriften der DSGVO[230] Geldbußen von bis zu 20.000.000 EUR oder von bis zu 4% des weltweit erzielten Jahresumsatzes vorsehen, flankiert der Gesetzgeber die Prämisse des IT-SiG 2.0 und nimmt die Wirtschaft vermehrt in die Pflicht.[231] **81**

226 Vgl. Entwurf eines Zweiten Gesetzes zur Erhöhung der Sicherheit informationstechnischer Systeme, S. 1.

227 Vgl. Entwurf eines Zweiten Gesetzes zur Erhöhung der Sicherheit informationstechnischer Systeme, S. 21 f. und 35.

228 Vgl. Entwurf eines Zweiten Gesetzes zur Erhöhung der Sicherheit informationstechnischer Systeme, S. 35.

229 Vgl. Entwurf eines Zweiten Gesetzes zur Erhöhung der Sicherheit informationstechnischer Systeme, S. 35.

230 Siehe Kap. 4 Datenschutz, Rn. 7.

231 Vgl. Entwurf eines Zweiten Gesetzes zur Erhöhung der Sicherheit informationstechnischer Systeme, S. 23 f.

Kapitel 6
Arbeitsrecht

Hendrik Röger

Literatur: *Beckschulze/Fackeldey*, Systematischer Aufbau von Betriebsvereinbarungen zum Schutz von Beschäftigtendaten, RDV 2013, 109; *Kempter/Steinat*, Compliance – arbeitsrechtliche Gestaltungsinstrumente und Auswirkungen in der Praxis, NZA 2017, 1505; *Köhler/Häferer*, Mitbestimmungsrechte des Betriebsrats im Zusammenhang mit Compliance-Systemen, GWR 2015, 159; *Kort*, Datenschutzrechtliche und betriebsverfassungsrechtliche Fragen bei IT-Sicherheitsmaßnahmen, NZA 2011, 1319; *Mehrbrey/Schreibauer*, Haftungsverhältnisse bei Cyber-Angriffen, Ansprüche und Haftungsrisiken von Unternehmen und Organen, MMR 2016, 75; *Pallasch*, Einschränkung der Arbeitnehmerhaftung für betriebliche Tätigkeiten, RdA 2013, 338; *Podewils*, Haftungsbegrenzung nach arbeitsrechtlichen Grundsätzen auch für Vorstände und Geschäftsführer, DB 2018, 2304; *Schreiber*, Implementierung von Compliance-Richtlinien, NZA-RR 2010, 617; *Steffen/Stöhr*, Die Umsetzung von Compliance-Maßnahmen im Arbeitsrecht, RdA 2017, 43; *Waltermann*, Risikozuweisung nach den Grundsätzen der beschränkten Arbeitnehmerhaftung, RdA 2005, 98; *Wilhelmi*, Beschränkung der Organhaftung und innerbetrieblicher Schadensausgleich, NZG 2017, 681; *Zimmer/Helle*, Tests mit Tücke – Arbeitsrechtliche Anforderungen an Social Engineering Tests, BB 2016, 1269.

Übersicht

I. Arbeitsrechtliche Grundlagen

1 Die herkömmliche Unterteilung im Arbeitsrecht zwischen dem sog. **Individualarbeitsrecht** (Arbeitsvertragsrecht) und dem **Kollektivarbeitsrecht** (Recht der kollektiven Interessenvertretung der Arbeitnehmer) hat auch für den Bereich Cyber-Security Bedeutung. Die Arbeitgeber und Arbeitnehmer zur Vermeidung und zur Bekämpfung von Cyber-Risiken treffenden Rechte und Pflichten entspringen dabei sowohl aus den individuellen Arbeitsvertragsverhältnissen, wie auch aus den Vorgaben der betrieblichen Mitbestimmung.

1. Individualarbeitsrecht

2 Aus dem Arbeitsverhältnis sind Arbeitgeber und Arbeitnehmer bestimmten Hauptleistungspflichten unterworfen und müssen zudem auch vertragliche Nebenpflichten beachten. Darüber hinaus treffen Arbeitnehmer besondere Handlungspflichten, wenn diese in Cyber-Security-Richtlinien oder ähnlichen Handlungsanweisungen geregelt sind.

a) Beschäftigung als Verantwortlicher für Cyber-Security

3 Die Abwehr von Cyber-Security-Gefahren ist Teil der **arbeitsvertraglichen Hauptleistungspflicht**, wenn ein Arbeitnehmer als Verantwortlicher für Cyber-Security beschäftigt wird, etwa als Cyber-Security-Manager, Cyber-Security & IT-Risk-Officer oder als Mitarbeiter eines (Cyber-Security-)Response-Teams. Verletzt ein Arbeitnehmer seine diesbezüglichen Hauptleistungspflichten kann er sich – nach Maßgabe der von der Rechtsprechung

entwickelten Grundsätze zur privilegierten Arbeitnehmerhaftung – gem. §§ 280 Abs. 1, 619a BGB schadensersatzpflichtig machen (siehe unten Rn. 57 ff.).[1]

b) Handlungspflichten aus Cyber-Security-Richtlinien

4 Pflichten eines Arbeitnehmers zur Vorbeugung („preparedness") und zum Umgang („response") mit Sicherheitsvorfällen resultieren in der Praxis häufig aus speziellen, von Unternehmen aufgestellten Regelungen, sog. Cyber-Security-Richtlinien. Damit Arbeitnehmer arbeitsrechtlich aus Cyber-Security-Richtlinien verpflichtet werden können, müssen die Richtlinien zum verbindlichen Bestandteil des Arbeitsverhältnisses gemacht werden. Diese **arbeitsvertragliche Implementierung** von Cyber-Security-Richtlinien geschieht in der Praxis im Wesentlichen auf drei unterschiedlichen Wegen:

- Erstens können Arbeitgeber grundsätzlich über ihr **Weisungsrecht** (§ 106 GewO) bestehende vertragliche oder gesetzliche Handlungspflichten im Bereich Cyber-Security konkretisieren und detaillieren.[2] Das arbeitgeberseitige Direktionsrecht gibt dem Arbeitgeber eine hohe Flexibilität und Gestaltungsfreiheit, darf sich andererseits aber nur innerhalb der durch höherrangiges Recht gesetzten Grenzen bewegen und nicht gegen arbeitsvertragliche Vereinbarungen, Betriebsvereinbarungen, Tarifverträge oder gesetzliche Bestimmungen verstoßen (§ 106 Satz 1 GewO). Die Erweiterung des bestehenden gesetzlichen oder vertraglichen Pflichtenkreises bedarf deshalb einer vertraglichen, also einvernehmlichen Abmachung und kann nicht vom Arbeitgeber einseitig angeordnet werden.[3]
- Zweitens können Cyber-Security-Richtlinien durch eine **arbeitsvertragliche Inbezugnahme** ausdrücklich zu einem Bestandteil des Arbeitsvertrags erhoben werden, indem der ursprüngliche Arbeitsvertrag oder eine Vertragsergänzung auf bestimmte Richtlinien verweist. Derart in den Arbeitsvertrag implementierte Richtlinien müssen sich ihrerseits aber an die Vorgaben der §§ 305 ff. BGB halten. Ihre Bestimmungen dürfen weder überraschend oder mehrdeutig (§ 305c BGB) sein, noch dürfen sie den Arbeitnehmer unangemessen benachteiligen (§ 307 Abs. 1 BGB). In der Praxis weit verbreitet sind daneben Verweisungen auf Cyber-Security-Richtlinien „in ihrer jeweils gültigen Fassung". Diese sog. dynami-

1 Eine Minderung des Vergütungsanspruchs bei Schlechtleistung ist ausgeschlossen, weil das Arbeitsrecht keine Gewährleistungsregeln kennt.

2 Vgl. *Steffen/Stöhr*, RdA 2017, 43, 46; *Kempter/Steinat*, NZA 2017, 1505, 1509 f.; *Schreiber*, NZA-RR 2010, 617, 618.

3 *Preis*, in: ErfK, § 106 GewO Rn. 5.

schen Verweisungen stoßen in der Praxis an Grenzen, wenn der Erlass aktualisierter Cyber-Security-Richtlinien dem Arbeitnehmer zusätzliche Pflichten auferlegen soll. Eine solche dynamische Klausel wird sich dem Einwand ausgesetzt sehen, als „Blankoscheck" gegen die Vorschrift des § 308 Nr. 4 BGB zu verstoßen und zudem intransparent nach § 307 Abs. 1 Satz 2 BGB zu sein.[4] Sollen demnach Cyber-Security-Richtlinien nach ihrer ersten vertraglichen Inbezugnahme so geändert werden, dass bisherige vertragliche Bindungen zuungunsten des Arbeitnehmers erweitert werden (etwa indem einem Arbeitnehmer weitere Handlungspflichten zur Vorbeugung oder Abwehr von Cyber-Security-Risiken auferlegt werden), ist eine zweiseitig zu schließende Vertragsänderung dringend anzuempfehlen.[5]

– Drittens können **Betriebsvereinbarungen** Pflichten von Arbeitnehmern begründen. In Betriebsvereinbarungen begründete Rechte und Pflichten gelten gemäß § 77 Abs. 4 BetrVG unmittelbar und zwingend im Arbeitsverhältnis, d. h. haben eine gesetzesgleiche, normative Wirkung.[6] Diese Wirkung und ihre Abänderbarkeit durch ergänzende bzw. ersetzende Betriebsvereinbarungen machen Betriebsvereinbarungen in Betrieben mit Betriebsrat zur ersten Wahl bei der Einführung von Cyber-Security-Richtlinien.[7] Für leitende Angestellte im Sinne des BetrVG können Cyber-Security-Richtlinien über Vereinbarungen mit einem Sprecherausschuss (§ 28 Abs. 2 Satz 1 SprAUG) verbindlich gemacht werden.

5 Wenn Arbeitnehmer in der Praxis mit Schadensersatzforderungen oder disziplinarischen Maßnahmen (Ermahnungen, Abmahnungen, Kündigungen) infolge einer Verletzung unternehmensinterner Richtlinien konfrontiert sind, wird häufig von Arbeitnehmerseite die **Kenntnis** der Richtlinien und deren **Verbindlichkeit** in Abrede gestellt. Diesem Einwand kann ein Arbeitgeber nicht nur dadurch vorbeugen, dass im verwendeten Arbeitsvertrag die Cyber-Security-Richtlinien, auf deren Einhaltung der Arbeitnehmer ausdrücklich verpflichtet wird, möglichst konkret bezeichnet werden bzw. dass diese Richtlinien womöglich sogar als Anlage zum Arbeitsvertrag genommen werden, sondern auch indem – etwa im Anschluss an eine Schulung (siehe unten Rn. 27) – die Kenntnisnahme und das Einverständnis des Ar-

---

4 Vgl. *Steffen/Stöhr*, RdA 2017, 43, 45; *Schreiber*, NZA-RR 2010, 617, 619 mit Formulierungsvorschlag zu einer beschränkten dynamischen Verweisklausel.

5 Vgl. *Steffen/Stöhr*, RdA 2017, 43, 45. Die zwangsweise Einführung von Cyber-Security-Richtlinien über den Ausspruch von Massen-Änderungskündigungen ist praktisch nahezu aussichtslos, vgl. *Kempter/Steinat*, NZA 2017, 1505, 1507.

6 *Kania*, in: ErfK, § 77 BetrVG Rn. 5.

7 Vgl. *Schreiber*, NZA-RR 2010, 617, 623.

beitnehmers mit den Inhalten einer Cyber-Security-Richtlinie ausdrücklich bestätigt und diese Bestätigung zum Bestandteil der (elektronischen) Personalakte gemacht wird. Auch die Aufstellung von Cyber-Security-Richtlinien über Betriebsvereinbarungen und ihre Bekanntmachung in den betriebsüblichen Veröffentlichungsmedien (beispielsweise Aushänge oder Intranet) sichert eine dokumentierte Kenntnisnahme durch die Arbeitnehmer. Nach § 77 Abs. 2 Satz 3 BetrVG sind Betriebsvereinbarungen ohnehin an geeigneter Stelle im Betrieb „auszulegen“.[8]

c) Arbeitsvertragliche Nebenpflichten

Selbst wenn bei vielen Arbeitnehmern in der Praxis die Abwehr von Cyber- **6**
Security-Gefahren nicht zu den primären Arbeitsaufgaben gehört und nicht in allen Unternehmen dezidierte Cyber-Security-Richtlinien existieren, sind gleichwohl alle Arbeitnehmer aus den einem jedem Arbeitsverhältnis immanenten vertraglichen Nebenpflichten dazu angehalten, durch Schutzmaßnahmen und Anzeigen ihren Beitrag zum Schutz vor Cyber-Angriffen und deren Abwehr zu leisten. Im Arbeitsverhältnis unterliegen beide Arbeitsvertragsparteien nämlich einer vertraglichen Rücksichtnahmepflicht (§ 241 Abs. 2 BGB), nach der sowohl der Arbeitgeber als auch der Arbeitnehmer jeweils auf die Rechtsgüter und Interessen seines Vertragspartners Rücksicht nehmen müssen. Der Arbeitnehmer ist demnach in den Grenzen seiner Möglichkeiten und der Zumutbarkeit verpflichtet, einen dem Betrieb drohenden Schaden zu verhindern, jedenfalls unverzüglich dem Arbeitgeber anzuzeigen (**Schutz- und Anzeigepflicht**).[9] In seinem Arbeitsbereich aufgetretene, nicht völlig unerhebliche Störungen und Schäden hat er dem Arbeitgeber anzuzeigen und Schäden zu beseitigen, soweit ihm dies möglich und zumutbar ist.[10] Dies umfasst auch die Pflicht des Arbeitnehmers, in Notfällen über den Rahmen der arbeitsvertraglichen Hauptpflicht hinaus tätig zu werden.[11] Die Verletzung einer arbeitsvertraglichen Nebenpflicht ist eine Pflichtverletzung im Sinne von §§ 280 Abs. 1, 619a BGB und kann den Arbeitnehmer – nach den Regeln der privilegierten Arbeitnehmerhaftung (siehe unten Rn. 57 ff.) – schadensersatzpflichtig machen.

---

8 Die Veröffentlichung einer Betriebsvereinbarung im Intranet erfüllt die Anforderung von § 77 Abs. 2 Satz 3 BetrVG. Die Auslegepflicht ist aber lediglich eine Ordnungsvorschrift, deren Verletzung den Arbeitgeber nicht zum Schadensersatz verpflichtet, vgl. *Richardi*, in: Richardi, BetrVG, § 77 Rn. 42.

9 BAG, 1.6.1995 – 6 AZR 912/94, NZA 1996, 135.

10 *Müller-Glöge*, in: MüKo BGB, § 611 Rn. 1082.

11 *Preis*, in: ErfK, § 611a BGB Rn. 744.

2. Kollektivarbeitsrecht

a) Beteiligungsrechte von Betriebsräten

7 Während Tarifverträge und Gewerkschaften in der Praxis bei der Bewältigung von Cyber-Security-Gefahren eine untergeordnete Rolle spielen, sind Beteiligungs- und Mitbestimmungsrechte von Betriebsräten umso bedeutsamer. Dort wo ein Betriebsrat für einen Betrieb zuständig ist, ist ein Unternehmen bei der Vorbeugung und bei der Bekämpfung von Cyber-Security-Vorfällen nach Maßgabe des Betriebsverfassungsgesetzes (BetrVG) an die vorherige Mitwirkung oder sogar die vorherige Zustimmung des Betriebsrats gebunden. Im Zentrum stehen vor allem Beteiligungsrechte von Betriebsräten bei zur Vorbeugung von Cyber-Security-Gefahren getroffenen Umbau- oder Umorganisationsmaßnahmen, bei der Aufstellung von Verhaltensrichtlinien im Vorfeld (Richtlinien zur Informationssicherheit, Cyber Incident Response Plan o. Ä.) und beim Einsatz von technischen Vorbeugungs- und Abwehrmaßnahmen. Die Beteiligungsrechte sind jedoch unterschiedlich stark ausgeprägt, sie reichen von bloßen Informations- und Unterrichtungsrechten (§ 80 Abs. 2 BetrVG) bis hin zu erzwingbaren Mitbestimmungsrechten (§ 87 BetrVG).[12]

b) Mitbestimmung in Cyber-Security-Notfällen

8 In der Praxis stellt sich bei Unternehmen, die sich nicht sorgfältig auf Cyber-Security-Vorfälle vorbereitet haben, häufig das Problem, dass die dringend notwendige, sofortige Durchführung von Abwehrmaßnahmen dadurch verzögert oder gar für einen gewissen Zeitraum vereitelt wird, dass vorher noch die Mitbestimmung des Betriebsrats gewahrt werden muss. Hohe praktische Relevanz hat dies bei einem dringlichen, sofort notwendigen Einsatz von Screening-Software oder der eiligen Auswertung von Verbindungsdaten für die effektive Abwehr von laufenden Cyber-Angriffen (siehe unten Rn. 50).

9 In solchen Fällen steht ein Arbeitgeber allerdings vor der gesetzlichen Forderung, vor dem **Einsatz technischer Abwehrmaßnahmen** zwingende Mitbestimmungsrechte des zuständigen Betriebsrats, insbesondere aus § 87 Abs. 1 Nr. 6 BetrVG zu beachten. So hat der Betriebsrat nach § 87 Abs. 1 Nr. 6 BetrVG bei der „Einführung und Anwendung von technischen Einrichtungen, die dazu bestimmt sind, das Verhalten oder die Leistung der Arbeitnehmer zu überwachen", ein zwingendes Mitbestimmungsrecht.

---

12 Siehe unten Rn. 24 ff., 32 ff., 42 und 46 ff.

Das im Bereich Cyber-Security zentrale Mitbestimmungsrecht des § 87 Abs. 1 Nr. 6 BetrVG gehört zum **Kernbereich der betrieblichen Mitbestimmung** und begründet als sog. erzwingbares Mitbestimmungsrecht den höchsten Grad der betrieblichen Mitbestimmung nach dem BetrVG.[13] Ohne Einigung mit dem Betriebsrat kann der Arbeitgeber im Bereich der in § 87 BetrVG genannten Angelegenheiten, damit auch im Anwendungsbereich von § 87 Abs. 1 Nr. 6 BetrVG, nicht wirksam handeln.[14] Bei einem Verstoß des Arbeitgebers gegen die Mitbestimmungsrechte des Betriebsrats in § 87 Abs. 1 Nr. 6 BetrVG drohen erhebliche rechtliche Konsequenzen, etwa – auch im einstweiligen Rechtsschutz durchsetzbare – Beseitigungs- und Unterlassungsansprüche des Betriebsrats, Leistungsverweigerungsrechte der betroffenen Arbeitnehmer, Löschungsansprüche der Arbeitnehmer bei rechtswidrig erlangten Daten und unter Umständen bei schwerwiegenden Verletzungen des Persönlichkeitsrechts einzelner Arbeitnehmer auch Ansprüche auf Ersatz immaterieller Schäden (Schmerzensgeld). Bei einer beharrlichen Missachtung eines Mitbestimmungsrechts ist zudem eine Strafbarkeit nach § 119 Abs. 1 Nr. 2 BetrVG (Behinderung oder Störung der Betriebsratsarbeit) denkbar.[15] **10**

Diese gesetzlichen Anforderungen an einen Arbeitgeber und ihre rechtlichen Folgen bei Nichtbeachtung kollidieren in der Cyber-Security-Praxis nicht selten mit der Notwendigkeit eines raschen und häufig auch möglichst geräuschlosen Handelns, insbesondere wenn es um effektive Abwehrmaßnahmen gegen Angriffe geht. Der in einem solchen Fall häufig zu hörende Einwand des Arbeitgebers, der Cyber-Security-Vorfall sei eine Notlage, sodass der Arbeitgeber schnellstens Gegenmaßnahmen ergreifen müsse und sich vorher nicht mehr auf ein langwieriges Mitbestimmungsverfahren einlassen könne, wird von Betriebsratsseite ebenso deutlich bestritten. **11**

Die Rechtsprechung erkennt zu dieser Problematik an, dass Sondersituationen ein schnelles Handeln erfordern können und die Einhaltung der Mitbestimmung sich bisweilen der Notlage unterordnen muss, wobei dabei zwischen **Eilfällen**, bei denen die Mitbestimmung zwingend gewahrt werden muss, und **Notfällen**, bei denen ein Arbeitgeber jedenfalls erste Maßnahmen ohne vorherige Beteiligung des Betriebsrats treffen darf, unterschieden wird. **12**

Es entspricht demnach ständiger Rechtsprechung, dass das Mitbestimmungsrecht des Betriebsrats nach § 87 BetrVG in bloßen **Eilfällen** trotzdem **13**

13 Vgl. *Kania*, in: ErfK, § 87 BetrVG Rn. 1; *Fitting*, BetrVG, § 87 Rn. 1 f.
14 *Fitting*, BetrVG, § 87 Rn. 1.
15 *Fitting*, BetrVG, § 87 Rn. 256 und 596 f., § 119 Rn. 7.

gewahrt werden muss. Die Rechtsprechung hält der Arbeitgeberseite vor, schon im Voraus mit entsprechenden Vereinbarungen Vorsorge treffen zu können.[16] Wer nicht rechtzeitig vorgesorgt habe, bringe sich durch mangelnde Organisation und Vorkehr in eine selbst geschaffene und deshalb vermeidbare Zwangslage.[17] Schon angesichts dieser rigiden Rechtsprechung kann und sollte diese Gefahr dadurch gebannt werden, dass Unternehmen vorausschauend – im Einvernehmen mit dem Betriebsrat – Cyber-Security-Richtlinien oder spezielle Rahmenregelungen zu einstweiligen Aktionsmaßnahmen in Eilfällen erlassen (siehe unten Rn. 20).

14 Anders als bei einem Eilfall ist bei **Notfällen** die Wahrung der zwingenden Mitbestimmungsrechte des § 87 BetrVG ausnahmsweise entbehrlich. Ein solcher Notfall liegt in Abgrenzung gegenüber einem Eilfall vor, wenn eine plötzliche, nicht voraussehbare und schwerwiegende Situation entsteht, die zur Verhinderung nicht wiedergutzumachender Schäden zu unaufschiebbaren Maßnahmen zwingt.[18] Ein Betriebsrat kann in derartigen Notfällen nicht verlangen, dass ein Arbeitgeber zunächst die Mitbestimmungsrechte wahrt, bevor er zu Abwehrmaßnahmen greifen und das Unternehmen vor einem erheblichen Schaden bewahren darf. Gegen den Einwand des Betriebsrats, dass für eine konkrete Notfalllage im Vorwege vorbeugende, die Mitbestimmung wahrende Vereinbarungen hätten abgeschlossen werden können und der Arbeitgeber sich deshalb durch eigenes Versäumnis in eine vermeidbare Zwangslage manövriert habe, wird sich der Arbeitgeber im Cyber-Security-Bereich je nach Sachlage mit zwei Gegeneinwänden wehren können. Zum einen werden Cyber-Angriffe immer ausgefeilter, innovativer und damit unvorhersehbarer, sodass Vereinbarungen über bestimmte Gegenmaßnahmen im Vorfeld nicht immer möglich sind. Zum anderen sind die dem Unternehmen durch Cyber-Angriffe drohenden Schäden häufig so hoch, dass sich ein Betriebsrat, der einem Arbeitgeber die dringend notwendige Abwehr solcher Schäden unter Berufung auf zuvor noch einzuhaltende Mitbestimmungsrechte zu untersagen sucht, dem Vorwurf aussetzt, den Grundsatz der vertrauensvollen Zusammenarbeit (§ 2 Abs. 1 BetrVG) zu verletzen. Soweit ein Notfall in diesem Sinne vorliegt, darf ein Arbeitgeber ausnahmsweise erste

---

16 Solchen vorbeugenden Vereinbarungen darf sich der Betriebsrat nicht versagen; der Arbeitgeber kann sie notfalls mit Hilfe der Einigungsstelle durchsetzen, vgl. BAG, 17.11.1998, 1 ABR 12/98, DB 1999, 854; LAG Niedersachsen, 3.7.2017 – 8 TaBV 42/16, NZA-RR 2017, 536, 538.

17 LAG Niedersachsen, 3.7.2017 – 8 TaBV 42/16, NZA-RR 2017, 536, 538.

18 Als typische Beispiele für solche Notfälle werden etwa Brände, Überschwemmungen, Explosionen oder andere Katastrophen genannt, siehe LAG Niedersachsen, 3.7.2017 – 8 TaBV 42/16, NZA-RR 2017, 536, 538; *Kania*, in: ErfK, § 87 BetrVG Rn. 8.

Maßnahmen auch ohne vorherige Mitbestimmung ergreifen, muss sich aber auf erforderliche, vorläufige Maßnahmen beschränken, den zuständigen Betriebsrat unverzüglich unterrichten und die Mitbestimmung alsbald nachholen.[19]

Die Befürchtung, die Einbindung von Arbeitnehmervertretern erweitere den Kreis der Mitwisser um den Cyber-Security-Vorfall bzw. um geheime Abwehrmaßnahmen und setze die effektive Bekämpfung eines Angriffs der Gefahr aus, vorzeitig publik zu werden, ist grundsätzlich kein taugliches Argument gegen eine Achtung der Mitbestimmungsrechte. Die Mitglieder des Betriebsrats unterliegen einer gesetzlich geregelten **Geheimhaltungspflicht**, deren vorsätzliche Verletzung nach § 120 BetrVG sogar strafbar ist (zur Bedeutung der Geheimhaltung bei kapitalmarktrechtlichen Veröffentlichungspflichten siehe Kap. 2 Gesellschaftsrecht). **15**

II. Kollisionsrecht

Bei internationalen Sachverhalten im Arbeitsrecht bestimmt sich das anwendbare Recht vorrangig nach den Vorschriften der Verordnung (EG) Nr. 593/2008 des Europäischen Parlaments und des Rates vom 17. Juni 2008 über das auf vertragliche Schuldverhältnisse anzuwendende Recht (**Rom I-VO**).[20] **16**

Für **Individualarbeitsverträge** bestimmt Art. 8 Abs. 1 Satz 1 Rom I-VO, dass diese in erster Linie dem Recht unterliegen, das die Arbeitsvertragsparteien gemäß Art. 3 Rom I-VO gewählt haben. Mit der Rechtswahl gemäß Art. 8 Abs. 1 Satz 1 Rom I-VO darf dem Arbeitnehmer jedoch nicht der zwingend anwendbare Schutz des Rechts entzogen werden, das ohne Rechtswahl nach Maßgabe von Art. 8 Abs. 2–4 Rom I-VO anwendbar wäre. Da nach dem in Art. 8 Abs. 2 Rom I-VO verankerten **Arbeitsortprinzip** zumeist das Recht des Staats gilt, in dem oder von dem aus der Arbeitnehmer gewöhnlich seine Arbeit verrichtet, können die Arbeitsvertragsparteien durch Rechtswahl nicht die unabdingbaren Arbeitnehmer-Schutzvorschriften ausschließen, die am Beschäftigungsort gelten. **17**

Für das **Kollektivarbeitsrecht** des Betriebsverfassungsgesetzes, also insbesondere auch für die Frage der betrieblichen Mitbestimmungsrechte, gilt das sog. **Territorialitätsprinzip**. Das Betriebsverfassungsgesetz erfasst demnach sämtliche in seinem räumlichen Geltungsbereich (innerhalb der Gren- **18**

19 *Fitting*, BetrVG, § 87 Rn. 25.
20 Außerhalb des Anwendungsbereiches der Rom I-VO gilt das IPR gemäß Art. 3 ff. EGBGB.

zen Deutschlands) befindlichen Betriebe, gleichgültig, ob es sich dabei um den Betrieb eines deutschen oder eines ausländischen Unternehmens handelt. In diesen Betrieben gelten das Gesetz und die Mitbestimmungsrechte sowohl für die deutschen wie für die ausländischen Betriebsangehörigen; auch das jeweilige Arbeitsvertragsstatut der im Betrieb beschäftigten Arbeitnehmer ist unerheblich.[21]

III. Preparedness

19 Wollen Arbeitgeber eine effektive Vorbeugung vor Cyber-Angriffen und einem daraus resultierenden Schaden gewährleisten, müssen sie wirksame Sicherheitsrichtlinien aufstellen, die Mitarbeiter über die Richtlinien und deren Inhalte informieren und die Richtlinie zum verbindlichen Bestandteil des arbeitsvertraglichen Pflichtenprogramms der Arbeitnehmer machen. Zugleich sollten Arbeitgeber ihre Mitarbeiter zu den Gefahren von Cyber-Angriffen schulen und den Erfolg der Schulung testen („train & test“). Schließlich sichern regelmäßige Kontrollen der Arbeitnehmer („check“), ob die Schulungsmaßnahmen ihre Wirkung zeigen oder eine Auffrischung notwendig ist.[22]

1. Cyber-Security-Richtlinien

20 Cyber-Security-Richtlinien können als separate Richtlinie aufgestellt oder Bestandteil einer umfassenderen IT-Sicherheitsrichtlinie[23] sein. Sie enthalten neben Regelungen zur Umsetzung von technischen Vorbeugungsmaßnahmen oftmals separate Abschnitte, die bestimmte Verhaltensanforderungen für Arbeitnehmer aufstellen, um diese für die Gefahren durch Cyber-Angriffe zu sensibilisieren und das Unternehmen vor Schäden durch die „Schwachstelle Mensch“ zu schützen.

---

21 Für nur zeitweilig in den Betrieb entsandte ausländische Mitarbeiter können bestimmte Mitbestimmungsrechte aber ausgeschlossen sein, vgl. BAG, 21.10.1980 – 6 AZR 640/79, BB 1980, 1639.

22 Die Aufstellung angemessener Schutzmaßnahmen vor Cyber-Risiken gehört zum Pflichtenprogramm eines Organs einer Kapitalgesellschaft nach § 91 Abs. 2 AktG und § 43 Abs. 1 GmbHG, vgl. *Zimmer/Helle*, BB 2016, 1269, 1269 und Kap. 2 Gesellschaftsrecht.

23 Etwa eines Informationssicherheits-Managementsystems (ISMS) nach ISO/IEC 27001 oder nach ISO 27001 auf Basis von IT-Grundschutz (BSI, Bundesamt für Sicherheit in der Informationstechnik). Nach dem sog. Umsetzungsrahmenwerk zum Notfallmanagement nach BSI-Standard 100-4 gehört die Aufstellung derartiger Richtlinien zum Notfallvorsorgekonzept.

a) Inhalt und Form

Cyber-Security-Richtlinien, die Verhaltensanforderungen von Arbeitnehmern aufstellen, bestehen in der Praxis zumeist aus folgenden Elementen: **21**

- Definition des Anwendungsbereichs
  - Persönlicher Anwendungsbereich: Anwendung auf bestimmte Arbeitnehmergruppen, für bestimmte Hierarchieebenen etc.
  - Räumlicher Anwendungsbereich: betroffene Konzernunternehmen, Betriebe, Abteilungen etc.
- Umgang mit IT-Infrastruktur (Hard- und Software)
  - Zugangseinschränkungen
  - Zugangsberechtigungen
  - Regeln zur Passwortsicherheit
  - Beschränkungen des Internetzugangs
- Umgang mit Kommunikationsmedien
  - Verwendung sicherer Internet- und E-Mail-Kommunikation
  - Vorgehen bei verdächtigen E-Mails (unbekannte Absender, Anhänge, Hyperlinks etc.)
- Umgang mit Mobilgeräten
  - Schutz vor Zugriff Dritter
  - Verwendung auf Reisen
  - Installation von Fremdsoftware
  - Umgang bei Verlust des Geräts
- Direct Response
  - Berichtslinien und Kommunikationswege bei Verdachtsfällen und Vorfällen
  - Erste-Hilfe-Maßnahmen bei Bedrohungen und Cyber-Angriffen

Auch wenn ein Arbeitgeber den Arbeitnehmern die Vorgaben nicht zwingend schriftlich zu geben hat, sondern theoretisch auch mündlich Richtlinien erlassen könnten, steht für die Praxis außer Frage, dass Cyber-Security-Richtlinien unbedingt **schriftlich niedergelegt** und den Arbeitnehmern bekannt gemacht bzw. für diese ständig verfügbar gehalten werden sollten. **22**

b) Individualarbeitsrechtliche Pflichten

Wenn und soweit Cyber-Security-Richtlinien zum wirksamen Bestandteil des Arbeitsverhältnisses geworden sind, verpflichten sie den Arbeitnehmer zur Einhaltung der darin enthaltenen Vorgaben. Verletzt der Arbeitnehmer diese Pflichten, kann der Arbeitgeber zu disziplinarischen Maßnahmen (Er- **23** mahnung, Abmahnung, Kündigung) greifen und vom Arbeitnehmer, allerdings nur nach Maßgabe der besonderen Haftungsbegrenzung im Arbeitsverhältnis (siehe unten Rn. 58 ff.), Ausgleich von etwaigen aus der Pflichtverletzung verschuldeten Schäden verlangen.

c) Beteiligungsrechte des Betriebsrats

24 Die Aufstellung von **Verhaltensrichtlinien** (zu denen auch Richtlinien zur Informationssicherheit, Cyber Incident Response Pläne etc. zählen) ist generell eine Angelegenheit, über die ein Betriebsrat mindestens nach § 80 Abs. 2 BetrVG zu informieren ist.

25 Ob und wieweit ein Betriebsrat darüber hinaus auf eine derartige Verhaltensrichtlinie bestimmend Einfluss nehmen kann, beurteilt sich nach dem zentralen Mitbestimmungsrecht des § 87 Abs. 1 Nr. 1 BetrVG. Demnach besteht ein Mitbestimmungsrecht, wenn ein Unternehmen in kollektiv wirkenden Richtlinien das sog. **Ordnungsverhalten** der Arbeitnehmer regelt. Nach § 87 Abs. 1 Nr. 1 BetrVG ist eine Regulierung des Arbeitsverhaltens mitbestimmungsfrei, sodass Maßnahmen, mit denen ein Arbeitgeber die vertraglichen Arbeitspflichten des Arbeitnehmers näher konkretisiert, nicht diesem Mitbestimmungstatbestand unterfallen. Richtlinien zur Informationssicherheit oder dem Cyber Incident Response Plan werden in weiten Teilen auf bloße Konkretisierungen der Arbeitspflicht hinauslaufen und deshalb nicht nach § 87 Abs. 1 Nr. 1 BetrVG mitbestimmungspflichtig sein.[24] Die Schwelle der Mitbestimmungspflicht bei der Aufstellung einer Verhaltensrichtlinie ist aber beispielsweise dann überschritten, wenn der Arbeitgeber den Arbeitnehmern in der Richtlinie bestimmte Vorgaben zu standardisierten Meldepflichten macht, etwa durch die Einführung eines Whistleblower- oder Ombuds-Systems.[25]

26 Meist wird die Mitbestimmungspflicht einer Verhaltensrichtlinie aber nicht alleine aus dem Tatbestand des § 87 Abs. 1 Nr. 1 BetrVG, sondern daraus folgen, dass die Richtlinie den **Einsatz technischer Mittel** gestattet, die dazu geeignet sind, dass der Arbeitgeber das Verhalten oder die Leistung der Arbeitnehmer überwachen kann, § 87 Abs. 1 Nr. 6 BetrVG (etwa wenn Meldungen über webbasierte Anwendungen oder über die IT-Systeme des Unternehmens erfolgen müssen, der Arbeitgeber unter bestimmten Voraussetzungen Datenträger oder darauf gespeicherte Daten auslesen darf sowie bei Anwen-

---

24 Vgl. *Zimmer/Helle*, BB 2016, 1269, 1272.
25 *Köhler/Häferer*, GWR 2015, 159, 160.

dung bestimmter automatischer Überwachungsprogramme (security information and event management, SIEM)).[26]

2. Schulung und Lernkontrolle („train & test")

a) Schulung und Kontrolle

Die Schulung von Arbeitnehmern vor Cyber-Security-Gefahren hat zentrale **27**
Bedeutung, die für die IT-Sicherheit bedrohliche „Schwachstelle Mensch" zu schließen und so Angriffe auf die IT-Systeme des Unternehmens frühzeitig zu erkennen und zu verhindern. Dazu sollen Arbeitnehmer für die Gefahren im Bereich Cyber-Security und die von den Angreifern verwendeten Methoden sensibilisiert werden. Schwerpunkte der Schulungen sind in der Praxis zumeist folgende Themen:

- Phishing-Attacken;
- Schädliche Anhänge und Hyperlinks im E-Mail-Verkehr;
- Sensibilität für Social-Engineering-Methoden (Ausnutzen menschlicher Schwächen wie Faulheit, Autoritätshörigkeit, Hilfsbereitschaft, Neugierde oder Spieltrieb);
- Wahrung einer ausreichenden Passwort-Qualität;
- Vorgehensweise bei verdächtigen Kontakten oder Sicherheitsvorfällen;
- Bekanntmachung und Erläuterung erlassener Cyber-Security-Richtlinien.

Um Cyber-Security-Risiken effektiv vorzubeugen und zugleich den Erfolg **28**
ihrer Schulungsmaßnahmen sicherzustellen, können Arbeitgeber ihre Arbeitnehmer zugleich daraufhin überprüfen, ob ausreichende Kenntnis der Cyber-Security-Richtlinien bestehen und diese Richtlinien eingehalten werden. Beispiele sind die Zusendung von speziell präparierten Test-E-Mails (Phishing-Attacke, infizierte E-Mails) an Arbeitnehmer oder Testanrufe durch Kollegen, die den Arbeitnehmer zur Preisgabe von Passwörtern o. Ä. provozieren. Auch sog. Penetrationstests, mit denen ein kontrollierter Angriff simuliert wird, gehören zur Palette der von Arbeitgebern angewendeten Überprüfungen.[27]

Wohlverhaltens- bzw. Zuverlässigkeits-Kontrollen (Compliance-Checks) **29**
sind durch die Rechtsprechung grundsätzlich als zulässig anerkannt. Die Zulässigkeit ist jedoch nicht unbegrenzt, da Compliance-Checks in das allgemeine Persönlichkeitsrecht des Arbeitnehmers eingreifen und demnach ge-

---

26 Ausführlich unten Rn. 46 ff.

27 Gemäß Art. 32 Abs. 1 lit. d DSGVO muss die Wirksamkeit von technischen und organisatorischen Maßnahmen regelmäßig überprüft und bewertet werden.

rechtfertigt sein müssen.[28] Sie müssen demnach verhältnismäßig sein, wobei sich die Verhältnismäßigkeit am Zweck der Kontrolle zu messen hat. Weiter müssen sie zur Durchführung des Arbeitsverhältnisses geeignet (Geeignetheit), notwendig (Erforderlichkeit) und dürfen für den Arbeitnehmer nicht mit übermäßigen Beeinträchtigungen verbunden sein (Verhältnismäßigkeit).

b) Individualarbeitsrechtliche Pflichten

30 In der Praxis sehen Cyber-Security-Richtlinien häufig die Verpflichtung von Arbeitnehmern vor, sich zu Cyber-Security-Gefahren sowie deren Vermeidung und Abwehr schulen zu lassen. Auch die Verpflichtung zur Teilnahme an Lern- bzw. Erfolgskontrollen (Compliance-Checks) wird häufig Gegenstand entsprechender Richtlinien sein. Über eine wirksame arbeitsvertragliche Implementierung der Richtlinie oder die gesetzesgleiche Wirkung einer Betriebsvereinbarung (siehe oben Rn. 4) ist der Arbeitnehmer unmittelbar diesen Pflichten unterworfen.

31 Aber selbst dann, wenn Arbeitnehmer nicht durch ausdrückliche Regelungen in Cyber-Security-Richtlinien zu Schulungen und Lernkontrollen angehalten werden, können Arbeitgeber Arbeitnehmer dazu anweisen, an einer Cyber-Security-Schulung teilzunehmen, indem sie das ihnen zustehende arbeitgeberseitige Direktionsrecht (§ 611a Abs. 1 Satz 2 BGB, § 106 GewO) ausüben. Gleiches gilt für die Anweisung, an einer Lernkontrolle zur Cyber-Security-Schulung teilzunehmen.[29] Solchen Weisungen müssen Arbeitnehmer grundsätzlich Folge leisten.[30] Das Direktionsrecht des Arbeitgebers muss sich allerdings in den Grenzen des billigen Ermessens (§ 106 Satz 1 GewO) bewegen, was sowohl eine ausreichende Vorankündigung erfordert, als auch Umfang und Ort der Schulungen begrenzt.[31] Soweit Tests zur Einhaltung von Cyber-Security-Richtlinien zulässig sind, unterliegt der Arbeitnehmer wegen seiner Rücksichtnahmepflicht aus § 241 Abs. 2 BGB zugleich einer Duldungspflicht.

---

28 *Kempter/Steinat*, NZA 2017,1505, 1512.

29 Vgl. LAG Rheinland-Pfalz, 23.1.2013 – 8 Sa 355/12 , juris; LAG Berlin, 4.3.2003 – 3 Sa 2286/02 BeckRS 2003, 41085 (mit dem Hinweis auf die Grenze des für jeden Einzelfall zu beachtenden billigen Ermessens). Nach *Zimmer/Helle*, BB 2016, 1269, 1270 muss ein Arbeitnehmer die Kontrolle bereits nach § 242 BGB dulden.

30 Vgl. LAG Hessen, 11.3.2007 – 8 Sa 1279/06; LAG Rheinland-Pfalz, 23.1.2013 – 8 Sa 355/12; vgl. auch *Tillmanns*, in: BeckOK Arbeitsrecht, § 106 GewO Rn. 18; *Lembke*, in: Henssler/Willemsen/Kalb, § 106 GewO Rn. 19; *Hunold*, NZA-RR 2001, 337, 345. Aus Art. 39 Abs. 1 lit. a DSGVO lässt sich erkennen, dass Schulungen zu Datenschutzvorschriften ohnehin zum gesetzlichen Pflichtenprogramm gehören.

31 Ausführlich *Zimmer/Helle*, BB 2016, 1269, 1270 ff.

c) Beteiligungsrechte des Betriebsrats

Will ein Arbeitgeber seine Arbeitnehmer mit **Cyber-Security-Trainings** zur Vermeidung und Bekämpfung von Cyber-Security-Gefahren schulen, kann das Beteiligungsrecht des § 98 BetrVG zum Tragen kommen. Demnach stehen einem Betriebsrat bei der Durchführung von Bildungsmaßnahmen spezielle Beteiligungsrechte zu. Auch wenn Cyber-Security-Trainings meist keine „beruflichen Bildungsmaßnahmen" im Sinne von § 98 Abs. 1 BetrVG sein werden, ist das Training hingegen regelmäßig eine „sonstige Bildungsmaßnahme im Betrieb", die insoweit einer beruflichen Bildungsmaßnahme gleichgestellt ist (§ 98 Abs. 6 BetrVG). 32

Die Entscheidung, ob ein Unternehmen Cyber-Security-Trainings und, wenn ja, mit welchem Budget durchführen will, ist mitbestimmungsfrei. Die Mitbestimmung des Betriebsrats greift in der Praxis jedoch vor allem unter zwei Gesichtspunkten: Zum einen kann der Betriebsrat ein erzwingbares Mitbestimmungsrecht geltend machen, wenn es um Inhalt, Umfang und eine Teilnahme- oder Erfolgskontrolle zu einem Cyber-Security-Training geht (§ 98 Abs. 1 BetrVG). Zum zweiten steht dem Betriebsrat das Recht zu, vorzuschlagen, welche Arbeitnehmer oder bestimmte Gruppen von Arbeitnehmern auf die Teilnehmerliste eines Cyber-Security-Trainings gesetzt werden sollen. In beiden Fällen kann der Betriebsrat bei Meinungsverschiedenheiten seine Mitbestimmung über eine Einigungsstelle erzwingen (§ 98 Abs. 4 BetrVG). 33

Ein **Compliance-Check**, der die Einhaltung der Cyber-Security-Richtlinien prüft, unterliegt allerdings grundsätzlich nicht der zwingenden betrieblichen Mitbestimmung nach § 87 Abs. 1 Nr. 1 BetrVG, da über die Prüfung nur das Arbeitsverhalten, nicht aber das Ordnungsverhalten des Arbeitnehmers kontrolliert wird. Wenn die Kontrolle hingegen unter Nutzung technischer Einrichtungen geschieht, etwa durch die Aufzeichnung und Auswertung von Verbindungs- und Nutzungsdaten eines Rechners im Rahmen einer Phishing-Prüfung, wird in aller Regel das Mitbestimmungsrecht des Betriebsrats aus § 87 Abs. 1 Nr. 6 BetrVG ausgelöst und die Durchführung des Compliance-Checks nur nach vorheriger Zustimmung des Betriebsrats zulässig sein (siehe unten Rn. 46 ff. und Kap. 4 Datenschutz, Rn. 67). 34

3. Umgestaltung der Arbeitsumgebung

Um vor Cyber-Angriffen gerüstet zu sein, können Arbeitgeber ihre IT-Infrastruktur auch durch bauliche Maßnahmen oder andere Umgestaltungen der Arbeitsumgebung schützen. Auch wenn derartige betriebliche Umgestaltun- 35 gen nicht unmittelbar auf den „Faktor Mensch" einwirken, können Arbeitnehmer gleichwohl von der Umgestaltung ihres Arbeitsplatzes betroffen sein. Für diese Fälle kommen zwei Beteiligungsrechte des Betriebsrats zum Tragen.

36 Die Vorschrift des § 90 Abs. 1 BetrVG räumt dem Betriebsrat ein nicht sonderlich stark ausgeprägtes Mitwirkungsrecht bei der Planung von **arbeitstechnischen Umgestaltungen** ein. Demnach hat ein Arbeitgeber den Betriebsrat u.a. über die Planung von Neu-, Um- und Erweiterungsbauten betrieblicher Räume (§ 90 Abs. 1 Nr. 1 BetrVG) oder über die Planung von technischen Anlagen (§ 90 Abs. 1 Nr. 2 BetrVG) rechtzeitig zu unterrichten und mit ihm darüber zu beraten. Im Rahmen von Cyber-Security-Sachverhalten kann das Unterrichtungs- und Beratungsrecht des Betriebsrats betroffen sein, wenn ein Unternehmen bauliche Schutzmaßnahmen trifft, um sich vor drohenden Cyber-Angriffen zu wappnen, etwa den Bau von Zugangskontrollen oder die bauliche Absicherung bestimmter sicherheitsrelevanter Bereiche. Das Mitwirkungsrecht gibt dem Betriebsrat jedoch weder ein erzwingbares Mitbestimmungsrecht, noch ein Initiativrecht.[32] Allerdings handelt ein Arbeitgeber, der seiner Pflicht, den Betriebsrat rechtzeitig zu unterrichten, nicht oder nur unvollständig nachkommt, gemäß § 121 Abs. 1 BetrVG ordnungswidrig[33] und muss mit einer Geldbuße von bis zu 10.000 EUR (§ 121 Abs. 2 BetrVG) rechnen.

37 Das eher schwach ausgeprägte Mitwirkungsrecht des Betriebsrats nach § 90 BetrVG wird gemäß § 91 BetrVG durch ein echtes (erzwingbares) Mitbestimmungsrecht flankiert, wenn **Änderungen der Arbeitsplätze**, des Arbeitsablaufs oder der Arbeitsumgebung, die den gesicherten arbeitswissenschaftlichen Erkenntnissen über die menschengerechte Gestaltung der Arbeit offensichtlich widersprechen, Arbeitnehmer in besonderer Weise belasten (§ 91 Satz 1 BetrVG). Für diesen Fall kann der Betriebsrat angemessene Maßnahmen zur Abwendung, Milderung oder zum Ausgleich der Belastung verlangen und diese Ausgleichsmaßnahmen auch über eine Einigungsstelle erzwingen (§ 91 Satz 3 BetrVG). Im Zusammenhang mit der Einführung von Vorbeugemaßnahmen zur Vermeidung von Cyber-Security-Angriffen ist ein derartiges Mitbestimmungsrecht zwar denkbar, die vergleichsweise hohe Schwelle (Widerspruch gegen Erkenntnisse über menschengerechte Arbeitsgestaltung, besondere Belastung der Arbeitnehmer) wird aber in der Praxis nur sehr selten überschritten sein.

---

32 *Kania*, in: ErfK, § 90 BetrVG Rn. 1.

33 OLG Düsseldorf, 8.4.1982 – 5 Ss (QWi) 136/82 I, NStZ 1982, 387.

IV. Response

Wenn es zu einem Sicherheitsvorfall kommt, etwa durch einen Cyber-Security-Angriff durch externe Angreifer, ist zum Schutz und Erhalt des Betriebs eine schnelle und effiziente Reaktion („response“) notwendig. Vordringlichstes Ziel eines Unternehmens ist es, den Angriff schnellstmöglich abzuwehren und die Sicherheit des Betriebs wiederherzustellen. **38**

1. Response-Richtlinien

Um Sicherheitsvorfällen sofort und effizient begegnen zu können, haben sich in der Praxis dezidierte Richtlinien über den richtigen Umgang mit solchen Vorfällen („incident management policy“) bewährt.[34] **39**

a) Inhalte von Response-Richtlinien

Über solche Richtlinien werden Mitarbeitern in Gestalt eines Notfallhandbuchs üblicherweise folgende Prozesse bekanntgemacht und erläutert: **40**

- Sofortmaßnahmen: Feststellung des Angriffs- und Schadensumfangs sowie Regeln zur Ersthilfe, beispielsweise Trennung von Netzwerkverbindungen, Beendigungen von Applikationen o. Ä.;
- Notfallorganisation: Nennung eines zentralen Ansprechpartners für den Mitarbeiter als erste Informationsstelle; Definition von Informationspflichten gegenüber IT-Sicherheit, Datenschutzbeauftragten, Vorgesetzten und/oder Management;
- Meldesystem: Prozess für die Aufnahme, Dokumentation und Priorisierung des Sicherheitsvorfalls.

b) Individualarbeitsrechtliche Pflichten

Soweit Response-Richtlinien wirksamer Bestandteil eines Arbeitsverhältnisses geworden sind, etwa durch eine arbeitsvertragliche Einbeziehung, eine arbeitgeberseitige Weisung oder eine Betriebsvereinbarung, ist ein Arbeitnehmer dazu verpflichtet, die in der Richtlinie angeordneten Handlungen vorzunehmen und die Angriffe abzuwehren. Kommt ein Arbeitnehmer diesen Pflichten nicht nach, kann der Arbeitgeber nicht nur mit disziplinarischen Maßnahmen (Ermahnung, Abmahnung und Kündigung) reagieren, sondern den Arbeitnehmer unter bestimmten Umständen auch für die Verlet- **41**

---

34 Diese Richtlinien sind häufig Teil eines größer angelegten Richtliniensystems zur Aufrechterhaltung des Betriebs („business continuity management“), etwa auf der Basis des BSI-Standards 100-4 (Notfallmanagement).

zung seiner arbeitsvertraglichen Pflichten haftbar machen (siehe unten Rn. 57 ff.).

c) Beteiligungsrechte des Betriebsrats

42 Die Beteiligungsrechte des Betriebsrats bei der Aufstellung von Response-Richtlinien entsprechen den Beteiligungsrechten bei vorbeugenden Verhaltensrichtlinien (siehe oben Rn. 24 ff.).

2. Abwehrmaßnahmen

a) Typische Abwehrmaßnahmen

43 Sieht sich ein Unternehmen Cyber-Angriffen ausgesetzt, werden in der Regel – neben der gesetzlich verpflichtenden Meldung des Cyber-Angriffs (siehe Kap. 5 IT-Sicherheit und Kap. 4 Datenschutz) umgehend Maßnahmen ergriffen, um die Angriffe, ihre Urheber und den bereits angerichteten Schaden zu ermitteln und einzugrenzen. Eine Unterbrechung von externen Verbindungen oder das Ausschalten von IT-Komponenten kann zu den effektiven Abwehrmaßnahmen gehören. In aller Regel erfolgen Gegenmaßnahmen jedoch durch die Anwendung von Softwarelösungen: Mit speziellen Applikationen können die bestehenden IT-Strukturen (insbesondere Server, Clients, Netzwerke und Speichermedien) untersucht („gescreent") und Datenbeständen gesichert (Backups) werden. In anderen Fällen empfiehlt sich statt aktiver Abwehrmaßnahmen mitunter auch ein passives, beobachtendes Vorgehen, um bessere Rückschlüsse auf die Angreifer, ihre Angriffspläne und ihre Vorgehensweise schließen zu können. Bei diesen Verfahren kommt ebenfalls meist spezielle Software zum Einsatz, die von Angreifern hinterlassene Spuren durch eine systematische Kontrolle von IT-Komponenten (Screening) aufspürt, das Verhalten der Angreifer analysiert und dokumentiert (Tracking/Logging) sowie die Befunde dokumentiert (Reporting), wobei alle Maßnahmen so verborgen gehalten werden müssen, dass die Angreifer ihre Gegenüberwachung nicht bemerken.

44 Allen diesen Maßnahmen ist gemein, dass sie nicht nur unter hohem zeitlichen Druck stehen, sondern in großer Anzahl Arbeitnehmer betroffen sein werden. So werden nicht nur die für die Bekämpfung von Cyber-Angriffen verantwortlichen Arbeitnehmer umgehend handeln und Schaden vom Unternehmen abwenden müssen. Auch andere Arbeitnehmer werden betroffen sein, weil die von ihnen bedienten Rechner oder ihre persönlichen Daten zum Gegenstand der elektronischen Abwehrmaßnahmen werden.

b) Individualarbeitsrechtliche Pflichten

Ein Arbeitnehmer ist dazu verpflichtet, in einer Cyber-Security-Richtlinie angeordnete Handlungen vorzunehmen und die Angriffe abzuwehren, wenn und soweit die Richtlinie wirksamer Bestandteil des Arbeitsverhältnisses geworden ist (siehe oben Rn. 4f.). Verletzt der Arbeitnehmer seine Pflichten, kann er sich disziplinarischen Maßnahmen des Arbeitgebers (Ermahnung, Abmahnung und Kündigung) und Schadensersatzforderungen ausgesetzt sehen (siehe unten Rn. 52ff.). **45**

c) Beteiligungsrechte des Betriebsrats

Wenn bei einem Cyber-Security-Vorfall Abwehrmaßnahmen getroffen werden, kann dies in der Praxis zwangsläufig nur unter **Anwendung technischer Einrichtungen** erfolgen. In diesen Fällen wird regelmäßig das Mitbestimmungsrecht des § 87 Abs. 1 Nr. 6 BetrVG (siehe unten Rn. 26) ausgelöst sein, da die Anwendung von technischen Einrichtungen bei der Bekämpfung von Cyber-Security-Eindringlingen, beispielsweise durch ein Screening von Rechnern und Netzwerkverbindungen, in fast allen Fällen – quasi als „Nebenprodukt" – dazu geeignet ist, das Verhalten oder die Leistung von Arbeitnehmern zu überwachen. Die Eilbedürftigkeit von Abwehrmaßnahmen beseitigt die Pflicht zur Wahrung der Mitbestimmung nicht; nur in absoluten Notfällen kann ein Arbeitgeber zunächst ohne vorherige Einbindung des Betriebsrats vorläufige Maßnahmen ergreifen (siehe oben Rn. 14). **46**

Der Begriff der technischen Einrichtung im Anwendungsbereich von § 87 Abs. 1 Nr. 6 BetrVG ist weit zu verstehen. Software wie etwa Betriebssysteme oder SAP[35] ist eine **technische Einrichtung** im Sinne der Vorschrift; auch Datenverarbeitungsanlagen und Netzwerke werden einhellig als technische Einrichtung verstanden.[36] Programme zur Überwachung des Datenverkehrs mit dem Internet oder sog. „Security Incident and Event Management Systeme" (SIEM), die auch bei Cyber-Security-Vorfällen zum Einsatz kommen, sind technische Einrichtungen im Sinne der Vorschrift.[37] **47**

Dass der Arbeitgeber, der sich bei der Bekämpfung eines Cyber-Security-Vorfalls technischer Einrichtungen bedient, in diesem Fall gar nicht die Ab- **48**

---

35 Vgl. BAG, 25.9.2012 – 1 ABR 45/11, NZA 2013, 275; *Klebe*, in: Däubler/Kittner/Klebe/Wedde, BetrVG, § 87 Rn. 201.

36 *Klebe*, in: Däubler/Kittner/Klebe/Wedde, BetrVG, § 87 Rn.169.

37 *Zimmer/Helle*, BB 2016, 1269, 1273; *Kort*, NZA 2011, 1319, 1321; *Kania*, in: ErfK, § 87 BetrVG Rn. 62.

sicht hegt Leistung und Verhalten seiner Arbeitnehmer zu überwachen, ist unerheblich. Anders als der Wortlaut des § 87 Abs. 1 Nr. 6 BetrVG („**zur Überwachung bestimmt**") vermuten ließe, ist ein Mitbestimmungsrecht bei Einführung und Anwendung von technischen Einrichtungen nicht nur dann gegeben, wenn der Arbeitgeber damit die Überwachung der Arbeitnehmer gezielt verfolgt. Nach der Rechtsprechung des Bundesarbeitsgerichts ist das Mitbestimmungsrecht auch dann gegeben, wenn die technische Einrichtung schon objektiv dazu *geeignet* ist, das Verhalten oder die Leistung von Arbeitnehmern zu überwachen, selbst wenn der Arbeitgeber die technische Einrichtung gar nicht gezielt für die Überwachung einsetzen will.[38] Deshalb entfällt das Mitbestimmungsrecht selbst dann nicht, wenn der Arbeitgeber ausdrücklich erklären sollte, dass er beim Einsatz der technischen Einrichtungen im Zusammenhang mit einem Cyber-Security-Vorfall seine Arbeitnehmer gar nicht kontrollieren wolle.[39]

49 Die Überwachung muss sich auf das Verhalten oder eine Leistung des Arbeitnehmers beziehen, d.h. ein Tun oder Unterlassen im betrieblichen oder außerbetrieblichen Bereich, das für das Arbeitsverhältnis erheblich sein kann.[40] Unter Informationen, die das **arbeitsrelevante Verhalten** des Arbeitnehmers betreffen, fallen etwa Beginn und Ende der Arbeit, Einzelheiten der Arbeitsvertragserfüllung, Überstunden, Fehlzeiten etc. Werden durch den Einsatz einer Software Daten erfasst, reicht es für die Erfüllung des Tatbestands des § 87 Abs. 1 Nr. 6 BetrVG aus, dass es die erfassten Daten im Zusammenspiel mit anderen Informationen dem Arbeitgeber ermöglichen, das Verhalten der Arbeitnehmer zu überwachen.[41] Ausreichend für die Erfüllung des Tatbestands „Überwachung von Arbeitnehmern" des § 87 Abs. 1 Nr. 6 BetrVG ist es, wenn bei einer Erfassung und Verarbeitung weitestgehend nicht-persönlicher Daten eines Arbeitnehmers zumindest die Möglichkeit der Zuordnung der Daten zu einzelnen Arbeitnehmern (Individualisierbarkeit) besteht.[42] Ausreichend ist insoweit, dass der jeweilige Arbeitnehmer

---

38 BAG, 23.4.1985 – 1 ABR 39/81, NJW 1986, 152; *Klebe*, in: Däubler/Kittner/Klebe/Wedde, BetrVG, § 87 Rn. 185 f.; *Fitting*, BetrVG, § 87 Rn. 226; *Richardi*, in: Richardi, BetrVG, § 87 Rn. 513; *Beckschulze/Fackeldey*, RDV 2013, 109, 109.

39 BAG, 6.12.1983 – 1 ABR 43/81, NJW 1984, 1476.

40 BAG, 11.3.1986 – 1 ABR 12/84, NJW 1986, 2724.

41 BAG, 11.3.1986 – 1 ABR 12/84, NJW 1986, 2724; *Kort*, NZA 2011, 1319,1321; vgl. auch *Klebe*, in: Däubler/Kittner/Klebe/Wedde, BetrVG, § 87 Rn. 182 f.

42 BAG, 6.12.1983 – 1 ABR 43/81, NJW 1984, 1476; *Kania*, in: ErfK, § 87 BetrVG Rn. 53; *Klebe*, in: Däubler/Kittner/Klebe/Wedde, BetrVG, § 87 Rn. 178; *Beckschulze/Fackeldey*, RDV 2013, 109, 109.

durch seinen Namen, seine Personalnummer etc. bestimmt ist oder etwa über Schichtpläne mit vertretbarem Aufwand bestimmbar ist.[43]

Verwendet ein Arbeitgeber demnach seine IT-Systeme, um ein Screening von Datenträgern, Netzwerken oder Datenverbindungen durchzuführen und so Schadsoftware aufzuspüren, muss er regelmäßig – wenn nicht ausnahmsweise ein Notfall vorliegt (siehe oben Rn. 14) – zuvor mit dem zuständigen Betriebsrat eine Einigung über das Screening erzielt haben. Gleiches gilt, wenn ein Arbeitgeber Logfiles oder Protokolle von Netzwerkverbindungen auswertet. Für die Wahrung des Mitbestimmungsrechts ist eine schriftliche **Betriebsvereinbarung** zwischen Arbeitgeber und Betriebsrat nicht zwingend erforderlich, es genügt auch eine formlose Betriebsabsprache bzw. eine sog. **Regelungsabrede**, die auch durch konkludentes Handeln des Betriebsrats zustande kommen kann.[44] Notwendig ist allerdings jeweils, dass der zuständige Betriebsrat als Kollegialorgan einen ordnungsgemäßen Beschluss gefasst hat; nur das Handeln eines Vorsitzenden reicht ebenso wenig aus wie das bloße Schweigen des Betriebsrats zu den Vorschlägen des Arbeitgebers.[45] **50**

Neben dem zentralen und im Fokus stehenden Mitbestimmungsrecht des § 87 Abs. 1 Nr. 6 BetrVG steht einem Betriebsrat bei der Nutzung einer zur Überwachung von Arbeitnehmerverhalten geeigneten Software auch gemäß § 80 Abs. 2 Satz 1 BetrVG das Recht zu, über den Einsatz der Software mit Blick auf die Einhaltung des Datenschutzes unterrichtet zu werden. Denn zu den Aufgaben des Betriebsrats gehört gem. § 80 Abs. 1 Nr. 1 BetrVG u. a. die Überprüfung der Einhaltung datenschutzrechtlicher Vorschriften (siehe Kap. 4 Datenschutz).[46] Das **Informationsrecht des Betriebsrats**, das mit einer entsprechenden Verpflichtung des Arbeitgebers zur rechtzeitigen und umfassenden Unterrichtung korrespondiert, erstreckt sich damit unter anderem auf die Frage, in welcher Weise bei dem Einsatz der Überwachungssoftware personenbezogene Daten, beispielsweise Protokolldateien, verarbeitet und analysiert werden.[47] **51**

---

43 *Matthes*, in: MHdB ArbR, § 248 Rn. 23; *Kania*, in: ErfK, § 87 BetrVG Rn. 53.

44 *Richardi*, in: Richardi, BetrVG, § 87 Rn. 539; *Fitting*, BetrVG, § 87 Rn. 255 und Rn. 579 f., 582.

45 *Fitting*, BetrVG, § 87 Rn. 582; *Richardi*, in: Richardi, BetrVG, § 87 Rn. 80.

46 BAG, 17.3.1987 – 1 ABR 59/85.

47 *Kort*, NZA 2011, 1319, 1321.

V. Sanktionen

1. Disziplinarische Maßnahmen

52 Verletzt ein Arbeitnehmer die ihm aus seinem Arbeitsvertrag oder aus einer Betriebsvereinbarung treffenden Pflichten im Bereich Cyber-Security, kann der Arbeitgeber zu disziplinarischen Maßnahmen greifen. Diese reichen von einer einfachen (mündlichen oder schriftlichen) Ermahnung, über eine Abmahnung oder eine verhaltensbedingte ordentliche Kündigung bis hin zu einer außerordentlichen, fristlosen Kündigung.

a) Ermahnung /Abmahnung

53 Die Erteilung einer einfachen Ermahnung oder einer formellen Abmahnung bietet sich an, wenn nach der Prognose des Arbeitgebers durch diese Maßnahme gewährleistet ist, dass dem Arbeitnehmer die Pflichtverletzung künftig nicht mehr unterläuft. Will ein Arbeitgeber eine Abmahnung erteilen, muss die Erklärung bestimmten formellen Anforderungen genügen.[48]

b) Kündigung

54 Der Ausspruch einer ordentlichen oder gar außerordentlichen Kündigung kann eine zulässige Reaktion auf ein Fehlverhalten eines Arbeitnehmers sein, darf aber stets nur als letztes Mittel (ultima ratio) angewendet werden.

55 So ist eine **ordentliche, verhaltensbedingte Kündigung** ohne vorherige Abmahnung regelmäßig nur dann nach § 1 KSchG verhältnismäßig und sozial gerechtfertigt, wenn bereits vorausschauend (ex ante) erkennbar ist, dass eine Verhaltensänderung in Zukunft trotz Abmahnung nicht erwartet werden kann oder es um so schwere Pflichtverletzungen geht, dass selbst deren erstmalige Hinnahme dem Arbeitgeber nach objektiven Maßstäben unzumutbar und damit offensichtlich – auch für den Arbeitnehmer erkennbar – ausgeschlossen ist.[49]

56 Eine **außerordentliche, fristlose Kündigung** unterliegt gemäß § 626 BGB hohen Anforderungen. Die außerordentliche, fristlose Kündigung ist demnach nur aus wichtigem Grund zulässig, wenn Tatsachen vorliegen, aufgrund derer dem Kündigenden unter Berücksichtigung aller Umstände des

48 Siehe dazu BAG, 19.4.2012 – 2 AZR 258/11, NZA-RR 2012, 567; *Eisemann*, in: Küttner, Personalhandbuch, Stichwort „Abmahnung“, Rn. 25.

49 BAG, 31.7.2014 – 2 AZR 434/13, NZA 2015, 358 unter Rn. 39; BAG, 11.7.2013 – 2 AZR 994/12, NZA 2014, 250.

Einzelfalles und unter Abwägung der Interessen beider Vertragsteile die Fortsetzung des Dienstverhältnisses bis zum Ablauf der Kündigungsfrist oder bis zu der vereinbarten Beendigung des Dienstverhältnisses nicht zugemutet werden kann (§ 626 Abs. 1 BGB). Eine Verletzung von Sicherheitsvorschriften ist von der Rechtsprechung dem Grunde nach als wichtiger Grund im Sinne des § 626 Abs. 1 BGB anerkannt, sodass eine fristlose Kündigung auch bei der Verletzung von Cyber-Security-Richtlinien in Betracht kommt. Gleichwohl wird eine außerordentliche Kündigung aufgrund der in § 626 Abs. 1 BGB normierten umfassenden Abwägung der beiderseitigen Interessen in der Regel nur wirksam sein, wenn ein vorsätzliches, hartnäckiges Fehlverhalten vorliegt und dem Unternehmen ein beträchtlicher Schaden entstanden ist.[50] In der Regel wird bei einer auf steuerbarem Verhalten des Arbeitnehmers beruhenden Pflichtverletzung eine Abmahnung anstelle einer außerordentlichen Kündigung als milderes Mittel dazu geeignet sein, das künftige Wohlverhalten des Arbeitnehmers sicherzustellen.[51] Auch unklare oder widersprüchliche Vorschriften des Arbeitgebers[52] oder unzureichende organisatorische Vorkehrungen zur Verhinderung von Arbeitsfehlern[53] können bei der Interessenabwägung gegen die Zulässigkeit einer außerordentlichen Kündigung sprechen, weshalb Arbeitgeber auch aus diesem Grund Cyber-Security-Richtlinien aufstellen und dabei auf eindeutige und widerspruchsfreie Regelungen achten sollten. Eine ohne vorherige einschlägige Abmahnung ausgesprochene außerordentliche Kündigung wegen Verstoßes gegen bestimmte Verhaltensrichtlinien hält nach alledem in der Praxis einer gerichtlichen Überprüfung nur selten stand.

2. Schadensersatz

a) Pflichtverletzung

Ein Arbeitgeber, der aus einem Cyber-Angriff einen Schaden erleidet, kann **57**
einen **Schadensersatzanspruch gegen Arbeitnehmer** haben, wenn deren Fehlverhalten den Schaden wenigstens mitverursacht hat. Bei Mitarbeitern, zu deren Arbeitsaufgaben die Vermeidung und Abwehr von Cyber-Angrif-

50 Vgl. zur Berücksichtigung der wirtschaftlichen Folgen der Pflichtverletzung bei der Interessenabwägung etwa BAG, 10.11.2005 – 2 AZR 623/04, NZA 2006, 491; *Vossen*, in: Ascheid/Preis/Schmidt, § 626 BGB Rn. 106. Siehe auch LAG Düsseldorf, 25.7.2003, 14 Sa 657/03, juris.

51 BAG, 20.11.2014, 2 AZR 651/13, NZA 2015, 294 unter Rn. 22.

52 Vgl. LAG Schleswig-Holstein, 14.8.2007 – 5 Sa 150/07, NZA-RR 2007, 634 unter Rn. 57.

53 Vgl. LAG Düsseldorf, 25.8.2003 – 14 Sa 657/03, juris.

fen gehören, können Nachlässigkeiten oder Unachtsamkeit die Verletzung einer vertraglichen Hauptleistungspflicht bedeuten. Bei den übrigen Mitarbeitern kann die Verletzung einer vertraglichen Nebenpflicht in Rede stehen, wenn der Arbeitnehmer trotz des ihm Möglichen und Zumutbaren den drohenden Schaden nicht verhindert oder nicht rechtzeitig angezeigt hat.

b) Grundsätze der Haftungsbegrenzung für Arbeitnehmer

58 Die Höhe eines von einem Arbeitnehmer in Ausübung seiner Tätigkeit angerichteten Schadens, besonders auch im Bereich von Cyber-Angriffen, kann immens sein und die wirtschaftliche Leistungsfähigkeit des Arbeitnehmers schnell deutlich übersteigen. Auch aus diesem Grund hat die Rechtsprechung Grundsätze über die Beschränkung der Arbeitnehmerhaftung (sog. **privilegierte Arbeitnehmerhaftung oder Grundsätze des innerbetrieblichen Schadensausgleichs**) entwickelt; sie sind ein „abweichender Haftungsmaßstab" im Sinne von § 276 Abs. 1 Satz 1 Hs. 2 BGB.

aa) Persönlicher Anwendungsbereich

59 Die Grundsätze gelten nur für reguläre Arbeitnehmer, für Organe (Geschäftsführer, Vorstände) finden sie keine Anwendung.[54]

60 Durch die Arbeitsgerichtsbarkeit, insbesondere durch die Rechtsprechung des Bundesarbeitsgerichts, ist zurzeit noch nicht hinreichend geklärt, ob die privilegierte Arbeitnehmerhaftung auch für **leitende Angestellte** gilt.[55] Festgestellt hatte das BAG in einer älteren Entscheidung[56] einmal, dass ein leitender Angestellter jedenfalls dann nur eingeschränkt nach den Grundsätzen des innerbetrieblichen Schadensausgleichs haftet, wenn er den Schaden nicht bei einer für seine Position charakteristischen Tätigkeit verursacht hat. Der BGH[57] hat demgegenüber später die privilegierte Arbeitnehmerhaftung auch einem leitenden Angestellten gewährt, der nicht zugleich Geschäftsführer war. Das Schrifttum spricht sich überwiegend dafür aus, die privilegierte Arbeitnehmerhaftung auch leitenden Angestellten zuzubilligen.[58] Teils wird eine Haftungsbegrenzung für leitende Angestellte dann abgelehnt, wenn ein leitender Angestellter entsprechend einem Organmitglied

54 *Grundmann*, in: MüKo BGB, § 276 Rn. 87.
55 Ausführlich *Podewils*, DB 2018, 2304.
56 BAG, 11.11.1976 – 3 AZR 266/75, NJW 1977, 598.
57 BGH, 25.6.2001 – II ZR 38/99, NJW 2001, 3123 unter II. 3. a).
58 *Preis*, in: ErfK, § 619a BGB Rn. 19; *Henssler*, in: MüKo BGB, § 619a Rn. 17; *Pallasch*, RdA 2013, 338, 348.

(Geschäftsführung/Vorstand) handeln kann und deshalb einem Unternehmer vergleichbare Funktionen ausübt.

Wer aus dem Kreis der Arbeitnehmer einer Führungsebene unter den Begriff des leitenden Angestellten im Sinne der privilegierten Arbeitnehmerhaftung[59] fällt, ist im Übrigen noch nicht hinreichend abgrenzbar. Die dazu vorhandene Rechtsprechung scheint den Begriff sehr eingeschränkt zu verstehen, sodass praktisch nur die als **Geschäftsführer** oder **Vorstände** tätigen leitenden Angestellten nicht von der Haftungsbeschränkung profitieren würden, ansonsten aber die meisten, unterhalb der Organebene angesiedelten Arbeitnehmer in den persönlichen Anwendungsbereich der privilegierten Arbeitnehmerhaftung fallen.[60] **61**

bb) Verteilung des Schadens nach Verschuldensgrad

Finden die Grundsätze der privilegierten Arbeitnehmerhaftung Anwendung, wird die Haftung des Arbeitnehmers nach dem **Verschuldensgrad** eingeschränkt bzw. zwischen Arbeitgeber und Arbeitnehmer verteilt. Feste Höchstgrenzen für eine Haftung des Arbeitnehmers gibt es nach der Rechtsprechung dabei nicht. Die Beteiligung eines Arbeitnehmers an den Schadensfolgen ist nach der Rechtsprechung hingegen durch eine einzelfallbezogene Abwägung der Gesamtumstände zu bestimmen, wobei insbesondere Schadensanlass, Schadensfolgen, Billigkeits- und Zumutbarkeitsgesichtspunkte eine Rolle spielen.[61] Eine möglicherweise vorliegende Gefahrgeneigtheit der Arbeit ist ebenso zu berücksichtigen wie die Schadenshöhe, ein vom Arbeitgeber einkalkuliertes Risiko, eine Risikodeckung durch eine Versicherung, die Stellung des Arbeitnehmers im Betrieb und die Höhe der Vergütung, die möglicherweise eine Risikoprämie enthalten kann. Auch die persönlichen Verhältnisse des Arbeitnehmers und die Umstände des Arbeitsverhältnisses, wie die Dauer der Betriebszugehörigkeit, das Lebensalter, die Familienverhältnisse und sein bisheriges Verhalten können zu berücksichtigen sein.[62] Folgende Orientierungsregeln haben sich in der Praxis herausgebildet: **62**

---

59 Im Arbeitsrecht gibt es noch die Kategorien des leitenden Angestellten im Sinne des Kündigungsschutzgesetzes (§ 14 Abs. 2 Satz 1 KSchG) und des leitenden Angestellten im Sinne des Betriebsverfassungsgesetzes (§ 5 Abs. 3 BetrVG).

60 Nicht maßgeblich ist eine etwaige, häufig in Anstellungsverträgen zu findende vertragliche Vereinbarung, dass ein Arbeitnehmer leitender Angestellter sein soll.

61 *Wilhelmi*, NZG 2017, 681, 683.

62 Vgl. zu alledem BAG, 13.12.2012 – 8 AZR 432/11, Rn. 20; *Mehrbrey/Schreibauer*, MMR 2016, 75, 79.

- Bei **Vorsatz** trägt der Arbeitnehmer den Schaden stets voll.[63] Gleiches soll bei „**gröbster Fahrlässigkeit**" gelten, wobei dieses Kriterium nicht hinreichend definiert und daher von der groben Fahrlässigkeit nicht abgrenzbar ist. Vor einiger Zeit hatte das BAG angedeutet, dass auch bei gröbster Fahrlässigkeit eine Haftungserleichterung denkbar sein soll.[64]
- Bei **grober Fahrlässigkeit** trägt der Arbeitnehmer den Schaden in der Regel voll. In der Praxis hat das Bundesarbeitsgericht allerdings in keinem der bislang bekannt gewordenen Fälle einem (nicht pflichtversicherten) Arbeitnehmer eine Schadensquote auferlegt, die in absoluten Zahlen ein Jahreseinkommen übersteigt.[65] In der Instanzrechtsprechung bewegen sich die angewendeten absoluten Haftungshöchstgrenzen sogar – allerdings bei „normalen" Arbeitnehmern – eher im Bereich von maximal einem Vierteljahresverdienst. Diese Rechtsprechung schließt nicht aus, dass bei leitenden Angestellten ein höherer Maximalbetrag Anwendung findet, aber selbst dann wird der Schaden immer in Relation zum Verdienst des leitenden Angestellten stehen.
- Bei **mittlerer Fahrlässigkeit** wird der Schaden quotal verteilt. In der Praxis wird der auf den Arbeitnehmer entfallende Anteil zugleich nach oben begrenzt, in der Regel zwischen einem Bruttomonatsgehalt und drei Bruttomonatsgehältern.
- Bei **leichter Fahrlässigkeit** trägt der Arbeitgeber den Schaden voll.[66]

63 Wenn zugunsten des leitenden Angestellten eine **D&O-Versicherung** abgeschlossen ist, ändert dies an den Grundsätzen der vorbeschriebenen Arbeitnehmerhaftung nichts.[67] Es gilt der Grundsatz, dass die Versicherung (Deckung) der Haftung folgt. Anderes soll nur bei Pflichtversicherungen gelten können, zu denen die D&O-Versicherung aber nicht zu zählen ist (siehe Kap. 12 Versicherungsrecht).

c) Mitverschulden des Arbeitgebers aufgrund unzureichender Preparedness

64 Auch wenn ein Arbeitnehmer nach Maßgabe der oben beschriebenen Grundsätze der privilegierten Arbeitnehmerhaftung für Vorsatz und Fahrläs-

---

63 Vorsätzlich handelt beispielsweise ein Arbeitnehmer, der einen gezielten Angriff auf das IT-System seines Arbeitgebers ausführt, vgl. *Mehrbrey/Schreibauer*, MMR 2016, 75, 79.

64 BAG, 28.10.2010 – 8 AZR 418/09 Rn. 25.

65 *Preis*, in: ErfK, § 619a Rn. 18.

66 *Mehrbrey/Schreibauer*, MMR 2016, 75, 79.

67 BAG, 28.10.2010 – 8 AZR 418/09, Rn. 29; *Preis*, in: ErfK, § 619a BGB Rn. 20; *Waltermann*, RdA 2005, 98, 107 f.

sigkeit einstehen muss, kann bei der Bemessung des Vorwurfs ein **Mitverschulden (§ 254 BGB)** des Arbeitgebers zu berücksichtigen sein. Soweit der Arbeitgeber in seinem Unternehmen oder Betrieb keine hinreichenden Kontroll- und Überprüfungssysteme zur Verhinderung oder zur Abwehr von Cyber-Angriffen geschaffen hat oder mangels ausreichender Aufklärung bzw. Trainingsmaßnahmen Unklarheit für Arbeitnehmer über die geforderten Verhaltensregeln bestand, ist dem Arbeitgeber ein Organisationsverschulden als Mitverschulden vorzuwerfen, das im Ergebnis den Schadensersatzspruch gegen den Arbeitnehmer in der Höhe mindert und unter Umständen sogar vollständig ausschließen kann.

Kapitel 7
Aufsichtsrecht (Banken und Versicherungen)

Dr. Andreas Wieland

Literatur: *Ahlbrecht*, Banken im strafrechtlichen Regulierungsfokus – Trennbankengesetz und Steuerhinterziehungsinstitute, BKR 2014, 98; *Baumgärtel/Scholz*, DGRI Jahrbuch 2015, 2015; *Blasche*, Auswirkungen von Verstößen gegen das KWG sowie von Abweichungen von den MaRisk auf die zivilrechtliche Haftung des Bankvorstands, WM 2011, 343; *Bräutigam/Wilmer*, Big brother is watching you? – Meldepflichten im geplanten IT-Sicherheitsgesetz, ZRP 2015, 38; *Cichy/Cziupka/Wiersch*, Voraussetzungen der Strafbarkeit der Geschäftsleiter von Kreditinstituten nach § 54a KWG n. F., NZG 2013, 846; *Dengler*, Die MaRisk-Anforderungen und ihre Auswirkungen auf die Vorstandshaftung, WM 2014, 2032; *Dreher*, Die ordnungsgemäße Geschäftsorganisation der Versicherungsgruppe nach Solvency II und VAG 2016, WM 2015, 649; *Dürselen/Schulte-Mattler*, Die 5. MaRisk-Novelle im Überblick – Teil I –, WM 2018, 1237; *dies.*, Die 5. MaRisk-Novelle im Überblick – Teil II –, WM 2018, 1289; *Frisse/Glaßl/Baranowski/Duwald*, Unternehmenssicherheit bei Banken – IT-Sicherheit, Know-how Schutz, Datensicherheit und Datenschutz, BKR 2018, 177; *Gaycken/Karger*, Entnetzung statt Vernetzung. Paradigmenwechsel bei der IT-Sicherheit, MMR 2011, 3; *Gehrmann/Klett*, IT-Sicherheit in Unternehmen – Weiterhin viel Unsicherheit bei der Umsetzung des IT-Sicherheitsgesetzes, K&R 2017, 372; *Guckelberger*, Energie als kritische Infrastruktur, DVBl 2015, 1213; *Hopt*, Die Verantwortlichkeit von Vorstand und Aufsichtsrat: Grundsatz und Praxisprobleme – unter besonderer Berücksichtigung der Banken, ZIP 2013, 1793; *Hornung*, Neue Pflichten für Betreiber kritischer Infrastrukturen: Das IT-Sicherheitsgesetz des Bundes, NJW 2015, 3334; *Kasiske*, Das Kapitalmarktstrafrecht im Treibsand prinzipienorientierter Regulierung. Die neuen Strafvorschriften in § 54a KWG und § 142 VAG, ZIS 2013, 257; *Kloepfer*, Schutz kritischer Infrastrukturen, 2010; *Krimphove*, Die „neue“ MaRisk (BA) 9/2017, BKR 2018, 1; *Lensdorf*, Aufsichtsrechtliche Anforderungen an die IT von Kredit- und Finanzdienstleistungsinstituten – eine Tour d'horizont von der Einführung des § 25a KWG zur MaRisk 2017 und den BAIT 2017 (§ 25a KWG), CR 2017, 753; *Roos*, Der neue Entwurf eines IT-Sicherheitsgesetzes. Bewegung oder Stillstand?, MMR 2014, 723; *ders.*, Das IT-Sicherheitsgesetz. Wegbereiter oder Tropfen auf den heißen Stein?, MMR 2015, 636; *Schäfer*, Vorsatz bei unterlassener Aufklärung über den Erhalt von Rückvergütungen, WM 2012, 1022; *Schröder*, Keine Strafbarkeitsrisiken für verantwortungsvoll handelnde Geschäftsleiter nach § 54a KWG, WM 2014, 100; *Schulz*, Compliance-Management im Unternehmen. Strategien und praktische Umsetzung, 2016; *Spindler*, IT-Sicherheitsgesetz und zivilrechtliche Haftung. Auswirkungen des IT-Sicherheitsgesetzes im Zusammenspiel mit der endgültigen EU-NIS-Richtlinie auf die zivilrechtliche Haftung, CR 2016, 297.

Übersicht

I. Überblick und rechtliche Grundlagen

1. Bedeutung für den Finanzsektor

Wie kaum ein anderer Wirtschaftszweig ist der Finanzsektor durch den umfassenden Einsatz von IT-gestützten Systemen und den Umgang mit höchst sensiblen Daten und Informationen charakterisiert. Die **digitale Transformation des Finanzsektors** ist dabei längst nicht abgeschlossen. Die geringen Eigenkapitalrenditen, der hohe Kostendruck, der zunehmende Wettbewerb durch Fintechs sowie neue technologische Entwicklungen wie Big Data, Open Banking, Cloud-Lösungen und die Distributed-Ledger-Technologie lassen die Bedeutung zuverlässiger und sicherer IT-Systeme in den nächsten Jahren weiter wachsen.[1] **1**

Jede Volkswirtschaft ist auf eine funktionierende Finanzwirtschaft angewiesen. Dies gilt nicht nur für den Bankensektor mit seiner zentralen Bedeutung für den Zahlungsverkehr und die Geldversorgung. Marktinfrastrukturanbieter wie Börsen und Clearing-Häuser sorgen für die Funktionsfähigkeit der Kapitalmärkte. Versicherungen und Kapitalverwaltungsgesellschaften spielen eine zentrale Rolle bei der Absicherung von Unternehmen und Privatpersonen und deren Vermögensanlage. Hieraus resultiert die **systemische Bedeutung des Finanzsektors**. Aus diesen Gründen unterliegen der Finanzsektor und deren Beteiligte traditionell einer umfassenden staatlichen Regulierung und Aufsicht. **2**

Gleichzeitig ist der Finanzsektor durch seine Rolle im internationalen Zahlungs- und Wirtschaftsverkehr und den dort verfügbaren Informationen das **natürliche Einfallstor für Cyber-Kriminalität**. Davon sind wiederum Banken wegen ihrer Vielzahl sich an die Öffentlichkeit richtender Produkte und Dienstleistungen besonders gefährdet.[2] Es verwundert daher nicht, dass das Thema Cyber-Security gerade für den Finanzsektor eine herausragende Bedeutung gewonnen hat. **3**

---

1 BaFin, Rundschreiben 10/2017 (BA) – Bankaufsichtliche Anforderungen an die IT (BAIT), v. 6.11.2017, www.bafin.de/dok/10171052 (zuletzt abgerufen: 12.3.2019), Ziff. I. 1.

2 BIS, Regulatory approaches to enhance banks' cyber-security frameworks, v. 2.8.2017, www.bis.org/fsi/publ/insights2.pdf (zuletzt abgerufen: 12.3.2019), S. 4.

2. Cyber-Angriffe im Finanzsektor

4 Der Finanzsektor ist der wahrscheinlich am stärksten von Cyber-Angriffen betroffene Wirtschaftszweig.[3] In den letzten Jahren kam es immer wieder zu aufsehenerregenden Fällen von Cyber-Kriminalität, nicht nur bei Geschäftsbanken und Versicherungen, sondern auch bei Zentralbanken und anderen staatlichen Institutionen. Dabei sind der **Anlass und die Motive für Cyber-Angriffe** durchaus **vielschichtig**.

5 Im Vordergrund steht meist die unmittelbare finanzielle Bereicherung, etwa durch die Entwendung von sensiblen Daten und deren anschließenden missbräuchlichen Einsatz oder die gezielte Manipulation von Systemen oder Programmen.[4]

6 Beispielhaft hierfür sind etwa die Hackerangriffe auf die US-amerikanische Bank J.P. Morgan Chase & Co. im Jahr 2014. Aufgrund von Sicherheitslücken gelang es den Hackern, Daten von über 76 Mio. Privat- und 7 Mio. Firmenkunden zu stehlen. Die Datensätze umfassten Namen, Adressen, Telefonnummern und E-Mail-Adressen sowie bankinterne Informationen über die Kunden.[5]

7 Dabei sind nicht nur Banken, sondern **auch deren Dienstleister gefährdet**. So sind im Jahr 2013 Hacker in die IT-Systeme zweier indischer IT-Dienstleister eingedrungen, um die Limits von Zahlungskonten bei zwei arabischen Banken zu erhöhen. In der Folge gelang es Helfern innerhalb weniger Stunden einen Betrag von ca. 45 Mio. USD von verschiedenen Geldautomaten abzuheben.[6]

8 Auch **Zentralbanken** sind Opfer von Cyber-Attacken. So gelangten beispielsweise Anfang 2016 unbekannte Hacker in das System der Zentralbank von Bangladesch und tätigten Überweisungen über das Netzwerk SWIFT (Society for Worldwide Financial Telecommunication). Die Hacker wiesen eine US-Notenbank (Federal Reserve Bank of New York) an, die von ihr gehaltenen Gelder der Zentralbank von Bangladesch an private Einrichtungen

---

3 Zur IT-Sicherheit von Banken jüngst *Frisse/Glaßl/Baranowski/Duwald*, BKR 2018, 177.

4 EZB, Cybercrime: from fiction to reality, v. 19.6.2017, www.ecb.europa.eu/paym/pdf/infocus/20170619_infocus_cybercrime.en.pdf (zuletzt abgerufen: 12.3.2019), S. 1.

5 Vgl. zu diesem Absatz *Rushe*, JP Morgan Chase reveals massive data breach affecting 76m house holds, www.theguardian.com/business/2014/oct/02/jp-morgan-76m-households-affected-data-breach (zuletzt abgerufen: 12.3.2019).

6 Vgl. zu diesem Absatz *Nair/Dye*, Indian card processor in $45 million heist is ElectraCard, in.reuters.com/article/usa-crime-cybercrime-india/exclusive-indian-card-processor-in-45-million-heist-is-electracard-sources-idINDEE94A04620130511 (zuletzt abgerufen: 12.3.2019).

in den Philippinen und Sri Lanka zu überweisen. Insgesamt sollte fast eine Milliarde Dollar entwendet werden. Der Angriff flog jedoch aufgrund eines Systemalarms auf, als versehentlich ein Rechtschreibfehler in die Empfängeradresse gelangt war.[7] Dennoch konnten insgesamt 81 Mio. USD entwendet werden.[8]

Hackerangriffe können aber auch zu **erpresserischen Zwecken** verwendet werden. Das bekannteste Beispiel ist wohl die erpresserische Malware „WannaCry“, die sich im Mai 2017 mit enormer Geschwindigkeit durch das Internet verbreitete. Das Programm beeinträchtigte die Funktionsfähigkeit des Betriebssystems und forderte die Betroffenen dazu auf, ein Lösegeld zu bezahlen, wenn sie die Funktionsfähigkeit wiederhergestellt haben möchten. Die Auswirkungen betrafen unter anderem auch deutsche Kreditinstitute.[9] **9**

Auch **politische oder terroristische Motive** können Anlass für Cyber-Angriffe sein. Dabei sind gerade Finanzinstitute beliebte Zielobjekte. Im Jahr 2013 waren mehrere US-Banken Ziel sogenannter DDoS-Angriffe („Distributed Denial-of-Service“). Dabei wird versucht, durch eine Vielzahl von Anfragen auf einen Service dessen temporären Ausfall herbeizuführen. Der Angriff ging von einer islamistischen Hacker-Gruppe aus.[10] **10**

Die vorgenannten, öffentlich bekannt gewordenen Fälle sind jedoch nur die Spitze eines Eisberges. Die **Dunkelziffer ist gewaltig**. Nach Einschätzung der BaFin sind deutsche Finanzinstitute fast täglich in der einen oder anderen Form das Ziel von Cyber-Angriffen.[11] Durch die fortschreitende Digitalisierung von Geschäftsprozessen und die immer engere Vernetzung mit Kunden und Drittanbietern nehmen die Gefahren für Cyber-Angriffe weiter **11**

---

7 *Quadir*, Spelling mistake stops hackers stealing $1 billion in Bangladesh bank, www.independent.co.uk/news/world/asia/spelling-mistake-stops-hackers-stealing-1-billion-in-bangladesh-bank-heist-a6924971.html (zuletzt abgerufen: 12.3.2019).

8 Vgl. zu diesem Absatz *Gopalakrishnan/Mogato*, Bangladesh Bank official's computer was hacked to carry out $81 million heist, www.reuters.com/article/us-cyber-heist-philippines/bangladesh-bank-officials-computer-was-hacked-to-carry-out-81-million-heist-diplomat-idUSKCN0YA0CH (zuletzt abgerufen: 12.3.2019).

9 Vgl. zu diesem Absatz EZB, Cybercrime: from fiction to reality, v. 19.6.2017, www.ecb.europa.eu/paym/pdf/infocus/20170619_infocus_cybercrime.en.pdf (zuletzt abgerufen: 12.3.2019), S. 3.

10 Vgl. zu diesem Absatz *Hamill*, Bank-Busting Jihadi Botnet Comes Back To Life. But Who Is Controlling It This Time?, www.forbes.com/sites/jasperhamill/2014/06/30/bank-busting-jihadi-botnet-comes-back-to-life-but-who-is-controlling-it-this-time/#71036b7b6f07 (zuletzt abgerufen: 12.3.2019).

11 Vgl. *Drost*, Hackerangriff auf deutsche Bankkunden, www.handelsblatt.com/finanzen/banken-versicherungen/cybercrime-hackerangriff-auf-deutsche-bankkunden/14448674.html?ticket=ST-369735-oAfhbRy2UkRGFPkh73J5-ap2 (zuletzt abgerufen: 12.3.2019).

zu. Dabei ist festzustellen, dass die Angreifer immer professioneller vorgehen und sich **Strukturen organisierter Kriminalität** herausgebildet haben.

3. Rechtsquellen

12 Gerade vor dem Hintergrund der systemischen Relevanz des Finanzsektors haben sich auch Normgeber und Aufsichtsbehörden dem Thema Cyber-Security zugewandt.

a) Überblick

13 Bei der Finanzindustrie handelt es sich um einen der ersten Wirtschaftszweige, für den **industriespezifische rechtliche Vorgaben** zum Thema Cyber-Security entwickelt wurden. Dabei beruhen viele dieser Vorschriften ursprünglich auf allgemeinen, prinzipienbasierten Regelungen, wie z. B. der allgemeinen Pflicht, ein angemessenes Risikomanagement einzurichten. In den letzten Jahren wurden jedoch immer spezifischere Vorgaben erlassen.[12]

14 Wie auch sonst in der Finanzmarktregulierung überlagern sich **supranationale und nationale Regelungen** und Vorgaben. Zudem gibt es jeweils **sektorspezifische Spezialvorschriften** für Banken, Versicherungen und Zahlungsinstitute.

15 Hieraus hat sich in den letzten Jahren ein kaum noch zu übersehendes **Netz an gesetzlichen und untergesetzlichen Vorschriften**, Standards, Empfehlungen und sonstigen Verlautbarungen seitens deutscher, europäischer und internationaler Aufsichtsbehörden und sonstigen staatlichen Institutionen entwickelt. Dadurch wurde den Finanzinstituten die Orientierung nicht gerade erleichtert.

16 Viele dieser **Regelungen überlappen sich**. Im Detail bestehen jedoch teils erhebliche Unterschiede. Dies stellt insbesondere internationale Finanzinstitute oder Institute mit breitem Tätigkeitsfeld wie z. B. Universalbanken vor Herausforderungen. Sie müssen ihre Systeme und Prozesse so einrichten, dass sie die verschiedenen Vorgaben erfüllen und laufend an neue oder zusätzliche Anforderungen anpassen können. Vor diesem Hintergrund haben das Bundesamt für Finanzdienstleistungsaufsicht (BaFin) und das Bundesamt für Sicherheit in der Informationstechnik (BSI) angekündigt, in Zukunft

---

12 Für einen Überblick BIS, Regulatory approach to enhance banks cyber-security frameworks, v. 2.8.2017, www.bis.org/fsi/publ/insights2.pdf (zuletzt abgerufen: 12.3.2019), S. 4 ff.

enger zusammenarbeiten zu wollen, um die Belastung für die Institute möglichst gering zu halten.[13]

Die Regelungen konzentrieren sich dabei vor allem auf Vorgaben zur **IT-Sicherheit**, eine Ergänzung der **Risikomanagementanforderungen** um spezifische, die Cyber-Security betreffende Gesichtspunkte sowie die **Pflicht, Cyber-Security-Vorfälle** gegenüber staatlichen Sicherheits- und Aufsichtsbehörden **zu melden**. Mit der Einrichtung von zentralen Meldestellen soll insbesondere das Ausmaß des Angriffs analysiert sowie ggf. andere Mitbewerber möglichst frühzeitig gewarnt werden können. Teilweise bestehen parallele Meldepflichten gegenüber unterschiedlichen Behörden. **17**

b) Nationale Vorgaben

Auf nationaler Ebene finden sich die für den Finanzsektor relevanten Regelungen sowohl in den allgemeinen Vorschriften zum Thema Cyber-Security als auch in den spezifischen aufsichtsrechtlichen Regelungswerken. **18**

Zu den sektorübergreifenden Regelungen gehören das **Gesetz über das Bundesamt für Sicherheit in der Informationstechnik (BSIG)**[14] und die dazugehörige Verordnung zur Bestimmung Kritischer Infrastrukturen nach dem **BSIG (BSI-KritisV)**[15]. Beide Gesetze dienen dazu, Defiziten im Bereich der IT-Sicherheit bei sogenannten Kritischen Infrastrukturen (KRITIS) wirksam zu begegnen.[16] Zu den KRITIS gehören neben der Strom- und Wasserversorgung auch Teile des Finanzsektors. Gemeinsam ist diesen, dass ein Ausfall oder eine Störung der Versorgungsdienstleistungen enorm negative Auswirkungen für Wirtschaft, Staat und Gesellschaft in Deutschland hätte.[17] Siehe hierzu näher Kap. 5 IT-Sicherheit. **19**

Die für den Finanzsektor spezifischen Cyber-Security-Regelungen richten sich nach der Art des jeweiligen Finanzunternehmens. Je nach Art, Größe **20**

---

13 BaFin, Bankaufsichtliche Anforderungen an die IT Kritischer Infrastrukturen, v. 3.8.2018, www.bafin.de/dok/11327090 (zuletzt abgerufen: 12.3.2019).

14 Gesetz über das Bundesamt für Sicherheit in der Informationstechnik (BSI-Gesetz – BSIG) v. 14.8.2009 (BGBl. I, S. 2821), zuletzt geändert durch Art. 1 des Gesetzes v. 23.6.2017 (BGBl. I, S. 1885).

15 Verordnung zur Bestimmung Kritischer Infrastrukturen nach dem BSI-Gesetz (BSI-KritisV) v. 22.4.2016 (BGBl. I, S. 958), zuletzt geändert durch Art. 1 der Verordnung v. 21.6.2017 (BGBl. I, S. 1903).

16 Vgl. Begr. RegE, BT-Drs. 16/11967, S. 1; BMI, RefE BSI-KritisV v. 13.1.2016, www.bmi.bund.de/SharedDocs/downloads/DE/gesetztestexte/gesetztesentwuerfe/kritis-vo-entwurf.html (zuletzt abgerufen: 12.3.2019), S. 1 f.

17 BSI, Das IT-Sicherheitsgesetz, www.bsi.bund.de/DE/Themen/Industrie_KRITIS/IT-SiG/it_sig_node.html (zuletzt abgerufen: 12.3.2019).

und Umfang des Unternehmens können weitere gesetzliche Bestimmungen, Rundschreiben und Merkblätter von Behörden hinzutreten.

21 Für Kredit- und Finanzdienstleistungsinstitute lassen sich die nationalen cyberrelevanten Vorgaben insbesondere aus dem **Kreditwesengesetz (KWG)**[18], den **Mindestanforderungen an das Risikomanagement (MaRisk)**[19], den **Bankaufsichtlichen Anforderungen an die IT (BAIT)**[20] und einer Reihe von Rundschreiben, Merkblättern und sonstigen Verlautbarungen der Bundesanstalt für Finanzdienstleistungsaufsicht (BaFin) entnehmen.

22 Für sonstige Zahlungsinstitute sind insbesondere das **Zahlungsdiensteaufsichtsgesetz (ZAG)**[21] und die **Mindestanforderungen an die Sicherheit von Internetzahlungen** (**MaSI**)[22] in Sachen Cyber-Security von Bedeutung.

23 Bei Versicherungen richten sich die Anforderungen nach dem **Versicherungsaufsichtsgesetz (VAG)**[23] und dem BSIG i.V.m. der BSI-KritisV sowie diversen Verlautbarungen der BaFin.

c) Europäische und supranationale Vorgaben

24 Schon wegen der engen internationalen Vernetzung im Finanzsektor ist Cyber-Security kein an den Landesgrenzen endendes Thema. Umgekehrt ist auch die Cyber-Kriminalität häufig grenzüberschreitend. Aus diesem Grund ist auch bei der Regulierung eine Vereinheitlichung der aufsichtsrechtlichen Regeln und Erwartungen unerlässlich.[24]

---

18 Gesetz über das Kreditwesen (Kreditwesengesetz – KWG) v. 9.9.1998 (BGBl. I, S. 2776), zuletzt geändert durch Art. 14 Abs. 2 des Gesetzes v. 17.7.2017 (BGBl. I, S. 2446).

19 BaFin, Rundschreiben 09/2017 (BA) – Mindestanforderungen an das Risikomanagement – MaRisk, v. 27.10.2017, www.bafin.de/dok/10149454 (zuletzt abgerufen: 12.3.2019).

20 BaFin, Rundschreiben 10/2017 (BA) – Bankaufsichtliche Anforderungen an die IT (BAIT), v. 6.11.2017, www.bafin.de/dok/10171052 (zuletzt abgerufen: 12.3.2019).

21 Gesetz über die Beaufsichtigung von Zahlungsdiensten (Zahlungsdiensteaufsichtsgesetz – ZAG) v. 17.7.2017 (BGBl. I, S. 2446).

22 BaFin, Rundschreiben 4/2015 (BA) – Mindestanforderungen an die Sicherheit von Internetzahlungen (MaSI), v. 5.5.2015, www.bafin.de/dok/7851682 (zuletzt abgerufen: 12.3.2019).

23 Gesetz über die Beaufsichtigung der Versicherungsunternehmen (Versicherungsaufsichtsgesetz – VAG) v. 1.4.2015 (BGBl. I, S. 434), zuletzt geändert durch Art. 6 des Gesetzes v. 17.8.2017 (BGBl. I, S. 3214).

24 BIS, Regulatory approach to enhance banks cyber-security frameworks, v. 2.8.2017, www.bis.org/fsi/publ/insights2.pdf (zuletzt abgerufen: 12.3.2019), S. 5.

Neben den bereits erwähnten nationalen Regelungen gibt es eine Vielzahl von Regelungen und Empfehlungen auf Ebene der EU und anderen supranationalen Organisationen, die auch für Institute im Inland von erheblicher Relevanz sind. **25**

Auf supranationaler Ebene arbeitet insbesondere die Bank für Internationalen Zahlungsausgleich (**BIS**) an einem internationalen Cyber-Security-Konzept im Finanzsektor.[25] Die BIS veröffentlichte dazu im August 2017 ein Paper, das sich mit den regulatorischen Ansätzen zur Verbesserung des Cyber-Security-Rahmens von Banken auseinandersetzt. Die **G7-Staaten** haben die hohe Bedeutung von Cyber-Security ebenfalls erkannt. Im Oktober 2016 und 2017 haben sie entsprechende Grundelemente zur Cyber-Security im Finanzsektor veröffentlicht.[26] Es wird empfohlen, die dort genannten Vorschläge in die nationale Rechtsordnung zu implementieren. Für den jeweiligen Mitgliedstaat besteht jedoch keine Umsetzungspflicht. **26**

Auch auf **EU-Ebene** wird sich laufend dem Thema Cyber-Security angenommen, um einen flächendeckenden Mindeststandard zu gewährleisten. So hat der europäische Gesetzgeber beispielsweise in der Zweiten Zahlungsdiensterichtlinie (Payment Services Directive – **PSD II**)[27] und der Richtlinie über Maßnahmen zur Gewährleistung eines hohen gemeinsamen Sicherheitsniveaus von Netz- und Informationssystemen in der Union (NIS-Richtlinie)[28] spezifische Regelungen hinsichtlich Cyber-Security getroffen. Zusätzlich haben die europäischen Behörden **EZB**, **EBA**, **ESMA** und **EIOPA** Leitlinien zu den Anforderungen und Verhaltensweisen im Bereich Cyber-Security veröffentlicht. **27**

---

25 BIS, Regulatory approaches to enhance banks' cyber-security frameworks, v. 2.8.2017, www.bis.org/fsi/publ/insights2.htm (zuletzt abgerufen: 12.3.2019).

26 G7, Fundamental Elements of Cybersecurity for the Financial Sector v. 11.10.2016, www.ecb.europa/paym/pol/shared/pdf/G7__Fundamental_Elements_Oct_2016.pdf (zuletzt abgerufen: 12.3.2019); G7, Fundamental Elements for Effective Assessment of Cybersecurity v. 26.10.2017, www.bundesbank.de/en/tasks/g7-countries-agree-on-fundamental-elements-for-effective-assessment-of-cybersecurity-in-the-financial-sector-667538 (zuletzt abgerufen: 12.3.2018).

27 Richtlinie (EU) 2015/2366 des Europäischen Parlaments und des Rates v. 25. November 2015 über Zahlungsdienste im Binnenmarkt, zur Änderung der Richtlinien 2002/65/EG, 2009/110/EG und 2013/36/EU und der Verordnung (EU) Nr. 1093/2010 sowie zur Aufhebung der Richtlinie 2007/64/EG, ABl. EU L 337 v. 23.12.2015, S. 35.

28 Richtlinie (EU) 2016/1148 des Europäischen Parlaments und des Rates v. 6. Juli 2016 über Maßnahmen zur Gewährleistung eines hohen gemeinsamen Sicherheitsniveaus von Netz- und Informationssystemen in der Union, ABl. EU L 194 v. 19.7.2016, S. 1.

II. Preparedness (Anforderungen an das Risikomanagement von Banken)

28 Innerhalb des Finanzsektors sind Banken besonders anfällig für Cyber-Angriffe. Sie bieten besonders viele Produkte und Dienstleistungen an, die sich an die Öffentlichkeit richten. Je mehr Kontaktpunkte nach außen bestehen, desto größer ist die Angriffsfläche für Cyber-Kriminalität. Informationstechnologien sind zudem eine wesentliche Geschäftsgrundlage vieler Banken. Ein Ausfall der IT-Systeme kann zu einem sofortigen Zusammenbruch der Geschäftstätigkeit führen. Daher müssen Banken **besondere Anforderungen an das Risikomanagement** beachten.[29]

1. Kreditwesengesetz (KWG)

29 Die cyberrelevanten Anforderungen an das Risikomanagement von Kredit- und Finanzdienstleistungsinstitute ergeben sich in erster Linie aus dem KWG.[30] Die zentralen Vorschriften sind **§ 25a KWG**[31] (organisatorische Pflichten) und **§ 25b KWG**[32] (Auslagerungen). Die Anforderungen an das Risikomanagement werden im KWG jedoch nur prinzipienhaft und in Grundzügen umrissen. Daher hat die BaFin hat eine Reihe von Rundschreiben erlassen, in denen die Anforderungen an das Risikomanagement auch im Hinblick auf Cyber-Security-Risiken weiter konkretisiert sind (siehe Rn. 36 ff.).[33]

---

29 Vgl. zu diesem Absatz BIS, Regulatory approaches to enhance banks' cyber-security frameworks, v. 2.8.2017, www.bis.org/fsi/publ/insights2.pdf (zuletzt abgerufen: 12.3.2019), S. 4; *Gaycken/Karger*, MMR 2011, 3, 7.

30 Gesetz über das Kreditwesen (Kreditwesengesetz – KWG) v. 9.9.1998 (BGBl. I, S. 2776), zuletzt geändert durch Art. 14 Abs. 2 des Gesetzes v. 17.7.2017 (BGBl. I, S. 2446).

31 Aus der Kommentarliteratur zu § 25a KWG etwa *Braun*, in: Boos/Fischer/Schulte-Mattler, KWG, § 25a; *Langen*, in: Schwennicke/Auerbach, § 25a KWG; *Hellstern*, in: Luz/Neus/Schaber/Schneider/Wagner/Weber, KWG, § 25a Abs. 1–4; *Maßmann/Weber*, in: Luz/Neus/Schaber/Schneider/Wagner/Weber, KWG, § 25a Abs. 5–6; *Reppenthien*, in: Beck/Samm/Kokemoor, § 25a KWG.

32 Aus der Kommentarliteratur zu § 25b KWG etwa *Wolfgarten*, in: Boos/Fischer/Schulte-Mattler, KWG, § 25b; *Langen*, in: Schwennicke/Auerbach, § 25b KWG; *Krautheuser*, in: Luz/Neus/Schaber/Schneider/Wagner/Weber, KWG, § 25b; *Reppenthien*, in: Beck/Samm/Kokemoor, § 25a KWG.

33 BaFin, Rundschreiben 09/2017 (BA) – Mindestanforderungen an das Risikomanagement – MaRisk, v. 27.10.2017, www.bafin.de/dok/10149454 (zuletzt abgerufen: 12.3.2019), AT 1 Rn. 1; BaFin, Rundschreiben 10/2017 (BA) – Bankaufsichtliche Anforderungen an die IT (BAIT), v. 6.11.2017, www.bafin.de/dok/10171052 (zuletzt abgerufen: 12.3.2019), Ziff. I. Tz. 1. Siehe künftig auch EBA, Guidelines on outsourcing

a) Organisatorische Pflichten (§ 25a KWG)

§ 25a KWG regelt **besondere organisatorische Pflichten** von Banken. Diese enthalten teilweise ausdrückliche Vorgaben für die Sicherheit der IT-Infrastruktur.[34] Die organisatorischen Pflichten sind als Mindestanforderungen formuliert. Sie werden durch weitere gesetzliche Anforderungen an die Ordnungsmäßigkeit der Geschäftsführung im Gesellschaftsrecht ergänzt (z. B. § 92 Abs. 2 AktG).[35] Siehe hierzu näher Kap. 2 Gesellschaftsrecht. 30

§ 25a KWG richtet sich an Kreditinstitute und Finanzdienstleistungsinstitute (Institute i. S. v. § 1 Abs. 1b KWG) sowie inländische Zweigniederlassungen von Unternehmen mit Sitz in einem Drittstaat.[36] Innerhalb eines Instituts richtet sich die Vorschrift an alle Geschäftsleiter (§ 25a Abs. 1 Satz 2 KWG).[37] 31

Ein Institut muss über eine **ordnungsgemäße Geschäftsorganisation** verfügen, die die Einhaltung der vom Institut zu beachtenden gesetzlichen Bestimmungen und der betriebswirtschaftlichen Notwendigkeiten gewährleistet (§ 25a Abs. 1 Satz 1 KWG). Eine ordnungsgemäße Geschäftsorganisation muss insbesondere ein angemessenes und wirksames Risikomanagement umfassen, auf dessen Basis ein Institut die Risikotragfähigkeit laufend sicherzustellen hat (§ 25a Abs. 1 Satz 3 Hs. 1 KWG). Dazu gehören insbesondere eine **angemessene technisch-organisatorische Ausstattung** des Instituts (§ 25a Abs. 1 Satz 3 Hs. 2 Nr. 4 Var. 2 KWG[38]). Außerdem muss ein angemessenes **Notfallkonzept** festgelegt werden, insbesondere für IT-Systeme (§ 25a Abs. 1 Satz 3 Hs. 2 Nr. 5 KWG[39]). 32

b) Auslagerungen (§ 25b KWG)

§ 25b KWG[40] regelt den speziellen Fall der Auslagerung von Aktivitäten und Prozessen auf ein anderes Unternehmen (**Outsourcing**). Gerade im Fi- 33

---

arrangements, EBA/GL/2019/02 v. 25.2.2019, www.eba/europa/eu/regulation-and-policy/internal-governance/guidelines-on-outsourcing-arrangements (zuletzt abgerufen: 12.3.2019) und dazu *Wieland/Kasprowicz*, Neuer Rahmen für Auslagerungen der Finanzwirtschaft, Börsen-Zeitung v. 16.3.2019, S. 9.

34 Etwa § 25a Abs. 1 Satz 3 Hs. 2 Nr. 4, Nr. 5 KWG.

35 *Braun*, in: Boos/Fischer/Schulte-Mattler, KWG, § 25a Rn. 16, 18.

36 Zum Anwendungsbereich siehe nur *Braun*, in: Boos/Fischer/Schulte-Mattler, KWG, § 25a Rn. 48 ff.

37 Zum Normadressat im Unternehmen siehe nur *Langen*, in: Schwennicke/Auerbach, § 25a KWG Rn. 21 ff.

38 Die Vorschrift wird konkretisiert durch AT 7.2 MaRisk (siehe unten Rn. 37 f.).

39 Die Vorschrift wird konkretisiert durch AT 7.3 MaRisk (siehe unten Rn. 40 ff.).

40 Die Vorschrift wird konkretisiert durch AT 9 MaRisk (siehe unten Rn. 43 ff.).

nanzsektor werden viele IT-Dienstleistungen an externe Anbieter ausgelagert.[41] Die Auslagerungsbeziehung ist dabei ein klassisches Einfallstor für Cyber-Angriffe.

34 § 25b KWG ist nach dem Proportionalitätsgrundsatz nur auf **wesentliche Auslagerungen** anwendbar.[42] Ob eine Auslagerung wesentlich ist, legt das Institut auf der Grundlage einer Risikoanalyse selbst fest.[43]

35 Ein Institut muss angemessene Vorkehrungen treffen, um übermäßige Risiken im Zusammenhang mit wesentlichen Auslagerungen zu vermeiden (§ 25b Abs. 1 Satz 1 KWG). Eine Auslagerung darf die Geschäftsorganisation i. S. v. § 25a Abs. 1 KWG nicht beeinträchtigen (§ 25b Abs. 1 Satz 2 KWG). Das auslagernde Unternehmen muss also dafür Sorge tragen, dass die gleichen Maßstäbe und Sorgfaltspflichten angewendet werden. Insbesondere muss ein **angemessenes und wirksames Risikomanagement** durch das Institut gewährleistet bleiben, das die ausgelagerten Aktivitäten und Prozesse einbezieht (§ 25b Abs. 1 Satz 3 KWG).

2. Mindestanforderungen an das Risikomanagement (MaRisk) und Bankaufsichtliche Anforderungen an die IT (BAIT)

36 Die BaFin hat die Anforderungen nach §§ 25a, 25b KWG (siehe oben Rn. 30 ff., 33 ff.) in ihren Rundschreiben „Mindestanforderungen an das Risikomanagement (**MaRisk**)“[44] und „Bankaufsichtliche Anforderungen an die IT (**BAIT**)“[45] weiter konkretisiert. Dabei handelt es sich nicht um Außenrechtsnormen, sondern um Verwaltungsvorschriften.[46] Da sie die Verwaltungspraxis der BaFin widerspiegeln, müssen sich Institute dennoch danach richten, wollen sie ein aufsichtsrechtliches Eingreifen verhindern.

---

41 Zu den aufsichtsrechtlichen Implikationen eingehend *Wieland/Donner*, Finanzwirtschaft im Umbruch – Outsourcing-Regeln im Umbruch?, in: Rules & Regulations – Der Regulierungs-Newsletter der Börsen-Zeitung, v. 2.5.2018.

42 *Wolfgarten*, in: Boos/Fischer/Schulte-Mattler, KWG, § 25b Rn. 42.

43 BaFin, Rundschreiben 09/2017 (BA) – Mindestanforderungen an das Risikomanagement – MaRisk, v. 27.10.2017, www.bafin.de/dok/10149454 (zuletzt abgerufen: 12.3.2019), AT 9 Rn. 2.

44 BaFin, Rundschreiben 09/2017 (BA) – Mindestanforderungen an das Risikomanagement – MaRisk, v. 27.10.2017, www.bafin.de/dok/10149454 (zuletzt abgerufen: 12.3.2019); dazu eingehend *Dürselen/Schulte-Mattler*, WM 2018, 1237; *dies.*, WM 2018, 1289; *Krimphove*, BKR 2018, 1; *Lensdorf*, CR 2017, 753.

45 BaFin, Rundschreiben 10/2017 (BA) – Bankaufsichtliche Anforderungen an die IT (BAIT), v. 6.11.2017, www.bafin.de/dok/10171052 (zuletzt abgerufen: 12.3.2019).

46 Statt aller *Dürselen/Schulte-Mattler*, WM 2018, 1237.

a) Technisch-organisatorische Ausstattung (AT 7.2 MaRisk und BAIT)

Das Erfordernis einer **angemessenen technisch-organisatorischen Ausstattung** nach § 25a Abs. 1 Satz 3 Hs. 2 Nr. 4 Var. 2 KWG wird durch AT 7.2 MaRisk und die BAIT näher konkretisiert.[47] **37**

Nach AT 7.2 MaRisk müssen sich Umfang und Qualität der technisch-organisatorischen Ausstattung insbesondere an betriebsinternen Erfordernissen, den Geschäftsaktivitäten und der Risikosituation orientieren. IT-Systeme und Prozesse müssen die **Integrität, Verfügbarkeit, Authentizität und Vertraulichkeit von Daten** sicherstellen. Dabei ist auf gängige Standards abzustellen.[48] Zu den **gängigen Standards** zählen beispielsweise der „**IT-Grundschutz-Kataloge**"[49] des Bundesamts für Sicherheit und Informationstechnik (BSI) sowie der internationale Sicherheitsstandard „**ISO 27001**"[50] der International Organization for Standardization (ISO). Die Eignung der IT-Systeme und Prozesse muss regelmäßig überprüft werden. Vor ihrem erstmaligen Einsatz und nach wesentlichen Veränderungen müssen sie getestet und abgenommen werden. Hierfür muss ein Regelprozess implementiert werden. Außerdem müssen für IT-Risiken angemessene Überwachungs- und Steuerungsprozesse eingerichtet werden. Die Anforderungen an die Datensicherheit richten sich nach dem Schutzbedarf der verarbeiteten Daten. **38**

Die BAIT präzisieren die Vorgaben der MaRisk in weiteren Einzelvorgaben, insbesondere für das Management der **IT-Ressourcen** und für das **IT-Risikomanagement**.[51] **39**

b) Notfallkonzept (AT 7.3 MaRisk, Ziff. 7 BAIT)

§ 25a Abs. 1 Satz 3 Hs. 2 Nr. 5 KWG verpflichtet die Institute, ein **Notfallkonzept für IT-Systeme** festzulegen. Diese Vorgaben werden durch AT 7.3 **40**

47 Dazu eingehend *Braun*, in: Boos/Fischer/Schulte-Mattler, KWG, § 25a Rn. 619 ff.; *Dürselen/Schulte-Mattler*, WM 2018, 1237, 1245.

48 Übersicht zu verschiedenen Standards bei *Braun*, in: Boos/Fischer/Schulte-Mattler, KWG, § 25a Rn. 627 m. w. N.

49 BSI, IT-Grundschutz-Kataloge, www.bsi.bund.de/DE/Themen/ITGrundschutz/ITGrundschutzKataloge/itgrundschutzkataloge_node.html (zuletzt abgerufen: 12.3.2019).

50 Siehe dazu BSI, ISO 27001 Zertifizierung auf Basis von IT-Grundschutz, www.bsi.bund.de/DE/Themen/ZertifizierungundAnerkennung/Managementsystemzertifizierung/Zertifizierung27001/GS_Zertifizierung_node.html (zuletzt abgerufen: 12.3.2019).

51 BaFin, Rundschreiben 10/2017 (BA) – Bankaufsichtliche Anforderungen an die IT (BAIT), v. 6.11.2017, www.bafin.de/dok/10171052 (zuletzt abgerufen: 12.3.2019), Ziff. I. Tz. 1.

MaRisk und Ziff. 7 BAIT näher konkretisiert. Banken sind in hohem Maße von ihrer IT abhängig, sodass ein Cyber-Angriff zum vollständigen Zusammenbruch ihrer Geschäftstätigkeit führen kann. Daher muss bereits im Vorfeld ein tragfähiges Notfallkonzept festgelegt werden, um schnellstmöglich zum Normalbetrieb zurückkehren zu können.

41 Nach AT 7.3 MaRisk muss ein Notfallkonzept insbesondere für **zeitkritische Aktivitäten und Prozesse** entworfen werden. Die festgelegten Maßnahmen müssen dazu geeignet sein, das Ausmaß möglicher Schäden zu reduzieren. Darüber hinaus muss ein **Geschäftsfortführungs- und Wiederaufnahmeplan** im Notfallkonzept enthalten sein. Es muss gewährleistet werden, dass zeitnah Ersatzlösungen zur Verfügung stehen. Zudem muss eine Rückkehr zum Normalbetrieb innerhalb eines angemessenen Zeitraums ermöglicht werden. Wirksamkeit und Angemessenheit des Notfallkonzepts müssen regelmäßig durch **Notfalltests** überprüft werden.

42 Ziff. 7 BAIT enthält besondere Vorgaben in Bezug auf die **Datensicherheit**. Insbesondere müssen die Vorgaben für die Verfahren zur Datensicherung schriftlich in einem **Datensicherungskonzept** geregelt werden. Die Verfahren zur Wiederherstellbarkeit und Lesbarkeit von Datensicherungen sind mindestens jährlich im Rahmen einer Stichprobe sowie anlassbezogen zu testen.

c) Auslagerungen (AT 9 MaRisk, Ziff. 8 BAIT)

43 Die Anforderungen in Bezug auf die Auslagerung von Aktivitäten und Prozessen auf ein anderes Unternehmen nach § 25b KWG werden in AT 9 MaRisk[52] und Ziff. 8 BAIT[53] näher spezifiziert.

44 Die Anforderungen von AT 9 MaRisk sind grundsätzlich nur auf wesentliche Auslagerungen anwendbar.[54] Gleichwohl sind die allgemeinen Anforderungen an die Ordnungsmäßigkeit der Geschäftsorganisation nach § 25a Abs. 1 KWG auch bei sonstigem Fremdbezug zu beachten.[55] Bei wesentlichen Auslagerungen muss der Auslagerungsvertrag besondere Vereinbarungen enthalten, um eine wirksame Überwachung der vom Auslagerungsunternehmen erbrachten Dienstleistungen zu gewährleisten (z. B. Informations- und

---

52 Dazu eingehend *Dürselen/Schulte-Mattler*, WM 2018, 1237, 1245 f.

53 Dazu eingehend *Lensdorf*, CR 2017, 753, 761 f.

54 *Wolfgarten*, in: Boos/Fischer/Schulte-Mattler, KWG, § 25b Rn. 51.

55 BaFin, Rundschreiben 09/2017 (BA) – Mindestanforderungen an das Risikomanagement – MaRisk, v. 27.10.2017, www.bafin.de/dok/10149454 (zuletzt abgerufen: 12.3.2019), AT 9 Rn. 3.

Prüfungsrechte).[56] Hierzu gehören auch die vertraglichen Regelungen, die sicherstellen, dass datenschutzrechtliche Bestimmungen und sonstige Sicherheitsanforderungen durch das Auslagerungsunternehmen beachtet werden. Außerdem muss ein **zentrales Auslagerungsmanagement** eingerichtet werden, das mindestens jährlich einen Bericht über die wesentlichen Auslagerungen zu erstellen hat.[57]

Ziff. 8 BAIT konkretisiert die Anforderungen nach § 25b KWG bei der Auslagerung von IT-Dienstleistungen weiter. Wegen der grundlegenden Bedeutung der IT für das Institut ist auch für sonstigen Fremdbezug von IT-Dienstleistungen vorab eine **Risikobewertung** durchzuführen. Die aus der Risikobewertung abgeleiteten Maßnahmen müssen angemessen in der Vertragsgestaltung berücksichtigt werden. Die Risikobewertung muss zudem regelmäßig und anlassbezogen überprüft werden. **45**

3. Gesetz über das Bundesamt für Sicherheit in der Informationstechnik (BSIG)

Neben den bankspezifischen Anforderungen, die sich aus KWG (siehe oben Rn. 29 ff.), MaRisk und BAIT (siehe oben Rn. 36 ff.) ergeben, müssen Kredit- und Finanzdienstleistungsinstitute auch sektorübergreifende Vorgaben beachten. Diese ergeben sich insbesondere aus dem Gesetz über das Bundesamt für Sicherheit in der Informationstechnik (**BSIG**)[58], das wiederum durch die Verordnung zur Bestimmung Kritischer Infrastrukturen nach dem BSIG (**BSI-KritisV**; siehe unten Rn. 47 f.) weiter konkretisiert wird. Das BSIG trägt der zunehmenden Bedeutung der Informations- und Kommunikationstechnologien für Kritische Infrastrukturen Rechnung.[59] Die zentrale Vorschrift ist § 8a BSIG.[60] Siehe hierzu auch näher Kap. 5 IT-Sicherheit. **46**

---

56 BaFin, Rundschreiben 09/2017 (BA) – Mindestanforderungen an das Risikomanagement – MaRisk, v. 27.10.2017, www.bafin.de/dok/10149454 (zuletzt abgerufen: 12.3.2019), AT 9 Rn. 5, 7.

57 BaFin, Rundschreiben 09/2017 (BA) – Mindestanforderungen an das Risikomanagement – MaRisk, v. 27.10.2017, www.bafin.de/dok/10149454 (zuletzt abgerufen: 12.3.2019), AT 9 Rn. 12, 13.

58 Gesetz über das Bundesamt für Sicherheit in der Informationstechnik (BSI-Gesetz – BSIG) v. 14.8.2009 (BGBl. I, S. 2821), zuletzt geändert durch Art. 1 des Gesetzes v. 23.6.2017 (BGBl. I, S. 1885).

59 Begr. RegE, BT-Drs. 16/11967, S. 1. Zu Kritischen Infrastrukturen monografisch *Kloepfer*, Schutz kritischer Infrastrukturen, S. 1 ff.

60 Dazu aus der der Literatur etwa *Schneider*, in: Schneider, Handbuch EDV-Recht, Rn. 1412 ff., 1467 ff.; *Schulz*, in: Schulz, Compliance-Management im Unternehmen, 23. Kap. Rn. 25, 39; *Karger/Gaycken*, in: Betrieblicher Datenschutz, Kap. 5 Rn. 133 ff.; *Hornung*, in: Baumgärtel/Scholz, DGRI Jahrbuch 2015, IT-Sicherheit als gemeinsame

a) Anwendungsbereich

47 Die Vorgaben des BSIG richten sich an **Betreiber Kritischer Infrastrukturen** (KRITIS-Betreiber).[61] Das BSIG enthält hierzu nur eine abstrakte Definition. „Kritische Infrastrukturen" sind danach Einrichtungen, Anlagen oder Teile davon, die einem bestimmten Sektor angehören (u. a. dem Finanz- und Versicherungswesen) und von hoher Bedeutung für das Funktionieren des Gemeinwesens sind, weil durch ihren Ausfall oder ihre Beeinträchtigung erhebliche Versorgungsengpässe oder Gefährdungen für die öffentliche Sicherheit eintreten würden (§ 2 Abs. 10 Satz 1 BSIG).

48 Der Begriff der Kritischen Infrastruktur und seine Definitionsbestandteile werden durch die Verordnung zur Bestimmung Kritischer Infrastrukturen nach dem BSIG (BSI-KritisV)[62] näher konkretisiert.[63] Dabei ist zu berücksichtigen, dass nicht alle Banken und deren Aktivitäten per se als Kritische Infrastrukturen einzuordnen sind, sondern die BSI-KritisV nur bestimmte, als besonders sensibel erachtete Bereiche abdeckt. **Kritische Dienstleistungen im Sektor Finanz- und Versicherungswesen** sind danach die Bargeldversorgung, der kartengestützte Zahlungsverkehr, der konventionelle Zahlungsverkehr, die Verrechnung und die Abwicklung von Wertpapier- und Derivatgeschäften sowie Versicherungsdienstleistungen (§ 1 Nr. 3 i.V.m. § 7 Abs. 1 BSI-KritisV). Die BSI-KritisV bestimmt diese Begriffe weiter (vgl. § 7 Abs. 2–6 BSI-KritisV) und welche Anlagen hierbei und ab welchen Schwellenwerten relevant sind (vgl. § 7 Abs. 7 i.V.m. Anhang 6 BSI-KritisV).

b) Angemessene organisatorische und technische Vorkehrungen (§ 8a Abs. 1, Abs. 2 BSIG)

49 KRITIS-Betreiber sind verpflichtet, organisatorische und technische Vorkehrungen zu treffen, um **Störungen der Verfügbarkeit, Integrität, Authentizität und Vertraulichkeit** ihrer IT-Systeme zu vermeiden, die für die

---

Aufgabe von Staat und Wirtschaft Rn. 30 ff.; *Frisse/Glaßl/Baranowski/Duwald*, BKR 2018, 177, 179; *Roos*, MMR 2014, 723, 725 f.

61 Zur Bestimmung Kritischer Infrastrukturen auch *Gehrmann/Klett*, K&R 2017, 372, 373 f., die eine vereinfachte Vorgehensweise in drei Schritten vornehmen.

62 Verordnung zur Bestimmung Kritischer Infrastrukturen nach dem BSI-Gesetz (BSI-KritisV) v. 22.4.2016 (BGBl. I, S. 958), zuletzt geändert durch Art. 1 der Verordnung v. 21.6.2017 (BGBl. I, S. 1903).

63 Die Verordnung beruht auf einer Ermächtigung des BSI in § 2 Abs. 10 Satz 2 i.V.m. § 10 Abs. 1 BSIG.

Funktionsfähigkeit der von ihr betriebenen Infrastruktur maßgeblich sind (§ 8a Abs. 1 Satz 1 BSIG).

Die Vorkehrungen müssen dem **Stand der Technik** entsprechen (§ 8a Abs. 1 Satz 2 BSIG).[64] Bei der Bestimmung des Standes der Technik sind insbesondere einschlägige internationale, europäische und nationale Normen und Standards heranzuziehen (z. B. DIN oder ISO), aber auch vergleichbare Verfahren, Einrichtungen und Betriebsweisen, die mit Erfolg in der Praxis erprobt wurden.[65] **50**

Darüber hinaus müssen die **Vorkehrungen angemessen** sein. Das ist der Fall, wenn der dafür erforderliche Aufwand nicht außer Verhältnis zu den Folgen eines Ausfalls oder einer Beeinträchtigung der betroffenen Kritischen Infrastruktur steht (§ 8a Abs. 1 Satz 3 BSIG). Dabei sind insbesondere die vom Betreiber aufzuwendenden Kosten zu berücksichtigen.[66] **51**

KRITIS-Betreiber und ihre Branchenverbände können **branchenspezifische Sicherheitsstandards** (sog. B3S) vorschlagen, um den Anforderungen nach § 8a Abs. 1 BSIG zu entsprechen (§ 8a Abs. 2 BSIG). Das BSI stellt sodann fest, ob diese geeignet sind, den Anforderungen gerecht zu werden. Von dieser normativ eingeräumten Möglichkeit wurde auch bereits Gebrauch gemacht. Die einzelnen Mitglieder der Deutschen Kreditwirtschaft (Geschäftsbanken, Sparkassen, Genossenschaftsbanken) und die im Gesamtverband der Deutschen Versicherungswirtschaft vereinten Versicherungsunternehmen haben sich entschlossen, branchenspezifische Sicherheitsstandards (B3S) als „Schnittstellen zum BSI" zu entwickeln. Diese B3S beschreiben u. a. auch die Prüfungsanforderungen aus Sicht des zu prüfenden und des zu implementierenden Informationssicherheits-Managementsystems (ISMS). Basierend auf einem B3S könnte dann eine einheitliche Prüfungspraxis mit dem BSI abgestimmt werden.[67] **52**

---

64 Die Gesetzesbegründung definiert den Begriff als den „Entwicklungsstand fortschrittlicher Verfahren, Einrichtungen oder Betriebsweisen, der die praktische Eignung einer Maßnahme zum Schutz der Funktionsfähigkeit von informationstechnischen Systemen, Komponenten oder Prozessen gegen Beeinträchtigungen der Verfügbarkeit, Integrität, Authentizität und Vertraulichkeit gesichert erscheinen lässt", siehe Begr. RegE, BT-Drs. 18/4096, S. 26. Dazu eingehend *Gehrmann/Klett*, K&R 2017, 372, 375 f.

65 Begr. RegE, BT-Drs. 18/4096, S. 26.

66 Begr. RegE, BT-Drs. 18/4096, S. 26.

67 Vgl. https://www.kritis.bund.de/SharedDocs/Downloads/Kritis/DE/Sektorstudie_Finanzen_Versicherungen.pdf?__blob=publicationFile, S. 156 (zuletzt abgerufen: 12.3.2019).

c) Nachweispflicht (§ 8a Abs. 3 BSIG)

53 KRITIS-Betreiber müssen die Erfüllung der Anforderungen nach § 8a Abs. 1 BSIG mindestens alle zwei Jahre auf geeignete Weise nachweisen (§ 8a Abs. 3 Satz 1 BSIG). Der **Nachweis** kann durch Sicherheitsaudits, Prüfungen oder Zertifizierungen erfolgen (§ 8a Abs. 3 Satz 2 BSIG).[68] Die Ergebnisse der Audits, Prüfungen oder Zertifizierungen müssen dem BSI – einschließlich etwaiger Sicherheitsmängel – übermittelt werden (§ 8a Abs. 3 Satz 3 BSIG). Das BSI kann verlangen, dass auch die Dokumentation vorgelegt wird, die der Überprüfung zugrunde gelegt wurde (§ 8a Abs. 3 Satz 4 BSIG). Bei Sicherheitsmängeln kann das BSI – im Einvernehmen mit der zuständigen Aufsichtsbehörde – die Beseitigung des Mangels verlangen (§ 8a Abs. 3 Satz 5 BSIG).

d) Besondere Anforderungen an Anbieter digitaler Dienste (§ 8c BSIG)

54 § 8c BSIG enthält besondere Anforderungen für **Anbieter digitaler Dienste**. Anbieter digitaler Dienste sind Anbieter von Online-Marktplätzen, Online-Suchmaschinen und Cloud-Computing-Diensten (§ 2 Abs. 11, Abs. 12 BSIG). Banken gehören zwar meist nicht selbst zu den Anbietern solcher Dienste. Sie greifen jedoch häufig im Wege der IT-Auslagerung auf digitale Dienste zurück. Im Fall eines Cyber-Angriffs sind sie also zumindest mittelbar betroffen. Die Anbieter digitaler Dienste müssen geeignete und verhältnismäßige technische und organisatorische Maßnahmen treffen, um die Sicherheit für die IT-Systeme gewährleisten zu können (§ 8c Abs. 1 BSIG).

4. Sonstige Publikationen von Aufsichtsbehörden

55 Neben den bereits vorgestellten Regelungen müssen Banken auch die Publikationen der für sie zuständigen Aufsichtsbehörden – **BaFin, EBA und ESMA** – im Blick behalten. Diese haben sich in letzter Zeit verstärkt mit dem Thema Cyber-Security befasst und eine Reihe von Leitlinien und anderen Publikationen veröffentlicht.

a) BaFin-Journal

56 Die BaFin hat sich vor allem im BaFin-Journal wiederholt mit dem Thema Cyber-Security befasst. Darin äußert sie sich zu aktuellen Entwicklungen

68 Der Gesetzgeber hat deren Ausgestaltung bewusst nicht im Detail vorgegeben, sondern verweist auf branchenspezifische Gepflogenheiten, siehe Begr. RegE, BT-Drs. 18/4096, S. 26.

oder erläutert ihre Auffassung. Beispielsweise hat sie im November 2013[69] detailliert beschrieben, welche Erwartungen sie an die IT-Sicherheit von Banken stellt. Im Februar 2015[70] hat sie wiederum den Risiken von Cyber-Angriffen einen Schwerpunktbericht gewidmet. Als wichtige Angriffsziele hat sie dort u. a. die E-Mail-Systeme, Unternehmensnetzwerke und Schnittstellen zu Kunden und Geschäftspartnern identifiziert. Zuletzt hat sie sich im Januar 2018[71] mit cyberbezogenen Fragen befasst. Hintergrund war die Aktualisierung der BAIT im November 2017. Im BaFin-Journal hat sie eingehend deren Inhalte und Hintergründe beschrieben.

b) EBA-Leitlinien

Auch bei den europäischen Aufsichtsbehörden steht das Thema Cyber-Security auf der Agenda. So hat die Europäische Bankenaufsichtsbehörde (European Banking Authority, EBA) „**Leitlinien für die Bewertung von Risiken aus Informations- und Kommunikationstechnologien (IKT)**“[72] veröffentlicht. **57**

Die IKT-Leitlinien richten sich in erster Linie an die zuständigen Aufsichtsbehörden – in Deutschland also im Hinblick auf bedeutende Institute an die EZB, im Übrigen an die BaFin.[73] Ihr lassen sich jedoch auch unmittelbare Anforderungen an die beaufsichtigten Institute ableiten. **58**

Mit den Leitlinien strebt die EBA eine Vereinheitlichung der Aufsichtspraktiken an. Die nationalen Aufsichtsbehörden sollen das IKT-Risiko im Rah- **59**

---

69 BaFin-Journal, v. 11/2013, www.bafin.de/SharedDocs/Downloads/DE/BaFinJournal/2013/bj_1311.html (zuletzt abgerufen: 12.3.2019), S. 22 ff.

70 BaFin-Journal, v. 2/2015, www.bafin.de/SharedDocs/Downloads/DE/BaFinJournal/2015/bj_1502.html (zuletzt abgerufen: 12.3.2019), S. 13 ff.

71 BaFin-Journal, v. 1/2018, www.bafin.de/SharedDocs/Downloads/DE/BaFinJournal/2018/bj_1801.html (zuletzt abgerufen: 12.3.2019), S. 17 ff.

72 EBA, Leitlinien für die IKT-Risikobewertung im Rahmen des aufsichtlichen Überprüfungs- und Bewertungsprozesses (SREP), EBA/GL/2017/05, v. 11.5.2017, www.eba.europa.eu/documents/10180/1954038/Guidelines+on+ICT+Risk+Assessment+under+SREP+%28EBA-GL-2017-05%29_DE.pdf/d1f46d49-6b93-4fc0-b789-839edcaafb9a (zuletzt abgerufen: 12.3.2019).

73 Die IKT-Leitlinien sind ab dem 1.1.2018 anwendbar. Die nationalen Aufsichtsbehörden sind nach dem „comply-or-explain“-Prinzip an die Leitlinien gebunden. Die BaFin hat erklärt, ihre Aufsichtspraxis innerhalb des ersten Halbjahrs 2018 an die Leitlinien anzupassen, siehe EBA, Guidelines compliance table, EBA/GL/2017/05, www.eba.europa.eu/documents/10180/1841624/EBA+GL+2017+05-CT+GLs+on+ICT+Risk+Assessment+under+the+Supervisory+Review.pdf/7393d5f8-2ed0-4eab-a111-7dff8c119fed (zuletzt abgerufen: 12.3.2019), S. 2.

men des aufsichtlichen Überprüfungs- und Bewertungsprozesses (SREP) einheitlich bewerten. Insofern sind die Leitlinien integraler Bestandteil der SREP-Leitlinien[74] und sollten zusammen mit diesen gelesen werden.

60 Neben den allgemeinen Bestimmungen (Titel 1) legen die Leitlinien insbesondere die Bewertungskriterien fest, die die zuständigen Behörden bei der aufsichtlichen Bewertung der **IKT-Governance** und **Strategie der Institute** (Titel 2) sowie bei der aufsichtlichen Bewertung der **IKT-Risikopositionen und -kontrollen** der Institute anwenden sollen (Titel 3).

61 Die Leitlinien enthalten zum Teil ausdrücklich **cyberbezogene Vorgaben**. Beispielsweise sollen die zuständigen Aufsichtsbehörden bei der Ermittlung erheblicher IKT-Risiken berücksichtigen, ob das Institut ein wahrscheinliches Ziel für Cyber-Angriffe ist (z. B. aufgrund von Internet-Abhängigkeiten, einer hohen Akzeptanz innovativer IKT-Lösungen oder anderen geschäftlichen Vertriebskanälen).[75]

c) ESMA-Leitlinien

62 Die Europäische Wertpapier- und Marktaufsichtsbehörde (European Securities and Markets Authority, **ESMA**) hat u. a. Leitlinien zum automatisierten Handelsumfeld veröffentlicht, die ebenfalls cyberbezogene Vorgaben enthalten.[76] Die Leitlinien richten sich – wie die bereits erwähnten EBA-Leitlinien – sowohl an die zuständigen nationalen Aufsichtsbehörden als auch an die Finanzmarktteilnehmer (z. B. Betreiber elektronischer Handelssysteme). In Bezug auf das Thema Cyber-Security bestimmt die Leitlinie etwa, dass Handelsplattformen über Verfahren und Vorkehrungen zur Gewährleistung der physischen und elektronischen Sicherheit verfügen sollten, um ihre elektronischen Handelssysteme vor Missbrauch oder unberechtigtem Zugang zu

---

74 EBA, Leitlinien zu gemeinsamen Verfahren und Methoden für den aufsichtlichen Überprüfungs- und Bewertungsprozess (SREP), EBA/GL/2014/13, v. 19.12.2014, www.eba.europa.eu/documents/10180/1051392/EBA-GL-2014-13+GL+on+Pillar+2+%28SREP%29%20-+DE.pdf/5d63aad3-5b03-4301-b1c9-174e3670ad66 (zuletzt abgerufen: 12.3.2019).

75 EBA, Leitlinien für die IKT-Risikobewertung im Rahmen des aufsichtlichen Überprüfungs- und Bewertungsprozesses (SREP), EBA/GL/2017/05, v. 11.5.2017, S. 14.

76 ESMA, Leitlinien – Systeme und Kontrollen für Handelsplattformen, Wertpapierfirmen und zuständige Behörden in einem automatisierten Handelsumfeld, ESMA/2012/122 (DE), v. 24.2.2012, www.esma.europa.eu/sites/default/files/library/2015/11/esma_2012_122_de_0.pdf (zuletzt abgerufen: 12.3.2019).

schützen und die Integrität der Daten, die Teil der Systeme sind oder die Systeme durchlaufen, zu gewährleisten.[77]

d) EZB

Von Seiten der EZB ist insbesondere das sog. „European Framework for Threat Intelligence-based Ethical Red Teaming (**TIBER-EU**)“ zu nennen.[78] Hierbei handelt es sich um das erste europäische Rahmenwerk für kontrolliertes Cyber-Hacking um die Widerstandsfähigkeit von Unternehmen des Finanzsektors gegen Cyber-Angriffe zu überprüfen. Gleichzeitig dient es dazu, Erfahrungen im Hinblick auf den Schutz, die Aufdeckung und angemessene Reaktion auf Cyber-Attacken zu sammeln und auszutauschen und deren künftige Abwehr zu erleichtern. Hierzu werden die Taktik, Techniken und Vorgehensweisen eines echten Hacker-Angriffs auf kritische Funktionen simuliert. Der Anwendungsbereich ist dabei nicht auf Banken beschränkt, sondern umfasst auch andere Finanzinstitute.[79] **63**

III. Response (Meldepflichten der Banken)

Kredit- und Finanzdienstleistungsinstitute müssen nicht nur präventive Maßnahmen ergreifen, um Cyber-Angriffe zu verhindern. Sie müssen auch angemessen auf gerade stattfindende oder bereits abgeschlossene Angriffe reagieren. Insbesondere müssen sie den Vorfall der zuständigen Behörde melden. Dadurch sollen die Behörden in die Lage versetzt werden, ihrerseits weitere Maßnahmen zu ergreifen (z. B. andere Institute zu warnen). **64**

1. BSIG/BSI-KritisV

Die Meldepflicht kann sich zunächst aus dem **BSIG** ergeben. Nach § 8b Abs. 4 Satz 1 BSIG müssen Betreiber Kritischer Infrastrukturen (KRITIS-Betreiber)[80] **erhebliche und außergewöhnliche Störungen** der IT-Systeme **65**

---

77 ESMA, Leitlinien – Systeme und Kontrollen für Handelsplattformen, Wertpapierfirmen und zuständige Behörden in einem automatisierten Handelsumfeld, ESMA/2012/122 (DE), v. 24.2.2012, S. 9.

78 TIBER-EU Framework, How to implement the European framework for Threat Intelligence-based Ethical Red Teaming, Mai 2018, https://www.ecb.europa.eu/pub/pdf/other/ecb.tiber_eu_framework.en.pdf (zuletzt abgerufen: 12.3.2019).

79 Vgl. TIBER-EU Framework, a. a. O., Ziffer 2.1.

80 Zur Bestimmung Kritischer Infrastrukturen siehe Rn. 47 f.

dem Bundesamt für Sicherheit in der Informationstechnik (**BSI**) melden.[81] Das BSI ist insofern zentrale Meldestelle (§ 8b Abs. 1 BSIG).

a) Anlass der Meldung

66 Es besteht jedoch keine generelle Meldepflicht. Das BSI muss nur über **bestimmte Sicherheitsvorfälle** informiert werden.[82] Dies ist der Fall bei Störungen der Verfügbarkeit, Integrität, Authentizität oder Vertraulichkeit der informationstechnischen Systeme, Komponenten oder Prozesse, die zu einem Ausfall oder zu einer erheblichen Beeinträchtigung der Kritischen Infrastrukturen geführt haben oder führen können (§ 8b Abs. 4 Satz 1 BSIG).

67 Nach der Gesetzesbegründung ist der Begriff „**Störung**" entsprechend der höchstrichterlichen Rechtsprechung[83] zu § 100 Abs. 1 Telekommunikationsgesetz (TKG) zu verstehen.[84] Eine Störung im Sinne des BSIG liegt daher vor, wenn die eingesetzte Technik die ihr zugedachte Funktion nicht mehr richtig oder nicht mehr vollständig erfüllen kann oder versucht wurde, entsprechend auf sie einzuwirken.[85] Dazu zählen insbesondere Fälle von Sicherheitslücken, Schadprogrammen und Angriffen auf die Sicherheit in der IT sowie außergewöhnliche und unerwartete technische Defekte mit IT-Bezug (z. B. nach Software-Updates oder ein Ausfall der Serverkühlung).[86] Der Störungsbegriff ist mit Blick auf den Schutzzweck des BSIG weit zu verstehen.[87]

68 Eine Störung ist nach der Gesetzesbegründung „**erheblich**", wenn durch sie die Funktionsfähigkeit der erbrachten kritischen Dienstleistung bedroht ist.[88] Erheblich sind insbesondere solche IT-Störungen, die nicht bereits automatisiert oder mit wenig Aufwand mit Hilfe der nach § 8a BSIG als Stand

---

81 Zur Meldepflicht allgemein *Bräutigam/Wilmer*, ZRP 2015, 38; *Spindler*, CR 2016, 297, 300 f.; *Hornung*, NJW 2015, 3334, 3337. Zur Verfassungsmäßigkeit der Meldepflichten *Guckelberger*, DVBl 2015, 1213, 1220.

82 Dazu eingehend BSI, Fragen und Antworten für Betreiber Kritischer Infrastrukturen zur Meldepflicht nach dem IT-Sicherheitsgesetz, www.bsi.bund.de/DE/Themen/Industrie_KRITIS/KRITIS/IT-SiG/Neuregelungen_KRITIS/Meldepflicht/FAQ_zur_Meldepflicht/faq_meldepflicht_node.html (zuletzt abgerufen: 12.3.2019); siehe ebenfalls BSI, Meldepflicht, www.bsi.bund.de/DE/Themen/Industrie_KRITIS/KRITIS/IT-SiG/Neuregelungen_KRITIS/Meldepflicht/meldepflicht_node.html (zuletzt abgerufen: 12.3.2019).

83 BGH, Urt. v. 13.1.2011 – III ZR 146/10, JZ 2011, 691.

84 Begr. RegE, BT-Drs. 18/4096, S. 27.

85 Begr. RegE, BT-Drs. 18/4096, S. 27.

86 Begr. RegE, BT-Drs. 18/4096, S. 27 f.

87 *Roos*, MMR 2015, 636, 639; dem folgend *Spindler*, CR 2016, 297, 300.

88 Begr. RegE, BT-Drs. 18/4096, S. 28.

der Technik beschriebenen Maßnahmen abgewehrt werden können.[89] Dies ist beispielsweise der Fall bei neuartigen oder außergewöhnlichen IT-Vorfällen, bei gezielten Angriffen und unerwarteten Vorkommnissen.[90] Insbesondere gilt dies aber auch für Vorfälle, die nur mit deutlich erhöhtem Ressourcenaufwand bewältigt werden können (z. B. erhöhter Koordinierungsaufwand, Hinzuziehen zusätzlicher Experten, Nutzung einer besonderen Aufbauorganisation, Einberufung eines Krisenstabs).[91] IT-Störungen sind hingegen nicht erheblich, wenn es sich um tagtäglich vorkommende Ereignisse handelt (z. B. Spam, übliche Schadsoftware, die standardmäßig im Virenscanner abgefangen wird, Hardwareausfälle im üblichen Rahmen), die ohne nennenswerte Probleme bewältigt werden können.[92]

b) Inhalt der Meldung

Die Meldung muss Angaben zu der Störung, zu möglichen grenzübergreifenden Auswirkungen sowie zu den technischen Rahmenbedingungen enthalten, insbesondere zur vermuteten oder tatsächlichen Ursache, zur betroffenen Informationstechnik, zur Art der betroffenen Einrichtung oder Anlage, zur erbrachten kritischen Dienstleistung sowie zu den Auswirkungen der Störung auf diese Dienstleistung (§ 8b Abs. 4 Satz 2 BSIG). Die Nennung des Betreibers ist nur dann erforderlich, wenn die Störung tatsächlich zu einem Ausfall oder einer Beeinträchtigung der Funktionsfähigkeit der Kritischen Infrastruktur geführt hat (§ 8b Abs. 4 Satz 3 BSIG).[93] Im Einzelnen ergibt sich der **Inhalt der Meldung** aus dem Muster-Meldeformular des BSI.[94] **69**

c) Unternehmerische Kontaktstelle

KRITIS-Betreiber müssen gegenüber dem BSI eine **Kontaktstelle** benennen (§ 8b Abs. 3 Satz 1 BSIG). Die Übermittlung von Informationen durch **70**

---

89 Begr. RegE, BT-Drs. 18/4096, S. 28.
90 Begr. RegE, BT-Drs. 18/4096, S. 28.
91 Begr. RegE, BT-Drs. 18/4096, S. 28.
92 Begr. RegE, BT-Drs. 18/4096, S. 28.
93 Im Übrigen ist eine pseudonymisierte Meldung ausreichend. Dadurch soll der besonderen Sensibilität der Meldungen im Hinblick auf die wirtschaftlichen Auswirkungen eines möglichen Bekanntwerdens entsprechender Vorfälle Rechnung getragen werden, siehe Begr. RegE, BT-Drs. 18/4096, S. 28.
94 BSI, Meldeformular für KRITIS-Betreiber – Musterbeispiel, v. 14.3.2016, www.bsi.bund.de/SharedDocs/Downloads/DE/BSI/IT_SiG/Meldeformular_BSIG8b_Muster.html (zuletzt abgerufen: 12.3.2019). Kritisch dazu, ob der Inhalt der Meldung ausreichend ist *Spindler*, CR 2016, 297, 301 m. w. N.

das BSI erfolgt ausschließlich an diese Kontaktstelle (§ 8b Abs. 3 Satz 3 BSIG). Die Betreiber müssen daher sicherstellen, dass sie hierüber jederzeit erreichbar sind (§ 8b Abs. 3 Satz 2 BSIG).

2. Rahmenwerk der EZB

71 Inzwischen befasst sich auch die Europäische Zentralbank (**EZB**) intensiv mit Meldepflichten bei Cyber-Security-Vorfällen.[95] Im Mai 2017 hat die EZB hierzu ein Rahmenwerk für die Meldung von Cyber-Angriffen veröffentlicht („**cyber incident reporting framework**").[96] Dieses wurde den betroffenen Instituten vom EZB-Rat per Brief zugesendet. Danach müssen bedeutende Institute[97] wesentliche Cyber-Security-Vorfälle der EZB melden.

a) Rechtsnatur

72 Bei dem Rahmenwerk handelt es sich nicht um gesetzliche Vorgaben, sondern eine standardisierte Ausübung des Informationsrechts aus Art. 10 Abs. 1 a) SSM-VO[98] i.V.m. Art. 141 Abs. 1 SSM-RVO[99]. Danach kann die EZB die Vorlage sämtlicher Informationen verlangen, die sie für die Wahrnehmung der ihr durch die SSM-VO übertragenen Aufgaben benötigt. Die EZB benötigt die Informationen über bedeutende Cyber-Security-Vorfälle, um potenzielle Krisen, die durch einen Cyber-Angriff ausgelöst werden könnten, zu verhindern.[100] Außerdem kann sie die Bedrohungslage dadurch besser „monitoren".[101]

---

95 Vgl. EZB, Cyber resilience, www.ecb.europa.eu/paym/initiatives/cyber-resilience/html/index.en.html (zuletzt abgerufen: 12.3.2019).

96 Dazu EZB, IT risk – ECB to roll out cyber incident reporting framework, v. 17.5.2017, www.bankingsupervision.europa.eu/press/publications/newsletter/2017/html/ssm.nl170517_3.en.html (zuletzt abgerufen: 12.3.2019).

97 Zur Abgrenzung der bedeutenden von weniger bedeutenden Instituten *Glos/Benzing*, in: Binder/Glos/Riepe, Bankaufsichtsrecht, § 2 Rn. 21 ff.

98 Verordnung (EU) Nr. 1024/2013 des Rates v. 15.10.2013 zur Übertragung besonderer Aufgaben im Zusammenhang mit der Aufsicht über Kreditinstitute auf die Europäische Zentralbank (SSM-Verordnung), ABl. EU L 287 v. 29.10.2013, S. 63.

99 Verordnung (EU) Nr. 468/2014 der Europäischen Zentralbank vom 16.4.2014 zur Einrichtung eines Rahmenwerks für die Zusammenarbeit zwischen der Europäischen Zentralbank und den nationalen zuständigen Behörden und den nationalen benannten Behörden innerhalb des einheitlichen Aufsichtsmechanismus (SSM-Rahmenverordnung) (EZB/2014/17), ABl. EU L 141 v. 14.5.2014, S. 1.

100 EZB, Cyber resilience, www.ecb.europa.eu/paym/initiatives/cyber-resilience/html/index.en.html (zuletzt abgerufen: 12.3.2019).

101 EZB, Cyber resilience, www.ecb.europa.eu/paym/initiatives/cyber-resilience/html/index.en.html (zuletzt abgerufen: 12.3.2019).

b) Cyber-Security-Vorfall

Die Meldepflicht erstreckt sich nur auf wesentliche Cyber-Security-Vorfälle („**significant cyber incidents**"). Für die Definition des Begriffs verweist die EZB auf den Standard „ISO/IEC 27001:2005(E)". **73**

Die EZB versteht unter einem „Cyber-Security-Vorfall" („**cyber incident**") jedes unerwünschte oder unerwartete Informationssicherheitsereignis, das mit hoher Wahrscheinlichkeit den Geschäftsbetrieb und die Informationssicherheit beeinträchtigt. **74**

Ein Informationssicherheitsereignis („**information security event**") ist jeder erkannte System-, Dienst- oder Netzwerkzustand, der auf einen möglichen Verstoß gegen Sicherheitsrichtlinien, ein Versagen von Sicherheitsvorkehrungen oder eine sonstige unbekannte sicherheitsrelevante Situation hinweist. Hierunter fallen u. a. erfolgreiche Versuche, sich unbefugten Zugang zu einem System oder dessen Daten zu verschaffen, „Distributed Denial of Service (DDoS)"-Attacken, die unbefugte Nutzung eines Systems zur Verarbeitung oder Speicherung von Daten sowie Änderungen an der Systemhardware, Firmware oder Softwareeigenschaften ohne Wissen, Anweisung oder Zustimmung des Eigentümers. **75**

c) Wesentlichkeit

Ein Cyber-Security-Vorfall ist wesentlich („**significant**"), wenn er bestimmte Meldeschwellen („reporting threshold") überschreitet. Die EZB hat hierzu eine Reihe von Mindestkriterien festgelegt. Auf dieser Grundlage entscheiden die Institute auf konsolidierter Basis selbst, ob sie den Vorfall als wesentlich ansehen. **76**

Folgende Kriterien sprechen für die Wesentlichkeit eines Cyber-Security-Vorfalls: **77**

(1) Der Vorfall wird öffentlich bekannt und/oder könnte einen erheblichen Reputationsschaden verursachen;
(2) die geschätzten finanziellen Auswirkungen des Vorfalls belaufen sich auf mehr als 5 Mio. EUR oder 0,1 % des Common Equity Tier 1 (CET 1)-Kapitals des Instituts auf konsolidierter Basis;
(3) der Vorfall wird außerhalb des regulären Berichtswesens bis zum Chief Information Officer (oder einer gleichwertigen Führungsposition) eskaliert;
(4) der Vorfall kann zu Verstößen gegen gesetzliche oder regulatorische Verpflichtungen führen;
(5) als Folge des Vorfalls werden Krisenmanagementverfahren ausgelöst;

(6) der Vorfall wird dem nationalen Cyber Emergence Response Team (CERT) oder dem Cyber Security Incident Response Team (CSIRT), der Sicherheitsbehörde oder der Polizei gemeldet.

78 Bestehen Zweifel bei der Bewertung der Wesentlichkeit, so gilt der Vorfall als wesentlich.

d) Meldevorlage

79 Die Institute haben für die Meldung eine von der EZB bereitgestellte **standardisierte Meldevorlage** („cyber incident reporting template") zu verwenden. Diese Vorlage enthält Standardfelder mit grundlegenden Informationen über den Cyber-Security-Vorfall.

3. KWG, MaRisk und BAIT

80 Aus dem KWG, der MaRisk oder der BAIT selbst ergeben sich keine ausdrücklichen Meldepflichten im Falle eines Cyber-Angriffs. Dennoch ist es üblich, die zuständige Aufsichtsbehörde **proaktiv über bedeutende Cyber-Security-Vorfälle zu informieren**. Erfahrungsgemäß wird dies von der BaFin auch erwartet.[102]

IV. Besondere Anforderungen und Meldepflichten für Zahlungsinstitute und Versicherungen

81 Zahlungsdienste nehmen eine Schlüsselrolle im Handelsverkehr ein. Mehr und mehr Händler bieten ihre Waren und Dienstleistungen im Wege des E-Commerce an. Dabei greifen sie häufig auf spezialisierte **Zahlungsdienstleister** zurück. Die digitale Abwicklung von Zahlungstransaktionen ist jedoch besonders anfällig für Cyber-Angriffe. Daher haben Gesetzgeber und Aufsichtsbehörden – auf nationaler und europäischer Ebene – spezielle Anforderungen an Zahlungsdienstleister vorgegeben.

---

102 So auch BaFin-Journal, v. 2/2015, www.bafin.de/SharedDocs/Downloads/DE/BaFin Journal/2015/bj_1502.html (zuletzt abgerufen: 12.3.2019), S. 17.

1. Zahlungsinstitute

a) Zahlungsdiensteaufsichtsgesetz (ZAG)

Für Zahlungsdienstleister ergeben sich die cyberspezifischen Vorgaben in erster Linie aus dem Zahlungsdiensteaufsichtsgesetz (ZAG)[103]. Das ZAG wurde im Rahmen der Umsetzung der Zweiten Zahlungsdiensterichtlinie (PSD II)[104] um besondere cyberrelevante Vorgaben ergänzt. **82**

aa) Preparedness (Anforderungen an das Risikomanagement)

Die cyberbezogenen **Anforderungen an das Risikomanagement** finden sich vor allem in den §§ 26, 27, 53 Abs. 1 ZAG. Diese entsprechen im Wesentlichen denen des KWG (siehe oben Rn. 29 ff.) und VAG (siehe unten Rn. 101 ff.). **83**

§ 27 ZAG regelt die **allgemeinen Organisationspflichten**. Die Vorschrift enthält keine konkreten Handlungsanweisungen. Vielmehr müssen die Institute selbst individuelle Verfahren etablieren, um bestimmte Mindestanforderungen zu erfüllen. Sie müssen über eine ordnungsgemäße Geschäftsorganisation verfügen, die unter anderem sicherstellt, dass die Institute ihre Verpflichtungen erfüllen (§ 27 Abs. 1 Nr. 1 ZAG). Außerdem muss ein angemessenes IT-Notfallkonzept erarbeitet werden (§ 27 Abs. 1 Nr. 3 ZAG). **84**

Nach § 53 Abs. 1 ZAG müssen zudem **angemessene Risikominderungsmaßnahmen** und Kontrollmechanismen zur Beherrschung der operationellen und der sicherheitsrelevanten Risiken im Zusammenhang mit den von ihm erbrachten Zahlungsdiensten eingerichtet werden. Hierzu zählen wirksame Verfahren für die Behandlung von Störungen im Betriebsablauf, auch zur Aufdeckung und Klassifizierung schwerer Betriebs- und Sicherheitsvorfälle. **85**

§ 26 ZAG enthält Regelungen zu **wesentlichen Auslagerungen** (Outsourcing). Das Institut bleibt trotz der Auslagerung für die Einhaltung der gesetzlichen Bestimmungen verantwortlich (§ 26 Abs. 1 Satz 4 ZAG). Eine Auslagerung bedarf einer schriftlichen Vereinbarung, die vor allem Weisungs- **86**

---

103 Gesetz über die Beaufsichtigung von Zahlungsdiensten (Zahlungsdiensteaufsichtsgesetz – ZAG) v. 17.7.2017 (BGBl. I, S. 2446).

104 Richtlinie (EU) 2015/2366 des Europäischen Parlaments und des Rates v. 25.10.2015 über Zahlungsdienste im Binnenmarkt, zur Änderung der Richtlinien 2002/65/EG, 2009/110/EG und 2013/36/EU und der Verordnung (EU) Nr. 1093/2010 sowie zur Aufhebung der Richtlinie 2007/64/EG, ABl. EU L 337 v. 23.12.2015, S. 35.

und Kündigungsrechte des Instituts festschreiben muss (§ 26 Abs. 1 Satz 5 ZAG).

bb) Response (Meldepflichten)

87 Das ZAG enthält – anders als das KWG und VAG – **spezifische Meldepflichten für Zahlungsdienstleister**. Die zentralen Meldevorschriften sind die §§ 53 Abs. 2 und 54 Abs. 1 ZAG.

88 § 53 Abs. 2 ZAG enthält eine **laufende Berichtspflicht**. Danach müssen Zahlungsdienstleister der BaFin einmal jährlich eine aktuelle und umfassende Bewertung der operationellen und sicherheitsrelevanten Risiken übermitteln, insbesondere im Zusammenhang mit den von ihm erbrachten Zahlungsdiensten und hinsichtlich der Angemessenheit der Risikominderungsmaßnahmen und Kontrollmechanismen, die sie zur Beherrschung dieser Risiken ergriffen haben.

89 § 54 Abs. 1 ZAG begründet eine **anlassbezogene Meldepflicht**. Danach müssen Zahlungsdienstleister die BaFin unverzüglich über schwerwiegende Betriebs- oder Sicherheitsvorfälle unterrichten. Die Regelung ist im Januar 2018 in Kraft getreten. Sie ersetzt die bisherige Meldepflicht aus Ziff. 3.2 MaSI.[105] Zur Frage, welche Vorfälle meldepflichtig sind, ist auf die „Leitlinien für die Meldung schwerwiegender Vorfälle gemäß der Richtlinie (EU) 2015/2366 (PSD 2)“ (siehe unten Rn. 96) der EBA zu verweisen.

b) Mindestanforderungen an die Sicherheit von Internetzahlungen (MaSI)

90 Die BaFin hat die Vorgaben in Bezug auf das Risikomanagement und die Meldepflichten in ihrem Rundschreiben „Mindestanforderungen an die Sicherheit von Internetzahlungen (**MaSI**)“[106] näher konkretisiert. Die MaSI setzen die **„Leitlinien zur Sicherheit von Internetzahlungen“[107] der EBA** wortgleich als Rundschreiben um.

---

105 BaFin, Informationen zum Meldeverfahren für schwerwiegende Betriebs- und Sicherheitsvorfälle bei Zahlungsdienstleistern, v. 14.9.2014, www.bafin.de/dok/10020844 (zuletzt abgerufen: 12.3.2019).

106 BaFin, Rundschreiben 4/2015 (BA) – Mindestanforderungen an die Sicherheit von Internetzahlungen (MaSI), v. 5.5.2015, www.bafin.de/dok/7851682 (zuletzt abgerufen: 12.3.2019).

107 EBA, Leitlinien zur Sicherheit von Internetzahlungen, EBA/GL/2014/12_Rev1, v. 19.12.2014, www.eba.europa.eu/documents/10180/1004450/EBA_2015_DE+Guidelines+on+Internet+Payments.pdf/eff847ff-f1ed-4589-8efc-900cd78e2707 (zuletzt abgerufen: 12.3.2019).

Die MaSI gelten für alle Zahlungsdienstleister im Sinne des ZAG,[108] die über das Internet Zahlungen erbringen (z. B. Kartenzahlungen, Überweisungen oder Übertragungen von E-Geld). Hierzu können auch Kreditinstitute zählen (§ 1 Abs. 1 Nr. 3 ZAG). Da die Vorgaben auf EBA-Leitlinien beruhen, gelten sie grundsätzlich unionsweit. Im Übrigen ist auf die detaillierten Regelungen zum Anwendungsbereich in Titel 1 der MaSI zu verweisen. **91**

aa) Preparedness (Anforderungen an das Risikomanagement)

Mit Blick auf das Risikomanagement enthalten die MaSI insbesondere allgemeine Regelungen zur Governance (Ziff. 1), zur Risikobewertung (Ziff. 2) sowie zur Risikokontrolle und -minderung (Ziff. 4). In Bezug auf Internetzahlungen werden zudem spezifische Vorgaben an die Erstidentifikation von Kunden (Ziff. 6), an die Kundenauthentifizierung (Ziff. 7 ff.) sowie an den Schutz sensibler Zahlungsdaten (Ziff. 11) gestellt. **92**

bb) Response (Vorfallüberwachung und Meldepflichten)

Die Meldepflicht nach Ziff. 3.2 MaSI wurde durch § 54 Abs. 1 ZAG und das **„Rundschreiben 08/2018 zur Meldung schwerwiegender Zahlungssicherheitsvorfälle“**[109] ersetzt.[110] Im Übrigen bleiben die MaSI jedoch anwendbar. Zahlungsdienstleister müssen ein Verfahren zur Meldung von Zahlungssicherheitsvorfällen an die Geschäftsleitung und – bei schwerwiegenden Zahlungssicherheitsvorfällen – an die zuständigen Behörden einrichten. Die BaFin hat hierfür bisher ein Formular zur Verfügung gestellt.[111] Inzwischen verwendet sie ein elektronisches Meldeverfahren, das auf der Melde- und Veröffentlichungsplattform (MVP) beruht.[112] **93**

---

108 BaFin, Zahlungen im Internet: Mindestanforderungen an die Sicherheit, v. 15.5.2015, www.bafin.de/dok/7868848 (zuletzt abgerufen: 12.3.2019).

109 BaFin, Rundschreiben 08/2018 (BA) zur Meldung schwerwiegender Zahlungssicherheitsvorfälle, v. 7.6.2018, www.bafin.de/dok/10941432 (zuletzt abgerufen: 12.3.2019).

110 BaFin, Anschreiben zum Rundschreiben 08/2018 zur Meldung schwerwiegender Zahlungssicherheitsvorfälle, v. 7.6.2018, www.bafin.de/dok/10964912 (zuletzt abgerufen: 12.3.2019).

111 BaFin, Meldung schwerwiegender Zahlungssicherheitsvorfall, v. 2.11.2015, www.bafin.de/dok/7867794 (zuletzt abgerufen: 12.3.2019).

112 Dazu BaFin, Informationen zum Meldeverfahren für schwerwiegende Betriebs- und Sicherheitsvorfälle bei Zahlungsdienstleistern, v. 14.9.2017, www.bafin.de/dok/10020844 (zuletzt abgerufen: 12.3.2019).

c) BaFin-Rundschreiben zur Meldung schwerwiegender Zahlungssicherheitsvorfälle

94 Im Juni 2018 hat die BaFin das „Rundschreiben 08/2018 (BA) zur Meldung schwerwiegender Zahlungssicherheitsvorfälle“[113] veröffentlicht. Das Rundschreiben setzt die „**Leitlinien für die Meldung schwerwiegender Vorfälle gemäß der Richtlinie (EU) 2015/2366 (PSD 2)**“[114] der EBA um und konkretisiert damit die Meldepflicht nach § 54 Abs. 1 Satz 1 ZAG. Es enthält konkrete Vorgaben zum Meldeprozess und zu den Kriterien, die für die Qualifikation eines Vorfalls als schwerwiegender Zahlungssicherheitsvorfall berücksichtigt werden sollen. Die EBA-Leitlinien sollen dadurch eins zu eins umgesetzt werden.[115]

d) BSIG/BSI-KritisV

95 Sofern Zahlungsdienstleister nach der BSI-KritisV als Kritische Infrastruktur zu qualifizieren sind, müssen sie darüber hinaus die Anforderungen an das Risikomanagement und die Meldepflicht des **BSIG** beachten. Insofern ist auf die Ausführungen unter Rn. 47 f. zu verweisen.

e) EBA-Leitlinien

96 Neben den bereits erwähnten „Leitlinien zur Sicherheit von Internetzahlungen“, die in den MaSI umgesetzt wurden, hat die EBA im Juli 2017 zudem „Leitlinien für die Meldung schwerwiegender Vorfälle gemäß der Richtlinie (EU) 2015/2366 (PSD 2)“[116] veröffentlicht.

---

113 BaFin, Rundschreiben 08/2018 (BA) zur Meldung schwerwiegender Zahlungssicherheitsvorfälle, v. 7.6.2018, www.bafin.de/dok/10941432 (zuletzt abgerufen: 12.3.2019).

114 EBA, Leitlinien für die Meldung schwerwiegender Vorfälle gemäß der Richtlinie (EU) 2015/2366 (PSD 2), EBA/GL/2017/10, v. 19.12.2017, www.eba.europa.eu/documents/10180/2066978/Guidelines+on+incident+reporting+under+PSD2+%28EBA-GL-2017-10%29_DE.zip/b3e71060-26e7-470e-9203-e689eea67b08 (zuletzt abgerufen: 12.3.2019).

115 BaFin, Anschreiben zum Rundschreiben 08/2018 zur Meldung schwerwiegender Zahlungssicherheitsvorfälle, v. 7.6.2018, www.bafin.de/dok/10964912 (zuletzt abgerufen: 12.3.2019).

116 EBA, Leitlinien für die Meldung schwerwiegender Vorfälle gemäß der Richtlinie (EU) 2015/2366 (PSD 2), EBA/GL/2017/10, v. 19.12.2017, www.eba.europa.eu/documents/10180/2066978/Guidelines+on+incident+reporting+under+PSD2+%28EBA-GL-2017-10%29_DE.zip/b3e71060-26e7-470e-9203-e689eea67b08 (zuletzt abgerufen: 12.3.2019).

Die Leitlinien beschreiben die Kriterien für die Bestimmung **schwerwiegender Sicherheitsvorfälle** sowie das Format und die Verfahren zur Meldung der Vorfälle an die zuständigen nationalen Behörden. **97**

Danach ist ein „**Betriebs- oder Sicherheitsvorfall**" ein Ereignis, das vom Zahlungsdienstleister nicht beabsichtigt wurde und sich negativ auf die Integrität, die Verfügbarkeit, die Vertraulichkeit, die Authentizität und/oder die Kontinuität von zahlungsbezogenen Diensten auswirkt oder aller Wahrscheinlichkeit nach eine solche negative Auswirkung haben wird. **98**

Ein Vorfall ist „**schwerwiegend**", wenn er bestimmte Schwellenwerte überschreitet. Hierzu enthalten die Leitlinien eine Reihe von Kriterien (z.B. betroffene Zahlungsvorgänge, Dienstausfall oder Reputationsschäden). Diese werden in einer Tabelle anhand der Kategorien „Higher Impact Level" und „Lower Impact Level" bewertet. Eine Meldepflicht besteht nur dann, wenn mindestens ein Kriterium des „Higher Impact Level" oder mindestens drei Kriterien des „Lower Impact Level" erfüllt sind (Ziff. 1.1.). **99**

Zu den schwerwiegenden Sicherheitsvorfällen können auch **Cyber-Angriffe** zählen. Die Formblätter für Meldungen, die den Leitlinien in Anhang 1 beigefügt sind, sehen vier Möglichkeit vor, einen Cyber-Angriff zu melden: Distributed Denial of Service (DDoS), Infizierung interner Systeme, gezieltes Eindringen und Sonstiges. **100**

2. Versicherungsunternehmen

Die Bedeutung von Cyber-Security wächst auch im **Versicherungssektor**. Zwar haben Versicherungsunternehmen typischerweise nicht so viele Schnittstellen nach außen wie Banken, sodass sie weniger Angriffsfläche für Cyber-Attacken bieten. Sie sammeln und verwalten jedoch große Mengen personenbezogener Daten von Verbrauchern, Anspruchsberechtigten und Begünstigten. Dies macht sie zu einem attraktiven Ziel für Cyber-Angriffe.[117] Daher existieren auch im Versicherungssektor cyberbezogene Vorgaben. **101**

117 EIOPA, Press Release: The EU-U.S. Insurance Project addresses Cyber Risk, v. 17.1.2017, https://eiopa.europa.eu/Pages/News/The-EU-U-S-Insurance-Project-Addresses-Cyber-Risk.aspx (zuletzt abgerufen: 12.3.2019), S. 1.

a) Versicherungsaufsichtsgesetz (VAG)

102 Für Versicherungsunternehmen ergeben sich die Anforderungen in erster Linie aus dem Versicherungsaufsichtsgesetz (**VAG**)[118]. Die Vorgaben des VAG werden durch die „Mindestanforderungen an die Geschäftsorganisation von Versicherungsunternehmen (MaGo)" und den „Versicherungsaufsichtlichen Anforderungen an die IT (VAIT)" näher konkretisiert (siehe unten Rn. 121 ff.). Das VAG ist auf alle Versicherungsunternehmen anwendbar. Dazu gehören Erst- und Rückversicherer (§ 7 Nr. 33 VAG).

aa) Preparedness (Anforderungen an das Risikomanagement)

103 Die Anforderungen an das **Risikomanagement** von Versicherungsunternehmen entsprechen im Wesentlichen denen des KWG (siehe oben Rn. 29 ff.) und ZAG (siehe oben Rn. 82 ff.). Die zentralen Vorschriften sind §§ 23, 32 VAG.

104 § 23 VAG enthält **allgemeine Anforderungen an die Geschäftsorganisation**. Versicherungsunternehmen müssen über eine Geschäftsorganisation verfügen, die wirksam und ordnungsgemäß ist und die der Art, dem Umfang und der Komplexität ihrer Tätigkeiten angemessen ist (§ 23 Abs. 1 Satz 1 VAG). Der Vorstand sorgt dafür, dass die Geschäftsorganisation regelmäßig intern überprüft wird (§ 23 Abs. 2 VAG).[119] Außerdem müssen interne Leitlinien aufgestellt werden, insbesondere zum Risikomanagement (§ 23 Abs. 3 VAG). Versicherungsunternehmen müssen zudem angemessene Vorkehrungen treffen (einschließlich der Entwicklung von Notfallplänen), um die Kontinuität und Ordnungsmäßigkeit ihrer Tätigkeiten zu gewährleisten (§ 23 Abs. 4 VAG).

105 § 32 VAG regelt die **Ausgliederung** von Funktionen oder Versicherungstätigkeiten (Outsourcing). Das Versicherungsunternehmen bleibt trotz einer Ausgliederung für die Erfüllung aller aufsichtsrechtlichen Vorschriften und Anforderungen verantwortlich (§ 32 Abs. 1 VAG). Durch die Ausgliederung dürfen die ordnungsgemäße Ausführung der ausgegliederten Funktionen und Versicherungstätigkeiten, die Steuerungs- und Kontrollmöglichkeiten des Vorstands sowie die Prüfungs- und Kontrollrechte der Aufsichtsbehörde nicht beeinträchtigt werden (§ 32 Abs. 2 Satz 1 VAG).

---

118 Gesetz über die Beaufsichtigung der Versicherungsunternehmen (Versicherungsaufsichtsgesetz – VAG) v. 1.4.2015 (BGBl. I, S. 434), zuletzt geändert durch Art. 6 des Gesetzes v. 17.8.2017 (BGBl. I, S. 3214).

119 Dabei handelt es sich um eine originäre Pflicht des Vorstands. Diese ist nicht delegierbar, Begr. RegE, BT-Drs. 18/2956, S. 238; dazu auch *Dreher*, WM 2015, 649, 653 f.

bb) Response (Meldepflichten)

Meldepflichten ergeben sich aus dem VAG – ebenso wie im KWG – nicht. Schwerwiegende Sicherheitsvorfälle sollten der BaFin dennoch gemeldet werden. **106**

b) Mindestanforderungen an die Geschäftsorganisation von Versicherungsunternehmen (MaGo) und Versicherungsaufsichtlichen Anforderungen an die IT (VAIT)

Die BaFin hat die Anforderungen der §§ 23, 32 VAG in ihren Rundschreiben „Mindestanforderungen an die Geschäftsorganisation von Versicherungsunternehmen (**MaGo**)“[120] und in ihren „Versicherungsaufsichtlichen Anforderungen an die IT (**VAIT**)“[121] näher konkretisiert. **107**

Die MaGo enthält insbesondere Spezifikationen zur allgemeinen **Geschäftsorganisation** (Ziff. 8), zum **Risikomanagement** (Ziff. 10) und zum **Notfallmanagement** (Ziff. 14). **108**

Die VAIT präzisieren die Vorgaben der MaGo für das Management der IT-Ressourcen und für das IT-Risikomanagement. Die VAIT sollen – ebenso wie die BAIT für den Bankensektor – der zentrale Baustein der IT-Aufsicht über den Versicherungssektor in Deutschland sein.[122] **109**

c) BSIG/BSI-KritisV

Sofern ein Versicherungsunternehmen nach der BSI-KritisV als Kritische Infrastruktur zu qualifizieren ist, muss es darüber hinaus die **cyberspezifi-** **110**

---

120 BaFin, Rundschreiben 2/2017 (VA) – Mindestanforderungen an die Geschäftsorganisation von Versicherungsunternehmen (MaGo), v. 25.1.2017, www.bafin.de/SharedDocs/Veroeffentlichungen/DE/Rundschreiben/2017/rs_1702_mago_va.html (zuletzt abgerufen: 12.3.2019).

121 BaFin, Entwurf eines Rundschreibens – Versicherungsaufsichtliche Anforderungen an die IT (VAIT), v. 13.3.2018, www.bafin.de/SharedDocs/Downloads/DE/Konsultation/2018/dl_kon_0418_vait_va.html?nn=7847010 (zuletzt abgerufen: 12.3.2019). Die BaFin hat den Entwurf im März 2018 zur Konsultation gestellt. Zur Konsultationsseite: www.bafin.de/SharedDocs/Veroeffentlichungen/DE/Konsultation/2018/kon_0418_vait_va.html (zuletzt abgerufen: 12.3.2019). Siehe zu den Hintergründen auch BaFin, IT-Sicherheit: Aufsicht konkretisiert IT-Anforderungen an die Versicherungswirtschaft, v. 16.4.2018, www.bafin.de/SharedDocs/Veroeffentlichungen/DE/Fachartikel/2018/fa_bj_1804_VAIT.html (zuletzt abgerufen: 12.3.2019).

122 BaFin, Rundschreiben 10/2018 – Versicherungsaufsichtsrechtliche Anforderungen an die IT, v. 2.7.2018, https://www.bafin.de/SharedDocs/Veroeffentlichungen/DE/Rundschreiben/2018/rs_18_10_vait_va.html?nn=9021442 (zuletzt abgerufen: 12.3.2019).

schen Vorgaben des BSIG beachten. Insofern ist auf die Ausführungen unter Rn. 47 f. zu verweisen.

d) EIOPA-Publikation

111 Neben den bereits erwähnten Vorgaben müssen Behörden und Versicherungsunternehmen auch die sonstigen Publikationen der für sie zuständigen Aufsichtsbehörden beachten. Insbesondere die Aufsichtsbehörde für das Versicherungswesen und die betriebliche Altersversorgung (European Insurance and Occupational Pensions Authority, **EIOPA**) hat sich in letzter Zeit verstärkt mit dem Thema Cyber-Security befasst und eine Reihe von Leitlinien und anderen Publikationen veröffentlicht.

112 Von besonderer Bedeutung sind die **„Leitlinien zum Governance-System“**.[123] Diese richten sich an die nationalen Aufsichtsbehörden und sollen zu einer Vereinheitlichung der Aufsichtspraxen beitragen. Sie enthalten insbesondere Vorgaben zur internen Überprüfung der Geschäftsorganisation (Leitlinie 6), zu den Notfallplänen (Leitlinie 8) und zum Risikomanagement (Leitlinien 17–26).

113 Die EIOPA hat Anfang 2017 zudem Experten der Europäischen Union und des US-Finanzministeriums zum **„EU-U.S. Insurance Project“** zusammengerufen, um über die jeweiligen Cyber-Security-Bemühungen zu diskutieren und die transatlantische Koordination zu verbessern.[124]

V. Eingriffsmaßnahmen und Sanktionen

1. Öffentlich-rechtliche Sanktionen

114 Verstöße gegen die cyberbezogenen Vorgaben werden vor allem öffentlichrechtlich sanktioniert. Die zuständigen Aufsichtsbehörden können Maßnahmen gegen Unternehmen und verantwortliche Personen ergreifen, um Verstöße zu verhindern bzw. zu unterbinden. Teilweise handelt es sich bei den Verstößen sogar um bußgeldbewehrte Ordnungswidrigkeiten. Dies unterstreicht, welchen Stellenwert der Gesetzgeber den gesetzlichen Anforderun-

---

123 EIOPA, Leitlinien zum Governance-System, BoS-14/253 DE, v. 14.9.2015, https://eiopa.europa.eu/GuidelinesSII/EIOPA_Guidelines_on_System_of_Governance_DE.pdf (zuletzt abgerufen: 12.3.2019).

124 EIOPA, The EU-U.S. Insurance Project Addresses Cyber Risk, v. 17.1.2017, https://eiopa.europa.eu/Pages/News/The-EU-U-S-Insurance-Project-Addresses-Cyber-Risk.aspx (zuletzt abgerufen: 12.3.2019).

gen beimisst. Bereits aus diesem Grund empfiehlt sich ein sorgsamer Umgang mit dem Thema Cyber-Security.

a) Verstöße gegen das KWG

Verstöße gegen die cyberbezogenen Bestimmungen des KWG werden von der **BaFin oder EZB**[125] sanktioniert. Die BaFin kann gegenüber Kredit- oder Finanzdienstleistungsinstituten im Einzelfall Anordnungen treffen, die geeignet und erforderlich sind, um die ordnungsgemäße Geschäftsorganisation nach § 25a KWG sicherzustellen (§ 25a Abs. 2 Satz 2 KWG).[126] Eine entsprechende Anordnungsbefugnis hat sie auch bei einer Auslagerung nach § 25b KWG, wenn ihre Prüfungsrechte und Kontrollmöglichkeiten beeinträchtigt werden (§ 25b Abs. 4 Satz 1 KWG).[127] Die Anordnung muss zur Erfüllung der Organisationspflichten erforderlich sein. **115**

Ein Verstoß gegen die §§ 25a, 25b KWG kann eine **Ordnungswidrigkeit** darstellen. Dies ist insbesondere bei einer vorsätzlichen oder fahrlässigen Zuwiderhandlung gegen eine vollziehbare Anordnung nach § 25a Abs. 2 Satz 2 oder § 25b Abs. 4 Satz 1 KWG der Fall (§ 56 Abs. 2 Nr. 3 lit. f), lit. g) KWG). Sie kann mit einer Geldbuße von bis zu 5 Mio. bzw. 200.000 EUR geahndet werden (§ 56 Abs. 6 Nr. 1, Nr. 3 KWG). Im Übrigen sind Verstöße gegen die Anforderungen nach §§ 25a, 25b KWG nicht bußgeldbewehrt.[128] **116**

b) Verstöße gegen das BSIG

Verstöße gegen das BSIG werden vom Bundesamt für Sicherheit in der Informationstechnik (**BSI**) sanktioniert. Das BSI kann bei Sicherheitsmängeln im Einvernehmen mit der zuständigen Aufsichtsbehörde die **Beseitigung der Sicherheitsmängel** verlangen (§ 8a Abs. 3 Satz 5 BSIG). **117**

Verstöße gegen die Vorschriften des BSIG können **Ordnungswidrigkeiten** darstellen. Dies gilt insbesondere für einen vorsätzlichen oder fahrlässigen Verstoß gegen die Pflicht aus § 8a Abs. 1 Satz 1 BSIG, angemessene organisatorische und technische Vorkehrungen zu treffen, sowie für die Zuwiderhandlung gegen eine vollziehbare Anordnung nach § 8a Abs. 3 Satz 5 BSIG **118**

---

125 Zur Zuständigkeitsverteilung zwischen BaFin und EZB *Glos/Benzing*, in: Binder/Glos/Riepe, Bankaufsichtsrecht, § 2 Rn. 9 ff.

126 Nach Eingriffsintensität gegliederter Überblick zu möglichen Maßnahmen bei *Braun*, in: Boos/Fischer/Schulte-Mattler, KWG, § 25a Rn. 739.

127 Zu möglichen Maßnahmen *Wolfgarten*, in: Boos/Fischer/Schulte-Mattler, KWG, § 25b Rn. 95.

128 *Braun*, in: Boos/Fischer/Schulte-Mattler, KWG, § 25a Rn. 740.

(§ 14 Abs. 1 Nr. 1, Nr. 2 BSIG). Die Geldbuße kann bis zu 50.000 EUR betragen (§ 14 Abs. 2 Satz 1 BSIG). Siehe hierzu auch näher Kap. 5 IT-Sicherheit.

c) Verstöße gegen das ZAG

119 Die cyberbezogenen Sanktionsvorschriften des ZAG entsprechen im Wesentlichen denen des KWG (siehe oben Rn. 29 ff.). Die § 27 Abs. 3 Satz 1 ZAG und § 26 Abs. 3 ZAG enthalten **Anordnungsbefugnisse der BaFin**. Ein vorsätzlicher oder fahrlässiger Verstoß gegen eine solche Anordnung stellt eine **Ordnungswidrigkeit** dar (§ 64 Abs. 3 Nr. 5 ZAG). Es könnten Geldbußen bis zu 100.000 EUR verhängt werden (§ 64 Abs. 4 ZAG).

d) Verstöße gegen das VAG

120 Das VAG enthält keine cyberrelevanten Straf- oder Bußgeldvorschriften.

2. Strafrechtliche Sanktionen

121 Ein Verstoß gegen die aufsichtsrechtlichen Vorgaben kann sogar strafbar sein. Eine **Strafbarkeit** des Geschäftsleiters aus § 54a KWG oder § 266 StGB (Untreue) kommt jedoch nur unter hohen Voraussetzungen in Betracht.

122 **§ 54a KWG**[129] pönalisiert einen vorsätzlichen Verstoß gegen bestimmte Organisationsanforderungen des § 25c Abs. 4a und 4b KWG, wenn dadurch eine Bestandsgefährdung des Instituts herbeigeführt wird. Die §§ 25a, 25b KWG sind in § 54a KWG zwar nicht genannt. Allerdings sind die Anforderungen des § 25c Abs. 4a und § 25c Abs. 4b KWG weitestgehend in der MaRisk enthalten.[130]

123 Ein Geschäftsleiter, der seine organisatorischen Pflichten vorsätzlich verletzt und dadurch das Vermögen der Bank schädigt, kann sich zudem wegen Untreue aus § 266 StGB[131] strafbar machen. Dies setzt u. a. den Verstoß ge-

---

129 Zur Strafbarkeit des Geschäftsleiters aus § 54a KWG eingehend *Ahlbrecht*, BKR 2014, 98, 99; *Cichy/Cziupka/Wiersch*, NZG 2013, 846; *Kasiske*, ZIS 2013, 257; *Schröder*, WM 2014, 100. Aus der Kommentarliteratur siehe nur *Lindemann*, in: Boos/Fischer/Schulte-Mattler, KWG, § 54a; *Schwennicke*, in: Schwennicke/Auerbach, § 54a KWG; *Janssen*, in: MüKo StGB, Band 7, § 54a KWG.

130 *Langen*, in: Schwennicke/Auerbach, § 25a KWG Rn. 177.

131 Zur Strafbarkeit des Geschäftsleiters aus § 266 StGB siehe nur *Langen*, in: Schwennicke/Auerbach, § 25a KWG Rn. 179 m. w. N.

gen eine Norm mit vermögensschützendem Charakter voraus, was bei § 25a KWG der Fall sein dürfte.[132]

3. Zivilrechtliche Sanktionen

Auch eine **zivilrechtliche Haftung** ist möglich. Im Außenverhältnis (zwischen Bank und Kunde) ist sowohl an eine vertragliche als auch an eine deliktische Haftung zu denken. Im Innenverhältnis (zwischen Bank und Geschäftsleitung) kommt v.a. eine Organhaftung des Geschäftsleiters in Betracht. **124**

Im Außenverhältnis zwischen Institut und Kunde ist zunächst an eine **vertragliche Haftung** aus §§ 280 Abs. 1, 241 Abs. 2 BGB i.V.m. der vertraglichen Beziehung zwischen Bank und Kunde zu denken. Ein Verstoß gegen die cyberbezogenen Vorgaben kann mit der Verletzung einer vertraglichen Nebenpflichtverletzung einhergehen, etwa der Verletzung einer Schutzpflicht. Ein Anspruch setzt zudem ein Verschulden der Bank und einen Schaden beim Kunden voraus. **125**

Eine **deliktische Haftung** aus § 823 Abs. 2 BGB besteht grundsätzlich nicht. Insbesondere ist § 25a KWG kein Schutzgesetz.[133] Eine deliktische Haftung kommt allenfalls neben einer Strafbarkeit aus § 266 StGB in Betracht.[134] Ferner kommt z. B. im Falle eines Datenverlusts oder Leaks ein Anspruch nach § 823 Abs. 1 BGB i.V.m. mit dem Allgemeinen Persönlichkeitsrecht in Anbetracht. Auch dies setzt ein Verschulden voraus. **126**

Denkbar ist auch eine **Innenhaftung der Geschäftsleiter**. Ein Verstoß gegen die cyberbezogenen Vorgaben kann eine Sorgfaltspflichtverletzung der Geschäftsleiter darstellen. Anspruchsgrundlagen wären dann je nach Rechtsform des Instituts z. B. § 93 Abs. 2 Satz 1 AktG bei einer AG und § 43 Abs. 2 GmbHG bei einer GmbH.[135] Siehe hierzu auch näher Kap. 2 Gesellschaftsrecht. **127**

---

132 *Blasche*, WM 2011, 343, 349.

133 OLG Frankfurt, 12.12.2007 – 17 U 111/07, AG 2008, 453; *Schäfer*, WM 2012, 1022 m. w. N.

134 Für die Qualifizierung des § 266 StGB als Schutzgesetz BGH, NJW-RR 1988, 671.

135 Zur Vorstandshaftung in Banken eingehend *Hopt*, ZIP 2013, 1793; *Dengler*, WM 2014, 2032, 2033 ff. Dazu auch *Langen*, in: Schwennicke/Auerbach, § 25a KWG Rn. 181 ff. m. w. N.

Kapitel 8
Kartellrecht

Dr. Justus Herrlinger

Literatur: *Bechtold/Bosch*, Kartellgesetz Kommentar, 13. Aufl. 2013; *Grabitz/Hilf/Nettesheim* (Hrsg.), Das Recht der Europäischen Union, Bd. I EUV/AEUV, 62. Ergänzungslieferung – Stand Juli 2017; *Jaeger/Kokott/Pohlmann/Schroeder*, Frankfurter Kommentar zum Kartellrecht (zit.: FK), Bd. 5, Stand März 2017, Lieferung 88; *Thomas*, Die Bindungswirkung von Mitteilungen, Bekanntmachungen und Leitlinien der EG-Kommission, EuR 2009, 423.

Übersicht

I. Rechtsgrundlagen

Das Kartellrecht wahrt den **uneingeschränkten Wettbewerb** zwischen den am Markt tätigen Unternehmen. Abstimmungen oder Vereinbarungen, die den Wettbewerb behindern, sind im Grundsatz nicht erlaubt. Diese Rahmenbedingungen eines marktwirtschaftlichen Wettbewerbs gelten umfassend und nahezu ausnahmslos. 1

Auch Unternehmen, die sich angesichts der Bedrohungen durch Cyber-Risiken zu möglichen Gegenmaßnahmen austauschen oder verständigen wollen, unterliegen den kartellrechtlichen Beschränkungen. In diesem Zusammenhang können insbesondere relevant sein eine Verständigung zwischen Wett- 2 bewerbern über die „Einpreisung“ von Cyber-Security-Maßnahmen in die angebotenen Waren und Dienstleistungen, ein Informationsaustausch, der über die rein sicherheitsrelevanten Aspekte hinausgeht und etwa auch vertriebsstrategische Punkte betrifft. Krisensituationen können Kontakte zwischen Wettbewerbern begünstigen, begründen aber nicht ohne Weiteres kartellrechtliche Privilegierungen. Schließlich erfordert auch ein gemeinsamer Einkauf von Cyber-Security-Maßnahmen eine kartellrechtliche Prüfung.

3 Dabei gelten im Ausgangspunkt die allgemeinen Regeln, Besonderheiten sind aber unter bestimmten Voraussetzungen zu berücksichtigen. Allgemeine **Gefährdungslagen** und selbst eine etwaige individuelle unternehmerische Notsituation rechtfertigen als solche **nicht ohne Weiteres kartellrechtliche Privilegierungen**. Da Verstöße gegen das Kartellverbot ein erhebliches Sanktionsrisiko bergen, sind diese Regeln auch im Bereich der Cyber-Sicherheit zu beachten und Ausnahmen oder Fragestellungen aufgrund besonderer Umstände im Einzelfall sorgfältig zu prüfen.

1. Europäisches Kartellverbot

4 Das europäische Kartellverbot findet seine Grundlage in Art. 101 AEUV. Dessen Abs. 1 verbietet „alle Vereinbarungen zwischen Unternehmen, Beschlüsse von Unternehmensvereinigungen und aufeinander abgestimmte Verhaltensweisen, welche den Handel zwischen Mitgliedstaaten zu beeinträchtigen geeignet sind und eine Verhinderung, Einschränkung oder Verfälschung des Wettbewerbs innerhalb des Binnenmarkts bezwecken oder bewirken“. Nach Art. 101 Abs. 2 AEUV sind Vereinbarungen oder abgestimmte Verhaltensweisen nichtig, die gegen das Kartellverbot verstoßen. Freistellungen (also Ausnahmen) vom Kartellverbot sind unter bestimmten und hohen Voraussetzungen möglich (siehe dazu unten Rn. 22 ff.). Art. 101 AEUV hat damit die Aufgabe, den wettbewerblich organisierten Binnenmarkt gegen private Beschränkungen zu schützen.[1]

5 Adressaten des Kartellverbots nach Art. 101 AEUV sind „Unternehmen“ und „Unternehmensvereinigungen“. Zwar gibt es keine gesetzliche Definition, jedoch umfasst der Begriff des Unternehmens in ständiger Rechtsprechung „jede eine wirtschaftliche Tätigkeit ausübende Einheit unabhängig von ihrer Rechtsform und der Art ihrer Finanzierung“,[2] wobei eine wirt-

---

1 *Emmerich*, in: Immenga/Mestmäcker, Bd. 1, Art. 101 AEUV Rn. 3 mit weiteren Belegen in Fn. 3.

2 *Grave/Nyberg*, in: Loewenheim/Meessen/Riesenkampff/Kersting/Meyer-Lindemann, Kartellrecht, Art. 101 AEUV Rn. 131 m. w. N. in Fn. 230.

schaftliche Tätigkeit „jede Tätigkeit [umfasst], die darin besteht, Güter oder Dienstleistungen auf einem bestimmten Markt anzubieten“.[3] Ausgeschlossen ist dies, wenn die Tätigkeiten „nach ihrer Art, den für sie geltenden Regeln und ihrem Gegenstand keinen Bezug zum Wirtschaftsleben“[4] haben oder wenn es um die Ausübung hoheitlicher Befugnisse geht.[5] Eine Unternehmensvereinigung wird als jeder Zusammenschluss mehrerer Unternehmen verstanden, dessen Zweck darin besteht, die Interessen seiner Mitglieder zu vertreten.[6] Um Umgehungen des Kartellverbots zu verhindern, ist der Begriff der Unternehmensvereinigung weit zu verstehen.[7]

Die im Kartellverbot genannten Vereinbarungen zwischen Unternehmen, 6
Beschlüsse von Unternehmensvereinigungen und aufeinander abgestimmte Verhaltensweisen sind in der Anwendungspraxis der Kartellbehörden denkbar weit zu verstehen. Jede Abstimmung oder nur „Fühlungnahme“ (EuGH) zwischen zwei oder mehreren Unternehmen kann darunter fallen.[8]

Solche Vereinbarungen oder Abstimmungen müssen allerdings eine Verhin- 7
derung, Einschränkung oder Verfälschung des Wettbewerbs innerhalb des Binnenmarktes bezwecken oder bewirken. Art. 101 Abs. 1 AEUV enthält einige Beispiele für verbotene, da wettbewerbseinschränkende Verhaltensweisen, etwa die **Festsetzung von Preisen, die Einschränkung der Erzeugung oder der technischen Entwicklung oder das Aufteilen von Märkten**. Ein Zusammenwirken kann eine Wettbewerbsbeschränkung „bezwecken“, wenn es bei objektiver Betrachtung darauf gerichtet ist, eine Beeinträchtigung des Wettbewerbs herbeizuführen und ein anderweitiger, wettbewerbsneutraler Hauptzweck des Zusammenwirkens (etwa ein unternehmerisch begründeter Geschäftsabschluss o. Ä.) nicht ersichtlich ist. Die subjektiven Absichten der Unternehmen sind dabei irrelevant.[9] Für bezweckte Beschränkungen ist der Nachweis tatsächlicher Auswirkungen entbehrlich.[10] Häufig spricht man auch von „hardcore“-Kartellen.[11] Eine „bewirkte“ Wettbewerbsbeschränkung liegt dagegen vor, wenn eine auch wettbewerbsneutrale ausgerichtete

---

3 *Grave/Nyberg*, in: Loewenheim/Meessen/Riesenkampff/Kersting/Meyer-Lindemann, Kartellrecht, Art. 101 AEUV Rn. 131 m. w. N. in Fn. 231.
4 EuGH, 17.2.1993 – Rs. C-159/91 und C-160/91 (Poucet und Pistre), ECLI:EU:C:1993:63, Rn. 18 f.
5 EuGH, 19.1.1994 – Rs. C-364/92 (SAT Fluggesellschaft), ECLI:EU:C:1994:7, Rn. 30.
6 *Emmerich*, in: Immenga/Mestmäcker, Bd. 1, Art. 101 AEUV Rn. 38.
7 *Emmerich*, in: Immenga/Mestmäcker, Bd. 1, Art. 101 AEUV Rn. 38.
8 Vgl. EuG, 15.3.2000 – Rs. T-25/95 (Cimenteries CBR), ECLI:EU:T:2000:77, Rn. 1321 ff.
9 *Stockenhuber*, in: Grabitz/Hilf/Nettesheim, AEUV, Art. 101 Rn. 142.
10 *Weiß*, in: Calliess/Ruffert, Art. 101 AEUV Rn. 104.
11 *Stockenhuber*, in: Grabitz/Hilf/Nettesheim, AEUV, Art. 101 Rn. 142.

Abstimmung oder Vereinbarung **tatsächlich (unbeabsichtigte) wettbewerbsbeschränkende Auswirkungen** hat.[12] In diesen Fällen müssen Wirkungen, Umstände und etwaige Vorteile näher geprüft werden, um zur kartellrechtlichen Bewertung gelangen zu können. Schließlich muss die Wettbewerbsbeschränkung für einen Verstoß gegen das EU-Kartellverbot auch den Handel zwischen den Mitgliedstaaten beinträchtigen.

2. Deutsches Kartellverbot

8 Das deutsche Kartellverbot in § 1 GWB ist weitgehend an das europäische Kartellverbotsregime angeglichen worden. Ein Unterschied besteht im Fehlen des Zwischenstaatlichkeitsbezuges, sodass die deutsche Regelung auch für rein inländische Sachverhalte gilt.[13] Für einige Wirtschaftsbereiche gelten Sondervorschriften (Mittelstand, Landwirtschaft, Zeitungsverlage) mit unterschiedlicher praktischer Bedeutung. Auch gegen § 1 GWB verstoßende Verträge sind nach § 134 BGB nichtig.[14]

9 Für grenzüberschreitende Fälle gibt es einen Anwendungsvorrang des europäischen Rechts, der angesichts der Harmonisierung mit dem EU-Recht nur in wenigen Fällen praktische Bedeutung erlangt.[15]

3. „Softlaw"

10 Sowohl EU-Kommission als auch Bundeskartellamt als wichtigste Durchsetzungsbehörden des Kartellrechts in der EU und in Deutschland haben, ohne dass dies Gesetze im förmlichen Sinne wären, verschiedene Leitlinien, Bekanntmachungen, Mitteilungen etc. veröffentlicht,[16] die die Entscheidungspraxis und Rechtsprechung zusammenfassen und die Rechtssicherheit der Marktbeteiligten fördern sollen. Die Behörden binden sich durch solches „Softlaw" in der Form selbst, dass sie nachträglich etwa von einer Leitlinie „nicht ohne Angabe von Gründen abweichen [können], die mit dem Grundsatz der Gleichbehandlung vereinbar sind".[17] Von besonderer Bedeutung für

---

12 *Weiß*, in: Calliess/Ruffert, Art. 101 AEUV Rn. 107.
13 *Paal*, in: BeckOK Medienrecht, § 1 GWB Rn. 1.
14 *Zimmer*, in: Immenga/Mestmäcker, Bd. 2, § 1 GWB Rn. 6.
15 Vgl. die Begründung zum Regierungsentwurf der 7. GWB-Novelle, BT-Drs. 15/3640, S. 22 f.
16 *Grave/Nyberg*, in: Loewenheim/Meessen/Riesenkampff/Kersting/Meyer-Lindemann, Kartellrecht, Art. 101 AEUV Rn. 34.
17 EuG, 8.10.2008 – Rs. T-73/04 (Carbone-Lorraine/Kommission), ECLI:EU:T:2008:416, Rn. 70; ebenso EuGH, 28.6.2005 – verbundene Rsen. C-189/02 P, C-202/02 P,

das europäische Kartellrecht sind etwa die **Horizontal-Leitlinien**,[18] die gewisse erlaubte Formen der Kooperation zwischen Wettbewerbern behandeln, die De-minimis-Bekanntmachung[19] über Vereinbarungen von geringer Bedeutung, und die Bußgeld-Leitlinien,[20] die die Berechnung von Kartellbußgeldern regelt.

II. Kollisionsrecht

Befinden sich die Beteiligten an einer potenziell wettbewerbsbeschränkenden Vereinbarung oder Abstimmung in- und außerhalb der EU oder wirkt sich ein solches außerhalb der EU vorgenommenes Verhalten innerhalb der EU aus, stellt sich die Frage, welches Recht zur Beurteilung des Sachverhalts heranzuziehen ist und wie bei möglichen Diskrepanzen zwischen den betroffenen Rechtsordnungen vorzugehen ist. **11**

Zwar kommt dem EU-Kartellrecht ein Anwendungsvorrang vor dem Kartellrecht der Mitgliedstaaten zu (siehe oben Rn. 9). In den europäischen Verträgen findet sich keine ausdrückliche Regelung über den internationalen Anwendungsbereich.[21] Nach dem früher teils vertretenen Grundsatz der Territorialität kartellrechtlicher Hoheitsakte könnten entweder nur reine Inlandssachverhalte der EU verfolgt werden oder die Sachverhalte würden teils inländischem und teils ausländischem Recht unterliegen. Allerdings wäre die Nichtanwendung des Kartellrechts auf grenzüberschreitende Sachverhalte wenig praktikabel und nicht im Sinne des Wettbewerbs. Eine Anwendung verschiedener nationaler Normen auf einen einheitlichen Sachverhalt trüge wiederum das Potenzial, erhebliche Widersprüche zu produzieren.[22] **12**

C-205/02 P bis C-208/02 P und C-213/02 P (Dansk Rørindustri u. a./Kommission), ECLI:EU:C:2005:408, Rn. 209.

18 Leitlinien zur Anwendbarkeit von Artikel 101 des Vertrags über die Arbeitsweise der Europäischen Union auf Vereinbarungen über horizontale Zusammenarbeit vom 14.1.2011, ABl. 2011/C 11/01.

19 Bekanntmachung über Vereinbarungen von geringer Bedeutung, die im Sinne des Artikels 101 Absatz 1 des Vertrags über die Arbeitsweise der Europäischen Union den Wettbewerb nicht spürbar beschränken (De-minimis-Bekanntmachung) vom 30.8.2014, ABl. C 291/1.

20 Leitlinien für das Verfahren zur Festsetzung von Geldbußen gemäß Artikel 23 Absatz 2 Buchstabe a) der Verordnung (EG) Nr. 1/2003 vom 1.9.2006, ABl. 2006/C 210/02.

21 *Rehbinder*, in: Immenga/Mestmäcker, Bd. 1, II. Abschnitt A Rn. 1.

22 *Meessen/Funke*, in: Loewenheim/Meessen/Riesenkampff/Kersting/Meyer-Lindemann, Kartellrecht, Europäisches Recht 1. Teil Rn. 67.

13 Für das deutsche Recht bestimmt § 185 Abs. 2 GWB, dass die Vorschriften des Kartellrechts auf alle Wettbewerbsbeschränkungen anzuwenden sind, die sich **im Geltungsbereich des GWB auswirken**, auch wenn sie außerhalb dieses Geltungsbereichs veranlasst wurden. Im Sinne des Schutzzwecks des Kartellverbots hat sich auch in der europäischen Praxis weitgehend das „Auswirkungsprinzip“ durchgesetzt, um so auch solche Beeinträchtigungen des Binnenmarktes aufgreifen zu können, die von außerhalb herrühren.[23] Danach ist das europäische Kartellrecht schon dann anwendbar, wenn das Verhalten des Unternehmens oder der Unternehmen **Auswirkungen auf dem Binnenmarkt** zeitigt. Dies ermöglicht den europäischen Behörden und insbesondere der EU-Kommission den Zugriff auf Wettbewerbsbeschränkungen, die ihren Ursprung außerhalb haben, sich jedoch auf den EU-Märkten auswirken. Gewisse Grenzen der extraterritorialen Anwendung aufgrund des Völkerrechts können in Einzelfällen zu beachten sein, so etwa das Einmischungsverbot, das Verbot des Rechtsmissbrauchs, das Verhältnismäßigkeit und die Rücksichtnahme auf Drittstaatenbelange kraft Völkercourtoisie (*comitas gentium*).[24]

III. Preparedness

1. Problembewusstsein: Anwendbarkeit und Risiken des Kartellrechts

14 Ausgangspunkt des richtigen Umgangs mit kartellrechtlichen Sachverhalten ist ein grundlegendes Verständnis des Anwendungsbereichs der wettbewerbsschützenden Vorschriften. Insbesondere **Krisensituationen können insoweit riskante Kontakte zwischen Wettbewerbern begünstigen**. Sowohl der Austausch wettbewerblich sensibler Informationen als auch jegliche Verständigung über ein bestimmtes Handeln gegenüber Lieferanten oder Kunden kann die Grenze zu unzulässigen Handelns überschreiten. Andererseits können klar definierte, nicht konspirative Kooperationen unter bestimmten Voraussetzungen zulässig und sogar wettbewerbsfördernd sein.

---

23 *Rehbinder*, in: Immenga/Mestmäcker, Bd. 1, II. Abschnitt A Rn. 3; die EU-Kommission wendet in ständiger Entscheidungspraxis das Auswirkungsprinzip an (*Rehbinder*, in: Immenga/Mestmäcker, Bd. 1, II. Abschnitt A Rn. 7). Dagegen hat der EuGH es bisher vermieden, sich eindeutig zugunsten des Auswirkungsprinzips zu positionieren. Der EuGH stellt stets auf die Durchführung der wettbewerbsbeschränkenden Vereinbarung im Binnenmarkt ab, und nennt daneben nur die Auswirkungen auf dem Gemeinsamen Markt. In einem Fall hat das EuG hingegen das Auswirkungsprinzip angewendet, wenngleich unter völkerrechtlichen Einschränkungen (EuG, 25.3.1999 – T-102/96, ECLI:EU:T:1999:65, Rn. 78 ff. und 89 ff.).

24 Vgl. *Wiedemann*, in: Wiedemann, Kartellrecht, § 5 Rn. 7 f.

Ein solches Zusammenwirken bedarf aber einer vorherigen rechtlichen Prüfung und Begleitung.

Allgemeine Leitlinien zur Beachtung des Kartellrechts können auch im Bereich der Cyber-Sicherheit ein erster Ausgangspunkt für die kartellrechtliche Einordung eines geplanten Handelns bieten. Eine Kernaussage solcher Leitlinien sollte sein, dass **Kontakte mit Wettbewerbern** – wenn überhaupt – stets restriktiv und unter besonderen Vorsichtsmaßnahmen stattzufinden haben. In der Praxis gibt es solche Kontakte meist im Rahmen von Verbandstreffen, Arbeitsgruppen, Erfahrungsaustauschen etc. Während die Legitimität und die allgemeinen wirtschaftlichen Vorteile solcher Kommunikation grundsätzlich außer Frage stehen, ist diese stets von dem auch dann unzulässigen Austausch wettbewerbssensibler Informationen oder möglicherweise sogar weitergehenden Absprachen abzugrenzen. Während etwa Diskussionen über technische Standards, neue Gesetzgebung oder allgemeine Markt- und Wirtschaftsentwicklungen zulässig sind, liegt der Austausch über individuelle Umsatz-, Absatz- oder Ergebniszahlen (in einer Granularität, die über die veröffentlichte GuV hinausgeht), in der Regel bereits im unzulässigen Bereich. Auch Informationen über den strategischen Umgang mit Bedrohungen, Gegenmaßnahmen und konkrete Einkaufsverhandlungen mit entsprechenden Dienstleistern dürfen in aller Regel nicht Gegenstand von Gesprächen zwischen Wettbewerbern sein. Das Kartellrecht geht insoweit vom Grundsatz des „Einzelkampfes" einschließlich der damit verbundenen Unsicherheiten und Risiken aus. In der Wettbewerbstheorie schneidet derjenige mit dem besten Konzept in dem Wettkampf auf dem Markt am besten ab – die damit verbundene Diversität der Maßnahmen und Angebote ist gerade schützenswertes Gut des Kartellrechts. **15**

Diese Grundsätze gelten auch für Diskussionen und Maßnahmen im Bereich der Cyber-Security. Dies spiegelt sich etwa in der allgemeinen Kommunikation der sog. „**Allianz für Cyber-Sicherheit**" in Deutschland wider. Dabei handelt sich um eine Initiative des Bundesamtes für Sicherheit in der Informationstechnik (BSI) mit dem Ziel, die Widerstandsfähigkeit des Standortes Deutschland gegenüber Cyber-Angriffen zu stärken.[25] Neben dem BSI gehören der Allianz mehr als 2.500 Unternehmen und Institutionen an, insbesondere aus den Gebieten IT-Dienstleistung, -Beratung und -Herstellung sowie entsprechende Anwender. Die Allianz für Cyber-Sicherheit veranstaltet Foren und organisiert Erfahrungs- und Expertenkreise, in denen sich die Mitglieder zu Themen im Bereich Cyber-Security austauschen können. Dabei **16**

25 Vgl. https://www.allianz-fuer-cybersicherheit.de/ACS/DE/Ueber_uns/ueber_uns.html (zuletzt abgerufen: 18.3.2019).

weist sie aber prominent darauf hin, dass ihre Mitglieder dem Kartellrecht unterliegen und deren Austausch im Rahmen der Veranstaltungen nicht für kartellrechtswidrige Diskussionen oder zur Förderung kartellrechtswidriger Vereinbarungen oder Beschlüsse gebraucht werden darf.[26]

17 Die Grundsätze des deutschen und europäischen Kartellrechts finden sich im Kern – wie in praktisch allen Kartellrechtsregimes der Welt – auch im US-amerikanischen Antitrust-Recht. Dort wurde 2015 der „**Cyber Security Information Sharing Act**" verabschiedet. Dieser sollte u. a. durch Haftungsfreistellungen private Unternehmen motivieren, mehr Informationen zu Cyber-Sicherheitsvorfällen mit staatlichen Behörden und anderen Privaten auszutauschen. Der Act sieht etwa vor, dass es keinen Verstoß gegen Kartellgesetze darstellen soll, wenn Private Wissen oder Hilfe bezüglich der Prävention, Untersuchung oder Schadensminderung von Cyber-Angriffen austauschen. Gleichzeitig wird aber klargestellt, dass diese Erlaubnis des Austauschens von Informationen nicht so ausgelegt werden kann, dass es Preisabsprachen, Marktaufteilungen oder das Teilen von Kundenlisten erlaubt. Der US-amerikanische Gesetzgeber spricht somit die kartellrechtlichen Gefahren, die aus der Förderung des Informationsaustauschs zwischen Unternehmen resultieren können, ausdrücklich an. Darüber hinaus haben das US-amerikanische Justizministerium (DoJ) und die Federal Trade Commission (FTC) bereits 2014 ihre allgemeine wettbewerbliche Analyse über den Austausch von IT-sicherheitsbezogenen Informationen zwischen Wettbewerbern veröffentlicht.[27] Danach sind die zulässigen Informationen zu Cyber-Sicherheit typischerweise von sehr technischer Natur und meist deutlich abgrenzbar von wettbewerblich sensiblen Informationen, wie etwa Produktionsmengen oder gegenwärtigen oder zukünftigen Preisen.

2. Erkennen von Wettbewerbsverhältnissen

18 Der richtige Umgang mit den kartellrechtlichen Risiken setzt für die einzelnen Unternehmen die Identifizierung der relevanten Wettbewerbsverhältnisse voraus. Nach herkömmlicher kartellrechtlicher Bewertung stehen im Grundsatz solche Unternehmen im Wettbewerb, deren Produkte und Leistungen aus Sicht der Kunden austauschbar sind. Ökonomisch lässt sich dies im Ausgangspunkt durch die Überlegung prüfen, dass das Unternehmen sei-

---

26 Vgl. https://www.allianz-fuer-cybersicherheit.de/ACS/DE/Service/Kartellrecht/kartell rechtbekenntnis.html (zuletzt abgerufen: 18.3.2019).

27 Department of Justice and Federal Trade Commission: Antitrust Policy Statement on Sharing of Cybersecurity Information, https://www.justice.gov/sites/default/files/atr/legacy/2014/04/10/305027.pdf (zuletzt abgerufen: 18.3.2019).

ne Preise nicht nur kurzfristig um ca. 5–10% anhebt. Solche Angebote, auf die die Kunden dann hypothetisch ausweichen würden, fallen grundsätzlich in denselben **relevanten Markt** und stehen in Konkurrenz. Dabei sind auch solche Unternehmen zu berücksichtigen, die aktuell keine Konkurrenzprodukte anbieten, dies aber mit kaufmännisch vertretbarem Aufwand in einem überschaubaren Zeitrahmen (abhängig von Markt und Produkten, ein Jahr kann als Anhaltspunkt gelten) realistischerweise tun könnten (potenzielle Wettbewerber).

Für Unternehmen, die nicht (potenziell) miteinander im Wettbewerb stehen, **19**
gelten nicht dieselben Beschränkungen. So können und müssen ein Anbieter einer Schutzsoftware und ein interessierter Kunde über die technischen Einzelheiten und wirtschaftlichen Konditionen verhandeln, während solche Gespräche zwischen Wettbewerbern in der Regel unzulässig sein werden. Schließlich bestehen mit staatlichen Stellen, die nicht gleichzeitig wirtschaftlich am Markt tätig sind, keine Wettbewerbsverhältnisse. Kartellrechtliche Vorschriften und Verbote sind insoweit nicht einschlägig.

Wettbewerbsverhältnisse können nicht nur absatzseitig gegenüber den Kun- **20**
den, sondern auch **im Einkauf** gegenüber den Lieferanten und Anbietern bestehen. Kartellrechtlich wird in der Regel zwischen Einkaufs- und Verkaufsmärkten unterschieden, obwohl diese betriebswirtschaftlich kaum trennbar miteinander verknüpft sind. Im Verhältnis zu bestimmten Lieferanten oder für bestimmte Produkte können Wettbewerbsverhältnisse auch zwischen Unternehmen bestehen, die im Absatz aufgrund unterschiedlicher Produkte und Angebote nicht konkurrieren. So können sogar Unternehmen unterschiedlicher Branchen dieselben Softwareprodukte oder -leistungen nachfragen und insoweit im Einkaufswettbewerb miteinander stehen. Bereits der Austausch über Einkaufskonditionen und die an sich vertraulichen Verhandlungen mit Lieferanten können im Ausgangspunkt geeignet sein, den Wettbewerb auf den relevanten Märkten einzuschränken.

So unterliegen im Grundsatz auch Absprachen und der Austausch sensibler **21**
Informationen im Einkauf dem Kartellrecht. Allerdings können **Einkaufskooperationen**, die bei Wahrung eines ausreichenden Wettbewerbsmaßes im relevanten Markt zu Kostenvorteilen auch für die Kunden führen, unter bestimmten Voraussetzungen in zulässiger Weise ausgestaltet werden.

3. Absprachen zwischen Wettbewerbern

Zwischen aktuellen oder potenziellen Wettbewerbern sind insbesondere **Ab- 22**
sprachen oder Vereinbarungen über Preise und Preisbestandteile sowie

Aufteilungen, z. B. von Kunden, Gebieten oder Produkten, kartellrechtlich grundsätzlich verboten (sog. Kernbeschränkungen). Dies lässt sich im Bereich der Cyber-Sicherheit theoretisch etwa durch die Vereinbarung über die „Einpreisung" entsprechender Schutzmaßnahmen oder über sonstige preisliche Konsequenzen eines Vorfalls vorstellen. Auch der Austausch über strategisch wertvolle Informationen hinsichtlich präventiver Schutzmaßnahmen kann u. U. kritisch sein, wenn sie nicht in einer allgemein zugänglichen, „verteidigungsfördernden" Form zur Verfügung gestellt werden.

23 In diesem Zusammenhang sind auch **Kooperationsformen im Einkauf** von Produkten und Dienstleistungen denkbar, die eine kartellrechtliche Prüfung im Einzelfall erfordern. Die Gründung einer Einkaufs- oder Bezugsgemeinschaft oder auch die entsprechende Ad-hoc-Zusammenarbeit zwischen Wettbewerbern erfordert jedenfalls eine kartellrechtliche Prüfung. Wie bereits allgemein dargestellt, sind hier effizienzfördernde Formen der Zusammenarbeit häufig kartellrechtlich privilegiert. Dies geht aber mit einer klaren Definition der Kooperation, mit einem uneingeschränkten Wettbewerb im Vertrieb der jeweiligen Produkte sowie einem begrenzten Informationsaustausch auf einer **„Need to know"-Basis** einher.

24 Darüber hinaus können Vereinbarungen und Kooperationen, ggf. auch im Vertrieb konkurrierender Produkte, zulässig sein, wenn sie – so die gesetzlichen Anforderungen – (i) unter angemessener Beteiligung der Verbraucher an dem entstehenden Gewinn (ii) zur Verbesserung der Warenerzeugung oder -verteilung oder zur Förderung des technischen oder wirtschaftlichen Fortschritts beitragen, (iii) ohne dass den beteiligten Unternehmen nicht unerlässliche Beschränkungen auferlegt werden und (iv) der Wettbewerb für einen wesentlichen Teil der fraglichen Waren komplett ausgeschaltet wird. Beispiele für solche **effizienzsteigernden Kooperationen** können etwa die Einigung auf einen neuen Sicherheitsstandard sein. Auch die Einrichtung eines branchenweiten Meldesystems mit der Verpflichtung zu bestimmten, die Allgemeinheit schützenden Gegenmaßnahmen im Falle eines Angriffs ist als freistellungsfähige Form der Zusammenarbeit denkbar.

4. Unzulässiger Informationsaustausch

25 Das Kartellverbot umfasst neben Vereinbarungen und Abstimmungen über ein bestimmtes Marktverhalten auch bereits den **Austausch sensibler Informationen** zwischen Unternehmen, wenn dieser zu Wettbewerbsbeschränkungen führen kann. Die damit einhergehende Reduzierung der bei uneingeschränktem Wettbewerb bestehenden Unsicherheiten kann insoweit nachteilig wirken. Dies kann etwa der Fall sein bei einem Austausch über konkrete Kennzahlen, Vorhaben oder Strategien. Insbesondere der Austausch unternehmensspezifischer Daten über geplantes künftiges Preis- oder Mengenverhalten unter Wettbewerbern sollte deshalb nach Ansicht der EU-Kommission als bezweckte Wettbewerbsbeschränkung betrachtet werden.[28] Entsprechend den Anmerkungen zu den Vereinbarungen (siehe oben Rn. 22) wäre ein Informationsaustausch über geplante Einkaufspreise für Systeme der Cyber-Security auf Nachfrageseite oder über Zuschläge für die Implementierung zusätzlicher neuer Sicherheitsprotokolle auf Anbieterseite zunächst kritisch zu bewerten. Gleiches gilt, wenn bei der Diskussion über die Folgen eines Gefahrenszenarios die Akteure einander Einblick in die mit ihren Kunden vertraglich vereinbarten Haftungstatbestände gäben, denn in Bezug auf diese Bedingungen könnte sich der Wettbewerbsdruck vermindern. Generell sollte kartellrechtlich vermieden werden, dass sich Wettbewerber gegenseitig ihre Kunden benennen oder konkrete Marktanteile mit Wettbewerbern diskutieren.

Abzugrenzen ist ein solch bedenklicher Austausch von einem Benchmarking oder einem **zulässigen Marktinformationssystem**, das in abstrakterer Weise die eigene Einordnung im Wettbewerbsumfeld ermöglicht. Die Erstellung und Verbreitung allgemeiner wettbewerbsrelevanter Parameter wird in der Regel als wettbewerbsfördernd angesehen, da Rückschlüsse auf individuelles Verhalten und eine entsprechende Zurückhaltung oder Anpassung im Wettbewerb auf dieser Grundlage nicht zu erwarten sind. Im Gegenteil können durch die Transparenz Effizienzgewinne zu erwarten sein.[29] Denkbar wäre etwa, dass ein Unternehmen erkennt, dass es weniger effizient agiert als ein Wettbewerber und nun seine Anstrengungen verstärkt. Das kann sich im Sinne des Wettbewerbs in einer breiteren Produktauswahl oder niedrigeren Preisen für den Konsumenten niederschlagen.[30] **26**

IV. Response

Zur Vermeidung von Kartellverstößen und zwecks Minimierung der Folgen solcher Verstöße bedarf es geeigneter Maßnahmen der potenziell betroffenen Unternehmen. Diese fügen sich überwiegend in die „Toolbox" eines bestehenden **Compliance-Managementsystems** ein. Umgekehrt lässt sich sagen, dass Kartellrechtsrisiken wie die im Zusammenhang mit Cyber-Security-Maßnahmen ein weiterer Grund für die Einrichtung und den Be- **27**

28 Kommission, Horizontal-Leitlinien, ABl. 2011/C 11/01, Rn. 74.
29 Kommission, Horizontal-Leitlinien, ABl. 2011/C 11/01, Rn. 57.
30 Kommission, Horizontal-Leitlinien, ABl. 2011/C 11/01, Rn. 57.

trieb eines wirksamen Compliance-Systems sein können. Folgende zentrale Elemente eines Vorbeuge- und Reaktionskataloges seien, ohne dass diese abschließend wären, ausdrücklich genannt:

1. Compliance-Schulungen und Aufklärung

28 Um das erforderliche Problembewusstsein bei den potenziell betroffenen Mitarbeitern zu schaffen, sind Compliance-Schulungen das erste Mittel der Wahl. Die Kartellbehörden akzeptieren keinen Verbotsirrtum, wenn die handelnden Mitarbeiter und damit zuletzt auch die Geschäftsführung keine Kenntnis von den geltenden Regeln und ihrem Anwendungsbereich vorweisen können. Aufklärung ist somit ein elementarer Bestandteil des Umgangs mit Kartellrechtsrisiken. Geschult werden sollten neben der Geschäftsführung und übergeordneten Leitungsbereichen insbesondere die Mitarbeiter im Einkauf und im Vertrieb sowie sonstige Mitarbeiter mit „Marktberührung". Mit Blick auf das Thema Cyber-Security erweitert sich der Kreis: Nehmen etwa IT-Fachleute eines Unternehmens an externen Gesprächskreisen zum Thema teil, können auch sie kartellrechtliche Risiken verursachen. Beispielsweise haben leitende Mitarbeiter der IT regelmäßig Einfluss auf neue Beschaffungsvorhaben und können insoweit den Wettbewerb beeinflussen. Auch ein eventuell sensibler Austausch von Informationen zu Bedrohungslagen und Gegenmaßnahmen des Unternehmens (siehe oben Rn. 25) kann von diesen Mitarbeitern verursacht werden. Letztlich ist der **geeignete Personenkreis** für Schulungen in jedem Einzelfall anhand der Strukturen und der Risikolage eines Unternehmens zu bestimmen.

29 Die Schulungen sind von kartellrechtlichen Experten mit einem guten Verständnis für den Unternehmensgegenstand und die Risiken im Umgang mit Cyber-Security-Themen vorzunehmen. Zudem sind die Schulungen möglichst in regelmäßigen Abständen (z. B. jährlich oder zweijährlich) zu wiederholen. Schließlich sollten die Schulungen ergänzt werden durch aktuelle Informationen an die jeweils betroffenen Mitarbeiter, soweit sich wesentliche Änderungen mit Praxisbedeutung ergeben.

2. „Whistle Blower" und „Internal Investigation"

30 Bestandteil eines umfassenderen Compliance-Systems ist häufig auch eine sog. „Whistle Blower Hotline", über die Mitarbeiter Hinweise auf mögliche Rechtsverstöße anonym bei einem Ombudsmann hinterlegen können. Wird das Unternehmen auf diesem oder auch anderem Wege auf einen eventuellen Verstoß aufmerksam gemacht, ist es angehalten, die Stichhaltigkeit des Vorwurfs zu prüfen. Ist dieser zumindest plausibel und würde im Falle der Richtigkeit ein erhebliches Risiko für das Unternehmen bedeuten, sind weitere interne Schritte zur Aufklärung einzuleiten. Dies kann in geeigneten Fällen zu einer umfangreichen internen Untersuchung („**Internal Investigation**") führen.

Diese hat das Ziel, alle Tatsachen aufzuklären, die mit der vermuteten oder behaupteten Wettbewerbseinschränkung in Verbindung stehen. Regelmäßig wird mit einer solchen Untersuchung eine größere Wirtschaftskanzlei beauftragt, die mit ausreichend Personal und technischen Mitteln bei geringstmöglicher Behinderung des laufenden Betriebs in Geschäftsunterlagen und -korrespondenz sowie mittels Mitarbeiterinterviews nach Hinweisen auf Verstöße und eventuell exkulpierenden Erklärungen sucht. Interne Untersuchungen werfen diverse Rechtsfragen auf und müssen gut und umfassend vorbereitet und rechtlich begleitet werden. Ggf. ist eine solche Internal Investigation durch geeignete Vereinbarungen mit und Zusagen gegenüber den Mitarbeitern zu begleiten (z.B. Vertraulichkeitsvereinbarungen, Haftungsfreistellungen etc.). **31**

Die Untersuchungsergebnisse sind in einem Bericht zusammenzustellen und rechtlich zu würdigen. Es soll damit eine Grundlage geschaffen werden, auf der die Geschäftsleitung oder ggf. die Anteilseigner eine ausreichend fundierte Entscheidung über das weitere Vorgehen und eventuelle Konsequenzen treffen können („Business Judgment Rule"). Im Fall des begründeten Verdachts auf Wettbewerbsverstöße ist auch über einen eventuellen Kronzeugenantrag bei den Kartellbehörden zu entscheiden (siehe unten Rn. 33 ff.). **32**

3. Kronzeugenanträge und sonstige Kooperation mit Kartellbehörden

Alle größeren Kartellrechtsregimes umfassen inzwischen **Kronzeugenregelungen** (auch „Leniency"). Bundeskartellamt[31] und EU-Kommission[32] wie auch andere Kartellbehörden haben dazu Verwaltungsmitteilungen in Form von Leitlinien herausgegeben. **33**

---

31 Vgl. § 33e GWB und die Bekanntmachung Nr. 9/2006 des Bundeskartellamts über den Erlass und die Reduktion von Geldbußen in Kartellsachen – Bonusregelung – vom 7.3.2006.

32 Mitteilung der Kommission über den Erlass und die Ermäßigung von Geldbußen in Kartellsachen, ABl. 2006/C 298/11.

34 Ziel eines solchen Antrags ist der vollständige Erlass oder die Reduzierung eines Bußgelds. Voraussetzung ist dafür u.a. die eigenständige Darlegung der Verstöße, Beibringung von Beweismitteln, die **umfassende Kooperation** mit den Behörden und die Verpflichtung zur Vertraulichkeit hinsichtlich der Zusammenarbeit. Ein Antrag ist zum einen möglich, bevor der oder den Kartellbehörde(n) Hinweise auf einen bestimmten Verstoß vorliegen. In diesem Fall ist der vollständige Erlass des Bußgelds möglich. Zum anderen kann der Antrag zu einem späteren Zeitpunkt gestellt werden, erfordert dann aber einen sog. Mehrwert für die Behörde in Form von zu diesem Zeitpunkt den Ermittlern noch unbekannten Informationen, die den Nachweis des Verstoßes erleichtern. In diesem Fall ist eine Reduzierung des Bußgeldes um bis zu 50% erreichbar. Die Höhe einer möglichen Bußgeldreduzierung beurteilt sich nach der zeitlichen Reihenfolge, in der die nachträglichen Anträge bei der Behörde eingehen, und ihrer Qualität (z.B. hinsichtlich des Mehrwerts). In jedem Fall erfordert ein Kronzeugenantrag eine sorgfältige Aufbereitung und Bewertung des zugrunde liegenden Sachverhalts.

35 Die zu erwartenden und potenziellen Vor- und Nachteile eines Antrags sind vor seiner Stellung sorgfältig abzuwägen. Eine spätere Verteidigung gegen die Vorwürfe wird dadurch, auch wenn sich einige Umstände später eventuell anders darstellen sollten, mindestens erheblich erschwert. Auch eventuell drohende Schadensersatzklagen von Abnehmern auf Grundlage einer Behördenentscheidung sind zu berücksichtigen.

V. Sanktionen

1. Bußgelder

36 Die Kartellbehörden können nachgewiesene Kartellverstöße mit erheblichen Bußgeldern ahnden. Diese Sanktionen haben zum einen repressive Zwecke, indem sie begangenes Unrecht ahnden. Zum anderen sollen sie präventiv wirken, indem sie von weiteren Gesetzesverstößen abschrecken sollen.[33]

37 Kartellbußgelder gegen Unternehmen können in Deutschland und in der EU **bis zu 10% des weltweiten Konzernumsatzes** im der Entscheidung vorangegangenen Jahr betragen. Die Behörden bestimmen die Bußgeldhöhe, in dem sie den sog. tatbezogenen Umsatz ermitteln, den das betroffenen Unternehmen in dem Tatzeitraum mit den kartellbetroffenen Produkten oder

33 *Kienapfel*, in: von der Groeben, VO (EG) 1/2003 Art. 23 Rn. 3; siehe zur Präventionswirkung im Kartellrecht auch *Ackermann*, ZWeR 2010, 329.

Dienstleistungen erzielt hat. Von diesem tatbezogenen Umsatz wird ein bestimmter Prozentsatz (in Deutschland abhängig von der Konzerngesamtgröße) als oberer Bußgeldrahmen errechnet. In diesem Rahmen wird das Bußgeld entsprechend den Umständen des Einzelfalles angesetzt. Die allgemeine Obergrenze von 10% des konzernweiten Jahresumsatzes darf durch diese Methode nicht überschritten werden.

Bußgelder von Kartellbehörden verschiedener Länder werden nicht auf- **38**
einander angerechnet. Soweit es sich um parallele Verfahren für Verstöße handelt, die sich in verschiedenen Ländern ausgewirkt haben, kann jede nationale Kartellbehörde ein Bußgeld nach ihren Bemessungsvorschriften verhängen.

2. Untersagungsverfügungen

In Fällen, in denen kein Bußgeld verhängt werden soll, ist eine verwaltungs- **39**
rechtliche **Untersagung** des beanstandeten Verhaltens möglich. Dieses Mittel wird nur in Ausnahmefällen angewendet, wenn mangels bisheriger Anhaltspunkte in der Verwaltungspraxis ein Verstoß nicht klar vorherzusehen war, eine Grundsatzentscheidung der Kartellbehörde in einem neuen Bereich getroffen werden soll oder eine Ahndung aus anderen Gründen unangemessen scheint.

Die Kartellbehörden können Unternehmen verpflichten, ihren Verstoß ge- **40**
gen das GWB oder das europäische Kartellverbot abzustellen. In der Regel wird es sich um (negative) Handlungsverbote handeln, nur ausnahmsweise werden (positive) Handlungsgebote angeordnet.[34] Strukturelle Maßnahmen (z.B. Verkäufe von Unternehmensteilen) sind nur zulässig, wenn als milderes Mittel keine verhaltensorientierten Maßnahmen gleicher Wirkung zur Verfügung stehen.

Schließlich können die betroffenen Unternehmen zu sog. **Verpflichtungszu-** **41**
sagen angehalten werden, mit denen das betroffene Verhalten abgestellt und zukünftig vermieden werden soll. Wenn die Abhilfemaßnahmen – oftmals nach einem Markttest mit anderen Marktteilnehmern – von der Behörde als geeignet bewertet werden, kann sie die Maßnahmen in einer Entscheidung als verbindlich erklären, sodass Verstöße dagegen wiederum kartellrechtlich sanktioniert werden können.

34 *Emmerich*, in: Immenga/Mestmäcker, Bd. 2, § 32 GWB Rn. 28.

3. Schadensersatzklagen

42 Zusätzlich zu den staatlichen Sanktionen drohen Unternehmen, die gegen das Kartellverbot verstoßen, Schadensersatzprozesse der Kunden, die aufgrund von Absprachen überhöhte Preise im Vergleich zur Situation des ungestörten Wettbewerbs gezahlt haben. Dies könnte etwa bei unzulässigen Absprachen über eine preisliche Berücksichtigung von Schutzmaßnahmen gegen Cyber-Angriffe oder bei überschießenden wettbewerbsbeschränkenden Gespräche in Arbeitsgruppen der Fall sein. Nach § 33a Abs. 1 GWB ist derjenige jedem „Betroffenen" zum Ersatz des Schadens verpflichtet, der vorsätzlich oder fahrlässig einen Verstoß gegen das deutsche oder europäische Kartellverbot begeht. In der Praxis können die Summen solche Ansprüche selbst die behördlichen Bußgelder übersteigen.[35]

43 Im Rahmen der 9. GWB-Novelle 2017 wurden zahlreiche Änderungen im Gesetz mit Blick auf eine erleichterte Durchsetzung zivilrechtlicher Schadensersatzansprüche eingeführt.[36] Für den Kläger sieht das Gesetz diverse prozessuale und materielle Erleichterungen vor, um dieses sog. „Private Enforcement" zu stärken. So sind Gerichte nach § 33b GWB an rechtskräftige Entscheidungen von Kartellbehörden über das Bestehen eines Verstoßes gebunden. Auch die Schadensabwälzung, bei der der Schaden des direkten Kunden an dessen (indirekte) Kunden weitergegeben werden konnte, wurde grundsätzlich zum Vorteil der Kläger geregelt. Als bemerkenswerte Besonderheit im deutschen Prozessrecht sieht das Gesetz gegen Wettbewerbsbeschränkungen nun zudem einen Anspruch auf Herausgabe von Beweismitteln und Auskünften des Geschädigten gegen Kartellteilnehmer vor.[37] Schließlich verlängert § 33h GWB die Regelverjährungsfrist für Schadensersatzklagen von drei auf fünf Jahre.

---

35 *Bornkamm/Tolkmitt*, in: Langen/Bunte, Bd. 1, vor § 33 GWB Rn. 1.
36 Vgl. nur den Gesetzesentwurf der Bundesregierung, BT-Drs. 18/10207, S. 1.
37 *Bornkamm/Tolkmitt*, in: Langen/Bunte, Bd. 1, § 33g GWB Rn. 1.

Kapitel 9
Vergaberecht

Dr. Lars Ole Petersen

Literatur: *Gabriel/Fritzemeyer/Bärenbrinker*, Rechtliche Rahmenbedingungen und Inkompatibilität des so genannten „no spy"-Erlass, NVwZ 2015, 13; *Münch*, Der No-Spy Erlass der Bundesregierung, ZfBR 2015, 241; *Ziekow*, Europa und der deutsche Verwaltungsprozess – Schlaglichter auf eine unendliche Geschichte, NVwZ 2010, 793.

Übersicht

I. Rechtliche Grundlagen

1 Wettbewerb, Transparenz und **Gleichbehandlung** sind die grundlegenden Rechtsprinzipien des Vergabeverfahrens.[1] Zudem gilt der Grundsatz des **Ge-**

1 *Dreher*, in: Immenga/Mestmäcker, Bd. 2, § 97 GWB Rn. 8.

heimwettbewerbs.[2] Der Geheimwettbewerb soll nicht nur gewährleisten, dass es zwischen den Bietern nicht zu Absprachen kommt. Er soll zudem die Unternehmen, die sich am Vergabeverfahren beteiligen, davor schützen, dass ihre im Vergabeverfahren übermittelten sensiblen Informationen an die Öffentlichkeit gelangen. Diese Informationen unterliegen daher dem Gebot der Vertraulichkeit. Für ihren Schutz ist die **Datensicherheit** von zentraler Bedeutung. Ein Cyber-Angriff kann diese Datensicherheit gefährden und so unmittelbare Folgen für den Fortgang eines Vergabeverfahrens haben.

2 Der Schutz vertraulicher Informationen ist im Wesentlichen in § 5 Vergabeverordnung (VgV) normiert. Entsprechende Vorschriften über die Wahrung von **Vertraulichkeit** bei Sektorenaufträgen finden sich in § 7 SektVO, für verteidigungs- oder sicherheitsspezifische öffentliche Aufträge in § 6 VSVgV und für Konzessionen in § 4 KonzVgV. § 5 VgV wurde zur Umsetzung von Art. 21 und Art. 22 Abs. 3 Satz 1 RL 2014/24/EU geschaffen.[3]

II. Preparedness

3 Die praktische Bedeutung der Cyber-Security in Vergabeverfahren wurde bereits im Jahr 2014 erstmals offenbar. Zu diesem Zeitpunkt erließ das Bundesinnenministerium den sog. **„No-Spy"-Erlass**.[4] Dieser erging als Reaktion auf die Enthüllungen *Edward Snowdens* über die massiven Zugriffsrechte amerikanischer Geheimdienste auf die Daten ausländischer Telekommunikationsunternehmen. Durch den Erlass wollte das Bundesinnenministerium verhindern, dass insbesondere amerikanische Unternehmen, die Aufträge für deutsche Behörden erbringen, etwaige Informationen an die amerikanischen Nachrichtendienste herausgeben müssen. Der Erlass sah daher vor, dass in Vergabeverfahren mit Sicherheitsrelevanz unter anderem eine Erklärung der Bieter verlangt werden sollte, dass diese nicht zur Weitergabe vertraulicher Informationen an Dritte verpflichtet sind.[5] Dies

---

2 Vgl. OLG Düsseldorf, 16.9.2003 – Verg 52/03, IBR 2003, 686 m. Anm. *Leinemann* sowie die Nachweise von *Dreher*, in: Immenga/Mestmäcker, Bd. 2, § 97 GWB Rn. 13.

3 *Voppel*, in: Voppel/Osenbrück/Bubert, VgV, § 5 Rn. 1.

4 „No-Spy"-Erlass des Bundesministeriums des Innern vom 30.4.2014, https://www.bmi.bund.de/SharedDocs/downloads/DE/veroeffentlichungen/2014/no-spy-erlass.pdf;jsessionid=2BD75DB95B3669E9ADA08C03F7853F8A.1_cid287?__blob=publicationFile&v=1 (zuletzt abgerufen: 15.3.2019) dazu eine Handreichung des Bundesministeriums des Innern vom 19.8.2014, https://www.bmi.bund.de/SharedDocs/downloads/DE/veroeffentlichungen/2014/no-spy-erlass-erlaeuterungen.pdf;jsessionid=2BD75DB95B3669E9ADA08C03F7853F8A.1_cid287?__blob=publicationFile&v=1 (zuletzt abgerufen: 15.3.2019).

5 Dazu ausführlich *Gabriel/Fritzemeyer/Bärenbrinker*, NVwZ 2015, 13 ff.

zeigt, dass öffentliche Auftraggeber besonders großen Wert auf die Sicherheit ihrer Daten legen.

4 Auch ein Cyber-Angriff würde die Datensicherheit gefährden. Öffentliche Auftraggeber und Unternehmen, die sich in Vergabeverfahren beteiligen, sollten daher darauf vorbereitet sein. Hierfür müssen sowohl der öffentliche Auftraggeber als auch die bietenden Unternehmen zunächst die Reichweite des Vertraulichkeitsschutzes in Vergabeverfahren kennen. Denn die davon umfassten Daten sind sowohl von öffentlichen Auftraggebern (siehe unten Rn. 5 ff. als auch von den bietenden Unternehmen (siehe unten Rn. 21 ff. besonders vor Cyber-Angriffen zu schützen.

1. Gewährleistung der Vertraulichkeit durch die öffentliche Hand

5 Das Vergaberecht (§ 5 VgV) verbietet es öffentlichen Auftraggebern, vertrauliche Informationen weiterzugeben, sofern dies nicht von der VgV oder einer anderen Rechtsnorm explizit erlaubt wird.

a) Betriebs- und Geschäftsgeheimnisse

6 Zu den vertraulichen Informationen gehören **Betriebs- und Geschäftsgeheimnisse** und die vertraulichen Aspekte der Angebote. § 5 Abs. 1 VgV verpflichtet also die öffentlichen Auftraggeber, die Informationen zu schützen, die Bieter preisgeben müssen, um ein aussichtsreiches Angebot abgeben zu können.[6]

7 Als Betriebs- und Geschäftsgeheimnisse werden alle auf ein Unternehmen bezogene Tatsachen, Umstände und Vorgänge verstanden, die nicht offenkundig, sondern nur einem begrenzten Personenkreis zugänglich sind und an deren Nichtverbreitung der Rechtsträger ein berechtigtes Interesse hat.[7]

8 Abs. 1 nennt neben den Betriebs- und Geschäftsgeheimnissen auch die vertraulichen Aspekte der Angebote. Diese überschneiden sich regelmäßig mit ersteren; typische Beispiele für generell vertrauliche Aspekte eines Angebots dürften Preise, abweichende Angebotsbestandteile oder Nebenangebote sein.[8]

9 Betriebs- und Geschäftsgeheimnisse von Unternehmen unterfallen nur dann dem Schutz des § 5 Abs. 1 VgV, wenn die Informationen in den Unterlagen

6 *Mußgnug*, in: Müller-Wrede, VgV/UVgO, § 5 VgV Rn. 10.
7 BVerfG, 14.3.2006 – 1 BvR 2087/03, NVwZ 2006, 1041, 1042.
8 *Schneider*, in: Kapellmann/Messerschmidt, VOB, § 5 VgV Rn. 8.

als vertraulich gekennzeichnet sind. Grundsätzlich ist das Unternehmen als Berechtigter der Daten allein zur Entscheidung befugt, insoweit folgt diese Regelung dem Prinzip informationeller Selbstbestimmung.[9] Damit entscheidet im Kern zunächst das Unternehmen über die Geheimhaltung durch die Verwaltung.[10]

10 Fraglich ist, inwieweit der öffentliche Auftraggeber an die Einstufung des Bieters gebunden ist, ob also allgemein bekannte Informationen dennoch vertraulich behandelt werden müssen oder ob offensichtlich geheime Daten mangels Kennzeichnung frei verbreitet werden dürfen. Jedenfalls unter dem Blickwinkel des Missbrauchsverbots kann die Verwaltung nicht aufgrund einer entsprechenden Kennzeichnung verpflichtet sein, allgemein bekannte Tatsachen geheim zu behandeln.[11] Zugleich ist davon auszugehen, dass offensichtlich geheimhaltungsbedürftige Daten nicht frei von der öffentlichen Hand geteilt werden dürfen. Jedenfalls wäre, mit Blick auf ein vorvertragliches Schuldverhältnis, zuvor Rücksprache mit dem Bieter zu halten.[12]

11 Es findet sich keine ausdrückliche Festlegung in § 5 Abs. 1 VgV, in welcher Form eine Kennzeichnung vorgenommen werden muss. Es entspricht aber dem Interesse der Bieter, eindeutige Kennzeichnungen vorzunehmen, um Klarheit gerade mit Blick auf ein späteres Nachprüfungsverfahren zu schaffen.[13]

b) Besonders geschützte Unterlagen

12 Öffentliche Auftraggeber müssen aber nicht nur explizit als vertraulich gekennzeichnete Daten geheim halten. Nach § 5 Abs. 2 S. 1 VgV müssen sie auch

> „bei der gesamten **Kommunikation** sowie beim **Austausch** und der **Speicherung** von Informationen [...] die **Integrität** der Daten und **Vertraulichkeit** der **Interessensbekundungen**, **Interessensbestätigungen**, **Teilnahmeanträge** und **Angebote** einschließlich ihrer Anlagen gewährleisten."[14]

---

9 *Mußgnug*, in: Müller-Wrede, VgV/UVgO, § 5 VgV Rn. 15.
10 *Mußgnug*, in: Müller-Wrede, VgV/UVgO, § 5 VGV Rn. 15.
11 So auch *Voppel*, in: Voppel/Osenbrück/Bubert, VgV, § 5 Rn. 5; abweichend wegen des weiten Schutzbereiches *Mußgnug*, in: Müller-Wrede, VgV/UVgO, § 5 VgV Rn. 16.
12 *Voppel*, in: Voppel/Osenbrück/Bubert, VgV, § 5 Rn. 5, abweichend *Mußgnug*, in: Müller-Wrede, VgV/UVgO, § 5 VgV Rn. 17.
13 Ähnlich *Mußgnug*, in: Müller-Wrede, VgV/UVgO, § 5 VgV Rn. 18.
14 Hervorhebungen durch den Verfasser.

§ 5 Abs. 2 VgV enthält demnach eine Gewährleistungspflicht des öffentlichen Auftraggebers, die sich auf die Datenintegrität und die Vertraulichkeit bestimmter besonders sensibler Bieterunterlagen erstreckt.[15] **13**

Mit dem Schutz der **Datenintegrität** soll gewährleistet werden, dass die Daten nicht durch Dritte in unbemerkter und unbefugter Weise nachträglich verändert werden. Sie müssen in vollständiger und unveränderter Form vorliegen.[16] Der Schutz der Vertraulichkeit bezweckt, dass die in den benannten Unterlagen enthaltenen Informationen vor Ablauf der jeweiligen Frist überhaupt nicht (§ 55 Abs. 1 VgV) und auch danach Unbefugten generell nicht bekannt werden dürfen. Vertraulichkeit besteht also mit Blick auf den Auftraggeber selbst und auch auf Dritte. Auch Mitarbeiter des öffentlichen Auftraggebers, die nicht unmittelbar mit der Vergabe befasst sind, sind in diesem Sinne Unbefugte.[17] **14**

Die Gewährleistungspflicht erstreckt sich auf die Kommunikation, den Austausch und die Speicherung von Daten. Ein Cyber-Angriff gegen einen öffentlichen Auftraggeber kann sowohl die Datenintegrität als auch die Vertraulichkeit bei jedem dieser Vorgänge verletzen. **15**

c) Schutzniveau und Maßnahmen

Vor diesem Hintergrund stellt sich die Frage, auf welche Weise und mit welcher Intensität öffentliche Auftraggeber die Daten zu schützen haben, um ihrer Gewährleistungspflicht zu genügen. Eine explizite Regelung hierzu enthält § 5 VgV nicht. Anhaltspunkte für die Ermittlung eines angemessenen Schutzniveaus aufseiten des öffentlichen Auftraggebers bieten aber die Vorschriften über die elektronische Kommunikation im Vergabeverfahren. **16**

aa) Festlegung des Sicherheitsniveaus durch Abwägung

Nach § 10 Abs. 1 Satz 1 VgV legt der Auftraggeber das erforderliche Sicherheitsniveau für elektronische Mittel für den Einzelfall fest.[18] Die Vorschrift erstreckt sich zwar nur auf die elektronische Kommunikation. Letztlich ist aber auch bei der Speicherung und dem Austausch von Daten eine entsprechende Abwägungsentscheidung zu treffen. **17**

---

15 *Thiele/H.-P. Müller*, in: MüKo VergabeR I, § 5 VgV, Rn. 5.
16 *Greb*, in: Ziekow/Völlink, Vergaberecht, § 5 VgV Rn. 6.
17 *Voppel*, in: Voppel/Osenbrück/Bubert, VgV, § 5 Rn. 11.
18 *Voppel*, in: Voppel/Osenbrück/Bubert, VgV, § 5 Rn. 14.

18 Bei der Abwägung über das Sicherheitsniveau ist der Verhältnismäßigkeitsgrundsatz zu beachten.[19] Dabei ist der Aufwand der Schutzvorkehrungen anhand des Stands der Technik gegen die Gefahren abzuwägen, die sich aus der Verletzung der Vertraulichkeit der Informationen oder der Datenintegrität ergeben.[20] Je sensibler die übermittelten Daten sind, desto höher muss das Schutzniveau für sie sein. Bei besonders sensiblen Daten dürfen die Unternehmen daher nicht nur auf ausreichende Vorkehrungen gegen Cyber-Angriffe vertrauen, sondern zudem davon ausgehen, dass die Daten ergänzend gesondert geschützt sind, etwa durch eine zusätzliche Passwortsicherung oder Verschlüsselung. Für gespeicherte elektronisch übermittelte Interessensbekundungen, Interessensbestätigungen, Teilnahmeanträge und Angebote schreibt dies § 54 Satz 1 VgV bereits vor. Zum besonderen Schutz der Kommunikation verweist die Verordnungsbegründung insbesondere auf DE-Mail-Dienstleister.[21] Dem ist nur zu folgen, wenn die DE-Mail-Dienstleister im Einzelfall eine Ende-zu-Ende-Verschlüsselung ermöglichen bzw. eine Schnittstelle dafür zur Verfügung stellen.[22] Verwendet der öffentliche Auftraggeber eine Vergabeplattform oder eine spezielle Bietersoftware, sollte die Verschlüsselung darin integriert sein. Bei einer webbasierten Vergabeplattform findet die Verschlüsselung aber erst statt, nachdem die Unterlagen vom Bieter dort hochgeladen wurden. Das heißt aber, dass sie während der Übertragung per Internet nicht kryptografisch geschützt sind und beispielsweise von einem Nachrichtendienst, der über einen Anschluss an einen der Knotenpunkte des Internets verfügt, ausgelesen werden können. Muss für das Verwenden der Vergabeplattform eine Software auf die Computer der Bieter aufgespielt werden, ist eine Ende-zu-Ende-Verschlüsselung der Unterlagen während der Übertragung möglich.

bb) Vertraulichkeit nach Abschluss des Verfahrens

19 Interessensbekundungen, Interessensbestätigungen, Teilnahmeanträge und Angebote einschließlich ihrer Anlagen sowie die gesamte **Dokumentation** über Öffnung und Wertung der Teilnahmeanträge und Angebote sind auch nach Abschluss des Vergabeverfahrens vertraulich zu behandeln.[23] Nach § 8 Abs. 4 VgV sind obige Unterlagen mindestens drei Jahre lang aufzubewahren.

---

19 Vgl. Art. 22 Abs. 6 lit. b RL 2014/24/EU.
20 Verordnungsbegründung, BR-Drs. 87/16, 164.
21 Verordnungsbegründung, BR-Drs. 87/16, 164.
22 Vgl. *Grünhagen*, in: Müller-Wrede, VgV/UVgO, § 11 VgV Rn. 66.
23 *Schneider*, in: Kapellmann/Messerschmidt, VOB, § 5 VgV Rn. 16.

Auch nach Beendigung eines Vergabeverfahrens können die Informationen in obigen Unterlagen von wettbewerblicher Relevanz sein, wobei die Relevanz mit dem Zeitablauf abnehmen dürfte.[24] Jedenfalls während des verpflichtenden Aufbewahrungszeitraumes gem. § 8 Abs. 4 VgV dürften die Inhalte dieser Unterlagen wettbewerblich sensibel und darum schützenswert sein. Eine vertrauliche Aufbewahrung setzt voraus, dass das oben beschriebene Schutzniveau auch im Aufbewahrungszeitraum eingehalten wird. **20**

2. Gewährleistung der Vertraulichkeit durch den Bieter

Die Bieter haben, auch ohne dass sie einem expliziten vergaberechtlichen Vertraulichkeitsgebot vergleichbar § 5 VgV unterliegen, regelmäßig aus eigenen Erwägungen heraus ein Interesse daran, die Daten und Informationen, die sie im Zuge eines Vergabeverfahrens erstellen und an den öffentlichen Auftraggeber übermitteln, zu schützen. Denn ein Angriff auf diese Daten kann dazu führen, dass entscheidende Angebotsdetails bekannt werden. Dies würde die Erfolgschancen im Vergabeverfahren signifikant herabsetzen. Die Bieter sollten die verfahrensbezogenen Daten daher besonders sorgsam vor Cyber-Angriffen schützen und sichere Kommunikationsverbindungen mit dem öffentlichen Auftraggeber nutzen. **21**

Hinzu tritt, dass die Bieter in besonders sensiblen Vergabeverfahren oftmals bereits im Teilnahmewettbewerb dazu verpflichtet werden, eine Vertraulichkeitsvereinbarung zu unterzeichnen.[25] Verstöße gegen diese Vertraulichkeitsvereinbarung können (je nach Ausgestaltung) **Vertragsstrafen** und **Schadensersatzansprüche** zur Folge haben. Sofern Unterlagen des öffentlichen Auftraggebers sogar dem staatlichen Geheimschutz unterliegen, sind weitere Sicherheitsvorkehrungen zu treffen. **22**

Auch die Bieter sind Adressaten der Pflicht zur Benutzung elektronischer Kommunikationsmittel nach § 9 Abs. 1 VgV und müssen darüber hinaus die Übermittlungsmethode nutzen, die ihnen von der Vergabestelle vorgeschrieben wird.[26] Andernfalls können ihre Erklärungen wegen Formverstoßes unwirksam sein.[27] § 53 Abs. 1 VgV legt sogar explizit fest, dass Bieter ihre Interessensbekundungen, Interessensbestätigungen, Teilnahmeanträge und **23**

---

24 So auch *Thiele/H.-P. Müller*, in: MüKo VergabeR I, § 5 VgV Rn. 9.
25 Vgl. dazu auch *Mußgnug*, in: Müller-Wrede, VgV/UVgO, § 5 VgV Rn. 43.
26 *Grünhagen*, in: Müller-Wrede, VgV/UVgO, § 11 VgV Rn. 53.
27 *Wichmann*, in: Ziekow/Völlink, Vergaberecht, § 9 VgV Rn. 17.

Angebote in Textform nach § 126b BGB mithilfe elektronischer Mittel gem. § 10 VgV einreichen müssen.[28]

24 Gem. § 53 Abs. 3 VgV prüft der Auftraggeber (wie schon nach § 10 VgV), ob die zu übermittelnden Daten besondere Anforderungen an die Sicherheit stellen. Nach § 53 Abs. 3 Satz 2 VgV kann der öffentliche Auftraggeber im Rahmen der Verhältnismäßigkeit dann verlangen, dass Interessensbekundungen, Interessensbestätigungen, Teilnahmeanträge und Angebote soweit erforderlich mit einer fortgeschrittenen elektronischen Signatur, einer qualifizierten elektronischen Signatur, einem fortgeschrittenen elektronischen Siegel oder einem qualifizierten elektronischen Siegel versehen werden.[29]

3. Umgang mit No-Spy-Erlass und desssen Auswirkungen

25 Unternehmen, die sich an Vergabeverfahren beteiligen, müssen sich aber nicht nur wirksam gegen Cyber-Angriffe schützen. Sie müssen zudem prüfen, ob sie in den Anwendungsbereich des sog. No-Spy-Erlasses fallen, der ihre Geschäftsmöglichkeiten in Deutschland beschränken kann. Der No-Spy-Erlass hat gezeigt, dass öffentliche Auftraggeber besonders sensibel auf den Abfluss von Informationen aus ihrer Sphäre reagieren. Sie legen großen Wert auf die Datensicherheit. Auch dies zeigt die Relevanz des Schutzes vor Cyber-Angriffen in Vergabeverfahren.

26 Nach den Enthüllungen *Edward Snowdens* über die Spionagepraktiken amerikanischer Geheimdienste, insbesondere über Zugriffsmöglichkeiten rechtlicher (PATRIOT Act und USA FREEDOM Act) und tatsächlicher Art auf die Systeme von Telekommunikationsunternehmen wuchs in Deutschland die Besorgnis, dass vertrauliche Informationen öffentlicher Auftraggeber über ihre IT-Dienstleister an ausländische Geheimdienste weitergegeben werden könnten. Das Bundesinnenministerium wies daraufhin am 30.4.2014 in einem Erlass das ihm untergeordnete Beschaffungsamt an, zukünftig bei Vergabevorgängen mit Sicherheitsrelevanz (vor allem IT-Beschaffungen) von den Bietern eine Eigenerklärung im Rahmen der Zuverlässigkeitsprüfung zu verlangen sowie eine Vertraulichkeitsklausel in den Vertrag mit aufzunehmen. Nach dieser mussten die Bieter erklären, bei Zuschlag alle vertraulichen Informationen vertraulich zu behandeln, sie nicht an Dritte weiterzugeben und auch nicht zur Weitergabe an Dritte verpflich-

28 Man beachte die zeitlichen Übergangsbestimmungen in § 81 VgV.

29 Vgl. dazu auch *Lausen*, in: Müller-Wrede, VgV/UVgO, § 53 VgV Rn. 48 ff.; *Eichler*, in: MüKo VergabeR I, § 53 VgV Rn. 9 ff.

tet seien. Durch den No-Spy-Erlass sollte sichergestellt werden, dass IT-Dienstleister öffentlicher Auftraggeber die im Zuge ihrer Tätigkeit erlangten Daten nicht an ausländische Nachrichtendienste weitergeben mussten.[30]

Diese Form des Umgangs mit dem Phänomen ausländischer Spionage war vergaberechtlich umstritten. Die VK Bund hielt die Einbeziehung der „No-Spy-Verpflichtungen" in die Zuverlässigkeitsprüfung für rechtswidrig.[31] Im Rahmen der Zuverlässigkeit dürften nur Sachverhalte berücksichtigt werden, die in der Person des Bieters liegen und von ihm beeinflusst werden könnten. Dazu gehörten aber nicht die Anforderungen ausländischer Rechtsordnungen.[32] Zur gleichen Ansicht kam das OLG Düsseldorf: Die No-Spy-Erklärung bzw. -Klausel seien keine rechtlich zulässige Anforderungen an die Zuverlässigkeit der Bieter. Es sei aber möglich, diese als besondere Anforderungen an die Auftragsausführung zu verlangen.[33] Es sei unzutreffend, dass solche Bedingungen für die Auftragsausführung diskriminierend wirkten, sofern der öffentliche Auftraggeber für die Forderung nach Datensicherheit einen anerkennenswerten und durch den Auftragsgegenstand gerechtfertigten sachlichen Grund anführen könne und sämtliche Unternehmen unabhängig von der Herkunft mit derselben Anforderung konfrontiert würden. Ob die Unternehmen sich den Zugriffsrechten fremder Nachrichtendienste entziehen könnten sei irrelevant, denn der öffentliche Auftraggeber müsse Ausschreibungen nicht so konzipieren, dass eine Teilnahme für jeden Bieter praktikabel sei.[34] Sofern eine solche Bedingung an die Auftragsausführung gestellt wird, wird die Teilnahme von Unternehmen, die dem Zugriff ausländischer Nachrichtendienste unterliegen, erschwert. **27**

Sofern die Einhaltung des No-Spy-Erlasses verlangt wird, müssen Unternehmen, die in ausländischen Rechtsordnungen dem Zugriff von Nachrichtendiensten unterliegen, besonders sorgsam prüfen, ob sie die Anforderungen an den No-Spy-Erlass erfüllen können. **28**

---

30 Zum No-Spy-Erlass ausführlich *Münch*, ZfBR 2015, 241 ff., krit. *Gabriel/Fritzemeyer/Bärenbrinker*, NVwZ 2015, 13 ff.
31 VK Bund, 24.6.2014 – VK 2-39/14.
32 VK Bund, 24.6.2014 – VK 2-39/14.
33 OLG Düsseldorf, 21.10.2015 – VII-Verg 28/14, Ls. 12.
34 OLG Düsseldorf, 21.10.2015 – VII-Verg 28/14, Ls. 12.

III. Response

1. Cyberbedingter Bruch der Vertraulichkeit beim Bieter

a) Reaktion des Bieters

29 Sofern ein Bieter zum Ziel eines Cyber-Angriffs geworden ist, sollten zunächst die vergaberechtlichen Konsequenzen des Angriffs eingeschätzt werden. Hierfür ist von Bedeutung, welche Unterlagen aus dem Vergabeverfahren vom Angriff betroffen waren und zu welchem Zeitpunkt diese abgeschöpft wurden.

30 Sofern die abgeschöpften Unterlagen bereits sensible Betriebs- und Geschäftsgeheimnisse enthielten oder gar Angebotsdetails offenbaren, ist die **Verfahrensintegrität** des Vergabeverfahrens unmittelbar betroffen. Sollten andere Bieter diese Informationen erhalten, könnten sie diese zur Optimierung ihres Angebots einsetzen. Dadurch würde der **Wettbewerbsgrundsatz** verletzt.

31 Das Vergaberecht enthält keine explizite Regelung, die Bieter dazu verpflichtet, einen entsprechenden Cyber-Angriff der Vergabestelle zu melden. Es besteht aber Einigkeit darüber, dass Vergabeverfahren ein vorvertragliches Schuldverhältnis begründen.[35] Wenn tatsächlich besonders sensible Daten abgeflossen sind, die die Verfahrensintegrität unmittelbar betreffen, wird regelmäßig eine Anzeigepflicht des betroffenen Bieters anzunehmen sein. Sofern zum Schutz der sensiblen Daten keine ausreichenden Vorkehrungen getroffen wurden, liegt eine Pflichtverletzung nahe, die auch zu Schadensersatzforderungen gegen den Bieter führen kann (dazu unten Rn. 42 ff.).

b) Reaktion des öffentlichen Auftraggebers

32 Das Vergaberecht enthält ebenfalls keine explizite Regelung, die öffentliche Auftraggeber dazu verpflichtet, einen beim Bieter erfolgten Cyber-Angriff aufzuklären. Sofern aber Anhaltspunkte dafür bestehen, dass wettbewerbsrelevante Verfahrensinformationen von dem Cyber-Angriff betroffen waren, sollte eine entsprechende Aufklärung erfolgen, um die Verfahrensintegrität zu schützen. Das Aufklärungsverlangen und die Antwort des Bieters sollten in einem Vergabevermerk dokumentiert werden.

---

35 BGH, 10.9.2009 – VII ZR 82/08; ausführlich dazu *Antweiler*, in: Beck'scher Vergaberechtskommentar, Bd. 1, § 181 GWB Rn. 30 ff.

2. Cyberbedingter Bruch der Vertraulichkeit beim öffentlichen Auftraggeber

a) Reaktion des öffentlichen Auftraggebers

Auch ein öffentlicher Auftraggeber, der Opfer eines Cyber-Angriffs geworden ist, muss sich zunächst Klarheit darüber verschaffen, welche Bedeutung die abgeflossenen Unterlagen für das Vergabeverfahren hatten. Dafür ist entscheidend, ob die vertraulichen Informationen in irgendeiner Weise drittschützend wirken konnten. Denn nur dann können sie einen Einfluss auf das Verfahren haben und die Tatsache ihrer Offenbarung könnte womöglich mit allen Bieter zu teilen sein. Eine Rechtsverletzung der Bieter kommt nur in Betracht, wenn ein Verstoß gegen eine bieterschützende Regelung des Vergaberechts vorliegt.[36] **33**

Ergibt sich aus der Aufarbeitung des Vorfalls beispielsweise, dass die Auftragsbeschreibung ungenau oder missverständlich formuliert war und der Profiteur der Cyber-Attacke nun besser als alle anderen Konkurrenten weiß, was die öffentliche Hand tatsächlich beschaffen wollte, stellt das Teilen dieser Erläuterung mit allen Bietern eine geeignete Heilung dieses Verfahrensfehlers dar. Deutlich kritischer wäre ein Fall, in dem ein Angreifer Zugriff auf (vorläufige) Wertungen des öffentlichen Auftraggebers erhält, etwa von indikativen Angeboten oder Unternehmenserklärungen im Rahmen von vorgeschalteten Teilnahmewettbewerben. Hier ist von einer massiven Störung des (Geheim-)Wettbewerbs auszugehen.[37] Dies wird regelmäßig nur dadurch zu heilen sein, dass die Vergabestelle das Vergabeverfahren in sein Ausgangsstadium zurückversetzt. Dies verschafft allen Bietern die Gelegenheit, neue Angebote zu erarbeiten. **34**

Reagiert die öffentliche Hand nicht auf entsprechende Cyber-Attacken und die Erbeutung vertraulicher Unterlagen, muss sie damit rechnen, dass im Nachprüfungsverfahren vor den Vergabekammern erfolgreich gegen sie vorgegangen wird, soweit drittschützende Normen verletzt wurden.[38] **35**

Alternativ ist es auch denkbar, dass ein öffentlicher Auftraggeber nach einer Cyber-Attacke gänzlich von der Beschaffung einer Leistung absieht. Dies beseitigt die entstandenen Verfahrensrisiken, kommt aber nur in Betracht, **36**

---

36 *Knauff*, in: MüKo VergabeR I, § 97 GWB Rn. 404; siehe auch: *Ziekow*, NVwZ 2010, 793, 795.

37 Dazu allgemein *Opitz*, in: Beck'scher Vergaberechtskommentar, Bd. 1, § 124 GWB Rn. 61 ff.

38 Vgl. §§ 156 Abs. 2, 97 Abs. 6 GWB.

wenn der öffentliche Auftraggeber auf die Leistung nicht angewiesen ist und daher gänzlich vom Auftrag Abstand nehmen kann.

37 Öffentliche Auftraggeber können im Grundsatz zu jedem Zeitpunkt von der Vergabe eines Auftrags absehen, denn es besteht kein Kontrahierungszwang, § 63 Abs. 1 Satz 2 VgV.[39] Die Rechtmäßigkeit dieser Entscheidung richtet sich nach den allgemeinen Grundsätzen des Vergaberechts, also dem Wettbewerbsprinzip und dem Transparenzprinzip.[40] § 63 VgV konkretisiert diese Rechtmäßigkeitsanforderungen.[41]

38 § 63 Abs. 1 VgV zählt vier Bedingungen auf, bei deren Vorliegen die Aufhebung des Vergabeverfahrens rechtmäßig ist:

- Es ist kein Angebot eingegangen, das den Bedingungen entspricht.
- Die Grundlage des Vergabeverfahrens hat sich wesentlich geändert.
- Es wurde kein wirtschaftliches Ergebnis erzielt.
- Es bestehen andere schwerwiegende Gründe.

39 Die ersten drei Gründe werden bei einem cyberbedingten Bruch der Vertraulichkeit regelmäßig nicht einschlägig sein. Übrig bleibt der vierte Grund, der einen Auffangtatbestand darstellt; die von ihm umfassten Fälle müssen daher mit den benannten Gründen vergleichbar sein.[42] Aufgrund des Vertrauensschutzes der Bieter, die Aufwendungen für die Angebotserstellung erbracht haben, sind an den Begriff der Aufhebung des Verfahrens aufgrund anderer schwerwiegender Gründe strenge Anforderungen zu stellen.[43] Zur Feststellung der schwerwiegenden Gründe ist eine Interessenabwägung im Einzelfall durchzuführen. Eine Aufhebung ist schon dann unzulässig, wenn ein gleichgeeignetes, milderes Mittel zur Verfügung steht.[44] Die Zurückversetzung des Verfahrens in einen früheren Stand kann im Einzelfall ein milderes Mittel darstellen.

40 Insbesondere die Verletzung des Wettbewerbsprinzips kann einen schwerwiegenden Grund darstellen. Werden etwa aufgrund von Cyber-Eingriffen Teile der wirtschaftlichen Kalkulation oder das gesamte Angebot eines Bieters öffentlich, ist der (Geheim-)Wettbewerb gestört.

---

39 BGH, 20.3.2014 – X ZB 18/13, ZfBR 2014, 607, 610.

40 *Lischka*, in: Müller-Wrede, VgV/UVgO, § 63 VgV Rn. 1.

41 Beinahe gleichlautende Regelungen finden sich in § 37 VSVgV und § 32 KonzVgV, während § 57 SektVO keine speziellen Aufhebungsvoraussetzungen vorsieht.

42 *Voppel*, in: Voppel/Osenbrück/Bubert, VgV, § 63 Rn. 27.

43 OLG Düsseldorf, 19.11.2003 – Verg 59/03, ZfBR 2004, 202, 204.

44 *Lischka*, in: Müller-Wrede, VgV/UVgO, § 63 VgV Rn. 63; OLG Düsseldorf, 19.11.2003 – Verg 59/03, ZfBR 2004, 202, 204 f.

b) Reaktion des Bieters

41 Sofern ein Bieter Kenntnis davon erlangt, dass der öffentliche Auftraggeber in dem Vergabeverfahren, in dem sich der Bieter beteiligt, einem Cyber-Angriff ausgesetzt war, kann er sich über eine Bieterfrage Klarheit darüber verschaffen, ob Unterlagen aus dem Vergabeverfahren von dem Angriff betroffen waren. Dies gilt insbesondere für eigene Unterlagen des Bieters, für die der Vertraulichkeitsschutz des § 5 VgV gilt.

IV. Rechtsfolgen

1. Cyberbedingter Bruch der Vertraulichkeit beim Bieter

a) Ausschluss

42 Ein cyberbedingter Bruch der Vertraulichkeit beim Bieter ist nicht explizit als Ausschlussgrund im Vergaberecht verankert. Der Schutz der eigenen Betriebs- und Geschäftsgeheimnisse liegt zunächst im Eigeninteresse des Bieters. Eine vergaberechtliche Sanktion ist daher nicht vorgesehen. Das Vergaberecht enthält aber die Möglichkeit, Bieter vom Verfahren auszuschließen, die *„im Rahmen der beruflichen Tätigkeit nachweislich eine schwere Verfehlung begangen haben, durch die die Integrität des Unternehmens infrage gestellt wird"* (§ 124 Abs. 1 Nr. 3 GWB). Eine Verfehlung kann in der Verletzung gesetzlicher oder vertraglicher Pflichten bestehen.[45] Sie ist „schwer", wenn sie berechtigte Zweifel an der Integrität des betroffenen Unternehmens hervorruft.[46] Dies ist bei *„Verletzungen der Verpflichtung zu Vertraulichkeit und Sicherheit"* regelmäßig der Fall.[47]

43 Zwar wird nicht jeder cyberbedingte Bruch der Vertraulichkeit beim Bieter zum Ausschluss vom Vergabeverfahren führen. Sofern der öffentliche Auftraggeber etwa durch eine vom Bieter zu unterzeichnende Vertraulichkeitsvereinbarung oder gar eine Einstufung von Vergabeunterlagen als Verschlusssachen zum Ausdruck bringt, dass diese besonders vor dem Zugriff Dritter zu schützen sind, kommt ein Ausschluss des Bieters nach § 124 Abs. 1 Nr. 3 GWB in Betracht. Hierbei wird insbesondere entscheidend sein, ob der Bruch der Vertraulichkeit schuldhaft erfolgte,[48] d. h. ob der Bieter hinreichende Schutzmaßnahen zum Schutz der vertraulichen Dokumente getroffen hat. Die übrigen Bieter haben einen Anspruch darauf, dass ermes-

45 *Pauka*, in: MüKo VergabeR I, § 124 GWB Rn. 13.
46 Vgl. die Gesetzesbegründung in BT-Drs. 18/6281, S. 105.
47 Vgl. die Gesetzesbegründung in BT-Drs. 18/6281, S. 105.
48 *Pauka*, in: MüKo VergabeR I, § 124 GWB Rn. 14.

sensfehlerfrei über den Ausschluss des betroffenen Bieters entschieden wird.[49] Sofern sich das Ermessen des öffentlichen Auftraggebers auf null reduziert, kommt auch ein Anspruch der übrigen Bieter auf Ausschluss des betroffenen Bieters in Betracht.[50]

b) Haftung

44 Sofern ein öffentlicher Auftraggeber die Vertraulichkeit der Vergabeunterlagen über eine Vertraulichkeitsvereinbarung geschützt hat, kann ein cyberbedingter Bruch dieser Vertraulichkeit Schadensersatzansprüche des öffentlichen Auftraggebers zur Folge haben. Entsprechende Vertraulichkeitsvereinbarungen enthalten zudem regelmäßig Vertragsstrafenklauseln, die ebenfalls zum Tragen kommen können.

45 Aber auch ohne eine entsprechende Vertraulichkeitsvereinbarung kann der Vertraulichkeitsbruch eine Verletzung der Pflichten aus dem vorvertraglichen Schuldverhältnis (siehe oben Rn. 31) darstellen, das durch das Vergabeverfahren begründet wird. Dann kommt ein Schadensersatzanspruch aus § 280 Abs. 1 i.V.m. § 311 Abs. 2 i.V.m. § 241 Abs. 2 BGB in Betracht. Im Einzelfall kann es auch zu einer Haftung nach § 826 BGB kommen.

46 Zwischen den Bietern eines Vergabeverfahrens bestehen dagegen keine (vor-)vertraglichen Schuldverhältnisse und auch keine Vertraulichkeitsvereinbarungen, sodass bei einer Schädigung eines anderen Bieters keine (vor-)vertraglichen Schadensersatzansprüche in Betracht kommen.

2. Cyberbedingter Bruch der Vertraulichkeit beim öffentlichen Auftraggeber

a) Neustart des Verfahrens

47 Sofern ein öffentlicher Aufraggeber von einem Cyber-Angriff betroffen ist und dadurch der Geheimwettbewerb verletzt wurde, können die betroffenen Bieter gegen diesen Bruch der Vertraulichkeit vor den Vergabekammern und den Vergabesenaten der Oberlandesgerichte vorgehen.[51] Diese werden dann darüber entscheiden, wie der Geheimwettbewerb im betroffenen Vergabeverfahren wiederhergestellt werden kann. Abhängig vom Inhalt der entwen-

---

49 Zur Ermessenausübung vgl. *Stolz*, in: Ziekow/Völlink, Vergaberecht, § 124 GWB Rn. 23.

50 *Opitz*, in: Beck'scher Vergaberechtskommentar, Bd. 1, § 124 GWB Rn. 11.

51 Vgl. *Mußgung*, in: Müller-Wrede, VgV/UVgO, § 5 VgV Rn. 45 f.

deten Unterlagen und dem Stand des Verfahrens, kann dies dazu führen, dass das Vergabeverfahren in einen früheren Stand zurückversetzt oder gänzlich neu konzipiert werden muss.

b) Haftung

Bieter in einem Vergabeverfahren können bei Verletzung vergaberechtlicher Vorschriften auch Schadensersatz vor den ordentlichen Gerichten einklagen.[52] Entstehen dem Bieter durch einen cyberbedingten Bruch der Vertraulichkeit beim öffentlichen Auftraggeber Schäden, steht ihm möglicherweise ein Schadensersatzanspruch nach § 280 Abs. 1 i.V.m. § 311 Abs. 2 i.V.m. § 241 Abs. 2 BGB zu.[53] **48**

3. Cyberbedingter Bruch der Vertraulichkeit durch einen Bieter

Sofern der öffentliche Auftraggeber Kenntnis davon erlangt, dass ein bestimmter Bieter versucht hat, sich mittels eines Cyber-Angriffs in einer Ausschreibung Vorteile zu verschaffen, wird er versuchen, diesen Bieter vom weiteren Vergabeverfahren auszuschließen. **49**

Zwar wird eine von einem Bieter begangene Cyber-Attacke regelmäßig eine Straftat nach § 202a StGB oder § 202b StGB darstellen. Jedoch erfüllt das Ausspähen vertraulicher Daten mittels Cyber-Attacke keine der in § 123 GWB aufgezählten Katalog(straf-)taten. In Betracht kommt aber ein Ausschluss nach § 124 Abs. 1 Nr. 9 lit. b GWB. Nach dieser Norm kann ein Unternehmen unter Beachtung des Verhältnismäßigkeitsgrundsatzes zu jedem Zeitpunkt des Vergabeverfahrens von der Teilnahme ausgeschlossen werden, wenn es versucht, vertrauliche Informationen zu erhalten, durch die es unzulässige Vorteile beim Vergabeverfahren erlangen könnte. § 5 VgV definiert, was im Vergabeverfahren der Vertraulichkeit unterliegt und somit eine vertrauliche Information im Sinne des § 124 Abs. 1 Nr. 9 lit. b GWB darstellen kann (siehe oben Rn. 5 ff.).[54] Dabei ist unerheblich, von wem die Daten erlangt wurden, d. h. vom Auftraggeber selbst oder von einem Berater, Politiker, Mitbieter oder sonstigem Dritten.[55] Nach der wohl herrschenden Meinung ist es darüber hinaus ebenfalls irrelevant, ob die Kenntnisse mittels ei- **50**

52 *Stockmann*, in: Immenga/Mestmäcker, Bd. 2, § 126 Rn. 25 m. w. N.
53 *Schneider*, in: Kapellmann/Messerschmidt VOB, § 5 VgV Rn. 17.
54 *Stolz*, in: Ziekow/Völlink, Vergaberecht, § 124 GWB Rn. 50.
55 *Opitz*, in: Beck'scher Vergaberechtskommentar, Bd. 1, § 124 GWB Rn. 112.

genes Zutuns erlangt wurden, sofern sie nur im Wettbewerb genutzt werden.[56]

51 Ein Cyber-Angriff gegen einen Mitbieter wird regelmäßig das Ziel verfolgen, die erworbenen Informationen zum Vorteil im Vergabeverfahren zu nutzen. Mittels der Kenntnisse über die Kalkulationsbasis des Mitbieters oder anderem nur schwierig zu erlangendem Sonderwissen versucht das spionierende Unternehmen, den Wettbewerber möglichst knapp zu unterbieten. Dies stellt einen massiven Verstoß gegen Geheimwettbewerb im Vergaberecht dar. Neben § 124 Abs. 1 Nr. 9 lit. b GWB kommt auch ein Ausschluss wegen einer schweren Verfehlung nach § 124 Abs. 1 Nr. 3 GWB in Betracht.[57]

52 Die übrigen Bieter haben einen Anspruch darauf, dass ermessensfehlerfrei über den Ausschluss des betroffenen Bieters entschieden wird (siehe oben Rn. 43). Da ein nachgewiesener Cyber-Angriff auf einen anderen Bieter einen besonders schweren Verstoß im Vergabeverfahren darstellt, wird das Ermessen regelmäßig auf null reduziert sein.

---

56 Vgl. OLG Brandenburg, 6.10.2005 – Verg W 7/05, IBR 2006, 111; OLG Hamburg, 9.7.2010 – 1 Verg 1/10, IBR 2011, 233; VK Bund, 29.12.2006 – VK 2–128/06, IBR 2007, 1107. a. A. *Opitz*, in: Beck'scher Vergaberechtskommentar, Bd. 1, § 124 GWB Rn. 113 m. w. N. in Fn. 336.

57 Ebenso *Stolz*, in: Ziekow/Völlink, Vergaberecht, § 124 GWB Rn. 50 f.

Kapitel 10
Prozessführung und Haftung

Markus Langen, LL.M. (Sydney)/Dr. Dominik Stier

Literatur: *Beucher/Utzerath*, Cybersicherheit – Nationale und internationale Regulierungsinitiativen Folgen für die IT-Compliance und die Haftungsmaßstäbe, MMR 2013, 362; *Erichsen*, Cyber-Risiken und Cyber-Versicherung: Abgrenzung und/oder Ergänzungen zu anderen Versicherungssparten, CCZ 2015, 247; *Haller/Lutz*, Datendiebstahl als neues Prozessrisiko, BB 2014, 1993; *Holleben/Menz*, IT-Risikomanagement – Pflichten der Geschäftsleitung, CR 2010, 63; *Jones*, Having an Affair May Shorten Your Life: The Ashley Madison Suicides, 33 Ga St. U.L. Rev. 455 (2017); *Keßler*, Intelligente Roboter – neue Technologien im Einsatz Voraussetzungen und Rechtsfolgen des Handelns informationstechnischer Systeme, MMR 2017, 589; *Koch*, Updating von Sicherheitssoftware – Haftung und Beweislast Eine Problemskizze zur Verkehrssicherungspflicht zum Einsatz von Antivirenprogrammen, CR 2009, 485; *Mehrbrey/Schreibauer*, Haftungsverhältnisse bei Cyber-Angriffen Ansprüche und Haftungsrisiken von Unternehmen und Organen, MMR 2016, 75; *Neun/Lubitzsch*, Die neue EU-Datenschutz-Grundverordnung – Rechtsschutz und Schadensersatz, BB 2017, 2563; *Raue*, Haftung für unsichere Software, NJW 2017, 1841; *Roos*, Das IT-Sicherheitsgesetz Wegbereiter oder Tropfen auf den heißen Stein?, MMR 2015, 636; *Schulte am Hülse/Kraus*, Das Abgreifen von Zugangsdaten zum Online-Banking Ausgeklügelte technische Angriffsformen und zivilrechtliche Haftungsfragen, MMR 2016, 435; *Spindler*, Haftung der Geschäftsführung für IT-Sachverhalte Die Verantwortung für spezifische IT-Fragen und Compliance bei Datenschutz und IT-Sicherheit mit besonderem Blick auf die Haftung der Organe, CR 2017, 715; *Spindler*, Fortentwicklung der Haftung für Internetanschlüsse Auswirkungen der TMG-Reform und neue Rechtsprechung, GRUR 2018, 16; *Spindler*, IT-Sicherheit und Produkthaftung – Sicherheitslücken, Pflichten der Hersteller und der Softwarenutzer, NJW 2001, 3145; *Thalhofer*, Recht an Daten in der Smart Factory, GRUR-Prax 2017, 225; *Trappehl/Schmidl*, Arbeitsrechtliche Konsequenzen von IT-Sicherheitsverstößen, NZA 2009, 985; *Wolf*, Schuldnerhaftung bei Automatenversagen, JuS 1989, 899; *Wybitul*, DS-GVO veröffentlicht – Was sind die neuen Anforderungen an die Unternehmen?, ZD 2016, 253; *Wybitul/Heß/Albrecht*, Abwehr von Schadensersatzansprüchen nach der Datenschutz-Grundverordnung, NJW 2018, 113; *Zahrte*, Angriffe auf das Onlinebanking im Jahr 2016 – Zugleich eine Besprechung von LG Köln (Az. 30 O 330/14) und OLG Köln (Az. U 223/15) in diesem Heft, BKR 2016, 315.

Übersicht

I. Einleitung

1 Haftungsprozesse aufgrund von Cyber-Security-Incidents sind als ein in Deutschland noch neues Phänomen zu betrachten. Obwohl die Cyber-Security vermehrt im Fokus der Öffentlichkeit steht und sich die Anzahl der öffentlich gewordenen Cyber-Security-Incidents drastisch erhöht, ist die zivilrechtliche Haftung von Unternehmen wegen der Folgen eines Cyber-Security-Incidents, soweit ersichtlich, in Deutschland noch nicht Gegenstand eines zivilrechtlichen Verfahrens gewesen. Aufgrund zunehmender Technisierung und Digitalisierung und der damit weiterwachsenden Gefahren für die Unternehmen ist jedoch zu erwarten, dass es künftig derartige zivilgerichtliche Verfahren geben wird. Dies gilt insbesondere vor dem Hintergrund, dass die ab dem 25.5.2018 geltende DSGVO den Rechtsschutz gegen begangene Datenschutzverletzungen wesentlich erleichtert.

Anders als in Deutschland waren in den USA Cyber-Security-Incidents bereits Gegenstand zahlreicher zivilrechtlicher Gerichtsverfahren gegen die von dem Vorfall betroffenen Unternehmen. **2**

Die folgende Abhandlung rückt daher zunächst die bisherigen Fälle von Cyber-Security-Litigation in den USA in den Fokus (siehe Rn. 4 ff.). Auf den aus den USA gewonnenen Erkenntnissen aufbauend, werden im Anschluss Haftungskonstellationen nach deutschem Recht erläutert, wobei der Schwerpunkt in der Haftung des von einem Cyber-Security-Incident betroffenen Unternehmens liegt (siehe Rn. 21 ff.). Es folgen Ausführungen zur Haftung der Geschäftsleiter (siehe Rn. 38 f.), zur internationalen Zuständigkeit der Gerichte (siehe Rn. 40 ff.), zum anwendbaren materiellen Recht (siehe Rn. 45 ff.) sowie abschließend zu dem für das Thema Cyber-Security-Litigation wichtigen Aspekt der kollektiven Rechtsverfolgung (siehe Rn. 48 ff.). **3**

II. Rechtsvergleichender Überblick – Litigation-Trends in den USA

In den USA gab es in jüngerer Vergangenheit zahlreiche zivilrechtliche Rechtsstreitigkeiten wegen Cyber-Security-Incidents aufgrund von Hackerangriffen. Die aus den dortigen Rechtsstreitigkeiten gewonnen Erkenntnisse können in vielerlei Hinsicht auch für Cyber-Security-Litigation in Deutschland relevant werden. **4**

In den USA führen öffentlich gewordene Datendiebstähle unweigerlich zu Rechtsstreitigkeiten, denen das von dem Datendiebstahl betroffene Unternehmen, Board Members und weitere Führungskräfte aus verschiedenen Richtungen, nämlich insbesondere in Form von **Consumer Class Actions**, **Securities Class Actions** und **Shareholder Derivative Lawsuits**, ausgesetzt sind. Entgegen der allgemeinen Erwartungshaltung waren diese Rechtsstreitigkeiten bislang häufig erfolglos, insbesondere dann, wenn keine relevanten Informationen, wie bspw. Kreditkartendetails, entwendet wurden und auch sonst kein finanzieller Schaden, bspw. in Form von Aktienkursverlusten, eingetreten ist. Die rechtliche und wirtschaftliche Bedeutung von US-Rechtsstreitigkeiten im Zusammenhang mit Hackerangriffen zeigt sich anhand einiger Präzedenzfälle. Fraglich ist, ob und welche Schlussfolgerungen sich anhand dieser für Deutschland ableiten lassen. **5**

1. Target – Der Wendepunkt

6 Auch wenn es bereits in den Jahren zuvor spektakuläre Datendiebstählen durch Hackerangriffe gab,[1] war der im Jahr 2013 gegen Target gerichtete Hackerangriff aus verschiedenen Gründen bis dahin der wohl bekannteste Fall eines Datendiebstahls bei einem börsennotierten Unternehmen in den USA. Im Dezember 2013 gab Target, eine der größten Einzelhandelsketten der USA, bekannt, dass Computerhacker über einen Zeitraum von mehr als drei Wochen während der umsatzstarken Thanksgiving- und Weihnachtszeit die persönlichen Daten von über 110 Mio. Kunden stehlen konnten. Bei ca. 40 Mio. Kunden wurden zudem Kredit- und Debitkarteninformationen inklusive der PIN, des Kartenablaufdatums und des Kartensicherheitscodes entwendet. Nachdem Kundennamen nebst den Kredit- oder Debitkarteninformationen auf dem Schwarzmarkt zum Kauf angeboten wurden, informierten Kreditkartenunternehmen und Banken ihre Kunden und tauschten die betroffenen Karten teilweise aus.

7 In den USA wird regelmäßig darauf verwiesen, dass der Hackerangriff auf Target ein Wendepunkt war, weil er amerikanischen Unternehmen vor Augen führte, dass Cyber-Security nicht nur eine Aufgabe für die IT-Abteilung ist, sondern oberste Priorität für die Board Member haben muss. Der Diebstahl zog nicht nur den Ruf des Unternehmens in Mitleidenschaft und führte zur Entlassung des Chief Executive Officers und des Chief Technology Officers. Überdies hatte der Hackerangriff erhebliche finanzielle Auswirkungen für Target. Kurze Zeit nach der Veröffentlichung des Hackerangriffs folgten **Einzelklagen und Class Actions von Verbrauchern und Finanzinstituten**. Insgesamt musste Target zur Beilegung der Streitigkeiten 290 Mio. USD aufwenden. In einem gerichtlichen Vergleich mit dem Kartenherausgeber Visa Inc. zahlte Target 67 Mio. USD. Zur Beilegung einer Class Action von Finanzinstituten zahlte Target 20,25 Mio. USD an amerikanische Banken und Kreditgenossenschaften sowie 19,11 Mio. USD an MasterCard Inc. 10 Mio. USD musste Target zur Beilegung einer Class Action seiner Kunden aufwenden.[2] Die Ermittlungen von 47 Attorney Generals auf der Ebene der Bundesstaaten beendet Target gegen Zahlung von 18,5 Mio. USD und die Verpflichtung, zukünftig umfangreiche Maßnahmen zur Sicherung von Da-

1 Bspw. betraf der Datendiebstahl bei Heartland Payment Systems im Jahr 2009 ca. 130 Mio. Karteninhaber, https://www.privacyrights.org/data-breaches?title=Heartland&=Search+Data+Breaches (zuletzt abgerufen: 20.2.2019).

2 Target in $39.4 million settlement with banks over data breach, https://www.reuters.com/article/us-target-breach-settlement/target-in-39-4-million-settlement-with-banks-over-data-breach-idUSKBN0TL20Y20151203 (zuletzt abgerufen: 20.2.2019).

ten umzusetzen.[3] Die vereinbarten Maßnahmen stellten nach Ansicht eines Attorney Generals einen neuen Industriestandard für den Umgang mit Cyber-Security-Risiken dar.[4]

Von verschiedenen Target-Aktionären wurden zudem sog. **Shareholder Derivative Lawsuits** gegen Target erhoben. Die Aktionäre behaupteten, dass das Board of Directors und weitere Top-Führungskräfte von Target das Unternehmen finanziell geschädigt hätten, weil sie keine angemessenen Maßnahmen zur Verhinderung des Hackerangriffs unternommen und den Kunden anschließend unvollständige und irreführende Informationen über das Ausmaß des Datendiebstahls gegeben hätten. Aus diesem Grund sollte Target gegen Board Members und weitere Topführungskräfte vorgehen. Die verschiedenen Einzelklagen wurden in der Folgezeit zu einer Class Action zusammengefasst. Allerdings wies das US-Bezirksgericht in Minnesota die Klage auf Empfehlung[5] eines vom Board of Directors der Target Corp. ernannten Special Litigation Committees ab.[6] 8

2. Ashley Madison – „Christmas in September"?

Im Jahr 2015 hackte eine Gruppe namens „The Impact Team" das in Toronto ansässige Unternehmen Avid Life Media (ALM). Zu ALM gehörte auch „Ashley Madison", eine Website für „Seitensprünge".[7] Die Hacker stahlen ca. 40 Mio. Datensätze, darunter persönliche Daten der rund 37 Mio. Nutzer. Obwohl ein Anwalt den Hackerangriff als „Christmas in September" für die Branche bezeichnete, nachdem die Namen der 37 Mio. Mitglieder in einer Reihe von Leaks veröffentlicht worden waren, blieben die finanziellen Auswirkungen der von Mitgliedern eingereichten Sammelklagen überschaubar. Bis Ende 2015 wurden in den USA etwa ein Dutzend Sammelklagen gegen ALM eingereicht. ALM wurden unter anderem Vertragspflichtverletzungen wegen der unterlassenen Löschung von Benutzerkonten, Fahrlässigkeit bei 9

3 Assurance of Voluntary Compliance, http://www.illinoisattorneygeneral.gov/pressroom/2017_05/17-AVC-0008TargetCorporation.pdf (zuletzt abgerufen: 20.2.2019).

4 Attorney General Madigan announces $18.5 million settlement with target over data breach, http://www.illinoisattorneygeneral.gov/pressroom/2017_05/20170523b.html (zuletzt abgerufen: 20.2.2019).

5 https://www.mintz.com/sites/default/files/viewpoints/orig/6/2016/07/Target-SLC-brief.pdf (zuletzt abgerufen: 20.2.2019).

6 Mary Davis et al. v. Gregg W. Steinhafel et al., Lead Case No. 14-cv-203 (PAM/JJK).

7 Siehe https://www.privacyrights.org/data-breaches?title=Ashley+Madison&=Search+Data+Breaches (zuletzt abgerufen: 20.2.2019); Online Cheating Site Ashley Madison Hacked, https://krebsonsecurity.com/2015/07/online-cheating-site-ashleymadison-hacked/ (zuletzt abgerufen: 20.2.2019).

der Vermeidung des Hackerangriffs und Verstöße gegen Datenschutz- und andere Gesetze vorgeworfen. Am Ende zahlte ALM durch den Abschluss eines Vergleichs 11,2 Mio. USD.[8] Jeder der 37 Mio. Nutzer erhielt bei rechtzeitigem Antrag bis zu 3.500 USD. *Layn Phillips*, ein ehemaliger Bundesrichter, der die Einigung vermittelte, verwies darauf, dass der Vergleich angemessen sei, da einer erfolgreichen Sammelklage der Mitglieder „viele Hindernisse" entgegenstanden.

3. Yahoo – First data breach related securities class action

10 Ab Dezember 2016 teilte Yahoo in mehreren Schritten mit, dass alle 3 Mrd. Nutzerkonten von dem wohl größten Datendiebstahl der Geschichte betroffen sind und von ca. 500 Mio. Kunden neben den Login-Daten unter anderem auch Geburtsdaten und Telefonnummern gestohlen wurden.[9]

11 Im Januar und April 2017 reichten mehrere Investoren sog. **Securities Class Actions** nach dem Securities Exchange Act ein. Sie warfen Yahoo vor, den Hackerangriff nicht rechtzeitig offengelegt zu haben. Sie hätten daher in Unkenntnis des Hackerangriffs Aktien gekauft und Geld verloren, als der Aktienwert nach den Offenlegungen des Unternehmens deutlich einbrach. Nachdem die Klagen zusammengeführt worden waren, reichten die Investoren gemeinsam im Juni 2017 eine geänderte Klage ein und beschuldigten Yahoo, es „schamlos" versäumt zu haben, den größten Datendiebstahl in der US-Geschichte rechtzeitig offengelegt zu haben. Am 2.3.2018 stimmte Yahoo zur Beendigung der Securities Class Action einem Vergleichsvorschlag zu, im Rahmen dessen Yahoo 80 Mio. USD an betroffene Investoren zahlen muss.

12 Soweit ersichtlich, handelt es sich um die erste „erfolgreiche" Securities Class Action von Investoren unter dem Securities Exchange Act von 1934, die mit der versäumten Offenlegung eines Hackerangriffs begründet und zu einer erheblichen Zahlungspflicht des börsennotierten Unternehmens führte.

Hinsichtlich einer weiteren Class Action der betroffenen Nutzer einigte sich Yahoo am 9.4.2019 vor dem US District Court for the Northern District of California auf eine Vergleichssumme in Höhe von 117,5 Mio. USD.

---

8 Ashley Madison parent in $11.2 million settlement over data breach, https://www.reuters.com/article/us-ashleymadison-settlement/ashley-madison-parent-in-11-2-million-settlement-over-data-breach-idUSKBN19Z2F0 (zuletzt abgerufen: 20.2.2019).

9 Yahoo Says Hackers Stole Data on 500 Million Users in 2014, https://www.nytimes.com/2016/09/23/technology/yahoo-hackers.html (zuletzt abgerufen: 20.2.2019).

Die erforderliche Zustimmung des Gerichts stand bei Redaktionsschluss noch aus.[10]

4. Equifax – Avalanche of Litigation

Am 7.9.2017 musste Equifax, eine der drei größten Kreditauskunfteien des Landes, mitteilen, dass Hacker Zugang zu ihren 143 Mio. US-Kundendaten erlangen konnten.[11] Die von den Hackern erlangten Informationen umfassten Namen, Sozialversicherungsnummern, Geburtsdaten, Adressen und in einigen Fällen Führerscheinnummern. Die Kreditkartennummern von ungefähr 209.000 US-Verbrauchern wurden ebenfalls entwendet. In der Pressemitteilung des Unternehmens heißt es, dass Kriminelle in der Zeit von Mitte Mai bis Juli 2017 eine Sicherheitslücke in den USA ausgenutzt hatten, um Zugang zu Kundeninformationen zu erhalten. Das Unternehmen entdeckte den Hackerangriff bereits am 29.7.2017. Am Tag der Offenlegung des Hackerangriffs berichtete Bloomberg, dass sich aus den bei der Security and Exchange Commission (SEC) hinterlegten Unterlagen ergibt, dass mehrere Führungskräfte, unter anderem Chief Financial Officer, am 1.8.2017 Aktien des Unternehmens verkauft hatten. Equifax erklärte später, dass keiner der Führungskräfte zum Zeitpunkt des Verkaufs ihrer Anteile Kenntnis von dem Hackerangriff hatte.[12] **13**

Am 11.9.2017 meldete USA Today,[13] dass bereits mindestens 23 Sammelklagen eingereicht worden seien. Bis zum 22.11.2017 stieg die Zahl der Sammelklagen von Verbrauchern, Banken und Unternehmen auf 240; bis zum 3.4.2018 erhöhte sich die Anzahl auf 371.[14] **14**

Neben der schieren Anzahl der Sammelklagen, die innerhalb von sieben Monaten nach der Veröffentlichung des Hackerangriffs eingereicht wurden, **15**

---

10 https://arstechnica.com/tech-policy/2019/04/yahoo-tries-to-settle-3-billion-account-data-breach-with-118-million-payout/ (zuletzt abgerufen: 20.2.2019).

11 Equifax Releases Details on Cybersecurity Incident, Announces Personnel Changes, https://investor.equifax.com/news-and-events/news/2017/09-15-2017-224018832 (zuletzt abgerufen: 20.2.2019).

12 Three Equifax Managers Sold Stock Before Cyber Hack Revealed, https://www.bloomberg.com/news/articles/2017-09-07/three-equifax-executives-sold-stock-before-revealing-cyber-hack (zuletzt abgerufen: 20.2.2019).

13 Equifax hit with at least 23 class-action lawsuits over massive cyberbreach, https://www.usatoday.com/story/money/2017/09/11/equifax-hit-least-23-class-action-lawsuits-over-massive-cyberbreach/653909001/(zuletzt abgerufen: 20.2.2019).

14 Federal Judge Considers Ways To Combine Equifax Class-Action Complaints, https://www.wabe.org/federal-judge-considers-ways-combine-equifax-class-action-complaints (zuletzt abgerufen: 20.2.2019).

sind zwei davon besonders hervorzuheben. So vereinigt die am 10.11.2017 eingereichte Sammelklage Allen et al v. Equifax[15] Dutzende von Klägern aus allen 50 Bundesstaaten sowie Washington DC und ist damit eine der in den USA seltenen „National" bzw. „50-state" Class Actions.[16] Die wirtschaftliche Bedeutung einer „National Class Action" ist insofern enorm, als sich ihr im Ergebnis alle Bürger der USA, deren persönliche Daten durch den Hackerangriff auf Equifax betroffen sind, anschließen können. In der Securities Class Action Kuhns v. Equifax Inc., et al.[17] verklagt der Aktionär Kuhns im Namen aller Aktionäre, die zwischen dem 25.2.2016 und dem 7.9.2017 die öffentlich gehandelten Aktien erworben haben, Equifax und zwei Führungskräfte wegen Verstößen gegen Bundeswertpapiergesetze. Im Hinblick auf Equifax wird gerügt, dass Equifax falsche und/oder irreführende Aussagen machte und/oder es unterlassen hat zu veröffentlichen, dass (1) das Unternehmen keine angemessenen Maßnahmen zum Schutz seiner Datensysteme ergriff; (2) das Unternehmen keine angemessenen Überwachungssysteme zur Erkennung von Sicherheitsverletzungen unterhielt; (3) das Unternehmen keine angemessenen Sicherheitssysteme, Kontrollen und Überwachungssysteme unterhielt; und (4) aus diesem Grund die Finanzberichte der Gesellschaft falsch und irreführend waren. Im Hinblick auf die mitverklagten Führungskräfte wird der Vorwurf des Insider Tradings erhoben.[18]

5. Zusammenfassende Würdigung und Schlussfolgerung für Deutschland

a) Consumer Litigation

16 Trotz einiger spektakulärer Fälle scheint das Risiko, dass ein Unternehmen in den USA nach einer Datenverletzung mit einer erfolgreichen Sammelklage von Verbrauchern konfrontiert wird, weiterhin relativ gering. Dies dürfte den zahlreichen rechtlichen Schwierigkeiten geschuldet sein, die mit einer

---

15 Siehe https://www.classaction.org/media/allen-et-al-v-equifax-inc.pdf (zuletzt abgerufen: 20.2.2019).

16 Data breach at Equifax prompts a national class-action suit, https://www.washingtonpost.com/realestate/data-breach-at-equifax-prompts-a-national-class-action-suit/2017/11/20/28654778-ce19-11e7-a1a3-0d1e45a6de3d_story.html?utm_term=.3e268c74387e (zuletzt abgerufen: 20.2.2019).

17 Siehe http://securities.stanford.edu/filings-documents/1063/EI00_15/201798_f01c_17CV03463.pdf (zuletzt abgerufen: 20.2.2019).

18 Siehe http://securities.stanford.edu/filings-documents/1063/EI00_15/201798_f01c_17CV03463.pdf (zuletzt abgerufen: 20.2.2019).

Sammelklage bei Datendiebstählen verbunden sind. Verbraucher, die von Datenverstößen betroffen sind, nutzen die Sammelklage in der Regel deshalb, weil der erwartete Schaden für eine Person sehr gering ist. Allerdings sind Sammelklagen wegen Datendiebstählen „**notorisch erfolglos**".[19] Viele Gerichte sind der Ansicht, dass Sammelkläger, die von einem Datendiebstahl betroffen sind, in der Regel nicht das von Verfassungswegen rechtlich erforderliche sog. „**injury-in-fact element**" erfüllen. Gemeint ist, dass die Kläger eine hinreichende Schädigung erlitten haben müssen, die „konkret und partikularisiert" und „tatsächlich oder unmittelbar" und nicht „mutmaßlich oder hypothetisch" sein muss. Selbst wenn Kläger einer Sammelklage die verfassungsrechtliche Schwelle des „injury-in-fact element" überwinden und damit das für eine Sammelklage notwendige „constitutional standing" haben, scheitern Sammelklagen regelmäßig daran, dass der für den Deliktsanspruch notwendige vermögensrechtliche Schaden nicht dargelegt werden kann. Die erheblichen rechtlichen Schwierigkeiten schlagen sich auch in den bisher vereinbarten Vergleichsbeträgen nieder. So musste Target für die Erledigung der Sammelklagen der Verbraucher lediglich 11 Mio. USD zahlen. Diesem Betrag standen 70 Mio. betroffene Kunden gegenüber. Die ca. 290 Sammelklagen im Zusammenhang mit dem Diebstahl der Daten von 130 Mio. Konten der Heartland Payment Systems, Inc.[20] wurden gegen eine Zahlung von Heartland in Höhe von 1 Mio. USD beendet. Und ALM zahlte für den Diebstahl der Nutzerdaten 11,2 Mio. USD für die 37 Mio. betroffenen Aschley Madison Kunden.[21]

b) Financial Institution Litigation

Anders ist die Situation dann, wenn die Hacker Kredit- oder Debitkarteninformationen entwenden. Diese Hackerangriffe bspw. auf Händler wie Target führen in den USA in der Regel zu Klagen und Sammelklagen von Finanzinstituten. Nach dem Datendiebstahl behauptete die ausstellende Bank, dass sie Verluste erlitten habe, weil sie zum einen betrügerische Transaktionen erstatten und zum anderen neue Kredit- oder Debitkarteninformationen an die betroffenen Kunden ausgeben musste. Die hieraus entstehenden Schäden sind erheblich, wie bspw. die Vergleiche, die Target mit Visa Inc. **17**

---

19 *Jones*, Having an Affair May Shorten Your Life: The Ashely Madison Suicides, 33 Ga St. U.L. Rev. 455 (2017), 462.

20 Heartland Payment Systems, Inc. Customer Data Security Breach Litigation, 851 F. Supp.2d 1040, 1048 (S.D. Tex. 2012).

21 Ashley Madison parent in $11.2 million settlement over data breach, https://www.reuters.com/article/us-ashleymadison-settlement/ashley-madison-parent-in-11-2-million-settlement-over-data-breach-idUSKBN19Z2F0 (zuletzt abgerufen: 20.2.2019).

(67 Mio. USD), MasterCard Inc. (19,11 Mio. USD) und weiteren Finanzinstituten (20,25 Mio. USD) schloss, zeigen.

c) Securities Litigation

18 Securities Class Actions waren bisher bei Hackerangriffen eher die Ausnahme. Der zunehmende Fokus auf Cyber-Sicherheit und die aktuellen Entwicklungen bei den bisherigen Fällen dürften allerdings zu einem rasanten Anstieg der Fallzahlen führen. Zudem haben die Vergleiche in Sachen Yahoo gezeigt, dass die Klagen zu hohen Vergleichszahlungen führen können. Zu beachten ist auch, dass die SEC am 26.2.2018 ihr „Commission Statement and Guidance on Public Company Cybersecurity Disclosures" veröffentlichte.[22] Die SEC betont, wie wichtig es ist, umfassende Richtlinien und Verfahren in Bezug auf Cyber-Sicherheitsrisiken und -vorfälle vorzuhalten. Unternehmen müssen angemessene und wirksame Offenlegungskontrollen und -verfahren einrichten und aufrechterhalten, die es ihnen ermöglichen, wesentliche Ereignisse, einschließlich solcher im Zusammenhang mit Cyber-Sicherheit, genau und zeitnah zu veröffentlichen. Solche robusten Offenlegungskontrollen und -verfahren unterstützen Unternehmen bei der Erfüllung ihrer Offenlegungspflichten nach den Bundeswertpapiergesetzen. Ferner weist die SEC die Unternehmen und deren Vorstände, leitende Angestellte und andere Insider an, sich auch im Zusammenhang mit Cyber-Sicherheitsrisiken an die geltenden Insiderhandelsverbote im Rahmen der allgemeinen Betrugsbekämpfungsbestimmungen der Bundeswertpapiergesetze zu halten.[23]

d) Directors & Officers Litigation

19 Mithilfe der „**Shareholder Derivative Lawsuits**" nahmen Aktionäre auch vermehrt die Geschäftsleiter von Unternehmen in Haftung. In keinem bislang bekannten Fall führte dies jedoch zu einem signifikanten Erfolg für die Kläger. Im Fall von Target wurde die Klage abgewiesen. Im Fall von Home Depot wies das erstinstanzliche Gericht die Klage gegen die Geschäftsleiter ab. Das Gericht konnte keine Verletzung der „Duty of Loyality" des „Boards" erkennen. Erforderlich war nach dem für Home Depot maßgeblichen Recht des Bundesstaates Delaware eine wissentliche und vollständige Nichtwahrnehmung der Verantwortlichkeiten des „Boards". Diese durchaus

---

22 Siehe https://www.sec.gov/rules/interp/2018/33-10459.pdf (zuletzt abgerufen: 20.2.2019).

23 Siehe https://www.sec.gov/rules/interp/2018/33-10459.pdf, S. 6 ff. (zuletzt abgerufen: 20.2.2019).

hohen Anforderungen sah das Gericht als nicht gegeben an.[24] In der zweiten Instanz schlossen die Parteien einen Vergleich, der für die Kläger eine Summe von 1,125 Mio. USD der angefallenen Anwaltskosten abdeckte.[25] Weitere Verfahren laufen derzeit noch.

e) Schlussfolgerungen für Deutschland

Die in den USA bekannt gewordenen Fälle zeigen, dass grundsätzlich ein Interesse vorhanden ist, Unternehmen und Geschäftsleiter im Zusammenhang mit Cyber-Security-Incidents in Anspruch zu nehmen. Auch wenn die Verfahren bislang alles andere als durchschlagend erfolgreich waren, dürfte ein ansteigendes Bewusstsein für Cyber-Security für zunehmendes strengere Sorgfaltsanforderungen von Unternehmen und Geschäftsleitern in den USA wie in Deutschland führen. Dies dürfte nicht zuletzt daran liegen, dass die Abwehr von Klagen erhebliche Kosten entstehen lässt und anderweitig benötigte Ressourcen des Unternehmens bündelt. **20**

III. Zivilrechtliche Haftungsrisiken für das Unternehmen in Deutschland

Wie bereits eingangs erwähnt, sind zivilrechtliche Haftungsverfahren wegen der Folgen von Cyber-Security-Incidents zukünftig auch vor deutschen Gerichten zu erwarten. Wie die aus den USA gewonnenen Erkenntnisse zeigen, wird ein Cyber-Security-Incident im Wesentlichen die Frage aufwerfen, inwiefern das hiervon betroffene Unternehmen wegen der Verletzung von Sorgfalts- und Überwachungspflichten haftet. In Betracht kommen insoweit vertragliche (siehe hierzu Rn. 22ff.) sowie deliktische Haftungsansprüche (siehe unten Rn. 30ff.) gegen das betroffene Unternehmen. **21**

1. Vertragliche Ansprüche

a) Schadensersatz wegen Verletzung vertraglicher Primärleistungspflichten

Ein Cyber-Incident kann sich auf die Fähigkeit des betroffenen Unternehmens auswirken, seine vertraglich geschuldeten Leistungen gegenüber Vertragspartnern zu erbringen. Bei einer Beeinträchtigung der Produktions- **22**

---

24 In re Home Depot Shareholder Derivative Litigation, 223 F. Supp. 3d 1317 (N.D. Ga. 2016).

25 Zum Fall von „Home Depot“: Home Depot Settles Data Breach-Related Derivative Lawsuit, https://www.dandodiary.com/2017/05/articles/cyber-liability/home-depot-settles-data-breach-related-derivative-lawsuit/ (zuletzt abgerufen: 20.2.2019).

steuerung des Unternehmens durch einen Cyber-Angriff ist denkbar, dass Lieferpflichten gegenüber dem Vertragspartner nicht mehr erfüllt werden können.[26] Somit ergeben sich zivilrechtliche Schadensersatzansprüche bei Nichterfüllung aus § 281 BGB oder im Falle dauerhafter Unmöglichkeit aus § 283 BGB. Das Verschulden des betroffenen Unternehmens wird vermutet (§ 280 Abs. 1 Satz 2 BGB). Ein Schuldner, welcher sich zur Erfüllung seiner Verpflichtung eines IT-Systems bedient, haftet für eigenes Verschulden hinsichtlich des ordnungsgemäßen Betriebs und der Wartung.[27] Die Anwendung von § 278 BGB analog auf ein IT-System als „Erfüllungsgehilfen" wird teilweise vertreten, hat sich aber bislang noch nicht durchgesetzt.[28] Im Falle eines Cyber-Angriffs ist ferner denkbar, dass das angegriffene Unternehmen unbemerkt ein mangelhaftes Produkt herstellt oder vertreibt. In diesen Fällen kommen aus vertraglicher Sicht, Sach- oder Werkmängelhaftungsansprüche gemäß §§ 434 ff., 634 ff. BGB gegen das vom Cyber-Angriff betroffene Unternehmen in Betracht.[29]

b) Schadensersatz wegen Verletzung vertraglicher Nebenpflichten

23 Werden durch einen Cyber-Incident die Daten des Vertragspartners beeinträchtigt, offengelegt oder sonstige Rechtsgüter oder Interessen verletzt, kann dies zu einer Haftung des angegriffenen Unternehmens gegenüber dem Vertragspartner wegen Verletzung einer vertraglichen Nebenpflicht als Schutzpflicht gemäß §§ 280 Abs. 1, 241 Abs. 2 BGB führen. Bestehen **Verkehrssicherungspflichten** gegenüber einem Vertragspartner, begründet dies zugleich eine vertragliche Schutzpflicht i. S. v. § 241 Abs. 2 BGB.[30] Eine Verkehrssicherungspflicht wird hinsichtlich der Unterhaltung eines IT-Systems im Grundsatz bejaht.[31] Die Konkretisierung der durch eine Verkehrssicherungspflicht geschuldeten Verhaltenspflichten erfolgt nach Maßgabe der Sicherheitserwartungen der Verkehrskreise und der Zumutbarkeit der Gefahrenvermeidung.[32] Im Bereich der IT-Sicherheit werden die ISO-Normen oder das IT-Grundschutz-Kompendium des Bundesamts für Sicherheit in

---

26 *Mehrbrey/Schreibauer*, MMR 2016, 75, 80.

27 *Keßler*, MMR 2017, 589, 592; *Grüneberg*, in: Palandt, § 278 BGB Rn. 11; *Grundmann*, in: MüKo BGB, § 278 Rn. 46.

28 *Wolf*, Jus 1989, 901; für den intelligenten Roboter: *Keßler*, MMR 2017, 589, 592 m. w. N.; a. A. *Grüneberg*, in: Palandt, § 278 BGB Rn. 11; ebenso *Grundmann*, in: MüKo BGB, § 278 Rn. 46.

29 *Mehrbrey/Schreibauer*, MMR 2016, 75, 80.

30 Siehe nur BGH, 14.3.2013, NJW 2013, 3366.

31 *Raue*, NJW 2017, 1841, 1842; *Koch*, CR 2009, 485, 486; so auch *Spindler*, BSI-Gutachten 2007, Rn. 281 ff., 375 ff.

32 *Spindler*, BSI-Gutachten 2007, Rn. 376.

der Informationstechnik als Erwartungsmaßstab der Verkehrskreise für zumutbare Vorkehrungen herangezogen.[33] Als allgemein und auch für kleine Unternehmen verpflichtend gelten der Einsatz eines regelmäßig aktualisierten Virenscanners sowie der Einsatz einer Firewall und das Einspielen von System-Updates.[34] Für Unternehmen mit größeren Netzwerken werden darüber hinausgehend Nutzerkonten mit eingeschränkten Zugriffsrechten, Intrusion-Detection-Systeme sowie Malware-Entfernungsprogramme für erforderlich gehalten.[35] Besondere Anforderungen gelten für Betreiber Kritischer Infrastrukturen gemäß § 8a BSIG, Energieversorgungsnetzbetreiber gemäß § 11 Abs. 1a bis 1c EnWG, Telekommunikationsunternehmen gemäß §§ 109, 109a TKG,[36] Anbieter digitaler Dienste gemäß § 8c BSIG sowie Banken nach § 25a KWG.[37] Entscheidungen der Rechtsprechung zu Bestehen und Umfang von IT-Sicherungspflichten sind bislang hauptsächlich im Hinblick auf private IT-Nutzer ergangen[38] und lassen sich nicht vorbehaltslos auf Unternehmen übertragen.[39] Vorsätzlich begangene Taten schließen eine Verkehrssicherungspflicht nicht aus,[40] sodass die sich aus absichtlichen Hackerangriffen ergebenden Gefahren ebenso im Rahmen einer Verkehrssicherungspflicht zu berücksichtigen sind.[41] Problematisch für den geschädigten Vertragspartner ist, dass er grundsätzlich alle Umstände darzulegen und zu beweisen hat, aus denen sich die Verletzung der Verkehrssicherungspflicht ergibt.[42] Insoweit wird jedoch vom betroffenen Unternehmen nach den Grundsätzen der sekundären Darlegungslast[43] ein qualifizierter Vortrag über die Schadensentstehung zu fordern sein, wenn die Daten sich in seinem Zugriffsbereich befanden. Das Verschulden des von einem Cyber-Incident betroffenen Unternehmens wird im Rahmen der vertraglichen Haftung gemäß § 280 Abs. 1 Satz 2 BGB widerlegbar vermutet. Als Rechtsfolge kommt allein der Ersatz des materiellen Schadens gemäß §§ 249 ff. BGB in Be-

---

33 *Beucher/Utzerath*, MMR 2013, 362, 368.

34 *Raue*, NJW 2017, 1841, 1842; *Spindler*, BSI-Gutachten 2007, Rn. 384 ff.

35 *Spindler*, BSI-Gutachten 2007, Rn. 395 ff.

36 *Roos*, MMR 2015, 636, 642.

37 *Beucher/Utzerath*, MMR 2013, 362, 365.

38 BGH, 4.3.2004, NJW 2004, 1590: Keine Pflicht zu Vorkehrungsmaßnahmen bei heimlich installiertem „Dialer"; im Anschluss daran LG Stralsund, 22.2.2006 – 1 S 237/05: Übertragbarkeit des BGH-Urteils auf „Backdoor-Trojaner"; vgl. auch LG Köln, 21.7.1999 – 20 S 5-99, NJW 1999, 3206: Keine Haftung für Schäden wegen eines mittels Diskette übertragenen Computervirus.

39 In diesem Sinne bereits *Spindler*, BSI-Gutachten 2007, 286 ff., 378 ff.

40 *Sprau*, in: Palandt, § 823 BGB Rn. 51.

41 *Spindler*, NJW 2004, 3145, 3146.

42 BGH, 18.9.2009, NJW 2009, 3787, 3790; BGH, 14.3.1985, BeckRS 1985, 30388417.

43 Vgl. *Greger*, in: Zöller, ZPO, vor § 284 Rn. 34 ff.

tracht, da es sich bei gespeicherten Daten nicht um Rechtsgüter im Sinne von § 253 Abs. 2 BGB handelt.

c) Haftung von Banken bei Überweisungen im Online-Banking

24 Das Online-Banking ist seit seinem Bestehen vom Diebstahl digitaler Identitäten betroffen. Täter versuchen mit Hilfe manipulierter Browserseiten oder vertrauenserweckender E-Mails, die Zugangs- und Autorisierungsdaten vom Bankkunden zu erlangen (**Phishing**). Vermehrt werden Bankkunden durch manipulierte Browserseiten zu nicht beabsichtigten Zahlungen an Dritte veranlasst. Die täuschend echt aussehende, manipulierte Browserseite spiegelt dann beispielsweise das Erfordernis einer angeblichen Rücküberweisung oder einer Freischaltung vor (Rücküberweisungs- und Freischaltungstrojaner).[44]

25 Hat der Kunde die Überweisung nicht autorisiert, steht ihm grundsätzlich ein Anspruch auf Rückerstattung bzw. Rückgängigmachung der Belastungsbuchung nach § 675u Satz 2 BGB gegen seine Bank zu. Ist eine Autorisierung des Zahlungsvorgangs durch den Kunden streitig, hat die Bank aufgrund von § 675w Abs. 1 Satz 1 BGB den Nachweis zu erbringen, dass eine Authentifizierung erfolgte und der Zahlungsvorgang ordnungsgemäß aufgezeichnet, verbucht sowie nicht durch eine Störung beeinträchtigt wurde. Weist die Bank zusätzlich nach, dass das eingesetzte Sicherungsverfahren praktisch unüberwindbar war und im Einzelfall ordnungsgemäß angewendet wurde sowie fehlerfrei funktionierte, spricht der Beweis des ersten Anscheins für die Autorisierung der Überweisung durch den Kunden.[45] Ob eine praktische Unüberwindbarkeit des vom Kunden verwendeten Sicherungsverfahrens gegeben ist, hängt vom Einzelfall ab. Gegenwärtig werden Authentifizierungsverfahren im Online-Banking dann noch allgemein als praktisch unüberwindbar angesehen, wenn diese von einer Kompromittierung der eingesetzten Geräte nicht berührt werden, ein Zugriff Unberechtigter auf den Übertragungsweg ausgeschlossen ist, die – dynamische – TAN an den konkreten Zahlungsvorgang gebunden ist und das Verfahren dem Zahlungsdienstnutzer vor einer Freigabe die Überprüfung des vollständigen, unverfälschten Zahlungsauftrags ermöglicht.[46]

26 Steht die Autorisierung durch den Kunden für das zur Entscheidung berufene Gericht fest, kommt der Frage der möglichen Irrtumsanfechtung der Au-

---

44 Hierzu und zu weiteren typischen Angriffen beim Online-Banking, *Zetsche*, in: MüKo BGB, § 675l Rn. 29.

45 BGH, 26.1.2016, WM 2016, 691; *Schulte am Hülse/Kraus*, MMR 2016, 435 ff.

46 BGH, 26.1.2016, WM 2016, 691.

torisierung durch den Bankkunden keine Bedeutung mehr zu. Bei unterstellt zulässiger Irrtumsanfechtung der Zahlungsautorisierung durch den Kunden stünde der Bank ein Schadensersatzanspruch aus § 122 BGB in Höhe des Ersatzanspruchs des Kunden zu. Diesen Schadensersatzanspruch kann die Bank dem Kunden im Falle der erfolgreichen Anfechtung entgegenhalten (dolo agit).[47]

d) Schadensersatzansprüche von Banken gegen Einzelhandelsunternehmen

Der Fall Target aus den USA zeigt, dass durch Cyber-Angriffe auf Einzel- **27**
handelsunternehmen millionenfach sensible Kunden- und Zahlungsdaten entwendet werden können (siehe oben Rn. 6 ff.). Entsprechende Datenverluste führen zu Schäden der Bank des Einzelhandelskunden, die etwa in den Kosten des Austauschs von Zahlungskarten sowie der Erfüllung von Zahlungsansprüchen der Kunden gemäß § 675u Satz 2 BGB wegen nicht autorisierter Zahlungen bestehen. Fraglich ist daher, ob der Kundenbank gegenüber einem von Cyber-Crime betroffenen Einzelhandelsunternehmen Ersatzansprüche zustehen.

Mangels eines Vertragsverhältnisses zwischen der Kundenbank und dem **28**
Einzelhandelsunternehmen werden Schadensersatzansprüche der Kundenbank nach den Grundsätzen über die **Verträge mit Schutzwirkung zugunsten Dritter** oder der **Drittschadensliquidation** in Erwägung gezogen.[48] Beides ist jedoch abzulehnen. Für eine Haftung nach den Grundsätzen des Vertrages mit Schutzwirkung zugunsten Dritter sind die Leistungsnähe des Dritten sowie ein für den Schuldner erkennbares Einbeziehungsinteresse des Gläubigers erforderlich. Ein Einbeziehungsinteresse liegt vor, wenn der Gläubiger für „Wohl und Wehe" des Dritten mitverantwortlich ist oder sonst ein besonderes Interesse an der Einbeziehung des Dritten in den Vertrag hat.[49] Zwar besteht eine Pflicht des Kunden, alle zumutbaren Vorkehrungen zu treffen, um die personalisierten Sicherheitsmerkmale vor unbefugtem Zugriff zu schützen (§ 675l Abs. 1 Satz 1 BGB). Indessen kommt die Kundenbank nicht mit der Warenleistung des Unternehmens in Kontakt, womit es bereits an der Leistungsnähe der Kundenbank fehlen wird. Angesichts des Massengeschäfts im Einzelhandel ist ein besonderes Kundeninteresse an der

47 LG Köln, 16.10.2015 – 30 O 330/14, BKR 2016, 350, bestätigt durch OLG Köln, 21.3.2016 – 13 U 223/15, BKR 2016, 349; die herrschende Literaturmeinung spricht sich gegen die Zulässigkeit der Anfechtung der Autorisierung durch den Kunden gemäß § 119 BGB aus, vgl. zum Meinungsstand, *Zahrte*, BKR 2016, 315, 316.

48 *Haller/Lutz*, BB 2014, 1993, 1995.

49 Vgl. *Grüneberg*, in: Palandt, § 328 Rn. 18.

Einbeziehung seiner Bank in den einzelnen Warenkaufvertrag ohnehin nur schwer zu begründen. Für einen Schadensersatzanspruch nach den Grundsätzen der Drittschadensliquidation wird es aus der Sicht des Unternehmens an der zufälligen Schadensverlagerung aus Sicht des Schädigers fehlen. Werden Zahlungsdaten abgefangen und für nicht vom Zahlungsdienstnutzer autorisierte Zahlungen verwendet, ist die Erstattung bzw. Rückbuchung der Bank gegenüber dem Kunden gemäß § 675u Abs. 1 Satz 2 BGB keinesfalls ungewöhnlich, sondern stellt den Regelfall dar. Somit sind unmittelbare Ersatzansprüche von Banken gegenüber dem von einem Cyber-Angriff betroffenen Einzelhandelsunternehmen nach deutschem Recht nicht ersichtlich.

29 Mithin dürfte allein ein **Gesamtschuldnerrückgriff** der Kundenbank gegen das Einzelhandelsunternehmen gemäß § 426 Abs. 1, 2 BGB in Betracht kommen. Die Voraussetzungen einer Gesamtschuld gemäß § 421 BGB sind erfüllt, wenn das Einzelhandelsunternehmen gegenüber dem Kunden wegen der Verletzung seiner Nebenpflichten aus § 280 Abs. 1 BGB auf Ersatz der gleichen Schäden haftet (siehe oben Rn. 23). Im Innenverhältnis zwischen dem Einzelhandelsunternehmen und der Kundenbank lässt sich je nach dem Verschulden des Einzelhandelsunternehmens gemäß § 254 BGB eine alleinige Verantwortung des Einzelhandelsunternehmens begründen.[50]

2. Haftung aus Delikt

a) Schadensersatz wegen Verletzung der DSGVO

30 Aufgrund von Art. 82 Abs. 1, 2 der ab dem 25.5.2018 unmittelbar in jedem EU-Mitgliedstaat geltenden DSGVO haften datenverarbeitende Unternehmen gegenüber dem Betroffenen bei Verstoß gegen die DSGVO auf Schadensersatz (siehe Kap. 4 Datenschutz).

aa) Haftungsvoraussetzungen

31 Das von einem Cyber-Incident betroffene Unternehmen haftet damit insbesondere im Falle der Verletzung seiner Pflichten zur Gewährleistung von Datensicherheit nach Art. 5 Abs. 1 lit. f DSGVO bzw. Art. 32 DSGVO oder von Mitteilungspflichten nach Art. 33 DSGVO. Die Verantwortlichkeit des betroffenen Unternehmens für den eingetretenen Schaden wird gemäß Art. 82 Abs. 3 DSGVO widerlegbar vermutet. Unklar ist, ob sich die Vermutung auf die Einhaltung der Vorschriften der DSGVO[51] oder lediglich auf das Ver-

50 Vgl. *Grüneberg*, in: Palandt, § 426 Rn. 14.
51 So: *Eßer*, in: Auernhammer, DSGVO BDSG, Art. 82 Rn. 14.

schulden i. S. v. § 276 Abs. 1 BGB[52] bezieht. Einigkeit besteht jedenfalls darin, dass der Anspruchsgegner darzulegen und zu beweisen hat, dass er im Rahmen der Datenverarbeitung die Vorschriften der DSGVO beachtet hat.[53]

bb) Ersatz des immateriellen Schadens

Die im Vergleich zur Vorgängernorm § 7 BDSG a. F. wesentliche Neuerung **32**
des Art. 82 DSGVO besteht in der Verpflichtung des Anspruchsgegners, dem Betroffenen auch seinen immateriellen Schaden zu ersetzen. Bislang waren immaterielle Schäden nach deutschem Recht lediglich im Falle eines schwerwiegenden Eingriffs in das allgemeine Persönlichkeitsrecht nach § 823 Abs. 1 BGB ersetzbar, wenn und soweit sie nicht anders als durch die Zahlung einer Geldentschädigung befriedigend aufzufangen waren.[54] Dies ändert sich im Zuge des Inkrafttretens der DSGVO. Nunmehr führt grundsätzlich jeder Verstoß gegen die DSGVO zu einer Verpflichtung des Ersatzes des **immateriellen Schadens**.[55] Nach ErwG 146 der DSGVO ist der Begriff des Schadens im Lichte der Rechtsprechung des Europäischen Gerichtshofs weit auf eine Art und Weise auszulegen, welche den Zielen der DSGVO in vollem Umfang entspricht. Angenommen wird daher, dass Schadenssummen in Zukunft höher ausfallen, als dies bislang der Fall war.[56] Als Kriterien für die Schadensbemessung werden Art, Schwere, Dauer des Verstoßes, Grad des Verschuldens, Maßnahmen zur Schadensminderung, frühere einschlägige Verstöße und der Umfang der Zusammenarbeit mit den Aufsichtsbehörden zur Abhilfe oder Schadensminderung genannt.[57] Der Ersatz immaterieller Schäden wird besonders in den Fällen einer durch den Cyber-Incident verursachten Rufschädigung, öffentlichen Bloßstellung oder sozialen Diskriminierung relevant.[58] Damit sind von Art. 82 DSGVO insbesondere solche Fälle abgedeckt, in denen durch einen Cyber-Angriff sensible personenbezogene Daten öffentlich werden (z. B. im Fall Ashley Madison siehe Rn. 9).

---

52 *Wybitul/Haß/Albrecht*, NJW 2018, 114, 116.

53 *Wybitul/Haß/Albrecht*, NJW 2018, 114, 116; *Eßer*, in: Auernhammer, DSGVO BDSG, Art. 82 Rn. 14; *Frenzel*, in: Paal/Pauly, DS-GVO BDSG, Art. 82 Rn. 15; *Bergt*, in: Kühling/Buchner, DS-GVO BDSG, Art. 82 Rn. 48, 54. De facto handelt es sich somit um eine verschuldensunabhängige Haftung, *Wybitul*, ZD 2016, 253; a. A. *Neun/Lubitzsch*, BB 2017, 2563, 2568.

54 Siehe z. B. BGH, 17.12.2013, NJW 2014, 2029.

55 *Wybitul/Haß/Albrecht*, NJW 2018, 114, 114.

56 *Bergt*, in: Kühling/Buchner, DS-GVO BDSG, Art. 82 Rn. 18; *Wybitul/Haß/Albrecht*, NJW 2018, 114, 115.

57 *Wybitul/Haß/Albrecht*, NJW 2018, 114, 115.

58 *Wybitul/Haß/Albrecht*, NJW 2018, 114, 116.

b) Schadensersatz wegen Verletzung des TKG

33 Ist das von einem Cyber-Angriff betroffene Unternehmen ein Telekommunikationsunternehmen und hat es vorsätzlich oder fahrlässig gegen die Vorschriften des TKG verstoßen, trifft dieses gegenüber den Endverbrauchern eine Schadensersatzpflicht aus § 44 Abs. 1 Satz 4 TKG. Im Hinblick auf Cyber-Incidents sind vor allem die Verletzung der Vorgaben von § 109 TKG über technische Vorkehrungen und sonstige Maßnahmen sowie die entgegen § 109a TKG nicht ordnungsgemäße und rechtzeitige Information über Verletzungen relevant.[59]

c) Haftung für Rechtsverletzungen Dritter

34 Die unmittelbare Haftung eines Unternehmens für von Dritten begangene Urheber- oder Immaterialgüterrechtsverletzungen (z. B. Mitarbeiter, Hotelgäste etc.) dürfte nach dem 3. Änderungsgesetz des TMG keine praktische Relevanz mehr haben. Weder eine täterschaftliche Haftung[60] noch eine Störerhaftung kommen in Betracht. Die Haftung desjenigen Unternehmens, welches lediglich einen Internetzugang über ein drahtloses Netzwerk zur Verfügung stellt, ist nunmehr ausgeschlossen (§ 8 Abs. 3 i.V.m. Abs. 1 TMG). Der Inhaber des Urheber- oder Immaterialgüterrechts hat lediglich – unter besonderen Voraussetzungen – gemäß § 7 Abs. 4 Satz 1 TMG einen Anspruch auf Nutzungssperrung gegen das Unternehmen.[61]

d) Kapitalmarktrechtliche Haftung

35 Ist ein Unternehmen börsennotiert, kann ein Cyber-Incident erheblichen Einfluss auf den Börsenkurs haben und somit Haftungsrisiken auslösen. Dies zeigt nicht zuletzt der Fall Yahoo aus den USA (siehe oben Rn. 10 ff.).

36 Das Unternehmen haftet im Falle der unterlassenen unverzüglichen Veröffentlichung der Information über einen solchen Vorfall aus § 97 Abs. 1 WpHG. Anspruchsberechtigt sind Anleger, welche Finanzinstrumente des Unternehmens nach dem pflichtwidrigen Unterlassen der Information über

---

59 *Mehrbrey/Schreibauer*, MMR 2016, 75, 81.

60 Ist eine Rechtsverletzung von einer bestimmten IP-Adresse ausgegangen, spricht zwar nach st. Rspr. des BGH grundsätzlich eine tatsächliche Vermutung dafür, dass der Anschlussinhaber „Täter“ der Rechtsverletzung war, zuletzt BGH, 11.6.2015, GRUR 2016, 191 – Tauschbörse III; da ein Internetzugang bei Unternehmen bewusst anderen Personen zur Nutzung überlassen wird, scheidet eine täterschaftliche Haftung jedoch aus, BGH, 8.1.2014, GRUR 2014, 657 – Bearshare.

61 Hierzu im Einzelnen: *Spindler*, GRUR 2018, 16 ff.

den Vorfall erwarben und zum Zeitpunkt des Bekanntwerdens der Information noch innehatten, d.h. die Finanzinstrumente „zu teuer" erwarben (§ 97 Abs. 1 Nr. 1 WpHG). Entsprechendes gilt gemäß § 98 Abs. 1 Nr. 1 WpHG, wenn Anleger die Finanzinstrumente nach der Veröffentlichung einer unwahren oder unvollständigen Information über den Cyber-Incident erwarben. Die Frage, ob der Kapitalmarkt über einen Cyber-Incident zu informieren ist, beurteilt sich nach Art. 17 der Marktmissbrauchsverordnung (siehe hierzu unter Kap. 2 Gesellschaftsrecht).[62] Nach der Rechtsprechung des BGH hat der Anleger die Wahl zwischen dem Ersatz des „Kursdifferenzschadens" und des „Erwerbsschadens". Letzterer umfasst die Rückgängigmachung des Wertpapierkaufs, d.h. die Rückzahlung des Erwerbsentgelts Zug um Zug gegen Hingabe der erworbenen Finanzinstrumente.[63]

e) Allgemeine Deliktshaftung

In vielen Fällen steht der durch einen Cyber-Incident geschädigte Dritte nicht in einer vertraglichen Beziehung zum betroffenen Unternehmen. Dies wirft die Frage auf, ob dem Geschädigten gegenüber dem Unternehmen deliktische Ansprüche gemäß § 823 Abs. 1, 2 BGB wegen der Nichtbeobachtung von **Verkehrssicherungspflichten** zustehen. § 823 Abs. 1 BGB setzt die Verletzung absolut geschützter Rechte i. S. v. § 823 Abs. 1 BGB voraus, nämlich Leben, Körper, Gesundheit, Freiheit, Eigentum oder ein sonstiges Recht. Eine Eigentumsverletzung scheidet hinsichtlich einer Beeinträchtigung von Daten regelmäßig aus. An den gespeicherten Daten als solchen besteht kein zivilrechtliches Eigentum, da sich der Begriff des Eigentums nur auf körperliche Sachen bezieht (§§ 903, 90 BGB).[64] Die Rechtsprechung stützte sich bislang auf die Hilfskonstruktion der Verletzung des Eigentums am Speichermedium[65]. Diese Konstruktion versagt jedoch insbesondere dann, wenn – wie etwa im Fall einer „Cloud" – Eigentum am Speichermedium und die Berechtigung an den gespeicherten Daten auseinanderfallen.[66] Die Rechtsprechung verneint entgegen der Literatur[67] die Berechtigung an Daten als sonstiges Recht anzusehen.[68] Als haftungsbegründende Tatbestände verbleiben damit Fälle der Verletzung des Allgemeinen Persönlichkeitsrechts sowie Fälle, in denen IT-Sicherheitsvorfälle eine Körperverletzung 37

62 VO (EU) Nr. 596/2014.
63 BGH, 13.12.2011 – XI ZR 51/10 – IKB.
64 *Sprau*, in: Palandt, § 823 BGB Rn. 9; *Thalhofer*, GRUR-Prax 2017, 225, 226.
65 OLG Karlsruhe, 7.11.1995, NJW 1996, 200.
66 *Sprau*, in: Palandt, § 823 BGB Rn. 9.
67 *Wagner*, in: MüKo BGB, § 823 Rn. 219 ff.
68 OLG Dresden, 5.9.2012, NJW-RR 2013, 27.

oder Gesundheitsschädigung hervorrufen. Letzteres kann z.B. beim Austreten gefährlicher Substanzen, der Benutzung fehlerhafter Produkte oder dem Ausfall der Elektrizitätsversorgung bei Krankenhäusern der Fall sein. Ist die Voraussetzung einer Verletzungshandlung erfüllt, haftet das vom Cyber-Incident betroffene Unternehmen bei Verletzung seiner Verkehrssicherungspflicht (siehe oben Rn. 23) für hieraus adäquat kausal entstandene Schäden. Ansprüche aus § 823 Abs. 2 BGB wegen der Verletzung datenschutzrechtlicher Vorschriften als Schutzgesetze werden neben dem Haftungsregime der DSGVO kaum praktische Relevanz mehr besitzen.

IV. Haftung der Geschäftsleiter

38 Entstehen dem Unternehmen im Zusammenhang mit Cyber-Incidents Schäden, kommen auch Schadensersatzansprüche des Unternehmens gegen seine Geschäftsleiter in Betracht (§ 93 Abs. 2 Satz 1 AktG, § 43 Abs. 2 GmbHG; zu dieser **Innenhaftung** siehe Kap. 2 Gesellschaftsrecht). Die Literatur unterscheidet in diesem Zusammenhang zwischen einer Verletzung der Legalitätspflicht sowie der Pflicht zur sorgfältigen Unternehmensleitung.[69] Die Legalitätspflicht des Geschäftsleiters wird beispielsweise bei der Verletzung datenschutzrechtlicher Vorschriften der DSGVO relevant. Im Übrigen kann der Vorstand im Zusammenhang mit einem Cyber-Incident seine Pflicht zur sorgfältigen Unternehmensleitung verletzen. Sie liegt als unternehmerische Entscheidung im unternehmerischen Ermessen des Geschäftsleiters (vgl. § 93 Abs. 1 Satz 2 AktG).[70] Hinsichtlich der Einzelheiten der Haftung ist auf die Ausführungen unter dem Kap. 2 Gesellschaftsrecht zu verweisen. Wie im Rahmen der Verkehrssicherungspflichten (siehe oben Rn. 23) können ISO-Normen und der Grundschutzkatalog des Bundesamts für Informationssicherheit[71] Ausstrahlungswirkung auf das Pflichtenprogramm des Geschäftsleiters haben. Kommt es zu einem Schadensersatzprozess der Gesellschaft gegen den Geschäftsleiter, obliegt dem Geschäftsleiter die Darlegungs- und Beweislast hinsichtlich der fehlenden Pflichtwidrigkeit seines Handelns (§ 93 Abs. 2 Satz 2 AktG).

39 Infolge eines Cyber-Incidents kommt – außerhalb der Haftung für die Begehung unerlaubter Handlungen – keine **Außenhaftung** des Geschäftsleiters in Betracht. Die Haftung des Geschäftsleiters gegenüber Dritten ist nach allgemeinen Grundsätzen nur ausnahmsweise gegeben. Hinsichtlich von Pflichten, welche ihm als Geschäftsleiter gegenüber der Gesellschaft oblie-

69 *Mehrbrey/Schreibauer*, MMR 2016, 75, 79; *Spindler*, CR 2017, 715 ff.
70 *Mehrbrey/Schreibauer*, MMR 2016, 75, 80; *Holleben/Menz*, CR 2010, 63, 66.
71 Vgl. *Beucher/Utzerath*, MMR 2013, 362, 368.

gen oder welche die Gesellschaft Dritten gegenüber zu beobachten hat, haftet der Geschäftsleiter grundsätzlich nicht. Eine Außenhaftung des Geschäftsleiters kommt nur in begrenztem Umfang aufgrund besonderer Anspruchsgrundlagen in Betracht. So haftet der Geschäftsleiter persönlich, wenn sie den Schaden selbst durch eine unerlaubte Handlung herbeigeführt haben.[72] Der BGH hatte eine Haftung in einzelnen Fällen sowohl aus Vertrag[73] als auch Delikt[74], allerdings nur bei der Verletzung absoluter Rechtsgüter bejaht. In der bloßen Verletzung bzw. Offenlegung von Daten ist aber gerade keine Verletzung absoluter Rechtsgüter zu sehen. Da deliktische Ansprüche gegen Geschäftsleiter außerhalb der Verletzung des allgemeinen Persönlichkeitsrechts und sonstiger absoluter Rechtsgüter grundsätzlich nicht in Betracht kommen, dürfte gleichermaßen eine Außenhaftung von Geschäftsleitern im Falle von Cyber-Incidents die Ausnahme sein. Auch eine Haftung der Geschäftsleiter nach Art. 82 DSGVO für datenschutzrechtliche Verletzungen ist fernliegend. Verantwortlicher im Sinne des Datenschutzrechts ist das Unternehmen. Die Verteilung von Aufgaben innerhalb des Unternehmens führt nicht dazu, dass diese Personen nunmehr Verantwortliche i. S. d. DSGVO sind, vielmehr ist eine Person im Auftrag des Unternehmens tätig.[75] Geschäftsleiter sind lediglich funktionsbezogen für das jeweilige Unternehmen tätig.

V. International zuständige Gerichte

Einem Cyber-Security-Incident liegen oftmals internationale Sachverhalte zugrunde, was die Frage nach den international zuständigen Gerichten für zivilrechtliche Haftungsstreitigkeiten aufwirft. **40**

Die internationale Zuständigkeit der Gerichte der EU-Mitgliedstaaten bestimmt sich hinsichtlich Beklagter mit Sitz im Gebiet der Europäischen Union nach der Verordnung über die gerichtliche Zuständigkeit und die Anerkennung und Vollstreckung von Entscheidungen in Zivil- und Handelssachen 1215/2012 (EuGVVO).[76] Für Beklagte aus Nicht-EU-Staaten richtet **41**

---

72 BGH, Urt. v. 10.7.2012 – VI RZ 341/10, NJW 2012, 3439.

73 BGH, Urt. v. 24.1.2006 – X ZR 384/03, NJW 2006, 830 – Kirch/Deutsche Bank AG und Breuer

74 BGH, Urteil vom 5.12.1989 – VI ZR 335/88, DNotZ 1991, 809.

75 *Klar*, in: Kühling/Buchner, DS-GVO BDSG, Art. 4 Nr. 7 Rn. 9–11; zum BDSG: *Simitis*, BDSG § 3 Rn. 230–242.

76 Ähnliche Regelungen gelten nach dem Übereinkommen über die gerichtliche Zuständigkeit und die Anerkennung und Vollstreckung von Entscheidungen in Zivil- und Handelssachen vom 30.10.2007 (Lugano-Übereinkommen) hinsichtlich der Staaten Island, Norwegen und der Schweiz.

sich die internationale Zuständigkeit nach der Zivilprozessordnung des jeweiligen Gerichtsstaats, in Deutschland also nach der ZPO. Soweit die EuGVVO Anwendung findet, besteht regelmäßig ein Gerichtsstand im Sitzstaat des Beklagten (Art. 4 Abs. 2 EuGVVO), darüber hinaus in anderen EU-Mitgliedstaaten nur, soweit die EuGVVO dies anordnet oder zulässt (Art. 5 Abs. 1 EuGVVO).

42 Klägern, welche sich auf vertragliche Ansprüche stützen, steht grundsätzlich der Gerichtsstand des Erfüllungsortes (Art. 7 Nr. 1 EuGVVO bzw. § 29 ZPO) sowie der Gerichtsstand aufgrund einer Gerichtsstandsvereinbarung (Art. 25 EuGVVO bzw. §§ 38, 40 ZPO) zur Verfügung. Da die vorgenannten Gerichtsstände in vielen Fällen nicht in Betracht kommen und die durch einen Cyber-Incident Geschädigten oft Verbraucher sind, ist der so genannte **Verbrauchergerichtsstand** nach Art. 17, 18 EuGVVO von erheblicher Bedeutung. Demnach kann ein Verbraucher wegen Ansprüchen aus einem Vertrag mit einem Unternehmer wahlweise auch Klage an den Gerichten des Ortes erheben, an denen er seinen Wohnsitz hat. In Deutschland ansässige Unternehmen können somit vor Gerichten eines anderen EU-Mitgliedstaates verklagt werden. Ist der Verbrauchergerichtsstand eröffnet, erstreckt sich die Zuständigkeit auch auf konkurrierende deliktische Anspruchsgrundlagen, wenn diese in so enger Verbindung zum Vertrag stehen, dass sie von ihm nicht getrennt werden können.[77] Verbraucherschutzverbände sind als juristische Personen keine Verbraucher.[78] Ebenso ist eine „unechte Sammelklage", d.h. die Geltendmachung der von Verbrauchern abgetretenen Ansprüche, unter dem Verbrauchergerichtsstand nicht möglich.[79]

43 Für Ansprüche aus unerlaubter Handlung gelten Art. 7 Nr. 2 EuGVVO bzw. § 32 ZPO. Aufgrund von Art. 7 Nr. 2 EuGVVO ist das Gericht des Ortes zuständig, an dem das schädigende Ereignis eingetreten ist oder einzutreten droht. Nach § 32 ZPO ist das Gericht zuständig, in dessen Bezirk die unerlaubte Handlung begangen wurde. Bei Persönlichkeitsrechtsverletzungen im Internet tritt das schädigende Ereignis nach der Rechtsprechung des EuGHs an demjenigen Ort ein, an dem diese den Mittelpunkt ihrer Interessen hat. Dieser Ort entspreche im Allgemeinen dem gewöhnlichen Aufenthaltsort der Person.[80]

---

77 BGH, 5.10.2010, WM 2010, 2163; *Geimer*, in: Zöller, ZPO, 32. Aufl. 2018, Art. 17 EUGVVO, Rn. 17; kritisch und mit weiteren Verweisen zu abw. Meinungen: *Stürner/Wendelstein*, JZ 2018, 1083, 1088 f.

78 Vgl. EuGH, 22.11.2001, NJW 2002, 205 Rn. 17 – Idealservice.

79 EuGH, 25.1.2018, NJW 2018, 1003 – Schrems II.

80 EuGH, Urt. v. 25.10.2011 – Rs. C-509/09, a. a. O. Rn. 48 f. – eDate Advertising; BGH, Urteil vom 8.5.2012 – VI ZR 217/08, Rn. 16, juris.

Begehrt der von einem datenschutzrechtlichen Verstoß Betroffene Schadensersatz nach den Vorschriften der DSGVO, sind die dort enthaltenen speziellen Zuständigkeitsvorschriften maßgeblich. Art. 82 Abs. 6 i.V.m. Art. 79 Abs. 2 DSGVO gewährt dem Betroffenen das Wahlrecht, auch im Mitgliedstaat seines Aufenthaltsorts Klage erheben zu können. Entsprechendes gilt gemäß § 44 Abs. 1 BDSG n.F. für die örtliche Gerichtszuständigkeit. Mithin können in Deutschland ansässige Unternehmen vor Gerichten anderer EU-Mitgliedstaaten gerichtspflichtig werden. Ebenso können in Deutschland ansässige Kläger EU-weit Unternehmen anderer Mitgliedstaaten vor deutschen Gerichten Klage verklagen. Der Betroffene kann im Mitgliedstaat seines Aufenthaltsorts[81] Klage sogar dann erheben, wenn der nach Art. 82 DSGVO haftende Beklagte weder einen Sitz noch einen Aufenthaltsort in einem der Mitgliedstaaten hat, oder wenn die Datenverarbeitung außerhalb der Europäischen Union stattfand. Damit sind zahlreiche Internetsachverhalte erfasst, in denen datenverarbeitende Unternehmen ihren Sitz bspw. in den USA haben. Mithin handelt es sich um einen „Klägergerichtsstand“, der wesentlich weiter reicht, als der in Art. 17, 18 EuGVVO geregelte Verbrauchergerichtsstand. Art. 81 Abs. 2 DSGVO sieht schließlich die Möglichkeit des später angerufenen Gerichts vor, ein Verfahren zu demselben Gegenstand gegen denselben Beklagten auszusetzen. **44**

VI. International anwendbares Recht

Erweisen sich die deutschen Gerichte als international zuständig, stellt sich die Folgefrage, welches nationale Sachrecht auf eine Haftung wegen eines Cyber-Security-Incidents anzuwenden ist. Dies bestimmt sich nach dem am Gerichtsort anwendbaren internationalen Privatrecht (lex fori). **45**

1. Vertragliche Haftungsansprüche

Das auf vertragliche Schadensersatzansprüche anzuwendende nationale Recht richtet sich, wenn der Gerichtsort in der EU liegt, gemäß Art. 3 ff. i.V.m. Art. 12 Abs. 1 lit. c Rom I-VO[82] nach dem Vertragsstatut, d.h. nach dem für den zugrunde liegenden Vertrag geltenden Recht. Dies gilt insbesondere auch hinsichtlich der unter Rn. 23 dargestellten Verletzung vertraglicher Nebenpflichten im Zusammenhang mit der Unterhaltung eines **46**

81 Gemeint ist der gewöhnliche Aufenthalt, *Bergt*, in: Kühling/Buchner, DS-GVO BDSG, Art. 79 Rn. 17.

82 VO (EG) Nr. 593/2008.

IT-Systems.[83] Soweit keine Rechtswahl getroffen wurde, ist das nationale Recht des Staates anzuwenden, in dem die Partei, welche die für den Vertrag charakteristische Leistung erbringt, ihren Sitz hat. Insbesondere die Verträge über elektronische Informations- und Kommunikationsdienste unterliegen gemäß der ausdrücklichen Anordnung des Art. 4 Abs. 1 lit. b Rom I-VO dem nationalen Recht des Sitzstaates des Dienstleistungserbringers. Zu beachten sind ferner die Sondervorschriften für Verbraucherverträge gemäß Art. 6 Rom I-VO, wonach Gerichte grundsätzlich in den Fällen des Verbrauchergerichtsstands nach Art. 17, 18 EuGVVO das am Gerichtsort geltende Sachrecht anzuwenden haben.[84]

2. Deliktische Haftungsansprüche

47 Das auf deliktische Schadensersatzansprüche international anwendbare Recht bestimmt sich, wenn der Gerichtsort in der EU liegt, gemäß Art. 4 Abs. 1 Rom II-VO[85] nach dem Recht des Staates, in dem der Schaden eintrat (Erfolgsort), unabhängig davon, in welchem Staat das schadensbegründende Ereignis stattfand. Ansprüche wegen der Verletzung des Allgemeinen Persönlichkeitsrechts unterliegen aufgrund der Bereichsausnahme des Art. 1 Abs. 2 lit. g Rom II-VO nicht der Rom II-VO. Für die Anwendbarkeit der DSGVO und mithin auch für Schadensersatzansprüche nach Art. 82 Abs. 1 Satz 1 DSGVO ist Art. 3 DSGVO maßgeblich.

VII. Kollektive Rechtsverfolgung

48 Obwohl der durch einen Cyber-Incident insgesamt hervorgerufene Schaden oft sehr hoch ist, ist der von einem Einzelnen erlittene Schaden entsprechend der unter Rn. 4 ff. genannten Beispiele aus den USA meist überschaubar („Streuschäden"). Ein einzelner Betroffener wird angesichts des Prozesskostenrisikos geneigt sein, von einer Klage abzusehen („rationales Desinteresse").[86] Die Beispiele aus den USA zeigen, dass Schadensersatzansprüche gegenüber dem vom Cyber-Incident betroffenen Unternehmen regelmäßig im Wege der Class Action verfolgt werden. Mit dem Gesetz zur Einführung einer zivilprozessualen Musterfeststellungsklage wird erstmals

83 OLG Düsseldorf, 4.3.1982 – 18 U 197/81, RIW 1984, 234; LG Stuttgart, 20.8.1991 – 3 KfH O 52/91, IPRax 1993, 109; LG Bonn, 21.4.1982 – 12 O 154/81, RIW 1984, 232.

84 Besonderheiten gelten im Falle einer Rechtswahl gemäß Art. 6 Abs. 2 Rom I-VO.

85 VO (EG) Nr. 864/2007.

86 Vgl. GE der BReg vom 3.5.2018 zur Einführung einer zivilprozessualen Musterfeststellungsklage, S. 13.

auch in Deutschland die Möglichkeit eröffnet, das Vorliegen oder Nichtvorliegen zentraler anspruchsbegründender bzw. -ausschließender Voraussetzungen in Rechtsverhältnissen zwischen Verbrauchern und Unternehmern feststellen zu lassen (§§ 606 ff. ZPO). Klageberechtigt sind insoweit nur anerkannte Verbraucherschutzverbände.[87] Die neue Musterfeststellungsklage ist nicht auf ein zivilrechtliches Sondergebiet beschränkt. Somit können zivilrechtliche Schadensersatzansprüche infolge von Cyber-Incidents grundsätzlich Gegenstand der zum 18.11.2018 neu eingeführten zivilprozessualen Musterfeststellungsklage sein.

Dies gilt insbesondere für den unter Rn. 30 ff. dargestellten Schadensersatz- **49**
anspruch des von einer Datenschutzverletzung Betroffenen gemäß Art. 82 DSGVO. Art. 80 Abs. 2 der DSGVO und ErwG 142 der DSGVO schließen zwar Regelungen der Mitgliedstaaten aus, wonach Verbraucherschutzverbände ohne die vorherige Beauftragung im Namen einer betroffenen Person Schadensersatzansprüche geltend machen. Auch ist zu beachten, dass es bislang überhaupt an entsprechenden Umsetzungsgesetzen hinsichtlich der kollektiven Rechtsverfolgung für Rechtsbehelfe der DSGVO mangelt (siehe Kap. 4 Datenschutz). Nach Stimmen in der Literatur schließen Art. 80 Abs. 2 DSGVO und ErwG 142 jedoch keineswegs aus, dass anerkannte Verbraucherschutzverbände wegen Ansprüchen aus Art. 82 DSGVO eine lediglich schadensersatzvorbereitende Musterfeststellungsklage erheben. §§ 606 ff. ZPO würden ein zweistufiges Modell vorsehen, wonach der Verbandsteil lediglich auf die schadensersatzvorbereitende Musterfeststellung gerichtet sei, der Verbraucher jedoch anschließend seinen individuellen Schadensersatzanspruch unter erleichterten Voraussetzungen selbst geltend mache.[88] Die kollektive Rechtsverfolgung auf erster Stufe, d.h. die schadensersatzvorbereitende Musterfeststellung, ist nach dieser Auffassung nicht durch Art. 80 Abs. 2 DSGVO und ErwG 142 ausgeschlossen, weshalb die neue Musterfeststellungsklage auch auf Schadensersatzansprüche gemäß § 82 DSGVO anwendbar sein soll. Wie die Rechtsprechung sich zu dieser Frage positionieren wird, bleibt abzuwarten.

VIII. Fazit/Ausblick

Die zivilrechtliche Haftung von Unternehmen wegen eines Cyber-Incidents **50**
nach deutschem Recht verläuft in gewohnten Fahrwassern. Es bleibt

87 BGBl. 2018 Teil I Nr. 26, S. 1151.

88 *Huber*, Stellungnahme zum Diskussionsentwurf des BMJ zur Einführung einer Musterfeststellungsklage, S. 6 (Landtag NRW, Stellungnahme 17/296); im Ergebnis auch *Wybitul/Haß/Albrecht*, NJW 2018, 113, 117.

abzuwarten, inwieweit die steigenden Fallzahlen von Cyber-Crime in Deutschland und die weiterhin wachsende Durchdringung des Alltags mit Informationstechnologie zu einer Zunahme von Haftungsprozessen gegen Unternehmen führen. In Deutschland wie in den USA gilt, dass die materiellen Schäden Einzelner häufig gering sind und die Motivation zur Rechtsverfolgung daher entsprechend niedrig bleibt. Ein weiteres Manko ist, dass an Daten weiterhin keine Eigentumsrechte anerkannt werden und deliktische Ansprüche aufgrund der Beeinträchtigung von Daten außerhalb des Datenschutzrechts daher nicht in Frage kommen. Indessen stellt die Verpflichtung eines Unternehmens zum Ersatz auch immaterieller Schäden wegen Datenschutzrechtsverletzungen gemäß Art. 82 DSGVO eine tiefgreifende Neuerung im deutschen Recht dar. Da der Schadensersatzanspruch aus Art. 82 DSGVO nach einzelnen Stimmen auch Gegenstand der zum 18.11.2018 eingeführten Musterfeststellungsklage sein kann, steht für Unternehmen möglicherweise ein weit höheres Haftungspotenzial als bislang im Raum.

Kapitel 11
Strafrecht

Karl-Jörg Xylander/Tobias Gans

Literatur: *Aufderheide/Fischer*, Neue Betrugsformen im Internet – weshalb Regelungen und Verhaltensanweisungen nicht ausreichen, CCZ 2017, 138; *Bär*, Wardriver und andere Lauscher – Strafrechtliche Fragen im Zusammenhang mit WLAN, MMR 2005, 434; *Beukelmann*, Cyber-Attacken – Erscheinungsformen, Strafbarkeit und Prävention, NJW-Spezial 2017, 376; *BGH*, Volksverhetzung durch öffentliches Leugnen des Holocausts im Ausland, ZUM-RD 2017, 198; *Faust/Spittka/Wybitul*, Milliardenbußgelder nach DS-GVO? – Ein Überblick über die neuen Sanktionen bei Verstößen gegen den Datenschutz, ZD 2016, 120; *Gercke*, Die Entwicklung des Internetstrafrechts 2016/2017, ZUM 2017, 915; *Goger/Stock*, Cybercrime – Herausforderungen für die internationale Zusammenarbeit, ZRP 2017, 10; *Hansel*, Internationale Beziehungen im Cyberspace, 2013; *Mehrbrey/Schreibauer*, Haftungsverhältnisse bei Cyber-Angriffen – Ansprüche und Haftungsrisiken von Unternehmen und Organen, MMR 2016, 75; *OLG München*, Auswirkungen eines Strafurteils im nachfolgenden Zivilprozess, NJOZ 2007, 216; *Popp*, Von „Datendieben" und „Betrügern" – Zur Strafbarkeit des so genannten „phishing"" NJW 2004, 3517; *Reindl-Krauskopf*, Cyber-Kriminalität, ZaöRV 2014, 563; *Rinke*, Strafbarkeit von „IP-Spoofing" und „Postscanning", MMR 2002, 663; *Salomon*, Cybercrime und Lösegeld – Strafbarkeit der Zahlung von Lösegeld als Reaktion auf Erpressungstrojaner, MMR 2016, 575; *Werkmeister/Steinbeck*, Anwendbarkeit des deutschen Strafrechts bei grenzüberschreitender Cyberkriminalität, Wistra 2015, 209.

Übersicht

I. Vorbemerkung

1 Cyber-Angriffe sind zu einer alltäglichen Bedrohung für Unternehmen geworden. Mit der immer weiter voranschreitenden Digitalisierung im Zeital-

ter des „Internet of Things" und der „Industrie 4.0" nehmen diese Risiken stetig zu. Die Zahl der registrierten Attacken hat sich seit 2013 verdoppelt. Nach einer Studie von Deloitte aus dem Jahr 2017[1] berichten 50% der 400 befragten Führungskräfte von nahezu **wöchentlichen Cyber-Angriffen**. 83% der Unternehmen mit mehr als 1.000 Mitarbeitern registrieren mehrmals im Monat Angriffe auf ihre IT, die Hälfte davon nahezu täglich.

Aktuelle Beispiele **schwerwiegender Cyber-Angriffe** lassen sich rasch finden: Zu einiger Bekanntheit hat es etwa die als „WannaCry" bekannt gewordene **Schadsoftware** gebracht, die 2017 mehr als 300.000 Computer in 150 Ländern sperrte, wobei Deutschland unter den am stärksten betroffenen Ländern rangiert.[2] Auch der **Erpressungstrojaner „Petya"** nutzte die gleiche Sicherheitslücke und konnte trotz bereits verfügbarem Sicherheits-Update großen Schaden anrichten.[3] **2**

Vor diesem Hintergrund stellt sich nicht nur die Frage, wie ein effektiver Schutz gegen Angriffe gewährleistet werden kann. Vielmehr sind auch straf- und ordnungswidrigkeitenrechtliche Aspekte solcher Angriffe von Bedeutung. Dies gilt einerseits für die Entscheidung des betroffenen Unternehmens, ob eine Zusammenarbeit mit den Strafverfolgungsbehörden zur Aufklärung und Namhaftmachung der Täter in Erwägung zu ziehen ist. Andererseits bedarf es der Sensibilisierung der Mitarbeiter für eigene straf- und ordnungswidrigkeitenrechtliche Risiken im Zusammenhang mit Cyber-Angriffen. **3**

1. Strafbarkeit von Cyber-Angriffen

Bei Cyber-Angriffen kommt nicht selten die gleichzeitige Verwirklichung mehrerer Tatbestände des Kern- und Nebenstrafrechts in Betracht. Zu nennen ist etwa die durch §§ 202a, 202b, 202c und 202d StGB geschützte allgemeine Datenintimität. Nebenstrafrechtliche Bestimmungen wie §§ 44, 43 BDSG oder §§ 17, 19 UWG betreffen personenbezogene Daten bzw. Geschäfts- und Betriebsgeheimnisse, während der Übertragungsvorgang als **4**

---

1 Cyber-Security Report 2017, Teil 2, https://www2.deloitte.com/content/dam/Deloitte/de/Documents/risk/RA-Risk-Advisory-Cybersecurity-Report-2017-2-14122017-s.pdf (zuletzt abgerufen: 20.3.2019).

2 *Voss*, Sicherheitslücken auf der ganzen Welt, 15.5.2017, https://www.tagesspiegel.de/wirtschaft/erpressersoftware-wannacry-sicherheitsluecken-auf-der-ganzen-welt/19806608.html (zuletzt abgerufen: 20.3.2019).

3 Hacker-Angriff trifft Tschernobyl und Konzerne in Westeuropa, 27.6.2017, http://www.manager-magazin.de/unternehmen/artikel/hacker-angriff-cyber-attacke-trifft-auch-maersk-saint-gobain-und-wpp-a-1154749.html (zuletzt abgerufen: 20.3.2019).

solcher durch §§ 148, 89 TKG geschützt ist. Demgegenüber stellt die Datenintegrität das Schutzgut der §§ 303a, 303b StGB dar. Im Bereich vermögensrelevanter und rechterheblicher Eingriffe in fremde Daten finden zudem regelmäßig die §§ 263a, 269, 270, 274 StGB Anwendung.

5 Cyber-Angriffe lassen sich anhand der jeweiligen Stoßrichtung des Verhaltens in verschiedene Kategorien unterteilen. Insoweit sind die Bereiche **Spionage, Sabotage**, Angriffe auf vermögensrelevante und rechtserhebliche Datenvorgänge sowie strafbare Vorbereitungshandlungen zu unterscheiden. Der Gliederung des folgenden Abschnitts liegt diese Unterteilung zugrunde.

a) Spionageangriffe

6 Unter **Spionageangriffen** versteht man Handlungsformen der Cyber-Kriminalität, die auf das unbefugte Erlangen von Daten ausgerichtet sind und zumeist, aber nicht zwangsläufig, mit einer Überwindung von Zugangssperren einhergehen.

aa) Datenerlangung durch Eindringen in fremde EDV-Systeme

7 Ein klassischer Fall des Ausspähens von Daten ist das Nutzen sog. **Trojaner.**[4] Hierbei installieren Hacker Software-Anwendungen auf fremden Rechnern, die dafür sorgen, dass aufgerufene Dokumente und/oder eingegebene Passwörter vom Nutzer unbemerkt an sie übermittelt werden.[5] In der Regel liegt hierin das unbefugte **Ausspähen von Daten** unter Überwindung einer Zugangssicherung (§ 202a StGB).

8 Handelt es sich bei den Daten um sog. **Geschäfts- oder Betriebsgeheimnisse** (häufig auch einfach „**Wirtschaftsgeheimnisse**"), kommt darüber hinaus eine Strafbarkeit nach § 17 Abs. 2 Nr. 1 lit. a UWG in Betracht.[6] Unter einem Geschäfts- oder Betriebsgeheimnis ist nach der gängigen Definition jede im Zusammenhang mit dem Betrieb oder der Geschäftstätigkeit eines Unternehmens stehende nicht offenkundige Tatsache, deren Geheimhaltung im objektiven wirtschaftlichen Interesse wie auch im subjektiven Willen des Inhabers eines Unternehmens bzw. dessen Geschäftsleitung liegt, zu verstehen.[7]

---

4 *Graf*, in: MüKo StGB, § 202a Rn. 84.
5 *Graf*, in: MüKo StGB, § 202a Rn. 84; *Weidemann*, in: BeckOK StGB, Lexikon des Strafrechts „Trojaner" Rn. 16.
6 *Brammsen*, in: MüKo Lauterkeitsrecht, § 17 UWG, Rn. 8.
7 *Brammsen*, in: MüKo Lauterkeitsrecht, § 17 UWG, Rn. 9.

Auch ohne den Einsatz von Trojanern können das Ausspähen und die Weitergabe von Daten strafbar sein, etwa wenn die agierende Person als sog. **Innentäter** auftritt. Ein solcher Fall besteht, wenn eine im Unternehmen selbst beschäftigte Person ihr anvertraute Daten, welche als Wirtschaftsgeheimnisse zu qualifizieren sind, sichert und weitergibt. Eine Strafbarkeit nach § 202a StGB scheidet hier zwar aus, da der „Innentäter" sich im Regelfall gerade nicht unbefugt Zugang zu den Daten verschafft.[8] Diese Konstellation wird jedoch durch § 17 Abs. 1, 2 UWG erfasst und unter Strafe gestellt. 9

bb) Verwertung falscher Eingaben und Speicherung falscher Daten

Einen Unterfall des Eindringens in fremde IT-Systeme stellt die Verwendung falscher Eingaben bzw. die Speicherung falscher Daten zur Überwindung von Zugangssperren dar. Bekannt ist in diesem Zusammenhang das sog. **„IP-Spoofing"**. Der Begriff bezeichnet das Versenden von Datenpaketen mit gefälschter IP-Adresse, um dem angegriffenen IT-System eine falsche Identität vorzuspiegeln.[9] Diese Technik eignet sich zur Überwindung von Sicherheitsmaßnahmen wie einer IP-adressbasierten Authentifizierungen und kann zu einer Strafbarkeit wegen Fälschung beweiserheblicher Daten und zusätzlich der Beeinflussung eines Datenverarbeitungsvorgangs führen (§§ 269, 270 StGB). Das Vortäuschen der Echtheit einer gefälschten IP-Adresse wird dabei zu Recht mit der Verwendung einer falschen Urkunde gleichgesetzt. 10

Verwendet der Täter den PC eines Dritten als Werkzeug zum Angriff auf ein IT-System, so kommt zusätzlich eine Strafbarkeit nach § 303a StGB wegen **Datenveränderung** in Betracht.[10] 11

cc) Abfangen von Daten

Eine weitere strafrechtlich relevante Handlung ist das **Abfangen von Daten**, also etwa von E-Mails, Skype-Gesprächen, oder online übertragenen Video-Konferenzen (§ 202b StGB).[11] Entscheidend ist, dass der Übermittlungsvorgang nicht frei für die Allgemeinheit zugänglich ist.[12] Daran fehlt es beispielsweise bei der Kommunikation über Internetforen auf frei zugänglichen Online-Plattformen. Auch das Aufzeichnen und Speichern von Datenpake- 12

8 *Gercke*, ZUM 2017, 915, 922.

9 *Weidemann*, in: BeckOK StGB, Lexikon des Strafrechts „IP-Spoofing", Rn. 8.

10 *Rinke*, MMR 2002, 663, 664.

11 Vgl. *Graf*, in: MüKo StGB, § 202b Rn. 9.

12 BT-Drs. 16/3656, S. 11, http://dip21.bundestag.de/dip21/btd/16/036/1603656.pdf (zuletzt abgerufen: 20.3.2019).

ten aus einer WLAN-Übertragung zwischen PC und Router, um mit Hilfe eines Softwareprogramms (z. B. „Wireshark“) diese Daten zu entschlüsseln, ist strafbar (§ 148 Abs. 1 Telekommunikationsgesetz (TKG) in Verbindung mit § 89 TKG).[13] Ist die Datenübermittlung zwischen Router und PC besonders geschützt, etwa durch WPA oder WPA2, so kommt wegen der Zugangssicherung auch eine Strafbarkeit nach § 202a StGB in Betracht.

dd) Advanced Persistent Threat (APT)

13 Häufig werden die vorstehend dargestellten Angriffsarten miteinander kombiniert, um einen dauerhaften Zugriff auf fremde Daten zu erhalten. Die dann eintretende Situation wird als „Advanced Persistent Threat (APT)“ bezeichnet (siehe Kap. 1 Einführung, Rn. 12). Gemeint sind komplexe Angriffe auf kritische IT-Infrastrukturen und vertrauliche Daten mit dem Ziel, als Angreifer möglichst lange handlungsfähig zu bleiben und über einen längeren Zeitraum sensible Informationen auszuspähen oder anderweitig Schaden anzurichten. Typisch ist diese Vorgehensweise beispielsweise für staatlich gesteuerte Cyber-Attacken.[14] Je nach Ausgestaltung kommt eine Vielzahl von Straftatbeständen in Betracht, sodass sich eine strafrechtliche Bewertung nicht abstrakt, sondern nur für den konkreten Einzelfall vornehmen lässt.

ee) Staatlich organisierte Spionageangriffe

14 Soweit es staatlich organisierte Spionageangriffe gegen Wirtschaftsunternehmen anbelangt, können diese über zu Wettbewerbszwecken betriebene Industriespionage hinausgehen. Eine **Strafbarkeit wegen geheimdienstlicher Tätigkeit** (§ 99 StGB), kommt in Betracht, wenn Belange des Staatsschutzes tangiert sind, was insbesondere bei Attacken auf Hochtechnologieunternehmen und Waffenproduzenten naheliegt.[15]

ff) Anschlussdelikte und Auffangtatbestände

15 Auch Taten im Anschluss an ein rechtswidriges Erlangen von Daten können strafrechtlich relevant sein. In der Regel kommt **Datenhehlerei** nach § 202d StGB und, im Fall von **Geschäfts- und Betriebsgeheimnissen**, eine Straf-

---

13 *Bär*, MMR 2005, 434, 441.

14 BKA, Bundeslagebild Cybercrime 2016, S. 16, https://www.bka.de/SharedDocs/Downloads/DE/Publikationen/JahresberichteUndLagebilder/Cybercrime/cybercrimeBundeslagebild2016.html;jsessionid=7F9D7A0EE5015DD5EAEB58CCE69D0CCA.live2291?nn=28110 (zuletzt abgerufen: 20.3.2019).

15 *Lampe/Hegmann*, in: MüKo StGB, § 99 Rn. 22.

barkeit nach § 17 Abs. 2 Nr. 2 UWG in Betracht. Damit soll verhindert werden, dass an der vorherigen Tat unbeteiligte Dritte Zugriff auf die durch den Täter erlangten Daten erhalten.

b) Sabotageangriffe

Im Gegensatz zu Spionageangriffen sind Sabotageangriffe darauf gerichtet, die Nutzbarkeit und Integrität von Daten auf verschiedene Art und Weise zu beeinträchtigen. Auch durch solche Angriffe können diverse Straftatbestände verwirklicht werden, wobei sowohl die Datenveränderung als auch die Störung der Datenverarbeitung mit Strafe bedroht sind. **16**

aa) Veränderung, Beschädigung oder Zerstörung von Daten und Programmen

Sabotage kann insbesondere durch die Verwendung von **Computerviren** in verschiedenen Erscheinungsformen betrieben werden, die geeignet sind, eigenständig gegen den Willen des Berechtigten in einem Computer Daten oder Zugriffsrechte zu verändern, neue Dateien hinzuzufügen, Daten zu löschen oder den Datenfluss zu hemmen. Je nach Ausgestaltung im Einzelfall kommen folgende Straftatbestände in Betracht: Greift das Virus etwa in die Erstellung der Lohnabrechnungen oder Steuerberechnungen eines Unternehmens ein, liegt eine Strafbarkeit wegen **Computersabotage** nach § 303b Abs. 1 Nr. 1, Abs. 2 i.V.m. § 303a Abs. 1 StGB[16] sowie wegen Urkundenunterdrückung und Fälschung beweiserheblicher Daten nach §§ 269, 270, 274 Abs. 1 Nr. 2 StGB nahe.[17] Die Störung von Datenverarbeitungsprozessen, die bedeutende betriebliche Abläufe betrifft, unterfällt dem besonderen Schutz des StGB. Jedoch ist auch die bloße Veränderung von Daten ohne funktionsbeeinträchtigenden Charakter gem. § 303a StGB als Eingriff in die Datenintegrität unter Strafe gestellt. **17**

Neben derartigen Angriffen auf Datenverarbeitungsprozesse unterfallen aber auch private Systeme dem Schutzbereich der Computersabotage gem. § 303b StGB. Beispielhaft lässt sich hier ein mittels Online-Banking verwaltetes Aktiendepot anführen.[18] **18**

16 *Heger*, in: Lackner/Kühl, StGB, § 303b Rn. 2.
17 *Fischer*, in: Fischer, StGB, § 274 Rn. 7 f.
18 *Weidemann*, in: BeckOK StGB, § 303b Rn. 6.

bb) Blockierung von Computersystemen

19 Einen Sonderfall der Störung von Datenverarbeitungsprozessen stellt das Blockieren von Computersystemen dar. Durch spezielle Softwareprogramme (sog. „**Ransomware**") oder durch „**DDoS-Angriffe**"[19] (siehe Kap. 1 Einführung, Rn. 11) können gezielt Computersysteme, Netzwerke, Webseiten sowie sonstige Internetdienste blockiert werden und deren Freigabe von der Zahlung eines Lösegelds abhängig gemacht werden.[20] Solche Handlungen erfüllen neben den cyberspezifischen Strafnormen regelmäßig auch den Tatbestand der Erpressung gem. § 253 Abs. 1 StGB.[21]

20 Das Bundeskriminalamt geht davon aus, dass besonders DDoS-Angriffe im Internet der Dinge zunehmen werden, da die Vernetzung verschiedener Geräte oft Sicherheitslücken aufweist.[22] Damit erhöht sich nicht nur das Gefahrenpotenzial für den Endnutzer, sondern auch für große Internetdienstleister.[23]

21 In diesem Zusammenhang ist zu beachten, dass die Erfüllung von Lösegeldforderungen Risiken für die Vertreter des betroffenen Unternehmens nach § 129 Abs. 1 Satz 2 StGB begründen kann. Der Tatbestand zielt auf die Sanktionierung von Handlungen ab, die eine kriminelle Vereinigung in ihrem Fortbestand fördern. Auch wenn die Risiken einer diesbezüglichen strafrechtlichen Verurteilung gegenwärtig eher als gering einzustufen sind,[24] sollten Lösegeldzahlungen nicht ohne Einbindung der Strafverfolgungsbehörden erfolgen. Unbeschadet dessen sollte die Zahlung eines Lösegelds stets kritisch hinterfragt werden. Denn Lösegeldforderungen von Cyber-Kriminellen nachzukommen, kann den Angreifer zur Fortsetzung seiner Aktivitä-

---

19 Hierbei werden Zusammenschlüsse einer Vielzahl von Computern – sog. Botnetze – ohne das Wissen der Verfügungsberechtigten ferngesteuert; BKA, Bundeslagebild Cybercrime 2016, S. 14, https://www.bka.de/SharedDocs/Downloads/DE/Publikationen/JahresberichteUndLagebilder/Cybercrime/cybercrimeBundeslagebild2016.html;jsessionid=7F9D7A0EE5015DD5EAEB58CCE69D0CCA.live2291?nn=28110 (zuletzt abgerufen: 20.3.2019).

20 *Beukelmann*, NJW-Spezial 2017, 376.

21 *Mehrbrey/Schreibauer*, MMR 2016, 75.

22 BKA, Bundeslagebild Cybercrime 2016, S. 15, https://www.bka.de/SharedDocs/Downloads/DE/Publikationen/JahresberichteUndLagebilder/Cybercrime/cybercrime-Bundeslagebild2016.html;jsessionid=7F9D7A0EE5015DD5EAEB58CCE69D0C-CA.live2291?nn=28110 (zuletzt abgerufen: 20.3.2019).

23 BKA, Bundeslagebild Cybercrime 2016, S. 15, https://www.bka.de/SharedDocs/Downloads/DE/Publikationen/JahresberichteUndLagebilder/Cybercrime/cybercrime Bundeslagebild2016.html;jsessionid=7F9D7A0EE5015DD5EAEB58CCE69D0CCA.live2291?nn=28110 (zuletzt abgerufen: 20.3.2019).

24 *Salomon*, MMR 2016, 575, 579.

ten motivieren. Darüber hinaus besteht keine Garantie, dass eine Freigabe der blockierten Daten und Systeme erfolgt.

Blockadeangriffe sind allerdings auch ohne Lösegeldforderungen denkbar, beispielsweise im Zusammenhang mit der Störung von demokratischen Wahlen.[25] Im Jahr 2011 ereignete sich ein entsprechender Vorfall bei Wahlen in Südkorea, als die Internetseite der Nationalen Wahlkommission und die eines Kandidaten angegriffen wurde.[26] 22

Da diese Angriffe oft zu erheblichen Systemausfällen führen, die Verfügungsberechtigten aber jedenfalls vom Datenzugang ausgeschlossen werden, sind in der Regel auch die Tatbestände der **Datenunterdrückung** (§ 303a StGB), der **Computersabotage** (§ 303b StGB) und ggf. auch der **Unterdrückung beweiserheblicher Daten** (§ 274 Abs. 1 Nr. 2 StGB) mitverwirklicht. 23

Die Blockierung von Computersystemen über gezielte **Spamming-Angriffe**, also das massenweise Verschicken von E-Mails, was im Ergebnis dazu führt, dass Systeme wegen Überlastung zusammenbrechen, erfüllt oftmals ebenfalls den Tatbestand der §§ 303a, 303b StGB. 24

cc) Beschädigung, Unbrauchbarmachung oder Zerstörung von Hardware

Relevant kann zudem eine Zerstörung der Hardware mittels **Computerviren** sein, indem beispielsweise gewisse Hardwareschutzfunktionen, wie die Belüftung, ausgeschaltet werden, was zur Überhitzung des Prozessorkerns oder sonstiger Komponenten führen kann. Hier kommt neben der bereits erwähnten Strafbarkeit nach §§ 303a, 303b StGB auch eine Strafbarkeit wegen Sachbeschädigung (§ 303 StGB) in Betracht. 25

c) Betrügerische Angriffe auf das Vermögen und rechtserhebliche Datenvorgänge

Durch Cyber-Angriffe können darüber hinaus die Tatbestände der **Kennzeichenverletzung**, der **Urheberrechtsverletzung**, der **Fälschung beweiserheblicher Daten**, des **Betrugs** und **Computerbetrugs** verwirklicht werden. Von Bedeutung sind hier vor allem zwei Fallgestaltungen von Bedeutung: 26

---

25 *Gercke*, ZUM 2017, 915, 921.
26 *Gercke*, ZUM 2017, 915, 921.

aa) Phishing

27 Bei dieser Angriffsvariante werden massenweise E-Mails verschickt, in denen die Opfer dazu aufgefordert werden, sensible Daten wie etwa Online-Banking-Passwörter auf manipulierten Webseiten preiszugeben.[27]

28 Gestalten die Täter beim Phishing den Inhalt der E-Mails so glaubwürdig, dass etwa eine Bank oder ein Internet-Zahlungsdienst als deren Versender erscheint und werden darüber hinaus auch die Logos von Banken oder ähnliche Zeichen verwendet, kommen Strafbarkeiten wegen **Kennzeichenverletzung** (§§ 143 ff. MarkenG), **Urheberrechtsverletzung** (§§ 106 ff. UrhG) und der **Fälschung beweiserheblicher Daten** (§§ 269, 270 StGB) in Betracht.

29 Die Nutzung der erlangten Passwörter zur Veranlassung von Überweisungen zulasten der Opfer zieht regelmäßig eine Strafbarkeit wegen **Computerbetrugs** gem. § 263a StGB nach sich.[28]

bb) CEO-Betrug

30 Ein sog. „**CEO-Betrug**" liegt vor, wenn sich Täter unter Nutzung im Voraus erlangter Informationen über das Unternehmen als dessen Geschäftsleiter ausgeben und Mitarbeiter per E-Mail und/oder Telefonanruf dazu bewegen, Finanztransaktionen in deren vermeintlichem Auftrag durchzuführen.[29] Auch hier kommen, je nach Ausgestaltung der E-Mails Strafbarkeiten nach §§ 143 ff. MarkenG, §§ 106 ff. UrhG, §§ 269, 270 StGB und darüber hinaus eine Strafbarkeit wegen Betrugs nach § 263 StGB in Betracht.

d) Strafbare Vorbereitungshandlungen

31 Auch **Vorbereitungshandlungen** zu vorstehend diskutierten Tatbeständen können strafbar sein. Relevant sind insoweit das Vorbereiten des Ausspähens und Abfangens von Daten (§ 202c StGB), das Verleiten und Erbieten zum Verrat (§ 19 UWG) und die Agententätigkeit zu Sabotagezwecken (§ 87 StGB).

32 Insbesondere dem Straftatbestand des § 202c StGB kommt eine hohe Praxisrelevanz zu, da nicht nur die Herstellung sog. „**Hacker-Tools**", sondern

---

27 *Hassemer*, in: Hdb. IT und DSR, § 43 Rn. 194; *Weidemann*, in: BeckOK StGB, Lexikon des Strafrechts, „Phishing", Rn. 9.
28 *Cornelius*, in: MAnwHdB IT, Teil 10 Rn. 275; *Popp*, NJW 2004, 3517, 3518.
29 *Aufderheide/Fischer*, CCZ 2017, 138.

auch deren Verbreitung bzw. Bereitstellung mit Strafe bedroht ist.[30] Schwierigkeiten ergeben sich gerade im Bereich von **Dual-Use-Programmen**, welche sowohl zur Begehung einer Straftat, als auch zum frühzeitigen Erkennen von Schutzlücken im Rahmen von Stresstests dienen können.[31] Zu beachten ist in diesem Zusammenhang, dass bereits das bloße Vorhalten von Schadsoftware zu einer Strafbarkeit nach § 202c StGB führen kann, wenn die das Programm vorhaltende Person damit rechnen muss, dass Dritte Zugang zu der Schadsoftware erhalten, die diese (zumindest auch) zur Begehung von Computerstraftaten einsetzen würden.[32]

e) Voraussetzungen der Strafverfolgung

§§ 202a, 202b, 202d sind sog. relative Antragsdelikte und werden nur auf Antrag verfolgt, sofern die Staatsanwaltschaft nicht das besondere öffentliche Interesse an der Strafverfolgung bejaht (§ 205 StGB). Antragsberechtigt sind die über die betroffenen Daten verfügungsberechtigten Personen.[33] Diese können mit dem vom Dateninhalt selbst Betroffenen auseinanderfallen.[34] Daher kann, zum Schutz der betroffenen Person, die Staatsanwaltschaft auch ohne Antrag ermitteln, etwa wenn der Datenverfügungsberechtigte die Antragstellung ausdrücklich ablehnt.[35] **33**

Auch §§ 303a und 303b StGB sind sowohl auf Antrag, als auch bei besonderem öffentlichen Interesse ohne Antrag verfolgbar (§ 303c StGB). Antragsberechtigt ist grundsätzlich der Nutzungsberechtigte, bei § 303b Abs. 1 StGB daneben auch der Inhaber der Datenverarbeitung. Im Fall des § 303b Abs. 2 StGB sind zusätzlich das betroffene fremde Unternehmen bzw. die betroffene Behörde antragsberechtigt, soweit deren Nutzungsrecht oder Eigentum an der Datenverarbeitungsanlage verletzt ist.[36] **34**

Bei **Urheberrechtsverletzungen** nach §§ 106 ff. UrhG ist der Urheber als Schöpfer des Werks antragsberechtigt (§ 109 UrhG),[37] bei **Markenrechtsverletzungen** der Inhaber der Marke (§ 143 Abs. 4, § 14 Abs. 1, 2 MarkenG). **35**

---

30 BVerfG, 18.5.2009 – 2 BvR 2233/07, Rn. 70.

31 *Graf*, in: MüKo StGB, § 202c Rn. 14.

32 BVerfG, 18.5.2009 – 2 BvR 2233/07, Rn. 75, https://www.bundesverfassungsgericht.de/SharedDocs/Entscheidungen/DE/2009/05/rk20090518_2bvr223307.html (zuletzt abgerufen: 20.3.2019); *Weidemann*, in: BeckOK StGB, § 202c Rn. 9.

33 *Fischer*, in: Fischer, StGB, § 205 Rn. 2.

34 *Graf*, in: MüKo StGB, § 205 Rn. 9.

35 Dies fällt dann unter „besonderes öffentliches Interesse“; *Graf*, in: MüKo StGB, § 205 Rn. 9.

36 *Fischer*, in: Fischer, StGB, § 303c Rn. 6.

37 *Sternberg-Lieben*, in: Beck OK Urheberrecht, § 109 Rn. 6.

Ob das den **Strafantrag** substituierende „besondere öffentliche Interesse" an der Strafverfolgung durch die Staatsanwaltschaft bejaht wird, richtet sich nach dem Ausmaß der Schutzverletzung, dem drohenden Schaden und der erstrebten Bereicherung (vgl. Nr. 261, 261a RiStBV). Bei gewerbsmäßigem Handeln nach § 143 Abs. 2 MarkenG bedarf es zur Strafverfolgung keines Strafantrags.

36 § 44 BDSG ist ein reines Antragsdelikt. Hier kann der Betroffene, die verantwortliche Stelle oder aber die Aufsichtsbehörde einen **Strafantrag** stellen (§ 44 Abs. 2 Satz 2 BDSG).

37 Bei juristischen Personen richtet sich das Antragsrecht nach den gesetzlichen oder satzungsmäßigen Vertretungsregeln.[38]

38 Die Frist zur Antragstellung beträgt in allen Fällen drei Monate (§ 77b Abs. 1 Satz 1 StGB). Sie beginnt mit Kenntniserlangung des jeweiligen Antragsberechtigten von der Tat und dem Täter (§ 77b Abs. 2 StGB).

2. Straf- und Bußgeldrisiken für Unternehmensverantwortliche im Zusammenhang mit Cyber-Angriffen

39 Nicht nur externe Aggressoren, sondern auch die Geschäftsleitung und Mitarbeiter von Unternehmen können im Zusammenhang mit Cyber-Angriffen Straf- und Bußgeldrisiken unterliegen. Der nachfolgende Abschnitt befasst sich mit den für Unternehmensverantwortliche wesentlichen Risikoszenarien.

a) Unzureichende Absicherung von Daten

40 Beim Umgang mit Daten obliegen Unternehmen diverse Sicherungspflichten. Werden **IT-Sicherungsmaßnahmen** nur unzureichend erfüllt, so kann dies in verschiedenen Konstellationen eine strafrechtliche Relevanz haben oder ein Bußgeld nach sich ziehen.

aa) Nichteinhaltung technisch-organisatorischer Standards

41 In diesem Zusammenhang kann alleine die Nichteinhaltung gewisser Standards, also die bloße Gefährdung personenbezogener Daten relevant sein.

38 *Fischer*, in: Fischer, StGB, § 77 Rn. 2a.

(1) Straf- und ordnungswidrigkeitsrechtliche Tatbestände des BDSG

Können Dritte auf personenbezogene Daten zugreifen, droht eine Strafbarkeit nach § 44 Abs. 2 Nr. 3 BDSG in Verbindung mit § 43 Abs. 1 BDSG. Voraussetzung dafür ist, dass der Täter gegen Entgelt oder in der Absicht, sich oder einen anderen zu bereichern oder einen anderen zu schädigen, handelt. Liegen diese Voraussetzungen nicht vor, verbleibt die Möglichkeit einer Bebußung nach § 43 BDSG. **42**

Als Täter kommen der mit der konkret mit der Datenverarbeitung befasste Mitarbeiter oder auch dessen Ressortleiter in Betracht, also derjenige, der für die Sicherung unmittelbar verantwortlich ist.[39] Aufgrund der regelmäßig vorliegenden **Verantwortungsdelegation** sind meist untere Managerebenen betroffen.[40] Allerdings kann auch eine Ordnungswidrigkeit des Betriebs- oder Unternehmensinhabers bzw. dessen Geschäftsleitung vorliegen, wenn die Ordnungswidrigkeit des Mitarbeiters durch geeignete und zumutbare Aufsichtsmaßnahmen hätte vermieden oder wesentlich erschwert werden können (§ 130 OWiG). In diesem Fall droht auch dem Unternehmen ein Bußgeld (§ 30 OWiG). **43**

(2) Ordnungswidrigkeitsrechtliche Tatbestände der DSGVO

Unternehmen und natürliche Personen sind, sofern sie über Zwecke und Mittel der Verarbeitung personenbezogener Daten entscheiden, auch nach den Art. 25 und 32 Datenschutz-Grundverordnung (DSGVO) verpflichtet, geeignete technische Maßnahmen zum Schutz dieser Daten zu ergreifen. Verstöße gegen diese Vorschriften können gem. Art. 83 Abs. 4 DSGVO mit Geldbußen von bis zu 10 Mio. EUR oder 2 % des weltweiten Umsatzes eines Unternehmens geahndet werden. **44**

Sieht die Aufsichtsbehörde in der unzureichenden IT-Sicherung eines Datenverarbeitungssystems einen Verstoß gegen die allgemeinen Datenverarbeitungsgrundsätze in Art. 5 bis 11 DSGVO, drohen Geldbußen von bis zu 20 Mio. EUR bzw. 4 % des weltweiten Umsatzes (Art. 83 Abs. 5 lit. a DSGVO). In diesem Zusammenhang ist die Sicherungspflicht nach Art. 5 Abs. 1 lit. f DSGVO von besonderer Bedeutung, wonach bei der Datenverarbeitung sichergestellt werden muss, dass es nicht zu einer unbefugten Verarbeitung und nicht zu einem unbeabsichtigten Verlust, einer Zerstörung oder Schädigung kommt. **45**

---

39 *Faust/Spittka/Wybitul*, ZD 2016, 120, 122; *Gola/Klug/Körffer*, in: Gola/Schomerus, BDSG, § 43 Rn. 3.

40 *Holländer*, in: BeckOK Datenschutzrecht, § 43 Rn. 8.

46 Im Rahmen von Art. 83 DSGVO reicht es – anders als bei § 30 OWiG – bereits aus, wenn irgendeine Person für das Unternehmen handelt bzw. eine gebotene Handlung unterlässt (ohne, dass diese selbst Teil der Geschäftsleitung sein muss).[41] Etwas anderes gilt nur, wenn der oder die Handelnde eigene Kompetenzen überschreitet.[42]

47 Die DSGVO muss von den EU-Mitgliedstaaten ab dem 25.5.2018 angewendet werden und löst somit – im Falle von Überschneidungen – aufgrund des Anwendungsvorrangs des Unionsrechts mitgliedstaatliche Datenschutzregelungen ab. Für die Verhängung von Bußgeldern im Zusammenhang mit den hier besprochenen Datenschutzverstößen (unzureichende Absicherung personenbezogener Daten durch IT-Maßnahmen/Verletzung von Mitteilungspflichten) bedeutet dies, dass die unionsrechtlichen Regelungen Anwendung finden, welche deutlich empfindlichere Geldbußen und weniger strenge Voraussetzungen für deren Verhängung gegen Unternehmen vorsehen.

48 Da die DSGVO selbst keine Straftatbestände enthält, verbleibt es im Hinblick auf das Strafbarkeitsrisiko infolge einer Nichteinhaltung technisch-organisatorischer Standards bei den oben bereits erwähnten Regelungen in §§ 43, 44 BDSG.[43]

bb) Strafbares Offenbaren von Berufsgeheimnissen

49 Fehlt es an einer hinreichenden Absicherung von IT-Systemen, so können sich für Berufsgeheimnisträger aufgrund der §§ 203, 13 StGB im Ausnahmefall strafrechtliche Risiken wegen der Offenbarung von Berufsgeheimnissen durch Unterlassen ergeben. Weil Vorsatz erforderlich ist, wird eine Strafbarkeit der Betroffenen allerdings in aller Regel ausscheiden.

50 Das **Outsourcing kompletter Datenverarbeitungsvorgänge** an externe IT-Dienstleistungsunternehmen ist erlaubt (§ 203 Abs. 3 Satz 2 StGB). Geheimnisträger müssen in diesem Fall jedoch die Verschwiegenheit der beauftragten Personen sicherstellen (§ 203 Abs. 4 Satz 2 Nr. 1 StGB).[44]

cc) Verletzung der aktienrechtlichen Geheimhaltungspflicht

51 Auch Vorstände und Aufsichtsräte einer Aktiengesellschaft können sich bei unzureichender Implementierung von IT-Sicherheitssystemen der Verlet-

41 *Faust/Spittka/Wybitul*, ZD 2016, 120, 124.
42 *Faust/Spittka/Wybitul*, ZD 2016, 120, 124.
43 Vgl. *Faust/Spittka/Wybitul*, ZD 2016, 120, 123.
44 *Cierniak/Niehaus*, in: MüKo StGB, § 203 Rn. 56.

zung ihrer Geheimhaltungspflicht durch Unterlassen strafbar machen (§ 404 AktG in Verbindung mit § 13 StGB). Im Hinblick auf den diesbezüglich notwendigen Vorsatz dürfte das Strafbarkeitsrisiko jedoch insgesamt als gering einzustufen sein.

Aufsichtsratsmitglieder sind in der Regel mangels Geschäftsführungsbefugnis auch nicht für die Absicherung gegen IT-Risiken verantwortlich. Etwas anderes ergibt sich dann, wenn ein Aufsichtsratsmitglied trotz nachweisbarer Kenntnis keinerlei Gegenmaßnahmen ergreift. **52**

Die Verletzung der Geheimhaltungspflicht im Sinne des § 404 AktG wird nur auf Antrag der Gesellschaft verfolgt (§ 404 Abs. 3 AktG). Antragsberechtigt ist je nachdem, wer die Pflicht verletzt hat, entweder der Aufsichtsrat oder der Vorstand. **53**

dd) Schlechterfüllung von IT-Sicherheitspflichten – Risiko der Strafbarkeit wegen Untreue?

Fraglich ist, ob bei der Schlechterfüllung von IT-Sicherungspflichten eine Strafbarkeit von Mitgliedern der Geschäftsleitung, der für die IT-Sicherheit verantwortlichen Mitarbeiter sowie des **Compliance-Beauftragten** wegen Untreue aufgrund Unterlassens in Betracht kommt (§§ 266 Abs. 1 Alt. 2, 13 Abs. 1 StGB). Teilweise wird in der Literatur das Bestehen eines solchen Risikos unter verschiedenen Gesichtspunkten angenommen.[45] Spezifische Rechtsprechung zu diesem Fragenkreis ist nicht ersichtlich. Nach hier vertretener Auffassung scheitert eine Strafbarkeit bei allen vorgenannten Personengruppen jedenfalls daran, dass eine etwaige Verpflichtung, die IT-Sicherheit zu gewährleisten bzw. auf diesbezügliche Missstände hinzuweisen, jedenfalls keine spezifische Vermögensbetreuungspflicht begründet, deren Verletzung tatbestandlich i. S. d. § 266 StGB sein könnte. IT-Sicherheitsexperten und Compliance-Beauftragte dürfte nur insoweit eine Vermögensbetreuungspflicht treffen, wie sie eigenständig über Aufwendungen des Unternehmens in diesem Zusammenhang entscheiden. Dasselbe gilt für Mitglieder des Vorstands einer AG oder Geschäftsführer einer GmbH. Die verletzte Pflicht muss nämlich gerade dem Pflichtenkreis zugehören, der für die Annahme der Vermögensbetreuungspflicht konstituierend ist,[46] bei Geschäftsleitern juristischer Personen etwa die Pflicht, bei der Disposition über das Gesellschaftsvermögen sorgfältig zu handeln. Zur Illustration: Ebenso wenig wie Mängel bei der IT-Sicherheit infolge deren es zur Schädigung des **54**

45 Vgl. *Schmidl*, in: Hauschka/Moosmayer/Lösler, Corporate Compliance, § 28 Rn. 152 ff.

46 Vgl. *Dierlamm*, in: MüKo StGB, § 266 Rn. 170.

Unternehmens oder Dritter kommt, zu einem Strafbarkeitsrisiko für die Geschäftsleitung und IT-Sicherheitsexperten wegen Untreue führen, machen sich die Geschäftsleitung oder die für das Facility Management verantwortlichen Mitarbeiter wegen Untreue strafbar, wenn sie Hinweisen auf Mängel am Dach des Betriebsgebäudes keine Aufmerksamkeit schenken und in der Folge eines Starkregens ein massiver Wasserschaden eintritt.

55 Zudem fehlt es am Vorliegen eines Unmittelbarkeitszusammenhangs zwischen Pflichtverletzung und Vermögensnachteil, weil ein notwendiger und nicht gewollter Zwischenschritt vor dem Schadenseintritt liegt.[47] Wenn und weil eine durch die Betroffenen zu verantwortende Lücke im Sicherheitssystem lediglich durch Dritte ausgenutzt wird, ist der Vermögensnachteil nicht unmittelbar auf die Schwachstellen der IT-Sicherheit zurückzuführen.

b) Verletzung gesetzlicher Melde- und Informationspflichten

56 Unternehmen unterliegen Melde- und Informationspflichten im Hinblick auf „Leaks“ besonders sensibler Daten, deren Missachtung ebenfalls empfindliche Sanktion nach sich ziehen kann. Entsprechende Bestimmungen finden sich in verschiedenen Gesetzen und der DSGVO.

aa) Meldepflichten bei unrechtmäßiger Übermittlung personenbezogener Daten

57 Wird ein Fall von Datenverlust nicht gemeldet, kann dies unterschiedliche Ursachen haben. Diese reichen von Unkenntnis der einschlägigen Vorschriften bis zur vorsätzlichen Nichtmeldung aus Selbstschutz- oder Reputationsgründen.

58 Unabhängig von den Gründen der Nichtmeldung drohen in allen Fällen ordnungswidrigkeitenrechtliche, im Extremfall auch strafrechtliche Konsequenzen.

(1) Nach BDSG

59 Es besteht einer Verpflichtung zur unverzüglichen Information der zuständigen Aufsichtsbehörde und der Betroffenen, wenn besonders sensible personenbezogene Daten unrechtmäßig übermittelt oder auf sonstige Weise Dritten unrechtmäßig zur Kenntnis gelangt sind und dadurch schwerwiegende Beeinträchtigungen für die Rechte oder schutzwürdigen Interessen der Betroffenen drohen (§ 42a BDSG).

---

47 BGH, NJW 2009, 3173, 3175.

Die Verletzung dieser Verpflichtungen kann als Ordnungswidrigkeit mit einem Bußgeld von bis zu 300.000 EUR geahndet werden (§ 43 Abs. 2 Nr. 7, Abs. 3 Satz 1 BDSG). **60**

Sofern Mitarbeiter ein Entgelt (z.B. einen ungewöhnlich hohen Leistungsbonus) für den Verzicht auf diesbezügliche Meldungen erhalten, besteht für diese das Risiko einer Strafbarkeit gem. § 44 BDSG in Verbindung mit § 43 Abs. 2 Nr. 7 BDSG. **61**

(2) Nach DSGVO

Die DSGVO sieht in Art. 33 für den Fall der Verletzung des Schutzes personenbezogener Daten eine Meldung innerhalb 72 Stunden gegenüber der zuständigen Aufsichtsbehörde vor, es sei denn, dass die Verletzung voraussichtlich nicht zu einem Risiko für die Rechte und Freiheiten natürlicher Personen führt. Die Nichtbeachtung dieser Verpflichtung kann gem. Art. 83 Abs. 4 lit. a DSGVO für das Unternehmen ein Bußgeld von bis zu 10.000.000 EUR oder 2% des weltweit erzielten Jahresumsatzes nach sich ziehen. **62**

(3) Nach TKG

Die Anbieter von Telekommunikationsdiensten trifft gem. § 109a Abs. 1 Satz 1 und 2 TKG im Fall einer Verletzung des Schutzes personenbezogener Daten die Verpflichtung, unverzüglich die Bundesnetzagentur und den Bundesbeauftragten für den Datenschutz und die Informationsfreiheit von der Verletzung zu benachrichtigen. Sofern anzunehmen ist, dass durch die Verletzung des Schutzes personenbezogener Daten Teilnehmer oder andere Personen schwerwiegend in ihren Rechten oder schutzwürdigen Interessen beeinträchtigt werden, hat der Anbieter des Telekommunikationsdienstes zusätzlich die Betroffenen unverzüglich von dieser Verletzung zu benachrichtigen. Die Missachtung dieser Verpflichtungen erfüllt gem. § 149 Abs. 1 Nr. 21b TKG den Tatbestand einer Ordnungswidrigkeit und kann mit einem Bußgeld von bis zu 100.000 EUR geahndet werden (§ 149 Abs. 2 Nr. 3 TKG). **63**

bb) Meldepflichten von Betreibern Kritischer Infrastrukturen

Weitreichende Melde- und Informationspflichten treffen die Betreiber kritischer Infrastrukturen (sog. „**KRITIS**"), wie sich aus § 8b Abs. 4 des Gesetzes über das Bundesamt für Sicherheit in der Informationstechnik (BSIG) ergibt. Zuwiderhandlungen erfüllen bei erheblichen Störungen gem. § 14 Abs. 1 Nr. 4 BSIG den Tatbestand einer Ordnungswidrigkeit mit einem Bußgeldrahmen von bis zu 50.000 EUR. Welche Infrastruktur-Betreiber nach **64** dem BSIG verpflichtet sind, ergibt sich aus dem Atomgesetz, dem Telekommunikationsgesetz und der KRITIS-Verordnung.

cc) Haftung von Unternehmensinhabern und organschaftlichen Vertretern

65 Werden Meldepflichten bei Cyber-Angriffen durch Mitarbeiter verletzt, so kann dies auch zu einer Ahndung der Betriebs- und Unternehmensinhaber bzw. deren Geschäftsleitern nach § 130 OWiG führen. Denn diese sind dazu verpflichtet, Vorkehrungen zu treffen, die betriebsbezogene Zuwiderhandlungen gegen straf- oder bußgeldbewährte Bestimmungen durch Mitarbeiter verhindern oder jedenfalls erheblich erschweren.

c) Straf- und Ordnungswidrigkeitsrisiken bei besonderen Gefährdungslagen

aa) Besondere Risiken für Betreiber gefährlicher Anlagen

66 Verantwortliche können aufgrund ihres Verhaltens während einer konkreten Angriffssituation verschiedenen Bußgeld- und Strafbarkeitsrisiken unterliegen: So sind Verantwortliche bei der Beeinträchtigung der Funktionstüchtigkeit von **Steuerungssystemen** gefährlicher **Produktionsanlagen** verpflichtet, die Arbeit einzustellen, sofern andernfalls eine erhebliche Gefahr für Beschäftigte besteht (§ 4 Abs. 1 Arbeitsstättenverordnung (ArbStättV)). Verstöße können gem. § 9 Abs. 1 Nr. 3 ArbStättV als Ordnungswidrigkeit geahndet werden. Im Regelfall wird ein Bußgeld in Höhe von 5.000 EUR fällig.[48] Wird durch die Nichteinstellung der Arbeit vorsätzlich das Leben oder die Gesundheit von Beschäftigten gefährdet, so kommt eine Strafbarkeit der Verantwortlichen gem. § 9 Abs. 2 ArbStättV in Verbindung mit § 26 Nr. 2 Arbeitsschutzgesetz (ArbSchG) in Betracht.[49]

67 Zusätzlich droht für Verantwortliche das Risiko einer Strafbarkeit wegen fahrlässiger Körperverletzung bzw. Tötung (durch Unterlassen), sofern Mitarbeiter oder Dritte durch die Verwirklichung von Gefahren infolge eines Cyber-Angriff zu Schaden gekommen sind (§§ 229, 222, (13) StGB).

68 Bei Cyber-Angriffen auf **Schienennetzbetreiber**, **Airlines**, die **Flugsicherung** oder **Schifffahrtsgesellschaften** könnte zudem eine Strafbarkeit von Geschäftsleitern bzw. verantwortlichen Mitarbeitern wegen Beihilfe zum gefährlichen Eingriff in den Bahn-, Schiffs- oder Luftverkehr durch Unterlassen nach §§ 315, 27, 13 StGB in Betracht kommen. Allerdings ist für eine strafbare Beihilfehandlung Vorsatz erforderlich, sodass sowohl die Beihilfe-

48 *Lorenz*, in: Kollmer/Klindt/Schlucht, Arbeitsschutzgesetz, § 9 Rn. 3.
49 *Lorenz*, in: Kollmer/Klindt/Schlucht, Arbeitsschutzgesetz, § 9 Rn. 4.

handlung als auch die Haupttat selbst wenigstens billigend in Kauf genommen werden muss. Dieser Konstellation dürfte daher kaum praktische Relevanz zukommen.

bb) Sondertatbestände für Verpflichtete nach dem KWG

Nach dem KWG müssen die Geschäftsleiter verpflichteter Unternehmen dafür Sorge tragen, dass die betrieblichen IT-Sicherheitssysteme gewissen Mindeststandards genügen (§ 25a Abs. 1 Satz 3 Nr. 4 und 5 KWG). Die Verletzung dieser Vorschriften kann zur Verhängung eines Bußgeldes nach § 56 Abs. 2 Nr. 3 lit. f KWG führen, wenn die Aufsichtsbehörde zuvor eine vollziehbare Anordnung erlassen hat (§ 25a Abs. 2 Satz 2 KWG) und der Verstoß nicht beseitigt wurde. **69**

II. Zusammenarbeit mit Ermittlungs- und Fachbehörden sowie sonstigen Dritten

Ein die Cyber-Kriminalität entscheidend begünstigender Faktor ist, dass die Täter oft keine Strafverfolgung fürchten müssen.[50] Gleichwohl sehen betroffene Unternehmen häufig davon ab, bei Entdeckung eines Cyber-Angriffs die Ermittlungs- und/oder Fachbehörden einzuschalten. Nachfolgend soll auf Chancen und Risiken hingewiesen werden, die für eine diesbezügliche Entscheidung von Bedeutung sein können. **70**

1. Gründe für die Zusammenarbeit mit den Ermittlungsbehörden

Eine Zusammenarbeit mit den **Ermittlungsbehörden** kann sich aufgrund deren spezifischer Expertise, deren hoheitlicher Eingriffsbefugnisse und zur Beweissicherung anbieten. **71**

a) Expertise und Eingriffsbefugnisse der Ermittlungsbehörden

Das **BKA** und die **Landespolizeibehörden** betreiben – ausschließlich für Unternehmen – **„Zentrale Ansprechstellen für Cybercrime" (ZAC)**, die über große Expertise bei der Bekämpfung von Cyber-Kriminalität verfügen. Dies betrifft sowohl die Aufklärung abgeschlossener Angriffe als auch wäh- **72**

50 Vgl. KPMG, E-Crime – Computerkriminalität in der deutschen Wirtschaft 2015, S. 21, https://home.kpmg.com/content/dam/kpmg/pdf/2015/03/e-crime-studie-2015.pdf (zuletzt abgerufen: 20.3.2019).

rend eines andauernden Angriffs zu ergreifende Maßnahmen. Zudem verfügen die Ermittlungsbehörden über strafprozessuale Eingriffsbefugnisse, die Unternehmen nicht offenstehen.

b) Vorbereitung eines Zivilprozesses und Sicherung von Beweisen

73 Darüber hinaus können im Rahmen strafrechtlicher Ermittlungsverfahren gewonnene Erkenntnisse für die Durchsetzung zivilrechtlicher Ansprüche gegen Schädiger nutzbar gemacht werden. Der Verletzte hat regelmäßig einen Anspruch auf die Gewährung von **Akteneinsicht** gem. § 406e Abs. 1 Satz 1 StPO, weil die Verfolgung zivilrechtlicher Ansprüche ein berechtigtes Interesse begründet.[51] Eine strafrechtliche Verurteilung des Schädigers bindet die Zivilgerichte zwar nicht, die Einführung eines Strafurteils in den Zivilprozess führt jedoch zur Erhöhung der Darlegungslast des Gegners.[52]

2. Zu beachtende Risiken

74 Mit einer Anzeigeerstattung gehen für das betroffene Unternehmen auch Risiken einher, die für jeden Einzelfall zu bewerten sind.

a) Drohender Reputationsschaden

75 Gegen das Anzeigen von Cyber-Angriffen können die erhöhte Gefahr der Visibilität und oftmals damit korrespondierende **Reputationsschäden** sprechen. Auch wenn den Behörden – jedenfalls nach Aussage des BKA – „die Interessenlage der Firmen zu dem Aspekt ‚Imageschaden' bekannt" ist und versucht wird (etwa durch Erscheinen „in Zivil") größtmögliche Diskretion zu wahren, wird ein Bekanntwerden polizeilicher Ermittlungen wohl nie ganz auszuschließen sein.

b) Sicherstellung oder Beschlagnahme von Beweismitteln von Hard- und Software

76 Nachteilig kann sich zudem auswirken, dass im Zuge staatsanwaltschaftlicher Ermittlungen betriebseigene Hardware zu Beweiszwecken sichergestellt bzw. beschlagnahmt werden kann. Außerdem besteht die Möglichkeit, dass vor Ort auch große Datenmengen, also etwa E-Mails und andere vertrauliche Aufzeichnungen, gesichert und anschließend von den Ermittlern

---

51 *Zabeck*, in: KK-StPO, § 406e Rn. 4.

52 OLG München, NJOZ 2007, 2163, 2164.

ausgewertet werden, da sich oft nicht auf den ersten Blick erkennen lässt, welche Daten für die Ermittlungen von Relevanz sind. Um den Ausfall dringend benötigter Hardware sowie die Sicherstellung möglicherweise sensiblen Materials bestmöglich zu vermeiden, sollte die Einschaltung der Behörden daher sorgfältig vorbereitet werden. Dies kann etwa durch die vorgreifliche Aussonderung und Spiegelung relevanter Unterlagen und Daten geschehen.

c) Umschwenken von ökonomisch motivierten Taten in Sabotagehandlungen

Bestehen Unsicherheiten im Hinblick auf die endgültige Abwehr des festgestellten Angriffs ist ferner zu berücksichtigen, dass Cyber-Kriminelle, die ursprünglich lediglich in der Absicht handelten, einen wirtschaftlichen Gewinn aus der Tat zu erlangen, zu Vergeltungsaktionen übergehen könnten, wenn sie bemerken, dass das Opfer die Ermittlungsbehörden eingeschaltet hat. Meldungen an Strafverfolgungs- und Fachbehörden sollten deshalb nicht über die infizierten Systeme, sondern stets über andere Einrichtungen erfolgen, auch um den Ermittlungszweck insgesamt nicht zu gefährden.[53] **77**

3. Einschaltung von Fachbehörden und sonstigen Dritten

Neben oder anstelle der Zusammenarbeit mit den Ermittlungsbehörden kann sich auch ein Informations- und Erfahrungsaustausch mit anderen Unternehmen empfehlen. Ein entsprechendes Netzwerk für Unternehmen und öffentliche Institutionen bietet die **Allianz für Cyber-Sicherheit**, eine gemeinsame Initiative des BSI und des Bundesverbands Informationswirtschaft, Telekommunikation und neue Medien e. V. (Bitkom). Teilnehmer haben dort die Möglichkeit, auf eine umfangreiche Wissensbasis zurückzugreifen und sich – etwa im Fall der Entdeckung eines Angriffs – mit anderen Betroffenen auszutauschen. Zudem verfügt die Allianz für Cyber-Sicherheit über einen „Informationspool“[54], auf den Unternehmen bei der Anpassung ihrer IT-Sicherheitsmaßnahmen an aktuelle Gefährdungslagen zurückgreifen können. Da es sich bei der Cyber-Kriminalität um ein relativ neues und außerordentlich dynamisches Phänomen handelt, dessen wirksame Be- **78**

---

53 BKA, Cybercrime Handlungsempfehlungen für die Wirtschaft, S. 22, https://www.bka.de/SharedDocs/Downloads/DE/UnsereAufgaben/Deliktsbereiche/InternetKriminalitaet/handlungsempfehlungenWirtschaft.html (zuletzt abgerufen: 20.3.2019).

54 Der „Informationspool“ ist eine Initiative der Allianz für Cyber-Sicherheit, https://www.allianz-fuer-cybersicherheit.de/ACS/DE/Informationspool/_function/Informationspool_Formular.html?nn=6643390 (zuletzt abgerufen: 20.3.2019).

kämpfung der stetigen Einholung von Informationen über neuartige Angriffsmethoden bedarf, können Unternehmen durch ihre Beteiligung an der Allianz einen wichtigen Beitrag zur Eindämmung von Cyber-Kriminalität leisten. Bei der Entdeckung, Analyse und Beseitigung von Cyber-Angriffen bietet der „BSI Leitfaden IT-Forensik" eine Orientierungshilfe, um eine spätere Verwertbarkeit der gesammelten Erkenntnisse sicherzustellen.[55]

79 Betreiber Kritischer Infrastrukturen haben – wie auch sonstige Unternehmen in „herausgehobenen Fällen" – gem. § 5a BSIG die Möglichkeit, beim BSI Unterstützung zu erbitten, wenn sie Opfer eines Cyber-Angriffs geworden sind. Das BSI baut in diesem Zusammenhang sog. **„Mobile Incident Response Teams" (MIRTs)** auf, die nicht nur bei der forensischen Aufarbeitung, sondern auch bei der Wiederherstellung der Funktionstüchtigkeit des IT-Systems – kostenfrei – Hilfe leisten.[56]

III. Straf- und Verfolgbarkeit von Auslandstaten

80 Die Frage, ob und in welchem Umfang Ermittlungsbehörden einzuschalten sind, stellt sich in besonderem Maße, wenn Hinweise dafür sprechen, dass Angriffe aus dem **Ausland** erfolgt sind. Gerade im Bereich der Cyber-Kriminalität haben häufig nur grenzüberschreitende Ermittlungen Aussicht auf Erfolg. Es ist nicht ungewöhnlich, dass die Tat aus einem Drittland heraus ausführt wird, während der Erfolg in einem oder mehreren anderen Staaten eintritt.[57]

1. Anwendbarkeit des deutschen Strafrechts

81 Deutsches Strafrecht ist im Inland anwendbar (§§ 3 f. StGB). Es kommt dabei regelmäßig auf den **Handlungs- oder Erfolgsort** an (§ 9 StGB). Bei Delikten, die sich gegen die Verfügungsbefugnis über Daten richten (§§ 202a, b StGB), ist der Erfolgsort dort gelegen, wo sich der Rechtsgutinhaber zum Tatzeitpunkt befindet.[58] Ist ein Unternehmen Verfügungsberechtigter, liegt

55 BSI, Leitfaden IT-Forensik Version 1.0.1 aus 2011, https://www.bsi.bund.de/SharedDocs/Downloads/DE/BSI/Cyber-Sicherheit/Themen/Leitfaden_IT-Forensik.pdf;jsessionid=C468CDE9AC8B56CA99639BABBEA0863F.1_cid360?__blob=publicationFile&v=2 (zuletzt abgerufen: 9.5.2018).

56 Siehe zu den wesentlichen Merkmalen eines MIRT-Einsatzes: BSI, Die Lage der IT-Sicherheit in Deutschland 2017, S. 60 f., https://www.bsi.bund.de/SharedDocs/Downloads/DE/BSI/Publikationen/Lageberichte/Lagebericht2017.pdf?__blob=publicationFile&v=3 (zuletzt abgerufen: 20.3.2019).

57 *Goger/Stock*, ZRP 2017, 10.

58 *Werkmeister/Steinbeck*, Wistra 2015, 209, 212.

der Erfolgsort im Inland, wenn das Unternehmen seinen Sitz in der Bundesrepublik Deutschland hat.[59] Bei Konzernen kommt es nicht auf den Sitz der „Konzernmutter" an, sondern darauf, welche Konzerngesellschaft die Verfügungsgewalt über die infrage stehenden Daten hat und wo diese ihren Sitz hat.[60] Da § 303a StGB – ähnlich einem Sachbeschädigungsdelikt – den Schutz von Daten vor Zerstörung bezweckt, soll der Erfolgsort hier – anders als bei §§ 202a und 202b StGB – dort gelegen sein, wo sich die Daten physisch befinden.[61] Bei Vermögensdelikten kommt es schließlich in erster Linie auf den Belegenheitsort des geschädigten Vermögens an.[62] Darüber hinaus soll allerdings auch der Eintritt von Teilerfolgen – etwa eines täuschungsbedingten Irrtums – auf dem Gebiet der Bundesrepublik als Anknüpfungspunkt im Rahmen der §§ 3, 9 StGB ausreichen.[63]

Der Grundsatz des § 3 StGB wird allerdings von verschiedenen Ausnahmen durchbrochen. So statuiert etwa § 5 Nr. 7 StGB für den Fall der „Verletzung von Betriebs- oder Geschäftsgeheimnissen eines im räumlichen Geltungsbereich dieses Gesetzes liegenden Betriebs, eines Unternehmens, das dort seinen Sitz hat, oder eines Unternehmens mit Sitz im Ausland, das von einem Unternehmen mit Sitz im räumlichen Geltungsbereich dieses Gesetzes abhängig ist und mit diesem einen Konzern bildet" die Anwendbarkeit deutschen Strafrechts auf Auslandstaten unabhängig vom Recht des Tatorts. Dies betrifft die Straftatbestände der §§ 202a, 202b StGB, §§ 17, 19 UWG (vgl. § 17 Abs. 4 UWG).[64] **82**

Zu beachten ist, dass § 3 in Verbindung mit § 9 Abs. 1 Var. 3 StGB auf abstrakte Gefährdungsdelikte nicht anzuwenden ist, weil es bei diesen an einem Erfolg fehlt.[65] Das gilt beispielsweise für § 202c StGB. Die Anwendbarkeit deutschen Strafrechts ergibt sich für diese Norm auch nicht aus § 5 Nr. 7 StGB, weil die dort vorausgesetzte Geheimnisverletzung (noch) nicht eingetreten ist.[66] **83**

Ist § 5 StGB nicht einschlägig, kommt eine Anwendbarkeit deutschen Strafrechts bei Auslandstaten gem. § 7 StGB in Betracht. Danach gilt deutsches Strafrecht, sofern die Tat am **Tatort** mit Strafe bedroht ist oder der Tatort **84**

59 *Werkmeister/Steinbeck*, Wistra 2015, 209, 212.
60 *Werkmeister/Steinbeck*, Wistra 2015, 209, 212.
61 *Werkmeister/Steinbeck*, Wistra 2015, 209, 213.
62 *Werkmeister/Steinbeck*, Wistra 2015, 209, 213.
63 *Werkmeister/Steinbeck*, Wistra 2015, 209, 213.
64 *Böse*, in: NK-StGB, § 5 Rn. 20.
65 BGH, ZUM-RD 2017, 198 Rn. 13; *Gercke*, ZUM 2017, 915, 918.
66 *Böse*, in: NK-StGB, § 5 Rn. 20.

keiner Strafgewalt unterliegt und diese sich gegen einen deutschen Staatsbürger richtet bzw. von einem solchen verübt wurde. Nicht erfasst sind Taten, die sich gegen juristische Personen mit Sitz in Deutschland richten, wenn nicht gleichzeitigt auch ein Eingriff in die Rechtsgüter natürlicher Personen vorliegt.[67]

2. Grenzüberschreitende Ermittlungen

85 Derzeit bestehen noch große Unterschiede in der Effektivität der Zusammenarbeit Deutschlands mit anderen Staaten bei der Strafverfolgung, was die Verfolgbarkeit von Auslandstaten teilweise erschwert.[68] Die internationale Zusammenarbeit lässt sich grob in drei Kategorien unterteilen: Ermittlungen innerhalb der Europäischen Union, Ermittlungen in Mitgliedstaaten der Cyber-Crime-Konvention und Ermittlungen in sonstigen Staaten. Darüber hinaus sind für grenzüberschreitende Ermittlungen Interpol und deren 24/7-Netzwerk von Bedeutung.

86 Innerhalb der Europäischen Union können deutsche Ermittlungsbehörden im Bereich der Cyber-Kriminalität auf eine institutionalisierte Plattform der Zusammenarbeit zurückgreifen. Grenzüberschreitende Strafverfahren werden von der europäischen Justizbehörde Eurojust koordiniert. Zudem unterhält die europäische Polizeibehörde Europol ein „**Cybercrime Centre**" und eine „**Cybercrime Action Task-Force**" (J-CAT), die Daten zu Angriffen sammeln und mitgliedstaatliche Polizeikräfte bei der Aufarbeitung von Cyber-Angriffen unterstützen. Schließlich können Ermittler innerhalb der EU einen europäischen Haftbefehl beantragen und damit auf ein vereinfachtes Auslieferungsverfahren zurückgreifen, sofern sich Verdächtige in einem anderen Mitgliedstaat aufhalten. Auch auf der Ebene des Europarats wurde mit der Europäischen **Cybercrime-Konvention**, die neben den meisten Mitgliedstaaten des Europarats mittlerweile auch von 14 weiteren Staaten ratifiziert wurde,[69] ein entscheidender Beitrag zur Zusammenarbeit geleistet. Die Konvention wird oftmals als wichtigste völkerrechtliche und europäische Grundlage auf dem Gebiet der Cyber-Kriminalität bezeichnet, weil sie sich nicht nur auf eine gegenseitige Unterstützung in der Strafverfolgung, sondern auch auf die Erreichung gemeinsamer Mindeststandards bei der Sank-

---

67 *Ambos*, in: MüKo StGB, § 7 Rn. 23 m. w. N.

68 *Goger/Stock*, ZRP 2017, 10.

69 Liste der Beitrittsstaaten, https://www.coe.int/en/web/conventions/full-list/-/conventions/treaty/185/signatures?p_auth=WbgDBjhN (zuletzt abgerufen: 20.3.2019).

tionierung bezieht.[70] So sieht etwa Art. 2 der Europäischen Cybercrime-Konvention vor, dass jegliches Erlangen von unbefugtem Zugang zu fremden Computersystemen von den Konventionsparteien unter Strafe zu stellen ist. Dieser Grundsatz kann lediglich insoweit eine Einschränkung erfahren, dass die Strafbarkeit abhängig gemacht wird (1) von der Verletzung von Sicherheitsmaßnahmen, (2) der Absicht, Computerdaten zu erlangen, (3) einer anderen unredlichen Absicht oder (4) dem Zusammenhang der Tat zu einem Netzwerk.[71] Weitere von den Konventionsparteien unter Strafe zu stellende Tatbestände sind das rechtswidrige Abfangen von Daten (Art. 3), der Eingriff in Daten und Datensysteme (Art. 4 und 5), Missbrauch von Vorrichtungen (Art. 6 – dies ist die Grundlage für § 202c StGB), computerbezogene Fälschung (Art. 7) und computerbezogener Betrug (Art. 8) sowie verschiedene Tatbestände im Zusammenhang mit Verletzungen des Urheberrechts und verwandten Schutzrechten (Art. 10).

Da sich die Konventionsparteien völkerrechtlich zur Implementierung dieser Straftatbestände verpflichtet haben, ist in diesen Staaten von einem der Bundesrepublik ähnlichen Sanktionsniveau auszugehen. Auch dient die Konvention einigen Nicht-Mitgliedstaaten als Vorlage für die Anpassung nationaler Gesetze.[72] Jedoch fehlt es ohne Beitritt und Ratifikation an der völkerrechtlichen Verbindlichkeit der Konvention für den jeweiligen Staat.[73] **87**

Beachtenswert ist, dass die Russische Föderation als einziges Europaratsmitglied nicht der Konvention beigetreten ist. Dies liegt vor allem daran, dass Art. 32 der Konvention unter gewissen Bedingungen einen Zugriff auf Daten auch ohne Zustimmung des Staats zulässt, in welchem sich die Daten befinden.[74] Darin sieht die Russische Föderation einen Eingriff in ihre Souveränität.[75] **88**

Schließlich ist anzumerken, dass auch **Rechtshilfeersuche** gem. Art. 31 der Europäische Cybercrime-Konvention von den Konventionsparteien „umgehend“ zu erledigen sind. Es kann zudem eine Vorabsicherung von Daten ver- **89**

---

70 *Reindl-Krauskopf*, ZaöRV 2014, 563, 565; Europäische Kommission, Mitteilung der Kommission an das Europäische Parlament, den Rat und den Ausschuss der Regionen – Eine allgemeine Politik zur Bekämpfung der Internetkriminalität, Brüssel 22.5.2007, http://eur-lex.europa.eu/legal-content/DE/ALL/?uri=CELEX%3A52007DC0267 (zuletzt abgerufen: 20.3.2019).

71 *Reindl-Krauskopf*, ZaöRV 2014, 563, 570 f.

72 *Gercke*, ZUM 2017, 915, 917.

73 *Gercke*, ZUM 2017, 915, 917.

74 In Deutschland beispielsweise durch § 110 Abs. 3 StPO umgesetzt.

75 Russia prepares new UN anti-cybercrime convention – report, https://www.rt.com/politics/384728-russia-has-prepared-new-international/ (zuletzt abgerufen: 20.3.2019).

langt werden (Art. 29 der Konvention). Dadurch soll sichergestellt werden, dass ein Rechtshilfeverfahren nicht deshalb ins Leere läuft, weil die relevanten Daten zwischenzeitlich bereits gelöscht wurden.[76]

90 Der mit Vertretern der Unterzeichnerstaaten besetzte beratende Ausschuss zur Cybercrime-Konvention hat es sich zur Aufgabe gemacht, bis Dezember 2019 einen Entwurf zum grenzüberschreitenden Datenzugriff der Strafverfolgungsbehörden zu erarbeiten.[77]

91 Außerhalb der Europäischen Union können deutsche Ermittlungsbehörden bei ausländischen Behörden Rechtshilfe erbitten, soweit dies in zwischenstaatlichen Verträgen vereinbart ist oder aufgrund besonderer Umstände damit gerechnet werden kann, dass der ausländische Staat die Rechtshilfe auch ohne vertragliche Regelung gewähren wird. Allerdings ist die Ausführung der Rechtshilfeabkommen oft zeitraubend und daher nur eingeschränkt praktikabel.[78]

92 Die internationale Fahndung erfolgt durch Interpol mit derzeit 194 Mitgliedstaaten. Interpol stellt mit dem „**Cyber Fusion Center**“ darüber hinaus eine globale Plattform bereit, auf der in Zusammenarbeit mit Unternehmen und Forschungseinrichtungen in „Echtzeit“ Erkenntnisse ausgetauscht sowie in Lagebilder und Warnhinweise umgesetzt werden können.

93 Zudem stellt das 24/7-Netzwerk der G8-Staaten ein wichtiges Instrument zur schnellen vorläufigen Sicherung von im Ausland befindlichen Datenbeständen dar.[79]

94 Abschließend ist darauf hinzuweisen, dass die Staatsanwaltschaft bei Auslandstaten unter bestimmten Voraussetzungen von der Verfolgung absehen kann, das Legalitätsprinzip also insoweit eine Einschränkung erfährt.[80]

IV. Kriminalitätsstatistiken und Aufklärungsrate

95 Cyber-Kriminalität hat sich in den letzten Jahren zu einer bedeutenden Gefahr für Unternehmen und Privatpersonen entwickelt und der Trend scheint sich fortzusetzen. Dies wird etwa auch durch eine Studie der Wirtschaftsprüfungs- und Beratungsgesellschaft PricewaterhouseCoopers (PwC) belegt.

---

76 *Goger/Stock*, ZRP 2017, 10, 12.

77 Die Bundesbeauftragte für den Datenschutz und die Informationsfreiheit, Die Cybercrime-Konvention, https://www.bfdi.bund.de/DE/Europa_International/International/Artikel/Cybercrime_Konvention.html (zuletzt abgerufen: 20.3.2019).

78 *Hansel*, Internationale Beziehungen im Cyberspace, S. 285.

79 *Goger/Stock*, ZRP 2017, 10.

80 Vgl. § 153c StPO.

Danach ist im Jahr 2016 nahezu jedes fünfte privatwirtschaftliche Unternehmen in Deutschland Opfer eines erfolgreichen Cyber-Angriffs geworden.[81] Das Bundeskriminalamt (BKA) geht – basierend auf den polizeilichen Kriminalitätsstatistiken (PKS) – für das Jahr 2017 von 85.960 Fällen von Cyber-Kriminalität im engeren Sinne aus.[82] Einzelne Angriffshandlungen werden (unabhängig davon, wie viele Opfer betroffen waren) jeweils nur einmal gezählt. So wurde etwa ein Software-Manipulationsfall im November 2016, bei dem ca. 1,2 Mio. DSL-Router eines deutschen Internetproviders von Malware betroffen waren, in der Statistik als nur ein Fall verzeichnet.[83] Die zahlenmäßig größte Bedeutung hat der **Computerbetrug** mit einem Gesamtanteil von 71 %. Weiterhin zu nennen sind: das **Ausspähen und Abfangen von Daten** (13 %), die **Fälschung beweiserheblicher Daten** und Täuschung im Rechtsverkehr bei der Datenverarbeitung (10 %), Datenveränderung und **Computersabotage** (5 %) und die missbräuchliche Nutzung von Telekommunikationsdiensten (1 %).[84] Die **Aufklärungsrate** wird vom BKA mit insgesamt 38,7 % angegeben.[85] In diesem Zusammenhang ist jedoch darauf hinzuweisen, dass Straftaten bereits dann als aufgeklärt gelten, wenn ein Tatverdächtiger ermittelt wurde. Dieser muss nicht zwingend auch der Täter sein; auch ob es zu einer Verurteilung kommt, ist nicht maßgeblich.[86]

---

81 PwC, Im Visier der Cyber-Gangster: So gefährdet ist die Informationssicherheit im deutschen Mittelstand S. 15, https://www.pwc.de/de/mittelstand/informationssicherheit-im-deutschen-mittelstand.html (zuletzt abgerufen: 20.3.2019).

82 BKA, Bundeslagebild Cybercrime 2017, S. 2, https://www.bka.de/SharedDocs/Downloads/DE/Publikationen/JahresberichteUndLagebilder/Cybercrime/cybercrimeBundeslagebild2017.html?nn=28110 (zuletzt abgerufen: 20.3.2019).

83 BKA, Bundeslagebild Cybercrime 2016, S. 3, https://www.bka.de/SharedDocs/Downloads/DE/Publikationen/JahresberichteUndLagebilder/Cybercrime/cybercrimeBundeslagebild2016.html;jsessionid=7F9D7A0EE5015DD5EAEB58CCE69D0CCA.live2291?nn=28110 (zuletzt abgerufen: 20.3.2019).

84 BKA, Bundeslagebild Cybercrime 2016, S. 6, https://www.bka.de/SharedDocs/Downloads/DE/Publikationen/JahresberichteUndLagebilder/Cybercrime/cybercrimeBundeslagebild2016.html;jsessionid=7F9D7A0EE5015DD5EAEB58CCE69D0CCA.live2291 ?nn=28110 (zuletzt abgerufen: 20.3.2019).

85 BKA, Bundeslagebild Cybercrime 2016, S. 5, https://www.bka.de/SharedDocs/Downloads/DE/Publikationen/JahresberichteUndLagebilder/Cybercrime/cybercrimeBundeslagebild2016.html;jsessionid=7F9D7A0EE5015DD5EAEB58CCE69D0CCA.live2291? nn=28110 (zuletzt abgerufen: 20.3.2019).

86 *Fischer*, Was zählt die Statistik der Polizei, Eine Kolumne von Thomas Fischer, 12.5.2015, http://www.zeit.de/gesellschaft/zeitgeschehen/2015-05/polizei-kriminalstatistik-aufklaerungsquote-aussagekraft (zuletzt abgerufen: 20.3.2019).

Kapitel 12
Versicherungsrecht

Christian Wirth

Literatur: *Achenbach*, Die Cyber-Versicherung – Überblick und Analyse, VersR 2017, 1493; *Armbrüster*, Privatversicherungsrecht, 2013; *Armbrüster*, Wenn der Betrieb nicht mehr läuft, VW 6/2013, 48; *Armbrüster/Schilbach*, Nichtigkeit von Versicherungsverträgen wegen Verbots- oder Sittenverstoßes, r+s 2016, 109; *Dreher*, Versicherungsschutz für die Verletzung von Kartellrecht oder von Unternehmensinnenrecht in der D&O-Versicherung und Ausschluss vorsätzlicher oder wissentlicher Pflichtverletzungen, VersR 2015, 781; *Dreher/Thomas*, Die D&O-Versicherung nach der VVG-Novelle 2008, ZGR 2009, 31; *Ehlers*, Ausreichender Versicherungsschutz ein Risikofeld der Managerhaftung, VersR 2008, 1173; *Eling*, Risikomanagement und Versicherbarkeit von Cyber Risiken, ZfV 2015, 552; *Erichsen*, Cyber-Risiken und Cyber-Versicherung: Abgrenzung und/oder Ergänzung zu anderen Versicherungssparten, CCZ 2015, 247; *Fritzsche*, Eigenschaften von Fake President Fraud – Grundlagen zur Risikobeurteilung, Maßnahmenableitung und Reaktion im Ernstfall, CB 2017, 403; *Günther/Ider*, Auf dem Stand der Technik – Ein Marktüberblick zu den Sicherheitsobliegenheiten in der Cyber-Versicherung, VW 01/2018, 50; *Heidemann*, Cyber-Risiken und Versicherungsschutz, 3. Aufl. 2016; *Hoenig/Klingen*, Die W&I-Versicherung beim Unternehmenskauf, NZG 2016, 1244; *Kapp*, Dürfen Unternehmen ihren (geschäftsleitenden) Mitarbeitern Geldstrafen bzw. -bußen erstatten?, NJW 1992, 2796; *Kipker*, Japan: Entwurf für ein „Cyber/Physical Security Framework" veröffentlicht, MMR-Aktuell 2019, 413345; *Koch*, Geschäftsleiterpflicht zur Sicherstellung risikoadäquaten Versicherungsschutzes, ZGR 2006, 184; *Looschelders*, Aktuelle Probleme der Vertrauensschadenversicherung, VersR 2013, 1069; *Mehrbrey/Schreibauer*, Haftungsverhältnisse bei Cyber-Angriffen, MMR 2016, 75; *Seibt/Sahme*, Geschäftsleiterpflichten bei der Entscheidung über D&O-Versicherungsschutz, AG 2006, 901; *Strasser*, Die Deckung von Schäden aus Kartellgeldbußen in der D&O-Versicherung, VersR 2017, 65; *Unglaub/Lange*, Top-Manager unter digitalem Druck, VW 5/2017, 48; *Wandt*, Versicherungsrecht, 6. Aufl. 2016; *Wellhöfer/Peltzer/Müller*, Die Haftung von Vorstand, Aufsichtsrat, Wirtschaftsprüfer, 2008; *Wirth*, Versicherung von Cyber-Risiken – eine Bestandsaufnahme unter besonderer Berücksichtigung von M&A-Transaktionen, BB 2018, 200.

Übersicht

I. Grundlagen

1 Cyber-Risiken gehören mittlerweile zu einer der größten Gefahren, die Unternehmen bedrohen und schlimmstenfalls sogar vernichten können.[1] Ein

1 Das aktuelle Ergebnis der Studie „Bashe attack – Global infection by contagious malware" prophezeit einen Schaden von bis zu 193 Mrd. Dollar für die Wirtschaft durch erpresserische Software ohne Vorhandensein von ausreichendem Versicherungsschutz, siehe Börsenzeitung vom 29.1.2019, https://www.boersen-zeitung.de/index.php?li=

spezielles Cyber-Risk-Management sollte daher fester Bestandteil jedes Risikomanagements und der Compliance-Struktur in einem Unternehmen sein.[2]

Eine Cyber-Risk-Versicherung kann dabei ein sinnvoller Baustein eines solchen Cyber-Risk-Managements sein. Die Cyber-Risk-Versicherung war ursprünglich ein reines Nischenprodukt. Dies hat sich durch die aktuelle Entwicklung und Gesetzesänderungen grundlegend gewandelt. Mittlerweile handelt es sich um einen boomenden Aufbruchsmarkt. Im Jahr 2015 lag das Prämienvolumen in Deutschland bei nur 30 Mio. EUR.[3] Derzeit dürfte das Prämienvolumen zwischen 80 und 120 Mio. EUR liegen. Für die DACH-Region erwartet KPMG nach einer Studie ein rasantes Wachstum auf etwa 3 bis 6 Mrd. EUR in 2026 und 12 bis 26 Mrd. EUR in 2036.[4] Nicht zu Unrecht wird der Cyber-Risk-Versicherung daher für die Zukunft teilweise die Bedeutung einer „Feuerversicherung des 21. Jahrhunderts" prognostiziert.[5] **2**

Spektakuläre Cyber-Attacken wie etwa der Verschlüsselungstrojaner „WannaCry" verleihen der Thematik weitere Brisanz und werden auch in Zukunft für hohe Wachstumsraten beim Abschluss von Policen sorgen. Dies gilt insbesondere auch vor dem Hintergrund der enormen Kosten, die durch Datenpannen verursacht werden. So beliefen sich nach der „Cost of Data Breach Study" des Ponemon Instituts im Jahr 2017 die durchschnittlichen Kosten einer Datenpanne in den an der Studie teilnehmenden Ländern auf insgesamt 3,62 Mio. EUR.[6] **3**

Zurzeit sind etwa 15 Versicherer im Cyber-Segment tätig. Weitere Versicherungsunternehmen stehen unmittelbar vor dem Markteintritt. Ein Ende dieses Booms ist zurzeit nicht absehbar. Momentan sind Deckungssummen bis zu 500 Mio. EUR im Regelfall möglich. Die Produktgestaltung in den Bedingungen entspricht in ihrer Vielschichtigkeit dem sich rasant entwickelnden Markt. Wie in kaum einem anderen Versicherungszweig sind daher im Bereich der Cyber-Deckungen passgenaue Individuallösungen möglich. **4**

1&artid=2019019017&titel=Studie-warnt-vor-Riesenschaden-durch-Hackerangriff (zuletzt abgerufen: 15.4.219).

2 *Wirth*, BB 2018, 200, 200 ff.

3 *Wirth*, BB 2018, 200, 201.

4 Siehe KPMG Cyber Insurance-Studie 2017 „Neues Denken neues Handeln", S. 34, Abb. 8; https://assets.kpmg.com/content/dam/kpmg/ch/pdf/neues-denken-neues-handeln-cyber-de.pdf (zuletzt abgerufen: 21.3.2019).

5 *Erichsen*, CCZ 2015, 247, 249.

6 2017 Cost of Data Breach Study, Ponemon Institute, https://www.ibm.com/downloads/cas/ZYKLN2E3 (zuletzt abgerufen: 15.4.2019).

Eine Konsolidierung auch des Bedingungswerkes wird voraussichtlich erst mittelfristig mit den ersten regulierten Großschäden zu erwarten sein (siehe unten Rn. 14).[7]

5 Der Abschluss einer Cyber-Risk-Deckung ersetzt kein spezielles Sub-Risk-Management, sondern kann nur ein Baustein davon sein. In Anbetracht der – teilweise existenzbedrohenden – Kosten, die mit einer Cyber-Attacke verbunden sein können, ist es für jedes Unternehmen unabdingbar, sich mit der Frage des Einkaufs entsprechenden Versicherungsschutzes und ggf. dessen adäquater Ausgestaltung auseinanderzusetzen.[8]

1. Begriff

6 Mittels Cyber-Risk-Versicherungen übertragen Unternehmen die Risiken, die aus Informationssicherheitsverletzungen und teilweise aus sonstigen IT-relevanten Bereichen resultieren können, auf einen Versicherer. Als Gegenstand der Versicherung kommen dabei **Eigen- sowie Drittschadensrisiken** in Betracht.

7 Die Eigenschadenselemente umfassen **Sachversicherungskomponenten**[9] und teilweise diejenigen einer **Vertrauensschadenversicherung**.[10] Die Drittschadenselemente hingegen entsprechen einer **Haftpflichtversicherung**, da hier regelmäßig seitens des Versicherers die Freistellung von begründeten Ansprüchen Dritter aufgrund von IT-Risiken bzw. die Abwehr unbegründeter Ansprüche geschuldet ist. Manche Policen ermöglichen auch einen sachschadensunabhängigen Ersatz cyberbedingter Unterbrechungsschäden.

2. Häufigste Gestaltungsform

8 Im gewerblichen Bereich und insbesondere bei größeren und global aufgestellten Unternehmen wird eine Cyber-Deckung als **Versicherung für fremde Rechnung** (§§ 43 ff. VVG) abgeschlossen. Im Regelfall ist die Konzernmutter Versicherungsnehmerin und die Konzerntöchter sind mitversicherte Unternehmen. Bei der Versicherung für fremde Rechnung stehen die Rechte aus dem Versicherungsvertrag zwar dem Versicherten zu (§ 44 Abs. 1 Satz 1

---

7 *Wirth*, BB 2018, 200, 201.
8 *Wirth*, BB 2018, 200, 201 f., 208.
9 *Eling*, ZfV 2015, 552, 555.
10 *Erichsen*, CCZ 2015, 247, 250.

VVG). Dieser kann jedoch ohne Zustimmung des Versicherungsnehmers nur dann über seine Rechte verfügen und diese Rechte gerichtlich geltend machen, wenn er im Besitz des Versicherungsscheins ist. Der Versicherungsnehmer seinerseits kann über die Rechte, die dem Versicherten aus dem Versicherungsvertrag zustehen, im eigenen Namen verfügen (§ 45 Abs. 1 VVG).

3. Überblick über die Cyber-Risiken und deren Ursachen

Die Cyber-Risiken lassen sich in verschiedene Gruppen aufteilen.[11] Es existieren zum einen die Risiken, die auf **menschliches Fehlverhalten** zurückgeführt werden können.[12] Dazu zählt beispielsweise ein unbeabsichtigter Datenverlust aufgrund von einer Fehlbedienung von IT-Systemen. Zum anderen lassen sich **Systemfehler** der IT-Anlage, wie etwa ein Hardwaredefekt, diesem Risikoumfeld zuordnen.[13] Weiterhin kommen auch **externe Ursachen** in Betracht.[14] Hier sind Unterbrechungsrisiken denkbar, weil zum Beispiel ein Stromausfall die Nutzbarkeit der IT-Systeme und damit auch Produktionsabläufe beeinträchtigt. Diese Risiken lassen sich wiederum sowohl auf kriminelle als auch auf nicht kriminelle Ursachen zurückführen. Als nicht kriminelle Ursachen kommen insbesondere höhere Gewalt, technisches sowie menschliches Versagen in Betracht.[15] Nicht zu unterschätzen sind insbesondere auch die Gefahren, die von eigenen Mitarbeitern ausgehen. So soll laut einer KPMG-Studie bei Cyber-Attacken auf ein Unternehmen die Wahrscheinlichkeit, dass eine solche von einem Mitarbeiter des Unternehmens ausgeht, 60 % betragen.[16] Bei den kriminellen Ursachen für Cyber-Risiken sind physische Angriffe und Hackerangriffe, teils in Kombination mit einer Erpressung, denkbar.[17] Beispielsweise können mittels USB-Sticks – auch durch eigene Mitarbeiter – Datenbanken „gestohlen" oder Schadsoftware in Computernetze eingespielt werden. Bei den Hackerattacken sind sog. DoS-Attacken denkbar, bei denen das Unternehmensnetzwerk mittels unzähliger Anfragen überlastet wird, sodass hierauf nicht mehr 9

11 Siehe dazu auch schon *Wirth*, BB 2018, 200, 201 f.; *Achenbach*, VersR 2017, 1493, 1494 f.

12 *Eling*, ZfV 2015, 552.

13 *Eling*, ZfV 2015, 552.

14 *Eling*, ZfV 2015, 552.

15 *Eling*, ZfV 2015, 552, 553, Abb. 1.

16 KPMG Cyber Insurance-Studie 2017 „Neues Denken neues Handeln", S. 22 ff., https://assets.kpmg.com/content/dam/kpmg/ch/pdf/neues-denken-neues-handeln-cyber-de.pdf (zuletzt abgerufen: 21.3.2019).

17 *Eling*, ZfV 2015, 552, 553, Abb. 1.

zugegriffen werden kann. Sofern die Attacke nicht nur über ein Gerät erfolgt, wird sie als DDoS-Attacke bezeichnet. Ein erhebliches Gefahrenpotenzial stellen bei den kriminellen Handlungen die Krypto-Erpressungstrojaner, wie „WannaCry", dar. Diese verbreiten sich über Sicherheitslücken in Webbrowsern, E-Mail-Anhängen oder über Filehosting-Dienste.

4. Marktentwicklung und Bedingungswerke

10 Momentan sind im Bereich Cyber-Security ein steigendes Prämienvolumen, verstärkte gesetzgeberische Aktivitäten sowie eine große Dynamik[18] bei den Bedingungswerken zu beobachten.

a) Gesetzgeberische Aktivitäten

11 Der Gesetzgeber ist in den letzten Jahren im Bereich der IT-Sicherheit verstärkt tätig geworden (siehe Kap. 5 IT-Sicherheit, Rn. 3 ff.). Das Resultat sind auf der einen Seite Mindestanforderungen an die Cyber-Security bestimmer Wirtschaftszweige und auf der anderen Seite auch gestiegene Bußgeldrisiken, da die Missachtung dieser Regelungen häufig bußgeldbewehrt ist. Ob diese Risiken überhaupt versicherbar sind, wird an späterer Stelle erläutert (siehe unten Rn. 73 ff.).

12 Der deutsche Gesetzgeber hat im Jahr 2015 für **Kritische Infrastrukturen** (§ 2 Abs. 10 BSIG) Meldepflichten und Mindestanforderungen an die IT-Sicherheit (§ 8a BSIG) normiert, sofern die Betriebe von hoher Bedeutung für das Funktionieren des Gemeinwesens sind. Der § 14 Abs. 2 Satz 1 BSIG sieht bei Verstößen Geldbußen von bis zu 100.000 EUR vor.

13 Auf EU-Ebene wurde die **Datenschutz-Grundverordnung**[19] am 14.4.2016 verabschiedet. Sie ist seit dem 25.5.2018 anzuwenden (siehe hierzu Kap. 4 Datenschutz, Rn. 6) Im Rahmen seiner Plenarsitzung erörterte das Europäi-

---

18 Intensive regulatorische Aktivitäten sowie Initiativen der Wirtschaft sind auch außerhalb Europas zu verzeichnen. So existiert beispielsweise seit 2014 in Japan ein sehr ausgereifter „Basic Act on Cybersecurity". Dieser beschäftigt sich sowohl mit dem Schutz von Kritischen Infrastrukturen als auch mit der cybertechnischen Absicherung der IT-Systeme von Regierungseinrichtungen. Jüngst wurde ein Entwurf eines IT-Sicherheitsframeworks („The Cyber/Physical Security Framework") vom japanischen Ministerium für Wirtschaft, Handel und Industrie (METI) zur Kommentierung durch Fachkreise veröffentlicht. Es soll u. a. die Rahmenbedingungen für eine „neue smarte Sozialinfrastruktur Society 5.0" schaffen. Weitere Informationen siehe bei *Kipker*, MMR-Aktuell 2019, 413345; der Entwurf selbst ist abrufbar unter http://www.meti.go.jp/press/2018/01/20190109001/20190109001-4.pdf (zuletzt abgerufen: 15.4.2019).

19 VO (EU) 2016/679 vom 27.4.2016, ABl. L 119/1 vom 4.5.2016.

sche Parlament daneben jüngst die Stärkung der Cyber-Abwehr der EU einschließlich der Einrichtung eines schnellen Cyber-Reaktionsteams, der Förderung eines Erasmus-Austauschprogramms für junge Offiziere, der Durchführung von Cyber-Übungen und der engen Zusammenarbeit mit der Nato. Das Europaparlament forderte im Vorfeld die Schaffung von Soforteinsatzteams, die auf Cyber-Sicherheit spezialisiert sind sowie die Einrichtung einer Plattform für den Austausch von Informationen über Vorfälle im Bereich der Cyber-Sicherheit.[20] Eine entsprechende Entschließung erfolgte durch das europäische Parlament am 13.6.2018.[21]

b) Bedingungswerke

Derzeit besteht noch keine Einheitlichkeit bei Bedingungswerken und Tarifen. Das erschwert zwar einerseits die Vergleichbarkeit der Angebote. Andererseits besteht dadurch in Anbetracht der momentanen Aufbruchsstimmung eine historisch einmalige (aber mittelfristig sicherlich zeitlich begrenzte) Chance, gerade für institutionelle Versicherungsnehmer, auf die Gestaltung der Bedingungen sowie des Umfangs in ihrem Sinn Einfluss zu nehmen und teilweise sehr individuelle Deckungen („tailor-made") abzuschließen.[22] Die Chance für Unternehmen, für sie vorteilhafte Policen zu verhandeln, wird weiterhin dadurch verstärkt, dass einige Versicherer erst noch vor dem Markteintritt stehen und über attraktive Bedingungswerke Marktanteile erobern möchten. Die Relevanz der Thematik wird dadurch unterstrichen, dass der GDV im April 2017 erstmalig **Musterbedingungen** für eine Cyber-Risk-Versicherung für KMU veröffentlicht hat.[23] Solche Musterbedingungen ermöglichen kleinen Versicherern den Markteintritt in dieses Segment und können so letztlich den Wettbewerb weiter fördern.[24] **14**

Es ist allerdings zu beachten – was in der Praxis oftmals übersehen wird –, dass diese Musterbedingungen für kleinere und mittlere Unternehmen konzipiert sind. Die Bedürfnisse gerade größerer und international tätiger Unternehmen werden durch die Bedingungen daher nicht oder nicht vollständig **15**

---

20 Newsletter des Europäischen Parlaments vom 8.6.2018.

21 Entschließung des Europäischen Parlaments vom 13. Juni zur Cyberabwehr (2018/20004(INI)), http://www.europarl.europa.eu/sides/getDoc.do?pubRef=-//EP//NONSGML+TA+P8-TA-2018-0258+0+DOC+PDF+V0//DE (zuletzt abgerufen: 21.3.2019).

22 *Wirth*, BB 2018, 200, 202.

23 AVB Cyber, https://www.gdv.de/resource/blob/6100/d4c013232e8b0a5722b7655b8c0cc207/01-allgemeine-versicherungsbedingungen-fuer-die-cyberrisiko-versicherung-avb-cyber-data.pdf (zuletzt abgerufen: 23.7.2018).

24 *Wirth*, BB 2018, 200, 202 f.

abgedeckt. Die Gestaltungsmöglichkeiten am Markt sind deutlich weitergehend.[25]

16 Die Produkte sind nach der GDV-Musterpolice überwiegend so ausgestaltet, dass eine Grunddeckung existiert, die sich durch verschiedene Deckungsbausteine erweitern lässt. In ihrem Grundfall erfassen die Policen meist Eigenschäden und Drittschäden, wobei letztere in den GDV-Bedingungen nur in einem separaten Deckungselement versichert sind. Die Drittschadenselemente entsprechen einer Haftpflichtversicherung i. S. d. §§ 100 ff. VVG, wobei die Bedingungswerke eigenständig sind und nicht auf den AHB basieren (siehe unten Rn. 21).[26] Der Versicherungsschutz im Drittschadenselement umfasst folglich die Freistellung von begründeten Ansprüchen und die Abwehr unbegründeter.

17 Unter den gesetzlichen Voraussetzungen (§ 2 Abs. 1 VVG) lassen sich auch **Rückwärtsdeckungen** vereinbaren. Damit können Schadensfälle versichert werden, die vor dem Versicherungsbeginn liegen. Dies ist allerdings nur dann möglich, wenn dem Versicherungsnehmer solche nicht bekannt sind. Die Musterbedingungen sehen eine solche Rückwärtsdeckung auch ausdrücklich vor.[27]

II. Preparedness

18 Unter dem Stichwort „Preparedness“ soll im Zusammenhang mit der Cyber-Risk-Versicherung dargestellt werden, inwieweit eine solche Versicherung in ihrer Konstruktionsweise und ihren verschiedenen Ausprägungen ein Teil der Vorbereitung auf eine Cyber-Attacke sein kann. Ein besonderes Augenmerk liegt dabei auf der Möglichkeit, den Cyber-Versicherungsschutz individualvertraglich nach dem sog. „**Baukastenprinzip**“[28] zu regeln. Außerdem soll in den Blick genommen werden, in welchem Umfang konventionelle Industrieversicherungsprodukte Cyber-Risiken erfassen und an welchen Stellen Überschneidungen mit diesen auftreten können.

19 Weiterhin stellt sich unter diesem Schlagwort die Frage, inwieweit die Unternehmensleitung unter Risikovorsorgegesichtspunkten verpflichtet ist, eine Cyber-Risk-Versicherung abzuschließen.

---

25 *Wirth*, BB 2018, 204, 205.
26 *Koch*, in: Bürkle/Hauschka, Der Compliance Officer, § 14 Rn. 102.
27 Vgl. Teil A Abschnitt A1-6 der Musterbedingungen.
28 Siehe hierzu schon *Wirth*, BB 2018, 200, 203 ff.

1. Sachlicher Gegenstand einer Cyber-Versicherung

20 In sachlicher Hinsicht umfasst eine Cyber-Risk-Versicherung typischerweise Eigen- und Drittschäden der versicherten Personen.

a) Drittschäden

21 Bei der Drittschadensversicherung handelt es sich um eine **Haftpflichtversicherung** i. S. d. § 100 VVG, da hier der Versicherer Abwehr unberechtigter Haftpflichtansprüche sowie die Freistellung von berechtigten Haftpflichtansprüchen in Bezug auf die versicherten Cyber-Risiken leistet.

22 In manchen Policen erfolgt eine Beschränkung auf Vermögenschäden resultierend aus gesetzlichen Haftpflichtansprüchen. Andere Policen erfassen auch Vermögensschäden aufgrund vertraglicher Schadensersatzansprüche.

23 Cyber-Vorfälle, die zu Drittschäden führen können, für die die versicherte Person haftpflichtig ist, sind etwa ein Hacking, in dessen Folge Kundendaten in falsche Hände geraten sind und der Versicherungsnehmer sich daraufhin Ansprüchen dieser Kunden auf Schadensersatz ausgesetzt sieht. Ein weiteres denkbares Cyber-Ereignis ist das unbeabsichtigte Verbreiten von Computerviren über infizierte E-Mail-Anhänge, die beim Empfänger Schäden verursachen.

24 Weiterhin ist denkbar, dass Hacker firmeneigene Social-Media-Accounts hacken und über diesen Account Bilder verbreiten, die Urheberrechtsverletzungen begründen können. Aus diesen können Schadensersatzansprüche der Rechteinhaber resultieren.[29]

25 Bei Unternehmen, die selbst Online-Dienstleistungen erbringen, besteht stets das Risiko, dass diese durch einen einfachen Eingabefehler eines Mitarbeiters Drittschäden verursachen.[30] Auch bei einem Hacking besteht das Risiko, für Schäden bei Kunden primär in Anspruch genommen zu werden, da der Hacker im Zweifel nicht aufzufinden sein wird oder nicht solvent genug ist, die Schäden zu ersetzen. Zudem besteht das Risiko, dass Hardwaredefekte zu Ansprüchen Dritter führen.

---

29 Etwa aus § 823 Abs. 2 BGB i. V. m. § 22 KUG.

30 FAZ v. 3.3.2017, http://www.faz.net/aktuell/wirtschaft/netzwirtschaft/amazon-stoerung-kam-durch-tippfehler-snapchat-andere-betroffen-14907190.html (zuletzt abgerufen: 21.3.2019). Zur Versicherbarkeit solcher Schäden siehe unten Rn. 81 ff.

b) Eigenschäden

26 Bei den cyberbedingten Eigenschäden sind zunächst diejenigen **Unterbrechungsrisiken** zu nennen, die dem IT-Umfeld zuzurechnen sind. Diese sind mit zunehmender Vernetzung und Digitalisierung mittlerweile auch in traditionellen Branchen, wie der Montanindustrie, gestiegen. So kam es laut dem IT-Lagebericht 2014 des BSI[31] zu einer gezielten Attacke auf ein nicht näher benanntes deutsches Stahlwerk, die sowohl zu Produktionsunterbrechungen als auch zu einem massiven Sachschaden an der Anlage geführt hat.

27 So ist zum einen denkbar, dass die eigene vernetzte Produktionslinie aufgrund eines IT-Fehlers oder Hackings bzw. einer DoS- oder DDoS-Attacke[32] auf das firmeneigene Netzwerk ausfällt. Zum anderen liegt es im Bereich des Möglichen, dass aufgrund eines Cyber-Zwischenfalls bei einem Dritten, wie etwa bei einem Stromversorger, die Produktion zum Erliegen kommt. Daraus resultieren teils gravierende Unterbrechungsrisiken.

28 Außerdem können Eigenschäden aufgrund der Kosten für die Entfernung von Computerviren entstehen. Diese können bei einem entsprechend großen Netzwerk schnell ein hohes Ausmaß erreichen.

29 Bei den Eigenschäden sind bei bestimmten Versicherern auch solche Schäden versicherbar, die aus der sog. „Chefmasche“ resultieren (auch als „**CEO bzw. Fake President Fraud**“ bekannt).[33] Hierüber hat etwa der Automobilzulieferer Leoni eine Summe von 40 Mio. EUR verloren.[34] Bei diesem Betrugsmodell werden primär Mitarbeiter aus der Buchhaltung per gefälschter E-Mail oder per Telefon von einem vermeintlichen Mitglied der Unternehmensführung kontaktiert und dazu angewiesen, Geld ins Ausland zu transferieren. In den Mitteilungen wird auf die strenge Vertraulichkeit des Vorgangs verwiesen und meist Zeitdruck aufgebaut. Die Attacken werden gewissenhaft vorbereitet (Auswertung der Firmenhomepage, von Karriereportalen etc.), sodass die E-Mails auf den ersten Blick stimmig wirken. Bei solchen Schäden besteht stets die Möglichkeit, dass der Versicherer seine

---

31 IT-Lagebericht 2014 des BSI, S. 31, https://www.bsi.bund.de/SharedDocs/Downloads/DE/BSI/Publikationen/Lageberichte/Lagebericht2014.pdf?__blob=publicationFile (zuletzt abgerufen: 21.3.2019).

32 Sowohl bei einer DoS- als auch bei einer DDoS- Attacke wird das Netzwerk des Angriffsziels mittels einer Vielzahl von Anfragen überlastet. Allerdings gehen bei der DoS-Attacke die Anfragen von einem Gerät aus, bei der DDoS-Attacke von mehreren Geräten, sog. Bot-Netzwerken.

33 Siehe hierzu *Fritzsche*, CB 2017, 403.

34 Siehe FAZ v. 16.8.2016, http://www.faz.net/aktuell/wirtschaft/unternehmen/autozulieferer-leoni-um-millionensumme-betrogen-14390918.html (zuletzt abgerufen: 21.3.2019).

Leistung wegen einer grob fahrlässigen Herbeiführung des Versicherungsfalls gem. § 81 Abs. 2 VVG kürzt. Beim Fake President Fraud können auch Überschneidungen mit einer D&O- oder Vertrauensschadenversicherung bestehen.[35]

Weiterhin ist die Möglichkeit gegeben, dass ein Unternehmen Opfer eines Erpressungstrojaners wie dem bereits erwähnten „**WannaCry**" wird (siehe oben Rn. 9). Bei dieser Art Cyber-Attacke werden die Dateien des angegriffenen Unternehmens über ein Schadprogramm verschlüsselt und dem Opfer der Attacke das Angebot unterbreitet, diesem nach Zahlung eines Geldbetrags, häufig als Bitcoin, den Entschlüsselungscode zu übersenden. **30**

Nicht zu unterschätzen sind auch die finanziellen Risiken, die aus den Kosten für die Information gegenüber Dateninhabern und Behörden im Falle von cyberbedingten Datenschutzverletzungen drohen. Solche Pflichten sind etwa in § 42a BDSG oder § 109a Abs. 1 TKG festgeschrieben. **31**

Gerade bei Online-Portalen kann der betroffene Personenkreis bei einem „Diebstahl" von Kundendaten in den mehrstelligen Millionenbereich gehen.[36] **32**

2. Versicherungsfall

Der Versicherungsfall in der **GDV-Musterpolice** ist der erstmals nachprüfbar festgestellte Vermögensschaden, der durch eine **Informationssicherheitsverletzung** verursacht worden ist. Eine Informationssicherheitsverletzung in diesem Sinne ist eine Beeinträchtigung der Verfügbarkeit, Integrität, Vertraulichkeit von elektronischen Daten des Versicherungsnehmers oder von informationsverarbeitenden Systemen, die er zur Ausübung seiner betrieblichen oder beruflichen Tätigkeit nutzt. Sie muss nach den Musterbedingungen durch folgende (cyberspezifische) Ereignisse ausgelöst werden: **33**

- Angriffe auf elektronische Daten oder informationsverarbeitende Systeme des Versicherungsnehmers;
- unberechtigte Zugriffe auf elektronische Daten des Versicherungsnehmers;

---

35 *Fritzsche*, CB 2017, 403.

36 Siehe Heise v. 22.11.2017, https://www.heise.de/newsticker/meldung/Uber-verschwieg-Daten-Diebstahl-bei-50-Millionen-Kunden-3897154.html (zuletzt abgerufen: 21.3.2019), siehe Spiegel v. 4.10.2017, http://www.spiegel.de/netzwelt/netzpolitik/yahoo-alle-drei-milliarden-accounts-von-hackerangriff-2013-betroffen-a-1171101.html (zuletzt abgerufen: 21.3.2019).

- Eingriffe in informationsverarbeitende Systeme des Versicherungsnehmers;
- eine Handlung oder Unterlassung, die zu einer Verletzung von datenschutzrechtlichen Vorschriften durch den Versicherungsnehmer führt;
- Schadprogramme, die auf elektronische Daten oder informationsverarbeitende Systeme des Versicherungsnehmers wirken.

34 Allerdings sind auch abweichende und ergänzende Ausgestaltungen möglich. Wer sich daher bei dem Einkauf entsprechender Deckung allein an die Musterbedingungen hält, verzichtet per se leichtfertig auf erzielbaren besseren Versicherungsschutz. Ein beispielsweise in den Musterbedingungen nicht vorgesehener aber in der Unternehmenspraxis eminent wichtiger Tatbestand sind bloße Programmierfehler.[37] Diese beruhen zwar nicht auf einer Informationssicherheitsverletzung, können aber gleichwohl vom Versicherungsschutz bei entsprechender Vereinbarung mit erfasst werden (siehe unten Rn. 52 ff.).

35 Im Rahmen individuell vereinbarter Policen variieren die notwendigen cyberspezifischen Ereignisse je nachdem, ob es sich um das Eigen- oder Drittschadensmodul handelt.

36 Im Bereich der Eigenschäden ist ein oft verwendeter Anknüpfungspunkt ein unbefugter Eingriff in die EDV des Versicherungsnehmers oder eine DoS- oder DDoS-Attacke oder eine Infektion eines IT-Systems durch Schadsoftware, die etwa zu deren Beschädigung, Zerstörung, Veränderung oder Blockierung geführt haben. Weitere Ereignisse zur Anknüpfung des Versicherungsfalls können der Missbrauch der IT-Systeme des Versicherungsnehmers, von dessen Programmen oder dessen elektronischen Daten sein. Zu beachten ist, dass in manchen Policen die Cyber-Angriffe zielgerichtet erfolgen müssen, in anderen nicht. Eine Beschränkung auf zielgerichtete Attacken verkürzt den Deckungsumfang des Eigenschadenselements stark.

37 Bei den Drittschäden hingegen können zum Beispiel cyberbedingte Datenschutzverletzungen, Verletzungen der Netzwerksicherheit oder etwa die Veröffentlichung von digitalen Medieninhalten, die zu Urheberrechtsverletzungen geführt haben, relevante Ereignisse für den Eintritt des Versicherungsfalls sein.

38 Über die Versicherungsfalldefinition werden auch die jeweils im Versicherungsverhältnis maßgeblichen Zeitpunkte determiniert. So ist der Zeitpunkt des Eintritts des Versicherungsfalls für verschiedene Obliegenheiten, wie etwa der Schadensminderungsobliegenheit gem. § 82 VVG, bedeutsam. Au-

---

37 *Wirth*, BB 2018, 200, 203.

ßerdem sollte bei einem Anbieterwechsel darauf geachtet werden, dass es aufgrund abweichender Versicherungsfalldefinitionen in Alt- und Neuvertrag nicht zu Deckungslücken kommt.

Von der materiellen Frage des Vorliegens des Versicherungsfalls ist die Frage zu unterscheiden, wodurch der Versicherungsfall ausgelöst wird. Diesbezüglich wird häufig in einer Police in den jeweils verschiedenen Modulen (Eigen- und Drittschadensmodul) eine unterschiedliche Versicherungsfalldefinition genutzt.[38] So findet das **Schadensereignisprinzip**, das **Claims-made-Prinzip**, aber auch das **Kausalereignisprinzip** Anwendung. In der konkreten Ausgestaltung können mitunter große Unterschiede bestehen. **39**

a) Schadensereignisprinzip

Beim Schadensereignisprinzip wird für den Eintritt der Leistungspflicht des Versicherers an den Eintritt eines Schadens angeknüpft.[39] Im cyberspezifischen Kontext ist der relevante Zeitpunkt der Eintritt eines cyberrelevanten Ereignisses. Dieses Prinzip bedient sich auch der GDV in seinen Musterbedingungen bezüglich des Eigenschadenselements. Danach wird der Versicherungsfall in dem Moment ausgelöst, in dem die materiellen Voraussetzungen desselbigen vorliegen. Entscheidender Zeitpunkt für das Auslösen des Versicherungsfalls ist somit der Eintritt des Vermögensschadens. **40**

b) Claims-made-Prinzip

Bei der Definition des Auslösers des Versicherungsfalls wird auch auf das u.a. aus der D&O-Versicherung bekannte Claims-made-Prinzip, auch als Anspruchserhebungsprinzip bekannt, angeknüpft. Das den Versicherungsfall auslösende Ereignis ist die erstmalige schriftliche Inanspruchnahme aus einem versicherten Anspruch.[40] Bei Ansprüchen eines Dritten ist dessen Inanspruchnahme maßgeblich, während es bei Eigenansprüchen auf die Inanspruchnahme durch den Versicherungsnehmer selbst ankommt. Seinen Ursprung hat das Claims-made-Prinzip im angelsächsischen Rechtsraum.[41] **41**

Für die Versicherer bietet das Anspruchserhebungsprinzip den Vorteil, dass diese hierüber ihr Nachhaftungsrisiko begrenzen können, denn bei diesem Anknüpfungspunkt für den Versicherungsfall kann nach Ablauf des versi- **42**

---

38 *Flagmeier*, in: Heidemann, Cyber-Risiken und Versicherungsschutz, S. 55.
39 *Rixecker*, in: Langheid/Rixecker, VVG, § 1 Rn. 6.
40 *Wandt*, Versicherungsrecht, Rn. 913, 1058.
41 *Büsken*, in: MüKo VVG, Bd. 3, Nr. 300 Rn. 13; *Wirth*, BB 2018, 200, 203 m. w. N.

cherten Zeitraums grundsätzlich kein Versicherungsfall mehr eintreten.[42] Dies wäre beim Anknüpfen an ein einzelnes Schadensereignis anders. Allerdings wird seine strenge zeitliche Begrenzung im Regelfall über Nachhaftungszeiträume und die Möglichkeit von Umstandsmeldungen abgemildert.[43]

c) Kausalereignisprinzip

43 Nach dem Kausalereignisprinzip wird der Versicherungsfall bereits durch den Pflichtenverstoß des Versicherungsnehmers ausgelöst.[44] Als ein solcher Pflichtenverstoß kommen die bereits im Rahmen der materiellen Voraussetzungen eines Versicherungsfalls erwähnten cyberbedingten Datenschutzverletzungen, Netzwerksicherheitsverletzungen oder etwa die Veröffentlichung von digitalen Medieninhalten, die zu Urheberrechtsverletzungen führen, in Betracht.

3. Umfang des Versicherungsschutzes

44 Wie bereits erwähnt, umfasst der Versicherungsschutz den Ersatz für Haftpflicht- und Vermögenseigenschäden sowie teils besondere cyberbezogene Assistance-Leistungen.[45] Der Umfang bestimmt sich neben der Grunddeckung maßgeblich über individuelle Vereinbarungen mit dem Versicherer.

a) Haftpflicht

45 Bei dem Drittschadenselement einer Cyber-Risk-Versicherung handelt es sich um eine besondere Haftpflichtversicherung. Folglich stellt der Versicherer den Versicherungsnehmer bzw. die versicherten Personen von begründeten Ansprüchen Dritter frei und wehrt unbegründete Ansprüche ab. Diese Ansprüche müssen aus einem der unter dem Punkt Versicherungsfall (siehe oben Rn. 33 ff.) aufgezählten Ereignisse mit Cyber-Bezug resultieren. Hinsichtlich der Art der in Betracht kommenden Anspruchsgrundlagen sind sowohl Schadensersatzansprüche als auch deliktische Ansprüche denkbar.

---

42 *Voit*, in: Prölss/Martin, VVG, AVB-AVG Ziff. 2 Rn. 1.
43 *Voit*, in: Prölss/Martin, VVG, AVB-AVG Ziff. 2 Rn. 1.
44 *Rixecker*, in: Langheid/Rixecker, VVG, § 1 Rn. 6.
45 Siehe zu den Haftungsverhältnissen bei Cyber-Angriffen näher *Mehrbrey/Schreibauer*, MMR 2016, 75.

46 Aus welchen Anspruchsgrundlagen und welchen Ereignissen die Haftpflichtansprüche folgen, kann je nach Branche und Tätigkeitsfeld des haftpflichtigen Unternehmens unterschiedlich sein.

47 So kommen beispielsweise Ansprüche Dritter wegen der Verbreitung von Schadsoftware per Firmen-E-Mail-Account in Frage. Außerdem ist es denkbar, dass auf elektronischem Weg Urheber- oder Persönlichkeitsrechtsverletzungen über das Firmennetzwerk erfolgen, aus denen Ansprüche der Verletzten resultieren können. Zu beachten ist allerdings, dass in den Policen einiger Anbieter letztgenannte Ansprüche ausgeschlossen sind.

48 Zu denken ist auch an Ansprüche von Nutzerkonteninhabern gegen eine Online-Plattform, die gehackt wurde. Hier können zum einen schuldrechtliche Ansprüche bestehen, sofern aus dem Datendiebstahl oder Verlust der Daten ein Schaden entstanden ist.[46] Daneben sind auch deliktische Ansprüche möglich.

49 Neben Ansprüchen aus der allgemeinen deliktsrechtlichen Haftungsnorm § 823 BGB kommen auch noch verschiedene spezialgesetzliche Haftungsnormen als Anspruchsgrundlage, wie § 7 BDSG, § 44 Abs. 1 TKG oder auch § 32 Abs. 3 EnWG, in Betracht.[47]

b) Vermögenseigenschäden

50 Bei den versicherten Vermögenseigenschäden, als zweitem Element der Cyber-Risk-Versicherung neben der Haftpflichtkomponente, kommen vor allem die Benachrichtigungskosten für die Information von Dateninhabern und Behörden infrage. Diese Benachrichtigungspflichten resultieren aus § 42a BDSG, § 109a Abs. 1 TKG, § 15a TMG. Außerdem ist hier auch an die Kosten für die Entfernung von Schadsoftware zu denken.

51 Hohes Schadenspotenzial weisen auch Eigenschäden auf, die durch cyberbedingte Betriebsunterbrechungen hervorgerufen werden können. Diese sind in der Eigenschadengrunddeckung meist ausgeschlossen. Sie können aber bei bestimmten Versicherern, wie noch erörtert wird (siehe unten Rn. 59 ff.), gegen Prämienaufschlag versichert werden.

c) Zusätzliche Deckungsmöglichkeiten

52 Zu dem vorstehend dargestellten Grundversicherungsschutz (siehe oben Rn. 20 ff.) können zusätzliche Deckungsbausteine individuell vereinbart

46 *Mehrbrey/Schreibauer*, MMR 2016, 75, 80 f.
47 *Mehrbrey/Schreibauer*, MMR 2016, 75, 81.

werden. Dieses Baukastenprinzip ist deutlich umfangreicher und individueller als bei sonstigen Industrieversicherungen. Dies eröffnet einerseits natürlich erhebliche Chancen, den Versicherungsschutz individuell und passgenau für jedes Unternehmen zu verbessern. Andererseits birgt dieses zum Teil breite Spektrum an Möglichkeiten auch die Gefahr, durch eine nicht hinreichende Befassung mit den zur Verfügung stehenden Deckungsmöglichkeiten Fehler zu begehen und ungewollte Deckungslücken zu produzieren.[48]

53 Hinzu kommt, dass nicht jeder Versicherer bereit und dazu in der Lage ist, die volle Bandbreite an Zusatzschutz und Assistance-Leistungen anzubieten. Die Notwendigkeit dieser Zusatzprodukte hängt stark vom Einzelfall ab.[49] Die Angebote der Versicherer unterscheiden sich teilweise sehr stark voneinander. Gerade bei Großunternehmen ist daran zu denken, dass diese Leistungen auch von unternehmenseigenen Abteilungen erbracht werden können oder in bestehenden Versicherungspolicen enthalten sind.

aa) Assistance-Leistungen

54 Bei **Assistance-Leistungen** handelt es sich um Zusatzdienstleistungen zur reinen Kostenerstattung bzw. Anspruchsabwehr. Über diese Leistungen soll eine schnelle und praktische Hilfe im Schadensfall sichergestellt werden.

55 Vor Vereinbarung von Assistance-Leistungen ist jedoch zu prüfen, ob nicht die durch die Zusatzbausteine angebotenen Leistungen vom Unternehmen selber erbracht werden können (bzw. sollen) oder von bereits vorhandenen Versicherungspolicen abgedeckt werden.

56 So wird etwa häufig als Zusatzleistung die Beauftragung einer PR-Agentur angeboten, die die negativen Folgen einer Cyber-Attacke in der öffentlichen Wahrnehmung des betroffenen Unternehmens eindämmen soll. Sofern jedoch ohnehin eine eigene effiziente PR-Abteilung vorhanden ist oder bereits entsprechende Verträge mit externen PR-Beratern bestehen, kann auf einen solchen Deckungsbaustein verzichtet werden.[50]

57 Außerdem wird häufig die unmittelbare Einschaltung einer auf die Abwicklung von Cyber-Schadensfällen spezialisierten Rechtsanwaltskanzlei angeboten.

58 In manchen Versicherungspolicen besteht zudem die Möglichkeit der Durchführung von forensischen Untersuchungen nach einer Cyber-Attacke

48 *Wirth*, BB 2018, 200, 204.
49 *Wirth*, BB 2018, 200, 204.
50 *Wirth*, BB 2018, 200, 204.

durch Dienstleistungspartner des Versicherers bzw. den Kostenersatz für solche Maßnahmen.

bb) Betriebsunterbrechungsversicherung

Neben den im Schadensfall eher flankierenden Leistungen ist eine in der Praxis sehr wichtige zusätzliche Deckungsmöglichkeit der sachschadensunabhängige Ersatz von Kosten wegen einer **Betriebsunterbrechung**. Hierbei werden teilweise auch solche Betriebsunterbrechungsschäden erfasst, die durch den Ausfall von Cloud- oder IT-Dienstleistern entstehen.[51] **59**

Im Gegensatz zur klassischen Feuer-Betriebsunterbrechungsversicherung gibt es hier gerade kein Sachschadenserfordernis. Konventionelle Betriebsunterbrechungsversicherungen sind auch sehr beschränkt, was die Kausalverläufe anbelangt, die einen Versicherungsfall auslösen können. So sehen die GDV-Musterbedingungen eine Begrenzung auf solche Sachschäden vor, die aus Brand, Blitzschlag und Explosion sowie Anprall oder Absturz eines Luftfahrzeuges resultieren. Dass in einer konventionellen Betriebsunterbrechungsversicherung durch ein Cyber-Ereignis ein Versicherungsfall ausgelöst wird, erscheint hiernach schwer vorstellbar. **60**

Bei den Cyber-Betriebsunterbrechungsversicherungen liegen die Unterschiede im Detail. So erfassen manche Policen nur diejenigen Betriebsunterbrechungsschäden, die durch den Ausfall der eigenen IT bedingt sind. Andere Deckungskonzepte schließen auch solche Unterbrechungsschäden mit ein, die durch den Ausfall von Cloud- oder IT-Dienstleistern entstehen. Es lässt sich bei manchen Versicherern sogar der Unterbrechungsschaden versichern, der aus cyberbedingten Ausfällen bei Versorgern, wie Kraftwerken, im eigenen Unternehmen entsteht. **61**

Ein für Cyber-Schäden sehr typisches, aber häufig bei Vertragsabschluss verkanntes Problem, liegt in der Durchsetzbarkeit des Versicherungsschutzes.[52] Denn grundsätzlich trägt der Versicherungsnehmer die Beweislast für den Versicherungsfall.[53] Wenn der Versicherungsnehmer den Versicherungsfall gegenüber dem Versicherer nicht beweisen kann, bleibt somit auch die konzeptionell beste Deckung wirkungslos. **62**

Es kommt in der Praxis jedoch häufig vor, dass die konkrete Ursache einer Cyber-Attacke nicht aufgeklärt und der Eintritt eines Versicherungsfalls **63**

---

51 *Wirth*, BB 2018, 200, 203.
52 Siehe hierzu schon *Wirth*, BB 2018, 200, 203.
53 *Armbrüster*, in: Prölss/Martin, VVG, § 1 Rn. 192.

deshalb nicht bewiesen werden kann. Das geht zulasten des insoweit beweispflichtigen Versicherungsnehmers.

64 Um eine unangemessene Benachteiligung des Versicherungsnehmers zu vermeiden, lässt sich bei den Unterbrechungsschäden dieses Risiko am Markt teilweise dadurch ausschließen, dass mit dem Versicherer eine Beweislastumkehr zugunsten des Versicherungsnehmers vereinbart wird. Nicht jeder Versicherer ist dazu allerdings bereit.

65 In diesem Zusammenhang muss auch bedacht werden, dass das Wiederanfahren der Systeme häufig einen erheblichen Zeitraum in Anspruch nimmt, in dem nicht produziert werden kann oder der Zugriff auf für den Geschäftsbetrieb notwendige Daten unmöglich ist. Dies birgt nicht nur enormes Schadenspotenzial, das adäquat abgedeckt werden sollte, sondern verdeutlicht auch, dass das betroffene Unternehmen in einer derartigen Konstellation kaum Ressourcen dafür hat, sich im Schadensfall dann auch noch primär um die eigene Beweissicherung zu kümmern.[54]

66 Im Übrigen lässt sich die Möglichkeit des Zugriffs auf eine Krisenhotline des Versicherers vereinbaren.

cc) Erpressungsgelder

67 In den meisten Policen ist eine Versicherung von Löse- und Erpressungsgeldern vom Versicherungsschutz ausgeschlossen.

68 Dies hat seinen Grund darin, dass die BaFin erst jüngst ihre Sichtweise bezüglich der Unvereinbarkeit einer Bündelung von Lösegeldversicherungen mit anderen Versicherungen, jedenfalls im Cyber-Bereich, geändert hat.

69 Jahrzehntelang sind die BaFin bzw. ihre Vorgängerbehörde, das BAV, von einer Unvereinbarkeit einer solchen Versicherung mit dem deutschen Recht ausgegangen. Erst im Jahre 1998 hat sie ihre generellen Vorbehalte gegenüber Lösegeldversicherungen gelockert und sie unter der einschränkenden Voraussetzung, dass diese nicht mit anderen Versicherungsprodukten gebündelt werden, in ihrem Rundschreiben 3/1998 (VA)[55] in engen Grenzen erlaubt. Im BaFin Journal vom September 2017 hat sie nun verkündet, dass

---

54 *Wirth*, BB 2018, 200, 203.

55 Vgl. https://www.bafin.de/SharedDocs/Veroeffentlichungen/DE/Rundschreiben/rs_9803_va_loesegeldversicherung.html;jsessionid=81034E1E288E4BDBFAF9963E93078B3E.2_cid381 (zuletzt abgerufen: 21.3.2019).

eine Bündelung von Lösegeldversicherungen mit Cyber-Versicherungen zulässig sein soll.[56]

Nunmehr kann die Cyber-Police auch mit anderen Versicherungsprodukten kombiniert werden. Die Assekuranz wird das voraussichtlich in Zukunft bei der Produktentwicklung berücksichtigen. Ob dies allein dazu führt, dass die Versicherung künftig tatsächlich zu einem Massenprodukt wird,[57] erscheint allerdings eher fraglich und bleibt abzuwarten.[58] **70**

Zu beachten ist in diesem Zusammenhang, dass bei einer solchen gebündelten Versicherung nur die Cyber-Deckung, nicht jedoch der Lösegeldbaustein beworben werden darf. Außerdem muss gewährleistet sein, dass es nicht zu Beeinträchtigungen der Ermittlungsarbeit der Polizei kommt.[59] **71**

Von daher ist schwer einzuschätzen, wie viele der am Markt tätigen Versicherer solche Versicherungslösungen anbieten können und werden. In Anbetracht zunehmender Attacken mittels Erpressungstrojanern erscheint eine solche Versicherung zumindest erwägenswert. **72**

dd) Geldbußen oder -strafen?

Bei manchem Anbieter von Cyber-Risk-Versicherungen sollen sich auch Geldstrafen und Geldbußen versichern lassen, die aus der Verletzung von Ordnungsvorschriften mit Cyber-Bezug resultieren. Dies geschieht in den AVB meist unter dem Zusatz „soweit gesetzlich versicherbar". Eine wertungsmäßige Korrektur soll dann über einen Vorsatzausschluss erfolgen – die Versicherbarkeit vorsätzlicher Verstöße ist generell undenkbar. Allerdings ist hier zu beachten, dass der Meinungsstand und die Rechtsprechung auch zu derartigen Klauseln noch im Fluss sind.[60] **73**

Bußgeldbewehrte Ordnungsvorschriften, die in Folge eines Cyber-Vorfalls verletzt werden können, sind etwa in § 43 BDSG, § 16 TMG, § 149 Abs. 1 Nr. 21b TKG i.V.m. § 109 Abs. 5 Satz 1 TKG sowie Art. 79 DSGVO enthal- **74**

---

56 BaFin-Journal 9/2017, 4; https://www.bafin.de/SharedDocs/Downloads/DE/BaFinJournal/2017/bj_1709.pdf?__blob=publicationFile&v=6 (zuletzt abgerufen: 21.3.2019).

57 So äußerte sich der BaFin-Chef *Grund* gegenüber dem Versicherungsmagazin; Versicherungsmagazin v. 2.6.2017, http://www.versicherungsmagazin.de/rubriken/produkte/versicherungsaufsicht-gibt-erpressungsschutz-frei-1957487.html (zuletzt abgerufen: 21.3.2019).

58 *Wirth*, BB 2018, 200, 204.

59 BaFin-Journal 9/2017, 4.

60 Näher dazu *Looschelders*, VersR 2013, 1069, 1071; mit rechtsvergleichendem Ansatz *Strasser*, VersR 2017, 65, 71; *Finkel/Seitz*, in: Seitz, Ziff. 5.11, Rn. 77 f. m. w. N.

ten. Relevante Strafvorschriften enthält etwa § 44 BDSG. Im Bereich der Strafvorschriften greift aber ohnehin meist ein Vorsatzausschluss.

75 Wichtig ist, sich bei der Vereinbarung derartiger Klauseln bewusst zu machen, dass es nicht als sicher gelten kann, dass derartige Klauseln einer insbesondere höchstrichterlichen Inhaltskontrolle standhalten. Das Argument einer Sittenwidrigkeit gemäß §§ 134, 138 BGB steht hierbei im Raum. Hinsichtlich der Versicherbarkeit von Geldbußen gegen Unternehmen bei fahrlässigen Verstößen herrscht bereits schon jetzt ein sehr umfänglicher und kontroverser Meinungsstand vor.[61] Es bleibt insgesamt abzuwarten, wie sich die Rechtsprechung zu der Frage positionieren wird. Unternehmen sind jedenfalls gut beraten, auch bei Einschluss derartiger Klauseln deren möglicherweise zumindest teilweise rechtliche Fragilität von vornherein zu berücksichtigen.[62]

ee) Sonstige zusätzliche Deckungsmöglichkeiten

76 Zusätzlich zum Grundversicherungsschutz im Eigen- wie Drittschadensbereich lassen sich optional folgende Schäden bzw. Kosten versichern:

- Kosten infolge gesetzlicher Meldepflichten;
- Aufwendungen vor Eintritt des Versicherungsfalls, die dazu dienen, den unmittelbar drohenden Schaden abzuwenden;
- Eigenschäden wegen Kosten für Datenwiederherstellung und Entfernung von Schadsoftware;
- Kreditkartenüberwachungskosten;
- Kosten wegen Ansprüchen Dritter aufgrund von vom Versicherungsnehmer veröffentlichten Medieninhalten.

77 Einen eher exotischen Deckungsbaustein, der jedoch die Marktvielfalt unterstreicht und in seinem Wesen an eine Assistance-Leistung erinnert, stellt die von einem Versicherer angebotene Möglichkeit dar, dass dieser die Kosten für Goodwill-Aktionen, wie Gutschein- oder Rabattcoupons übernimmt, die beim Kunden den Vertrauensverlust aufgrund eines Datenverlusts kompensieren sollen.

---

61 Gegen eine Versicherbarkeit von Geldbußen bei Normverstößen: *Armbrüster/Schilbach*, r+s 2016, 109, 112 und *Dreher*, VersR 2015, 781, 792 f.; für eine Versicherbarkeit/Erstattungsmöglichkeit von Geldbußen bei Normverstößen *Gädtke*, in: Bruck/Möller, VVG, Bd. 4, AVB-AVG 2011/2013, Ziff. 5 Rn. 116 und *Kapp*, NJW 1992, 2796, 2798.

62 *Wirth*, BB 2018, 200, 204.

Gesondert erwähnt werden soll an dieser Stelle die Möglichkeit, neben den vorstehend bereits erwähnten Programmierfehlern, sogar Kosten und Schäden zu versichern, die aufgrund von interner Mitarbeitersabotage und daher nicht aufgrund einer Cyber-Attacke entstanden sind. Ob ein derartiger Baustein tatsächlich eingekauft wird, hängt natürlich entscheidend auch von der individuellen Struktur und Philosophie des jeweiligen Risk-Managements im Unternehmen ab. **78**

Außerdem ist es teilweise möglich, dass der Versicherer auch die Kosten für eine Verbesserung der IT-Sicherheit nach dem Eintritt des Versicherungsfalls übernimmt. **79**

Bei einem Teil der Anbieter von Cyber-Policen lassen sich unter den gesetzlichen Voraussetzungen auch Rückwärtsdeckungen vereinbaren. Hierüber können auch die Schadensfälle versichert werden, die vor dem Versicherungsbeginn liegen. Einschränkende Voraussetzung ist allerdings, dass dem Versicherungsnehmer der Eintritt des Schadensfalls unbekannt ist. **80**

4. Risikoausschlüsse

Wie in jeder anderen Versicherung auch, sind in der Grunddeckung einer Cyber-Police einige Risiken ausgeschlossen. Während einige Risikoausschlüsse unter keinen Umständen verhandelbar sind, sind andere dispositiv – die betreffenden Risiken lassen sich also entsprechend des Baukastenprinzips (siehe oben Rn. 52 ff.) in die Deckung miteinbeziehen. **81**

Nicht versicherbar sind Versicherungsfälle oder Schäden aufgrund vorsätzlicher oder wissentlicher Pflichtverletzung. Die Musterbedingungen des GDV beziehen den Ausschluss auf alle Personen, die den Schaden vorsätzlich oder wissentlich herbeigeführt haben.[63] Bei großen Unternehmen steigt durch diese Regelung aufgrund der Vielzahl an beteiligten Personen die Gefahr, dass allzu oft der Versicherer von seiner Leistungspflicht befreit wird. Aus diesem Grund besteht bei manchen Anbietern die Möglichkeit, die Risikoausschlüsse auf einzelne Repräsentanten[64] einzugrenzen.[65] **82**

Weiterhin sind in der Regel solche Versicherungsfälle vom Versicherungsschutz nicht umfasst, die auf Krieg, politischen Gefahren oder Terrorakten beruhen. Abgrenzungsprobleme können bei Cyber-Angriffen von Regierungen auftreten, weil es unklar sein kann, ob es sich hierbei um Cyber-Krieg **83**

63 Vgl. Abschnitt 1 Teil A1-17.10 der Musterbedingungen.

64 Siehe zum Begriff Rn. 95 ff.

65 Siehe zu sog. Repräsentantenklauseln Rn. 95 ff; *Wirth*, BB 2018, 200, 205.

oder um Cyber-Terrorismus handelt.[66] Allerdings dürften Zweifelsfälle aufgrund der Unklarheitenregel in § 305c Abs. 2 BGB zugunsten des Versicherungsnehmers ausgehen. Aus Sicht des Versicherers besteht im Hinblick auf den Ausschluss von politischen Gefahren zusätzlich die Problematik, die Beteiligung einer Regierung an einem Hacker-Angriff zu beweisen. Dies zu lösen gestaltet sich mitunter sehr schwierig, sodass die praktische Relevanz einer Klausel zum Ausschluss von politischen Gefahren eher gering ist, da trotz Risikoausschluss faktisch eine Deckung besteht.[67]

84 Stets ausgeschlossen und nicht verhandelbar sind weiter auch Versicherungsfälle im Zusammenhang mit Kernenergie. Im Rahmen der zur Disposition stehenden Risikoausschlüsse ist zwischen den Risiken zu unterscheiden, die in der Regel versicherbar sind und solchen, bei denen nur in Einzelfällen eine Deckung möglich ist.

85 Von den standardmäßig zumeist ausgeschlossenen Fällen lassen sich in der Regel Versicherungsfälle oder Schäden aufgrund der Verletzung von Immaterialgütern, von EDV-Bedienfehlern und technischen EDV-Störungen versichern. Hinsichtlich der Bedienungsfehler sollte man sich vor Augen führen, dass bereits ein einfacher Eingabefehler ein hohes Schadenspotenzial haben kann.[68] Im Online-Handel birgt beispielsweise, vor dem Hintergrund der von den Kunden eingekauften Speicherkapazität, die aufgrund einer solchen Störung über Stunden nicht mehr gegebene Erreichbarkeit ein enormes wirtschaftliches Risiko. In diese Kategorie zählen auch die oben bereits erwähnten Löse- und Erpressungsgelder (siehe oben Rn. 67 ff.).

86 Zu den im Einzelfall versicherbaren Risiken zählen Schäden aufgrund von Finanzmarkttransaktionen, des Ausfalls von Infrastruktur und von Verlusten aus dem Abfluss von Vermögenswertung.

5. Obliegenheiten vor Eintritt des Versicherungsfalls

87 Im Bereich der Cyber-Versicherung haben bestimmte Obliegenheiten gesetzlicher wie auch vertraglicher Natur eine besondere Relevanz. Obliegenheiten meinen im Privatversicherungsrecht primär Verhaltensregeln für den Versicherungsnehmer, deren Erfüllung nicht klageweise durchgesetzt werden kann und deren Nichterfüllung auch keine Ansprüche auf Schadenser-

---

66 Vgl. *Eling*, ZfV 2015, 552, 555.

67 GDV News v. 10.7.2018, Wenn Geheimdienste Mittelständler hacken, S. 2, https://www.gdv.de/de/themen/news/wenn-geheimdienste-mittelstaendler-hacken-32974 (zuletzt abgerufen: 21.3.2019).

68 *Wirth*, BB 2018, 200, 204.

satz auslöst.[69] Es handelt sich also nicht um echte Rechtspflichten.[70] Ihre Einhaltung ist nach der Voraussetzungstheorie lediglich nur eine objektive Voraussetzung zur Erhaltung der Rechte des Versicherungsnehmers.[71]

Auf Seiten der Rechtsfolgen einer Obliegenheitsverletzung herrscht keine Einheitlichkeit vor, wobei häufig der Versicherer zur Kündigung berechtigt wird, oder, sofern der Versicherungsfall schon eingetreten ist, er entsprechend dem Verschuldensgrad ganz oder teilweise leistungsfrei ist.[72] **88**

Die Obliegenheiten, die den Versicherungsnehmer nach Eintritt des Versicherungsfalls treffen, werden unter dem Stichwort „Response" dargestellt (siehe unten Rn. 128 ff.). **89**

a) Gesetzliche Obliegenheiten vor Eintritt des Versicherungsfalls

Unter den gesetzlichen Obliegenheiten die vor Eintritt des Versicherungsfalls zu erfüllen sind, ist im Zusammenhang mit Cyber-Versicherungen vor allem die Anzeigeobliegenheit aus § 19 VVG und daran anschließend die Möglichkeit der Vereinbarung von Repräsentantenklauseln hervorzuheben. **90**

aa) § 19 VVG

In § 19 Abs. 1 Satz 1 VVG ist die **vorvertragliche Anzeigeobliegenheit** geregelt. Der Versicherungsnehmer hat hiernach bis zur Abgabe seiner Vertragserklärung die ihm bekannten Gefahrumstände, die für den Entschluss des Versicherers, den Vertrag mit dem vereinbarten Inhalt zu schließen, erheblich sind und nach denen der Versicherer in Textform gefragt hat, dem Versicherer anzuzeigen. So soll dem Versicherer eine Risikokalkulation ermöglicht werden.[73] **91**

In den Risikofragebögen wird der Versicherer im Cyber-Bereich häufig danach fragen, in wie weit das Geschäftsmodell des Unternehmens auf den Online-Bereich zugeschnitten ist (z. B. Online-Handel oder IT-Dienstleister), wie die Verarbeitung personenbezogener Daten geregelt ist und inwieweit beispielsweise Produktionslinien vernetzt sind. Häufig wird auch danach gefragt werden, ob Mitarbeiter ihre privaten Elektronikgeräte beruflich nutzen dürfen. **92**

---

69 *Armbrüster*, Privatversicherungsrecht, Rn. 1497; *Wandt*, Versicherungsrecht, Rn. 555.
70 *Armbrüster*, Privatversicherungsrecht, Rn. 1497; *Wandt*, Versicherungsrecht, Rn. 566.
71 *Armbrüster*, Privatversicherungsrecht, Rn. 1497; *Wandt*, Versicherungsrecht, Rn. 566.
72 *Wandt*, Versicherungsrecht, Rn. 566.
73 *Armbrüster*, Privatversicherungsrecht, Rn. 322; *Wandt*, Versicherungsrecht, Rn. 559.

93 Eine Verletzung der vorvertraglichen Anzeigeobliegenheit führt gem. § 19 Abs. 2 VVG zu einem Rücktrittsrecht des Versicherers. Dies ist allerdings gem. § 19 Abs. 3 Satz 1 VVG ausgeschlossen, wenn der Versicherungsnehmer die Anzeigepflicht weder vorsätzlich noch grob fahrlässig verletzt hat. Dann ist er allerdings gem. § 19 Abs. Satz 2 VVG berechtigt, den Vertrag binnen Monatsfrist zu kündigen. Das Rücktrittsrecht des Versicherers bzw. das Kündigungsrecht sind ausgeschlossen, wenn er den Vertrag auch bei Kenntnis der nicht angezeigten Umstände auch zu anderen Bedingungen geschlossen hätte. Demzufolge hat der Versicherer alle rücktrittsbegründenden Umstände vorzutragen und zu beweisen.[74] Der Versicherungsnehmer hingegen hat die Umstände vorzutragen und zu beweisen, die dazu führen, dass das Rücktrittsrecht ausgeschlossen ist.[75]

94 Zu beachten ist in diesem Zusammenhang, dass § 22 VVG klarstellt, dass das Recht des Versicherers, den Vertrag wegen arglistiger Täuschung anzufechten, von den Regelungen über die Anzeigeobliegenheiten nicht tangiert wird.

bb) Repräsentantenklauseln

95 Wie schon im Rahmen der Risikoausschlüsse angesprochen (siehe oben Rn. 81 ff.), ist überall dort im Versicherungsverhältnis, wo auf das Wissen, den Vorsatz oder Handlungen sowie Unterlassungen abgestellt wird, die Frage nach der Zurechnung von Verhalten von Relevanz. So auch im Bereich der vorvertraglichen Anzeigeobliegenheit aus § 19 Abs. 1 Satz 1 VVG.

96 Diese Zurechnung geschieht im Privatversicherungsrecht über die Figur des **Repräsentanten**.[76] Repräsentanten im Sinne der versicherungsrechtlichen Rechtsprechung sind Personen, die in dem Geschäftsbereich, zu dem das versicherte Risiko gehört, aufgrund eines Vertretungs- oder eines ähnlichen Verhältnisses an die Stelle des Versicherungsnehmers getreten sind.[77] Hierzu zählen alle Personen, die (partiell) die laufenden Geschäfte in einem Unternehmen selbstständig führen.[78] Nach der neueren Rechtsprechung bedeutet dies, dass insoweit eine vollständige Verantwortung für das versicherte Risi-

---

74 *Langheid*, in: Langheid/Rixecker, VVG, § 19 Rn. 135, 137.
75 *Langheid*, in: Langheid/Rixecker, VVG, § 19 Rn. 141 ff.
76 *Armbrüster*, Privatversicherungsrecht, Rn. 1512; *Wandt*, Versicherungsrecht, Rn. 671.
77 RG, 18.10.1901 – VII 197/01, RGZ 51, 20, 21 f.; *Armbrüster*, in: Prölss/Martin, VVG, § 28 Rn. 99.
78 OLG Hamm, 27.6.1986 – 20 U 171/85, VersR 1988, 26.

ko übernommen wird.[79] Maßgebend ist immer die konkrete Ausgestaltung der Tätigkeit, insbesondere, ob der Versicherungsnehmer bereit und in der Lage ist, jederzeit einzugreifen, und ob er Maßnahmen zur Überwachung der jeweiligen Person getroffen hat.[80] Als Repräsentanten eingestuft hat die Rechtsprechung im Einzelfall beispielsweise Sicherheitsbeauftragte[81]; Prokuristen[82] sowie Betriebs-und Abteilungsleiter[83]; ebenso den persönlich haftenden Gesellschafter einer OHG oder KG[84] bzw. den Generalbevollmächtigten einer GmbH[85]. Im Cyber-Bereich werden meist auch noch die hervorgehobenen Personen aus dem IT-Bereich bzw. des Datenschutzes miteinbezogen. Dazu zählen beispielsweise der Leiter der IT-Abteilung, der Datenschutzbeauftragte oder der Leiter der Compliance-Abteilung.

Die Frage des Umfangs des Versicherungsschutzes bei vorsätzlicher oder wissentlicher Pflichtverletzung kann je nach Ausgestaltung also auch eine Frage der innerbetrieblichen Organisationsstruktur sein.[86] **97**

Zu beachten ist in diesem Zusammenhang, dass der Repräsentanten-Begriff in den Musterbedingungen zwar eng und im Wesentlichen an den gesetzlichen Vertretungsverhältnissen angelehnt definiert wird.[87] Im Hinblick auf die weitergehende Ausschlussklausel im Teil A1-17.10 hilft das dem Versicherungsnehmer an dieser Stelle jedoch nicht. Es gibt somit ein praktisches Bedürfnis, diesen schnell sehr unübersichtlichen Kreis der als Repräsentanten infrage kommenden Personen durch die Vereinbarung einer sog. **Repräsentantenklausel** zugunsten des Versicherungsnehmers auf die im Versicherungsverhältnis relevanten Personen zu beschränken.[88] **98**

Die Begrenzung der Zurechnung von Wissen, Vorsatz und Verhaltensweisen auf näher bestimmte Repräsentanten hat außer im Bereich von § 19 VVG auch im Rahmen der vertraglichen Obliegenheiten i. S. d. § 28 VVG oder bei der vorsätzlichen oder grob fahrlässigen Herbeiführung des Versicherungs- **99**

---

79 BGH, VersR 1989, 737, 738; BGH, VersR 1992, 865, 866; BGH, VersR 2011, 1003, 1005.
80 BGH, VersR 1992, 865, 866.
81 LG Zweibrücken 14.7.1983 – 1 O 38/83, VersR 1985, 932.
82 OLG Hamburg, 17.3.1988 – 6 U 8/88, VersR 1988, 1147.
83 OLG Hamburg, 14.12.1949 – 4 U 290/49, VersR 1950, 35; OLG Hamm, 9.6.1976 – 20 U 284/75, VersR 1978, 221, 222.
84 OLG Hamm, 9.5.1958 – 7 U 198/57, VersR 1958, 778, 779.
85 OLG Zweibrücken, 16.1.1981 – 1 U 97/80, VersR 1981, 973 f.
86 Siehe auch *Armbrüster*, in: Prölss/Martin, VVG, § 28 Rn. 118 ff. mit Verweis auf die Rechtsprechung und weiteren Beispielen.
87 Vgl. Abschnitt A Teil A1-9 lit. a–f der Musterbedingungen.
88 Zu solchen Klauseln im Bereich der D&O-Versicherung *Dreher/Thomas*, ZGR 2009, 31, 70 ff.; siehe auch *Wirth*, BB 2018, 200, 205.

falls i. S. d. § 81 bzw. § 103 VVG Relevanz, da an den Grad des jeweiligen Verschuldens bei der Obliegenheitsverletzung unterschiedliche Rechtsfolgen geknüpft werden.

b) Vertragliche Obliegenheiten vor Eintritt des Versicherungsfalls

100 Vertraglich werden häufig eine „Stand der Technik"-Obliegenheit und eine Dokumentationsobliegenheit vereinbart. Im Bereich der vertraglichen Obliegenheiten bestehen teils große Unterschiede bei den Policen der verschiedenen Anbieter, sodass je nach Versicherer auch andere vertragliche Obliegenheiten denkbar sind.

101 In diesem Zusammenhang ist § 28 VVG von Relevanz, der die Rechtsfolgen der Verletzung einer vertraglichen Obliegenheit des Versicherungsnehmers und anderer mit einer vertraglichen Obliegenheit belasteter Personen regelt und begrenzt.[89] Es wird in der Norm danach differenziert, ob die Obliegenheit den Versicherungsnehmer vor oder nach Eintritt des Versicherungsfalls trifft. So sind je nachdem, wann und mit welchem Verschuldensgrad die vertragliche Obliegenheit verletzt wurde, die Rechtsfolgen bzw. deren Begrenzung unterschiedlich. Im Abs. 1 wird für eine entsprechende Verletzung ein außerordentliches Kündigungsrecht des Versicherers festgeschrieben, falls die Verletzung einer vertraglichen Obliegenheit, die vor Eintritt des Versicherungsfalls zu erfüllen ist, in Rede steht. In den Abs. 2 bis 4 erfolgen Begrenzungen in Bezug auf die Leistungsfreiheit des Versicherers hinsichtlich ihrer Voraussetzungen, ihres Umfangs und der Verteilung der Beweislast. Außerdem erfolgt im Abs. 5 das Verbot, in einer vertraglichen Obliegenheit ein Rücktrittsrecht des Versicherers als Folge ihrer Verletzung anzuordnen.

aa) „Stand der Technik"-Obliegenheit

102 Die **„Stand der Technik"-Obliegenheit** ist eine in Cyber-Policen weitverbreitete vertragliche Obliegenheit, wobei die konkrete Ausgestaltung von Anbieter zu Anbieter variieren kann. Sie beinhaltet jedoch im Regelfall die Pflicht, die IT-Systeme durch, dem Stand der Technik entsprechende technische Vorkehrungen und Sicherheitsverfahren vor den jeweils versicherten Gefahrumständen zu schützen. Der Begriff „Stand der Technik" wird dabei nicht immer ausdrücklich in den Formulierungen verwendet, sondern teilweise sinngemäß umschrieben.[90]

---

89 *Wandt*, in: MüKo VVG, Bd. 1, § 28 Rn. 1.
90 Siehe zum Begriff *Günther/Ider*, VW 01/2018, 50, 51.

In der näheren Ausgestaltung wird häufig verlangt, die IT mit aktuellen Firewalls und Virenscannern zu versehen. Dies muss meist auch im Fall, dass IT-Systeme und -Dienstleistungen outgesourct sind, vertraglich mit dem IT-Dienstleister sichergestellt werden. **103**

An dieser Schnittstelle wird sehr deutlich, dass das Risikomanagement des einzelnen Unternehmens unmittelbar Auswirkungen auf den Versicherungsschutz und dessen Ausgestaltung hat. Regelmäßig sind die vorstehenden Punkte Teil des internen Risikomanagements und Teil der entsprechenden Risikophilosophie der jeweiligen Gesellschaft. **104**

bb) Verschlüsselungsobliegenheit und weitere anzutreffende vertragliche Obliegenheiten

Unabhängig von der Obliegenheit, die Cyber-Security auf dem jeweiligen Stand der Technik zu halten, können die Versicherungspolicen hinsichtlich der konkret durchzuführenden IT-Sicherheitsmaßnahmen freilich noch detaillierter ausgestaltet sein. **105**

So ist bei vielen Anbietern auch die Obliegenheit enthalten, den eigenen Datenverkehr ausreichend zu verschlüsseln. Manche Policen enthalten auch konkrete Vorgaben für die Art und Weise der Datensicherung oder der Nutzeridentifikation. Teilweise werden in diesem Zusammenhang auch jährliche IT-Audits bzw. IT-Penetrationstests verlangt. **106**

Eine ebenfalls regelmäßig in Cyber-Policen enthaltene Obliegenheit betrifft die Rechtmäßigkeit der Nutzung der verwendeten Daten und Computerprogramme. Außerdem hat der Versicherungsnehmer im Regelfall alle gesetzlichen, behördlichen und vertraglichen IT-Sicherheitsvorgaben zu beachten. **107**

cc) Obliegenheiten zur Gesamtorganisation eines Unternehmens?

Ob über technikbezogene Obliegenheiten hinaus auch solche Obliegenheiten vereinbart werden können, die die Gesamtorganisation der Risikovorsorge in einem Unternehmen betreffen, steht zu bezweifeln. **108**

Zwar kann auch das allgemeine Risikomanagement eines Unternehmens eine Rolle für den Versicherer spielen. Dies gilt jedoch nur, soweit es sich um objektivierbare und standardisierbare Anforderungen handelt. Darüber hinausgehende Teile des Risikomanagements sind der individuellen unternehmerischen Entscheidung eines jeden Betriebs überlassen und lassen sich aus diesem Grund nur schwerlich in allgemeinen Versicherungsbedingungen abbilden. Denn dies hätte zur Folge, dass sich die Unternehmen nach ihrem Versicherer richten müssten, statt dass wie bisher, die Versicherungspolice **109** auf Basis des bestehenden Risikomanagements erarbeitet wird. Eine derartige Einengung der Entscheidungsfreiheit der Unternehmensleitung ist unzumutbar und aus diesem Grund eher unwahrscheinlich.

6. Deckungssummen

110 Die Deckungssummen, die bei den einzelnen Versicherern im Cyber-Bereich möglich sind, unterscheiden sich in ihrer Höhe teilweise stark voneinander.

111 Die derzeit höchste am Markt verfügbare Deckungssumme bietet die Allianz Global Corporate & Specialty (AGCS). Diese beträgt 100 Mio. EUR. Allerdings sind über Versicherungskonsortien mittlerweile im Einzelfall auch Deckungssummen von bis zu 500 Mio. EUR möglich.

112 Die Standarddeckungssummen werden allerdings von Großunternehmen weiterhin für nicht ausreichend gehalten.[91] Dies muss vor dem Hintergrund gesehen werden, dass in diesem Bereich Unterbrechungsschäden oder auch Benachrichtigungskosten von Kunden aufgrund gesetzlicher Vorschriften (siehe oben Rn. 50) schnell ein gravierend hohes Ausmaß erreichen können.

7. Überschneidungen mit anderen Versicherungspolicen

113 Wie dargelegt (siehe oben Rn. 44 ff.), umfassen Cyber-Deckungen sowohl Sachversicherungs-, als auch Haftpflicht- und Vertrauensschaden-Versicherungskomponenten. Es liegt daher auf der Hand, dass es zu Überschneidungen zu anderen – möglicherweise bereits existierenden – Versicherungen kommen kann. Die proaktive und bestmöglich aufeinander abgestimmte bzw. kombinierte Versicherungsgestaltung ist daher für Unternehmen von erheblicher Bedeutung.

114 Es kann hier zu einer **Mehrfachversicherung** i. S. d. §§ 77 ff. VVG kommen. Sofern diese nicht in betrügerischer Absicht erfolgt, haften die Versicherer, die hiervon gem. § 77 Abs. 1 Satz 1 VVG zu benachrichtigen sind, nach § 78 Abs. 1 VVG gesamtschuldnerisch. Teilweise enthalten die aufeinandertreffenden Policen auch Subsidiaritätsklauseln, mit denen die Rechtsfolgen des § 78 Abs. 1 und Abs. 2 VVG abbedungen werden können.[92] Hier kann sich das Einschalten eines spezialisierten Industrieversicherungsmaklers anbieten, um einen möglichst bedarfsgerechten Versicherungsschutz zu erlangen.

---

91 *Flagmeier*, in: Heidemann, Cyber-Risiken und Versicherungsschutz, S. 45 f.

92 *Armbrüster*, in Prölss/Martin, VVG, § 78 Rn. 28.

Zwei Ansätze sind möglich: Entweder schließt man Cyber-Risiken gänzlich aus den sonstigen Versicherungen aus und verschafft sich eine umfassende separate Cyber-Deckung, oder man vereinbart in den herkömmlichen Industrieversicherungen einen weitgehenden Cyber-Schutz und verzichtet auf eine separate Deckung der Cyber-Risiken. Die dennoch verbleibenden IT-Risiken ließen sich dann über eine reduzierte und daher kostengünstige Cyber-Versicherung abdecken.

Bei den herkömmlichen Industrieversicherungen besteht allerdings die Gefahr, dass Ausschlüsse greifen, die cyberrelevant sind und der Schutz in diesem Bereich daher nur fragmentarisch ausfällt. Außerdem besteht die Gefahr nicht ausreichender Deckungssummen. **115**

a) Betriebshaftpflichtversicherung

In der Betriebshaftpflichtversicherung, mit der sich Unternehmen primär gegen die Haftungsrisiken absichern, die in den betrieblichen Bereich fallen, lassen sich bei bestimmten Anbietern auch cyberrelevante Deckungen vereinbaren. So sieht Ziff. A1-6.13 AVB-BHV des GDV vor, dass sich auch die gesetzliche Haftpflicht des Versicherungsnehmers wegen Schäden aus dem Austausch, der Übermittlung und der Bereitstellung elektronischer Daten bei Dritten, etwa durch den versehentlichen Versand von Computer-Viren, versichern lassen. Insofern können Überschneidungen mit dem Drittschadenselement einer Cyber-Versicherung bestehen. Allerdings ist der in der Betriebshaftpflichtversicherung vorgesehene Schutz vor Cyber-Haftpflichtansprüchen recht beschränkt. **116**

b) (Feuer-)Betriebsunterbrechungsversicherung

Überschneidungen können auch mit einer (Feuer-)Betriebsunterbrechungsversicherung bestehen. Die klassischen Deckungskonzepte in diesem Bereich sehen ein Sachschadenserfordernis vor (so etwa Ziff. A. § 1 Nr. 1 der FBUB 2010 des GDV) wobei in den GDV-Musterbedingungen eine Begrenzung auf solche Sachschäden stattfindet, die aus Brand, Blitzschlag und Explosion sowie Anprall oder Absturz eines Luftfahrzeuges, resultieren. Diese Ereignisse erscheinen wenig cyberrelevant. Allerdings sehen modernere Betriebsunterbrechungsversicherungen teilweise nicht mehr eine solche strenge Beschränkung auf einige wenige Kausalverläufe vor.[93] In der sog. **Supply-chain-Versicherung** wird sogar gänzlich auf ein Sachschadenserfordernis verzichtet, wobei sich auch IT- und Kommunikationsausfälle als **117**

93 *Armbrüster*, VW 6/2013, 48.

Schadensursache mit in den Versicherungsschutz einschließen lassen.[94] Ist eine solche moderne Betriebsunterbrechungsversicherung abgeschlossen worden, können Dopplungen mit dem Eigenschadenselement einer Cyber-Risk-Versicherung bestehen, sofern diese cyberbedingte Unterbrechungsschäden mitumfasst.

c) Vertrauensschadenversicherung

118 Es sind weiterhin auch Überschneidungen von einer Cyber-Risk-Versicherung mit einer Vertrauensschadenversicherung denkbar. Mit einer solchen Versicherung sichert sich ein Unternehmen gegen das Risiko ab, dass eine Vertrauensperson dieses Unternehmens mittels einer vorsätzlichen unerlaubten Handlung einen Vermögensschaden verursacht, der nach den gesetzlichen Bestimmungen zu Schadensersatz verpflichtet.[95] Unerlaubte Handlungen, die nach den üblichen Bedingungen infrage kommen, sind etwa Diebstahl, Veruntreuung, Betrug oder Computermissbrauch.[96] Sofern diese Taten unter Einsatz der IT begangen werden, besteht die Möglichkeit einer entsprechenden Mehrfachversicherung. Allerdings enthalten Cyber-Risk-Versicherungen üblicherweise einen Vorsatz- oder Wissentlichkeitsausschluss, der die Möglichkeit von Überschneidungen begrenzt.

119 Wie bereits erwähnt (siehe oben Rn. 29), kann über eine Vertrauensschadenversicherung auch ein Fake President Fraud abgedeckt werden.

d) D&O-Versicherung

120 Grundsätzlich ist denkbar, dass es in Folge einer Cyber-Attacke auch zu D&O-relevanten Innenhaftungsfällen gem. § 93 Abs. 2 Satz 1 AktG bzw. § 43 Abs. 2 GmbHG kommt. Hier liegt es im Bereich des Möglichen, dass den Unternehmensleitern ein Organisations- und Überwachungsverschulden in Bezug auf die unternehmensinterne Cyber-Security zur Last gelegt wird.[97] Aufgrund der Beweislastverteilung bei Ansprüchen der Gesellschaft gegen ihr Organ, die in § 93 Abs. 2 Satz 2 AktG bzw. bei der Haftung des GmbH-Geschäftsführers in § 93 Abs. 2 Satz 2 AktG analog[98] festgelegt ist, trifft das Organ die Beweislast, dass das vorgeworfene Verhalten der Sorgfalt eines ordentlichen und gewissenhaften Geschäftsleiters entsprach. Deshalb hat der

94 *Armbrüster*, VW 6/2013, 48.
95 *Grote*, in: MüKo VVG, Bd. 3, Nr. 550 Rn. 3.
96 *Grote*, in: MüKo VVG, Bd. 3, Nr. 550 Rn. 3.
97 *Unglaub/Lange*, VW 5/2017, 48, 49.
98 *Zöllner/Noack*, in: Baumbach/Hueck, GmbHG, § 43 Rn. 36.

Unternehmensleiter ein Eigeninteresse daran, dass Cyber-Vorfälle sorgfältig dokumentiert werden, damit er ggf. einen Entlastungsbeweis führen kann.[99]

e) W&I-Versicherung

Die W&I-Versicherung[100] ist die „klassische" M&A-Versicherung. Über sie lassen sich grundsätzlich selbstständige Garantien und Freistellungen aus dem Unternehmenskaufvertrag absichern. Eine Überschneidung kann sich dann ergeben, wenn vom Zielunternehmen Garantien hinsichtlich der IT abgegeben werden. Inwieweit ein Versicherer jedoch dazu bereit sein wird, Garantien und Freistellungen mit Cyber-Bezug zu versichern, hängt maßgeblich von der aus dem Due-Diligence-Report hervorgehenden Qualität der IT-Sicherheit und Organisation ab. Aus Branchenkreisen ist zu vernehmen, dass die Versicherung IT-Garantien über eine W&I-Versicherung sich bisher nur einer geringen Nachfrage erfreut. **121**

Zudem muss man sich vergegenwärtigen, dass die Cyber-Risk-Versicherung und die W&I-Versicherung von ihrer Konstruktion und ihrem Anwendungsbereich grundverschiedene Versicherungsprodukte darstellen. So werden bei der W&I-Versicherung selektiv einzelne bestimmte Garantieerklärungen, die sich auf Cyber-Aspekte beziehen können, versichert. Bei der Cyber-Risk-Versicherung hingegen besteht ein umfassender Versicherungsschutz für Cyber-Risiken.[101] Eine Überschneidung ist somit zum einen eher in einer geringen Zahl von Fällen überhaupt relevant. Sollte es doch dazu kommen, so ersetzt aber eine Cyber-Risk-Versicherung auf Seiten des Zielunternehmens gerade nicht die Vereinbarung entsprechender Garantien und damit auch keine W&I-Versicherung. Nichtsdestotrotz kann eine Cyber-Versicherung eine sinnvolle Ergänzung im M&A-Prozess darstellen. **122**

f) Strafrechtsschutzversicherung

Mittels einer Strafrechtsschutzversicherung lässt sich Versicherungsschutz für die Kosten der Verteidigung gegen ein nicht vorsätzlich begangenes Vergehen erlangen.[102] Dies umfasst unter anderem den Ersatz angemessener Rechtsanwaltskosten. **123**

---

99 *Mehrbrey/Schreibauer*, MMR 2016, 75, 80.

100 Siehe hierzu etwa *Hoenig/Klingen*, NZG 2016, 1244.

101 Vertiefend zum Verhältnis der Cyber-Risk-Versicherung zur W&I-Versicherung *Wirth*, BB 2018, 200, 207 f.

102 *Wellhöfer*, in: Wellhöfer/Peltzer/Müller, Die Haftung von Vorstand, Aufsichtsrat, Wirtschaftsprüfer, § 7 Rn. 38.

124 Sofern etwa die Verteidigung in einem datenschutzrechtlichen Verfahren, das Bezug zu einem IT-Sicherheitsmangel hat, in Rede steht, sind entsprechende Überschneidungen denkbar.

8. Pflicht zum Abschluss einer Cyber-Risk-Versicherung durch die Unternehmensleitung?

125 Zwar wird man (noch) nicht pauschal von einer Pflicht zum Abschluss einer Cyber-Risk-Versicherung ausgehen können (siehe hierzu eingehend Kap. 2 Gesellschaftsrecht, Rn. 66 ff.). Eine derartige Pflicht kann sich im Einzelfall jedoch aus der nur beschränkten Finanzstärke einer Gesellschaft und der damit verbundenen Existenzbedrohung im Falle der Realisierung eines Cyber-Schadens ergeben.[103]

126 Auch bei großen, finanzstarken und global aufgestellten Gesellschaften kann eine Pflichtverletzung jedenfalls dann in Betracht kommen, wenn keine oder keine hinreichende Befassung des Unternehmens mit den Vor- und Nachteilen einer Cyber-Versicherung erfolgt ist und es anschließend zu einem (nicht versicherten) Schaden kommt.[104]

127 Aus diesen Gründen sollte der Einkauf von Cyber-Deckung seitens des Vorstands als Baustein eines Cyber-Risk-Managements immer erwogen werden. Gerade bei in besonderer Weise von einer funktionierenden IT abhängigen Branchen, wie etwa Cloud-Dienstleistern, dürfte es für den Vorstand naheliegen, eine solche Versicherung abzuschließen.

III. Response

128 Sollte es trotz der Vorfeldmaßnahmen im Bereich der Cyber-Security dennoch zu einer erfolgreichen Cyber-Attacke gekommen sein, steht über die Cyber-Risk-Versicherung der Versicherer als solventer Schuldner bei Eigenschäden und als starker Partner bei der Anspruchsabwehr, sofern Dritte Schäden gegen den Versicherungsnehmer geltend machen, zur Verfügung.

129 Allerdings sind im Schadensfall auch gesetzliche wie vertragliche Obliegenheiten zu beachten, um sich die Ansprüche gegen den Versicherer im vollen Umfang zu erhalten.

---

103 Vgl. *Hölters*, in: Hölters, AktG, § 93 Rn. 404; *Mertens/Cahn*, in: Zöllner/Noack, AktG, Band 2/1, § 93 Rn. 243; *Koch*, ZGR 2006, 184, 201 f.; *Seibt/Sahme*, AG 2006, 901, 902 f.

104 Vgl. auch *Achenbach*, VersR 2017, 1493, 1497.

1. Gesetzliche Obliegenheiten nach Eintritt des Versicherungsfalls

Unter den gesetzlichen Obliegenheiten, die nach Eintritt des Versicherungsfalls zu erfüllen sind, sind im Zusammenhang mit Cyber-Versicherungen insbesondere diejenigen aus § 82 und § 31 VVG hervorzuheben. **130**

a) § 82 VVG

In § 82 VVG ist die **Schadensminderungsobliegenheit** festgelegt, die den Versicherungsnehmer ab Eintritt des Versicherungsfalls trifft. Gemäß § 82 Abs. 2 Satz 1 VVG hat der Versicherungsnehmer Weisungen des Versicherers, soweit sie für ihn zumutbar sind, zu befolgen. Außerdem hat er Weisungen einzuholen, sofern die Umstände dies gestatten. Sofern der Versicherungsnehmer die Obliegenheiten verletzt, ist der Versicherer bei einem vorsätzlichen Verstoß leistungsfrei. Bei einem grob fahrlässigen Verstoß ist der Versicherer berechtigt, seine Leistung in einem der Schwere des Verschuldens des Versicherungsnehmers entsprechenden Verhältnis zu kürzen. **131**

Im Cyber-Bereich ist hierbei insbesondere die richtige Verhaltensweise bei der Abwehr einer Cyber-Attacke wichtig, wobei mittlerweile von einigen Anbietern am Markt auch eine Krisenhotline bereitgehalten wird, an die man sich im Ernstfall wenden kann. Das Verhalten im Schadensfall eng mit dem Versicherer abzustimmen, ist auch unter dem Gesichtspunkt wichtig, dass häufig eine forensische Untersuchung des Cyber-Angriffs vom Versicherungsschutz umfasst ist. Diese könnte erschwert werden, wenn der Versicherungsnehmer unkoordiniert Abwehrmaßnahmen ergreift. **132**

Dies zeigt umso mehr, dass es eines mit dem Versicherer abgestimmten ganzheitlichen IT-Schutzsystems bedarf. **133**

b) § 31 VVG

§ 31 Abs. 1 VVG enthält die **Aufklärungs- und Belegobliegenheit**, nach der der Versicherer nach Eintritt des Versicherungsfalls vom Versicherungsnehmer jede Auskunft verlangen kann, die zur Feststellung des Versicherungsfalls oder des Umfangs der Leistungspflicht notwendig ist. Außerdem kann er vom Versicherungsnehmer fordern, in einem zumutbaren Maß Belege zu beschaffen. **134**

Zur Feststellung seiner Einstandspflicht wird der Versicherer beispielsweise Auskünfte oder Belege bezüglich der regelmäßigen Wartung und Aktualisierung der Hard- und Software einfordern. **135**

136 Die Norm ist als lex imperfecta, also ohne gesetzlich vorgeschriebene Rechtsfolge, ausgestaltet. Die Rechtsfolge wird im Versicherungsvertrag festgeschrieben, wobei in dem Bereich der leges imperfectae der § 28 VVG mit seinen Beschränkungen auf die versicherungsvertraglichen Sanktionen Anwendung findet.[105]

137 Meist wird bei einer Verletzung von § 31 VVG im Versicherungsvertrag als Sanktion die Leistungsfreiheit des Versicherers festgeschrieben (siehe oben Rn. 101).[106]

2. Vertragliche Obliegenheiten nach Eintritt des Versicherungsfalls

138 In manchen Policen, so auch der GDV-Musterpolice, findet sich nach Eintritt des Versicherungsfalls die Obliegenheit, das Schadensbild so lange unverändert zu lassen, bis der Versicherer eine Veränderung gestattet bzw., sofern Veränderungen unumgänglich sind, das Schadensbild nachvollziehbar zu dokumentieren.

139 Weiterhin ist in Cyber-Policen teilweise die Obliegenheit enthalten, gegen Mahnbescheide oder Verwaltungsverfügungen bezüglich Schadensersatzes auch ohne eine explizite Weisung des Versicherers fristgemäß Widerspruch oder einen anderen erforderlichen Rechtsbehelf einzulegen.

140 Sofern die vertraglichen Obliegenheiten verletzt wurden, drohen die bereits dargestellten Rechtsfolgen des § 28 VVG (siehe oben Rn. 101).

3. Besonderheiten in tatsächlicher Hinsicht beim Nachweis des Versicherungsfalls im Rahmen der Cyber-Deckung – Optimierungsmöglichkeiten

141 Zwar keine Obliegenheit, jedoch dennoch eine unerlässliche Maßnahme für den Versicherungsnehmer (bzw. das mitversicherte Unternehmen) mit Blick auf den Versicherungsschutz, ist die sofortige **Beweissicherung**. Dies gilt umso mehr für den Fall, dass in den individuellen Versicherungsbedingungen keine Beweislastumkehr vereinbart wurde (siehe oben Rn. 64).

142 Die Beweissicherung gestaltet sich in der Praxis allerdings häufig sehr schwierig. Neben den bisweilen fehlenden Ressourcen stellt sich für den Versicherungsnehmer als Hauptproblem der Umstand dar, dass durch die

---

105 *Armbrüster*, in: Prölss/Martin, VVG, § 31 Rn. 48.
106 *Armbrüster*, in: Prölss/Martin, VVG, § 31 Rn. 48.

Eigenart der Cyber-Versicherungsfälle eine Beweissicherung aufgrund fehlender Kenntnis über Herkunft oder Ursache des Versicherungsfalls oftmals gar nicht möglich ist.

Bei der Frage der adäquaten und bestmöglichen Eindeckung mit Versicherungsschutz ergeben sich nach bisheriger Rechtslage hieraus folgende Konsequenzen: Es reicht nicht aus, die Beweislastumkehr lediglich im Rahmen einer Betriebsunterbrechungsversicherung (siehe oben Rn. 59 ff.) zu vereinbaren. Auch für weitere Deckungsvarianten sollte die Möglichkeit einer solchen Beweislastumkehr zugunsten des Versicherungsnehmers in Betracht gezogen werden. Diese beiden Möglichkeiten haben allerdings einen entscheidenden Nachteil. Sie sind davon abhängig, dass sich der Versicherer auf derartige Vereinbarungen einer Beweislastumkehr überhaupt einlässt (siehe oben Rn. 64). **143**

In dem derzeitigen boomenden Marktumfeld wird dies vereinzelt möglich sein. Ob sich dies allerdings als Marktstandard durchsetzt, ist zumindest fraglich. **144**

Diese Zweifel werden zusätzlich noch dadurch bestärkt, dass sich Cyber-Risiken stetig verändern und weiterentwickeln. Hacker sind den Versicherungsnehmern und -gebern in aller Regel einen Schritt voraus, sodass ein Entgegenwirken immer nur reaktiv ist. Versicherer dürften spätestens nach den ersten großen Schadenfällen auch in Deutschland zurückhaltend mit derartigen Vereinbarungen sein. Auf der anderen Seite stellt die Gefahr, dass der Versicherungsnehmer sehr schnell unverschuldet, trotz hinreichend eingekauften Versicherungsschutzes aufgrund der für ihn nicht möglichen Aufklärung letztlich doch ohne Deckung dasteht, ein Problem dar, dem sich die Rechtsprechung stellen muss und voraussichtlich auch stellen wird. **145**

Eine für beide Seiten ausgewogen erscheinende Lösung besteht darin, **Beweiserleichterungen** zuzulassen. **146**

Als Vorbild für eine solche Beweiserleichterung könnte die Rechtsprechung des BGH zur Deckung von durch Wohnungseinbrüche verursachten Schäden durch eine Hausratversicherung[107] dienen. Hier stellt sich regelmäßig das Problem, dass es wegen des für eine Entwendung typischen Bemühens des Täters, seine Tat unbeobachtet und unter Zurücklassung möglichst weniger Tatspuren zu begehen, oft nicht möglich ist, im Nachhinein den Tatverlauf konkret festzustellen. Nach Auffassung des BGH will sich der Versicherungsnehmer aber gerade auch für solche Fälle mangelnder Aufklärung schützen. Aus diesem Grund kann nach der Rechtsprechung nicht angenom- **147**

107 BGH, VersR 2007, 241, 241 m. w. N.

men werden, dass der Versicherungsschutz schon dann nicht eintreten soll, wenn der Versicherungsnehmer nicht in der Lage ist, den Ablauf der Entwendung in Einzelheiten darzulegen und zu beweisen.[108]

148 Vor diesem Hintergrund genügt der Versicherungsnehmer einer Hausratsversicherung seiner Beweislast bereits dann, wenn er das äußere Bild einer bedingungsgemäßen Entwendung beweist. Hierfür ist der Nachweis eines Mindestmaßes an Tatsachen erforderlich, die nach der Lebenserfahrung mit hinreichender Wahrscheinlichkeit den Schluss auf eine versicherte Entwendung zulassen.[109]

149 Der Gedanke, der dieser Rechtsprechung zugrunde liegt, lässt sich auch auf die Cyber-Versicherung übertragen. Auch bei der Cyber-Versicherung gibt es typischerweise kaum Spuren für die Tat oder den Vorfall selbst. Der Erfolg eines Hackers hängt maßgeblich davon ab, bis zum Eintritt des Schadens nicht entdeckt zu werden. Ebenso wenig weiß der Geschädigte, ähnlich wie bei einem Einbruch, was genau passiert ist. So ist es also oft nicht möglich, im Nachhinein den Tatverlauf konkret festzustellen. Der Versicherungsnehmer gerät dadurch in eine unverschuldete Beweisnot.

150 Bei Aufrechterhaltung der vollen Beweislast für den Versicherungsnehmer droht deshalb aufgrund der besonderen Situation bei einer Informationssicherheitsverletzung das Leistungsversprechen des Versicherers, das bei der Hausratversicherung den Anknüpfungspunkt für die Beweiserleichterung bildet,[110] ins Leere zu laufen. Es muss deshalb auch möglich sein, Versicherungsschutz zu beanspruchen, wenn der Versicherungsnehmer nicht in der Lage ist, den Ablauf des Cyber-Angriffs in Einzelheiten darzulegen und zu beweisen. Dementsprechend könnte man auch aus dem Leistungsversprechen des Versicherers bei einer Cyber-Risk-Versicherung eine Beweiserleichterung für den Versicherungsnehmer ableiten. Der Versicherungsnehmer würde seiner Beweislast nach diesem Ansatz genügen, wenn er das äußere Bild einer bedingungsgemäßen Informationssicherheitsverletzung beweist. Welche Kriterien man an das Vorhandensein eines solchen äußeren Bildes vernünftigerweise stellen sollte, wird in der Ausprägung der Entwicklung in der Praxis und ihr folgend der Rechtsprechung überlassen bleiben müssen. Dass ein Bedürfnis für eine derartige Beweiserleichterung besteht, ist evident.

---

108 BGH, VersR 2007, 241, 241; BGH, VersR 2015, 710, 711.
109 BGH, VersR 2007, 241, 241; BGH, VersR 2015, 710, 711.
110 BGH, BGHZ 79, 54, 59 f.; BGH, BGHZ 123, 217, 220; BGH, BGHZ 130, 1, 3 f.; BGH, VersR 1995, 956; BGH, VersR 2015, 710, 711.

Eine bereits jetzt schon bestehende Möglichkeit für den Versicherungsnehmer, seiner im Versicherungsfall etwaig drohenden Beweisnot vorzubeugen, ist, auch Eingabe- und Programmierfehler mitzuversichern. Denn wenn das äußere Bild nicht eindeutig auf eine Informationssicherheitsverletzung schließen lässt, sondern auch die Möglichkeit besteht, dass dieses durch einen Eingabe- oder Programmierfehler verursacht wurde, kann der Versicherungsnehmer Deckung beanspruchen. Der Versicherer kann sich dann nicht darauf berufen, dass interne Fehler in den Abläufen den Versicherungsfall herbeigeführt haben. Dadurch ist der Versicherungsnehmer in der Lage, seine Nachweismöglichkeiten im Versicherungsfall signifikant zu erhöhen. Das Risiko der unverschuldeten Beweisnot wird somit erheblich reduziert. **151**

Auch allgemeine Billigkeitserwägungen sprechen für eine Beweiserleichterung zugunsten des Versicherungsnehmers. Für den Versicherer ergibt sich hieraus kein unzumutbarer Nachteil. Zum einen hat jeder Versicherer vor Zeichnung einer Police die Möglichkeit, eine Risikoanalyse durchzuführen und so das Deckungsrisiko individuell zu kalkulieren. Zum anderen erhöht eine Beweiserleichterung die Attraktivität für den Abschluss einer Cyber-Risk-Versicherung. Auch die Assekuranz kann kein Interesse daran haben, Produkte anzubieten die gerade in den bedrohlichen Schadenfällen aufgrund unverschuldeter Beweisnot keinen Deckungsschutz gewähren. **152**

Hierbei ist auch zu berücksichtigen, dass eine Beweiserleichterung keine direkte Beweislastumkehr darstellt. So muss der Versicherer – die Rechtsprechung des BGH zur Hausratversicherung bei Einbruchsdiebstählen[111] als Vorbild zugrunde gelegt – nicht beweisen, dass kein Versicherungsfall eingetreten ist. Wenn der Versicherungsnehmer seiner (erleichterten) Beweispflicht nachgekommen ist, muss der Versicherer lediglich konkrete Tatsachen nachweisen, die mit erheblicher Wahrscheinlichkeit darauf schließen lassen, dass die Informationssicherheitsverletzung nicht eingetreten bzw. nur vorgetäuscht ist. Wenn man dieses Modell daher auch auf die Cyber-Police anwenden würde, entstünde somit eine für beide Vertragsparteien ausgewogen und interessengerecht erscheinende Situation. **153**

111 BGH, NJW-RR 1996, 981, 981 f.

Kapitel 13
Länderbericht USA

Steven Chabinsky/F. Paul Pittman/David Markoff/Mark Williams[1]

Übersicht

I. Introduction

The United States has focused on cybersecurity and combatting cybercrime for over three decades, recognizing the need to adopt federal cybercrime law as early as 1984 with the Counterfeit Access Device and Computer Fraud and Abuse Act. Since that time, a combination of increased business need, regulatory enforcement, law enforcement capacity, and class action litigation have resulted in greater attention to cybersecurity in the United States not only concerning implementation but, correspondingly, as an enormous market for the development and delivery of cutting-edge security solutions. The complexities of securing networks and systems and the data that resides on them also have fostered US cybersecurity thought leadership and policy development, most of which is freely available on the Internet to help inform cybersecurity programs globally much in the same way that European thought leadership predominates in the area of personal data rights. 1

1 For their excellent research, we would like to thank *Alex Dilley*, *Abdul Hafiz*, *Kyle Levenberg*, and *Jacob Rothenberg*. References and url links mentioned in this section were last checked on 3 September 2018.

2 Within the US, cybersecurity has long existed as a discipline that includes, but is not limited to, the protection of personal data. Instead The genesis of US cybersecurity efforts is to protect an increasingly technology-dependent and Internet-accessible critical infrastructure, which is responsible for the delivery of vital services across the country including water, energy, transportation, communications, and financial systems. As early as 1998, the US government began reaching out to the private sector (which owns and operates the vast majority of the nation's critical infrastructure) to foster information sharing programs not initially designed to protect personal data, but to prepare for and ward off attacks on critical government and private sector infrastructures.

3 What follows then describes an evolution, over thirty years in the making, of how the United States at the federal, state, and private sector levels increasingly has engrained cybersecurity risk management principles within the fabric of its government and business processes and legal framework.

II. Corporate Law

4 As fiduciaries of the organization, **corporate directors have the responsibility to monitor and oversee corporate risk**, to include material data privacy and cybersecurity risks. That responsibility stems from the duties of care and loyalty owed by directors to the corporation. Concerning care, the prevailing view in the United States is that a lack of good faith is a necessary condition for director liability.[2] When it comes to the duty of loyalty and a director's failure to monitor and oversee corporate risk, the threshold for liability is high and can be imputed to individual board members only where: "(a) the directors utterly failed to implement any reporting or information system or controls; or (b) having implemented such a system or control, consciously failed to monitor or oversee its operations thus disabling themselves from being informed of risks or problems requiring their attention."[3]

5 Although the mere fact of a breach is not sufficient to suggest, no less find, director liability, a significant breach is sure to lead to questions about board engagement. Shareholders and regulators in the United States are on a constant hunt for 'red flags', those facts, for example, that might show the board was aware that internal cybersecurity controls were inadequate, that these inadequacies were likely to result in material harm to the institution and that the board chose to do nothing about the problems it knew existed. A board of

2 See Caremark International Derivative Litigation, 698 A.2d 959, 970 (Del.Ch. 1996).
3 See Stone v. Ritter, 911 A.2d 362, 370 (Del. 2006).

directors can minimize liability by exercising meaningful oversight during meetings that require the discussion of cybersecurity risks and by engaging corporate officers or outside experts who focus on addressing such concerns.

Meanwhile, from a regulatory perspective, the US Securities and Exchange Commission (SEC) has stepped up its focus on cybersecurity to ensure market transparency by stressing the need for publicly traded companies to disclose material risks. On February 21, 2018, the SEC issued guidance[4] to assist public companies in preparing disclosures about cybersecurity risks and incidents. The SEC describes cybersecurity and its related disclosure requirements not merely regarding network threats and vulnerabilities, but as a key element of enterprise risk management in which program development and oversight responsibilities move straight "up the corporate ladder" to officers and directors. Concerning the circumstances under which a publicly traded company must disclose a breach, the SEC observed the following: "We do not second-guess good faith exercises of judgment about cyber-incident disclosure. But we have also cautioned that a company's response to such an event could be so lacking that an enforcement action would be warranted."[5] 6

III. Corporate Transactions (M&A)

Although there is a wide variety of corporate transactions, legal obligations to conduct cybersecurity due diligence tend to rely upon one or both of two factors: (1) good corporate governance to prevent corporate waste, and/or (2) regulatory requirements to protect investors. 7

For publicly traded companies, market transparency requires companies to disclose actual and potential material cybersecurity risks and incidents depending "upon their nature, extent, and potential magnitude," particularly as they relate to any compromised information or the business and scope of company operations; the range of harm that such incidents could cause to a company's reputation, financial performance, and customer and vendor relationships; and, the possibility of litigation or regulatory investigations or actions.[6] As a result, **corporations essentially must adopt a system of internal controls that are akin to perpetual cybersecurity due diligence**. In this regard, the SEC stated, "[w]e encourage companies to adopt compre- 8

4 https://www.sec.gov/rules/interp/2018/33-10459.pdf.
5 https://www.sec.gov/news/press-release/2018-71.
6 https://www.sec.gov/rules/interp/2018/33-10459.pdf.

hensive policies and procedures related to cybersecurity and to assess their compliance regularly, including the sufficiency of their disclosure controls and procedures as they relate to cybersecurity disclosure."[7] These same principles also apply to underwriters and their counsel, as well as to broker-dealers that offer private placements, in their capacity as "gatekeepers" who are relied upon by investors to ensure the accuracy of information contained within offering documents.

9 Regardless of third-party liability, acquirers will seek to rely on a proper balance of due diligence (before entering into a transaction) and representations and warranties (which survive the transaction), to adequately address potential risks. **When approaching cybersecurity due diligence, it is helpful to align against generally accepted cybersecurity risk management principles.** One potential structure for conducting diligence is basing one's review on the Framework for Improving Critical Infrastructure Cybersecurity published by the US National Institute of Standards and Technology (NIST).[8] For those target companies that require particularly strong security owing to the sensitivity of the information they collect, or the vital services they provide, NIST-based diligence efforts might reveal whether the company's risk management program is (1) only partial, ad hoc, reactive, stovepiped and insular; (2) risk-informed, prioritized, enterprise-aware and partner-aware; (3) repeatable, formalized, updated and collaborative across the enterprise and with external partners; or, (4) adaptive, continuously aware and continuously improved through lessons learned.[9] Indeed, the SEC relies upon the NIST Framework to assess its own cybersecurity risk.[10]

10 Taking advantage of industry standards can help accommodate an acquirer's short-term needs by appearing inherently reasonable as a matter of law when determining whether and how to proceed in the transaction (for example, what pricing, timing, representations and warranties or covenants and carve-outs it may want to negotiate), and can accommodate longer-term needs by providing a roadmap of improvement in a form familiar to Chief Information Security Officers and other cybersecurity practitioners to address post-merger and acquisition priorities.

---

7 Id. at 18.
8 https://www.nist.gov/cyberframework/framework.
9 Id.
10 https://www.sec.gov/news/public-statement/statement-clayton-2017-09-20.

IV. Data Protection and Data Breach Requirements

There is no overriding national law in the United States that provides a single standard for securing personal data. At the federal level, the Federal Trade Commission (FTC) approaches its enforcement authority with a view that a company's inadequate security (whether relating to personal data, IoT devices, or anything in between) can constitute a fraud, deception or unfair business practice.[11] Although the FTC does not require perfect security, it does require that companies have reasonable security with consideration given to the company's processes and "the volume and sensitivity of information the company holds, the size and complexity of the company's operations, the cost of the tools that are available to address vulnerabilities,"[12] as well as any other risk-based factors the FTC deems appropriate. **11**

In addition to there being no predominant US cybersecurity standard, there is no national federal data breach notification law in the United States. Instead, all 50 states (as well as Guam, Puerto Rico, the US Virgin Islands and the District of Columbia) have adopted their own. Generally, breach notification obligations are triggered when loss or unauthorized access have compromised the confidentiality, security or integrity of an individual's personal information. Regularly, state statutes include a risk of harm threshold before the obligations are triggered. For example, some states will require a material or substantial risk that misuse is likely to occur before notification is required.[13] A minority of states, including California, Texas, and New York do not set a harm threshold, requiring only actual or reasonable belief that a breach has occurred.[14] **12**

---

11 The FTC also enforces the Children's Online Privacy Protection Act (COPPA). COPPA regulates the online collection, use, and disclosure of personal information from children under the age of 13.
COPPA requires providers to obtain verifiable parental consent for data collection, provide access and choice to the data subjects, and to avoid conditioning the child's participation on their service on the disclosure of more personal information than necessary. 15 USCS §§ 6501–6506.

12 https://www.ftc.gov/news-events/blogs/business-blog/2016/08/nist-cybersecurity-framework-ftc.

13 See, e.g., N.C. Gen. Stat. § 75–61 (defining a "Security Breach" as an incident of unauthorized access and acquisition requiring an "illegal use of the personal information... or [that an illegal use] is reasonably likely to occur or that creates a material risk of harm to a consumer.").

14 See, e.g., Cal. Civ. Code § 1798.82(a) ("A person or business that conducts business in California, shall disclose a breach of the security of the system following discovery or notification of the breach in the security of the data to a resident of California whose personal information was, or is reasonably believed to have been, acquired by an unauthorized person.").

13 **What constitutes personal information in each state varies significantly.** The majority of state laws define personal information as the individual's first name and last name along with one or more enumerated data elements. These elements typically include social security numbers, driver's license or other identification card numbers, and financial account information.[15] Finally, states have differing requirements for (1) who must be notified, (2) the timing of notification, and (3) the form and content of the notice. Depending on the jurisdiction, state data breach notification statutes may require notice to the affected individuals, law enforcement, state regulators, the media or consumer reporting agencies. Concerning timing, the majority of states require that notification occur as expediently as possible, without unreasonable delay, or both.[16]

14 It also is becoming increasingly common for states to promulgate stringent data security requirements. California is a good example. In 2016, the California Attorney General declared that the 20 controls in the Center for Internet Security's Critical Security Controls[17] identify a "minimum level of information security" that all organizations that collect or maintain personal information should meet, and "failure to implement all the Controls that apply to an organization's environment constitutes a lack of reasonable security."[18] The recently enacted California Consumer Privacy Act of 2018 (CCPA), set to go into effect in 2020, tracks the European General Data Protection Regulation (GDPR) in some significant ways.[19] The CCPA also in-

---

15 See, e.g., Conn. Gen.Stat. Ann. § 36a-701b(a). Furthermore, some states have come to incorporate an individual's username or email address along with a password that permits access to online accounts. See, e.g., Neb. Rev. Stat. § 87-802(6). Recently, the definition of personal information has begun to expand at varying rates across the country in an attempt to keep up with social and technological trends. See R.I. Gen. Laws § 11-49.3-3(a)(8) (including tribal identification number and medical or health insurance information in the definition of personal information); 6 Del. C. § 12B-101(7)8 (including "[u]nique biometric data generated from measurements or analysis of human body characteristics" in the definition of personal information).

16 See, e.g., Cal. Civ. Code § 1798.82(a) ("The disclosure shall be made in the most expedient time possible and without unreasonable delay, consistent with the legitimate needs of law enforcement, ... or any measures necessary to determine the scope of the breach and restore the reasonable integrity of the data system.") Some states, however, set specific timing requirements for notice to the affected individuals. For instance, Ohio and Wisconsin require notification within 45 days of the determination of a breach, whereas, Florida requires it no later than 30 days. Ohio Rev. Code Ann. § 1349.19(B)(2); Wis. Stat. Ann. § 134.98(3)(a); Fla. Stat. Ann. § 501.171(3)(a).

17 https://www.cisecurity.org/controls/.

18 https://oag.ca.gov/sites/all/files/agweb/pdfs/dbr/2016-data-breach-report.pdf.

19 Among other things, the CCPA will grant a consumer a right to request a business to disclose the categories and specific pieces of personal information that it collects about

centivizes encryption and the redaction of personal information. Specifically, any consumer whose nonencrypted or nonredacted personal information is subject to an unauthorized access and exfiltration, theft, or disclosure "as a result of the business' violation of the duty to implement and maintain reasonable security procedures and practices appropriate to the nature of the information to protect the personal information" may institute a civil action.[20]

The state of Massachusetts offers another example, having set minimum regulatory standards for safeguarding personal information in paper or electronic form. Among other things, Massachusetts requires that companies develop and maintain a comprehensive Written Information Security Program ("WISP") with administrative, technical and physical safeguards for personal information.[21] **15**

V. IT Security Law and Industry Standards

At the federal level, NIST, a non-regulatory agency of the US Department of Commerce, is responsible for the development of technical standards and guidelines for securing the majority of federal government information systems. At the direction of the President of the United States, **NIST issued its "Framework for Improving Critical Infrastructure Cybersecurity" in 2014**, as revised in 2018.[22] The framework, which has become a popular resource for the private sector in the United States, has five core functions: Identify, Protect, Detect, Respond, and Recover. In 2017, the President required that all agencies use the framework to manage their cybersecurity risk.[23] In addition, the Federal Information Security Modernization Act of 2014 (FISMA) requires each federal agency to conduct an annual independent evaluation to determine the effectiveness of its information security program and practices.[24] **16**

The US private sector also has played an influential role in developing industrywide standards, some of which have become international in scope. Take for example the payment card industry. Faced with escalating costs from **17**

---

the consumer, the categories of sources from which that information is collected, the business purposes for collecting or selling the information, and the categories of third parties with which the information is shared.

20 Cal. Civ. Code 1798.150. (a) (1).

21 201 CMR 17.00.

22 https://www.nist.gov/cyberframework.

23 https://www.whitehouse.gov/presidential-actions/presidential-executive-order-strengthening-cybersecurity-federal-networks-critical-infrastructure/.

24 45 U.S.C. § 3551 – 59.

fraud, in 2004 the major credit card companies adopted the Payment Card Industry Data Security Standard (PCI DSS).[25] Merchants that accept credit card payments generally must meet twelve requirements for compliance, categorized into six data security objectives. These objectives include building a secure network and systems, protecting cardholder data, maintaining a vulnerability program, implementing access control measures, regular monitoring, and maintaining an information security policy.

18 **The United States also has relied upon self-regulatory organizations** in a number of areas, to include oversight of industry cybersecurity efforts. One example of this exists within the US power sector, in which the Federal Energy Regulatory Commission certified (subject to its oversight) a not-for-profit international regulatory authority known as the North American Electric Reliability Corporation (NERC) to develop and enforce Critical Infrastructure Protection (CIP) cyber security reliability standards across the continental United States, Canada, and the northern portion of Baja California, Mexico.[26] Similarly, the SEC oversees exchanges, clearing agencies, and national securities associations, to include by way of example the Financial Industry Regulatory Authority (FINRA). FINRA, a not-for-profit organization that oversees broker-dealers, considers cybersecurity one of its regulatory and examination priorities, and the group provides its members with significant cybersecurity resources in this regard.[27]

VI. Criminal Law

19 The federal laws surrounding cybercrime tend to focus on three distinct types of violations: unauthorized access to computers; unauthorized surveillance of communications; and, unauthorized access to data about communications. It often is the case that the government charges hackers with multiple offenses stemming from any particular cybersecurity incident. This is because breaking into a computer not only provides access to data stored on the device and control over that device but as well often provides a hacker with the ability to monitor network communications (whether email or VoIP) in real time. Many federal crimes also allow for a civil cause of action, meaning that individuals can bring lawsuits in the United States against hackers to the extent they can find them and obtain judgments against them.

---

25 https://www.pcisecuritystandards.org/documents/PCIDSS_QRGv3_2.pdf.
26 https://www.ferc.gov/industries/electric/indus-act/reliability/cybersecurity.asp.
27 http://www.finra.org/search/industry/cybersecurity.

The primary federal cybercrime statute is the Computer Fraud and Abuse Act.[28] Enacted in the mid 1980's, Congress recognized an early need to protect computer systems of the federal government and other sensitive institutions (such as banks) from hacking. The act criminalizes unauthorized access to information related to national security and defense or other critical data, as well as records from a financial institution. The act also criminalizes the theft of property as part of a scheme to defraud and the intentional destruction of data belonging to others (for example introducing a virus that damages a protected computer or its records). Individuals convicted under the law can be fined and/or imprisoned for up to twenty years depending on the violation and, **in the event of a cyber-terror attack that results in loss of life, the hacker could be sentenced to death**. 20

With respect to unauthorized surveillance, the Wiretap Act, also known as "Title III", prohibits making an illegal interception or disclosing the content of an illegal interception. Over the years the Wiretap Act has been extended to apply to electronic communications.[29] However, most courts have held for an interception to occur, it must occur contemporaneously with the transmission itself.[30] For example, an e-mail that is copied by a server prior to delivery may constitute an interception under the Wiretap Act.[31] 21

The Stored Communications Act[32] protects personal information stored by third-party service providers from unauthorized access. The information may include the substantive content of the communication as well as any associated metadata. Under the Stored Communications Act, it is a felony to obtain, alter, or prevent authorized access to an electronic communication for commercial advantage or to cause malicious destruction. This Act requires law enforcement to obtain a court order before compelling the dis- 22

---

28 Codified at 18 U.S.C. §1030 et. seq.

29 See Brown v. Waddell, 50 F.3d285, 289 (4th Cir. 1995) ("The principal purpose of the 1986 amendments to Title III was to extend to 'electronic communications' the same protections against unauthorized interceptions that Title III had been providing for 'oral' and 'wire' communications via common carrier transmissions.").

30 See, e.g., Steve Jackson Games, Inc. v. United States Secret Service, 36 F.3d 457, 460-63 (5th Cir. 1994) (access to stored email communications); Fraser v. Nationwide Mut. Ins. Co., 352 F.3d 107, 113-14 (3d Cir. 2003) (same); Konop v. Hawaiian Airlines, Inc., 302 F.3d 868, 876-79 (9th Cir. 2002) (website); United States v. Steiger, 318 F.3d 1039, 1047-50 (11th Cir. 2003) (files stored on hard drive); United States v. Mercado-Nava, 486 F. Supp. 2d 1271, 1279 (D. Kan. 2007) (numbers stored in cell phone); 64 Prosecuting Computer Crimes United States v. Jones, 451 F. Supp. 2d 71, 75 (D.D.C. 2006) (text messages); United States v. Reyes, 922 F. Supp. 818, 836-37 (S.D.N.Y. 1996) (pager communications); Bohach, 932 F. Supp. at 1235-36 (same).

31 See United States v. Councilman, 418 F.3d 67 (1st Cir. 2005) (en banc).

32 18 U.S.C. § 2701.

closure of stored communications. In addition, US criminal law also applies to "pen register and trap and trace devices", essentially the recording of phone communications and web browsing "to and from" information.[33]

VII. IT Outsourcing and Commercial Contracts

23 At the federal level, the Federal Trade Commission put it succinctly with respect to the protection of personal information: "**Insist that appropriate security standards are part of your contracts**."[34] The FTC's advice is consistent with the fact that, although companies increasingly are outsourcing IT requirements and data processing, organizations cannot outsource their responsibility to protect business continuity and personal information. As a result, companies subject to cybersecurity regulations must flow down those provisions according to varying levels of guidance and formality.

24 One of the more formal outsourcing cybersecurity requirements is, as might be expected, found in relation to the processing of personal healthcare information. Entities covered under the Health Insurance Portability and Accountability Act of 1996 ("HIPAA") must obtain written assurances that processors will appropriately safeguard protected health information under the terms of a formal Business Associate Agreement that incorporates the specific security requirements (and potential liabilities) of HIPAA. According to the Department of Health and Human Services (HHS), which enforces HIPAA's privacy and security rules, the written contract between a covered entity and a business associate (as well as contracts between business associates and business associates that are subcontractors) must:[35]

(1) establish the permitted and required uses and disclosures of protected health information by the business associate;
(2) provide that the business associate will not use or further disclose the information other than as permitted or required by the contract or as required by law;
(3) require the business associate to implement appropriate safeguards to prevent unauthorized use or disclosure of the information, including implementing requirements of the HIPAA Security Rule with regard to electronic protected health information;

33 18 U.S.C. § 3121.

34 https://www.ftc.gov/tips-advice/business-center/guidance/start-security-guide-business.

35 https://www.hhs.gov/hipaa/for-professionals/covered-entities/sample-business-associate-agreement-provisions/index.html.

(4) require the business associate to report to the covered entity any use or disclosure of the information not provided for by its contract, including incidents that constitute breaches of unsecured protected health information;
(5) require the business associate to disclose protected health information as specified in its contract to satisfy a covered entity's obligation with respect to individuals' requests for copies of their protected health information, as well as make available protected health information for amendments (and incorporate any amendments, if required) and accountings;
(6) to the extent the business associate is to carry out a covered entity's obligation under the HIPAA Privacy Rule, require the business associate to comply with the requirements applicable to the obligation;
(7) require the business associate to make available to HHS its internal practices, books, and records relating to the use and disclosure of protected health information received from, or created or received by the business associate on behalf of, the covered entity for purposes of HHS determining the covered entity's compliance with the HIPAA Privacy Rule;
(8) at termination of the contract, if feasible, require the business associate to return or destroy all protected health information received from, or created or received by the business associate on behalf of, the covered entity;
(9) require the business associate to ensure that any subcontractors it may engage on its behalf that will have access to protected health information agree to the same restrictions and conditions that apply to the business associate with respect to such information; and,
(10) authorize termination of the contract by the covered entity if the business associate violates a material term of the contract.

Strict rules similarly apply to financial institutions, with requirements that seek to **protect interests that extend beyond the confidentiality of personal information** to include all sensitive non-public information and the resilience and reliability of the financial systems themselves. In this regard, at the federal level, the Gramm-Leach-Bliley Act imposes affirmative and continuing obligations on financial institutions to protect customer personal information against reasonably foreseeable threats to security.[36] The Federal Financial Institutions Examination Council ("FFIEC"), which establishes uniform bank examination guidelines for federal banking regulators, has pro- **25**

36 15 U.S.C. § 6801.

duced an Outsourcing Technology Services Booklet.[37] The booklet provides extensive guidance to regulators on examining a financial institution's risk management processes concerning vendors. The FFIEC has also produced an Audit Booklet that guides financial institutions on both preparing for external IT audits and on conducting effective internal IT audits.[38] At the state level, New York State's Department of Financial Services adopted regulations addressing cybersecurity for banks, insurance companies, and other financial services firms.[39] Among other things, the rules require firms to adopt a policy to ensure the security of information held by vendors and other third parties, including risk assessment, due diligence, and encryption.[40]

VIII. Employment Law

26 Within the United States, **companies routinely monitor the email and Internet communications of employees**, and it is common for employee handbooks to notify personnel both that their computer use can and will be monitored, and that they should have no expectation of privacy in the use of corporate or government computer systems.

27 One area, however, that is getting renewed attention is the capture of biometric data, including within the employment context. The state of Illinois, for example, recognized the enhanced need for security around biometric data when, in 2008, it passed the Illinois Biometric Information Privacy Act (BIPA).[41] With respect to security, private entities that possess biometric data must "store, transmit, and protect it from disclosure … using the reasonable standard of care within the private entity's industry [and] in a manner that is the same as or more protective than the manner in which the private entity stores, transmits, and protects other confidential and sensitive information."[42] They also must, "develop a written policy, made available to the public, establishing a retention schedule and guidelines for permanently destroying biometric identifiers and biometric information when the initial purpose for collecting or obtaining such identifiers or information has been satisfied or within 3 years of the individual's last interaction with the private entity, whichever occurs first."[43]

---

37 https://ithandbook.ffiec.gov/it-booklets/outsourcing-technology-services.aspx.
38 https://ithandbook.ffiec.gov/it-booklets/audit.aspx.
39 23 NYCRR 500, "Cybersecurity Requirements for Financial Services Companies".
40 Id. at § 500.11.
41 740 ILCS 14/1 et seq.
42 740 ILCS 14/15.
43 Id.

IX. Regulatory

28 A wide range of federal laws and regulations govern cybersecurity as it relates to particular types of information or individually regulated industries. In addition to FTC and state-by-state requirements to reasonably secure consumer and employee data, specific cybersecurity rules apply to the financial services, insurance, energy, and healthcare industries (among others), and to publicly traded companies regardless of industry.

29 Financial institutions are obligated to protect consumer personal information against reasonably foreseeable threats to security under the Gramm-Leach-Bliley Act ("GLBA").[44] Pursuant to the GLBA, the FTC promulgated the Safeguards Rule, which requires financial institutions to implement measures to keep customer information secure.[45] In addition to developing their own safeguards, the Safeguards Rule also requires companies to take steps to contractually ensure that service providers protect customer information.[46] While the FTC maintains rulemaking authority for the Safeguards Rule, both the FTC and the Consumer Financial Protection Bureau maintain enforcement authority.[47] The GLBA also requires financial institutions to provide "clear and conspicuous disclosure" to customers when a data breach occurs. State agencies, such as the New York Department of Financial Services, have also adopted regulations addressing cybersecurity for financial institutions, which have **notification requirements not only in the event of an actual breach but of unsuccessful attacks** that are sufficiently serious to raise a concern.[48]

30 While no federal law regulates cybersecurity for the insurance sector, the National Association of Insurance Commissioners ("NAIC") recently adopted the NAIC Insurance Data Security Model Law ("Model Law").[49] The Model Law would require insurers and other licensed entities to develop, implement, and maintain an information security program; investigate any cybersecurity events; and provide notification of breach events. In May 2018, South Carolina became the first state to pass a comprehensive insurance industry cybersecurity law,[50] which closely follows the Model Law. The New

44 15 U.S.C. § 680.1
45 16 CFR Part 314.
46 16 CFR Part 314.4(d).
47 https://www.ftc.gov/system/files/documents/public_comments/2016/11/00023-129361.pdf.
48 NYCRR 23, § 500, Cybersecurity Requirements for Financial Services Companies.
49 http://www.naic.org/Releases/2017_docs/naic_passes_data_security_model_law.htm.
50 South Carolina Insurance Data Security Act, S.C. Code Ann. § 38-99-10.

York Department of Financial Services also enforces cybersecurity regulations that govern certain insurance companies.[51]

31 The Energy Policy Act of 2005 granted the Federal Energy Regulatory Commission ("FERC") the authority to promulgate cybersecurity reliability standards for the power industry.[52] Pursuant to that law (and described above with respect to industry standards), FERC certified a not-for-profit international regulatory authority known as NERC to develop and enforce cybersecurity reliability standards.[53] Additionally, the Energy Independence and Security Act of 2007 provides FERC and NIST with responsibilities relating to smart grid standards.

32 The privacy and security of personal health information is safeguarded by the Health Insurance Portability and Accountability Act of 1996 ("HIPAA").[54] Entities covered by HIPAA must comply with rules protecting both the privacy and security of health information. The HIPAA Privacy Rule requires covered entities to implement appropriate safeguards to protect personal health information. It also restricts when such information may be used or disclosed without patient consent.[55] The HIPAA Security Rule establishes standards for covered entities to protect individuals' personal health information and requires administrative, physical and technical safeguards to ensure the confidentiality, integrity, and security of such information.[56] HIPAA regulations require implementation of certain procedures when outsourcing personal health information to service providers, such as providing a number of assurances in a Business Associate Agreement.[57] HIPAA's data breach notification requirements are similarly strict, and covered entities must notify affected individuals, the regulator (US Department of Health and Human Services), and potentially even the media when there is a breach of unsecured personal health information. When breaches affect 500 or more people, the regulator posts the incident to a public website which colloquially is known as **the wall of shame**.[58] Helpfully, HHS offers a toolkit for conducting a security risk assessment, which is available free of charge.[59]

---

51 NYCRR 23, § 500.01(c).
52 Pub. L. No. 109-58, 119 Stat. 594 (2005).
53 https://www.ferc.gov/industries/electric/indus-act/reliability/cybersecurity.asp.
54 42 U.S.C. §1301 et seq.
55 45 CFR Part 160; 164.
56 45 CFR Part 160; 164.
57 45 CFR § 164.504(e).
58 https://ocrportal.hhs.gov/ocr/breach/breach_report.jsf.
59 https://www.healthit.gov/topic/privacy-security/security-risk-assessment-tool.

Within the communications industry, the Federal Communications Commission (FCC) includes a Cybersecurity and Communications Reliability Division that works with the private sector "to develop and implement improvements that help ensure the reliability, redundancy and security of the nation's communications infrastructure."[60] The FCC also enforces provider requirements to adequately protect account-related data (including usage data and calling patterns) known as customer proprietary network information (CPNI). When a carrier or provider suffers a CPNI breach, and before notifying the data subject, it typically must electronically notify federal law enforcement through a central reporting online portal.[61] **33**

As noted above, the SEC has issued guidance to public companies to disclose information about material cybersecurity risks and incidents.[62] The guidance advises that, when assessing whether to disclose cybersecurity risks or incidents, companies should weigh "the potential materiality of any identified risk and, in the case of incidents, the importance of any compromised information and of the impact of the incident on the company's operations." **34**

X. Public Law (incl. Procurement)

The Government of **the United States treats cybersecurity as a significant factor in its defense contracts** and how it treats general contractors who maintain information systems that process, store, or transmit Federal contract information.[63] **35**

Defense contractors have to comply with DFAR 252.204-7012, which specifies that contractors must provide "adequate security" for all covered defense information that is processed, stored, or transmitted on the contractor's internal system or network. Adequate security requires, at a bare minimum, contractor implementation of the standards contained in NIST Special Publication 800-171. Defense contract requests for proposals may place additional requirements, such as requiring that software meet certain additional accreditation requirements, and can deny contracts based on those additional cybersecurity requirements.[64] Even when such additional requirements are **36**

---

60 https://www.fcc.gov/cybersecurity-and-communications-reliability-division-public-safety-and-homeland-security-bureau.

61 47 C.F.R. § 64.2011.

62 Commission Statement and Guidance on Public Company Cybersecurity Disclosures, 17 CFR Parts 229 and 249 (https://www.sec.gov/rules/interp/2018/33-10459.pdf).

63 FAR 52.204-21.

64 See, e.g. Syneren Technologies Corporation, B-415058,B-415058.2: Nov 16, 2017.

not in place, contracts can be awarded based on one proposal's superior cybersecurity.[65] DFAR imposes a cyber incident-reporting requirement on all covered contractors.[66] Under the requirement, contractors are required to conduct a review for "evidence of compromise of covered defense information" and report the incident to the Department of Defense within seventy-two hours.

37 Non-defense contractors are subject to a different set of requirements under FAR 52.204-21, which incorporates 15 different requirements from NIST Special Publication 800-171. However, this requirement, as with defense contracts, is likely only to be a starting point in evaluating proposals. The intersection of Government contracts and cybersecurity will only increase as the Government of the United States is faced with ever evolving and more sophisticated cyber threats.

XI. Information Sharing and Antitrust Law

38 At the federal level, **the Cybersecurity Information Sharing Act of 2015 (CISA) is designed to encourage cybersecurity information sharing between the government and the private sector**.[67] CISA is a voluntary model that creates a framework for sharing by the federal government, grants private parties the authority to monitor cybersecurity threats and enact defensive measures, and protect private parties from liability stemming from sharing cyber threats in accordance with the Act (to include protection from antitrust laws). Apart from CISA, the Department of Justice and the Federal Trade Commission have issued guidance explaining that antitrust law should not impede legitimate cybersecurity information sharing.[68]

39 Before CISA, Presidential Decision Directive-63 (PDD-63), which dates back to 1998, encouraged the private sector owners of critical infrastructure to develop Information Sharing and Analysis Centers (ISACs). ISACs are typically non-profit, sector-specific organizations that share information regarding cybersecurity threats and incidents within their sectors. As of 2018, the National Council of ISACs consisted of 24 separate organizations designated by their sectors (including, for example, the aviation industry,

65 IPKeys Technologies, LLC, B-414890,B-414890.2: Oct 4, 2017.

66 DFAR 252.204-7012(c).

67 The Consolidated Appropriations Act of 2016, Pub. L. No. 114-113, Div. N, Title I, § 103(a) (S. 754, H.R. 2029) (Dec. 18, 2015) (hereinafter "CISA").

68 Department of Justice and Federal Trade Commission: Antitrust Policy Statement on Sharing of Cybersecurity Information (April 10, 2014).

financial services, and healthcare) to serve as their "information sharing and operational arms."[69]

XII. Insurance

Cyber insurance is a rapidly growing sector of the insurance market. According to industry research, the cyber insurance market grew approximately 30% annually between 2011 and 2015, with the United States making up most of the market.[70] This growth is expected to continue based on factors that include increased awareness of cybersecurity risks, a continuing number of significant incidents and data breach notification obligations, and vendor risk management programs that are increasingly seeking processors to maintain cyber insurance. At the same time, dominance in the US cyber insurance market emphasizes the potential for growth of the cyber insurance industry overseas.[71] Organizations that need to protect a significant amount of private information but are not traditionally regarded as a part of the technology sector, such as hospitals, are expected to drive growth in the cyber insurance industry. **40**

The growth in the cyber insurance market has introduced more competing carriers with a broader range of products to address specific cybersecurity needs.[72] As with all insurance, cyber insurance rates are likely to fluctuate based on perceived risks. As cyber insurance becomes more prevalent, companies will be incentivized to implement better preparedness strategies and measures. In the event of cyber incidents, insurance companies will bear some, or all, of the cost at the end of the day and will help inform response plans and actions. Further, insurance companies may force specific response measures on companies, as part of the insurance agreement, in order to assert claims. **41**

XIII. Impact/Influence of Extraterritorial Law

Although the United States has a complex web of cybersecurity laws and regulations at both the state and federal level, United States based business may also face extraterritorial cybersecurity regulations. One recent example is the GDPR. US companies complying with the regulation will need to en- **42**

69 https://www.nationalisacs.org/about-nci.
70 Global Cyber Market Overview", Aon Inpoint (June 2017) at 4.
71 "Insurance 2020 & Beyond: Reaping the Dividends of Cyber Resilience," PwC (2015) at 10.
72 "Global Cyber Market Overview," Aon Inpoint (June 2017) at 9.

sure they are following Article 25's data protection by design and by default requirements, amongst others. Similarly, the US government and private sector continue to assess the impact of China's 2016 cybersecurity law, which include measures for the Chinese government to perform security reviews over network products and services.[73] These two examples demonstrate the direction of things to come. Namely, we can expect increased regional differences to emerge in the area of cybersecurity based on differing views of personal data rights and of governmental authorities to obtain (or restrict) certain types of information and to retain sovereignty and control over critical infrastructure.

73 http://www.npc.gov.cn/npc/xinwen/2016-11/07/content_2001605.htm.

Kapitel 14
Länderbericht UK

Dr. Philip Trillmich/John Timmons

Übersicht

I. Overview

1 As businesses in the United Kingdom ("**UK**") continue the digitisation of their assets and operations, the need to implement good cybersecurity practices becomes ever more important. Public awareness and general commercial awareness of these matters continues to increase. Recent public cybersecurity breaches in the UK have increased the focus on business practices in this regard,[1] and consumers now expect organisations in the UK to implement cybersecurity measures. Failures in this regard could give rise to litigation; however, potentially more damaging for organisations is the damage to reputation, which can lead to a significant loss of customers and a significant loss in value.[2]

2 Mirroring the growing importance of cybersecurity, there is a growing body of law in the UK which imposes cybersecurity-related obligations on businesses.

---

1 For example, see: (i) Butlin's data breach: https://www.bbc.co.uk/news/technology-45141880; (ii) TalkTalk data breach: https://www.bbc.co.uk/news/business-37565367; and (iii) Dixons Carphone data breach: https://www.bbc.co.uk/news/technology-45141880.

2 Following the TalkTalk data breach, its pre-tax profits fell by over 50 % from the previous year and the share price also declined significantly.

The laws governing cybersecurity in the UK, generally speaking, arise from 3 two primary sources: (i) UK domestic legislators and domestic courts; and (ii) European legislators. There are laws imposing cybersecurity obligations that apply to all organisations, and laws that apply to organisations falling within specific sectors and satisfying specific criteria. Most recently, the UK has introduced a comprehensive update to data protection law and also introduced cybersecurity requirements on providers of services critical to the UK economy.

Where law in the UK imposes cybersecurity obligations, organisations are 4 generally afforded freedom and discretion concerning their approach to compliance. This flexibility is essential as the threats posed by cybercrime are continuously and rapidly developing and evolving. Organisations therefore must ensure the defence techniques and tools deployed continue to be adequate. The measures must also be suitable for each organisations, taking into account their own circumstances, the risk level, (as well as the organisation's risk appetite), the state of the art and cost of implementation.

1. Applicable Laws

The legal framework relating to cybersecurity in the UK is contained in a 5 number of distinct laws. The most relevant laws and their subject matter are as follows:

Applicable Law	**Summary** **Data Protection Act 2018 ("DPA")**
Specifies obligations (including security obligations) applicable to organisations processing personal data. **The Network and Information Systems Regulations 2018 ("NIS Regulations")**	Specifies cybersecurity obligations applicable to providers of services critical to the UK economy and digital service providers. **Computer Misuse Act 1990 ("CMA 1990")**
Specifies the criminal offences applicable to misuse of computer equipment. **Privacy and Electronic Communications (EC Directive) Regulations 2003 ("PECR")**	Specifies security obligations of public electronic communications network providers and public electronic communications service providers.

Applicable Law	**Summary** **Communications Act 2003** **("CA 2003")**
Specifies security obligations of public electronic communications network providers and public electronic communications service providers. **Investigatory Powers Act 2016** **("IPA 2016")**	Specifies obligations in respect of interception of communications such as emails and telephone calls.

6 This is not an exhaustive list, and organisations doing business in the UK should be aware of the impact of the common law and laws imposing indirect obligations relating to cybersecurity (such as the Companies Act 2006 – see section **Corporate Law** below).

2. Territorial Application

7 In general terms, the laws in the UK relating to cybersecurity apply to organisations solely based in the UK, doing business in the UK or which have an establishment in the UK.

8 Ultimately, geographical reach depends on the specific law; however, as a general rule, businesses with a presence in the UK will be subject to the law.

3. General Legal Liabilities

9 Applicable legislation defines the offences relevant to cybersecurity and data privacy, and the range of possible sanctions. These sanctions may include censure, the imposition of fines or imprisonment for offenders.

10 In addition to statutory sanctions, a cybersecurity incident may expose organisations to claims in tort by individuals who have suffered damage as a result of the cybersecurity incident.

a) Negligence

11 Individuals can bring claims in connection with cybersecurity incidents under the tort of negligence.

12 Claims brought by individuals need to satisfy the requirements set down at common law for negligence. This includes the three-stage test for: (i) establishing a duty of care[3]; (ii) demonstrating there was a breach of that duty

3 As set out in *Caparo Industries v Dickman* [1990] 1 All ER 568.

which caused loss to the individual; and (iii) the loss was reasonably foreseeable by the parties.[4]

b) Misuse of Private Information

It is also possible that an individual could bring a claim under the tort of "*misuse of private information*". 13

This tort will apply to the individual's compromised information provided: 14

- if, in relation to the information that was disclosed, the individual "*had a reasonable expectation of privacy*"; or
- where it is not possible to determine whether information should be considered private, if disclosure of the information about the individual would give "*substantial offence*" to a person with ordinary sensibilities who has been placed in similar circumstances to that individual.[5]

An objective approach will be adopted in determining whether either point is satisfied. It will be considered from the perspective of a reasonable person placed in the affected individual's position. 15

4. General Cybersecurity Practices

To assist compliance efforts in the UK, organisations should as a minimum, consider taking the following steps: 16

- conduct an assessment to understand: (i) the key assets and information stored on internal and external systems; (ii) the known vulnerabilities and weaknesses of the systems and software used; and (iii) the key threats to these systems and the assets and information stored on them;
- implement a process to ensure there is continual monitoring of the specific identified cyber threats relevant to the organisation;
- conduct internal cybersecurity and data privacy assessments to identify areas of weakness and take action to remedy these weaknesses (this should include updating software and systems, and regular penetration testing of systems and infrastructure);
- review and update internal policies and operating procedures relating to cybersecurity and data privacy to comply with the requirements of the relevant laws and to establish internal best practices (for example, policies

4 As set out in *Overseas Tankship (UK) Ltd. v Morts Dock and Engineering Co (The Wagon Mound)* [1961] A.C. 388.

5 *Campbell v Mirror Group Newspapers Ltd* [2004] UKHL 22, Lord Nicholls at paragraph 21, and Lord Hope at paragraph 92.

establishing "least privilege" access[6] and multifactor authentication access procedures);
- create a breach response policy and associated procedures to set out the way in which the organisation will respond to breaches. This should include designation of key roles. Organisations should test the policy and procedures annually by conducting mock breach scenarios;
- implement data back-up and recovery procedures to ensure continued access to data in the event of a primary source being compromised;
- provide training for personnel on cybersecurity and data privacy policies and procedures and to ensure a high level of awareness across the organisation;
- consider seeking organisational certification for information security practices (such as Cyber Essentials[7] certification or certification to ISO 27000 series standards or to ISO 22301 standards on business continuity) and/or personnel certification for IT security (such as CISSP[8] or CIPT[9] certification);
- secure access to networks, including access to "public" Wi-Fi networks;
- review and upgrade existing procurement processes to take account of new areas of cybersecurity and data privacy risk; and
- develop robust standard terms containing provisions relating to cybersecurity and data privacy (which should allow for an audit of third party service providers).[10]

5. Cybersecurity-related Bodies and Guidance

17 A number of organisations in the UK publish guidance on cybersecurity (including government organisations and regulators).

a) The National Cyber Security Centre

18 The UK Government established the National Cyber Security Centre[11] ("**NCSC**") in 2016.

6 This means restricting access to systems, software, information and data on to those who require access only.
7 This is a UK Government-backed scheme relating to cybersecurity, https://www.cyberessentials.ncsc.gov.uk/.
8 https://www.isc2.org/Certifications/CISSP.
9 https://iapp.org/certify/cipt/.
10 Based on guidance issued by the NCSC, the UK Information Commissioner's Office and the UK Financial Conduct Authority.
11 https://www.ncsc.gov.uk/.

The remit of the NCSC is to help protect critical services in the UK from cyber-attacks, manage major incidents, and improve the underlying security of the UK internet. In addition, the NCSC provides effective incident response to minimise harm to the UK, help with recovery, and learn lessons for the future. **19**

The NCSC, among other things, issues cybersecurity guidance including the "10 Steps to Cyber Security" and the "Cyber Essentials".[12] This guidance is non-binding; however, there is an expectation that organisations should take account of the relevant guidance and be able to explain reasons for not following it in the event of an investigation. **20**

b) The Information Commissioner's Office

The UK Information Commissioner's Office ("**ICO**") is responsible for overseeing compliance with data protection law and the law relating to privacy and electronic communications. **21**

The ICO issues guidance from time to time concerning cybersecurity.[13] Guidance issued by the ICO is non-binding; however, there is an expectation that organisations take account of it and should be able to explain reasons for not following it in the event of an ICO investigation. **22**

c) Others

Other regulators and government organisations issue cybersecurity guidance from time to time. Businesses operating within the remit of these organisations and regulators should be aware of, and familiar with, the latest guidance issued.[14] **23**

Organisations operating in the UK should remain up-to-date with the guidance being issued to ensure that practices remain relevant and in accordance with regulator and industry expectations. **24**

A summary of all relevant guidance is beyond the scope of this Chapter. **25**

---

12 For example, see the NIS guidance collection which provides guidance to organisations on how to comply with their obligations under the NIS Regulations, https://www.ncsc.gov.uk/guidance/nis-guidance-collection. The Cyber Threat to UK Business 2017–2018 Report, https://www.ncsc.gov.uk/cyberthreat.

13 For example, see "A practical guide to IT security", https://ico.org.uk/media/for-organisations/documents/1575/it_security_practical_guide.pdf.

14 For example, the Financial Conduct Authority, the Bank of England (in the form of the PRA) and Ofcom have issued guidance on cybersecurity for organisations subject to their oversight.

II. Corporate Law

1. Preparedness

a) General Obligations on all Organisations

26 Although it is possible for organisations in the UK not to be subject to any of the laws imposing direct cybersecurity obligations, this does not mean that a failure to implement cybersecurity measures is without legal risk. A failure to implement cybersecurity measures to safeguard organisational information, key assets and customer information could expose the organisation to legal risks (such as litigation by individuals, see Section – **General Legal Liabilities above**), financial risks (such as loss of revenue) and reputational risks (such as loss in customer confidence).

27 All organisations are likely to process personal data (for example, in connection with their personnel) and will therefore have security obligations resulting from the Data Protection Act 2018 ("**DPA**") (see Section – **Data Protection** below).

28 In brief, organisations caught by the DPA have specific obligations with respect to the collection and use of personal data. Organisations also have obligations to keep the personal data collected secure[15] and only permit third parties access to the personal data subject to sufficient guarantees regarding, inter alia, the security of the processing services.[16]

29 Outside of the DPA, organisations will be subject to cybersecurity-related obligations depending on their designation. For example:

- organisations providing services critical to the UK's economy (such as organisations in the energy sector) have cybersecurity obligations under the NIS Regulations 2018 (see Section **Cybersecurity Law** below);
- organisations providing public communications networks or services have obligations under the Communications Act 2003 and the Privacy and Electronic Communications (EC Directive) Regulations 2003 (see Section – **Communications** below); and
- organisations in the financial services sector are subject to cybersecurity-related obligations resulting from the application of specific rules set by regulators (see Section – **Financial Services** below).

---

15 Article 32 of the General Data Protection Regulation (EU) 2016/679.

16 Article 28(1) of the General Data Protection Regulation (EU) 2016/679.

b) Directors' Duties

Corporate law in the UK does not impose direct cybersecurity obligations on companies; however, company directors have a number of legal duties and responsibilities. These duties and responsibilities are primarily set out in the Companies Act 2006 ("**CA 2006**"). **30**

Two of these duties may be interpreted as requiring company directors to take account of cyber-risks and ensure an adequate level of cybersecurity has been implemented. These duties are: **31**

- the duty to promote the success of the company;[17] and
- the duty to exercise reasonable care, skill and diligence.[18]

aa) Duty to promote the success of the company

This duty requires directors to act in a way that they consider (acting in good faith) would be most likely to *promote the success* of the company for the benefit of its members as a whole. **32**

As part of this duty, directors must consider likely consequences of any decisions and the interests of the shareholders, employees, customers, suppliers and others.[19] **33**

A failure to identify, understand and take steps to mitigate against the risks posed by possible cyber-attacks will likely mean that directors are in breach of this duty. Cyber-attacks (and the threat of cyber-attacks) are a day-to-day reality for businesses. Failing to address these risks could have a significant impact on the success of the company.[20] **34**

bb) Duty to exercise reasonable care, skill and diligence

This duty requires that directors exercise the *care, skill* and *diligence* which would be exercised by a reasonably diligent person with both: **35**

- the general knowledge, skill and experience that may *reasonably be expected* of a person carrying out the functions carried out by the director in relation to the company; and

---

17 Section 172 of the Companies Act 2006.

18 Section 174 of the Companies Act 2006.

19 Section 172(1)(a) – (f) of the Companies Act 2006.

20 For example, see TalkTalk data breach which resulted in: (i) significant regulator fine; (ii) reduction in share price; (iii) loss of customers; (iv) exceptional costs of ~ £ 60 million to remedy the issue; and (v) significant reputational damage. See: https://www.bbc.co.uk/news/business-37565367.

- the general knowledge, skill and experience that the director *actually has*.[21]

36 Directors must exercise their duties diligently and keep themselves informed about the company's affairs. Directors can rely on the experience and expertise of colleagues (but not in an attempt to avail him/herself from their responsibilities).

37 Directors failing to manage cybersecurity-related risks adequately would likely breach this duty. A lack of knowledge on the part of directors would not be an acceptable excuse. This will be particularly true of directors of companies which have significant digital assets and rely significantly on systems and devices which are susceptible to cyber-attacks (for example, cloud services and Software-as-as-Service solutions).

cc) Complying with Director Duties from a Cybersecurity Perspective

38 Directors should make an effort to inform themselves of the cybersecurity threats facing the company, understand the risk levels and implement measures to mitigate these risks. In addition, the business should implement a cybersecurity programme.

39 As a minimum, directors should:

- ensure they are regularly updated regarding cybersecurity issues facing the company and how these are being addressed;
- ensure they have access to cybersecurity expertise and allow for discussion of cybersecurity issues at board level;
- understand the assets which possible attackers may wish to access and the identity of the potential attackers;
- understand the key cybersecurity threats facing the company, the relevant risk levels and the measures which have been implemented to address or manage risks;
- understand the nature of the company's cybersecurity programme, including the relevant policies and procedures in place and the measures which have been adopted to raise awareness of the issues across the company;
- understand the cyber-breach response processes in place; and
- ensure there is a process in place for reviewing the cybersecurity programme.

40 This is not an exhaustive list and the steps required will vary depending on the profile and risk level of the particular business.

---

21 Section 174(2)(a) and (b) of the Companies Act 2006.

2. Response

41 In response to the occurrence of a cybersecurity incident, organisations should:

- execute the applicable breach response policy and procedures;
- consider what, if any, notifications to regulators or other persons must be made;
- address the incident and takes steps to mitigate the damage caused;
- report the incident to the relevant authorities; and
- investigate the incident and maintain a record of the incident and investigation.

42 Where relevant, organisations should also consider whether the cybersecurity incidents need to be disclosed in annual reports[22] or to the market if the cybersecurity incident is considered "insider information"[23].

43 In addition, if a company is preparing a prospectus as part of the process for raising equity or debt on the market there is a requirement to describe relevant risks. A company that has suffered cybersecurity incidents should consider whether to disclose this in its prospectus.[24]

3. Legal Liabilities

44 If an organisation has failed to implement cybersecurity measures to a reasonable standard, the organisation will be potentially exposed to reputational damage, regulatory fines, loss of business and litigation for breach of contract or misuse of private information (see **General Legal Liabilities** above).

---

22 See the duty to prepare a strategic report containing a description of the principal risks and uncertainties facing the company which could include cyber risks; see Sections 414 A(2) and 414 C(2)(b) of the CA 2006.

23 Article 7 of the Market Abuse Regulation (EU) No 596/2014 defines "*inside information*" as "*information of a precise nature, which has not been made public, relating, directly or indirectly, to one or more issuers or to one or more financial instruments, and which, if it were made public, would be likely to have a significant effect on the prices of those financial instruments or on the price of related derivative financial instruments.*"

24 See the Prospectus Rules contained in the FCA Handbook, https://www.handbook.fca.org.uk/handbook/PR/

III. M&A/Due Diligence

1. General

45 There are no specific requirements in the UK concerning cybersecurity as part of an M&A process; however, organisations engaged in an M&A process should be able to assess the cybersecurity-related issues of targets to understand risk and potential liability.

2. Preparedness

a) General

46 The M&A process itself can expose the organisations involved to increased risk from cybersecurity incidents.

47 Due to the time-constraints to complete deals and the volume of information (including confidential information) being shared between various parties (for example, professional advisors, financiers and regulators), there is a heightened risk of both accidental breaches and malicious cybersecurity incidents.[25]

48 Organisations involved in an M&A process should take care to implement processes which will safeguard the information being shared. For example, organisations should utilise secure data sites with access controls to share information. The volume of information shared by email should be kept to a minimum and any attachments containing sensitive information should be password protected and encrypted.

b) Due Diligence Process

49 In the UK, it is common as part of the due diligence process, to conduct a review of the target's cybersecurity risk profile. This is ordinarily achieved by way of a desktop review of policies and procedures, as opposed to forensic or technical assessments. It is a nascent area and is expected this practice to continue maturing, particularly in light of the DPA and the NIS Regulations.

50 In the UK, it is common for purchasers to ask questions as part of the diligence process seeking to understand:

---

25 See NACD Director's Handbook on Cyber-Risk Oversight (published 12 January 2017) – this is an advantageous period for would-be attackers due to the value which could be derived from the information being shared.

- the risk profile of the target from a cybersecurity perspective (for example, does it process large volumes of sensitive information or own considerable digital assets making it attractive to cyber-attackers);
- the nature of the digital assets and data held by the target;
- the nature of the cybersecurity measures in place;
- details of the target's approach to cybersecurity from an organisational perspective (for example, resource allocation, dedicated staff numbers);
- whether the target has obtained organisational certification for information security practices (such as certification to ISO 27000 series standards or to ISO 22301 standards on business continuity);
- whether the target retains an outside, preferably duly certified, consultancy to conduct penetration testing;
- details of the target's cyber-incident response plan;
- the history of cybersecurity-related incidents faced by the target (including instances of personal data breaches, breaches of IT security by various actors and breaches of sub-contractors/suppliers which has impacted on the target's data);
- details of non-compliance with any cybersecurity-related legislation (for example, the DPA or NIS Regulations);
- the findings from any IT security audits or assessments that have been conducted;
- the target's supply chain management processes from a cybersecurity perspective; and
- whether the target has taken out and maintains cybersecurity incident insurance.

The approach to the diligence process will differ in every purchase and **51** should be tailored accordingly. It may be necessary to involve IT forensic or technical experts to assist with the diligence process if the nature of the target would merit such an approach.

3. Responses

The response of the acquiring business to the due diligence process will de- **52** pend on the nature of the findings. It may be necessary or desirable for the acquiring business to:

- seek specific warranties and indemnities from the seller relating to cybersecurity;
- implement a cyber-insurance policy to guard against known risks or areas of weakness;

- impose pre- and post-completion obligations on the seller relating to cybersecurity; and/or
- negotiate a reduction in the purchase price to account for the associated cybersecurity risks.

53 A failure to identify obvious risks, as part of the due diligence and M&A process, could also result in directors being found in breach of their duties under the CA 2006. In addition, a failure to address risks identified as part of the due diligence and M&A process could have significant negative effects on an organisation.

54 Where risks have been identified, the acquiring organisation should consider guarding against these risks with cyber insurance.

IV. Data Protection

1. General

55 The UK has a comprehensive and well-developed data protection regime. First introduced in 1984, data protection laws in the UK specify the obligations applicable to organisations processing individual's personal data, and the rights of the individuals whose personal data is being processed.

56 The UK has implemented the EU General Data Protection Regulation ("**GDPR**") by way of the DPA.

57 Organisations operating in the UK are likely to be subject to the DPA and the GDPR due to the collection and use of employee personal data. Organisations handling large volumes of information relating to individuals (such as organisations engaging with consumers) will have significant exposure to the DPA and the GDPR.

58 Organisations in the UK must be aware of the provisions of the DPA and the GDPR as both impose obligations on organisations in the UK processing personal data.

2. Definition of Personal Data and Processing

59 As the GDPR is covered in more detail in Chapter 4, the key definitions and meanings are not repeated in this Chapter.

3. Regulator Enforcement and Criminal Offences

In the UK, the Information Commissioner's Office ("**ICO**") is the regulatory body responsible for overseeing enforcement of the DPA (and the GDPR). 60

The ICO has the power to: 61

- issue information notices requiring organisation to provide specific information;
- issue assessment notices requiring organisations to permit the ICO to carry out an assessment of their compliance with the DPA;
- issue enforcement notices requiring organisations to take certain actions or to refrain from taking certain actions; and
- issue penalty notices, which includes the imposition of fines of up to €20 million or 4% of an undertaking's global annual turnover (whichever is greater).

It is expected that organisations are familiar with their obligations under the DPA (and other applicable laws over which the ICO has enforcement responsibility) and the guidance issued by the ICO from time to time. 62

The DPA specifies a number of criminal offences. The most relevant[26] in the context of cybersecurity include the criminal offences of: 63

- unlawfully obtaining personal data;
- re-identifying personal data which has been de-identified; and
- altering personal data to prevent disclosure to an individual.[27]

In addition to organisations being prosecuted for an offence, if it can be demonstrated that the offence was committed with the approval or collusion, or is attributable to neglect, on the part of a director, manager, secretary, officer or person, that person will also be held personally responsible.[28] 64

---

26 Other offences include: (i) obstructing the ICO in inspecting personal data (Section 119); (ii) providing false information in response to an information notice from the ICO (Section 144); and (iii) obstructing the ICO from executing a search or inspection warrant or providing false statement to the ICO when questioned during a search or inspection (Schedule 15, paragraph 15).

27 Sections 170–173 of the Data Protection Act 2018.

28 Section 198 of the Data Protection Act 2018.

4. Preparedness

a) Security of Personal Data

aa) GDPR Requirements

65 The requirements for organisations collecting and processing personal data in the UK are as set out in Chapter 4, marginals 18–22.[29]

bb) ICO Guidance on Cybersecurity

66 In addition to complying with the security requirements under the GDPR, organisations in the UK must take account of the guidance issued by the ICO from time to time relating to cybersecurity.[30]

67 Recent guidance issued by the ICO on cybersecurity[31] recommends organisations adopt the following measures:

- Consider obtaining Cyber Essentials certification;[32]
- implement firewalls and internet gateways;
- implement access controls across systems, networks and software. Also implement physical access controls;
- securely configure software and hardware (for example, do not use OEM pre-set passwords);
- deploy anti-virus and anti-malware products and ensure regular network scanning;
- keep software and hardware up-to-date;
- encrypt hardware;
- ensure devices allow for remote wiping;
- conduct security assessments before engaging with cloud service providers;
- implement a robust back-up strategy (including use of at least one off-site back-up);
- train personnel to recognise cybersecurity threats and how to respond;

---

29 See Articles 5(1)(f) and 32 of the General Data Protection Regulation (EU) 2016/679.

30 For example, see "IT Security Top Tips", https://ico.org.uk/for-organisations/guide-to-data-protection/it-security-top-tips/ and "Protecting personal data in online services: learning from the mistakes of others", https://ico.org.uk/media/for-organisations/document/1042221/protecting-personal-data-in-online-services-learning-from-the-mistakes-of-others.pdf.

31 See "A practical guide to IT security", https://ico.org.uk/media/for-organisations/documents/1575/it_security_practical_guide.pdf.

32 This is a UK Government-backed scheme relating to cybersecurity, https://www.cyberessentials.ncsc.gov.uk/.

- implement a process for regularly checking security software messages, access control logs and other reporting systems for suspicious activity;
- run regular vulnerability scans and penetration tests;
- implement appropriate policies and procedures addressing cybersecurity and data privacy;
- take steps to minimise the volume of data (particularly personal data) being held; and
- conduct security audits on IT providers.

A failure to adopt these measures without good reason may attract criticism from the ICO in the event of an investigation and exacerbate the level of fines imposed.[33] **68**

Each organisation will approach compliance with its security obligations under the DPA and the GDPR in a different manner. However, all organisations must first be clear on the personal data for which they are responsible and then assess the risk level associated with this data. The higher the volume and degree of sensitivity of personal data being processed, the more robust the security measures must be to ensure compliance with the DPA and the GDPR. **69**

b) Policy Requirements

Organisations in the UK processing particularly sensitive personal data are required by the DPA to implement policies in respect of their processing of these personal data. **70**

For example, in specific circumstances, organisations in the UK processing "special categories of personal data" or processing "criminal data" must implement a policy meeting the requirements of the DPA.[34] **71**

c) Use of Processors

When processors are engaged, organisations are required to implement contracts containing specific clauses.[35] The requirements for organisations are as set out in Chapter 4, marginals 30–32. **72**

---

33 For example, the ICO was highly critical of Yahoo! in respect of its technical and organisational security measures following its investigation of a data breach affecting Yahoo!, https://ico.org.uk/media/action-weve-taken/mpns/2258898/yahoo-uk-services-ltd-mpn-20180521.pdf.

34 See Schedule 1, Part 4 of the Data Protection Act 2018.

35 See Article 28 of the General Data Protection Regulation (EU) 2016/679.

5. Responses

a) Breach Notification

73 The DPA and the GDPR require that controllers notify the ICO within 72 hours of a breach occurring that affects personal data.[36] The breach notification requirements are as set out in Chapter 4, marginals 43–50.

b) Remedial Actions

74 Following a breach, organisations should take steps to:

- investigate and determine whether the breach was caused by human error or a systemic issue;
- record details of all breaches notifiable and not;
- identify trends and address these with training or the implementation of new measures; and
- consider notifying third parties such as the police, insurers, professional bodies, or bank or credit card companies who can help reduce the risk of financial loss to individuals.

75 Organisations should also assess performance of personnel and the breach response plan to determine whether additional training is required and/or whether the breach response plan requires updating.

V. Cybersecurity Law

1. General

76 The NIS Regulations impose cybersecurity-related obligations directly on organisations in the UK that come within its scope.[37]

77 The NIS Regulations are an attempt by lawmakers to address some of the risks posed to individuals and the UK economy that can arise from security incidents affecting key networks and information systems.

---

36 Organisations can complete a form made available by the ICO to notify a personal data breach, https://ico.org.uk/for-organisations/report-a-breach/personal-data-breach/.

37 The NIS Regulations implement an EU directive, the Network and Information Systems Directive (EU) 2016/148.

2. Preparedness

a) In-Scope Organisations

The NIS Regulations apply to "*operators of essential services*" and "*digital service providers*". 78

aa) Operators of Essential Services

Operators of Essential Services ("**OES**") include organisations in the energy, transport, health, water and digital infrastructure sectors. 79

Organisations meeting the minimum threshold criteria in the NIS Regulations are in-scope. The threshold criteria include factors such as: (i) the number of users relying on the services; and (ii) the production output of the service provider.[38] 80

Organisations not meeting the threshold criteria may still be in-scope if the relevant regulator determines they should be in-scope.[39] 81

bb) Digital Service Providers

Digital Services Providers ("**DSP**") includes organisations providing an online marketplace, online search engine and/or cloud computing service. 82

An organisation providing one or more of these services will be in-scope provided: (i) it is headquartered in the UK or has nominated a representative established in the UK; and (ii) it is not a "micro" or "small enterprise".[40] 83

b) Key Obligations

The key obligations imposed by the NIS Regulations include: 84

- the requirement for an organisation to notify the fact that it is in-scope for the NIS Regulations to the relevant regulator;
- the requirement to implement *appropriate* and *proportionate* measures to manage risks posed to network and information systems and to prevent, and minimise the impact of, incidents affecting the security of the network and information systems; and

38 Schedule 2 of the Network and Information Systems Regulations 2018.

39 Section 8(3) of the Network and Information Systems Regulations 2018.

40 These are organisations with fewer than 50 staff and a turnover of less than €10 million per year.

- the requirement to notify the relevant authority of the occurrence of incidents (including security breaches) which have an impact on the delivery of its services.

85 Organisations subject to these obligations have freedom to determine what measures are *appropriate* and *proportionate*. In order to satisfy this obligation, an organisation must understand the risks posed to its network and information systems. Additionally, OESs must take account of the guidance issued by the National Cyber Security Centre ("**NCSC**").[41] In particular, the NCSC guidance describes 4 objectives, which are then broken down into 14 high-level principles.[42] OES can comply with the NIS Regulations by meeting these principles. In addition, the NCSC has developed the Cyber Assessment Framework ("**CAF**") for competent authorities to determine by means of audits if OES have applied appropriate security measures.[43] The regulator for DSPs in the UK, the ICO, has published guidance that is aimed at DSPs.[44]

c) Legal Liabilities

86 The NIS Regulations allow for the imposition of significant fines on organisations for failure to comply.

87 The level of the applicable fine will be determined with reference to the nature of the non-compliance. Fines can reach a maximum of £ 17 million.[45]

88 In addition to the power to impose fines, the relevant authorities also have the power to:

- conduct inspections: to assess if the organisation has met its obligations under the NIS Regulations;
- serve information notices: to require an organisation to provide information to enable the regulator to assess the organisation's compliance with the NIS Regulations; and
- serve enforcement notices: which shall set out the steps that the organisation must take to rectify identified failures by the organisation.[46]

---

41 See guidance issued by the NCSC regarding compliance with the security requirement obligations, https://www.ncsc.gov.uk/guidance/nis-guidance-collection.

42 https://www.ncsc.gov.uk/guidance/nis-directive-top-level-objectives and in table format at https://www.ncsc.gov.uk/guidance/table-view-principles-and-related-guidance.

43 https://www.ncsc.gov.uk/guidance/nis-directive-cyber-assessment-framework.

44 See "The Guide to NIS" by the ICO, https://ico.org.uk/for-organisations/the-guide-to-nis/.

45 Section 18(6) of the Network and Information Systems Regulations 2018.

46 Sections 15–20 of the Network and Information Systems Regulation 2018.

3. Responses

If an OES suffers an incident which has a significant impact on the continuity of the essential service, or if a DSP suffers an incident which has a significant impact on the provision of the digital service, it must notify the relevant authority without undue delay and in any event no later than 72 hours after becoming aware of the incident.[47] The organisation notifying must provide the following information: **89**

- its name and the essential service or digital service it provides;
- the time that the incident occurred;
- the duration of the incident;
- information concerning the nature and impact of the incident;
- information concerning any, or any likely, cross-border impact of the incident; and
- any other information that may be helpful to the relevant authority.

VI. Criminal Law

1. General

The UK has an established legal framework dealing specifically with computer-related crime. The Computer Misuse Act 1990 ("**CMA 1990**") does not impose cybersecurity obligations on organisations; rather it establishes criminal offences for certain activities in connection with the unlawful use of computers in the UK. **90**

The CMA 1990 does not attempt to define "*computer*" which has allowed for considerable flexibility in the application of the law as computing technologies continue to evolve.[48] The broad understanding given to the term "computer" means that it will cover both traditional computing technologies such as PCs and laptops, together with more contemporary forms of computing including smart phones, tablets, smart watches and connected household devices. **91**

---

47 Section 11 and 12 of the Network and Information Systems Regulations 2018.

48 Although no definition is provided in the CMA 1990, in *DPP v McKeown, DPP v Jones [1997] 2Cr App R, 155, HL* at page 163, Lord Hoffman defined a computer as a "*device for storing, processing and retrieving information*".

2. Offences

a) The CMA 1990 Offences

92 The CMA 1990 sets out the criminal offences in connection with the misuse of computers. These offences are set out below.

aa) Unauthorised access to computer material[49]

93 This is the most basic offence and covers the mere use of a computer by a person to access material without the authority to use it. This would include opening another person's phone and reviewing his or her images.

94 This offence is usually the precursor to the commission of more serious offences by a person.

bb) Unauthorised access to computer materials with intent to commit or facilitate commission of further offence[50]

95 This is a more serious offence than unauthorised access to computer material.

96 This would include accessing a person's computer without his or her permission, obtaining their financial information with the intention of transferring money from their bank account.

cc) Unauthorised acts with intent to impair, or with recklessness as to impairing, the operation of a computer[51]

97 This is a wide reaching offence covering a broad spectrum of activities. The manner in which the impairing is caused is immaterial.

98 This offence covers actions such as deleting data from a computer, the installation of software on a computer restricting access by other users[52] and denial-of-service-attacks.[53]

---

49 Section 1 of the Computer Misuse Act 1990.
50 Section 2 of the Computer Misuse Act 1990.
51 Section 3 of the Computer Misuse Act 1990.
52 See *R v Whittaker* 1993 Scunthorpe Magistrates Court.
53 See *DPP v Lennon* [2006] EWHC 1201 (Admin).

dd) Unauthorised acts causing, or creating risk of, serious damage[54]

This is an offence focused at the most serious cyber-attacks. It is seen as having a focus on persons who seek to attack critical infrastructure (such as intelligence agencies). **99**

Damage is deemed material where it is: (i) damage to human welfare in any place; (ii) damage to the environment of any place; (iii) damage to the economy of any country; or (iv) damage to the national security of any country. **100**

ee) Making, supplying or obtaining articles for use in offences[55]

This offence is broad, but is intended to apply to persons who make or supply malware or other "hacker" tools. **101**

Often, software can be used for legitimate and illegitimate purposes. As such, organisations should be careful to document their intentions when creating software and tools which could assist in the commission of a crime. **102**

Whether an offence has been committed will depend on whether the relevant person has the necessary intent. **103**

b) Legal Liabilities

A person guilty of an offence under the CMA 1990 may be subject to a fine or imprisonment. **104**

The level of the fine or the length of the sentence will vary according to the offence and its severity. For the most serious offences, it is possible to be imprisoned for life. **105**

3. Notification

Upon the discovery of any cybersecurity incidents or breaches of the CMA 1990, organisations should take steps to preserve all relevant records relating to such incidents and report to the relevant authorities as soon as possible. **106**

A notification to police for a suspected CMA 1990 offence might also require a notification to the ICO (or other regulators) if the incident is also a relevant incident for the purposes of the DPA (se section **Data Protection** above), NIS Regulations (see section **Cybersecurity Law** above), PECR (see section **Communications** below) or Financial Conduct Authority **107**

54 Section 3ZA of the Computer Misuse Act 1990.
55 Section 3A of the Computer Misuse Act 1990.

Handbook/Prudential Regulatory Authority Rulebook (see section **Financial Services** below).

VII. Communications

1. General

108 Organisations providing communications networks and services in the UK are subject to the Communications Act 2003 ("**CA 2003**") and the Privacy and Electronic Communications (EC Directive) Regulation 2003 ("**PECR**").

109 The CA 2003 and PECR apply to providers of public electronic communications networks ("**PECN**") and public electronic communications services ("**PECS**"). A mobile network operator would be considered a PECN and an internet service provider would be considered a PECS.

110 The CA 2003 and PECR impose obligations on PECN and PECS providers to implement security measures and notify regulators in the event of security incidents.

111 The Office of Communications ("**Ofcom**") is responsible for overseeing enforcement of the CA 2003. The ICO is responsible for overseeing enforcement of PECR.

2. Preparedness

a) Key Obligations

aa) CA 2003 Requirements

112 The CA 2003 requires PECN and PECS providers to:

- take *technical* and *organisational* measures *appropriately* to manage risks to the security of public electronic communications networks and public electronic communications services; and
- adopt measures that must, in particular, prevent or minimise the impact of security incidents on end-users.

113 PECNs are additionally required to:

- adopt measures to prevent or minimise the impact of security incidents on interconnection of public electronic communications networks; and
- take all appropriate steps to protect, so far as possible, the availability of the PECNs' network.[56]

56 Section 105A–105D of the Communications Act 2003.

The CA 2003 affords PECN and PECS providers freedom to determine the security measures adopted. PECN and PECS providers should have regard to the guidance issued by Ofcom which outlines Ofcom's expectations of providers as to how they comply with their security obligations under the CA 2003.[57] **114**

bb) PECR Requirements

PECR requires that PECS providers take appropriate technical and organisational measures to safeguard the security of its services. In achieving this, PECS providers must: **115**

- ensure that personal data can be accessed only by authorised personnel for legally authorised purposes;
- protect personal data stored or transmitted against:
  - accidental or unlawful destruction;
  - accidental loss or alteration; and
  - unauthorised or unlawful storage, processing, access or disclosure; and
- ensure the implementation of a security policy regarding the processing of personal data.

Although PECS providers have freedom to determine the precise nature of the measures taken, PECR does stipulate that a measure shall only be taken to be appropriate if, having regard to: (i) the state of technological developments; and (ii) the cost of implementing it, it is proportionate to the risks against which it would safeguard. **116**

Where, notwithstanding the taking of such measures, there remains a significant risk to the security of the PECS, the provider must inform its users of: **117**

- the nature of that risk
- any appropriate measures that the user may take to safeguard against that risk; and
- the likely costs to the user involved in the taking of such measures.

b) Legal Liabilities

The CA 2003 allows Ofcom to: **118**

- notify PECN and PECS providers of contraventions;
- conduct an audit of PECN and PECS providers (at the providers' cost) to assess the security measures in place;

57 Ofcom guidance on security requirements in section 105A to D of the Communications Act 2003 (2017 Version).

- issue directions suspending the entitlement to provide networks or services; and
- impose fines of up to £ 2,000,000.[58]

119 The level of the applicable fine will be determined with reference to the nature of the non-compliance.

120 PECR allows the ICO to:

- conduct audits;
- conduct searches and seize documents in accordance with a warrant;
- issue enforcement notices;
- issue information notices;
- prosecute for failure to comply with a notice; and
- impose fines of up to £ 500,000.[59]

121 In addition, individuals who suffer damage as a result of a PECS provider's breach of the PECR may bring claims for compensation.[60]

3. Responses

122 Both the CA 2003 and PECR impose obligations on PECN and PECS providers to notify the relevant authority in the event of a breach.

123 Under the CA 2003, PECN providers must notify Ofcom:

- of a breach of security that has a significant impact on the operation of a PECN; and
- of a reduction in the availability of a PECN that has a significant impact on the network.

124 Under the CA 2003, PECS providers must notify Ofcom of a breach of security which has a significant impact on the operation of the PECS.

VIII. Employment Law

1. General

125 Although there are no specific requirements on organisations in the UK from a cybersecurity perspective relating to employment law, it is common

58 Sections 105C and 105D of the Communications Act 2003.

59 Regulation 31 of Privacy and Electronic Communications (EC Directive) Regulations 2003/2426.

60 Regulation 30 of Privacy and Electronic Communications (EC Directive) Regulations 2003/2426.

for organisations in the UK to monitor employee usage of IT equipment in order to guard against cybersecurity risks.

The potential damage which can be caused by insider activities is significant, and organisations should implement measures to guard against such risks.[61] **126**

2. Employee Monitoring

It is common for organisations in the UK to engage in employee monitoring practices to help reduce the risk of cybersecurity incidents. **127**

It is beyond the scope of this Chapter to detail in full the risks associated with monitoring and the various legal challenges which must be addressed; however, key issues are outlined below. **128**

Organisations in the UK must exercise caution when deploying monitoring techniques. In particular, a suitable employee monitoring policy should be implemented and communicated to employees. Failing to do so could result in the monitoring being declared unlawful.[62] **129**

The monitoring methods used should be proportionate to the risks faced by the business and take account of employee interests. **130**

Organisations in the UK should have regard to the Employment Practices Code issued by the ICO which provides guidance on employee monitoring practices.[63] This guidance sets out the following recommendations in respect of employee monitoring: **131**

- establish a policy on employee monitoring and communicate it to employees;
- ensure monitoring does not contravene communications interception laws;
- conduct an impact assessment to identify the least intrusive methods of monitoring;
- avoid opening emails, particular those marked "personal";
- take steps to notify employees and those sending emails to employees that communications may be monitored;

---

61 See *Various Claimants v VM Morrison* [2017] EWHC3113 which highlights the damage one rogue employee can inflict on an organisation.

62 See *Copland v United Kingdom* [2007] ECHR 253 where monitoring was deemed unlawful and in breach of the European Convention on Human Rights due in part by the lack of a clear policy on the monitoring.

63 https://ico.org.uk/media/for-organisations/.../the_employment_practices_code.pdf.

- if email accounts will be checked in a person's absence, inform them about this practice; and
- inform employees of the extent to which information about their internet access and emails is retained in the system and for how long.

132 Organisations in the UK conducting employee monitoring should also be aware of the Regulation of Investigatory Powers Act 2000 and the Lawful Business Practices Regulations 2000 which provide the legal framework for interception of employee communications.[64]

IX. Financial Services

1. Overview

133 Financial services organisations in the UK are subject to regulation primarily originating from the Financial Services and Markets Act 2000 ("**FSMA**").

134 Organisations falling within the remit of the Financial Conduct Authority ("**FCA**") or the Prudential Regulatory Authority ("**PRA**") are subject to specific obligations. These obligations are set out in the FCA Handbook and PRA Rulebook.

135 Banks, building societies, credit unions, insurers and certain high-risk investment firms are subject to FCA and/or PRA oversight.

2. Preparedness

a) FCA Requirements

136 Organisations subject to the FCA Handbook are required to establish and maintain *appropriate systems* and *controls* for managing operational risks that can arise from inadequacies or failures in their processes and systems.

137 In complying with these obligations, an organisation firm should consider:

- the importance and complexity of processes and systems used in the end-to-end operating cycle for its products and activities;
- controls that will help prevent or identify system and process failures;
- whether the design and use of its processes and systems allow it to comply adequately with its regulatory and other requirements;

---

64 This legislation will be replaced by the Investigatory Powers Act 2016 and Investigatory Powers (Interception by Businesses etc. for Monitoring and Record-keeping Purposes) Regulations 2018/356.

- the arrangements it has to ensure the continuity of its operations in the event that a significant process or system becomes unavailable; and
- the importance of monitoring any indicators of process or system risk.[65]

In addition to these requirements, organisations should establish and maintain appropriate systems and controls to manage their IT systems and information security risks.[66] **138**

There are further obligations regarding the management of outsourcing arrangements which require organisations to analyse the arrangements fit with its overall risk profile and ability to meet their regulatory obligations.[67] **139**

The FCA may take enforcement action against organisations in breach of these rules and impose financial penalties or public censure. **140**

b) PRA Requirements

The PRA Rulebook requires that organisations establish, implement and maintain systems and procedures that are adequate to safeguard the security, integrity and confidentiality of information, taking into account the nature of the information in question.[68] **141**

Organisations must have sound security mechanisms in place to guarantee the security and authentication of the means of transfer of information, minimise the risk of data corruption and unauthorised access, and maintain the confidentiality of data at all times. **142**

The PRA may impose fines or public censure for breach of these rules. **143**

3. Responses

a) FCA Notification

Organisations subject to FCA oversight must report *material* cyber incidents. **144**

An incident being considered material if it, for example, results in a significant loss of data or loss of availability of a firm's IT systems, affects a large number of customers or results in authorised access to information and communication systems. **145**

---

65 FCA Handbook – Rule 13.7 of SYSC (Senior Management Arrangements, Systems and Controls).

66 FCA Handbook – Rules 13.7.6 and 13.7.7.

67 FCA Handbook – Rule 13.9.

68 PRA Rulebook – Rule 2.4 for UK banks, building societies or designated investment firms, and Rule 11.3 for credit unions.

b) PRA Notification

146 Organisations subject to the PRA Rulebook are also subject to general notifications requirements.

147 Organisations must notify the PRA if they become aware, or have information which reasonable suggests that, any matter which could have a *significant adverse impact* on the firm's reputation or affect the organisation's ability to continue to provide adequate services to its customers has occurred, may have occurred or may occur in the foreseeable future.

148 A data breach or other cybersecurity incident of a material nature is likely to trigger this general requirement to notify the PRA.

X. Public Authorities

1. General

149 Public authorities in the UK are subject to many of the same obligations concerning cybersecurity and the protection of personal data as detail above (including obligations contained in the DPA and NIS Regulations).

2. Official Secrets Act 1989

150 The Official Secrets Act 1989 ("**OSA**") imposes obligations primarily on employees of UK government bodies. The OSA does not impose cybersecurity requirements as such; however, individuals subject to the OSA must take care to prevent the unauthorised disclosure of documents or articles in their possession which are subject to the OSA.[69]

151 A breach of the OSA is a criminal offence, punishable by fines or imprisonment.

XI. Competition Law

152 While the UK has a comprehensive legal framework relating to regulating anti-competitive practices, this framework does not contain specific requirements relating to cybersecurity.

XII. Litigation

153 The primary litigation risks are set out above (see Section – **General Legal Liabilities**).

69 Section 8(1)(b) of the Official Secrets Act 1989.

Kapitel 15
Länderbericht China

Melody Chan/Douglas Tan/Denise Cheung/Aurora Leung

Übersicht

I. Introduction

1 China's Cybersecurity Law ("**CSL**") was adopted by the Standing Committee of the National People's Congress in November 2016 and came into force on 1 June 2017, bringing China's patchwork of cybersecurity-related regulations under a single comprehensive law. CSL contains an overarching framework for the purpose of regulating (i) network products and services; (ii) the construction, operation, maintenance of network use; (iii) the protection of Personal Information (as defined below); and (iv) the supervision and administration of cybersecurity in China.[1]

1 Article 2, CSL.

2 The Cyber Administration of China ("**CAC**") is the principal governmental authority supervising and administering the CSL regime. Other key regulators include the State Council, public security departments and other local authorities.[2]

3 To complement the implementation of the CSL, the CAC has and will continue to issue further supplementary measures, which include, but are not limited to:

- Measures for the Security Review of Network Products and Services;
- Measures on Administrative Law Enforcement Procedures for Internet Information Content Management;
- the draft Measures for Security Assessment of Cross-Border Transfers of Personal Information and Important Data ("**Draft Data Transfer Measures**");
- the draft Regulation on the Protection of Critical Information Infrastructure ("**Draft CII Protection Regulation**");
- the draft Guideline for Internet Personal Information Security Protection ("**Personal Information Protection Guideline**");
- Regulations on the Supervision and Inspection of Internet Security ("**Internet Security Inspection Regulations**"); and
- Provisions for Assessing the Security of Internet Information Services ("**Internet Information Security Assessment Provisions**") (collectively, the "**Cybersecurity Implementation Measures**").

4 As at the date of this Report, the CSL has only been enacted for less than two years, and thus there are still uncertainties regarding its operation and enforcement in practice. Given the evolving cybersecurity landscape, companies operating in or collecting data from China should keep abreast the issuance of related guidelines, regulations, and the further development in China's cybersecurity regime.

1. Network Operators and Critical Information Infrastructures

5 The CSL applies primarily to network operators and critical information infrastructures ("**CIIs**"). To accurately identify the relevant statutory obligations and restrictions, businesses should carefully consider whether its business qualifies as a network operator or a CII operator.

2 Article 8, CSL.

a) Network Operators

6 Network operators are defined as "**owners, administrators, and service providers of networks**".[3] The term "network" covers any system that is constituted by computers or other information terminals and relevant equipment to collect, save, transmit, exchange and process information.[4]

7 As the term is vaguely defined, further explanation and guidance on what a network operator stands for is anticipated. On its surface, though, network operators would likely include any **business owning or operating network infrastructures or websites** in China. As such, multinational companies with Chinese subsidiaries or business operations in China should be prepared to comply with the terms and conditions of the CSL in the event that they are categorized as a network operator pursuant to the definition provided under the CSL.

b) Critical Information Infrastructures

8 CII operators are a subset of network operators that own or manage CII, and are subject to notably more stringent obligations. Article 31 of the CSL provides a non-exhaustive list of CIIs by reference to the following sectors: public communication, information services, energy, transportation, water, finance, public services and e-government. The State Council is empowered by the CSL to further define the scope and measures for security protection of the CIIs.[5]

9 It is important to note that companies may be considered as CII operators if they **possess information infrastructures that affect national security, the national economy and people's livelihoods, such that, if data is leaked, damaged or lost, public interests may be seriously harmed**.[6] According to the Draft CII Protection Regulation, businesses that may possess critical information infrastructures include:[7]

- entities in relation to energy, finance, transportation, water, public health, education, social security, environmental protection, and public utilities;
- information networks such as telecommunications networks, radio and television networks, and the internet, and entities providing cloud com-

3 Article 76(3), CSL.
4 Article 76(1), CSL.
5 Article 31, CSL.
6 Article 31, CSL.
7 Article 18, Draft CII Protection Regulation.

puting, mega data, and other large-scale public information network services;
- scientific research and production entities in relation to national defense, heavy equipment, chemicals, food and drugs; and
- entities in relation to news publication, such as radio stations, television stations, and news services.

2. Extraterritorial Reach

The CSL applies to the supervision and administration of cyber security "within the territory of the People's Republic of China".[8] Generally speaking, only entities incorporated in China are required to abide by the CSL and the Cybersecurity Implementation Measures. Yet in practice, given the immeasurable ties between China and different countries in the cyber sphere, overseas companies may also fall within the regulatory scope of the CSL. 10

Indeed, Article 75 of the CSL provides that **an overseas organization may be investigated if it engages in any activity that endangers key information infrastructure in China through attacks, invasions, interference or destruction of data which results in serious consequences**.[9] In the event of a breach of Article 75, the Chinese government has the statutory authority to freeze the assets of such overseas organization or take other necessary punitive measures against it. 11

3. Legal Liabilities

Under Articles 56, 59 and 64 of the CSL, upon discovery of **relatively high security risks** on the network or the **breach of any provisions** in the CSL, the relevant authorities may: 12

- hold an interview with the legal representatives of the network operators;
- order rectification of any breach of the operator's security obligations;
- issue warning letters for any such breach;
- confiscate any illegal gains;
- impose fines ranging from RMB 10,000 to 1,000,000 or up to 10 times the illegal gains;
- order the offender to suspend relevant business operations, cease business operations for rectification, or close down relevant websites; and/or
- revoke the offender's business permits or relevant licenses.

---

8 Article 2, CSL.

9 Article 75.

13 In addition to the above sanctions, Article 58 of the CSL also empowers the State Council and competent departments to take "restriction and other temporary measures on network communications within specific regions" in order to protect the national security, social public order, and to respond to major social emergency security incidents.[10] The **vagueness and broadness** of Article 58 could include measures such as temporarily restricting internet communication in an area, or even assuming control over the network operation of certain entities.

14 In addition, **personal liabilities** are imposed on the legal representatives or principals of network operators for breaches of CSL (see Paragraph II. below).

4. Looking Forward

15 Cybersecurity and data privacy will continue to be topics under both the spotlight and magnifier to many businesses in China, especially due to the increased implementation of global databases, cloud storage services and outsourcing arrangements, all of which would trigger a series of security compliance and privacy issues.

16 To comply with the CSL and the Cybersecurity Implementation Measures, companies are encouraged to carry out a review of their internal data security and privacy policies. Such exercise may involve a thorough investigation into the companies' data transfer practices; information infrastructure layout and operation mechanisms; and day-to-day activities relating to information collection, storage, transmit within China. In particular, companies are recommended to:

- conduct cybersecurity risk assessments to identify potential compliance risks and gaps, and implement remediation measures;
- determine the types of data the business collects in China and liaise with own IT teams and business units to design and update the company's data privacy protection and data transfer policies;
- review and update existing privacy policies, agreements and employment contracts to comply with the data privacy protection requirements imposed by the CSL; and
- provide training for employees to ensure they know and are aware of the latest cyber security and data protection policies and procedures.

10 Article 58, CSL.

II. Corporate Law

CSL requires network operators to determine the persons responsible for cyber security,[11] and to **assign a legal representative** or principal to be interviewed by the relevant governmental departments at the provincial level or above upon discovery of relatively high security risks or incidents on the network.[12] The legal representative is to be held **accountable** for the cybersecurity matters of the network operator. The expectation of having a named individual responsible for the overall cybersecurity compliance of the network operator is reflected in Chapter VI of CSL, which listed out the legal liabilities for all potential breaches under CSL. **17**

For example, failure to implement the classified protection system listed under Article 21 to protect network from interference damage or unauthorized access and prevent data from being divulged, stolen or falsified will attract not only a fine ranging from RMB 10,000 to 100,000 to the network operator, but also a fine ranging from RMB 5,000 to 50,000 to the person directly in charge. Personal liability is imposed for most of the potential breaches in the Chapter.[13] **18**

Individuals appointed by the network operators as the person directly in charge are responsible for the maintenance of cybersecurity of the operators. Where no such individual is expressly designated, the legal representative will be seen as the responsible individual. An institution for teachers' education in Cuiping District, Yibin City was fined RMB 10,000 for its failure to implement the classified protection system under Article 21 while its legal representative Tang was fined RMB 5,000 from such breach. It is important to note that even if the legal representative is not personally responsible for the non-compliance, they may still be held legally liable for such. Personnel in network operators thus should be aware of their individual liabilities. **19**

III. M&A

As the CSL is the first comprehensive law governing the supervision and administration of cyber security, the interplay between the CSL and any M&A aspect of the law is yet to be explored and discussed. There has been limited information on what businesses have been required to do, or have implemented in response to any breach of its security obligations. **20**

---

11 Article 21, CSL.
12 Article 56, CSL.
13 Articles 59–75, CSL.

IV. Data Protection

1. General

21 Currently, China does not have one comprehensive data protection law.[14] Rules relating to personal data protection are scattered across various laws and regulations. Further to the CSL, the following measures form the framework of the general data protection rules in China:

- the draft Personal Information Protection Guideline;
- the Decision on Strengthening Online Information Protection (the "**Decision**");
- National Standard of Information Security Technology – Guideline for Personal Information Protection within Information System for Public and Commercial Services (the "**Guideline**"); and Information Security Techniques – Personal Information Security Specification, which was issued on 29 December 2017 and came into force on 1 May 2018 (the "**PI National Standards**").

22 The CSL defines personal information as **any information recorded electronically or through other means, that, taken alone or together with other information, can be utilized to identify a natural person's identity**, including full names, birth dates, identification numbers, personal biometric information, addresses, and telephone numbers ("**Personal Information**").[15] The Judicial Interpretation on Several Issues on the Application of Law in Handling Criminal Cases of Infringement of Personal Information of Others 2017 ("**Interpretations**") further expands the definition to include information that discloses a person's activity.[16]

2. Preparedness

a) Personal Information Management System

23 A network operator is required to **formulate a clear policy** and **establish a system** regarding the management of all Personal Information, including matters such as:

14 On 10th September 2018, National People's Congress ("**NPC**") announced on its website the Legislative Plan of the 13th NPC Standing Committee. The Personal Information Protection Law and the Data Security Law are listed on the Legislative Plan and they can be expected to be legislated in the near future.

15 Article 76(5), CSL.

16 Article 1, The Judicial Interpretation on Several Issues on the Application of Law in Handling Criminal Cases of Infringement of Personal Information of Others 2017.

- scope and purpose for collecting Personal Information;
- retention cycle of Personal Information;
- specific duties of each employee in handling Personal Information; and
- policy of hiring and training employees.[17]

b) Collection of Personal Information

Before collecting Personal Information from an individual ("**Data Subject**"), a network operator is required to inform the individual the purposes, means and scope of the collection and use of their data, and **obtain their consent** for such collection.[18] Any processing of Personal Information must be done in accordance within the scope of those contents and by following the principles of legality, rightfulness and necessity.[19] **24**

Network operators are not allowed to collect Personal Information unrelated to the services they provide or in violation of the laws. Network operators shall dispose of Personal Information they saved in accordance with the provisions of laws and agreements reached with the users.[20] **25**

c) Storage and Security

In addition to the general obligations listed in the below Paragraph V.2.a), network operators are also under the following specific obligations to protect users' Personal Information: **26**

- keep users' Personal Information in strict confidence,[21] and establish and continue to improve a system to ensure its security;[22]
- not divulge, distort or damage the Personal Information collected;[23]
- implement technological measures to monitor and record the operational status of their networks and occurrence of cyber security incidents; [24]
- back up and encrypt 'important data', which is defined by the Draft Data Transfer Measures as data closely related to national security, economic development and societal and public interests[25] ("**Important Data**");

17 Article 4, Personal Information Protection Guideline.
18 Article 22, CSL; Article 6.1, Personal Information Protection Guideline.
19 Article 41, CSL.
20 Article 41, CSL.
21 Article 40, CSL.
22 Article 6.2, Personal Information Protection Guideline.
23 Article 42, CSL.
24 Article 21(3), CSL.
25 Article 17, Draft Data Transfer Measures.

- formulate a storage time for Personal Information collected according to purpose of the collection and consent given by the individual;[26] and
- store operations logs for at least 6 months.[27]

27 Separately, network operators are required to formulate a contingency plan for security incidents of personal data and to organize trainings of contingency response and contingency drills regularly (at least once a year) in order to let the relevant internal staff understand its responsibilities, strategies and procedures when dealing with data security incidents.[28]

d) Use of Personal Information

28 In using the Personal Information, network operators are required to:

- use the Personal Information within the scope of consent given by the individual, except where the Personal Information data are processed anonymously or desensitized, it can be used for historical, statistical or scientific purposes, and can be used beyond the scope of consent;
- allow the individual to have access to the Personal Information or amend the Personal Information if necessary;
- disclose the Personal Information to its employees on a need-to-know basis; and
- set up an internal approval mechanism for use of Personal Information, such as modification, duplication, download, etc.[29]

e) Data Localisation for CIIs

29 Under Article 37 of the CSL, all Personal Information and Important Data gathered and produced within the territory of China and held by CIIs **must be stored in China, unless their business requires them to store data overseas and they have passed a security assessment** conducted by CAC and other departments of the State Council. For further details on security assessments, please see below Paragraph VII.2.b).

f) Transfer of Personal Information

30 Before transfer of any Personal Information, the network operator has to make a **security assessment regarding the transferee's ability** to protect

26 Article 6.2, Personal Information Protection Guideline.

27 Article 21(3), CSL.

28 Article 9.1(a)–(b), PI National Standards; Articles 1.1(d) and 6.8, Personal Information Protection Guideline.

29 Article 6.3, Personal Information Protection Guideline.

the Personal Information. It should inform the individual of the purpose of the transfer and the transferee's identity, and should obtain the individual's **consent**.[30]

g) Disclosure of Personal Information

In principle, Personal Information **should not be publicly disclosed**. If any Personal Information is to be publicly disclosed for any reason, the network operator should: **31**

- disclose its assessment of the legality and necessity for publishing the Personal Information;
- conduct safety impact assessment and take effective measures to protect the individual involved;
- inform the individual of the purpose and type of disclosure;
- obtain express consent of the individual before public disclosure;
- record details of the disclosure, including the date, content, purpose of the disclosure and identity of the entity receiving the Personal Information.[31]

h) Deletion of Personal Information

Personal Information should be **deleted after the formulated storage time** has lapsed, and should be ensured that they cannot be recovered after deletion.[32] **32**

3. Response

a) Breach Notification

Network operators should adopt technical and other necessary measures to ensure the security of Personal Information collected. Where Personal Information has been or may be leaked, lost or distorted, network operators must promptly **notify** relevant Data Subjects and **report** the same to relevant authorities.[33] Specific guidance on reporting and notification of personal data breaches or security incidents is prescribed in the PI National Standards and the Personal Information Protection Guideline: **33**

30 Article 6.6, Personal Information Protection Guideline.
31 Article 6.7, Personal Information Protection Guideline.
32 Article 6.4, Personal Information Protection Guideline.
33 Article 42 CSL.

- network operators should notify Data Subjects promptly of security incidents by mail, letter, telephone, push notification or other means. If there is any difficulty in notifying each and every Data Subject, companies should take reasonable and effective measures to publish relevant warning notices to the public;[34]
- the notification to Data Subjects should include, but not limited to, the following information:[35]
  - the content and impact of the security incident;
  - the measures taken or to be taken;
  - suggestions to Data Subjects on how to prevent and reduce the risk of security incidents;
  - remedies specifically provided for Data Subjects; and
  - details of contact persons and organizations responsible for personal data protection.

b) Take Remedial Actions

34 Where Personal Information has been or may be leaked, lost or distorted, network operators must promptly take remedial measures to prevent the aggravation of the damages.[36] The PI National Standards also provide the following guidance to network operators on contingencies actions:[37]

- record the content of the incident, including but not limited to:
  - the persons and personal data involved in the incident;
  - the time and place of incident;
  - the name of the system in which the incident occurs;
  - the impact on other interconnected systems; and
  - whether the law enforcement department or other relevant department have been contacted;
- assess the possible impact of the incident, and take necessary measures to control the situation and eliminate potential dangers;
- report to relevant government agency in accordance with the National Network Security Incident Contingency Response Plan, the content of report shall include but not limited to:
  - general information such as the type, number, content and nature of the Data Subjects involved;

---

34 Article 9.2(a), PI National Standards; Article 6.8(i), Personal Information Protection Guideline.

35 Article 9.2(b), PI National Standards.

36 Article 42, CSL; Article 6.8(h), Personal Information Protection Guideline.

37 Article 9.1, PI National Standards; Article 6.8, Personal Information Protection Guideline.

  - potential impact of the incident;
  - measures taken or to be taken;
  - contact details of relevant persons involved with handling the incident; and
- update the contingency response plan in a timely manner pursuant to the changes of relevant laws and regulations as well as the situation of the incident.

V. IT Security Law

1. General

The CSL requires network operators and CII operators to implement multi-level protection scheme, depending on the sensitivity and security risk of the relevant data being protected by such operator. CSL will exert profound impact on businesses in the following ways: **35**

First, with the statutory obligation to take proactive steps to protect and store users' data, businesses may incur increased compliance costs associated with formulating policies and procedures and implementing systems to protect networks. There may also be additional costs for the employment and training of staff to monitor and oversee compliance with the CSL. **36**

Secondly, the requirement to store data within China may impose a geographic restriction on data flows and thus increase costs. It may also limit the ability of international companies to effectively run businesses as part of their global platforms. Data localization requires businesses to back up local data to servers, store and access data from data centers located in China rather than storing such information in offshore data centers, or sub-contract these services out to third party providers in China. **37**

Thirdly, the restrictions on how Personal Information may be collected, stored and used may make it more difficult and expensive for businesses to operate in China, particularly if those businesses operate through an e-commerce platform. **38**

2. Preparedness

a) General Obligations of All Network Operators

According to Article 21 of the CSL, network operators are subject to the following obligations: **39**

- formulate internal security management systems and operation manuals;

- appoint persons that shall be responsible for the management its security network;
- delegate network security protection responsibilities to relevant departments and personnel;
- establish methods and practices that would prevent cyber-attacks, hackers or virus infections to its networks;
- monitor and record the effectiveness and operational status to its networks and cyber security incidents, with relevant web logs to be kept for no less than six months; and
- adopt data classification and encryption measures, and maintain proper backup systems for important data.

b) Additional Obligations of CII Operators

40 In addition to the general obligations imposed on all network operators, under Articles 34–38 of the CSL, CII operators are further required to:

- set up independent security management institutions, and designate persons responsible for security management and conduct security background checks;
- periodically conduct cybersecurity education, technical training, and skill assessment for employees;
- make disaster recovery backups of important systems and databases;
- formulate emergency response plans for cybersecurity incidents and carry out drills periodically;
- enter into security and confidentiality agreements with providers to specify obligations and responsibilities when purchasing network products or services;
- submit to a security review organized by the CAC in conjunction with other relevant regulators when purchasing network products or services that may affect national security;
- store Personal Information and important data gathered and produced during operations within China; and
- detect and assess cybersecurity positions and potential risks (or entrust cybersecurity service institutions to do so) at least once a year and submit detection and assessment reports and identified improvement measures to the relevant department in charge of the security protection of the CII.

c) Purchasing Network Products and Services

41 When purchasing network products and services that may affect national security, the CII operators must go through a security review organized by the

CAC and other relevant authorities.[38] The purpose of the review is to determine whether the products or services purchased are "secure and controllable", which depends on risk assessments that focuses on:

- the risk that the product or service may be illegally controlled, interfered with or suspended;
- the supply chain risks that may arise during the manufacturing, testing, delivery and technical support of the product or service;
- the risk that the provider of the product or service may use it to illegally collect, store, process or use its users' Personal Information;
- the risk that the provider of the product or service may jeopardize cybersecurity or infringe upon the interests of users; and
- any other risks that may jeopardize national security.

As of now, there has been no detailed implementation measures issued by the CAC on the exact response and process that operators will be required or should enact in the event that CAC determines that there is a risk or security breach. **42**

d) Inspections of Internet Service Providers

According to the Internet Security Inspection Regulations, public security authorities have the power to supervise and inspect the operations of internet service providers. Internet service providers are defined by Article 9 to include almost all companies that provide any service relevant to the internet. **Authorities can enter into service provider's premises, computer rooms and workplaces, require the person in charge to explain the operations of the service provider, require access and duplicate relevant information, inspect the operation of network and information security protection systems, etc.**[39] Public security authorities may conduct their inspections regarding the following matters: **43**

- whether the provider has formulated and implemented a network security management system according to CSL, and assigned a person responsible for network security;
- whether the provider has recorded and retained user registration information and online logs according to law;
- whether the provider has taken measures to prevent cyber attacks;
- whether the provider has taken relevant measures to prevent the spread of information prohibited from being published or transmitted by law;

38 Article 35, CSL.

39 Article 15, Internet Security Inspection Regulations.

- whether the provider has provided support and assistance for public security authorities to safeguard national security, prevent and investigate terrorist activities and investigate crimes in accordance with the law;
- whether the provider has fulfilled its obligation under CSL and other law.[40]

44 If the public security authority, during supervision and inspection, discover that an internet service providers failed to fulfill their obligations, administrative penalties will be imposed in accordance with Chapter VI of CSL.[41]

e) Obligations of Providers of Internet Information Services with the Attribute of Public Opinion or the Ability of Social Mobilization

45 According to the Internet Information Security Assessment Provisions, providers of internet information services, such as **blogs, forums, social media platforms**, etc., are required to **conduct security self-assessments** under the following five circumstances:

- the service provider is launching services that may be used to express public opinion or for potential social mobilization;
- the service provider is launching new technologies or new applications of technology that may cause significant change to the service on its function to convey public opinion or for potential social mobilization;
- there is a significant increase in number of users that cause significant change to the service on its function to convey public opinion or for potential social mobilization;
- there is a spread of illegal and harmful information indicating failure of existing security measures to effectively prevent and control security risks; and
- a security assessment is ordered by a written notification from a public security organ at or above the municipal level.[42]

46 In conducting security assessment, the service providers should assess the legitimacy of the service provided and the technology applied and whether the security measures prescribed by law are properly implemented. Service providers should pay particular attention to the following matters:

- users' identity should be verified and users' registration information should be retained;

---

40 Articles 10 and 11, Internet Security Inspection Regulations.
41 Articles 21 to 24, Internet Security Inspection Regulations.
42 Article 3, Internet Information Security Assessment Provisions.

- users' information such as account numbers, operation times, types of service used, IP addresses, and publications made by its users should be recorded;
- measures to prevent the spread of illegal and harmful information and to minimise the risk of uncontrolled social mobilization should be formulated;
- a complaint and reporting system should be formulated;
- a working mechanism should be formulated to provide technical and data support to governmental authorities in fulfilling their duties of supervision and management of internet information services and in safeguarding national security and punishing crimes in accordance with law.[43]

3. Response

Under Articles 25, 55 and 56 of the CSL, in response to the occurrence of cybersecurity incidents, network operators should: **47**

- promptly deal with system bugs, computer viruses, network attacks and other security risks;
- activate contingency plans promptly, and report cybersecurity incidents to the competent authorities;
- carry out investigation and assessment of such incidents;
- take technical measures and other necessary actions to eliminate potential security hazards and potential expansion of the harm; and
- notify and warn the public in relation to the cybersecurity incidents.

Upon discovery of potential security hazards relevant to social mobilization or public opinions, internet information service providers should rectify them in time until the relevant security hazards are eliminated. Security assessment reports shall be made after a security assessment is conducted.[44] **48**

VI. Criminal Law

1. General

There is a close nexus between CSL and China's Criminal Law ("**PRC Criminal Law**"). Violating the CSL and infringing personal information may constitute the following crimes: **49**

43 Article 5, Internet Information Security Assessment Provisions.
44 Article 6, Internet Information Security Assessment Provisions.

- crime of infringing personal information of citizens;[45]
- crime of refusing to perform obligations for security management of information networks;[46] and/or
- crime of illegally using information networks.[47]

a) Crime of infringing personal information of citizens

50 Article 253(A) of the PRC Criminal Law criminalizes (1) **selling or illegally providing personal information** to third parties in violation of relevant provisions of the state and (2) **stealing or illegally obtaining personal information** by other means. If network operators, in breach of Article 41 of the CSL, collect personal information unrelated to the services they provide, such conduct might be deemed 'illegally obtaining personal information' and may attract criminal liability under Article 253(A) of the PRC Criminal Law.

b) Crime of refusing to perform obligations for security management of information networks

51 Article 9 of the Interpretations provides that, if a network operator fails to manage the security of information networks as provided by law and relevant administrative regulations and refuses to take corrective action as ordered by regulatory authorities, and that **results in a leak of users' personal data and causing serious consequences**, the network operator shall be convicted and sentenced to criminal detention or a fixed-term of imprisonment of no more than five years. This is in line with the cybersecurity obligations of network operators as prescribed in Articles 21, 34, 40 and 42 of the CSL.

c) Crime of illegally using information networks

52 According to Article 8 of the Interpretations, the **setting up of websites or communication groups for the illegal criminal activities of unlawful acquisition, sale or provision of personal information** shall, if the circumstances are serious, lead to a conviction and punishment under the crime of illegally using information networks under Article 287(A) of the PRC Criminal Law. This echoes with the restriction imposed under Article 46 of the CSL, which provides that no individual or organization shall set up websites

45 Article 253(A), PRC Criminal Law.
46 Article 286(A), PRC Criminal Law.
47 Article 287(A), PRC Criminal Law.

or communication groups for the commission of illegal and criminal activities.

2. Preparedness

53 Network operators should regularly conduct cybersecurity risk assessments to identify potential compliance risks and gaps, and implement remediation measures to prevent any infringement of the CSL and PRC Criminal Law. Network operators should also review and update existing policies to accommodate the latest development in PRC Criminal Law, and provide appropriate training for employees to ensure they are aware of the latest law development and data protection policies and procedures.

3. Response

54 Upon the discovery of any cybersecurity incidents or breaches of the CSL and the PRC Criminal Law, network operators should preserve all relevant records relating to such incidents and report to the responsible authorities immediately.

VII. IT, Outsourcing and Commercial Contracts

1. General

55 The CSL has far-reaching implications on outsourcing arrangements involving cross-border data flows. One of the most controversial provisions of the CSL is Article 37, the data localization requirement, which **requires CII operators to store within mainland China the Personal Information and important data collected or generated in China**.[48]

56 To provide guidance on this controversial data localization requirement, on April 11, 2017, the CAC published the Draft Data Transfer Measures, and subsequently on 27 May 2017, the National Information Security Standardization Technical Committee published the Draft of the Information Security Technology – Guidelines for Cross-Border Data Transfer Security Assessment ("**Draft Data Transfer Guidelines**"). Both the Draft Data Transfer Measures and Draft Data Transfer Guidelines shed light on how companies can expect the Chinese government to regulate cross-border data transfers.

48 Article 37, CSL.

2. Preparedness

a) Obtain Data Subject's Consent

57 Prior to transferring Personal Information overseas, network operators are required to notify Data Subjects of the purpose, scope, type, and location of the recipient, and further obtain the data subjects' **consent** to the transfer, except in urgent circumstances under which the security of citizens' lives and properties are endangered.[49]

b) Conduct Security Assessment

58 Prior to transferring Important Data and Personal Information abroad, network operators must establish a **Cross-Border Data Transfer Plan** and conduct a **security self-assessment** based on the types, amount, and importance of the data to be transferred. The Cross-Border Data Transfer Plan should include the following information:[50]

- purpose, scope, type, and scale of data to be transferred;
- information system(s) involved;
- country or region of transit (if any);
- basic information on data recipients and their countries or regions; and
- security control measures.

59 According to Article 9 of the Draft Data Transfer Measures, network operators should conduct the security assessment if the outbound data transfer:

- includes the Personal Information of more than 500,000 citizens;
- contains more than 1000 GB of Personal Information;
- entails network security information regarding nuclear facilities, chemical biology, national defense or the military, public health, large-scale engineering projects, marine environment, and sensitive geographic information;
- involves the provision of Personal Information or Important Data to overseas recipients by CII Operators; or
- may otherwise affect national security, social, and public interests, and the competent industry regulators or supervisory authorities require review.

49 Article 4, Draft Data Transfer Measures.
50 Articles 7–8 Daft Measures; Article 4.2 Draft Guidelines.

c) Be Mindful of the Purposes behind the Transfer

Under the governance of the CSL, network operators shall consider the following factors when conducting the security assessment for their transfer of data or critical information abroad: **60**

- the necessity of the transfer;
- the quantity, scope, type and sensitivity of the Personal Information and critical data to be transferred;
- the security measures and capabilities of the data recipient, as well as the cybersecurity environment of the nation where the recipient is located;
- the risk of leakage, damage or abuse of the data after its transfer; and
- possible risks to the national security, public interests and individual's legal rights that are involved in the outbound data transfer.

3. Response

a) Revise Cross-Border Data Transfer Plan

If the security self-assessment report shows that under the Cross-Border Data Transfer Plan, a transfer with valid reasons does not meet lawful requirements, network operators should revise the Cross-Border Data Transfer Plan and conduct another self-assessment, and/or take measures to lower the cross-border data transfer risks.[51] **61**

b) Take Measures to Lower Security Risks

Measures that may lower security risks associated with cross-border data transfers include: **62**

- simplifying the contents of the data transferred;
- taking technical measures to process the data within China to lower the sensitivity;
- improving the security assurance capacity of data senders;
- restricting the processing activities of data recipients; and
- replacing a recipient with one that can provide higher data protections or a data recipient from an area with greater capacity to protect data based on its political and legal environment.

51 Article 4.6, Draft Data Transfer Guidelines.

VIII. Employment Law

1. General

63 Articles 21 and 34 of the CSL set out several general obligations for network operators and CII operators in terms of the employees, including:

- formulating internal security management systems and operation instructions;
- determining a person to be in charge of cybersecurity with responsibilities clearly defined;
- establishing a dedicated security management mechanism;
- setting up an independent security management team and designating a person to be in charge of the security management; and
- providing relevant employees with regular cybersecurity education, technical training and skill assessment.

2. Preparedness

a) Storage and Security

64 As stated above, before collecting Personal Information from the Data Subject, a network operator is required to explicitly inform the relevant individual the purposes, means and scope of the collection and use of its data, and obtain its consent before the collection of such Personal Information. Any processing of Personal Information must be done in accordance with the scope of the consents obtained.

65 Subject to further clarification from the CAC, it is **likely that the data protection obligations under the CSL apply to internal employee information collection, as the definition of a network (as stated in Paragraph I.1.a)) is wide enough to cover internal systems**.

66 Employers should therefore obtain the prior **consent** of all individual/employees before handling their Personal Information, especially before transferring such data outside of China. This is also reflected in the Provisions of Employment Service and Employment Management, which provides that there is a general obligation on employers to keep employees' Personal Information confidential and to obtain written consent before disclosing their Personal Information to third parties.[52]

52 Article 13, Provisions of Employment Service and Employment Management.

b) Data Localisation

Under the CSL, CII operators must have specific management teams that are responsible for managing the security of important systems and databases.[53] Also, Personal Information obtained by companies within the territory of the PRC must be **stored within mainland China**.[54] This may present logistical challenges particularly for companies with employees in China and human resources operations in another country. **67**

3. Response

a) Data Deletion & Correction

Individuals can request network operators to correct the Personal Information collected or stored if there is any error.[55] Individuals can also request network operators to delete their Personal Information, if the operator collects or uses information in violation of any law, administrative regulation, or agreement between the parties.[56] **68**

b) Breach Notification and Remedial Actions

As mentioned above, network operators should adopt technical and other necessary measures to ensure the security of Personal Information that they have collected. Where Personal Information has been or may be leaked, lost or distorted, network operators must promptly notify the relevant Data Subjects, report the same to relevant government departments,[57] and promptly take remedial measures to prevent further damages.[58] **69**

IX. Regulatory

Apart from the general provisions as discussed above, there are specific cybersecurity related laws and regulations relevant to the following industries. **70**

53 Article 34, CSL.
54 Article 37, CSL.
55 Article 43, CSL.
56 Ibid.
57 Article 42, CSL.
58 Ibid.

1. Financial Institutions

a) General

71 The Notice of Strengthening the Work Relating to the Protection of Personal Financial Information by Financial Institutions in the Banking Industry ("Information Protection by Financial Institutions Notice") issued by the People's Bank of China ("PBOC") specifically addresses financial institution's legal responsibility to protect customers' personal financial information. Personal financial information is defined as the personal information acquired, processed and preserved by banking financial institutions in the course of their business or through access to the credit information system, payment system, such as personal identity information, property information, account information, credit information, financial transaction information, etc. ("Personal Financial Information").[59]

b) Preparedness

aa) Collection of Data

72 Where a financial institution obtains written authorization from a customer by using a standardized form, it shall specify the scope and specific circumstances relevant to providing Personal Financial Information to others. Plain language should be used and shall be placed at a prominent position on the form to indicate the possible consequences of the authorization.[60]

73 **Customers' authorization for the use of their personal information for marketing purposes should not be a prerequisite for the provision of services**, except where the nature of such service requires prior authorization.[61]

bb) Storage and Security

74 Financial institutions should establish and improve their internal control system, fully investigate the weak links prone to information leakage, clearly define the management responsibilities of departments, posts and personnel, and strengthen the security setting of their information system. Financial institutions should ensure that Personal Financial Information is not leaked during their collection, transmission, processing, preservation and use.

59 Article 1, Information Protection by Financial Institutions Notice.
60 Article 4, Information Protection by Financial Institutions Notice.
61 Article 5, Information Protection by Financial Institutions Notice.

Employees shall sign a confidentiality agreement before taking up their posts.[62]

Article 28 of the Administrative Measures Regarding the Retention by Financial Institutions of Customer Identification Documents and Materials and Transaction Records also requires financial institutions to take necessary management and technical measures to prevent the loss and damage of customer identity information and transaction records, and to prevent the leakage of customer identity information and transaction information. **75**

cc) Data Localisation

The storage, processing and analysis of Personal Financial Information collected within the territory of China shall be conducted within the territory of China. Except as otherwise stipulated by laws or regulations by the PBOC, financial institutions shall not transfer Personal Financial Information abroad.[63] **76**

dd) Use of Data

Banking financial institutions shall not tamper with or illegally use Personal Financial Information. When using Personal Financial Information, it shall conform to the purpose of collecting such information, and financial institutions shall not: **77**

- sell Personal Financial Information;
- provide Personal Financial Information to other institutions or individuals, unless authorized by the individuals in writing or required by law; or
- use the Personal Financial Information for other marketing activities of the financial institution if objected by the individual.[64]

ee) Sharing of Data in the Securities and Futures Industry

China Securities Regulatory Commission issued three relevant guidelines on 27 September 2018, setting out technical standards to manage financial data and facilitate the sharing of these data across the securities and futures industry: **78**

62 Article 3, Information Protection by Financial Institutions Notice.
63 Article 6, Information Protection by Financial Institutions Notice.
64 Article 4, Information Protection by Financial Institutions Notice.

- Data Classification Guidelines for Securities and Futures Industry – classifying data into categories, helping companies to identity sensitivity and security risks more accurately and establish a comprehensive data management system taking into account the difference in risks, **unifying standards of such management systems across industry**, and facilitating the use and sharing of data safely;
- Specification For Enterprise Service Bus Implementation In Securities And Futures Industry Internal Institution – providing specifications for the implementation of enterprise service bus and service-oriented architecture for companies, so that an **unified, standardized and efficient internal data exchange system** can been established, shortening the cycle for business innovations and improving the overall level of information available for the industry;
- Futures Market Account Data Interface – defining the interface between companies for customer data exchange, providing a data dictionary and **message structure for companies to use to communicate** when exchanging customer data.

c) Response

79 Where an information leak occurs in a financial institution, or if a parent institution of a financial institution finds that it has violated any regulation in the Information Protection by Financial Institutions Notice, a preliminary report should be made to a local branch of PBOC within seven working days from the date of the occurrence of the event or discovery of the violation.[65]

2. Insurance Companies

a) General

80 The insurance industry collects and stores a large amount of personal data which would inevitably fall within the governance of the CSL. Apart from the general obligations for network operators prescribed under the CSL, the Draft Supervisory Regulation for Adoption of Information Technology by Insurance Institutions issued by the China Insurance Regulatory Commission ("**CIRC**") ("**Draft Insurance IT Regulation**") also sets out detailed cybersecurity requirements in relation to the corporate governance, data management, IT infrastructure, outsourcing, use of new technology and audits of insurance companies.

---

65 Article 9, Information Protection by Financial Institutions Notice.

b) Preparedness

aa) Data Localisation for CIIs

As insurance companies licensed in China are likely to be considered CII operators, personal data collected or generated in China must be stored and processed within China.[66] The transfer of such data overseas will also be subject to security assessments conducted by local authorities.[67] The Draft Insurance IT Regulation, corresponding to the CSL, also requires insurance companies to maintain independent data storage systems and backup facilities in China.[68] **81**

bb) Corporate Governance

The Draft Insurance IT Regulation provides that insurance companies should establish an **information and technology working committee** ("**IT committee**"), where such committee should directly report to the board of directors and be led by the chairman of the board, general manager or the executive director.[69] Members of the IT committee should include the CIO and representatives from the IT department and other main business departments of the company. **82**

Further, an insurance company should appoint a **chief information officer** ("**CIO**") who should directly report to the leader of the IT committee.[70] The CIO and the leader of IT committee should be mainly responsible for the information security of the company. **83**

cc) Data Management

Insurance companies should adopt a data management policy for the purpose of regulating the collection, transfer, exchange, storage, backup, recovery and disposal of Personal Information and Important Data. The Draft Insurance IT Regulation further stipulates that insurance companies should set up security systems on data backup, disaster recovery, antivirus, encryption, intrusion assessment and audits. In particular, insurance companies should:[71] **84**

---

66 Article 37, CSL.
67 Ibid.
68 Article 31, Draft Insurance IT Regulation.
69 Article 9, Draft Insurance IT Regulation.
70 Article 10, Draft Insurance IT Regulation.
71 Article 25, Draft Insurance IT Regulation.

- adopt proper strategies for data backup;
- use encryption technology and products which comply with national standards and encryption requirements;
- take active measures against the transmission of malicious codes; and
- not delete, change or replace an information system log within the relevant preservation period and conduct audits against high-risk elements such as abnormal operations.

dd) IT Infrastructure

85 Insurance companies should select secure and controllable hardware devices and software products.[72]

ee) Outsourcing

86 Insurance companies should obtain approval from the board of directors and report the following outsourcing activities:[73]

- the outsourcing of IT infrastructures such as its data center as a whole; and
- the outsourcing of information systems that contain content relating to national security, trade secrets and customer privacy.

87 In addition, insurance companies' priority should go to outsourcing service providers that have purchased relevant commercial insurance, so that sufficient compensation can be guaranteed in the event of any security incident.[74]

c) Response

88 As mentioned above, network operators should adopt technical and other necessary measures to ensure the security of Personal Information that they have collected. Where Personal Information has been or may be leaked, lost or distorted, insurance companies must promptly notify the relevant Data Subjects and report the same to relevant government departments,[75] and promptly take remedial measures to prevent further damages.[76]

---

72 Article 31, CSL.
73 Article 40, Draft Insurance IT Regulation.
74 Article 46, Draft Insurance IT Regulation.
75 Article 42, CSL.
76 Ibid.

3. Healthcare and Medical Institutions

a) General

The National Health Commission ("NHC") issued the Circular regarding Issuing National Health Medical Big Data Standards, Safety and Service Management Measures ("Healthcare Big Data Circular") on 13 September 2018, implementing CSL's standards and specifically addressing the management of big data in the healthcare industry. The healthcare and medical big data is defined as **data relevant to healthcare, generated in the process of disease prevention and health management** ("Healthcare Big Data").[77] The Healthcare Big Data Circular is applicable to healthcare administrative departments above the county level and healthcare institutions at all levels.[78] **89**

b) Preparedness

aa) Storage and Security

Healthcare institutions shall establish a data security system and a set of operation procedures to secure Healthcare Big Data, regulating the production, duplication, transfer and destruction of Healthcare Big Data. One person in the institution will take responsibility of the data security system.[79] Healthcare institutions shall implement the **classified protection system** for cyber security in pursuant to Article 21 of CSL.[80] **90**

Healthcare institutions shall establish strict accessing limits for different levels of Healthcare Big Data in pursuant to CSL. No one shall use and release any Healthcare Big Data beyond the scope of their accessing limit, and shall not acquire data through illegal means.[81] **91**

A **"real-name" electronic access system** should be established so that any data input, use or destruction can be traced, and that any date leaks or risks can be traced back to the responsible unit and person.[82] **92**

77 Article 4, Healthcare Big Data Circular.
78 Article 5, Healthcare Big Data Circular.
79 Articles 17 and 18, Healthcare Big Data Circular.
80 Article 19, Healthcare Big Data Circular.
81 Article 22, Healthcare Big Data Circular.
82 Article 23, Healthcare Big Data Circular.

bb) Data Localisation

93 Healthcare Big Data should be stored on safe and trustworthy servers within Mainland China. If it is necessary to transfer such Healthcare Big Data abroad for business needs, security assessment will be conducted.[83]

cc) Publishing of Healthcare Big Data

94 When publishing any Healthcare Big Data to the public, the institution shall abide by relevant state regulations, and shall not expose state secrets, business secrets or violate personal privacy, nor infringe upon the interests of the state, the public interests and the legitimate rights and interests of citizens and other organizations.[84]

c) Response

aa) Change of Healthcare Institution

95 When there is a structural change of the healthcare institution, it shall transfer the Healthcare Big Data to the institution that undertakes the continuation of its functions or the local healthcare administrative depart within its administrative region in a complete and safe manner, and shall not cause damage, loss or leakage of the Healthcare Big Data.[85]

bb) Sharing Platform of Healthcare Big Data

96 NHC will establish a mechanism for healthcare institutions to publish and share Healthcare Big Data.[86]

4. Power Industry

a) General

97 The National Energy Administration issued the Guiding Opinions on Strengthening Network Security in the Power Industry ("Power Industry Network Security Opinion") in September 2018, implementing the CSL standards in the power industry. It focuses on allocating responsibility regarding the network security to head personnel in the power institutions,

83 Article 30, Healthcare Big Data Circular.
84 Article 35, Healthcare Big Data Circular.
85 Article 34, Healthcare Big Data Circular.
86 Article 37, Healthcare Big Data Circular.

and sets out the high-level policies regarding the establishment and maintenance of the overall cybersecurity system of the power industry. Most implementation details of these policies are yet to be filled in.

b) Preparedness

aa) Storage and Security

The network security system shall be strengthened and integrated as part of the power companies' safety production management system.[87] A special network security management and supervision mechanism should be established with corresponding posts being set up, and network security employees should be equipped and trained accordingly. [88] Password protection should be implemented in appropriate fields.[89] **98**

Personal information of users should be protected. Power companies should establish and improve their complaint, reporting and accountability system in case of personal information leaks.[90] **99**

Power institutions should conduct security assessments from time to time. In particular, security assessment with their CIIs should be carried out at least once a year.[91] **100**

bb) Corporate Governance

The head personnel of power institutions will take responsibility of the network security systems. The person who manage, operate, or use the system will also take responsibility, ensuring accountability of the industry's network security. [92] **101**

X. Public Law (incl. Procurement)

Currently there is no specific provision of the CSL or related regulations relevant to the subject of Public Law. **102**

87 Articles 1 and 9, Power Industry Network Security Opinion.
88 Articles 2 and 10, Power Industry Network Security Opinion.
89 Article 14, Power Industry Network Security Opinion.
90 Article 19, Power Industry Network Security Opinion.
91 Article 8, Power Industry Network Security Opinion.
92 Article 1, Power Industry Network Security Opinion.

XI. Antitrust Law

103 Similarly, while there is a complete set of antitrust law in China, the specific application of such law with respect to the cybersecurity area is yet to be developed.

XII. Litigation

104 Litigation documents are not open to the public in China. As such, there is no public docket search in China where litigation information regarding ongoing litigations for PRC entities is readily available. As the CSL is the first comprehensive legislation governing the supervision and administration of cyber security, the interplay between the CSL and Litigation is yet to be explored and discussed.

XIII. Insurance

105 With the implementation of CSL in June 2017, demand for cyber insurance is increasing in China. According to an industry report, the annual loss suffered by China due to cyber-crimes is estimated to be $60 billion, constituting 0.63 % of its GDP. Accordingly, it is potentially the 2nd largest market for cyber security insurance in the world.[93]

106 Some cyber insurance provided by foreign insurance companies is available in China. They generally cover both first-party economic losses and third-party legal compensation liabilities, such as:

- Economic losses incurred by the disruption of businesses caused by cyberattacks;
- Costs incurred for hiring of security system consultants in the event of potential breaches of the security system;
- Legal costs incurred in data leakage accidents, such as civil compensations made to individuals with data leaked or fines paid to the government under CSL.

107 On the other hand, supply of cyber insurance in China is far from sophisticated. Cyber insurance penetration in Asia is generally lower than that in the

93 "A Guide to Cyber Risk" Allianz Global Corporate & Specialty (September 2015) at 7, https://www.agcs.allianz.com/assets/Global%20offices%20assets/Pacific/Downloads/Cyber/cyber-guide%202015.pdf.

US and Europe, with only around 20% of companies insured against cyber risks.[94] The market is still at its early stage of development.

Providing cyber insurance is generally more difficult in China than in other countries, mainly because CSL is relatively new, and a number of Cybersecurity Implementation Measures that are supposed to fill in the overarching framework of CSL with supporting details and rules have yet to be implemented. There is a lack of historical data and case laws as references for effective underwriting and product pricing. In addition, the common prosecution practices are unclear for the industry, while cybersecurity incidents are not often publicly reported in China, making it hard for insurance companies to estimate their underwriting risks. There is also a lack of consultants that advice on pricing and provide modelling to insurance companies. **108**

With the relevant laws such as the Cybersecurity Implementation Measures developing, there will gradually be more clarity to the cybersecurity regulation regime. With increasing legal certainty, it can be expected that more comprehensive cyber insurance will be available to the Chinese market. **109**

94 "Asian businesses not keen on getting cyber cover" Insurance Business Asia (April 2018) https://www.insurancebusinessmag.com/asia/news/regional-news/asian-businesses-not-keen-on-getting-cyber-cover-98701.aspx.

Kapitel 16
Checklisten

Dr. Alexander Kiefner/Dr. Tobias A. Heinrich, LL.M. (London)

Übersicht

I. Vorbemerkung

1 Dieser Anhang enthält eine praxisorientierte Checkliste für die wesentlichen in den jeweiligen Einzelkapiteln vorzufindenden cyberbezogenen Handlungs- und Verhaltensempfehlungen und richtet sich vorrangig an Syndikusanwälte. Ohne den Anspruch auf Vollständigkeit zu erheben, soll sie als allgemeiner Leitfaden dienen.

2 Der Struktur der einzelnen Kapitel folgend enthält die Checkliste auf der Ebene der **Preparedness** Empfehlungen, deren Erfüllung Leitungsorganen anlassunabhängig nahegelegt wird. Soweit Themen berührt sind, die mehrere Rechtsbereiche betreffen, wurden sie im allgemeinen Teil erfasst.

3 Im Rahmen der **Response** enthält die Checkliste zunächst rechtsbereichsübergreifend einen Cyber Incident Response Plan (CIRP) sowie mögliche Anforderungen an ein Response-Team, die jeweils anlassbezogen in Bezug genommen werden können. Daneben enthält die Liste im Abschnitt „Response" rechtsbereichsabhängig weitere Themen, die es nach Bekanntwerden eines Cyber-Vorfalls mittel-/langfristig zu berücksichtigen gilt.

4 Die in den jeweiligen Abschnitten der Checkliste angesprochenen Aspekte sind bezogen auf das jeweilige Unternehmen und die spezifische Situation kritisch auf ihre Zweckmäßigkeit im unternehmensinternen Einsatz zu überprüfen.

II. Preparedness

1. Allgemein/interne Prozesse/Unternehmensorganisation

a) Risikoanalyse

5

Gesichtspunkt	Ja	Nein	Anmerkungen
Ist eine Analyse hinsichtlich cyberspezifischer Risiken durchgeführt worden? Lassen sich hieraus – rechtliche, – technische, – administrative, – physische oder – die Privatsphäre betreffende Unzulänglichkeiten entnehmen?			

Gesichtspunkt	**Ja**	**Nein**	**Anmerkungen**
Hat insbesondere eine Identifizierung der wertvollsten/schutzbedürftigsten Assets („crown jewels“) des Unternehmens stattgefunden?			
Ist eine Auseinandersetzung mit den „crown jewels“-bezogenen Folgefragen erfolgt? (insb. Speicherorte, Rechteinhaberschaften, Zugangsberechtigung usw.)			
Verfügt das Unternehmen über größere Mengen personenbezogener Daten oder sind diese gar Teil des operativen Geschäfts?			
Bedient sich das Unternehmen externen Dienstleistern? Sind diese in die Risikoanalyse einbezogen?			
Ist ein Ordnungsrahmen zur systematischen Risikoanalyse herangezogen worden, der Risiken nach ihren möglichen Auswirkungen und ihrer Eintrittswahrscheinlichkeit bemisst?			
Ist eine Kategorisierung der identifizierten Risiken erfolgt?			
Sind die Analysen auf den gesamten Wirkungskreis des Unternehmens erstreckt worden?			
Wird die Risikoanalyse regelmäßig aktualisiert? Finden neue Entwicklungen hierbei ausreichend Berücksichtigung (etwa Aufnahme neuer Geschäftstätigkeiten; selbst gemachte Erfahrungen mit Cyber-Angriffen; Rückschlüsse aus Cyber-Vorfällen bei anderen Unternehmen)?			
Gibt es eine Dokumentation über versuchten/erfolgten unbefugten (oder nicht von der Zugriffsberechtigung gedeckten) Zugriff auf die Systeme und Daten des Unternehmens?			

b) Folgerungen aus der Risikoanalyse

6

Gesichtspunkt	**Ja**	**Nein**	**Anmerkungen**
Ist aus den Erkenntnissen der Risikoanalyse ein Maßnahmenprogramm entwickelt worden? Spiegelt dieses das individuelle Risikoakzeptanzprofil des Unternehmens zutreffend wider?			
Sind die vier grundsätzlichen Möglichkeiten des Umgangs mit Risiken (Akzeptanz, Reduzierung, Transfer, Vermeidung) in das Maßnahmenprogramm eingeflossen?			
Ist für die Entscheidungsfindung eine Kosten-Nutzen-Analyse durchgeführt worden?			
Ist die Sicherheit unternehmensrelevanter, insbesondere personenbezogener Daten durch geeignete technische und organisatorische Maßnahmen gewährleistet? Diese umfassen insbesondere – die Verschlüsselung und Pseudonymisierung der unternehmensrelevanten, insbesondere personenbezogenen Daten, – die dauerhafte Sicherstellung der Vertraulichkeit, Integrität, Verfügbarkeit und Belastbarkeit der Systeme und Dienste im Zusammenhang mit der Verarbeitung unternehmensrelevanter, insbesondere personenbezogener Daten, – die rasche Wiederherstellbarkeit der Verfügbarkeit und des Zugangs zu unternehmensrelevanten, insbesondere personenbezogenen Daten bei einem physischen oder technischen Zwischenfall, – ein Verfahren zur regelmäßigen Überprüfung, Bewertung und Evaluierung der Wirksamkeit der technischen und organisatorischen Maßnahmen.			

Gesichtspunkt	**Ja**	**Nein**	**Anmerkungen**
Gibt es (u. a. in Bezug auf die Verarbeitung personenbezogener Daten) hinreichend klare Zuständigkeiten? Wer ist für welche Maßnahmen zuständig? Unter Beteiligung welcher Abteilungen wird über welche Weichenstellungen entschieden? Wer überwacht die Implementierung?			
Fällt das Unternehmen in den Anwendungsbereich spezialgesetzlicher Regelungen (v. a. BSIG, KWG, MaRisk, BAIT, EBA-Leitlinien, EZB-Rahmenwerk, ZAG, MaSI, VAG, MaGo, VAIT und EIOPA-Leitlinie)? Werden die entsprechenden Standards eingehalten?			
Sind die Anforderungen an angemessene, dem Stand der Technik entsprechende bzw. diesen beachtende, organisatorische und technische Vorkehrungen der entsprechenden spezialgesetzlichen Regelungen erfüllt?			
Nimmt das Unternehmen an einer Kooperation oder an anderen Maßnahmen zur Verbesserung der Cyber-Sicherheit teil (z. B. UP KRITIS, CERT-Bund, Allianz für Cyber-Sicherheit)?			

c) Unternehmensorganisation und -leitung

7

Gesichtspunkt	**Ja**	**Nein**	**Anmerkungen**
Hat das Unternehmen ein eigenes System für das Management von Risiken etabliert?			
Hat das Unternehmen eine eigene Organisation für Compliance eingerichtet?			
Ist das Cyber-Risikomanagement in das bestehende Risikomanagement integriert?			

Gesichtspunkt	**Ja**	**Nein**	**Anmerkungen**
Ist organisatorisch eine verlässliche Zusammenarbeit sichergestellt zwischen den „klassischen" Geschäftsabteilungen des Risikomanagements (Finance, Controlling, Compliance) und denen, die (auch) für die Steuerung von Cyber-Risiken (IT, Datenmanagement, Human Resources, Datenschutzbeauftragter, Chief Information Security Officer) zuständig sind?			
Ist in organisatorischer Hinsicht eine Cyber-Security-Governance eingerichtet, unter deren Dach alle digitalen, technologischen, personenbezogenen, rechtlichen und organisatorischen Maßnahmen vernetzt werden?			
Gibt es das Amt des Chief Information Security Officer (CISO)?			
Hat das Unternehmen als Maßnahme der teilweisen Risikoexternalisierung Cyber-Security-Versicherungen abgeschlossen? Sind darin sämtliche relevanten Versicherungsfälle abgedeckt (insb. solche, die über die über evtl. Musterpolicen hinausgehen)?			
Besteht auf Ebene der Unternehmensleitung ein hinreichendes Bewusstsein um den hohen Stellenwert des Themas Cyber-Security? Ist Cyber-Security ein regelmäßig wiederkehrender Agendapunkt bei Vorstandssitzungen?			
Ist ausreichendes Know-how auf Ebene der Unternehmensleitung vorhanden?			
Sind die Zuständigkeiten für Cyber-Security im Vorstand klar geregelt?			
Besteht auf Ebene des Aufsichtsrats ein hinreichendes Bewusstsein um den hohen Stellenwert des Themas Cyber-Security?			
Ist – gemessen am Überwachungsauftrag des Aufsichtsrats – ausreichendes Know-how auf Ebene des Aufsichtsrats vorhanden?			

Gesichtspunkt	Ja	Nein	Anmerkungen
Ist auf Ebene des Aufsichtsrats das Thema Cyber-Security einem Ausschuss (z. B. dem Risikoausschuss) zugewiesen?			
Stellt das bestehende Berichtssystem sicher, dass der Aufsichtsrat regelmäßig in verständlicher Weise über Cyber-Security-Themen informiert wird?			
Wurden interne Richtlinien für Arbeitnehmer aufgestellt?			
Werden Arbeitnehmer mit Blick auf cyberspezifische Gefahren geschult?			
Gibt es regelmäßige Stress-Tests (u. a. in Bezug auf Risikomanagement und Lernerfolge von Mitarbeiterschulungen), durch welche die Effektivität und Vollständigkeit der getroffenen Maßnahmen überprüft werden können? Werden etwaige spezialgesetzliche Mitteilungs- und Nachweispflichten mit Blick auf diese Prüfungen, Audits und Zertifizierungen erfüllt?			

2. Datenschutzrecht

8

Gesichtspunkt	Ja	Nein	Anmerkungen
Wird ein Verzeichnis aller Verarbeitungstätigkeiten inkl. einer allgemeinen Beschreibung der technischen und organisatorischen Maßnahmen geführt?			
Gibt es geeignete technische und organisatorische Maßnahmen zur Sicherstellung des Datenschutzes durch Technikgestaltung („Privacy by Design“) und des Datenschutzes durch datenschutzfreundliche Voreinstellungen („Privacy by Default“)?			
Ist die (vorherige) Durchführung einer Folgenabschätzung i. S. d. Art. 35 Abs. 1 DSGVO bei Verarbeitungen, die ein hohes Risiko für die Rechte und Freiheiten natürlicher Personen darstellen, sichergestellt?			

Gesichtspunkt	**Ja**	**Nein**	**Anmerkungen**
Werden Auftragsverarbeiter nur auf Grundlage eines entsprechenden Vertrags i. S. d. Art. 28 DSGVO eingesetzt?			
Ist die Bestellung eines Datenschutzbeauftragten („DSB“) notwendig? Wenn ja: Kann der DSB seine Beratungs- und Überwachungsaufgaben unabhängig wahrnehmen?			
Werden Möglichkeiten zum Nachweis der Einhaltung der Pflichten hinsichtlich des Datenschutzes, bspw. durch von den Aufsichtsbehörden genehmigte „Codes of Conducts“ oder durch Zertifizierungen genutzt?			
Sind die Vorgaben der DSGVO bei der internen Organisation des Krisenmanagements berücksichtigt?			

3. IT-Sicherheitsrecht

a) Betreiber von Kritischen Infrastrukturen bzw. Anbieter digitaler Dienste

9

Gesichtspunkt	**Ja**	**Nein**	**Anmerkungen**
Besteht die Notwendigkeit einer Beratung durch das BSI nach § 3 Abs. 3 BSIG?			
Wurde eine Kontaktstelle gemäß § 8b Abs. 3 BSIG bzw. § 8c Abs. 3 BSIG dem BSI benannt?			

b) Anlage mit Energiebezug

10

Gesichtspunkt	Ja	Nein	Anmerkungen
Wenn ein **Energieversorgungsnetz** betrieben wird: Wird der Mindeststandard entsprechend dem von der Bundesnetzagentur erstellten Katalog von Sicherheitsanforderungen gem. § 11 Abs. 1a EnWG eingehalten? Diese umfassen insbesondere – ein ISMS nach DIN ISO/IEC 27001 und dessen (wiederholte) Zertifizierung sowie – die Benennung eines Ansprechpartners für IT-Sicherheit.			
Wenn eine **Energieanlage** betrieben wird: Wird der Mindeststandard entsprechend dem von der Bundesnetzagentur erstellten Katalog von Sicherheitsanforderungen gem. § 11 Abs. 1b EnWG mit Ablauf des 31.3.2021 nachweislich eingehalten? Diese umfassen insbesondere – die Einteilung von EDV und TK-Systeme in Zonen, je nach Bedeutung für den sicheren Betrieb der Energieanlagen, – ein ISMS nach ISO/IEC 27001, das Anwendungen, Systeme und Komponenten von Zone 1–3 umfasst und dessen (wiederholte) Zertifizierung sowie – die Benennung eines Ansprechpartners für IT-Sicherheit.			

c) Anlage mit Atombezug

11

Gesichtspunkt	Ja	Nein	Anmerkungen
Wird die Einhaltung der SEWD-Richtlinie IT laufend gewährleistet und kann dies jährlich ab dem 30.6.2019 nachgewiesen werden?			

d) Telekommunikations- und Telemedienanbieter

12

Gesichtspunkt	Ja	Nein	Anmerkungen
Fällt das Unternehmen in den Anwendungsbereich des § 109 Abs. 2 TKG?			
Wenn ja: Erfüllt das Unternehmen die Anforderungen? Hierzu zählen insbesondere – angemessene technische Vorkehrungen und sonstige Maßnahmen zur IT-Sicherheit unter der Berücksichtigung des Standes der Technik, – die Benennung eines IT-Sicherheitsbeauftragten, – die Erstellung eines Sicherheitskonzepts und Vorlage an die Bundesnetzagentur sowie die Sicherstellung der Überprüfung alle zwei Jahre.			
Fällt das Unternehmen als digitaler Diensteanbieter in den Anwendungsbereich im Sinne von § 5 TMG? Wenn ja: Erfüllt das Unternehmen die Anforderungen, insbesondere gemäß § 13 Abs. 7 TMG hinsichtlich technischer und organisatorischer Vorkehrungen?			

4. Arbeitsrecht

13

Gesichtspunkt	Ja	Nein	Anmerkungen
Sind etwaige Richtlinien für Arbeitnehmer schriftlich niedergelegt, bekanntgemacht und auf passendem Weg (Weisungsrecht, arbeitsvertragliche Bezugnahmen oder Betriebsvereinbarung) zum verbindlichen Bestandteil des Arbeitsvertrages gemacht worden?			
Ist die Kenntnisnahme der Cyber-Security Richtlinien entweder durch individuelle Bestätigung der Arbeitnehmer oder durch den Aushang der Betriebsvereinbarung beweisrechtlich gesichert?			

Gesichtspunkt	Ja	Nein	Anmerkungen
Wurde an die Beteiligung bzw. u. U. sogar die vorherige Zustimmung des Betriebsrats bei der Aufstellung von Cyber-Security-Richtlinien gedacht? Wurde der Betriebsrat in die Entscheidung bzgl. der Art der Cyber-Security-Schulungen und die Auswahl der teilnehmenden Mitarbeiter eingebunden?			
Wurde der Betriebsrat bei einer evtl. arbeitstechnischen Umgestaltung oder Änderung der Arbeitsplätze eingebunden?			

5. Aufsichtsrecht

a) Anforderungen an das Risikomanagement von Banken

14

Gesichtspunkt	Ja	Nein	Anmerkungen
Sind die maßgeblichen Vorschriften auf das Institut anwendbar (v. a. KWG, MaRisk, BAIT, EBA-Leitlinien und EZB-Rahmenwerk)?			
Wenn ja: Erfüllt das Institut die dort genannten Anforderungen an das Risikomanagement? Hierzu zählen insbesondere: – Anforderungen an die technisch-organisatorische Ausstattung (z. B. zur Sicherstellung der Integrität, Verfügbarkeit, Authentizität und Vertraulichkeit von Daten), einschließlich Sicherheitsvorkehrungen auf der Basis gängiger Standards (z. B. die Einrichtung von Überwachungs- und Steuerungsprozessen), – die Pflicht zur Festlegung eines Notfallkonzepts für IT-Systeme (inkl. Geschäftsfortführungs- und Wiederaufnahmeplan), – besondere Anforderungen im Fall von Auslagerungen (z. B. an die inhaltliche Ausgestaltung des Auslagerungsvertrags).			

b) Anforderungen an das Risikomanagement bei Kritischen Infrastrukturen

15

Gesichtspunkt	Ja	Nein	Anmerkungen
Betreibt das Institut eine Kritische Infrastruktur i. S. d. BSI-KritisV?			
Wenn ja: Erfüllt der KRITIS-Betreiber die besonderen Anforderungen an das Risikomanagement? (siehe oben unter Ziff. 3. IT-Sicherheitsrecht, Rn. 9 ff.)			

c) Anforderungen an das Risikomanagement von Zahlungsinstituten

16

Gesichtspunkt	Ja	Nein	Anmerkungen
Sind die maßgeblichen Vorschriften auf das Institut anwendbar (v. a. ZAG, MaSI und EBA-Leitlinien)?			
Wenn ja: Erfüllt das Institut die dort genannten Anforderungen an das Risikomanagement? Hierzu zählen insbesondere: – Anforderungen an die Geschäftsorganisation, – die Pflicht zur Einrichtung von Risikominderungsmaßnahmen und Kontrollmechanismen zur Beherrschung der operationellen und der sicherheitsrelevanten Risiken, – besondere Anforderungen im Fall von Auslagerungen.			

d) Anforderungen an das Risikomanagement von Versicherungen

17

Gesichtspunkt	Ja	Nein	Anmerkungen
Sind die maßgeblichen Vorschriften auf die Versicherung anwendbar (v. a. VAG, MaGo, VAIT und EIOPA-Leitlinie)?			

Gesichtspunkt	Ja	Nein	Anmerkungen
Wenn ja: Erfüllt die Versicherung die dort genannten Anforderungen an das Risikomanagement? Hierzu zählen insbesondere: – Anforderungen an die Geschäftsorganisation (z. B. die Entwicklung eines Notfallplans), – Besondere Anforderungen im Fall von Ausgliederungen.			

6. Kartellrecht

18

Gesichtspunkt	Ja	Nein	Anmerkungen
Kann das Unternehmen, mit dem eine Kommunikation über cyberbezogene Themen unterhalten wird, als Wettbewerber qualifiziert werden?			
Wenn ja: Beinhaltet die Kommunikation mit anderen Wettbewerbern cyberbezogene Informationen, wie – den strategischen Umgang mit Bedrohungen sowie (auch präventive) Gegenmaßnahmen zu Cyber-Vorfällen, – konkrete Einkaufsverhandlungen mit Cyber-Dienstleistern, – Absprachen hinsichtlich der sog. Kernbeschränkungen wie z. B. der „Einpreisung" entsprechender Schutzmaßnahmen oder über sonstige preisliche Konsequenzen eines Vorfalls, – Zuschläge für Implementierung zusätzlicher neuer Sicherheitsprotokolle auf Anbieterseite und daher wettbewerbssensible Informationen?			

Gesichtspunkt	Ja	Nein	Anmerkungen
Entspricht das betreffende Kooperationsverhältnis einer effizienzfördernden Form (z. B. Einigung auf einen neuen Sicherheitsstandard, Einrichtung eines branchenweiten Meldesystems mit Verpflichtung zu bestimmten, die Allgemeinheit schützenden Gegenmaßnahmen) und erlaubt daher durch kartellrechtliche Privilegierung eine offenere und weitreichendere Kommunikation?			

7. Vergaberecht

a) Gewährleistung der Vertraulichkeit durch die öffentliche Hand

19

Gesichtspunkt	Ja	Nein	Anmerkungen
Wurden die vom Unternehmen bereitgestellten Informationen gegenüber dem öffentlichen Auftraggeber als vertraulich gekennzeichnet (§ 5 Abs. 1 VgV)? Wenn ja: Handelt es sich trotz Kennzeichnung um allgemein bekannte Tatsachen? Wenn nein: Handelt es sich um offensichtlich geheimhaltungsbedürftige Daten?			
Ist sichergestellt, dass keine der als vertraulich gekennzeichneten Informationen des Unternehmens durch den öffentlichen Auftraggeber weitergegeben werden?			
Erfolgte durch den öffentlichen Auftraggeber eine Abwägung zur Festlegung des Sicherheitsniveaus zwischen dem Aufwand der Schutzvorkehrungen und den Gefahren, die sich aus der Verletzung der Vertraulichkeit der Informationen oder der Datenintegrität ergeben könnten?			

Gesichtspunkt	Ja	Nein	Anmerkungen
Welche Plattform dient der Übermittlung von Daten (z. B. DE-Mail-Dienstleister, Vergabeplattform, Bietersoftware oder webbasierte Vergabeplattform?			
Wurden je nach Übermittlungsform entsprechende zusätzliche Sicherungsmaßnahmen vorgenommen, etwa eine Passwortsicherung oder eine Verschlüsselung der Daten?			
Ist das für ein Vergabeverfahren erforderliche Schutzniveau auch während der dreijährigen Aufbewahrung der Daten nach Abschluss des Verfahrens gemäß § 8 Abs. 4 VgV gewährleistet?			

b) Gewährleistung der Vertraulichkeit durch den Bieter

20

Gesichtspunkt	Ja	Nein	Anmerkungen
Wurde eine Vertraulichkeitsvereinbarung gesondert abgeschlossen?			
Unterliegen die Daten des öffentlichen Auftraggebers dem Geheimschutz?			
Wurden die von der Vergabestelle vorgegebenen Übermittlungsmethoden umfassend eingehalten?			
Erlaubt das unternehmenseigene IT-Sicherheitssystem die Abgabe einer Eigenerklärung im Hinblick auf eine Zuverlässigkeitsprüfung im Rahmen des No-Spy-Erlasses?			
Kann eine Vertraulichkeitsklausel ohne Bedenken unterzeichnet werden, nach welcher bei Zuschlag alle vertraulichen Informationen vertraulich zu behandeln sind, nicht an Dritte weitergegeben werden dürfen und das Unternehmen auch nicht zur Weitergabe an Dritte verpflichtet sein darf?			

8. Versicherungsrecht

a) Allgemein

21

Gesichtspunkt	**Ja**	**Nein**	**Anmerkungen**
Deckt die Cyber-Versicherung Eigenschadens- und Drittschadensrisiken ab?			
Ist die Möglichkeit einer Rückwärtsdeckung bedacht worden?			
Sind Drittschäden innerhalb der Cyber-Versicherung auch umfasst, wenn diese nicht aus gesetzlichen, sondern aus vertraglichen Schadensersatzansprüchen herrühren?			
Umfasst die Cyber-Versicherung auch Schäden, die aus einem „CEO/Fake President Fraud" resultieren?			
Wurde bei einem Anbieterwechsel beachtet, dass es wegen möglicher abweichender Versicherungsfalldefinitionen in Alt- und Neuvertrag nicht zu Deckungslücken kommt?			
Wurde die Möglichkeit von Zusatzversicherungen (Baukastenprinzip), die über den Grundversicherungsschutz der Cyber-Versicherung hinausgehen, in Betracht gezogen?			
Ist die Inanspruchnahme von Assistance-Leistungen, wie z. B. die Beauftragung einer PR-Abteilung oder einer Anwaltskanzlei durch den Versicherer, in Erwägung gezogen worden?			
Deckt die Versicherung auch eine Betriebsunterbrechung ab?			
Deckt die Cyber-Versicherung auch Löse- und Erpressungsgelder ab?			
Sind Geldstrafen und Geldbußen von der Versicherung abgedeckt?			
Sind bei Abschluss der Versicherung auch die Risikoausschlüsse beachtet worden, sodass diese dem individuellen Risikoprofil des Unternehmens entsprechen?			

Gesichtspunkt	Ja	Nein	Anmerkungen
Ist eine speziell für das Unternehmen ausreichend hohe Deckungssumme vereinbart worden?			
Wurde die Cyber-Versicherung auf Überschneidungen mit bereits bestehenden Versicherungen überprüft? Ist die sorgfältige Dokumentation von Cyber-Vorfällen sichergestellt?			
Wurde vor dem Hintergrund der oft schwierigen Beweissicherung eine Beweislastumkehr als Teil der Cyber-Versicherung in Betracht gezogen?			

b) Obliegenheiten des Versicherungsnehmers vor Eintritt eines Versicherungsfalls

22

Gesichtspunkt	Ja	Nein	Anmerkungen
Wurde die in § 19 Abs. 1 Satz 1 VVG geregelte vorvertragliche Anzeigeobliegenheit erfüllt?			
Existiert eine Übersicht über alle Repräsentanten im Sinne des Versicherungsverhältnisses innerhalb des Unternehmens?			
Wurden die für den Versicherungsvertrag relevanten Repräsentanten mittels einer Repräsentantenklausel abschließend bestimmt?			
Gibt es evtl. Anforderungen an die Art und Weise der Datenspeicherung und Nutzeridentifikation?			

III. Response

1. Cyber Incident Response Plan (CIRP) (rechtsbereichsübergreifend)

23

Gesichtspunkt	Ja	Nein	Anmerkungen
		Allgemeines	
Existiert ein Maßnahmeplan für Cyber-Vorfälle (Cyber Incident Response Plan – CIRP)?			
Stellt der CIRP die Handlungs- und Einsatzfähigkeit des Response-Teams (hierzu im nachfolgenden Abschnitt) sicher? Sind entsprechende organisatorische Vorkehrungen getroffen?			
Werden im CIRP in praktikabler Weise Szenarien und Reaktionsmöglichkeiten antizipiert?			
Deckt der CIRP auch Szenarien ab, dass ein Angriff sparten- oder länderübergreifend erfolgt?			
Sind Vorkehrungen für eine effektive und rasche IT-Forensik getroffen? Enthält der CIRP Vorgaben und Hilfestellungen für die interne und externe Unternehmenskommunikation?			
Enthält der CIRP Kurzzusammenfassungen der wesentlichen rechtlichen „Leitplanken“ für die relevanten Rechtsgebiete in einer auch für Nicht-Juristen verständlichen Form?			
Wird der CIRP regelmäßig „Stresstests“ unterzogen?			
		Insiderrecht- und Ad-hoc-Publizität	
Trifft der CIRP auch Vorsorge für den Fall, dass ein Cyber-Vorfall dem Insiderrecht bzw. dem Recht der Ad-hoc-Publizität unterfällt?			
		Datenschutzrecht	
Ist die fristgemäße Einhaltung der Meldepflicht bei Verletzungen des Schutzes personenbezogener Daten sichergestellt? Ist die 72-Stunden-Frist nach Art. 33 DSGVO beachtet?			

Gesichtspunkt	Ja	Nein	Anmerkungen
Ist die unverzügliche Benachrichtigung der betroffenen Person in den erforderlichen Fällen gewährleistet?			
IT-Sicherheitsrecht			
Unterliegt das Unternehmen einer Melde- und/oder Hinweispflicht? Wenn ja: – Ist die Erfüllung der Melde- und/oder Hinweispflicht unter Einhaltung der Anforderungen an die Meldung an die zuständige Behörde nach der jeweiligen spezialgesetzlichen Regelung (bspw. § 8b Abs. 4 BSIG bzw. § 8c Abs. 3 BSIG, § 14 Abs. 1 Nr. 4 BSIG, § 11 Abs. 1c Satz 1 EnWG, § 109a Abs. 1 Satz 1 und 2, Abs. 4 TKG oder § 44b AtG) gewährleistet?			
Erscheint es bei einem KRITIS-Unternehmen geboten, beim BSI Unterstützung in Form der Einschaltung eines „Mobile Incident Response Teams" (MIRT) zu erbitten (§ 5a BSIG)?			
Handelt es sich bei dem betroffenen Unternehmen um einen Schienennetzbetreiber, eine Airline, Flugsicherung oder Schifffahrtsgesellschaft, sodass bei einer unterlassenen Information der betreffenden Verkehrskreise eine Strafbarkeit nach §§ 315, 27, 13 StGB (Beihilfe durch Unterlassen zu einem gefährlichen Eingriff in den Bahn-, Schiffs- und Luftverkehr) in Betracht kommen kann?			
Arbeitsrecht			
Wurde stets an die Beteiligung bzw. u. U. sogar die vorherige Zustimmung des Betriebsrats zu Cyber-Security Abwehrmaßnahmen gedacht?			

Gesichtspunkt	**Ja**	**Nein**	**Anmerkungen**
Wurde durch einen Cyber-Vorfall die Funktionstüchtigkeit gefährlicher Produktionsanlagen beeinträchtigt, sodass aufgrund einer erheblichen Gefahr für Beschäftigte nach § 4 Abs. 1 ArbStättV eine bußgeldbewährte (§ 9 Abs. 1 Nr. ArbStättV) oder gar bei Vorsatz strafrechtlich-sanktionierte (§ 9 Abs. 2 ArbStättV i. V. m. § 26 Nr. 2 ArbSchG bzw. §§ 229, 222, 13 StGB) Pflicht zur Einstellung der Arbeiten besteht?			
Aufsichtsrecht (Banken und Versicherungen)			
Betreibt das Institut eine Kritische Infrastruktur i. S. d. BSI-KritisV?			
Wenn ja: Wurden die sich daraus ergebenden Anforderungen erfüllt (siehe oben unter „***IT-Sicherheitsrecht***“)?			
Bedarf es einer Meldung des Cyber-Security-Vorfalls an die EZB, da ein bedeutsames Institut betroffen ist?			
Fällt das Institut in den Adressatenkreis des KWG, der MaRisk oder der BAIT und sollte es daher die zuständige Aufsichtsbehörde proaktiv über bedeutende Cyber-Security-Vorfälle informieren?			
Vergaberecht			
Gebietet die Intensität des erfolgten Cyber-Angriffs vor dem Hintergrund der Einordnung des Vergabeverfahrens als vorvertragliches Schuldverhältnisses eine Anzeige gegenüber der Vergabestelle?			
Sind von dem Cyber-Angriff wettbewerbsrechtliche Verfahrensinformationen betroffen, sodass zum Zwecke des Schutzes der Verfahrensintegrität ein Aufklärungsverlangen gegenüber dem Bieter angezeigt ist?			
Sind die betroffenen vertraulichen Informationen drittschützend, sodass eine Offenbarungspflicht gegenüber sämtlichen Bietern bestehen könnte?			

Gesichtspunkt	**Ja**	**Nein**	**Anmerkungen**
Versicherungsrecht			
Wurden Maßnahmen zur Beweissicherung getroffen?			

2. Response-Team

24

Gesichtspunkt	**Ja**	**Nein**	**Anmerkungen**
Gibt es ein sog. Response-Team?			
Legt der CIRP klare Zuständigkeiten fest (Gruppenleitung, Einbindung der Unternehmensleitung)?			
Sind die IT-Fachabteilung inkl. der IT-Forensik, die Rechtsabteilung, Corporate Communication und Investor Relations Teil des Response-Teams?			
Sind externe Berater (Kommunikation, Recht, IT) Teil des Response-Teams?			

3. Gesellschaftsrecht (Unternehmensleitung und Unternehmensorganisation) (soweit im CIRP nicht bereits enthalten)

a) Entscheidung über die konkrete Reaktion/Business Judgment Rule

25

Gesichtspunkt	**Ja**	**Nein**	**Anmerkungen**
Ist sichergestellt, dass die verschiedenen Handlungsoptionen evaluiert und die ausschlaggebenden Erwägungen (Pro und Contra für eine konkrete Handlungsentscheidung) dokumentiert werden?			
Sind konkrete „rote Linien“ definiert, die nicht überschritten werden sollen (unvertretbare Reaktion)?			
Ist eine etwaige rechtliche Unterstützung sichergestellt?			

b) Insiderrecht/Ad-hoc-Publizität (börsennotierte Unternehmen)

26

Gesichtspunkt	**Ja**	**Nein**	**Anmerkungen**
Ist sichergestellt, dass bei Bedarf die Entscheidung, ob eine Insiderinformation vorliegt, rasch getroffen werden kann?			
Ist sichergestellt, dass bei Bedarf rasch eine Ad-hoc-Mitteilung formuliert und verabschiedet oder eine dokumentierte Entscheidung über den Aufschub der Ad-hoc-Mitteilung getroffen werden kann?			
Sind Vorkehrungen getroffen, dass bei Vorliegen einer (potenziellen) Insiderinformation die weiteren Vorgaben des Insiderrechts (Insiderlisten, Belehrungen, Vertraulichkeit) beachtet werden?			
Ist sichergestellt, dass die benötigte (interne oder externe) rechtliche Beratung bei Bedarf sofort zur Verfügung steht?			

c) Nachgelagerte Maßnahmen

27

Gesichtspunkt	**Ja**	**Nein**	**Anmerkungen**
Ist sichergestellt, dass im Nachgang zu Cyber-Vorfällen eine umfassende Analyse durchgeführt und ggf. auch der CIRP fortentwickelt wird („lessons learned")?			
Ist sichergestellt, dass entdeckte Sicherheitslücken mit Wirkung für die Zukunft geschlossen werden?			

4. Datenschutzrecht (soweit im CIRP nicht bereits enthalten)

Gesichtspunkt	Ja	Nein	Anmerkungen
Ist garantiert, dass Verletzungen des Schutzes personenbezogener Daten, einschließlich aller im Zusammenhang mit der Verletzung stehenden Fakten, deren Auswirkungen und den ergriffenen Abhilfemaßnahmen, dokumentiert werden?			
Ist die Rechtmäßigkeit der Datenverarbeitung von Cyber-Sicherheit-Maßnahmen sichergestellt?			

28

5. Arbeitsrecht (soweit im CIRP nicht bereits enthalten)

Gesichtspunkt	Ja	Nein	Anmerkungen
Sollen gegenüber Mitarbeitern, denen ein Fehlverhalten im Zusammenhang mit einem Cyber-Angriff vorzuwerfen ist, arbeitsrechtliche Sanktionen (Ermahnung/Abmahnung/ordentliche oder außerordentliche fristlose Kündigung/Schadensersatzansprüche) geltend gemacht werden?			
Müssen Fristen für arbeitsrechtliche Sanktionen (Verfallfristen für Schadensersatzforderungen/2-Wochen-Frist bei außerordentlichen Kündigungen) gewahrt werden?			

29

6. Kartellrecht (soweit im CIRP nicht bereits enthalten)

Gesichtspunkt	Ja	Nein	Anmerkungen
Liegen kartellrechtliche relevante Cyber-Umstände vor, die bei Kenntnis der Behörde zu einer Untersuchung und Sanktionen führen könnten und daher einen Kronzeugenantrag zweckmäßig erscheinen lassen?			

30

7. Vergaberecht (soweit im CIRP nicht bereits enthalten)

a) Bietersicht

31

Gesichtspunkt	**Ja**	**Nein**	**Anmerkungen**
Wurden die von einem Cyber-Angriff (beim eigenen Unternehmen oder bei der öffentlichen Hand/anderem Wettbewerber) betroffenen vergaberechtsrelevanten Dokumente überprüft? Sind Unterlagen betroffen, die die Verfahrensintegrität gefährden könnten?			

b) Öffentlicher Auftraggeber

32

Gesichtspunkt	**Ja**	**Nein**	**Anmerkungen**
Gebietet sich vor dem Hintergrund etwaiger Störungen des (Geheim-)Wettbewerbs, dass die Vergabestellen das Verfahren in sein Ausgangsstadium zurückversetzen, da ein Zugriff auf (vorläufige) Wertungen zugunsten eines Bieters nicht ausgeschlossen werden kann?			
Ist die öffentliche Hand auf die Beschaffung der begehrten Leistung angewiesen? Erwägt sie, zur Vermeidung etwaiger verfahrensrechtlicher Gefahren von ihrer Beschaffung abzusehen?			
Ist der öffentliche Auftraggeber nach § 63 Abs. 1 VgV berechtigt, das Vergabeverfahren ganz oder teilweise aufzuheben, da – kein Angebot eingegangen ist, das den Bedingungen entspricht, – sich die Grundlage des Vergabeverfahrens wesentlich geändert hat, – kein wirtschaftliches Ergebnis erzielt wurde oder – nach Maßgabe einer Einzelfallabwägung andere schwerwiegende Gründe vorliegen?			
Kann ein Bieter aufgrund der Verletzung seiner regelmäßig eingegangenen Verpflichtungen mit No-Spy-Erlass-Bezug vom Verfahren ausgeschlossen werden?			

8. Strafrecht (soweit im CIRP nicht bereits enthalten)

33

Gesichtspunkt	Ja	Nein	Anmerkungen
Wurden Lösegeldzahlungen zur Entgegenwirkung von Ransomware – vor dem Hintergrund der Gefahr weiterer erpresserischer Cyber-Aktivitäten sowie des Risikos, eine Freigabe der blockierten Daten und Systeme nicht bewirken zu können – kritisch hinterfragt?			
Wurden zur Abwendung jedweden strafrechtlichen Risikos durch § 129 Abs. 1 Satz 2 StGB (Beihilfe zur Bildung einer kriminellen Vereinigung) vor einer Lösegeldforderung die Strafverfolgungsbehörden eingebunden?			
Gebietet der Cyber-Vorfall nach einer Abwägung zwischen – dem Interesse an einer Strafverfolgung mitsamt der besonderen Expertise und Eingriffsbefugnisse der Ermittlungsbehörden, – Sachverhaltsaufklärung durch die Ermittlungsbehörden zugunsten der Vorbereitung eines Zivilprozesses und Sicherung von Beweisen einerseits und – einem drohenden Reputationsschaden bzw. der drohenden Öffentlichkeitswirksamkeit, – Sicherstellung oder Beschlagnahme von Beweismitteln sowie – einem möglichen Umschwenken von ökonomisch motivierten Taten in Sabotagehandlungen andererseits bei relativen Antragsdelikten die Erstattung einer Strafanzeige?			
Haben sich jeweils der Vorstand oder der Aufsichtsrat durch unzureichende Implementierung von IT-Sicherheitssystemen nach § 404 Abs. 1, 2 AktG (Verletzung der Geheimhaltungspflicht) durch Unterlassen (§ 13 StGB) strafbar gemacht, sodass durch das jeweils andere Organ die Notwendigkeit eines Strafantrags (§ 404 Abs. 3 AktG) geprüft werden muss?			

9. Versicherungsrecht (soweit im CIRP nicht bereits enthalten)

34

Gesichtspunkt	**Ja**	**Nein**	**Anmerkungen**
Werden die Weisungen des Versicherungsgebers, soweit zumutbar, eingehalten, sodass die Schadensminderungsobliegenheit aus § 82 VVG gewahrt wird?			
Findet eine Kooperation bzgl. der geeigneten Abwehrmaßnahmen mit dem Versicherer statt?			
Wird der Versicherer in dem ihm nach § 31 Abs. 1 VVG zustehenden Rahmen über den Vorfall aufgeklärt und informiert?			
Besteht nach der speziellen Versicherung eine Pflicht das Schadensbild bis zu einer Erlaubnis des Versicherers unverändert zu lassen? Wenn ja: Ist deren Einhaltung sichergestellt?			

Stichwortverzeichnis

Fette Zahlen verweisen auf das Kapitel,
magere auf die Randnummern